Der rechtliche Rahmen für den bergbaulichen Zugang zu den Erdöl- und Erdgaslagerstätten in der Russischen Föderation im Vergleich zum deutschen Bergrecht

Veröffentlichungen des Instituts für Energie- und Regulierungsrecht Berlin

Herausgegeben von Franz Jürgen Säcker

Band 57

PL ACADEMIC RESEARCH

Maria Zaykova

Der rechtliche Rahmen für den bergbaulichen Zugang zu den Erdöl- und Erdgaslagerstätten in der Russischen Föderation im Vergleich zum deutschen Bergrecht

PL ACADEMIC RESEARCH

Bibliografische Information der Deutschen Nationalbibliothek
Die Deutsche Nationalbibliothek verzeichnet diese Publikation in der Deutschen Nationalbibliografie; detaillierte bibliografische Daten sind im Internet über http://dnb.d-nb.de abrufbar.

Zugl.: Berlin, Freie Univ., Diss., 2016

D 188
ISSN 2363-684X
ISBN 978-3-631-70746-3 (Print)
E-ISBN 978-3-631-70747-0 (E-PDF)
E-ISBN 978-3-631-70748-7 (EPUB)
E-ISBN 978-3-631-70749-4 (MOBI)
DOI 10.3726/b10570

PL Academic Research ist ein Imprint der Peter Lang GmbH.

Peter Lang – Frankfurt am Main · Bern · Bruxelles · New York · Oxford · Warszawa · Wien

Diese Publikation wurde begutachtet.

www.peterlang.com

Meinen Eltern

Vorwort

Die vorliegende Arbeit wurde im Sommersemester 2016 von dem Fachbereich Rechtswissenschaft der Freien Universität Berlin als Dissertation angenommen. Die mündliche Prüfung fand am 23. August 2016 statt.

Meinem Doktorvater Herrn Prof. Dr. Dr. Dr. h.c. Franz Jürgen Säcker danke ich ganz herzlich für die wissenschaftliche und hilfsbereite Betreuung. Die zahlreichen Gespräche auf fachlicher und persönlicher Ebene habe ich stets als Ermutigung und Motivation empfunden.

Des Weiteren möchte ich mich bei Herrn Prof. Breig für die Erstellung des Zweitgutachtens bedanken.

Mein außerordentlicher Dank gilt Rainer Frommann und Fabian Frommann für die eingehende sprachliche Korrektur des Manuskripts sowie für den kritischen Diskurs.

Mein besonderer Dank gilt meinen lieben Eltern für ihren Rückhalt und die Ermöglichung meines bisherigen beruflichen Werdeganges. Ihre bedingungslose Unterstützung und der menschliche Halt in allen Lebenslagen waren treibende Kraft für die erfolgreiche Vollendung meiner Dissertation. Ihnen widme ich diese Arbeit.

Inhaltsübersicht

Inhaltsverzeichnis

Abkürzungsverzeichnis

1. Gesetze

AWG	Außenwirtschaftsgesetz
AWV	Außenwirtschaftsverordnung
BBergG	Bundesberggesetz
BetrSichG	Föderalgesetz „Über die industrielle Sicherheit gefährlicher Betriebsanlagen“
BodenGB	Bodengesetzbuch der RF
ErdkörperG	Föderalgesetz „Über den Erdkörper“
FestlandsockelG	Föderalgesetz „Über den Festlandsockel der RF“
GG	Grundgesetz
HaushaltsG	Staatshaushaltsgesetzbuch der RF
StBauGB	Städtebaugesetzbuch der RF
SteuerGB	Steuergesetzbuch RF
StrategInvestG	Föderalgesetz „Über das Verfahren zur Tätigung ausländischer Investitionen in Kapitalgesellschaften mit strategischer Bedeutung für die Landesverteidigung und die Sicherheit des Staates“
UExG	Föderalgesetz „Über die Umweltexpertise“
USchG	Föderalgesetz „Über den Umweltschutz“
Verf RF	Verfassung der RF
ZGB	Zivilgesetzbuch der RF

2. Russische Behörden

FAS	Föderale Antimonopolbehörde
FSB	Föderaler Dienst für Sicherheit der Russischen Föderation
GLAVGOSEXPERTIZA	Zentralverwaltung der staatlichen Expertise
MINEKONOMRAZVITIE	Föderales Ministerium für wirtschaftliche Entwicklung
MINPRIRODA	Föderales Ministerium für Naturressourcen und Umweltschutz
ROSIMUSCHESTVO	Föderale Agentur für die Verwaltung des föderalen Eigentums
ROSNEDRA	Föderales Agentur für Erdkörpernutzung

ROSPRIRODNADZOR	Föderale Aufsichtsamt für Naturnutzung
ROSTEHNADZOR	Föderales Amt für ökologische, technische und Atomaufsicht

3. Sonstige

a. A.	anderer Ansicht
a. F.	alte Fassung
Abs.	Absatz
ABl. EU	Amtsblatt der Europäischen Union
Art.	Artikel
Aufl.	Auflage
BGBl.	Bundesgesetzblatt
BT-Drucks.	Bundestagsdrucksache
BVerwGE	Entscheidung des Bundesverwaltungsgerichts
bzw.	Beziehungsweise
d. h.	das heißt
Diss.	Dissertation
DVBl	Deutsches Verwaltungsblatt
EKL	Erdkörpernutzungslizenz
EU	Europäische Union
EuGH	Europäischer Gerichtshof
f.	folgende (r/s)
ff.	Fortfolgende (r/s)
Fn.	Fußnote
ggf.	Gegebenenfalls
Hrsg.	Herausgeber
i. d. F.	in der Fassung
i. S. d.	im Sinne des/der
i. V. m.	in Verbindung mit
Nr.	Nummer
OAO	Offene Aktiengesellschaft russischen Rechts
ÖAG	Öffentliche Aktiengesellschaft
PDO	technische Projektdokumentation
Pkt.	Punkt
Pos.	Position
RF	Russische Föderation
S.	Satz; Seite
TWh	Terawattstunden

u. a.	und andere; unter anderem
Unterabs.	Unterabsatz
VerfG	Verfassungsgericht
vgl.	Vergleiche
z. B.	zum Beispiel
Ziff.	Ziffer

Einleitung

A. Hintergrund der Untersuchung und Problemstellung

Der Hunger Deutschlands nach Energieressourcen als einer der bedeutendsten Industriestandorte weltweit ist immens. Die von der Bundesregierung eingeleitete Energiewende verfolgt ambitionierte Ziele und umfasst neben dem Stromsektor die Bereiche der Mobilität und des Wärmemarkts. In allen drei Bereichen kann der Energieträger Erdgas einen wichtigen Beitrag für eine erfolgreiche Energiewende leisten.[1] Als Partnerenergieträger zu den Erneuerbaren Energien kann Erdgas entscheidend zur Lösung der Probleme der Energiewende beitragen, die durch die schwankende Produktion aus den Erneuerbaren Energien entstehen. Als kohlenstoffärmster fossiler Brennstoff ist Gas außerdem in der Lage, Deutschlands CO_2-Emissionen zu reduzieren.[2] Von den rund 950 Terawattstunden (TWh) an Erdgas, die jährlich in der Bundesrepublik verbraucht werden, werden etwas mehr als 430 TWh aus Russland importiert – ein Anteil von knapp 46 Prozent.[3] Nicht nur im Hinblick auf die Energieversorgungssicherheit sind die Rohstoffimporte aus Russland für Deutschland von evidenter Bedeutung, auch für die Erzeugnisse der petrochemischen Industrien werden große Mengen an Erdgas und Erdöl aus Russland nach Deutschland eingeführt.[4] Den Prognosen zur Folge wird die Nachfrage nach Erdgas in Deutschland und im gesamten EU-Raum bis zum Jahr 2030 weiter ansteigen. Zugleich werden die derzeitigen jährlichen Fördermengen aus heimischen Quellen bis 2030 abnehmen und Importe aus anderen Erdgaslieferländern, insbesondere Norwegen, nicht erhöht werden können. Trotz den Bestrebungen der EU, die Erdgaslieferungen durch Investitionen in Pipeline-Projekte und Häfen-Anlagen von Flüssiggas zu diversifizieren, werden die Gaslieferungen aus Russland nur in begrenztem Maß ersetzt werden können.[5]

---

1 *BDEW*, Bericht "Rolle von Erdgas in der Energiewende", Materialsammlung Erdgas, 2013, abrufbarunter: https://www.bdew.de/internet.nsf/res/E82A40FC67D06BC 8C1257BCC004CA1DE /$file/ BDEW-13-00025_ Erdgas_Kapitel _ 1.pdf.

2 *Yergin D./Wiegert R.*, „Die Energiewende gefährdet Deutschlands wirtschaftliche Zukunft. Ein Vorschlag zur Lösung des Problems". Energiewende: Mehr Erdgas!, DIE ZEIT N° 02/2014, 14; abrufbar unter: http://www.zeit.de/2014/02/energiewende-erdgas/seite-2.

3 *Eurogas*, Statistical Report 2014, Brüssel, S. 6; abrufbar unter, http://www.eurogas.org/uploads/ media/Eurogas_Statistical_Report_2014.pdf.

4 Vgl. Grafik „Herkunft deutscher Rohstoffimporte", abrufbar unter: https://www.muenchen.ihk. de/de/innovation/Anhaenge/Rohstoffchart-Juni-ohstoffimporte.pdf.

5 *Bonn/Götz*,Gemeinsamer Gaseinkauf: Optionen zur Senkung der Abhängigkeit von russischem Erdgas?, in: Energiwirtschaftlichen Tagesfragen (et), Heft 8 (65)/2015, S. 28.

Wie werden diese Vorkommen in Russland aufgesucht und erschlossen, welcher Rechtsrahmen gilt im russischen Bergbausektor? Die Antwort auf diese Frage ist bis heute in Deutschland *terra incognita* und das russische Recht der Bodenschätze weitgehend unbekannt. Aufgrund der hohen Kohlenwasserstoffimporte aus Russland ist es aus der Perspektive eines Abnehmerlandes wie Deutschland von besonderem Interesse, einen Einblick in die Art und Weise der Ressourcenausbeutung zu erhalten. Daher spielen vertiefte Kenntnisse über das russische Bergrecht und dessen Vergleich mit inländischem Recht für die deutsche Rechtswissenschaft und Praxis eine wichtige Rolle. Für deutsche Investoren, die Interesse an einer Rohstoffgewinnung in Russland haben oder auf diesem Gebiet bereits tätig sind, ist die Erläuterung der staatlichen Regulierung des Zugangs zu den Bodenschätzen in Russland aufschlussreich und lohnenswert.

Auf Grund seiner Historie steht das russische Recht der Bodenschätze in einem engen Wechselverhältnis zum deutschen Bergrecht, denn schon bei seiner Entstehung hat der deutsche Bergbau eine ausschlaggebende Rolle gespielt. Seit dem Inkrafttreten des Gesetzes „Über den Erdkörper" im Jahr 1992 entwickelt sich das Bergrecht in Russland mit einer bemerkenswerten Dynamik. Heute sind die Regelungen der bergbaulichen Tätigkeit zwar in einer Vielzahl an Rechtsakten enthalten: von Föderalgesetzen über Regierungsverordnungen bis hin zu zahlreichen Anordnungen, Verfügungen und methodischen Empfehlungen der zuständigen Ministerien und der ihnen untergeordneten Behörden. In ihrer Gesamtheit bilden sie jedoch keinen klar strukturierten und systematisch aufgebauten Rechtsrahmen. Die Unübersichtlichkeit der Vorschriften stellt eine besondere Herausforderung für die Bergbauunternehmen und darunter insbesondere für die interessierten ausländischen Investoren dar. Dieses Forschungsvorhaben hat zum Ziel, den rechtlichen Rahmen für den bergbaulichen Zugang zu den Kohlenwasserstofflagerstätten detailliert und umfassend zu untersuchen und mit einer präzisen Systematik zu erfassen.

Behandelt werden sowohl die allgemeinen Grundlagen des russischen Bergrechts – darunter das System der Gesetzgebung, die Einteilung und Eigentumszuordnung von Bodenschätzen und Erdkörperfeldern, der Aufbau des öffentlich-rechtlichen Bewilligungsmodells und des privatrechtlichen Vertragsmodells bei der Erteilung von Bergbauberechtigungen, als auch die speziellen Fragestellungen wie Erstellung und Genehmigung der technischen Projektdokumentation für ein Bergbauvorhaben für Aufsuchung und Gewinnung von Kohlenwasserstoffen, das System der einschlägigen Steuern und Abgaben im Bergbausektor und die Rechtsfragen der Zugangsbeschränkungen für ausländische Investoren.

Die rechtsvergleichende Darstellung zum deutschen Bergrecht gewährt dem deutschen Leser unmittelbar die Möglichkeit, die Übereinstimmung der Problemstellungen und die Unterschiedlichkeit der Lösungen zu erkennen. Für Russland sind die Erfahrungen und die Strukturen des deutschen Bergrechts aus dogmatischer Sicht äußerst interessant. In der russischen bergrechtlichen Fachliteratur wird immer wieder seine lückenfreie, interessenausgewogene und systematische Struktur betont.[6] In dem kontinuierlichen Entwicklungsprozess des russischen Bergrechts kann das deutsche Recht der Bodenschätze nicht nur eine allgemeine wegweisende Wirkung haben, sondern auch konkrete Anstöße für die Optimierung der bergrechtlichen Verhältnisse in Russland geben.

B. Gang der Untersuchung

Die in dieser Abhandlung erstellte Analyse konzentriert sich auf die Erteilung von Zugriffsrechten auf die Erdöl- und Erdgasvorkommen. Der Schwerpunkt liegt auf der Erörterung der Entstehung und der Arten der Bergbauberechtigungen, der Erteilungsvoraussetzungen und -verfahren sowie auf dem Rechtsrahmen zur Freigabe des Bergbaubetriebes. Auf Fragen der Umweltbelange und auf die Darstellung der Bergaufsichtsführung wird nur insoweit in allgemeinen Grundsätzen eingegangen, als dass dem Leser ein abschließender Überblick über das System der staatlichen Regulierung der bergbaulichen Tätigkeit ermöglicht werden soll. In jedem zu behandelnden Themenbereich wird vergleichend auf die deutschen Regelungen mit relevanten Rückschlüssen Bezug genommen, wobei das deutsche Bergrecht nur in dem Umfang dargestellt wird, der für die rechtsvergleichende Auswertung notwendig ist. Dem Rechtsvergleich wird bereits durch die Auswahl der Grundstruktur dieser Studie Rechnung getragen, deren Aufstellung der in Deutschland üblichen Systematik angeglichen ist, welche in der russischen Rechtswissenschaft für die Darstellung des Bergrechts eher untypisch ist. In Anbetracht der dynamischen Entwicklung des Bergrechts in Russland soll die rechtsvergleichende Analyse mit dem deutschen Bergrecht der Prüfung dienen, ob und in welchem Umfang eine Optimierung sowie Angleichung der staatlichen Regulierung des Zugangs zu Erdgas- und Erdöllagerstätten in den Rechtsordnungen möglich und sinnvoll wäre.

Zum besseren Verständnis der Ausgangssituation werden zu Beginn der Arbeit die Rechtsquellen der russischen Bergbaugesetzgebung systematisch erfasst und die Kompetenzverteilung in diesem Bereich erläutert und ausgewertet. Die Auseinandersetzung mit den Schlüsselbegriffen sowie mit der Einteilung und der eigentumsrechtlichen Zuordnung von Bodenschätzen und Erdkörperfeldern in Kapitel 2 hilft dem deutschen Leser, die Struktur und die inhaltlichen Grundlagen des Bergrechts in Russland zu verstehen. Abgerundet wird dieser Abschnitt mit der Darstellung des Verhältnisses zwischen dem Recht auf die Nutzung des ausgewiesenen Erdkörperfelds und dem Oberflächeneigentum. Ein besonderes Augenmerk liegt hier auf der Einziehung von Grundstücken für staatlichen oder kommunalen Bedarf sowohl

6 Vgl. *Vasilevskaja*, Rechtliche Rahmenbedingungen der Erdkörpernutzung in Russland und Ausland; *Kljukin*, Rechtsverhältnisse des Bergbaus in den Staaten Westeuropas und Nordamerikas; *Scheynfeld*, Rechtliche Regulierung der Aufsuchung, Erschließung und Gewinnung von Bodenschätzen in der Bundesrepublik Deutschland; *Larochkina* in: *Säcker (Hrsg.)*, Deutsch-russisches Energie- und Bergrecht im Vergleich.

aus der öffentlichen als auch aus der privaten Hand, die in der am 1. April 2015 in Kraft getretenen Fassung des Bodengesetzbuches neu geregelt wurde.

Einen wesentlichen Teil der Untersuchung nimmt die Analyse beider in Russland existierenden bergbaulichen Zugangsmodelle ein. Kapitel 3 behandelt das Erteilungsverfahren einer Bergbauberechtigung nach dem öffentlich-rechtlichen Verwaltungsaktmodell – das sog. einheitliche Lizenzierungssystem. Darin wird das Lizenzierungsverfahren der Nutzungsrechte am Erdkörperfeld einer umfassenden Untersuchung unterstellt. Zunächst werden die Entstehungsgründe und Arten der Bergbauberechtigungen erörtert. Im Anschluss wird detailliert auf die Zulassungsvoraussetzungen eingegangen. In diesem Rahmen werden unter Berücksichtigung von gesetzlichen Novellierungen der letzten Jahren die Investitionsmechanismen und geltenden Zugangsbeschränkungen für ausländische Investoren im russischen Rohstoffsektor detailliert untersucht und ausgewertet. Nachkommend erfolgt die Darstellung des eigentlichen Erteilungsverfahrens für die einzelnen Arten der Bergbauberechtigungen. Dabei sind die einzelnen Schritte auf dem Weg zum Erwerb der Bergbauberechtigung strukturiert und chronologisch ausgearbeitet. Zur abschließenden Darstellung der verfahrensrechtlichen Vorgaben in Bezug auf die Zugriffsrechte auf die verliehenen Bewilligungsfelder wird anschließend der Regulierungsrahmen für die Übertragung, Änderung und Beendigung der Bergbauberechtigungen beleuchtet. In der praktischen Umsetzung folgt der Erteilung einer Bergbauberechtigung die Zulassung des Bergbaubetriebes; deshalb wird an das Erteilungsverfahren anknüpfend die Freigabe des tatsächlichen bergbaulichen Betriebes durch das Genehmigungsverfahren der Projektdokumentation eingehend analysiert. Für eine vollständige Auswertung des Verwaltungsaktmodells befasst sich das nachfolgende Kapitel 4 mit dem System der Steuern und Abgaben bei der Umsetzung von Bergbauvorhaben zur Aufsuchung und Gewinnung von Erdöl und Erdgas nach dem Verwaltungsaktmodell.

Das privatrechtliche Modell beim Zugang zu den Bodenschätzen, dem die Abschließung eines product sharing agreement (PSA) zu Grunde liegt, wird in Kapitel 5 ausführlich untersucht. Im Einzelnen werden zu Beginn einführende Betrachtungen wie Rechtsnatur und Parteien des PSA aufgegriffen und die Aufmerksamkeit auf das sog. „Restprinzip“ bei der Bildung des Verzeichnisses der unter PSA-Recht abbaufähigen Erdkörperfelder gelenkt. Es schließt sich die Untersuchung des Verfahrens zum Abschluss einer PSA-Vereinbarung an einschließlich der Besprechung obligatorischer Vorschriften zur Arbeitsausführung unter einem PSA und inwiefern diese mit den WTO-Bestimmungen im Einklang stehen. Der nächste Abschnitt des Kapitels widmet sich der Darstellung der Modelle für die Produktionsteilung zwischen den PSA-Parteien und den damit zusammenhängenden steuerlichen Belastungen. Der abschließende Teil des Kapitels behandelt die Investitionsschutzmechanismen (Stabilitätsklauseln) und bietet einen Überblick über die Gestaltung der Streitbeilegung bei der Umsetzung eines PSA in Russland.

Die wesentlichen Ergebnisse zum russischen Recht der Bodenschätze sowie die rechtsvergleichenden Erkenntnisse zum deutschen Bergrecht fließen in eine Schlussbetrachtung im Kapitel 6 ein. Anhand der vorgelegten Untersuchung und unter Berücksichtigung rechtlicher Schranken und der tatsächlichen Rechtslage im russischen Bergbausektor sollen darin als Abschluss der Abhandlung konkrete Ansätze und Verbesserungsvorschläge für optimale Rahmenbedingungen formuliert werden.

Kapitel 1. Das System der Bergbaugesetzgebung

A. Entwicklung der Bergbaugesetzgebung

Die Entstehungsgeschichte des russischen Bergrechts umfasst mehrere Jahrhunderte. Bereits zur Zeit Peter des Großen wurde klar, dass zur Gewährleistung des sozialwirtschaftlichen Wohls Russlands die Bodenschätze von beträchtlicher Bedeutung sind. Das Recht der Bodenschätze durchschritt in seiner Entwicklung im Wesentlichen drei große Etappen: die Zeit des Russischen Imperiums, die Zeit der UdSSR und die Neuzeit der Russischen Föderation (im Folgenden: RF).[7] Bekanntlich hängt das Recht der Bodenschätze eng mit den Auffassungen über das Wirtschaftssystem zusammen.[8] So spiegelte die Bergrechtsentwicklung in Russland schon immer die Ausrichtung der Staatspolitik wider.

Das vorrevolutionäre Bergrecht basierte vor allem auf der „Bergfreiheit"[9], die einen freien Zugang zu den Lagerstätten gewährte. Gegen Mitte des XVIII. Jahrhunderts behauptete sich das Bergrecht als eigenständiges Rechtsgebiet. Bereits zu dieser Zeit wurden die Sammlungen der Bergbaugesetze verfasst sowie Lehrbücher dazu veröffentlicht und Vorlesungen gehalten.[10] Während der sowjetischen Ära wurde seit dem Jahr 1928 das ausschließliche Eigentumsrecht des Staates auf den Erdkörper mit den darin enthaltenen Naturressourcen einschließlich der Bodenschätze proklamiert.[11] Die bergbauliche Tätigkeit wurde in der UdSSR bis zum Jahr 1975 vor allem durch vorrangig geltende administrative Vorschriften (Erlasse der Kommunistischen Partei) reguliert. Mit dem Inkrafttreten im Jahr 1975/1976 der „Grundlagen der Gesetzgebung der UdSSR und der Unionsrepubliken über

---

7 Zur Entwicklungsgeschichte des russischen Bergrechts siehe bei *Vasilevskaja*, Rechtliche Rahmenbedingungen der Erdkörpernutzung in Russland und Ausland, S. 10–65; *Izjumov*, Bergrecht (2010), S. 95–125, *Perchik*, Bergrecht (2002), S. 62–108; *Sailer*, Aufsuchung, Exploration, Erschließung und Förderung von Bodenschätzen in der RF durch russische und ausländische Investoren, S. 11–33.

8 *Gudkov/Larochkina/Lakhno/Salieva* in: *Säcker (Hrsg.)*, Handbuch zum dt.-russ. Energierecht, S. 264.

9 Mit Ausnahme einer kurzen Zeit der Zarin Katerina die Großen, wenn das ausschließliche Eigentumsrecht des Grundstückseigentümers auf den Erdkörper und darin enthaltene Bodenschätze galt.

10 *Izjumov*, Bergrecht (2010), S. 97.

11 Berggesetz der RSFSR vom 15. Oktober 1928, SU RSFSR, 1928, № 133, Pos. 871 [Горный Закон РСФСР от 15 октября 1928 г., СУ РСФСР 1928 г. № 133, ст. 871].

den Erdkörper"[12] und darauf basierendem „Erdkörpergesetzbuches des RSFSR"[13] wurde das Bergrecht dem Gesetzgebungsbereich über die nationale Volkswirtschaft zugeordnet und letztlich in die „Gesetzgebung über den Erdkörper" umbenannt.

Die jetzige Verfassung der RF sowie die Gesetze und anderen Rechtsakte, die der Regelung der bergbaulichen Tätigkeit dienen, enthalten den Begriff „Bergrecht" nicht. Stattdessen verwendet man die Definitionen „Gesetzgebung über den Erdkörper" (meistens in den Rechtsakten) oder „Gesetzgebung über die Erdkörpernutzung" (meistens in der Literatur). Im Allgemeinen werden diese beiden Begriffe als gleichstehende Synonyme zu dem Begriff „Bergrecht" verstanden. In der Literatur jedoch wird oft der Begriff „Bergrecht" verwendet, wenn auch stets abwechselnd mit den anderen beiden Definitionen. In der vorliegenden Arbeit werden alle drei Begriffe synonym verwendet.

B. Überblick über das gegenwärtige System der Bergbaugesetzgebung

Das gegenwärtige Bergrecht in Russland stellt ein System der Rechtsvorschriften dar, die in den Rechtsakten verschiedener Ebenen (Föderation, Föderationsmitgliedern usw.) enthalten sind. Die rechtliche Grundlage hierfür bildet – wie in allen anderen Rechtsbereichen – die Verfassung der RF. Die in der Verfassung allgemein festgelegten Prinzipien sind in den föderalen Fachgesetzen, die das Grundgerüst des russischen Bergrechts bilden, weiterentwickelt. Im Einklang mit diesen Grundlagen werden weitere normative Rechtsakte erlassen, wie z.B. Erlasse des Präsidenten der RF, Verordnungen der Regierung der RF, Verwaltungsakte der Ministerien und Behörden usw. Dem föderativen Aufbau Russlands wird insofern Rechnung getragen, als die Föderationsmitglieder im Rahmen ihrer Zuständigkeit eigene Gesetze zur Regulierung der bergrechtlichen Verhältnisse erlassen können, die jedoch nicht im Widerspruch zu den Bestimmungen der Föderalgesetze stehen dürfen. Da die bergbauliche Tätigkeit ein sehr breites Feld an Rechtsgebieten erfasst, sind auch Rechtsvorschriften aus Umwelt-, Boden-, Wasser-, Verwaltungs-, und Steuerrecht hierfür relevant.

I. Rechtliche Regelungen in der Verfassung

In allen Staaten, die im internationalen Vergleich über bedeutende Rohstoffvorkommen verfügen, finden sich die Grundlagen des Rechts der Bodenschätze als

---

12 Grundlagen der Gesetzgebung über den Erdkörper der UdSSR und der Sowjetrepubliken vom 9. Juli 1975, Amtsblatt der Obersten Sowjet der UdSSR, 1975, № 29, Pos. 435 [Основы законодательства Союза ССР и Союзных республик о недрах от 9 октября 1975 г., Ведомости Верховного Совета СССР, 1975, № 29, ст. 435].

13 Erdkörpergesetzbuch der RSFSR vom 22. September 1976, Amtsblatt der Obersten Sowjet der UdSSR, 1976, № 39, Pos. 1205 [Кодекс РСФСР о недрах от 22 сентября 1976 г., Ведомости Верховного Совета РСФСР, 1976, № 39, ст. 1205].

wesentlicher Bestandteil in ihren Verfassungen.[14] Die Verfassung der Russischen Föderation (im Folgenden: Verf RF)[15] definiert ebenso den konzeptionellen Rahmen und die wesentlichen Grundsätze der Berggesetzgebung. Die Bodenschätze werden in der Verf RF neben Boden, Wasser- und anderen Naturressourcen als eine der Naturressourcenarten betrachtet.[16] Aus den Normen der Verf RF, die sich auf den Bergbau beziehen, lassen sich drei Grundprinzipien des Bergrechts ableiten.

1. *Eigentumsverhältnisse*

Laut Art. 9 Abs. 1 Verf RF werden Grund und Boden und die anderen Naturressourcen in der Russischen Föderation als Grundlage des Lebens und Wirkens der Völker, die auf dem entsprechenden Territorium leben, genutzt und geschützt. Darin kommt der Grundsatz der hohen nationalen Bedeutung der Naturressourcen zum Ausdruck. Dieses Prinzip liegt dem Hauptziel des Gesetzgebers zugrunde, die Einnahmen, die der Staat für die Bewilligung der Nutzungsrechte an den Erdkörperfeldern erhält, zu maximieren und wirtschaftlich effektiv aufzuteilen.[17] Darüber hinaus soll gewährleistet werden, dass die bergbauliche Tätigkeit nachhaltig und ohne übermäßigen Schaden für die Umwelt erfolgt, damit eine Knappheit der Naturressourcen für zukünftige Generationen vermieden wird. Von der hohen gesamtnationalen Bedeutung der Naturressourcen und darunter der Bodenschätze geht sowohl der Gesetzgeber[18] als auch das Verfassungsgericht[19] aus.

Im Hinblick auf die eigentumsrechtliche Zuordnung der Bodenschatzlagerstätte sieht Art. 9 Abs. 2 Verf RF Vielfältigkeit der Eigentumsformen vor. Danach können sich Grund und Boden und die anderen Naturressourcen in privater, staatlicher, kommunaler oder anderer Form des Eigentums befinden. Dieser Grundsatz wurde in dem Föderalgesetz „Über den Erdkörper“[20] (im Folgenden: ErdkörperG) dahingehend konkretisiert, dass das ausschließliche Eigentumsrecht am Erdkörper und den darin enthaltenen Naturvorräten laut Art. 1.2 Abs. 1 ErdkörperG an

---

14 *Sailer*, Aufsuchung, Exploration, Erschließung und Förderung von Bodenschätzen in der RF durch russische und ausländische Investoren, S. 55.

15 Verfassung der Russischen Föderation vom 12. Dezember 1993, Rossiyskaja Gazeta, № 237, 25.12.1993 [Конституция Российской Федерации от 12 декабря 1993 г., Российская газета, № 237, 25.12.1993].

16 *Perchik*, Bergrecht (2002), S. 15,16.

17 *Gudkov/Larochkina/Lakhno/Salieva* in: *Säcker (Hrsg.)*, Handbuch zum dt.-russ. Energierecht, S. 305.

18 In der Art. 2 ErdkörperG heißt es:„ Besitz, Nutzung und Verfügung über einen staatlichen Rohstofffonds erfolgt durch die gemeinsame Verwaltung sämtlicher Völker der Russischen Föderation“.

19 Entscheidung VerfG RF vom 9. Januar 1998 №1-P; Entscheidung VerfG RF vom 7. Juni 2000 № 10-P.

20 Föderalgesetz „Über den Erdkörper“ vom 21. Februar 1992, SZ RF 1995, № 10, Pos. 823 [Федеральный Закон „О недрах“ от 21 февраля 1992 г., СЗ РФ 1995, № 10, ст. 823].

den Staat delegiert wurde. Die in der Verf RF genannten Formen des Eigentums können somit nur an den bereits gewonnenen Bodenschätzen begründet werden. Wenn auch in Bezug auf die anderen Rechtsobjekte die Frage der Abgrenzung des staatlichen Eigentums ihre angemessene rechtliche Regulierung erlangt hat[21], so bleibt das Problem der Bestimmung von Volumen und Abgrenzung des staatlichen Eigentums am Erdkörper und darin enthaltenen Bodenschätze bis heute eines der „höchst problematischen" und „umstrittenen" Themen im russischen Bergrecht.[22] Das Grundproblem besteht zusammenfassend darin, dass weder in der Verfassung noch in föderalen Gesetzen bestimmt ist, ob und in welchem Umfang das Eigentum am Erdkörper einschließlich der Bodenschätze dem Föderationszentrum, den Föderationsmitgliedern oder in gemischter Form beiden zusteht.[23]

Das Verfassungsgericht hat in seiner Entscheidung die Verfassungsmäßigkeit des Art. 1.2 ErdkörperG bejaht. Es leitet zwar aus dem Wortlaut des Art. 9 Abs. 2 Verf RF, wonach „die Naturressourcen sich in privaten, staatlichen, kommunalen und in anderen Formen des Eigentums befinden können", eine Zulässigkeit unterschiedlicher Eigentumsformen an den Naturressourcen ab. Zur gleichen Zeit aber bedeute diese Norm keine zwingende Verpflichtung, dass alle Naturressourcen auch tatsächlich in den darin aufgeführten Eigentumsformen existieren müssen. Mit dieser Argumentation hat das Gericht die Bestimmung der Verfassung der Republik Altai, wonach die sich auf dem Territorium dieser Republik befindenden Naturressourcen dem Eigentum der Republik zuzuordnen seien, für verfassungswidrig erklärt.[24] Im Einklang mit der Verfassungsrechtsprechung lässt sich festhalten, dass in der Praxis die Gerichte das Eigentum am Erdkörper und den darin enthaltenen Bodenschätzen dem Eigentum der Föderation zuordnen. Genaueres zur Ausgestaltung des Eigentumsrechts am Erdkörper und den darin enthaltenen Bodenschätzen sowie an den gewonnenen Bodenschätzen wird unter Kapitel 2, B ausgeführt.

2. Verteilung der Kompetenzen

In Bezug auf die Verteilung der Regelungskompetenz zwischen dem Föderationszentrum und den Föderationsmitgliedern unterscheidet die russische Verfassung zwischen der ausschließlichen Zuständigkeit des Föderationszentrums nach Art. 71,

21 Z. B. bestimmt Art. 3 des Waldgesetzbuches vom 2006, dass die Waldflächen im föderalen Eigentum stehen.

22 *Sviridova/Kovarskaja*, Die Umsetzung des Grundsatzes der gemeinsamen Zuständigkeit in Fragen des Eigentums, Nutzung und Verfügung über die Bodenschätze, S. 75; *Kljukin*, Über die Fortentwicklung des Eigentumsrechts am Erdkörper, S. 20; *Kljukin*, Die Entwicklung des Bergrechts in der RF: Probleme und Wege zur Vervollkommnung, S. 13, 14; *Perchik*, Kritische Lesung des Gesetzes „Über den Erdkörper", S. 11.

23 *Gudkov/Larochkina/Lakhno/Salieva* in: *Säcker (Hrsg.)*, Handbuch zum dt.-russ. Energierecht, S. 306; *Bogolujbov*, Das Gesetz der RF „Über den Erdkörper": Stabilität und/oder Dynamik, S. 9, 10.

24 Vgl. Entscheidung VerfG RF vom 7. Juni 2000 № 10-P.

76 Abs. 1 Verf RF, der gemeinsamen Zuständigkeit des Föderationszentrums und der Föderationsmitglieder nach Art. 72, 76 Abs. 2 Verf RF und der Zuständigkeit der Föderationsmitglieder nach Art. 73 Verf RF. Laut Art. 72 lit. c Verf RF sind die Fragen des Besitzes, der Nutzung und der Verfügung über die Naturressourcen sowie die Abgrenzung des staatlichen Eigentums der gemeinsamen Zuständigkeit der RF und ihrer Föderationsmitglieder zugeordnet. Laut Art. 76 Abs. 2 und 5 Verf RF werden im Rahmen des gemeinsamen Zuständigkeitsbereichs Föderalgesetze erlassen, mit deren Bestimmungen die Gesetzgebung und andere Rechtsakte der Föderationsmitglieder nicht in Widerspruch stehen dürfen.

Mittels dieser Bestimmung kann der Gesetzgeber eine Differenzierung der Zuständigkeit im Bereich der gemeinsamen Regelungskompetenz vornehmen, d.h. die Verf RF verleiht dem Föderationszentrum das Recht, selbst darüber zu entscheiden, inwieweit die Föderationsmitglieder bei der Regelung von Fragen heranzuziehen sind, die zur gemeinsamen Zuständigkeit gehören.[25] Dabei setzt Art. 73 Verf RF gegenüber der Föderation nicht das Erfordernis eines gesamtstaatlichen Interesses an einer bundesgesetzlichen Regelung voraus, bevor die Föderation von ihrer Regelungsbefugnis Gebrauch machen darf, wie es das deutsche Verfassungsrecht kennt. Nach dem russischen Verfassungsrecht hat die Föderation im Bereich der gemeinsamen Zuständigkeit die Möglichkeit, stets ohne weiteres normsetzend tätig zu werden.[26]

Nach diesem allgemeinen Grundsatz erfolgt die Regulierung der Fragen über den Besitz, der Nutzung und der Verfügung über die Bodenschätze auf der Grundlage des Föderalrechts (Bundesrecht). Die Föderationsmitglieder haben dabei die Möglichkeit, in den einzelnen Themenbereichen des Bergrechts, die durch Föderalgesetzgebung ihrer Kompetenz zugewiesen wurden, eigene Rechtsakte zu erlassen, um föderale Bestimmungen näher zu präzisieren.[27]

3. Grundlagen zum Umweltschutz

Die moderne Gesetzgebung ist gekennzeichnet durch die Tatsache, dass die Vorschriften zum Umweltschutz immer mehr an Bedeutung gewinnen. In der Verf RF spiegelt sich diese Tendenz hinsichtlich des Bergbaus insbesondere in Art. 36 Verf RF wider. Er besagt „Besitz und Nutzung des Bodens und anderer Naturvorräte sowie die Verfügung über sie werden durch ihre Eigentümer frei ausgeübt, sofern

25 *Gudkov/Larochkina/Lakhno/Salieva* in: *Säcker (Hrsg.)*, Handbuch zum dt.-russ. Energierecht, S. 306.

26 *Sailer*, Aufsuchung, Exploration, Erschließung und Förderung von Bodenschätzen in der RF durch russische und ausländische Investoren, S. 56.

27 Vgl. *Sviridova/Kovarskaja*, Die Umsetzung des Grundsatzes der gemeinsamen Zuständigkeit in Fragen des Eigentums, Nutzung und Verfügung über die Bodenschätze, S. 75 ff.; *Habrieva, T. J.* (Hrsg.), Das Verhältnis der Gesetzgebung der Russischen Föderation und der Föderationsmitglieder, Moskau, 2003.

dies nicht der Umwelt Schaden zufügt...". In Art. 42 Verf RF räumt die Verfassung jeder Person das Recht auf wohlbehaltene Umwelt, auf verlässliche Information über ihren Zustand sowie auf Ersatz des Schadens, der seiner Gesundheit oder seinem Vermögen durch die Verletzung ökologischer Rechtsnormen zugefügt worden ist, ein. Ebenso findet sich in Art. 58 Verf RF für jede Person die Verpflichtung, die Natur und die Umwelt zu erhalten und sorgsam mit den Naturreichtümern umzugehen.

II. Rechtliche Regelungen auf der Föderationsebene

Das russische Bergrecht stellt ein komplexes System zahlreicher hoheitlicher und behördlicher Rechtsakte dar. Zu den wichtigsten Gesetzen, die im Wesentlichen das Grundgerüst des Bergrechts in Russland bilden, zählen insbesondere das ErdkörperG und das Föderalgesetz „Über product sharing agreements"[28] (im Folgenden: PSA-G). Damit sieht das russische Bergrecht grundsätzlich beide Hauptmodelle der rechtlichen Gestaltungsformen für die Zuteilung der Verfügungsrechte über die Bodenschätze vor: das Verwaltungsaktmodell (Bewilligungsmodell) nach ErdkörperG und das Vertragsmodell nach PSA-G.[29] Des Weiteren sind auch das Föderalgesetz „Über die Gasversorgung in der Russischen Föderation"[30] (im Folgenden: GasG) und das Föderalgesetz „Über den Festlandsockel der Russischen Föderation"[31] (im Folgenden: FestlandsockelG) von Bedeutung. Ferner gilt immer noch die Lizenzvergabeordnung für Erdkörpernutzung des Obersten Rates der RF vom 15. Juli 1992 (im Folgenden: LizenzvergabeG).[32]

---

28 Föderalgesetz „Über product sharing agreements" vom 30. Dezember 1995, N 225-FZ, SZ RF 1996, № 1, Pos. 18 [Федеральный закон N 225-ФЗ „О соглашениях о разделе продукции" от 30 декабря 1995 г., СЗ РФ 1996, № 1, ст. 18].

29 Im weltweiten Rechtsvergleich kommt ein solches gleichzeitiges Vorhandensein beider Modelle nur selten vor. Zurzeit nur noch in Venezuela anzutreffen.

30 Föderalgesetz „Über die Gasversorgung in der Russischen Föderation" vom 31. März 1999, SZ RF 1999, № 14, Pos. 1667 [Федеральный закон N 69-ФЗ „О газоснабжении в Российской Федерации" от 31 марта 1999 г., СЗ РФ 1999, № 14, ст. 1667].

31 Föderalgesetz „Über den Festlandsockel der Russischen Föderation" vom 30. November 1995, SZ RF 1995, № 49, Pos. 4694 [Федеральный закон N 187-ФЗ „О континентальном шельфе Российской Федерации" от 30 ноября 1995 г., СЗ РФ 1995, № 49, ст. 4694].

32 Lizenzvergabeordnung für Erdkörpernutzung des Obersten Rates der RF № 3314-1vom 15. Juli 1992 № 3314-1, Amtsblatt des Rates der Volksabgeordneten der RF und des Obersten Rates der RF, 1992, № 33, Pos. 1917 [Постановление Верховного Совета РФ от 15 июля 1992 г. № 3314-1 „О порядке введения в действие Положения о порядке лицензирования пользования недрами", Ведомости Съезда народных депутатов РФ и ВС РФ от 20 августа 1992 г., № 33, ст. 1917].

1. *Föderalgesetz „Über den Erdkörper"*

Das Fachgesetz, das die Kernstellung in dem System der Berggesetzgebung in Russland einnimmt und die Rolle eines kodifizierten Rechtsaktes in diesem Bereich beansprucht, ist das ErdkörperG vom 21. Februar 1992.

a) Historische Entwicklung

Seit seinem Inkrafttreten im Jahr 1992 wurde das ErdkörperG bereits über 40 Mal geändert und ergänzt. In erster Linie zielten diese Änderungen auf die Ausräumung von Defiziten und die Lösung von bestehenden Kollisionen. Nur wenige von ihnen richteten sich auf eine Änderung des konzeptionellen Rahmens des Gesetzes.[33] Die drei tiefgreifenden Novellierungen des ErdkörperG standen im engen Zusammenhang mit den Änderungen des politischen Willens und Interesses und drücken die Entwicklungsetappen des modernen russischen Bergrechts aus.

Bereits zwei Jahre nach seinem Inkrafttreten wurden im ErdkörperG im Jahr 1995 wesentliche Änderungen vorgenommen, die praktisch alle Normen betrafen. Elf neue Artikel wurden eingeführt, die den Gesetzesinhalt maßgeblich weiterentwickelten. Insbesondere ist dabei die Einführung des Art. 1.2 ErdkörperG zu nennen, der das ausschließliche Eigentumsrecht des Staates am Erdkörper und den darin enthaltenen Bodenschätzen gesetzlich festlegte. In den nachfolgenden Jahren beschloss der Gesetzgeber weitere Änderungen, die insbesondere die Voraussetzungen für die Übertragung von Bergbauberechtigungen konkretisierten. Außerdem legten sie die Anforderungen an den Bergbauunternehmer hinsichtlich seiner rechtlichen Stellung, fachlichen Qualifikation und der finanziellen Bonität fest. Im Wesentlichen betrafen die Änderungen der „ersten Generation" in den Jahren 1995–2003 aber vor allem die ausführlichere Ausarbeitung und abschließende Festlegung der Voraussetzungen für das Erteilungsverfahren von Nutzungsrechten am Erdkörper und auf die Ausräumung der Defizite bei Bestimmungen über Ausschreibungen und Auktionen.

Die Gesetzesänderungen der „zweiten Generation" standen in direktem Zusammenhang mit der umfassenden Verwaltungsreform in Russland, die mit den Änderungen im Gesetz „Über die allgemeinen Grundsätze der Organisation von staatlichen Legislativ- und Exekutivorganen in der RF"[34] im Jahr 2003 in Angriff genommen wurde. Der Schwerpunkt dieser Reform war die Zentralisierung

---

33 *Vasilevskaja*, Rechtliche Rahmenbedingungen der Erdkörpernutzung in Russland und Ausland, S. 94 ff.

34 Föderalgesetz „Über die Änderungen des Föderalgesetzes „Über die allgemeinen Grundsätze der Organisation von staatlichen Legislativ- und Exekutivorganen in den Föderationsmitgliedern der RF" vom 04. Juli 2003, SZ RF 2003, № 27 (Teil 2), Pos. 2709 [Федеральный закон N 95-ФЗ „О внесении изменений и дополнений в Федеральный закон „Об общих принципах организации законодательных (представительных) и исполнительных органов государственной власти субъектов Российской Федерации" от 04 июля 2003 г., СЗ РФ 2003, № 27 (ч. 2), ст. 2709].

verwaltungsrechtlicher Befugnisse. Das ErdkörperG musste mit dem genannten Föderalgesetz nun in Einklang gebracht werden, insbesondere bezüglich der Differenzierung der Zuständigkeitsbereiche zwischen Föderationszentrum und Föderationsmitgliedern. Dies erfolgte im Jahr 2004 durch die Änderungen der Art. 3–5 ErdkörperG, die die staatliche Regulierung des Bergbausektors radikal veränderten. Bis dahin fand für die kontinentale Vorkommen das sog. „Zwei Schlüssel-Prinzip" Anwendung, wonach die Befugnisse über die Erteilung von Bergbauberechtigungen, die Ausführung des Bergbaubetriebes und die Kontrolle darüber von den föderalen Exekutivorganen und denen des Föderationsmitgliedes, auf dessen Gebiet sich die Lagerstätte befand, gemeinsam ausgeübt wurden. Die Bergbauberechtigungen wurden von bevollmächtigten Vertretern derjenigen Staatsorgane unterzeichnet, welche die Erteilung der betreffenden Nutzungsrechte beschlossen hatten. Dasselbe galt für den Fall der Beschränkung, Aussetzung oder Aufhebung von Nutzungsrechten.[35] Ausnahmen galten nur für solche Lagerstätten, die unter ausschließlicher Verwaltung des Föderationszentrums standen. Dazu gehörten Lagerstätten im Küstenmeer, in den inneren Gewässern und auf dem Festlandsockel sowie in der Sonderwirtschaftszone.[36]

Durch die Gesetzesnovellierung erfolgten tiefe Einschnitte in die bundesstaatlichen Rechte der Föderationsmitglieder und die „Zwei-Schlüssel"-Regel wurde aufgehoben. Von nun an verlagerten sich die gesetzgeberischen und verwaltungsrechtlichen Befugnisse im Bereich der Erdkörpernutzung zunehmend auf das föderale Zentrum, und die Föderationsmitglieder wurden in ihren Kompetenzen stark eingeschränkt. Die gesamte Kategorie der wirtschaftlich bedeutenden Vorkommen der strategischen Bodenschätze (Öl, Gas, Kohle, Edelmetalle) wurde in die ausschließliche Zuständigkeit des föderalen Zentrums gestellt und die Fragen über ihre Verfügung und Verwaltung wurden in vollem Umfang den Bundesorganen übertragen.[37] Die Föderationsmitglieder erhielten in Bezug auf diese Lagerstätten nur ein „Mitwirkungsrecht", indem für sie die Beteiligung bei der Vorbereitung der entsprechenden Beschlüsse vorgesehen wurde. In ihrem tatsächlichen Machtumfang verblieben nur

---

35 Vgl. *Bystrov, G.*, Kodifizierungsprobleme der russischen Berggesetzgebung, in: VDRW-Mitteilungen 25–26/2005, S. 23 ff.; *Baller, O.*, Bodenschätze und ihre wirtschaftliche Ausbeutung in Russland – Machtkampf im Innern oder Investitionssicherheit nach außen?, in: VDRW-Mitteilungen 25–26/2005, S. 42 ff.; *Gudkov/Larochkina/Lakhno/Salieva* in: *Säcker (Hrsg.)*, Handbuch zum dt.-russ. Energierecht, S. 307; *Skajner*, Die staatliche Regulierung der Beziehungen bei der Nutzung des Erdkörpers: "Verwässerung" des „Zwei-Schlüssel-Prinzips" und seine Einbindung in die Struktur des Zivilrechts, S. 15–28.

36 *Gudkov/Larochkina/Lakhno/Salieva* in: *Säcker (Hrsg.)*, Deutsch-russisches Energie- und Bergrecht im Vergleich, S. 103.

37 Die genaue Gegenüberstellung der Rechtslage vor und nach der Reform siehe bei *Baller, O.*, Bodenschätze und ihre wirtschaftliche Ausbeutung in Russland – Machtkampf im Innern oder Investitionssicherheit nach außen?, in: VDRW-Mitteilungen 25–26/2005, S. 45, 46.

die Vorkommen allgemeinverbreiteter Bodenschätze wie z.B. Sand, Ton, Kies oder Torf sowie die Bergbauvorhaben zur Errichtung und zum Betrieb von Tiefbauanlagen, die nicht dem Abbau von Bodenschätzen dienen.

Bis heute ist die Frage der Abgrenzung von Zuständigkeiten zwischen der RF und den Föderationsmitgliedern auf dem Gebiet der Erdkörpernutzung sehr umstritten und fand keine endgültige Lösung. In der Rechtswissenschaft haben sich hierzu zwei diametral entgegengesetzte Ansichten herausgebildet. Einige Autoren sind der Meinung, dass trotz erheblicher Verlagerung der Kompetenzen in bergrechtlicher Hinsicht zu Gunsten der Föderation die in Art. 72 lit. c Verf RF enthaltene Norm über die Zuordnung des Bergbaus zur gemeinsamen Zuständigkeit formell eingehalten ist, da eine gemeinsame Entscheidungskompetenz praktiziert wird, wenn auch nur noch in geringem Umfang und auf dem Gebiet der bergbaulichen Nutzung der Erdkörperfelder lokaler Bedeutung. Diese Autorengruppe vertritt ebenso die Auffassung, dass wegen der essentiellen Bedeutung der Naturressourcen für das Allgemeinwohl in Russland die Föderation diese Interessen durch eine solche zentralisierte Konzentration der Befugnisse am effektivsten vertreten kann.[38] Die herrschende Meinung jedoch hält zu Recht entgegen, dass durch eine bloße formelle Erfüllung der Norm ihrer Einhaltung im rechtlichen Sinne nicht Genüge getan ist. Denn durch die Abschaffung der Mechanismen für eine tatsächliche gemeinsame Entscheidung über die Vorkommen strategischer Bodenschätze, die das größte wirtschaftliche Interesse im Bergbau darstellen, wird den Föderationsmitgliedern die reale Ausübung des verfassungsmäßigen Rechts auf gemeinsame Zuständigkeit im Hinblick auf den Bergbau entzogen und werden die Interessen der Föderationsmitglieder nicht ausreichend gewahrt.[39]

Die nächsten bedeutenden Änderungen des ErdkörperG erfolgten im Jahr 2008 und waren eine Folge des neu erlassenen Gesetzes „Über das Verfahren zur Tätigung ausländischer Investitionen in Kapitalgesellschaften mit strategischer Bedeutung für die Landesverteidigung und die Sicherheit des Staates“[40] (im Folgenden:

38 *Izjumov*, Bergrecht (2010), S. 167 ff.; *Klimova*, Zur Frage über das Eigentumsrecht am Erdkörper in der RF, S. 100; *Jakovlev*, Das Bergrecht im modernen Russland, S. 81 ff.

39 *Vasilevskaja*, Rechtliche Rahmenbedingungen der Erdkörpernutzung in Russland und Ausland, S. 156–158; *Larochkina* in: *Säcker (Hrsg.)*, Deutsch-russisches Energie- und Bergrecht im Vergleich, S. 26, 27; *Sviridova/Kovarskaja*, Die Umsetzung des Grundsatzes der gemeinsamen Zuständigkeit in Fragen des Eigentums, Nutzung und Verfügung über die Bodenschätze, S. 78; *Bystrov* in: *Säcker*, (Hrsg.), Deutsch-russisches Energie- und Bergrecht im Vergleich, S. 105; *Sailer*, Aufsuchung, Exploration, Erschließung und Förderung von Bodenschätzen in der RF durch russische und ausländische Investoren, S. 87, 88; *Kljukin*, Die Entwicklung des Bergrechts in der RF: Probleme und Wege zur Vervollkommnung, S. 13, 14; *Perchik*, Kritische Lesung des Gesetzes „Über den Erdkörper“, S. 11.

40 Föderalgesetz „Über das Verfahren zur Tätigung ausländischer Investitionen in Kapitalgesellschaften mit strategischer Bedeutung für die Landesverteidigung und die

StrategInvestG). Die bergbauliche Tätigkeit auf den Erdkörperfeldern föderaler Bedeutung wurde nach Art. 6 StrategInvestG den strategisch wichtigen Wirtschaftszweigen zugeordnet und fällt somit in den Anwendungsbereich des StrategInvestG. Das ErdkörperG enthielt zwar bereits seit dem Jahr 1995 die Begriffe „Erdkörperfelder föderaler Bedeutung" und „Erdkörperfelder lokaler Bedeutung". Sie waren jedoch mit keinem Inhalt ausgefüllt, es fehlten jegliche Mechanismen für die Zuordnung der Erdkörperfelder zu den einzelnen Kategorien.[41] Die neue Fassung legte nun fest, nach welchen Kriterien die bestimmten Erdkörperfelder den Status föderaler Bedeutung erhalten und sah für die bergbauliche Tätigkeit und insbesondere für die Erteilung von Bergbauberechtigungen für solche Erdkörperfelder einen gesonderten Rechtsrahmen vor. Dieser kennzeichnet sich in erster Linie dadurch, dass die Erteilung einer Bergbauberechtigung für das Erdkörperfeld föderaler Bedeutung nur durch die Regierung der RF erfolgen kann. Parallel dazu führte die neue Fassung beim Zugang zu den Lagerstätten starke Beschränkungen gegenüber ausländischer Investoren und Unternehmen, an deren Kapital ausländische Investoren beteiligt sind, ein.[42] Im Ergebnis dieser Novellierung wurden alle wirtschaftlich bedeutenden Erdkörperfelder den „Erdkörperfeldern föderaler Bedeutung" zugeordnet und unterliegen seitdem den neuen rechtlichen Rahmenbedingungen.

Die Festlegung der Kriterien für die Zuordnung der Erdkörperfelder zu den Erdkörperfeldern lokaler Bedeutung sowie die Bestimmung ihres rechtlichen Status erfolgte erst im Jahr 2011 durch die Einführung des neuen Art. 2.3 ErdkörperG.[43] Die Machtbefugnisse über die Erdkörper lokaler Bedeutung wurden den Föderationsmitgliedern übertragen. Indem dieser Kategorie nur die Erdkörperfelder zugeordnet wurden, welche die sog. allgemeinverbreiteten Bodenschätze (Sand, Kies, Torf) enthalten, wurden die Föderationsmitglieder endgültig aus der Regulierung der bergbaulichen Tätigkeit hinsichtlich der wirtschaftlich deutlich interessanteren Bodenschätze wie Kohlenwasserstoffe, Gold, Edelsteine und Edelmetalle usw. ausgeschlossen.

In den Jahren 2011–2015 entwickelte sich die Berggesetzgebung weiterhin sehr dynamisch. Zunächst wurde das System der Steuern und Abgaben im Bergbausektor

---

Staatssicherheit" vom 29. April 2008, SZ RF 2008, № 18, Pos. 1940 [Федеральный закон N 57-ФЗ „О порядке осуществления иностранных инвестиций в хозяйственные общества, имеющие стратегическое значение для обеспечения обороны страны и безопасности государства" от 29 апреля 2008 г., СЗ РФ 2008, № 18, ст. 1940].

41 *Perchik*, Kritische Lesung des Gesetzes „Über den Erdkörper", S. 12.

42 Die bereits bis dahin verliehenen Bergbauberechtigungen behielten uneingeschränkt ihre Gültigkeit.

43 Föderalgesetz „Über die Änderungen im Föderalgesetz „Über den Erdkörper" und weiteren Rechtsakten der Russischen Föderation" vom 30. November 2011, SZ 2011, № 49 (Teil I), Pos. 7042 [Федеральный закон N 364-ФЗ «О внесении изменений в Закон Российской Федерации «О недрах» и отдельные законодательные акты Российской Федерации" от 30 ноября 2011 г., СЗ РФ 2011, № 49 (часть I), ст. 7042].

wesentlich reformiert. Die Änderungsnormen haben die Gebühren für die Nutzung der geologischen Information abgeschafft und den Zugang zu Daten der geologischen Information öffentlich gemacht. Mit diesen Maßnahmen beabsichtigte der Gesetzgeber die Zahl der potenziellen Bergbauinteressenten vor allem im Bereich der geologischen Forschung zu erhöhen.[44] Seit Mitte 2013[45] versuchte die russische Regierung durch Einführung steuerlicher Anreize und verfahrensrechtliche Vergünstigungen die Erschließung auch schwerzugänglicher Lagerstätten und Lagerstätten in Gebieten mit schwacher Infrastruktur zu fördern.[46]

Mit dem Ziel, mögliche Missbrauchsfälle der weiten Ermessensspielräume, die sich bei der Vergabepraxis nach dem Ausschreibungsmodell eröffneten, zu vermeiden, wurde Ende 2012[47] beschlossen, dass die Bergbauberechtigungen für die Erdkörperfelder föderaler Bedeutung nur noch auf der Grundlage einer Auktion erteilt werden können. Eine weitere wichtige Änderung des ErdkörperG betraf das Rechtsverhältnis zwischen Bergbau und Grundeigentum. Der Art. 25.1 ErdkörperG erhielt eine neue Fassung, wonach die Erteilung der Rechte an den Grundstücken jetzt nicht nur nach Bodengesetzgebung, sondern auch im Einklang mit Zivil-, Wasserrecht und Forstgesetzgebung erfolgen soll. Ferner wurde das Erteilungsverfahren von Verfügungsrechten an Grundstücken aus dem staatlichen Eigentum detaillierter bestimmt.[48]

---

44 *Vasilevskaja*, Rechtliche Rahmenbedingungen der Erdkörpernutzung in Russland und Ausland, S. 103.

45 Föderalgesetz „Über die Änderungen im Föderalgesetz „Über den Erdkörper" und weiteren Rechtsakten der Russischen Föderation" vom 23. Juli 2013, SZ RF 2013, № 30 (Teil I), Pos. 4060 [Федеральный закон N 227-ФЗ «О внесении изменений в Закон Российской Федерации «О недрах» от 23 июля 2013 г., СЗ 2013, № 30 (Часть I), ст. 4060].

46 *Ponkratov*, Besteuerung der Produktion und der Ausfuhr von Kohlenwasserstoffen in Russland, S. 13.

47 Föderalgesetz „Über die Änderungen im Föderalgesetz „Über den Erdkörper" und weiteren Rechtsakten der Russischen Föderation" vom 30. Dezember 2012, SZ RF 2012, № 53 (Teil I), Pos. 7648 [Федеральный закон N 323-ФЗ «О внесении изменений в Закон Российской Федерации «О недрах» и отдельные законодательные акты Российской Федерации» от 30 декабря 2012, СЗ РФ 2012, № 53 (часть I), ст. 7648].

48 Föderalgesetz „Über die Änderungen im Föderalgesetz „Über den Erdkörper" und im Art. 8.2 Föderalgesetzes „Über das Inkrafttreten des Waldgesetzbuches", SZ RF 2011, № 30 (Teil I), Pos. 4570 [Федеральный закон N 222-ФЗ «О внесении изменений в Закон Российской Федерации «О недрах» и статью 8.2 Федерального закона «О введении в действие Лесного кодекса Российской Федерации» от 18.07.2011, СЗ РФ 2011, № 30 (часть I), ст. 4570]; Föderalgesetz „Über die Änderungen im Bodengesetzbuch und weiteren Rechtsakten der Russischen Föderation" vom 23. Juni 2014, SZ 2014, № 26 (Teil I), Pos. 3377 [Федеральный закон N 171-ФЗ «О внесении изменений в Земельный кодекс Российской Федерации и отдельные законодательные акты Российской Федерации» от 23 июня 2014 г., СЗ РФ 2014, № 26 (часть I), ст. 3377].

b) *Sachlicher Anwendungsbereich*

Nach seiner Präambel gilt das ErdkörperG für „die Rechtsverhältnisse in Zusammenhang mit der Erforschung, der Nutzung und dem Schutz des Erdkörpers auf dem Staatsgebiet der RF und ihres Festlandsockels sowie der Nutzung von Abfällen der Bergbauindustrie und der damit verbundenen verarbeitenden Industrien, dem Abbau von Torf und sonstigen mineralischen Ressourcen einschließlich unterirdischer Gewässer, Salzwasser und Solen von Salzseen und Meeresbuchten". Der Anwendungsbereich des ErdkörperG erschließt sich näher aus den Leitsätzen, die das ErdkörperG als der konzeptionelle Rechtsrahmen für die staatliche Regulierung der bergbaulichen Tätigkeit festlegt sowie aus den darin verwendeten Begriffen. Die Begriffsbestimmung bleibt dem nächsten Kapitel vorbehalten. An dieser Stelle seien die Leitsätze des ErdkörperG genannt, die Aufschluss über die Wesensmerkmale der rechtlichen Gestaltung des Zugangs zu den Bodenschätzen im Rahmen des Verwaltungsaktmodells ermöglichen.

Die Grundsätze des Bewilligungsmodells lassen sich wie folgt umschreiben. Das ErdkörperG beschränkt die in Art. 9 Abs. 2 Verf RF festgelegte Optionsvielfalt der Eigentumsformen an den Naturressourcen nur auf eine Eigentumsform. Nach Art. 1.2 ErdkörperG befinden sich der Erdkörper sowie der unterirdische Raum und die im Erdkörper enthaltenen Bodenschätze und anderen Naturressourcen innerhalb der Grenzen der RF im ausschließlichen Eigentum des Staates. Dieser stellt in seiner Rolle als Eigentümer den interessierten Bergbauunternehmen bestimmte Erdkörperfelder zu Zwecken der bergbaulichen Nutzung zur Verfügung. Für die Verleihung von Nutzungsrechten sieht das ErdkörperG ein einheitliches Lizenzierungssystem vor – ein Verfahren, in welchem auf Antrag gemäß den in Art. 10.1 ErdkörperG festgelegten Rechtsgründen die bergbauliche Nutzung eines Erdkörperfeldes durch die Erteilung eines entsprechenden Verwaltungsaktes – der Erdkörpernutzungslizenz (im Folgenden: EKL[49]) bewilligt wird. Das entstandene Nutzungsrecht wird durch die Erteilung einer Erdkörpernutzungslizenz beurkundet, Art. 11, 12 ErdkörperG. Grundsätzlich wird bei konkurrierenden Anträgen für die Ermittlung des Nutzungsberechtigten auf die Durchführung eines wettbewerbsorientierten Verfahrens in Form einer Auktion bzw. Ausschreibung abgestellt.

Die Normen des ErdkörperG gelten übergreifend für alle Arten der Bodenschätze. Somit unterliegen die kohlenwasserstoffhaltige Bodenschätze wie Erdöl und Erdgas auch dem Rechtsrahmen des ErdkörperG. Zwar kennt das russische Bergrecht hinsichtlich einzelner mineralischer Rohstoffarten sowie der Endlagerung von radioaktiven Abfällen und Giftstoffen darüber hinaus sektorspezifische Gesetze wie z. B. die Föderalgesetze „Über die Edelmetalle und Edelsteine"[50] und „Über die staatliche

---

49 Diese Abkürzung ist dem Handbuch „Wirtschaft und Recht in Osteuropa: WiRO" entnommen.

50 Föderalgesetz „Über die Edelmetalle und Edelsteine" vom 26. März 1998, SZ RF 1998, № 13, Pos. 1463 [Федеральный закон N 41-ФЗ „О драгоценных металлах и драгоценных камнях" от 26 марта 1998 г., СЗ РФ 1998 г., № 13, ст. 1463].

Regulierung im Bereich der Kohlegewinnung und Kohlenutzung“[51]. Es ist jedoch zu betonen, dass diese Rechtsakte keine Vorschriften über die Regulierung des Zugangs zu den Bodenschätzen oder die Verteilung der Kompetenzen zwischen den zuständigen Behörden enthalten. Vielmehr legen sie die politischen Richtlinien in diesen Industriebranchen fest und regulieren die einzelnen speziellen Arbeitsanforderungen wie z. B. Sicherheit der Betriebe, soziale Verantwortung gegenüber Mitarbeitern oder Aufsicht und Attestierung von Edelmetallen und Edelsteinen durch das Zentrale Eichamt. Die Bestimmungen dieser Gesetze müssen im Einklang mit dem ErdkörperG stehen.

c) Keine einheitliche Begriffsanwendung als Problemfeld des ErdkörperG

Ein wesentlicher Mangel des ErdkörperG ist es, dass zahlreiche dort verwendete Rechtsbegriffe nicht einheitlich angewendet werden und dass das Gesetz eine Reihe von ungenauen und unverbindlichen Formulierungen enthält. Während der ganzen Existenzzeit des ErdkörperG wird dieser Umstand von einer großen Zahl Rechtswissenschaftler kritisiert.[52] Sie heben hervor, dass gesetzlich verankerte Rechtsbegriffe eine sinnentsprechende Vollständigkeit der Rechtsnormen sichern und die Mehrdeutigkeit bei der Auslegung ausschließen sollen. Klar definierte Rechtsbegriffe tragen zur einheitlichen und korrekten Anwendung der Gesetzgebung erheblich bei. In der heute geltenden Fassung des ErdkörperG – als dem zentralen Rechtsakt des russischen Bergrechts – ist jedoch eine solche Einheitlichkeit nicht einmal im Hinblick auf den Wortlaut der Schlüsselbegriffe vorhanden. Während in Art. 10 und 20 ErdkörperG die Formulierung „Nutzungsrecht am Erdkörperfeld“ verwendet wird, findet sich in Art. 21 und 21.1 der Wortlaut „Nutzungsrecht am Erdkörper“. Dabei wird in beiden Fällen diesen Begriffen absolut identischer Inhalt beigemessen. Ähnliches kann man in der gleichen Weise mit den Begriffen „Bodenschätze“ und „Mineralressourcen“ beobachten.[53] Oftmals verwendet das Gesetz auch den Begriff „staatlich“ (staatliches Eigentum, staatlicher Rohstofffonds), ohne dabei zwischen den konkreten Rechtssubjekten zu unterscheiden, wodurch jedoch in einem Föderalstaat – wie Russland einer ist – die Frage ungelöst bleibt, wer die Verfügungs- und Verwaltungsgewalt in den einschlägigen Fällen innehat: das Föderationszentrum

51 Föderalgesetz „Über die staatliche Regulierung im Bereich der Kohlegewinnung und Kohlenutzung und über die Besonderheiten des Sozialschutzes von Mitarbeitern der Kohleindustrie“, SZ RF 1996, № 26, Pos. 3033 [Федеральный закон N 81-ФЗ „О государственном регулировании в области добычи и использования угля, об особенностях социальной защиты работников организаций угольной промышленности“ от 20 июня 1996 г., СЗ РФ 1996, № 26, ст. 3033].

52 *Ibragimov*, Grundlegende Begriffe und ihre Definitionen, S. 13 ff.; *Ibragimov*, Erdkörper und das Gesetz „Über den Erdkörper“: das Problem bei Abgrenzung von Rechtsbegriffen, S. 46 ff.; *Kljukin*, Die Entwicklung des Bergrechts in der RF: Probleme und Wege zur Vervollkommnung, S. 11; *Valentinov*, Das alte Unheil-Gesetz, S. 83.

53 *Ibragimov*, Grundlegende Begriffe und ihre Definitionen, S. 21–23; *Perchik*, Kritische Lesung des Gesetzes „Über den Erdkörper“, S. 10, 11.

oder die Föderationsmitglieder. Solche gesetzestechnischen Unzulänglichkeiten wären für den Gesetzgeber nach einer gründlichen Analyse der Rechtsvorschriften einfach zu beseitigen. Es ist empfehlenswert, in naher Zukunft den Gesetzestext zu einer terminologischen Einheit zu bringen.

2. Föderalgesetz „Über product sharing agreements“

Mitte der 90-er Jahre hat der Gesetzgeber einen Versuch unternommen, den Zugang zu den Bodenschätzen im Rahmen einer vertraglichen Gestaltungsform zu ermöglichen. Das PSA-G trat am 30. Februar 1995 in Kraft. Wie die Präambel des Gesetzes bestimmt, sollte dieses Gesetz der Förderung der Investitionstätigkeit im Bergbaubereich dienen. Aus dem Standpunkt seines sachlichen Anwendungsbereichs gilt dieses Gesetz für die Rechtsverhältnisse, die sich im Zuge inländischer und ausländischer Investitionen in Aufsuchung und Gewinnung mineralischer Rohstoffe aufgrund eines privatrechtliche Vertrages – product sharing agreement – ergeben. Es legt die rechtlichen Rahmenbedingungen der Entstehung und der Einhaltung solcher Vereinbarungen fest, sowie die staatliche Kontrolle über die Tätigkeit im Rahmen dieser Vereinbarungen.

Das PSA-G müsste, zumindest laut seiner Präambel, die staatliche Regulierung des Zugangs zu den Bodenschätzen deutlich beeinflussen. Das Verfahren für die Vorbereitung, Aushandlung und den Abschluss solcher Vereinbarungen ist jedoch sehr komplex und durch zahlreiche bürokratische Hürden gekennzeichnet, wodurch die Umsetzung der Gesetzesvorschriften in der Praxis sich als sehr schwierig erwiesen hat.[54] Das hat zur Folge, dass es fast nie in der Praxis angewendet wurde.[55] Heute existieren in Russland nur drei PSA, die alle noch vor dem Inkrafttreten dieses PSA-G auf der Grundlage des Dekrets des Präsidenten der RF „Über die PSA-Verträge bei der Erdkörpernutzung“[56] aus dem Jahr 1993 abgeschlossen wurden. Die ausführliche Analyse der PSA-Regulierung in Russland erfolgt in dieser Arbeit unter Kapitel 5.

3. Föderalgesetz „Über den Festlandsockel der Russischen Föderation“

Laut Art. 67 Abs. 2 Verf RF verfügt die Russische Föderation „über die souveränen Rechte und übt die Jurisdiktion über den Festlandsockel und die ausschließliche Wirtschaftszone der Russischen Föderation gemäß der durch Föderalgesetze und Völkerrechtsnormen bestimmten Ordnung aus“. Derzeit beträgt die Fläche des

---

54 *Vasilevskaja*, Rechtliche Rahmenbedingungen der Erdkörpernutzung in Russland und Ausland: Theorie und Praxis, S. 166.

55 In den Jahren 2005–2006 wurde ein Versuch unternommen, ein PSA für das Erdkörperfeld mit „Schtokmanskoe“-Lagerstätte abzuschließen, der jedoch scheiterte.

56 Erlass des Präsidenten der RF „Über die PSA bei der Erdkörpernutzung“ vom 24. Dezember 1993, „Rossiyskaja Gazeta“, № 4, 10.01.1994 [Указ Президента РФ N 2285 «Вопросы соглашений о разделе продукции при пользовании недрами» от 24 декабря 1993, «Российская газета», № 4, 10.01.1994].

Festlandsockels der RF 6,2 Millionen km^2, von denen etwa 4 Millionen km^2 für die Erkundung und Abbau von Erdöl und Erdgas in Frage kommen.[57] Wie in den meisten anderen Staaten gibt es auch in der RF ein spezielles Gesetz für die Regulierung der Rechtsverhältnisse, die im Bereich des Festlandsockels entstehen – das FestlandsockelG. In den sachlichen Geltungsbereich dieses Gesetzes fällt die Ausübung sowohl der Bergbautätigkeit als auch anderer wirtschaftlichen Aktivitäten auf dem Festlandsockel, sei es die wissenschaftliche Erforschung und die Nutzung der Naturressourcen oder die wissenschaftliche Erforschung des Meeres. In Bezug auf die bergbauliche Tätigkeit legt Art. 5 FestlandsockelG fest, dass die Russische Föderation auf dem Festlandsockel folgende Rechte ausübt: Souveränitätsrechte bezüglich der Erforschung des Festlandsockels und der Gewinnung seiner Naturressourcen; das ausschließliche Recht, Bohrarbeiten auf dem Festlandsockel für alle Zwecke zu erlauben und zu regeln; das ausschließliche Recht auf Errichtung sowie Genehmigung des Betriebes und der Nutzung von Bauwerken und Bauanlagen. Das ErdkörperG integriert das FestlandsockelG in den räumlichen Geltungsbereich des russischen Bergrechts. Nach Art. 1 Abs. 2 ErdkörperG gelten die Bestimmungen des ErdkörperG auf dem gesamten Territorium der RF, in der ausschließlichen Wirtschaftszone und auf dem Festlandsockel unter Berücksichtigung der Föderalgesetze über diese Zonen und in Übereinstimmung mit den internationalen Verträgen[58].

Durch die Novellierung des FestlandsockelG im Jahr 2009[59] wurde die alte Fassung des Art. 7 FestlandsockelG, der die möglichen Arten der Erdkörpernutzung auf dem Festlandsockel fixierte, geändert und mit den Vorschriften des Art. 6 ErdkörperG, der alle zulässigen Erdkörpernutzungsarten auflistet, in Einklang gebracht. Laut der neuen Fassung des Art. 7 FestlandsockelG werden die Erdkörperfelder des Festlandsockels für folgende Zwecke zur Verfügung gestellt: regionale geologische Forschung; geologische Forschung; geologische Forschung und Erkundung und Gewinnung (kombinierte Lizenz); andere Arten der Erdkörpernutzung, die im ErdkörperG vorgesehen sind. Vor dem Inkrafttreten dieser Änderungen sah das FestlandsockelG einige Arten für die Nutzung der Erdkörperfelder auf dem Festlandsockel vor, die das ErdkörperG nicht kannte. Trotz der Tatsache, dass die neue Fassung des Gesetzes die genannte Unstimmigkeit ausräumte, schaffte sie gleichzeitig eine andere Kollision. Der neue Wortlaut des Art. 7 FestlandsockelG sieht zwar die Möglichkeit der Erteilung einer Bergbauberechtigung für die geologische Forschung vor, diese wird in der Praxis aber nicht umgesetzt werden können. Denn nach

57 Angaben der MINPRIRODA, www.mnr.gov.ru.

58 Ausführlicher zu den internationalen Verträgen der RF siehe bei *Tolstych,* Die Rolle von internationalen Verträgen der RF bei der Regulierung der Erdkörpernutzung, S. 159 ff; *Sailer,* Aufsuchung, Exploration, Erschließung und Förderung von Bodenschätzen in der RF durch russische und ausländische Investoren, S. 68 ff.

59 Föderalgesetz „Über die Änderungen einzelner Rechtsakte der RF" vom 27. Dezember 2009, SZ RF 2009, № 52 (Teil I) Pos. 6440 [Федеральный закон N 364-ФЗ «О внесении изменений в отдельные законодательные акты Российской Федерации» от 27 декабря 2009 г., СЗ РФ 2009, № 52 (часть I) ст. 6440].

Art. 2.1 ErdkörperG zählen alle Erdkörperfelder, die sich auf dem Festlandsockel befinden oder sich darauf erstrecken, zu den Erdkörperfeldern föderaler Bedeutung, und für diese Kategorie der Erdkörperfelder sieht das ErdkörperG die Erteilung einer eigenständigen Bergbauberechtigung zu Zwecken der geologischen Forschung nicht vor. Somit sind die Aufsuchungsarbeiten auf dem Festlandsockel nur im Rahmen eines kombinierten Nutzungsrechts (Aufsuchen und Gewinnen) möglich.

Im September 2013 beschloss der russische Gesetzgeber einige Änderungen[60] in der Regulierung der Bergbauaktivitäten auf dem Festlandsockel. Sie zielten hauptsächlich auf die Schaffung von Steuer- und Zollanreizen für die Unternehmen ab, die in der Kohlenwasserstoffgewinnung auf dem Festlandsockel tätig sind. Diese Änderungen entfalten eine weit über die Steuer- und Zollgesetzgebung hinausgehende Bedeutung. Die neue Fassung des Steuergesetzbuches und im Einklang damit geändertes FestlandsockelG führten für Gemeinschaftsunternehmen, die nur die Funktion eines Betreibers (Operator) beim Abbau einer Offshore-Lagerstätte ausüben, aber keine Bergbauberechtigung für das entsprechende Erdkörperfeld besitzen, den Begriff „Betreiber einer Offshore-Kohlenwasserstofflagerstätte“ ein. Die Novellierung hatte zum Ziel, auf der Gesetzesebene ein Modell für die Zusammenarbeit zwischen russischen Unternehmen als Lizenzinhaber und ihren Partnern (einschließlich ausländischer Investoren) festzulegen, das auf der Vertragsgrundlage fußt.[61]

4. Föderalgesetz „Über die Gasversorgung“

Das GasG hat im System der russischen Berggesetzgebung eine umstrittene Bedeutung. Auf das ErdkörperG bezogen, ist das GasG *lex specialis* und sieht für die Erdkörperfelder föderaler Bedeutung, die Gaslagerstätte enthalten, ein besonderes Verfahren im Hinblick auf die Erteilung von Bergbauberechtigungen vor.[62] Art. 12 GasG räumt der Regierung der RF die Möglichkeit ein, die Nutzungsrechte an Erdkörperfeldern föderaler Bedeutung ohne Wettbewerbsverfahren an Eigentümer des Einheitlichen Gasversorgungssystems und Eigentümer des regionalen Gasversorgungssystems zu erteilen. Gem. Art. 6 und 7 GasG sind dabei die Eigentümer

---

60 Föderalgesetz „Über die Änderungen in Teil I des Steuergesetzbuches RF und einzelnen Rechtsakte der RF im Zusammenhang mit der Umsetzung von Maßnahmen zur steuerlichen und zoll-tariflichen Förderung der bergbaulichen Tätigkeit mit dem Zweck der Kohlenwasserstoffegewinnung auf dem Festlandsockel der RF“ vom 30. September 2013, SZ RF 2013, № 40 (Teil III) Pos. 5038 [Федеральный закон N 268-ФЗ «О внесении изменений в части первую и вторую Налогового кодекса Российской Федерации и отдельные законодательные акты Российской Федерации в связи с осуществлением мер налогового и таможенно-тарифного стимулирования деятельности по добыче углеводородного сырья на континентальном шельфе Российской Федерации» от 30 сентября 2013 г., СЗ РФ 2013, № 40 (часть III) ст. 5038].

61 Ausführlicher zu diesen Art der Verträge siehe in dieser Arbeit S. 179 ff.

62 *Säcker*, (Hrsg.), Russisches Energierecht. Gesetzessammlung, S. 17.

des Einheitlichen Gasversorgungssystems „ÖAG Gazprom“ und Eigentümer der regionalen Gasversorgungssysteme die mit „ÖAG Gazprom“ affiliierte Personen. Diese Möglichkeit wird zwar mit der Voraussetzung verknüpft, eine sichere Gasversorgung in Russland zu gewährleisten. In Anbetracht der Zuordnung gem. Art. 2.1 ErdkörperG von Erdkörperfeldern, die Gasvorräte ab 50 Milliarden Kubikmetern enthalten, zu den Erdkörperfeldern föderaler Bedeutung, schafft diese Bestimmung des GasG für Gazprom jedoch eine Monopolstellung beim Aufsuchen und Gewinnen der Gasvorräte auf dem russischen Territorium, denn sie erlaubt diesem Unternehmen außerhalb des wettbewerblichen Verfahren die Rechte an praktisch allen Gaslagerstätten zu erlangen, die ihren Vorratsvolumen nach halbwegs wirtschaftlich bedeutend sind.[63] Überzeugender wäre vielmehr die Einräumung einer solchen Möglichkeit nur in Sonderfällen, wenn es zu tatsächlichen negativen Auswirkungen auf die Zuverlässigkeit der Gasversorgung in Russland kommen kann.

Im Wesentlichen ist das schon alles, was dieses Gesetz im Hinblick auf die staatliche Regulierung des Zugangs zu den Gaslagerstätten enthält. Hinzu kommt die Tatsache, dass die meisten Bestimmungen des Gesetzes keine Mechanismen der Rechtsumsetzung enthalten; viele der darin verwendeten Begriffe sind nicht klar definiert. Eine Vielzahl der dort enthaltenen Normen dupliziert die Bestimmungen anderer Gesetze oder verweist auf solche, die das notwendige Maß an gesetzlichen Regelungen nicht bieten. Interessant zu wissen ist, dass bereits im Jahr 2001 eine vom russischen Präsidenten zur „Inventur“ geltender russischen Gesetzgebung eingesetzte Kommission zu dem Schluss kam, dass das GasG durch eine starke Inhaltslosigkeit gekennzeichnet ist und vorschlug, dieses Gesetz abzuschaffen.[64] Vor diesem Hintergrund und im Zusammenhang mit einer möglichen Integrierung der in Art. 12 ErdkörperG festgelegten Vorschriften sehen heute einige russische Rechtswissenschaftler die Existenz des GasG (in der geltenden Fassung) nicht ein.[65]

5. Untergesetzliche Rechtsakte

Das ErdkörperG und die anderen oben genannten Gesetze enthalten zahlreiche Verweisungsnormen. Sie betreffen vor allem die einzelnen Fragen des bergbaulichen Verfahrenswesens sowie Zusammenstellung, Befugnisse und Arbeitsvorschriften der zuständigen Behörden. Viele dieser Normen behielten lange Zeit einen rein deklaratorischen Charakter, und bis heute bleiben die zur Weiterentwicklung dieser Bestimmungen vorgesehenen Rechtsakte nicht ausgearbeitet. Der Beseitigung dieser Lücke ist der Gesetzgeber insbesondere in den letzten fünf Jahren

63 *Kusnezov*, Kommentar zu GasG, Art. 12, S. 26.

64 Vgl. Bericht der Kommission für die Vorschläge über die Verteilung der Zuständigkeitsbereichen und Verwaltungsbefignissen zwischen den föderalen Behörden, Behörden der Föderationsmitglieder und den kommunalen Behörden, Administration der Präsidenten der RF, 2004. Die Kommission wurde gem. Erlass des Präsidenten der RF № 741 vom 21. Juni 2001 gegründet.

65 Vgl. *Nalötov*, Rechtsformen der Erdkörpernutzung, S. 48.

aktiv nachgegangen. So wurden mehrere Verordnungen der Regierung der RF und Anordnungen der zuständigen Ministerien erlassen, die die Vorgangsabläufe und ihre Fristen in verschiedenen Verfahrensarten, die im Zusammenhang mit der bergbaulichen Tätigkeit stehen, festlegten sowie die Arbeitsverfahren der zuständigen Kommissionen und anderen Behörden regelten und die Berechnung der entsprechenden Gebühren bestimmten.[66] Diese aktive, normsetzende Tätigkeit der letzten Jahre hat maßgeblich zum Aufbau einer detaillierten und transparenten Ausgestaltung der bergrechtlichen Rahmenbedingungen beigetragen. Heute richten sich die bergbaulichen Erteilungs- und Genehmigungsverfahren in einem nicht unerheblichen Teil nach den Vorschriften solcher untergeordneten Rechtsakte.

Die Richtlinien der Staatspolitik im Bergbaubereich, insbesondere zur nachhaltigen Förderung der Bodenschätze und Reproduktion der Rohstoffbasis, werden oft auch in den Erlassen des russischen Präsidenten wie z.B. der „Strategie der nationalen Sicherheit bis zum Jahr 2020"[67] und in den von der Regierung der RF genehmigten föderalen Programmen wie z.B. der „Energiestrategie Russlands bis zum Jahr 2030"[68] bestimmt.

III. Rechtliche Regelungen auf der Ebene der Föderationsmitglieder

Die Bergbaubaugesetzgebung in Russland spiegelt den föderativen Aufbau des Staates wider und beinhaltet neben der Bundesgesetzgebung auch die Landesgesetzgebung in Form von entsprechenden Rechtsakten, die durch die Föderationsmitglieder erlassen werden. Die Sicherung eines wirksamen Systems der staatlichen Regulierung im Bergbaubereich hängt dabei im Wesentlichen von der Berücksichtigung nicht nur der Interessen des föderalen Zentrums, sondern auch von den Interessen aller einzelnen Föderationsmitglieder ab. Die Entwicklung der Wechselbeziehungen zwischen diesen zwei Parteien im Hinblick auf die Zuständigkeitsverteilung im Bergbaubereich verzeichnet eine abwechslungsreiche Geschichte, was mit der Entwicklung Russlands von der Epoche einer Dezentralisierung der Verwaltung in den 90-er Jahren bis zur Stärkung der Machtvertikale in der heutigen Zeit eng zusammenhängt.

---

66 Vgl. *Tolstych/Kirjimanov*, Analyse der Gesetzesänderungen im Bereich der Erdkörpernutzung, S. 19–21; *Volkov/Zabbarov*, Die aktuellen Änderungen in der rechtlichen Regulierung der Erdkörpernutzung, S. 12 ff.

67 Erlass des Präsidenten der RF „Über die Strategie der nationalen Sicherheit bis zum Jahr 2020" vom 12. Mai 2009, SZ RF № 20, Pos. 2444 [Указ Президента РФ N 537 «О Стратегии национальной безопасности Российской Федерации до 2020 года» от 12 мая 2009 г., СЗ 2009, № 20, ст. 2444].

68 Regierungsverordnung № 1715-p" vom 13. November 2009 „Über die Energiestrategie Russlands bis zum Jahr 2030, SZ RF 2009, № 48, Pos. 5836 [Распоряжение Правительства РФ N 1715-р „Об Энергетической стратегии России на период до 2030 года" от 13 ноября 2009, СЗ 2009, № 48, ст. 5836].

Zu einem besseren Verständnis der aktuellen rechtlichen Lage erscheint ein Exkurs in die Entwicklung dieser Beziehungen von elementarer Bedeutung.

1. Historischer Entwicklungsprozess der Wechselbeziehungen

Mit der Gründung der Russischen Föderation bildete die rechtliche Grundlage für die Verabschiedung von Rechtsakten im Rahmen der Bergbaugesetzgebung auf der Ebene der Föderationsmitglieder zunächst Art. 2 lit. d des Föderationsvertrages vom 31. März 1992[69]. In diesem Artikel war die Entwicklung der Gesetzgebung im Bereich der Naturnutzung und des Umweltschutzes den gemeinsamen Zuständigkeiten der Russischen Föderation und der Föderationsmitglieder zugeordnet. Allgemein gesehen wurden die Reformen der frühen 90-er Jahre darauf gerichtet, das staatliche Eigentum zu „demonopolisieren". Das im sowjetischen Recht für die Naturressourcen angewendete Konstrukt „Volkseigentum" wurde im Föderationsvertrag dem Begriff „Eigentum" praktisch gleichgestellt.

Die Ausgestaltung des Föderationsvertrages schaffte für die Föderationsrepubliken (innerhalb der RF) die rechtliche Grundlage, sich als rechtmäßiger Eigentümer aller Bodenschätze, die sich auf ihrem Territorium befanden, zu betrachten. Dieser Rechtsakt enthielt einen bedeutenden Nachteil, der darin bestand, dass es an jeglichen Mechanismen zu seiner Umsetzung fehlte.[70] Zur Lösung dieses Problems sollte ein neues Gesetz beitragen; der Oberster Rat der RF konnte dieses aber nicht mehr beschließen, da er vorher aufgelöst wurde.

Die am 12. Dezember 1993 in Kraft getretene Verfassung der Russischen Föderation proklamierte nun, dass Grund und Boden sich in privatem, staatlichem und kommunalem Eigentum befinden können und ordnete die Fragen des Besitzes und der Nutzung der gemeinsamen Zuständigkeit der RF und ihrer Föderationsmitglieder zu. In Art. 11 Abs. 3 Verf RF ist die Möglichkeit vorgesehen, die Abgrenzung der Zuständigkeitsbereiche und Befugnisse zwischen Föderationszentrum und Föderationsmitgliedern auf der Grundlage von Verträgen festzulegen. Im Ergebnis erfolgte die Regulierung der Rechtsverhältnisse im Bergbaubereich in der Zeitperiode vom 1993 bis 1999 auf der Grundlage solcher „Föderalverträge". Es wurden über 40 Föderalverträge über die Abgrenzung der Zuständigkeitsbereiche abgeschlossen,

69 Föderationsvertrag „Über die Abgrenzung der Zuständigkeitsbereiche und Befugnisse zwischen den Bundesorganen der Staatsgewalt der Russischen Föderation und den Organen der Staatsgewalt der autonomen Gebiete und Bezirke in der Russischen Föderation" vom 31. März 1992, Föderationsvertrag: Rechtsakte. Kommentierungen, Moskau, 1994 [Федеративный договор от 31.03.1992 «О разграничении предметов ведения и полномочий между федеральными органами государственной власти Российской Федерации и органами власти автономной области, автономных округов в составе Российской Федерации», Федеративный договор: Документы. Комментарий, М., 1994].

70 *Sviridova/Kovarskaja*, Die Umsetzung des Grundsatzes der gemeinsamen Zuständigkeit in Fragen des Eigentums, Nutzung und Verfügung über die Bodenschätze, S. 77.

in denen unter anderem auch die Fragen des Bergrechts geregelt wurden. Für die Entwicklung der Gesetzgebung auf der Föderationsebene waren die Normen dieser Verträge maßgeblich. Die Bergbauangelegenheiten waren dort meistens in sehr allgemeiner Form geregelt und erhielten keine klar definierte Regeln und Prinzipen zur bergbaulichen Tätigkeit.[71]

Zum damaligen Zeitpunkt wurden die Eigentumsfragen im ErdkörperG gar nicht behandelt. Deshalb füllten die meisten Föderationsmitglieder diese Gesetzeslücke selber aus und legten in den Verträgen solche Rechtsvorschriften fest, die das Eigentumsrecht an den Naturressourcen dem auf dem Gebiet des entsprechenden Föderationsmitglieds lebenden Volk einräumten. Das bedeutete, dass die Naturressourcen zum Eigentum der Föderationsmitglieder erklärt wurden.[72] Später wurden in den Republiken eigene Verfassungen verabschiedet, von denen die Mehrzahl diese Normen übernommen hatten. Diese Verfassungen fixierten den Gesetzgebungsvorrang der Föderationsmitglieder für die Fragen des Besitzes, Verfügens und Nutzens des Erdkörpers und der darin enthaltenen Bodenschätze sowie anderer Naturressourcen. Die Lage lässt sich am Beispiel der Republik Tatarstan darstellen: Während im Jahre 1990 die Republik nur über ca. 2 % des staatlichen Eigentums an Bodenschätzen verfügte, so waren es im Jahr 1993 90 %.[73] Die aufgezeichnete Tendenz war zu dem damaligen Zeitpunkt eine politische Notwendigkeit. Diese Zeit wurde durch den Wunsch der Föderationsmitglieder nach Selbstbestimmung und mehr Eigenständigkeit gekennzeichnet. Der Abschluss solcher Kompetenzabgrenzungsverträge mit der klaren Tendenz, den Föderationsmitgliedern umfassende Zuständigkeiten insbesondere in Bezug auf den Bergbaubetrieb einzuräumen, erlaubte es, einen Zusammenbruch der RF zu verhindern, und ermöglichte die Entwicklung eines föderativen Aufbaus.[74]

Der nachkommende Zeitraum war auf der regionalen Ebene durch die allmähliche Verdrängung der bergbaulichen Regulierung auf vertragsrechtlicher Grundlage durch gesetzlich festgelegte Normen gekennzeichnet. Es stand vor allem im Zusammenhang mit dem Inkrafttreten des Föderalgesetzes „Über die Grundsätze und Verfahren der Abgrenzung von Zuständigkeiten zwischen Staatsorganen der

---

71 *Vasilevskaja*, Rechtliche Rahmenbedingungen der Erdkörpernutzung in Russland und Ausland, S. 201.

72 *Sviridova/Kovarskaja*, Die Umsetzung des Grundsatzes der gemeinsamen Zuständigkeit in Fragen des Eigentums, Nutzung und Verfügung über die Bodenschätze, S. 78.

73 *Borova, I. L.*, Verfassung der RF – Grundlage für die Verträge über die Verteilung der Zuständigkeitsbereiche zwischen der RF und den Mitgliedern der RF, Russische Justiz, № 4/2002, S. 24, 25 [*Борова И.*, Конституция РФ – основа договоров разграничения полномочий между РФ и её субъектами, Российская юстиция, 2002, № 4, с. 24, 25].

74 *Vasilevskaja*, Rechtliche Rahmenbedingungen der Erdkörpernutzung in Russland und Ausland: Theorie und Praxis, S. 200–201; *Sviridova/Kovarskaja*, Die Umsetzung des Grundsatzes der gemeinsamen Zuständigkeit in Fragen des Eigentums, Nutzung und Verfügung über die Bodenschätze, S. 78.

Russischen Föderation und Mitgliedern der Russischen Föderation“ vom 24. Juni 1999[75]. Dieses Gesetz räumte der Verfassung RF und den Föderalgesetzen vor den vereinbarten Verträgen eine vorrangige Stellung ein und führte das Verbot ein, die in der Verf RF vorgesehenen Zuständigkeitsbereiche durch einen Vertrag zu übertragen oder anderweitig zu verteilen. Ab jetzt konnte ein solcher Vertrag zwischen Föderationszentrum und Föderationsmitglied nur in zwei Fällen abgeschlossen werden: wenn im Föderalgesetz der direkte Hinweis enthalten war, dass zur Abgrenzung der Kompetenzen in dem entsprechenden Bereich ein Vertrag abgeschlossen werden kann oder dann, wenn ein Föderalgesetz gar fehlte. Bis zum Jahr 2004 waren fast alle bisherigen Verträge nach Einvernehmen der Parteien aufgehoben und die restlichen wurden in dem Föderalgesetz vom 4. Juli 2003[76] für ungültig erklärt.

Das oben genannte Gesetz über die Verteilung der Zuständigkeiten legte das genaue Verfahren der Vorbereitung und des Abschlusses von Verträgen zur Abgrenzung der Zuständigkeitsbereiche fest und verankerte für die Föderationsmitglieder die Möglichkeit der „fortschreitenden“ Gesetzgebung im Bereich der gemeinsamen Kompetenzen. Im Hinblick auf die bergbauliche Tätigkeit hieß es, dass die Föderationsmitglieder das Recht erhielten, nur solche Fragen des Bergrechts selbst zu regulieren, die in den föderalen Gesetzen noch nicht festgelegt wurden.[77] Dieses Prinzip fand in der Praxis im Bereich des Bergrechts breite Anwendung. Da in der föderalen Gesetzgebung das Eigentumsrechtsrecht des Staates am Erdkörper und darin enthaltenen Bodenschätzen zwischen der RF und den Föderationsmitgliedern nicht abgegrenzt war, nutzten einige Föderationsmitglieder als regionaler Gesetzgeber die Gunst der Stunde und ordneten das Eigentumsrecht am Erdkörper und den darin enthaltenen Bodenschätzen dem Föderationssubjekt zu. So legte der Kodex über Erdkörper der Republik Baschkortostan in Art. 3 Pkt. 1 fest, dass der „Erdkörper innerhalb der Grenzen der Republik Baschkortostan einschließlich des Erdkörpers unter der Oberfläche und die im Erdkörper enthaltenen Bodenschätze

75 Föderalgesetz „Über die Grundsätze und Verfahren der Abgrenzung von Zuständigkeiten zwischen Staatsorganen der Russischen Föderation und Mitgliedern der Russischen Föderation“ vom 24. Juni 1999, SZ RF № 26, Pos. 3176 [Федерального закона N 119-ФЗ «О принципах и порядке разграничения предметов ведения и полномочий между органами государственной власти Российской Федерации и органами государственной власти субъектов Российской Федерации» от 24 июня 1999 года, СЗ РФ 1999, № 26, ст. 3176].

76 Föderalgesetz „Über die Änderungen und Ergänzungen im Föderalgesetz „Über die allgemeinen Grundsätze der Organisation von staatlichen Legislativ- und Exekutivorganen der Mitglieder der RF“ vom 4. Juli 2003, SZ RF 2003, № 27 (Teil II), Pos. 2709 [Федеральный закон N 95-ФЗ «О внесении изменений и дополнений в Федеральный закон «Об общих принципах организации законодательных (представительных) и исполнительных органов государственной власти субъектов Российской Федерации» от 4 июля 2003 г., СЗ РФ 2003, № 27 (часть II), ст. 2709].

77 *Vasilevskaja*, Rechtliche Rahmenbedingungen der Erdkörpernutzung in Russland und Ausland, S. 134–135.

sowie Energie- und andere Ressourcen das Eigentum des multinationalen Volkes der Republik Baschkortostan sind"[78]. In der Republik Altai und der Kabardino-Balkarischen Republik legten die Bergbaugesetze fest, dass die Bodenschätze innerhalb der Grenzen des jeweiligen Föderationsmitgliedes den staatlichen Rohstofffonds des jeweiligen Föderationsmitgliedes bilden.[79]

Das Verfassungsgericht Russlands (im Folgenden: VerfG) hat auf diese Entwicklungen mit der Entscheidung vom 27. Juni 2000 reagiert[80]. Eine Abgeordnetengruppe stellte beim VerfG den Antrag auf Überprüfung der Verfassungsmäßigkeit einzelner in den Verfassungen einiger Föderationsmitglieder enthaltenen Normen über die Abgrenzung der Zuständigkeitsbereiche. Dabei ging es um die Vorschriften, die die Bodengesetzgebung sowie die Fragen des Besitzes, der Nutzung und Verfügung über den Erdkörper sowie die Wälder, Wasser- und andere Naturressourcen der Zuständigkeit der entsprechenden Föderationsmitglieder einräumten. Das Gericht erklärte diese Bestimmungen für verfassungswidrig, weil sie die Souveränität der Russischen Föderation einschränken und die Bestimmungen der Verf RF verletzen würden, indem die genannten Bereiche der alleinigen Zuständigkeit der Föderationsmitglieder zugeordnet werden und nicht – wie es die Verf RF vorsieht – der gemeinsamen Zuständigkeit des Föderationszentrums und der Föderationsmitglieder.[81]

Die letzte Etappe in der Entwicklung der Wechselbeziehungen der Föderation und ihrer Mitglieder begann im Jahre 2004 durch die oben bereits geschilderte Zentralisierung von Hoheitsbefugnissen. Der „Zwei-Schlüssel"-Grundsatz der gemeinsamen Entscheidungskompetenz bei den bergrechtlichen Fragen wurde betreffend aller volkswirtschaftlich bedeutenden Bodenschatzvorkommen durch die ausschließliche Zuständigkeit des föderalen Zentrums ersetzt. Die Tendenz zur Zentralisierung der Verfügungs- und Verwaltungsbefugnisse im Bereich der Erdkörpernutzung setzte sich in den nachkommenden Jahren durch die Einführung von Zuordnungskriterien für die Erdkörperfelder föderaler Bedeutung im Jahr 2008 und die Erdkörperfelder lokaler Bedeutung im Jahr 2011 sowie die Bestimmung ihres rechtlichen Status weiter fort.

---

78 Kodex der Republik Baschkortostan über den Erdkörper vom 28. Oktober 1992, Gesetzessammlung der Republik Baschkortostan, Ausgabe IV, 1993, S. 221 [Кодекс Республики Башкортостан о недрах от 28 октября 1992 г., N ВС-13/26, „Законы Республики Башкортостан", выпуск IV, 1993 г., с. 221].

79 Gesetz der Republik Altai „Über den Erdkörper und Erdkörpernutzung" vom 2. März 1992, Gesetzessammlung der Republik Altai, № 6, Oktober-November 2001, S. 76 [Закон республики Алтай N 4–6 «О недрах и недропользовании» от 2 марта 1993, „Сборник законодательства Республики Алтай", N 6, октябрь-ноябрь, 2001, с. 76.]; Gesetz der Kabardino-Balkarischen Republik „Über den Erdkörper" vom 7. Juli 1995, [Закон Кабардино-Балкарской республики N 11-РЗ «О недрах» от 7 июля 1995].

80 Vgl. Entscheidung VerfG RF vom 7. Juni 2000 № 10-P.

81 *Vasilevskaja*, Rechtliche Rahmenbedingungen der Erdkörpernutzung in Russland und Ausland, S. 136.

2. *Aktuelle Lage*

Die geltende Fassung des ErdkörperG überträgt den Föderationsmitgliedern die Zuständigkeit nur im Hinblick auf die Erdkörperfelder lokaler Bedeutung, d. h. die umfassende Verfügungsgewalt besitzen die Föderationsmitglieder nur über Erdkörperfelder, die Lagerstätten mit allgemeinverbreiteten Bodenschätzen (solche wie z. B. Torf, Lehm, Sand, Kalkstein) enthalten. Hierzu haben sie das Recht, eigene Gesetze zu erlassen, in welchen die Bedingungen und Voraussetzungen für das Erteilungsverfahren von Bergbauberechtigungen an den entsprechenden Erdkörperfeldern geregelt werden können. In Bezug auf alle anderen Erdkörperfelder, seien es Erdkörperfelder föderaler Bedeutung oder andere Erdkörperfelder, die Lagerstätten mit solchen Bodenschätzen enthalten, die nicht zu den allgemeinverbreiteten Bodenschätzen zählen, hat ein Föderationsmitglied in der praktischen Anwendung nur die Möglichkeit zur „Teilnahme" am Erteilungsverfahren.[82] In der Praxis bedeutet das für die kohlenwasserstoffenthaltenden Lagerstätten, dass auch die kleineren Erdkörperfelder, die ihrer Vorratsmenge nach gem. Art. 2.1 Abs. 3 Ziff. 2 ErdkörperG nicht den Erdkörperfeldern föderaler Bedeutung zugeordnet werden können, trotzdem nicht in die Verfügungsgewalt der Föderationsmitglieder fallen. In Bezug auf solche Erdkörperfelder haben die Föderationsmitglieder ebenso nur das Recht auf eine beratende Stimme.

Die konkreten Befugnisse der staatlichen Organe der Föderationssmitglieder sind in Art. 4 ErdkörperG festgelegt. Darin manifestiert sich der Rechtsanspruch der Föderationsmitglieder auf das bloße „Mitspracherecht" bei der bergrechtlichen Regulierung, denn nach Art. 4 Abs. 7 ErdkörperG müssen auch die Zusammenstellung und Genehmigung regionaler Verzeichnisse allgemeinverbreiteter Bodenschätze in Absprache mit dem Föderationszentrum erfolgen.[83] Diese Verzeichnisse sind für jedes Föderationsmitglied einzeln aufzustellen. Das Verzeichnis wird erst von der zuständigen Behörde des Föderationsmitgliedes vorbereitet und danach an die zuständige Föderalbehörde weitergeleitet, die es genehmigen muss. Das Verzeichnis wird durch eine gemeinsame Anordnung dieser Behörde und der Regierung des betreffenden Föderationsmitgliedes wirksam.[84] Erst ab dem Zeitpunkt des Inkrafttretens dieser Anordnung kann das Föderationsmitglied auf die darin enthaltenen Erdkörperfelder die eigene für diesen Bereich ausgearbeitete Gesetzgebung anwenden.

Heute existieren in fast allen Föderationsmitgliedern regionale Gesetze über die allgemeinverbreiteten Bodenschätze, die die Zulassungsvoraussetzungen und das Erteilungsverfahren für die Bergbauberechtigungen zu Abbauzwecken solcher Bodenschätze bestimmen. In den einzelnen Föderationsmitgliedern unterscheiden sich die Zugangsmodelle danach, welchem staatlichen Organ die Erteilungsbefugnisse

82 *Vasilevskaja*, Rechtliche Rahmenbedingungen der Erdkörpernutzung in Russland und Ausland, S. 158, 159.

83 *Gudkov/Larochkina/Lakhno/Salieva* in: *Säcker (Hrsg.)*, Handbuch zum dt.-russ. Energierecht, S. 307.

84 Siehe ausführlicher dazu in dieser Arbeit unter S. 68 ff.

zugewiesen werden: dem staatlichen Exekutivorgan des Föderationssubjekts (Region Stawropol) oder den Behörden örtlicher Selbstverwaltung (Republik Jakutien) sowie in gemeinsamer Kompetenz von der örtlichen Selbstverwaltung und dem Exekutivorgan des Föderationsmitglieds (Autonomer Bezirk der Jamal-Nenzen). Die meisten Gesetze der Föderationsmitglieder sehen für die bergbauliche Tätigkeit zum Abbau von allgemeinverbreiteten Bodenschätzen einen ähnlichen Rechtsrahmen vor wie das ErdkörperG für alle anderen Bodenschätze.[85] So erfolgt die Erteilung des Nutzungsrechts meistens in Form einer Lizenz. Diese Lizenz wird in den meisten Föderationsmitgliedern auf der Grundlage von Ausschreibungen oder Auktionsverfahren gewährt.

Der föderale Normsetzer hat in Art. 4 Abs. 12 ErdkörperG für die Föderationsmitglieder das Recht vorgesehen, an den PSA-Vereinbarungen als eigenständige Partei teilzunehmen und im Rahmen ihrer durch die Verf RF sowie durch Föderalgesetze bestimmten Befugnissen die Rechtsvorschriften zur Regulierung einer solchen Beteiligung zu erlassen. Diese Bestimmung wurde auch in das PSA-G übernommen. Laut Art. 2 Abs. 6 PSA-G können die Föderationsmitglieder ihre Mitwirkung an einem PSA für die auf ihrem Gebiet liegenden Erdkörperfelder selbst regeln. Diese Regelungen dürfen jedoch nur in ihrem Zuständigkeitsrahmen erfolgen, der durch die Verf RF und die föderale Gesetzgebung festgelegt ist. Das heißt, die Beteiligung eines Föderationsmitgliedes als selbständiger Partei ist nur in einem PSA möglich, die auf die allgemeinverbreitete Bodenschätze ausgerichtet ist.

IV. Die beteiligten staatlichen Stellen

Das Staatsorganisationsrecht und die Behördenorganisation in Russland einschließlich der beim bergbaulichen Zugang zu den Lagerstätten beteiligten Behörden beruhen auf der föderativen Ordnung der Russischen Föderation und werden durch die föderalen Behörden (Bundesbehörden) und die Behörde der Föderationsmitglieder umgesetzt. Die rechtliche Grundlage für den Aufbau des Systems staatlicher Behörden auf der Föderationsebene (Bundesebene) bildet der Erlass des Präsidenten der RF vom 9 März 2004 „Über das System und die Struktur der föderalen Exekutivorgane“[86].

85 Die Gesetze und andere Rechtsakte der Föderationsmitglieder dürfen dem ErdkörperG und anderen föderalen Rechtsakten nicht widersprechen. Im Falle einer Kollision zwischen den Gesetzen und anderen Rechtsakten der Föderationsmitglieder und dem ErdkörperG gelten die Bestimmungen des ErdkörperG und anderer föderalen Rechtsakte. Vgl. *Izujmov*, Bergrecht (2010), S. 32–35; *Vasilevskaja/Laevskaja/Litunovskaja*, Die Lizenzierung der Erdkörpernutzung in Russland, S. 177–180.

86 Erlass des Präsidenten der RF № 314 vom 9. März 2004 „Über das System und die Struktur der föderalen Exekutivorgane“, SZ RF 2004, № 11, Pos. 945 [Указ Президента РФ № 314 „О системе и структуре федеральных органов исполнительной власти“ от 9 марта 2004 г., СЗ РФ 2004, № 11, ст. 945].

Das ErdkörperG führt den Begriff „Organ der Verwaltung des staatlichen Rohstofffonds“ ein, der die zentralen Regulierungskompetenzen im Bergbausektor ausübt. Diese Stellung nehmen zwei Behörden ein: das Föderale Ministerium für Naturressourcen und Umweltschutz (im Folgenden: MINPRIRODA) und die Föderale Agentur für die Erdkörpernutzung (im Folgenden: ROSNEDRA), die dem genannten Ministerium untersteht. Sie sind mit den Kompetenzen ausgestattet, die vor allem die Erteilung von Nutzungsrechten und die Ausstellung von Bergbauberechtigungen betreffen. Daneben nehmen zwei weitere föderale Behörden die Aufsichts- und Kontrollbefugnisse wahr: das Föderale Aufsichtsamt für Naturnutzung (im Folgenden: ROSPRIRODNADZOR) und das Föderale Amt für ökologische, technische und Atomaufsicht (im Folgenden: ROSTEHNADSOR)[87]. Beide Behörden sind ebenfalls MINPRIRODA zugeordnet. Nachstehend erfolgt eine knappe Darstellung der grundlegenden Zuständigkeiten der jeweiligen Behörden. Auf die konkreten Befugnisse wird unmittelbar in Verbindung mit den jeweils entsprechenden Tätigkeitsbereichen eingegangen werden, damit Umfang, Inhalt und Mechanismen der konkreten Regulierungsbefugnisse deutlicher in den Vordergrund treten.[88]

1. MINPRIRODA

Das MINPRIRODA wurde durch die Regierungsverordnung № 404 vom 29. Juni 2008 „Über das Ministerium für natürliche Ressourcen und Umweltschutz“[89] (im Folgenden: Regierungsverordnung № 404) gegründet und ersetzte das Naturressourcenministerium. Laut dieser Regierungsverordnung ist MINPRIRODA für die Ausarbeitung der Staatspolitik und des rechtlichen Regulierungsrahmens für die Erforschung, die Nutzung, die Reproduktion[90], den Schutz von Naturressourcen und die Sicherheit bei der Ausführung von bergbaulichen Arbeiten zuständig. Demensprechend unterliegt dem MINPRIRODA die staatliche Regulierung in Bereichen Naturnutzung einschließlich Erdkörpernutzung, Umweltschutz und Umweltsicherheit. Im Detail wird dessen Tätigkeit durch seine Geschäftsordnung[91] geregelt.

---

87 Bis zum Jahr 2004 existierte in Russland als Bergaufsichtsbehörde das Bergbau- und Betriebaufsichtsamt. Im Jahr 2004 für wurde dieses in das Föderale Amt für ökologische, technische und Atomaufsicht (ROSTEHNADSOR) umgewandelt und neu organisiert.

88 Siehe in dieser Arbeit unter Kapitel 3, C., S. 142 ff.

89 Regierungsverordnung № 404 vom 29. Mai 2008 „Über das Ministerium für Naturressourcen und Umweltschutz“, SZ RF 2008, № 22, Pos. 2581 [Постановление Правительства РФ № 404 от 29 мая 2008 г. „О Министерстве природных ресурсов и экологии Российской Федерации“, СЗ РФ 2008, № 22, ст. 2581].

90 Im bergbaulichen Sinne – die Förderung der Erkundung neuer Lagerstätten.

91 Anordnung MINPRIRODA № 205 vom 09. August 2007 „Über die Genehmigung der Geschäftsordnung für Ministerium für Naturressourcen und Umweltschutz“, Registrierung bei Justizministerium RF am 17. September 2007, № 10144 [Приказ Минприроды России № 205 от 09 августа 2007 г.»Об утверждении Регламента

Im Rahmen der normsetzenden Kompetenz seines Zuständigkeitsbereichs ist MINPRIRODA mehrfach tätig geworden und hat zur Schaffung einheitlicher Rechtsgrundlagen für die Erteilung von Bergbauberechtigungen zahlreiche Anordnungen erlassen. Hierbei handelt es sich um verfahrensrechtliche Regelungen zur Antragsbearbeitung, Erteilung und Verlängerung einer Bergbauberechtigung, zur Erstellung einer staatlichen Bilanz der Bodenschatzvorräte und Klassifikation der Bodenschatzvorräte sowie zur Bildung der Verzeichnisse einzelner Erdkörperfelderkategorien.[92] Weiterhin unterliegen dem MINPRIRODA die Koordinations- und Kontrollbefugnisse über ihm untergeordnete Dienststellen und Ämter – für den Bergbausektor insbesondere ROSPRIRODNADZOR und ROSTEHNADSOR – die u. a. für die Bergaufsicht zuständig sind.

2. ROSNEDRA und ihre territorialen Dienststellen

Die meisten Befugnisse, die laut ErdkörperG dem Organ des staatlichen Rohstofffonds eingeräumt sind, übt die ROSNEDRA aus. Dadurch wird diese Behörde zur Schlüsselfigur im Bereich der Regulierung und Verwaltung der bergbaulichen Tätigkeit. Zu den zentralen Aufgaben der ROSNEDRA gehören die Durchführung von Auktionen bzw. Ausschreibungen, Erteilung, Änderung, Übertragung sowie die Beendigung der Bergbauberechtigungen und die Genehmigung der technischen Projektdokumentation für die Bergbauvorhaben innerhalb eines festgelegten Fragenkreises.[93]

Die Besonderheit der Struktur der Bundesbehörden in Russland stellt die Tatsache dar, dass sie häufig über ein weitgefächertes System von territorialen Dienststellen verfügen. Bis zur Reformierung ihrer Struktur im Jahr 2014 zählte ROSNEDRA über 80 territoriale Dienststellen auf, jeweils eine in fast jedem Föderationsmitglied. Die wechselseitigen Kompetenzverhältnisse waren dabei unklar definiert und von Doppel- und Mehrfachzuständigkeiten geprägt. Anzumerken ist, dass es sich dabei um die territorialen Dienststellen einer Bundesbehörde handelt. In jedem der Föderationsmitglieder existieren zugleich eigene Landesbergbehörden, die ihre Tätigkeit in den für die Exekutivorgane der Föderationsmitglieder festgelegten Zuständigkeitsbereichen ausüben, Art. 36 ErdkörperG. Ihre Kompetenz erstreckt sich auf

---

Минприроды России», зарегистрировано в Минюсте России 17 сентября 2007 г., № 10144].

92 Zu einzelnen Befugnissen des MINPRIRODA siehe *Gudkov/Larochkina/Lakhno/Salieva* in: *Säcker (Hrsg.)*, Handbuch zum dt.-russ. Energierecht, S. 339; *Sailer*, Aufsuchung, Exploration, Erschließung und Förderung von Bodenschätzen in der RF durch russische und ausländische Investoren, S. 79–84.

93 Regierungsverordnung № 293 vom 17. Juni 2004 „Über die Genehmigung des Beschlusses über die Föderale Agentur für Erdkörpernutzung", SZ RF 2004, № 26, Pos. 2669 [Постановление Правительства РФ № 293 от 17 июня 2004 г. „Об утверждении Положения о Федеральном агентстве по недропользованию", СЗ РФ 2004, № 26, ст. 2669].

die Regulierungs- und Verwaltungsbefugnisse im Hinblick auf die Erdkörperfelder lokaler Bedeutung.

Um die Verwaltungstätigkeit der ROSNEDRA zu optimieren, wurde im Jahr 2013 mit der Reformierung der Struktur territorialer Dienststellen dieser Behörde begonnen.[94] Ab 1. April 2014 sind die territorialen Dienststellen von ROSNEDRA nur in den sieben Bundesverwaltungsbezirken der RF eingerichtet.[95] Damit reduzierte sich seit Jahr 2014 die Zahl der territorialen Dienststellen von 86 auf 11. Diese 11 Departments sind nun die Entscheidungsträger beim Erteilungs- und Änderungsverfahren von Bergbauberechtigungen, einschließlich solcher Kernbefugnisse, wie Durchführung von Auktionen und Ausschreibungen und Erteilung von Bergbauberechtigungen. In den Regionen wurden die territorialen Stellen in 70 Abteilungen umgewandelt. Ihr Zuständigkeitsbereich beschränkt sich auf die Annahme der Antragsunterlagen von den Bergbauunternehmen, Prüfung auf ihre Vollständigkeit und anschließende Weiterleitung an das entsprechende Department.[96] Nach der Aussage des Ministers der MINPRIRODA sind die wichtigsten Ziele dieser Reform, die Effizienz bei der Antragsbearbeitung, Erteilung und Änderung von Bergbauberechtigungen zu verbessern, übermäßige Verwaltungsbarrieren zu beseitigen und das bergbauliche Bewilligungsverfahren zu vereinfachen.[97]

Diese Neuerung ist auf viel Kritik seitens der Bergbauunternehmen und der Föderationsmitglieder gestoßen. Die Regierungen der Föderationsmitglieder befürchten, dass durch so eine starke Zentralisierung der Verwaltungsbefugnisse auf der Ebene der Bundesverwaltungsbezirke dem MINPRIRODA die Kontrolle darüber entgleitet, wie die Bergbauunternehmen ihre Arbeiten in den einzelnen Gebieten ausführen. Die Bergbauunternehmen rechnen eher mit höheren Aufwand, denn die Bundesverwaltungsbezirke umfassen mehrere Tausend Kilometer, und wenn bisher das Bergbauunternehmen seine Tochtergesellschaften in den einschlägigen Föderationsmitgliedern registriert und die Berichte über die Ausführung der

---

94 Anordnung MINPRIRODA № 500 vom 11. November 2013 „Über die Bewilligung des Aufbauschemas für die territorialen Dienststellen der Föderalen Agentur für Erdkörpernutzung", keine offizielle Veröffentlichung, abrufbar unter: http://www.consultant.ru. [Приказ Минприроды России № 500 от 11 ноября 2013 г. «Об утверждении Схемы размещения территориальных органов Федерального агентства по недропользованию», документ опубликован не был, доступен на: http://www.consultant.ru]; Siehe auch Bericht ROSNEDRA „Hauttätigkeitsfelder der ROSNEDRA", S. 3–4.

95 Fernöstlicher, Sibirischer, Föderaler Bezirk Ural, Föderaler Bezirk Wolga, Nordwestlicher Föderaler Bezirk, Zentraler Föderaler Bezirk, Südlicher Föderaler Bezirk. In den besonders großflächigen und rohstoffreichen Bezirken wurden 2 Departments eingerichtet, deswegen beläuft sich insgesamt die Zahl statt auf 7 auf 11 Departments.

96 Bericht ROSNEDRA „Hauttätigkeitsfelder der ROSNEDRA", S. 3.

97 Interview mit Vorsitzenden ROSNEDRA Herr Novak vom 18. Juni 2014, abrufbar unter http://www. rosnedra.gov.ru/ article/7419.html.

Arbeiten vor Ort bei territorialen Stellen vorgelegt hat, wird es dies nunmehr in den Hauptstädten der Bundesverwaltungsbezirke tun müssen, die oft von den tatsächlichen Betreibsorten sehr weit entfernt sind. Außerdem befürchten die Bergbauunternehmen, dass die deutlich gestiegene Entfernung zu den ROSNEDRA-Behörden noch längere Bearbeitungszeiten zur Folge haben wird. Die mittleren und kleineren Bergbaubetriebe beklagen zusätzlich die damit verbundene wesentliche Steigerung der Kosten (aufgrund der Reisekosten im Rahmen des Dialogs mit den Behörden).[98]

Zur Beseitigung dieser möglichen Hindernisse hat ROSNEDRA parallel zu der aufgeführten Umstrukturierung eine Onlineplattform für die Bergbauunternehmen eingeführt, die dazu dienen soll, dass die Bergbauunternehmen die meisten administrativen Anliegen online durch das eigene, geschützte Profil erledigen können.[99] Zurzeit funktioniert die Onlineplattform allerdings im Testbetrieb. Inwieweit dieses Projekt tatsächlich zu einer effektiven Verwaltung bei der Erdkörpernutzung beitragen wird, bleibt abzuwarten.

3. Die Aufsichtsbehörden

Die Aufsichts- und Kontrollbefugnisse im Bergbausektor obliegen in Russland zwei unterschiedlichen Behörden. Das ROSPRIRODNADZOR übt die Aufsichtsfunktion in Hinblick auf die Nutzung aller Naturressourcen und damit auch über die Nutzung des Erdkörpers aus.[100] In seinem Zuständigkeitsbereich liegen gem. Art. 37 ErdkörperG die Kontrolle und die Aufsicht darüber, dass sämtliche Nutzer die in der Bergbaugesetzgebung festgelegten Vorschriften und Standards für die nachhaltige Nutzung und den Schutz des Erdkörpers einhalten. Für die praktische Umsetzung bedeutet es, dass ROSPRIRODNADZOR darüber wacht, ob und wie die Bergbauunternehmen die in der Bergbauberechtigung festgelegten Bedingungen erfüllen und die im Bergrecht festgelegten Bestimmungen befolgen. Das ROSTEHNADZOR übt gem. Art. 38 ErdkörperG die staatliche Aufsicht über die Arbeitssicherheit bei der Nutzung des Erdkörpers im Hinblick auf die sichere Durchführung des Bergbaubetriebes aus. Dieser Behörde obliegt die eigentliche Betriebsaufsicht, also die Kontrolle über die Einhaltung der genehmigten technischen Projektdokumentation.[101]

---

98 Vgl. Redaktionsbeitrag, „Und wenn so? Die ROSNEDRA reformiert sich", in: Neft i Kapital, № 01-02/2014, S. 29–31 [Коллективный материал редакции, «А если так? Роснедра реформируются», в: Нефть и капитал, № 01-02/2014, с. 29–31]; *Panovskiy*, ROSNEDRA: Die Reform zur Sektorzerstörung.

99 Ausführliche Informationen hierzu siehe http://www.rosnedra.gov.ru/article/7563.

100 Regierungsverordnung № 400 vom 30 Juli 2004 „Über die Genehmigung des Beschlusses über das Föderale Aufsichtsamt im Bereich der Naturnutzung", SZ RF 2004, № 32, Pos. 3347 [Постановление Правительства РФ № 400 от 30 июля 2004 г. „Об утверждении Положения о Федеральной службе по надзору в сфере природопользования", СЗ РФ 2004, № 32, ст. 3347].

101 Regierungsverordnung № 401 „Über die Genehmigung des Beschlusses über das Föderale Amt für ökologische, technische und Atomaufsicht" vom 30. Juli 2004,

Die Hauptfunktionen der Aufsichtsbehörden bestehen in der Aufdeckung und Verhinderung von Verletzungen der umweltrechtlichen Bestimmungen und der Bestimmungen zum Schutz des Erdkörpers, der Rechtsvorschriften zur Arbeitssicherheit sowie in der Beseitigung dieser Verletzungen. Für die Erfüllung dieser Funktion sind die Aufsichtsbehörden mit durchgreifenden Instrumenten ausgestattet, wie z. B. das Recht die Ermittlungen und Prüfungen auf den Betriebsstandorten durchzuführen, Informationen bei den Bergbauunternehmen einzuholen und entsprechende Sanktionen zu verhängen.[102] Konkretisiert werden diese Mechanismen, die Rechte und Pflichten der zuständigen Behörde sowie ihre Arbeitsweise allerdings nicht im ErdkörperG, sondern in der Regierungsverordnung № 293 vom 12. Mai 2005 „Über die staatliche Aufsicht im Bereich der geologischen Forschung, der rationellen Nutzung und des Schutzes des Erdkörpers"[103]. Bemerkenswert dabei ist, dass für das POSPRIRODNADSOR, da es die gesamte Naturnutzung umfassend überwacht, im Jahr 2012 eine spezielle Verwaltungsverfahrensordnung betreffend seine Aufsichtsbefugnisse und Arbeitsweise im Bereich „der geologische Forschung, der rationellen Nutzung und des Schutzes des Erdkörpers" ausgearbeitet wurde.[104] Eine entsprechende Dienstordnung wurde für das ROSTEHNADZOR jedoch nicht festgelegt, obwohl diese Behörde ihre Aufsichtsbefugnisse ebenfalls übergreifend auf alle Bereiche der wirtschaftlichen Tätigkeit ausübt.

SZ RF 2004, № 32, Pos. 3348 [Постановление Правительства РФ от 30 июля 2004 г. № 401 «О Федеральной службе по экологическому, технологическому и атомному надзору», СЗ РФ 2004, № 32, ст. 3348].

102 *Gudkov/Larochkina/Lakhno/Salieva* in: *Säcker (Hrsg.)*, Handbuch zum dt.-russ. Energierecht, S. 341.

103 Regierungsverordnung № 293 vom 12. Mai 2005 „Über die staatliche Aufsicht im Bereich der geologischen Erforschung, der rationellen Nutzung und des Schutzes des Erdkörpers", SZ RF 2005, № 20, Pos. 1885 [Постановление Правительства РФ № 293 от 12 мая 2005 г. „Об утверждении Положения о государственном надзоре за геологическим изучением, рациональным использованием и охраной недр", СЗ РФ 2005, № 20, ст. 1885].

104 Anordnung MINPRIRODA № 196 от 29. Juni 2012 „Über die Genehmigung der Verwaltungsverfahrensordnung für das Föderale Aufsichtsamt in Bereich der Naturnutzung für die Erbringung der staatlichen Aufsichtsfunktion im Bereich der geologischen Forschung, der rationellen Nutzung und des Schutzes des Erdkörpers", Registrierung in Justizministerium RF am 03.08.2012, № 25111 [Приказ Минприроды России № 196 от 29 июня 2012 г. „Об утверждении административного регламента Федеральной службы по надзору в сфере природопользования по исполнению государственной функции по осуществлению государственного надзора за геологическим изучением, рациональным использованием и охраной недр", зарегистрировано в Минюсте России 03.08.2012, № 25111].

V. Zwischenfazit

Das bestehende russische Bergrecht stellt ein System von zahlreichen Rechtsakten dar, das den föderativen Aufbau des Staates widerspiegelt und durch einen starken dynamischen Charakter gekennzeichnet ist. Die Novellen des Bergrechts stehen immer mit den grundsätzlichen politischen Auffassungen in engem Zusammenhang. Die aktuelle allgemeingültige Tendenz zu einem „vertikalen Aufbau" der Staatsgewalt fand ihre Projektion im Bergrecht in der Form, dass die wichtigsten Befugnisse im Bereich der bergrechtlichen Regulierung auf der Bundesebene konzentriert sind. Wenn man auch die formelle Einhaltung der Verfassungsnormen über die gemeinsame Zuständigkeit bei Fragen der Bergbaugesetzgebung bejahen kann, führt die geltende Konstellation, bei der die Föderationsmitglieder von dem Entscheidungsprozess bei konzeptionellen Fragen im Bergbausektor fast vollständig ausgeschlossen sind, zu mehreren negativen Folgen.

Die Föderationsmitglieder haben im Ergebnis keinen Einfluss auf die Erteilungs- und Beendigungsverfahren der Bergbauberechtigungen für die Erdkörperfelder, die sich auf deren Territorium befinden. In der Praxis bedeutet das, dass die Föderationsmitglieder keinen Einfluss darauf nehmen können, welche Bergbauunternehmen mit welchen Technologien auf deren jeweiligem Territorium arbeiten. Insbesondere trifft es die Regionen bei den Lösungen im Zusammenhang mit dem Umweltschutz. Bekanntlich bewirkt die Bergbautätigkeit erhebliche Schäden für die Umwelt des entsprechenden Gebiets. Die Föderationsmitglieder haben keine Möglichkeit, ein Bergbauunternehmen dazu zu bewegen, die umweltfreundlichsten Technologien und Methoden auszuwählen. Dies gilt in gleicher Weise auch für die Wiedernutzbarmachung der Flächen, welche für den Bergbaubetrieb in Anspruch genommen wurden. Das Föderationszentrum kann nicht alle unterschiedlichen geologischen Bedingungen, die unterschiedliche Dynamik der Bergbautätigkeit und andere Faktoren im Interesse aller einzelnen Föderationsmitglieder berücksichtigen. Dadurch ist eine Regulierung ohne eine Rücksichtnahme auf die Besonderheiten (Gebirgs- und Lagerungsverhältnisse) des einen oder anderen Erdkörperfeldes entstanden. Heute ist die Regierung gezwungen, bestimmte steuerliche und andere Anreizmodelle auszuarbeiten, um den Bergbaubetrieb bei den schwerzugänglichen Lagerstätten sowie in der Gebieten mit schwacher Infrastruktur zu fördern.

Der tragende Rechtsakt des russischen Bergrechts – das ErdkörperG – enthält auch nach den zahlreichen Änderungen immer noch viele Unzulänglichkeiten sowohl gesetzestechnischer Art, wie z.B. die Verwendung uneinheitlicher Begriffsbestimmungen, als auch inhaltlicher Natur; insbesondere seien hierbei die „leeren" Verweisungsnormen sowie die fehlenden effektiven Umsetzungsmechanismen genannt. Bereits kurz nach dem Inkrafttreten des ErdkörperG Mitte der 90-er Jahre entstanden im Rahmen der juristischen Diskussion in Russland einige Bestrebungen, das russische Bergrecht in Form eines Gesetzbuches „Bergbaukodex" zu kodifizieren und von dem relativ neuen, in der Sowjetunion entstandenen Begriff „die Gesetzgebung im Bereich der Erdkörpernutzung" zu der stärker in der Rechtstradition verankerten Bezeichnung „Bergrecht" zurückzukehren. Von den

Befürwortern wird die Notwendigkeit eines Bergbaukodexes durch die Tatsache begründet, dass Inhalt und Umfang der Rechtsverhältnisse, die im Zusammenhang mit der bergbaulichen Tätigkeit entstehen, sich nicht nur auf die tatsächliche Nutzung des Erdkörpers als solchen beschränken. Vielmehr ist das Bergrecht als ein komplexes Rechtsgebiet anzusehen, das auch Umwelt-, Verwaltung-, zivilrechtliche und andere Rechtsvorschriften beinhaltet. Als weiterer Grund werden die ständigen Änderungen des ErdkörperG genannt, die die bestehenden Unzulänglichkeiten des Gesetzes nicht vollständig ausräumen, sondern sogar neue Kollisionen und leere Verweisungsnormen schaffen. Für die Ausarbeitung eines kodifizierten Rechtsaktes spricht ebenso die unübersichtliche Vielzahl von sektorübergreifenden und sektoralen Rechtsdokumenten (Anordnungen, Durchführungsbestimmungen, Anleitungen, Arbeitsvorschriften usw.), die oftmals einander wiederholen oder gar widersprüchliche Rechtsvorschriften enthalten. Aufgrund der Unvollkommenheit der Bergbaugesetzgebung bei der Entscheidungsfindung der Behörden ist in der Praxis die Gefahr eines Missbrauchs zu weit gefasster Spielräume zu beobachten, die auch eine Korruptionskomponente beinhaltet. Die Schaffung eines einheitlichen Rechtsfeldes in Form eines kodifizierten Rechtsaktes könnte zur Minimierung solcher Missstände wesentlich beitragen.

Die Ausarbeitung eines Bergbaukodexes erscheint jedoch nur dann sinnvoll, wenn dieser Prozess als eine umfassende Modernisierung und Novellierung des geltenden Gesamtsystems der Bergbaugesetzgebung verstanden wird. Dafür müssten die relevanten bestehenden Normen in einem umfassenden und zielorientierten Rechtsakt mit einem systematischen Charakter zusammengefügt werden. Zur Steigerung der Wirksamkeit müssten die Regelungen, auf die verwiesen wird, auch entwickelt werden. Nur ein Bergbaukodex, der ein einheitliches, strukturiertes und transparentes Rechtsfeld im Bergbaubereich gewährleistet und einen wirkungsvollen Rechtsrahmen schafft, wäre zweckdienlich. Zurzeit hat der russische Gesetzgeber einen anderen Weg eingeschlagen, indem er nur einzelne Änderungen der geltenden Rechtsakte vornimmt sowie Verordnungen, Anordnungen der Ministerien usw. zur Regelung einzelner Fragen erlässt.

C. Rechtsvergleichende Ausführungen zum deutschen Bergrecht

Das deutsche Bergrecht hat bekanntlich eine lange und reiche Tradition. Bei der ursprünglichen Entstehung des russischen Bergrechts spielte es eine bedeutende Rolle. Im Jahr 1698 besuchte der russische Zar Peter der Große die sächsische Stadt Freiberg, die bereits für ihre Bergbauindustrie und insbesondere den Abbau von Silbervorkommen bekannt war. Nach seiner Rückkehr gründete der Zar im Jahr 1700 die erste Bergbaubehörde Russlands und lud Beamte des Bergbauamtes und Bergleute aus Sachsen nach Russland ein, um die Entwicklung des Bergbaus in Russland und insbesondere im Uralgebirge systematisch anzugehen. Dieses Datum wird als der Beginn des russischen Bergrechts gefeiert.

Heute spiegelt sich in den Systemen der Bergbaugesetzgebung in der Bundesrepublik Deutschland und in der Russischen Föderation der föderative Aufbau beider Länder wider. Dabei fußt das deutsche Bergrecht zu einem erheblichen Teil auf den europäischen Rechtsgrundlagen zumeist in Form der Richtlinien. Die wichtigsten europäischen Einwirkungen auf das deutsche Bergrecht erfolgten auf der Ebene der Verleihung der Bergbauberechtigungen durch die Richtlinie 94/22/EG, die sog. Lizenzierungsrichtlinie.[105] Diese Richtlinie legt Grundprinzipien und Kriterien für den diskriminierungsfreien Zugang von Unternehmen zu den Kohlenwasserstofflagerstätten fest. In Bezug auf die umweltrechtlich relevanten Teile der Ausübung bergbaulicher Tätigkeit hat die Europäisierung des deutschen Bergrechts auf der Grundlage der UVP-Richtlinie[106] stattgefunden. Während die Umsetzung der Lizenzrichtlinie in das nationale Recht in Deutschland nicht erforderlich war, musste das Institut der UVP in Deutschland erst eingeführt werden.[107] Dies geschah für den Bergbaubereich durch die Änderung des Bundesberggesetzes (im Folgenden: BBergG)[108] im Jahr 1990.

I. Verfassungsebene

Wie die gesamte nationale Rechtsordnung in Deutschland basiert das deutsche Bergrecht auch auf den übergeordneten Grundsätzen der Verfassung (GG), so wie das russische Bergrecht sich auf die Grundsätze der Verf RF stützt. Insbesondere betrifft dies in beiden Ländern die Verfassungsvorschriften zu den Gesetzgebungszuständigkeiten sowie zum Eigentumsrecht.

1. Eigentumsrecht

Für das deutsche Bergrecht relevante verfassungsrechtliche Grundsätze ergeben sich aus den Grundrechten, insbesondere der Eigentumsgarantie gem. Art. 14 GG sowie aus den vom in Art. 20 GG festgelegten Rechtsstaatsprinzip abgeleiteten Teilprinzipien wie dem Verhältnismäßigkeits- und Vertrauensschutzprinzip. Das Verhältnismäßigkeitsprinzip kommt besonders bei der Entwicklung des Verhältnisses zwischen den Bergbauberechtigungen und dem Grundeigentum zum Tragen. Der traditionell befürwortete Vorrang des Bergbaus in diesem

---

105 Richtlinie 94/22/EG des Europäischen Rates und des Rates über die Erteilung und Nutzung von Genehmigungen zur Prospektion, Exploration und Gewinnung von Kohlenwasserstoffen vom 30. Mai 1994, ABl. EG Nr. L 164, S. 3.

106 Richtlinie 85/337/EWG des Rates über die Umweltverträglichkeitsprüfung bei bestimmten öffentlichen und privaten Projekten vom 27. Juni 1985, ABl. EG Nr. L 175, S. 40.

107 Vgl. *Franke* in: FS für Kühne, S. 510, 511; *Kühne* in: *Säcker (Hrsg.)*, Deutsch-russisches Energie- und Bergrecht im Vergleich, S. 114; *Kühne* in: *Säcker (Hrsg.)*, Handbuch zum dt.-russ. Energierecht, S. 271, 300.

108 BGBl. I 1310.

Kollisionsverhältnis wurde in der Praxis unter Führung der Rechtsprechung an den verfassungsrechtlichen Maßstab des Verhältnismäßigkeitsprinzips gekoppelt.[109] Die Einwirkung des Vertrauensschutzprinzips wird besonders beim Verfahren zur Erteilung der Bergbauberechtigung sichtbar. Es verlangt, dass der Inhaber einer Bergbauberechtigung grundsätzlich vor einem nachträglichen Entzug durch die Behörden geschützt und zu entschädigen ist, falls durch das überwiegende öffentliche Interesse ein solcher nachträglicher Entzug erforderlich wird. Eine große Rolle spielt der Vertrauensschutzgedanke in dem deutschen Bergrecht auch bei der Frage des Rechtsanspruches des Erstentdeckers einer Lagerstätte auf die Erteilung einer Gewinnungsberechtigung.[110]

In Russland als einem Land mit bedeutenden Naturressourcen – darunter große Rohstoffvorkommen – legt die Verfassung den Schwerpunkt auf deren große gesamtnationale und soziale Bedeutung. Alle Naturressourcen werden in Art. 9 Verf RF aus der allgemeinen Eigentumsgarantie in Art. 35 Verf RF besonders hervorgehoben und als Grundlage des Lebens und Wirkens des Volkes definiert. Die Verfassung lässt mehrere Eigentumsformen an Naturressourcen zu; sie können sich ausdrücklich in staatlichem, privatem, kommunalem Eigentum oder in einer anderen Eigentumsform befinden. Im Hinblick auf die noch im Erdkörper enthaltenen Naturvorräte ist diese Bestimmung im ErdkörperG dahingehend entwickelt worden, dass sie sich im ausschließlichen Staatseigentum befinden können. Das Verfassungsgericht RF bestätigt in seiner Rechtsprechung die Verfassungsmäßigkeit dieser Norm und weist darauf hin, dass sich die Naturressourcen in allen in der Verf RF aufgezählten Formen befinden können aber nicht müssen.

Die unterschiedliche Gestaltung des Eigentumsschutzes hinsichtlich der Bodenschatzvorkommen ist vor allem auf die unterschiedlichen geologischen Gegebenheiten und die daraus resultierenden rohstoffwirtschaftlichen Grundlagen der beiden Länder sowie auf die historische Tradition des Bergrechts beider Länder zurückzuführen.

2. *Gesetzgebungszuständigkeit*

Die Gesetzgebungszuständigkeit wird zwischen den zwei Ebenen einer Föderation aufgeteilt: in Deutschland zwischen Bund und Ländern und in Russland zwischen dem Föderationszentrum und den Föderationsmitgliedern. Die russische Verfassung benennt in Art. 72 lit. c Verf RF die Fragen des Besitzes, der Nutzung und der Verfügung über die Naturressourcen sowie die Abgrenzung des staatlichen Eigentums ausdrücklich als Gegenstand der gemeinsamen Zuständigkeit des Föderationszentrums und der Föderationsmitglieder. Das deutsche Grundgesetz erfasst die Regulierung der bergbaulichen Tätigkeit unter dem Recht der Wirtschaft und ordnet

109 Vgl. *Schoch* in: *Kühne/Schoch/Beckmann*, Gegenwartsprobleme des Bergrechts, S. 30 ff; *Beddis* in: FS für Kühne, S. 458 ff.

110 *Kühne* in: *Säcker (Hrsg.)*, Handbuch zum dt.-russ. Energierecht, S. 300.; *Kühne* in: Gegenwartsprobleme des Bergrechts, S. 9–10.

sie in Art. 74 Abs. 1 Nr. 11 GG der konkurrierenden Gesetzgebungskompetenz des Bundes und der Länder zu.[111]

Die Besonderheit des russischen Föderalismus kommt darin zum Ausdruck, dass sich die Verteilung der Verbandskompetenz sowohl auf die legislativen als auch auf die exekutiven Befugnisse erstreckt, während nach dem deutschen Grundgesetz ausschließlich die Gesetzgebungskompetenz abgegrenzt wird. Ein weiterer Unterschied besteht in den Voraussetzungen, wann im Rahmen ihrer Verbandskompetenz welche Ebene tätig werden muss. Wenn nach deutschem Verfassungsrecht gem. Art. 72 Abs. 2 GG der Bund im Bereich des Bergbaus nur tätig werden darf, falls ein Bedürfnis für eine bundeseinheitliche Regelung besteht, knüpft die russische Verfassung das Tätigwerden der einen oder anderen Partei an keine weitere Voraussetzung. So liegt in Deutschland nach Art. 72 Abs. 1 GG die Gesetzgebungszuständigkeit grundsätzlich bei den Ländern (mit Ausnahme der in Art. 72 Abs. 2 GG genannten Bereiche); in Russland dagegen kann das Föderationszentrum ohne weiteres umfassende Regelungen in Bereichen der gemeinsamen Kompetenz bestimmen. Solange und soweit das Föderationszentrum die Fragen der gemeinsamen Kompetenz nicht selbst geregelt hat, können die Föderationsmitglieder durch eigene Gesetze normsetzend tätig werden. In den Fällen, in denen das Föderationszentrum von seinem Recht Gebrauch macht und im Rahmen der gemeinsamen Kompetenz Föderalgesetze zu Regelung in den Bereichen erlässt, die bereits von den Föderationsmitgliedern reguliert worden sind, sind die regionalen Gesetze der Föderationsmitglieder ab dem Inkrafttreten des Föderalgesetzes nicht mehr anwendbar.

In Bezug auf das Bergrecht hat der deutsche Gesetzgeber das Erfordernis einer einheitlichen bundesgesetzlichen Regelung erkannt und das Bundesberggesetz[112] erlassen. In Russland hat der Gesetzgeber von seiner umfassenden normsetzenden Kompetenz in der Bereichen der gemeinsamen Zuständigkeit Gebrauch gemacht und das ErdkörperG mit dem PSA-G und weitere Föderalgesetze, die die Nutzung von Naturressourcen regeln, erlassen.

II. Bundesebene

Auf Bundesebene kennt das russische System der Bergbaugesetzgebung zwei zulässige Modelle beim Zugang zu den Bodenschätzen: das Verwaltungsaktmodell nach ErdkörperG und das Vertragsmodell nach PSA-G. Aus Gründen der bescheidenen Ausstattung Deutschlands mit noch verleihbaren Lagerstätten und der deshalb fehlenden Konkurrenzverhältnisse hat sich das PSA-Modell nicht entwickelt.[113] In Russland sieht die Rechtsordnung zwar ein solches Modell vor. In der Praxis hat es aber nach dem Inkrafttreten des PSA-G keine Anwendung gefunden. Alle drei

---

111 *Kremer/Neuhaus*, Bergrecht (2001), S. 2,3; *Kühne* in: *Säcker (Hrsg.)*, Deutsch-russisches Energie- und Bergrecht im Vergleich, S. 123.

112 Bundesberggesetz vom 13. August 1980, BGBl. I S. 1310.

113 *Kühne* in: *Säcker (Hrsg.)*, Handbuch zum dt.-russ. Energierecht, S. 272, 300.

PSA-Projekte, die in Russland zurzeit existieren, waren bereits vor diesem Gesetz vereinbart.

Dementsprechend werden die Bergbauberechtigungen in Russland und Deutschland nach dem Verwaltungsaktmodell verliehen. In diesem Zusammenhang stehen sich das ErdkörperG und das BBergG als zwei Kernrechtsakte des Bergrechts gegenüber, die die Inhalte der Bergbauberechtigungen bestimmen sowie das Erteilungsverfahren und die Zulassungsvoraussetzungen festlegen. Der Geltungsbereich des BBergG erstreckt sich auf sämtliche Bodenschätze. Das russische Bergrecht dagegen kennt zudem noch weitere sektorspezifische Bundesgesetze z. B. für Edelmetalle und Edelsteine oder Kohle. Sie enthalten jedoch keine Bestimmungen über die Regulierung des Zugangs zu diesen Bodenschätzen und dürfen dem ErdkörperG nicht widersprechen. In diesen Rechtsakten finden sich vor allem die sektoralen Besonderheiten des Arbeitsvorgangs bei der geologischen Erforschung und Gewinnung dieser einzelnen mineralischen Rohstoffarten. Zu den Quellen des russischen Bergrechts zählt auch das GasG, das allerdings außer der Ausnahmeregelung für das Erteilungsverfahren der Bergbauberechtigungen an den gasführenden Erdkörperfeldern föderaler Bedeutung und damit zusammenhängenden Definitionen keine weiteren praktisch relevanten Bestimmungen enthält.

Das Bewilligungsmodell beim Zugang zu den Bodenschätzen nimmt im ErdkörperG die Form des einheitlichen Lizenzierungssystems an. Das BBergG etabliert für die Verleihung der Bergbauberechtigungen das öffentlich-rechtliche Konzessionssystem.[114] Die Erkenntnis dieses Unterschiedes bezeugt, welch grundlegend anderes Rollenverständnis im bergbaulichen Rechtsverhältnis dem Staat und dem Bergbauunternehmen in den beiden Rechtsordnungen beigemessen wird. Bekanntlich versteht man unter einer Konzession eine Art Partnerschaft zwischen dem öffentlichen Sektor und dem Privatunternehmen. Die Erteilung einer Lizenz ist dagegen mit der Handlung einer Behörde verbunden, die die einzelnen Bedingungen festlegt, unter welchen das Privatunternehmen einer bestimmten Wirtschaftstätigkeit nachgehen kann. Im Ergebnis der beiden Modelle wird die Bergbauberechtigung durch einen einseitigen Verwaltungsakt verliehen. Der Weg dorthin ist in Deutschland mehr mit einem Dialog zwischen den Partnern verbunden, während in Russland dieser Weg einen Monolog seitens der staatlichen Behörden darstellt.

Zu den Leitsätzen des ErdkörperG gehören gleichermaßen das wettbewerbsorientierte Verfahren für die Erlangung einer Bergbauberechtigung sowie die Kostenpflichtigkeit und nicht zuletzt die Einstufung des Eigentums am Erdkörper und den darin enthaltenen Bodenschätzen als ausschließlich staatliches Eigentum. Das deutsche System des Bergrechts baut auf der Initiative der möglichen Investoren auf, die durch die Antragstellung die Verleihung einer Bergbauberechtigung in Gang setzen müssen. Für stärker auf staatliche Anstöße aufbauende Verfahren

114 Vgl. Begründung zum Gesetzesentwurf der Bundesregierung zum BBergG, BT-Drucks, 08/315, S. 2; *Schilling*, Planerische Steuerung von unterirdischen Raum- und Grundstücksnutzungen, S. 86.

wie z. B. das Auktions- oder das Ausschreibungsverfahren, bei denen der Staat die Initiative ergreift, fehlt es in Deutschland wie bereits erwähnt wegen mangelnder rohstoffwirtschaftlicher Grundlagen an Konkurrenzverhältnissen.[115] Die rechtsvergleichende Gegenüberstellung des Eigentumsrechts an den Bodenschätzen sowie des Systems der Feldes- und Förderabgaben erfolgt ausführlich in den Kapitel 2 und Kapitel 4.

Die hohe nationale und sozialwirtschaftliche Bedeutung der Naturressourcen in Russland findet ihren Ausdruck auch darin, dass zum Zwecke ihrer Verwaltung und der Kontrolle über ihre Nutzung ein spezielles Ministerium eingerichtet wurde – das MINPRIRODA. Dieses delegiert seine Befugnisse im Hinblick auf die bergbaulichen Tätigkeiten – insbesondere die Erteilung, Beendigung und Änderung der Bergbauberechtigungen sowie die Vorbereitung und die tatsächliche Durchführung der Erteilungsverfahren an die ROSNEDRA, die diesem Ministerium untergeordnet ist. In ihrer Gesamtheit stellen diese beiden Behörden das im ErdkörperG vorgesehene „Organ der Verwaltung des staatlichen Rohstofffonds" dar. Über den Aufbau der Bergbehörden enthält das BBergG keine Bestimmungen. Entsprechende Regelungen treffen die Länder aufgrund der Art. 83 und 84 GG und haben in ihren Zuständigkeitsregelungen einen zwei- oder dreistufigen Verwaltungsaufbau eingeführt. Die oberste Bergbehörde ist im Regelfall das jeweilige Wirtschaftsministerium bzw. der Wirtschaftssenator. Abweichend davon liegt in Baden-Württemberg, Hessen und Thüringen die Zuständigkeit beim Umweltministerium. Die Landesbergbehörden arbeiten auf Bundesebene mit dem Bundesministerium für Wirtschaft und Technologie über den Länderausschuss Bergbau zusammen.[116]

III. Landesebene

Rein formell gesehen haben die russischen Föderationsmitglieder im Hinblick auf die Regulierung des Bergbaubetriebes im Vergleich zu den Bundesländern in Deutschland umfassendere Kompetenzen, indem sie eigene Gesetze in diesem Bereich erlassen können. Die Bundesländer haben dazu keine Befugnis und sind nur ermächtigt, untergeordnete Rechtsakte wie Landesverordnungen zu erlassen. Dieser formelle Vorteil der russischen Föderationsmitglieder bezieht sich jedoch nur auf die allgemeinverbreiteten Bodenschätze, die in ihrer wirtschaftlichen Bedeutung in keinem Verhältnis zu den übrigen Arten der Bodenschätze stehen, wie z. B. Kohlenwasserstoffe, Gold, Edelsteine usw. Nach der Abschaffung des sog. „Zwei-Schlüssel-Prinzips" bei der Verleihung von Bergbauberechtigungen haben die Föderationsmitglieder heute die tatsächliche Verfügungsgewalt nur über die allgemeinverbreiteten Bodenschätze. Bei

115 *Kühne* in: *Säcker (Hrsg.)*, Handbuch zum dt.-russ. Energierecht, S. 300.

116 Der Bergbau in der Bundesrepublik Deutschland 2010, Bergwirtschaft und Statistik – 62. Jahrgang 2011, Dokumentation, abrufbar unter: http://www.bmwi.de/BMWi/Redaktion /PDF/Publikationen/Dokumentationen/dokumentation-der-bergbau-in-der-brd-2010,property=pdf,bereich=bmwi2012,sprache=de,rwb=true.pdf.; *Kremer/Neuhaus*, Bergrecht (2001), S. 142 ff.

den strategisch wichtigen Bodenschätzen haben sie im Rahmen des Erteilungsverfahrens der Bergbauberechtigungen lediglich ein Mitspracherecht. Ebenso sind alle Befugnisse über die nachträgliche Kontrolle des Bergbaubetriebes, also die Bergaufsicht, auf der Ebene des Föderationszentrums konzentriert.

Aufgrund der verfassungsrechtlich festgelegten Struktur der Kompetenzverteilung in Deutschland werden die Bundesgesetze und somit auch das BBergG gem. Art. 83, 84 GG durch die Länder als ihre eigenen Angelegenheiten ausgeführt. Das bedeutet, dass die Verwaltungsakte, die in Ausführung des BBergG ergehen, von den Behörden des betreffenden Bundeslandes erlassen werden.[117] Dadurch verfügen die Landesbehörden über die Verwaltungszuständigkeit in Bezug auf alle wichtigen Vorgänge bei der Ausübung einer bergbaulichen Tätigkeit: sowohl bei Erteilung, Übertragung oder Beendigung der Bergbauberechtigungen als auch bei der präventiven Kontrolle mit Hilfe des Betriebsplanzulassungsverfahrens sowie bei der nachträglichen Kontrolle im Rahmen der Bergaufsicht. Eine weitere Besonderheit der behördlichen Verwaltungszuständigkeit hinsichtlich des Bergbaubetriebes in Deutschland ist die Tatsache, dass die Verwaltungshoheit über das Küstenmeer und den Festlandsockel der Bundesrepublik Deutschland ebenso den Ländern übertragen ist (Länder Mecklenburg-Vorpommern, Niedersachsen, Schleswig-Holstein und Hamburg). Demzufolge sind das Bergamt Stralsund und das Landesamt für Bergbau, Energie und Geologie für die Aufsuchung und Gewinnung von Bodenschätzen im Küstenmeer und auf dem Festlandsockel sowie für die Genehmigung von Unterwasserkabeln und Transitrohrleitungen zuständig.[118]

Die deutsche Erfahrung mit der Konzentration der Befugnisse hinsichtlich der Regulierung der bergbaulichen Tätigkeit auf der Landesebene verdient seitens der Russischen Föderation hohe Aufmerksamkeit. Zwar ist eine identische Übertragung auf die Struktur der bergrechtlichen Regulierung in Russland schwer vorstellbar – insbesondere vor dem Hintergrund des politischen Willens zum vertikalen Verwaltungsaufbau und zur Konzentrierung der wichtigsten Befugnisse auf der Föderationsebene. Eine Übertragung der Verfügungsgewalt über die Erdkörperfelder, die mittlere und kleinere Lagerstätten enthalten, auf die Ebene der Föderationsmitglieder wäre in dem geltenden Rechtsrahmen jedoch möglich und begrüßenswert.

IV. Andere Rechtsakte

Die §§ 65 ff. BBergG ermächtigen das Bundesministerium für Wirtschaft und Technologie, Bergbauverordnungen zu erlassen und legt in §§ 65–67 BBergG ihre zulässigen Inhalte fest. Zu den Vorteilen dieser Regelung zählt die detaillierte Festlegung

117 Vgl. *Kühne* in: *Säcker (Hrsg.)*, Handbuch zum dt.-russ. Energierecht, S. 281; *Kühne* in: *Säcker (Hrsg.)*, Deutsch-russisches Energie- und Bergrecht im Vergleich, S. 123.

118 Der Bergbau in der Bundesrepublik Deutschland 2010, Bergwirtschaft und Statistik – 62. Jahrgang 2011, Dokumentation, abrufbar unter: http://www.bmwi.de/BMWi/Redaktion/PDF/ Publikationen/Dokumentationen/dokumentation-der-bergbau-in-der-brd-010,property=pdf,bereich =bmwi2012,sprache=de,rwb=true.pdf.

der Inhaltsanforderungen dieser Rechtsakte. Dies trägt dazu bei, dass mit Erlass solcher Rechtsakte wirksame Rechtsmechanismen geschaffen werden. Das Ministerium hat von dieser Möglichkeit mehrmals Gebrauch gemacht. Die heute geltenden Bergbauverordnungen sind ein essentieller Teil des deutschen Bergrechts.[119]

Da das ErdkörperG zahlreiche Verweisungsnormen enthält, nehmen im russischen Bergrecht die untergeordneten Rechtsakte eine überragende Stellung ein. Darin finden sich die wichtigsten Vorschriften über Zulassungsvoraussetzungen für die Anwärter einer Bergbauberechtigung, Verfahrensvorgänge bei Erteilung, Registrierung, Änderung und Beendigung der Bergbauberechtigungen einschließlich der Durchführung von Auktionen bzw. Ausschreibungen und die Bestimmungen zur Kompetenzverteilung zwischen den Behörden. Das Fehlen gesetzlich festgelegter Anforderungen zu den Inhalten dieser Rechtsakte hat im russischen Bergrecht dazu geführt, dass inzwischen eine unübersichtliche Menge an Vorschriften entstanden ist, die keinen systematischen Charakter aufweisen und keinen umfassenden Überblick selbst über die wichtigsten bergrechtlichen Vorgänge bieten. Die Vorgabe der inhaltlichen Anforderungen an die Rechtsakte zur Weiterentwicklung der Bestimmungen des BBergG kann deshalb auch für den russischen Gesetzgeber von Interesse sein.

---

119 Verordnung über die Anwendung von Vorschriften des Bundesberggesetzes auf die Bergbau-Versuchsstrecke (Bergbau-VersuchsstreckenV) vom 11. November 1982 (BGBl. I S. 1553, 1560); Bergverordnung über vermessungstechnische und sicherheitliche Unterlagen (Unterlagen- Bergverordnung – UnterlagenBergV) vom 11. November 1982 (BGBl. I S. 1553); Bergverordnung über Einwirkungsbereiche (Einwirkungsbereichs-Bergverordnung – EinwirkungsBergV) vom 11. November 1982 (BGBl. I S. 1553, 1558); Bergverordnung zum Schutz der Gesundheit gegen Klimaeinwirkungen (Klima-Bergverordnung – KlimaBergV) vom 9. Juni 1983 (BGBl. I S. 685); Verordnung über markscheiderische Arbeiten und Beobachtungen der Oberfläche (Markscheider-Bergverordnung – MarkschBergV) vom 19. Dezember 1986 (BGBl. I S. 2631); Bergverordnung für den Festlandsockel (Festlandsockel-Bergverordnung – FlsBergV) vom 21. März 1989 (BGBl. I S. 554); Verordnung über die Umweltverträglichkeitsprüfung bergbaulicher Vorhaben (UVP-V Bergbau) vom 13. Juli 1990 (BGBl. I S. 1420); Bergverordnung zum gesundheitlichen Schutz der Beschäftigten (Gesundheitsschutz-Bergverordnung – GesBergV) vom 31. Juli 1991 (BGBl. I S. 1751); Bergverordnung für alle bergbaulichen Bereiche (Allgemeine Bundesbergverordnung – ABBergV) vom 23. Oktober 1995 (BGBl. I S. 1466).

Kapitel 2. Regelungsgegenstände des ErdkörperG einschließlich der Eigentumsverhältnisse

Zum Verständnis des russischen Systems der staatlichen Regulierung des Bergbaus ist es zunächst notwendig, auf die wichtigsten Begriffe „Erdkörper", „Erdkörperfeld" und „Bodenschätze" einzugehen. Von fundamentaler Bedeutung für die Frage des Zugangs zu den Bodenschatzvorkommen ist es, die Erdkörperfelder und die Bodenschätze ihrer Einteilung nach zu unterscheiden.

A. Begriffsbestimmung

I. Begriff und Inhalt „Erdkörper"

Wie oben bereits erwähnt, bezeichnet man das Rechtsgebiet Bergrecht in Russland als „die Gesetzgebung über den Erdkörper". Vor der Einführung der Legaldefinition für „Erdkörper" im ErdkörperG im Jahr 1992 wurde in der Rechtswissenschaft ausführlich über diesen Rechtsbegriff diskutiert. Es entwickelten sich verschiedene Ansätze, was unter dem „Erdkörper" zu verstehen ist. Eine der Auffassungen sah die Begriffe „Erdkörper" und „Bodenschätze" als gleichgestellt an. Man ging davon aus, dass der Gesetzgeber mit der Verwendung des Begriffs „Erdkörper" nichts anderes als die Bodenschätze meinte.[120] Die herrschende Meinung jedoch verfolgte den Ansatz, dass „Erdkörper" und „Bodenschätze" auf keinen Fall als eine Einheit im bergrechtlichen Sinne angesehen werden dürfen, denn die Bodenschätze seien nur einer von vielen Bestandteilen des Erdkörpers. Auch andere Ressourcen des Erdkörpers können durch Bergbaubetrieb nutzbar gemacht werden, wie z.B. Hohlräume, sowie Untertageanlagen, die mit der Gewinnung der Bodenschätze nicht zusammenhängen.[121] Die Anhänger dieser Auffassung definierten den Erdkörper als einen unterirdischen geometrisierten Raum mit seinen gesamten Inhalten[122] oder erfassten

---

120 Vgl. *Liskovez, B. A.,* Der rechtliche Rahmen für die Aufsuchung und Erschließung von Bodenschatzlagerstätten in UdSSR, Moskau, 1960 [*Лисковец, Б.А.,* Правовое регулирование разведок и разработок месторождений полезных ископаемых в СССР. М.: Госюриздат, 1960]; *Navrozkaja, L. G.* Theoretische Fragen der rechtliche Regulierung des Bergbaubetriebes in UdSSR, Moskau, 1976 [*Навроцкая, Л. Г.,* Теоритические вопросы правового регулирования горных отношений в СССР, Москва, 1976].

121 Ausführlicher dazu siehe bei *Jakovlev,* Das Bergrecht im modernen Russland, S. 68–70; *Perchik,* Bergrecht (2002), S. 13–16; *Pevzner,* Bergrecht (2012), S. 9–11.

122 Vgl. *Erofeev, B.V.,* Umweltrecht, Moskau, 1992 [*Ерофеев Б.В.,* Экологическое право, Москва, 1992].

mit dem Erdkörperbegriff den sich unterirdisch befindenden Teil der Umwelt mit allen Mineralen und Bodenschätzen, die auf die Erdoberfläche heraustreten.[123]

Die in der Präambel des ErdkörperG enthaltene Legaldefinition ist ein Ergebnis dieser wissenschaftlichen Diskussionen. Danach ist unter dem Erdkörper derjenige Teil der Erdkruste zu verstehen, der sich unter der Bodenschicht befindet bzw. der bei Fehlen einer solchen Schicht unterhalb der Erdoberfläche bzw. unter dem Boden von Gewässern und Wasserläufen liegt und bis geologisch erforschbare und nutzbare Tiefen hinabreicht. Somit wird von dieser Definition nicht nur ein Teil der Erdkruste erfasst, sondern auch der gesamte unterirdische Raum, der die Bodenschätze und andere Naturressourcen (Geothermie, Grundwasser) enthält und wirtschaftlich genutzt werden kann.[124] Die Präambel ist ihrer Rechtsnatur nach zwar nicht normativ, eine ausführlichere Definition des Erdkörperbegriffes ist jedoch an keiner anderen Stelle in der russischen Gesetzgebung vorhanden.

Die auf diese Weise festgelegte Definition des „Erdkörpers" bringt zwei Hauptnachteile mit sich. Erstens werden die auf die Erdoberfläche austretenden Bodenschätze von ihr nicht erfasst. Die praktische Anwendung des Bergrechts erstreckt sich jedoch auf sie ebenso.[125] Zweitens ist die untere Grenze des Erdkörpers (im bergrechtlichen und nicht geologischen Sinne) ungünstig geregelt. Zwar könnte man aus der Formulierung „die untere Grenze reicht hinab bis zu geologisch erforschbaren und nutzbaren Tiefen" schließen, dass der Begriff „Erdkörper" einen im juristischen Sinne dynamischen Charakter hat. Das bedeutet, er verändert sich in dem Maße, wie der wissenschaftlich-technische Fortschritt die Erforschung des Erdkerns voranbringt. Dementsprechend erweitert sich die Größe der unterirdischen Räume, die in den Anwendungsbereich des ErdkörperG fallen, mit zunehmender Erforschbarkeit der Tiefen des Erdkerns.[126]

Nach den Grundzügen der Rechtstheorie steht es in Widerspruch zum Genauigkeits- und Eindeutigkeitserfordernis, das von der Gesetzgebungstechnik der Rechtsterminologie auferlegt wird. Würde man einen juristischen Begriff „engen" oder „dehnen" können, nur weil es sich um ein „dynamisches" Objekt handelt, hätte dies Auslegungsprobleme und damit Rechtsunsicherheit zur Folge. Es besteht

---

123 Vgl. *Syroedov, N. A.*, Zur Frage über Definition „Erdkörper" und rechtliche Zuordnung der Bodenschätze, in: Pravovedenie, № 2/1966, S. 80–86 [*Сыродоев, Н.А.*, К вопросу о понятии недра и правовой классификации полезных ископаемых, в: Правоведение, № 2/1966, с. 80–86]; *Muchitdinov, P. B.*, Rechtsobjekte des staatlichen Eigentums am Erdkörper, in: Sovetskoe gosudarstvo i pravo, № 5/1971, S. 20–26 [*Мухтидинов, П. Б.*, Объекты права государственной собственности на недра, в: Советское государство и право, № 5/1971, с. 20–26].

124 *Säcker (Hrsg.)*, Russisches Energierecht. Gesetzessammlung, S. 11; *Salieva*, Bergrecht (2006), S. 83.

125 *Pevzner*, Bergrecht (2012), S. 10–11; *Salieva*, Bergrecht (2006), S. 83.

126 *Perchik*, Bergrecht (2002), S. 17; *Säcker (Hrsg.)*, Handbuch zum dt.-russ. Energierecht, S. 304; *Sailer*, Aufsuchung, Exploration, Erschließung und Förderung von Bodenschätzen in der RF durch russische und ausländische Investoren, S. 34.

keine faktische Notwendigkeit, dem Erdkörperbegriff einen dynamischen Charakter zu verleihen. In den meisten ausländischen Rechtsordnungen erstreckt sich „der Erdkörper“ juristisch gesehen konusförmig bis zum Erdmittelpunkt.[127] Außerdem bleibt nicht deutlich, ob die Zugänglichkeit zu den Tiefen des Erdinneren nur vom geologischen Blickpunkt her oder auch hinsichtlich der bergbaulichen unternehmerischen Tätigkeit bewertet werden soll.

Angesichts der genannten Defizite bezeichnet die Rechtwissenschaft den vorhandenen Erdkörperbegriff als umstritten[128], diskutabel[129] oder nicht optimal[130] und sieht eine dringende Notwendigkeit, ihn gesetzlich genauer und umfassender zu definieren. Unter Berücksichtigung aller theoretischen Überlegungen und wissenschaftlichen Ansichten kann man für den Erdkörper den folgenden Begriff formulieren: Der Erdkörper ist ein Teil des Erdinneren, der sich unterhalb der Erdoberfläche bzw. des Meeresgrundes befindet, einschließlich der im Erdinneren befindlichen und an die Oberfläche austretenden Bodenschätze sowie des Grundwassers und der Erdwärme, und sich konusartig bis zum Erdmittelpunkt erstreckt und für alle durch das Gesetz festgelegte Arten der Erdkörpernutzung zugänglich ist.

II. Begriffsbestimmung und Einteilung der Bodenschätze

1. Begriff „Bodenschätze“

Zum ersten Mal wurde der Begriff „Bodenschätze“ als juristische Definition im russischen Bergrecht im Jahr 1927 in der Bergbauordnung der UdSSR[131] verwendet. Hier verstand man unter Bodenschätzen „Bestandteile des Erdkörpers – feste, flüssige und gasartige, die zu gewerblichen Zwecken durch Extraktion oder Abtrennung gewonnen werden können, unabhängig davon, ob sie sich untertage befinden oder auf die Erdoberfläche austreten“.[132] In allen danach folgenden Rechtsakten im

---

127 *Perchik*, Bergrecht (2002), S. 16, 17.

128 Vgl. *Ibragimov*, Erdkörper und das Gesetz „Über den Erdkörper“: das Problem bei Abgrenzung von Rechtsbegriffen; *Zaslavskaja*, Neues Gesetz der Russischen Föderation über den Erdkörper.

129 *Perchik*, Bergrecht (2002), S. 16.

130 *Pevzner*, Bergrecht (2012), S 10; *Salieva*, Bergrecht (2006), S. 83.

131 Die Bergbauordnung der UdSSR, in Kraft gesetzt durch die Verordnung der zentralen Exekutivkommitees der UdSSR vom 09. November 1927, SZ UdSSR 1927, № 68, Pos. 688 [Горное положение Союза ССР, утв. Постановлением ЦИК СССР от 09 ноября 1927 г., СЗ СССР, 1927, № 68, ст. 688].

132 Vgl. *Ur, Ch.*, Neues unionsweites Berggesetz „Bergbauordnung UdSSR“, in: Gornyi gjurnal, № 2/1928, S. 118,119 [*Юр.Ч.* Новый общесоюзный горный закон «Горное положение СССР», в: Горный Журнал, № 2/1928, с. 118,119]; *Izujmov*, Bergrecht (2010), S. 111; *Säcker*, (Hrsg.), Russisches Energierecht. Gesetzessammlung, S. 15.

Bereich des Bergrechts fehlte jedoch diese Definition, so wie sie auch im geltenden ErdkörperG fehlt. In Art. 1.2 ErdkörperG werden die Bodenschätze neben den Energie- und anderen Ressourcen als Bestandteile des Erdkörpers – die sogenannten „Erdkörperressourcen" – bezeichnet. Eine Legaldefinition von „Erdkörperressource" findet sich im russischen Bergrecht ebenso nicht. An unterschiedlichen Stellen des ErdkörperG werden sie ebenso als „Naturressourcen" und „Mineralressourcen" bezeichnet. Offensichtlich befinden sich alle diese Ressourcenarten im Erdkörper; nicht deutlich ist, ob sie sich voneinander unterscheiden und wenn ja, nach welchen Kriterien. Bildlich kann das Verhältnis, in welchem diese Kategorien in der praktischen Anwendung zueinander stehen, mit der Darstellung eines Euler-Diagramms, in dem jeder Kreis dem Inhaltsvolumen des Begriffes entspricht, veranschaulicht werden:

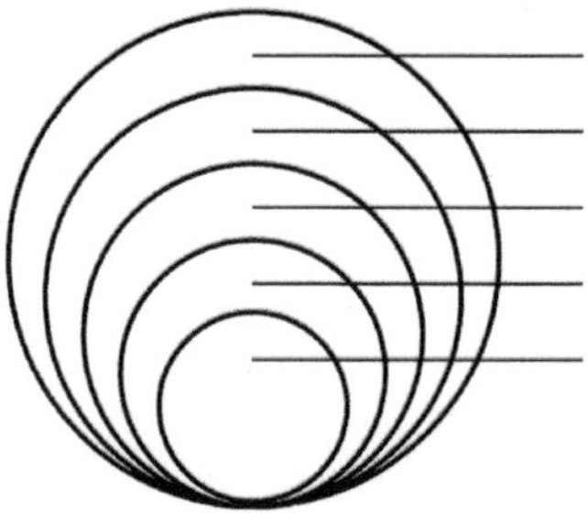

Quelle: *Ibragimov*, Grundlegende Begriffe und ihre Definitionen, S. 23

In der Literatur wird der Begriff Bodenschätze von verschiedenen Autoren unterschiedlich definiert. Betrachtet man diese verschiedenen Definitionen, lässt sich im Ergebnis feststellen, dass sie alle nach der gleichen Systematik aufgebaut sind und zwei Hauptsegmente enthalten. Das erste spiegelt die Entstehungsart wider und bezeichnet die Bodenschätze als „natürliche, mineralische Ausbildungen im Erdkörper", deren physikalische Beschaffenheit in einigen Fällen konkretisiert wird (anorganisch oder organisch; feste, flüssige, gasartige). Das zweite Segment weist auf die Möglichkeit einer effektiven industriellen (gewerblichen) Nutzung hin, entweder unmittelbar oder nach der Verarbeitung.[133] Somit kann der Begriff „Bodenschätze" wie folgt definiert werden: feste, flüssige und gasförmige mineralische Rohstoffe, die im Erdinneren vorkommen oder auf die Oberfläche austreten und zu industriellen Zwecken mittels Extraktion oder Abtrennung gefördert werden können.

133 Vgl. Tabelle 3 bei *Ibragimov*, Grundlegende Begriffe und ihre Definitionen, S. 19.

2. *Einteilung der Bodenschätze*

Im ErdkörperG ist keine direkte Einteilung der Bodenschätze vorgesehen. Es wird jedoch zwischen „allgemeinverbreiteten“ und anderen, also „nicht allgemeinverbreiteten Bodenschätzen“ differenziert, Art. 18, 19 ErdkörperG. Die Vergegenwärtigung dieser Unterscheidung wird mit der praktischen Anwendung wichtig, denn für beide Gruppen bestimmt das ErdkörperG jeweils unterschiedlichen Rechtsrahmen.

a) Allgemeinverbreitete Bodenschätze

Im ErdkörperG ist keine direkte Legaldefinition von allgemeinverbreiteten Bodenschätzen enthalten. Sie erschließt sich aus der № 47-p[134], die vorläufige methodische Empfehlungen zur Bildung von Verzeichnissen der allgemeinverbreiteten Bodenschätze festlegt. Gemäß Ziff. 2.1 dieser Anordnung können den allgemeinverbreiteten Bodenschätzen nicht-metallische Rohstoffe und mineralische Brennstoffe, die räumlich und genetisch mit den Schicht-, Magma und metamorphogenen Gesteinen verbunden und durch häufiges Auftreten in einem bestimmten Gebiet gekennzeichnet sind sowie ein großes Verteilungsareal aufweisen, zugeordnet werden. In Ziff. 2.2 dieser Anordnung sind die Bodenschätze aufgelistet, deren Zuordnung zu den allgemeinverbreiteten Bodenschätzen „empfohlen“ wird. Das sind die Bodenschätze, die sehr oft in der Natur vorkommen, auf der Erdoberfläche oder in niedrigen Tiefen lagern und deshalb leicht zu erreichen sowie für eine direkte Anwendung ohne Verarbeitung geeignet sind.[135] Dazu zählen z. B. Sand, Kies, Ton, Torf, Kalkstein, Quarz und ähnliches.

Die Erfassung und Katasterführung solcher Bodenschätze liegt nach Art. 4 Abs. 7 ErdkörperG in der Zuständigkeit der Föderationsmitglieder. Allerdings haben nicht alle Regionen diese Pflicht erfüllt: einige haben gar keine Erfassung und Katasterführung durchgeführt, und diejenigen, die sich damit befasst haben, haben die Informationen jeweils nach eigenen Regeln verzeichnet. Im Ergebnis existierte in Russland bis jetzt, nach Expertenmeinung, keine genaue und einheitliche Statistik über die Vorräte der allgemeinverbreiteten Bodenschätze.[136] Das Föderationszentrum

134 Verfügung MINPRIRODA № 47-p vom 2. Februar 2003 „Über die Genehmigung der "Vorläufigen methodischen Empfehlungen zu Vorbereitung und Prüfung von Informationen, die mit der Bildung von Verzeichnissen der allgemeinverbreiteten Bodenschätze zusammenhängen“, keine offizielle Veröffentlichung, abrufbar unter: http://base.garant.ru [Распоряжение Государственной геологической службы Минприроды России № 47-р от 7 февраля 2003 г. „Об утверждении „Временных методических рекомендаций по подготовке и рассмотрению материалов, связанных с формированием, согласованием и утверждением региональных перечней полезных ископаемых, относимых к общераспространенным“, документ опубликован не был, доступен на сайте: http://base.garant.ru].

135 *Perchik*, Bergrecht (2002), S. 20.

136 *Smol`jakova, T.*, Bis zu letztem Sandkorn. Alle Bodenschätze werden staatlichen Erfassung unterzogen, in: Rossiyskaja Gazeta, Online-Ressource, abrufbar unter

hat diesem Umstand entgegengewirkt, indem MINPRIRODA im November 2014 eine Anordnung über das Verfahren zur Erfassung und Aktualisierung von Bilanzen der Vorräte an allgemeinverbreiteten Bodenschätzen[137] erlassen hat, die bundeseinheitliche Anforderungen und Regeln festlegt. Dadurch soll ein umfassendes Bild entstehen, welches das Vorratsvolumen dieser Art von mineralischen Rohstoffen sowie die Prozesse ihres Abbaus und ihrer Neubewertung darstellt. Dabei ist zu betonen, dass die oben genannten Methodischen Empfehlungen zur Bildung von Verzeichnissen der allgemeinverbreiteten Bodenschätze weiterhin gelten. Die neue Anordnung richtet sich nur auf das Verfahren und benennt keine konkrete Arten der Bodenschätze als allgemeine Bodenschätze sowie keine Kriterien für die allgemeinverbreitete Bodenschätze.

b) Nicht allgemeinverbreitete Bodenschätze

Alle anderen Bodenschätze bilden die zweite Kategorie, für die im russischen Bergrecht keine Definition zu finden ist. Eine der detailliertesten Aufzählungen der mineralischen Stoffe, die den strategischen Bodenschätzen zugeordnet werden, findet sich im Art. 337 Abs. 2 Steuergesetzbuch RF[138], der das Besteuerungsobjekt bei der Erhebung der „Steuer auf die Gewinnung von Bodenschätzen" (Förderabgabe) regelt.[139] Demnach zählen zu dieser Kategorie alle volkswirtschaftlich interessanten Bodenschätze wie z. B. Kohlenwasserstoffe, Edelmetalle und Edelsteine, Gold, Uran, Kupfer, Kohle usw. Auf Grund ihrer bedeutenden Rolle in der Volkswirtschaft Russlands werden sie auch als „strategische Bodenschätze" bezeichnet.

Im November 2013 wurde von MINPRIRODA für Erdöl- und Erdgasvorräte das neue System der staatlichen Standards für die Erfassung und Klassifikation

---

http://www.rg.ru/ 2014/11/19/iskopaemie.html [*Смольякова, Т.*, И песчинки пересчитают. Все полезные ископаемые поставят на государственный учет, в: Российская газета, online-ресурс, доступен на сайте http://www.rg.ru/2014/11/19/iskopaemie.html].

137 Anordnung MINPRIRODA № 362 vom 11. August 2014 „Über die Genehmigung des Verfahrens für die Bildung und Führung territorialer Bodenschatzreservebilanzen allgemeinverbreiteter Bodenschätze und den Kataster für Lagerstätte allgemeinverbreiteter Bodenschätze", Registrierung bei Justizministerium RF am 7. November 2014, № 34604 [Приказ Минприроды России № 362 от 11 августа 2014 г. "Об утверждении Порядка составления и ведения территориальных балансов запасов и кадастров месторождений и проявлений общераспространенных полезных ископаемых", зарегистрировано в Минюсте РФ 7 ноября 2014 г., № 34604].

138 Teil II des Steuergesetzbuches der RF vom 5. August 2000, SZ RF 200, № 32, Pos. 3340 [Часть вторая Налогового кодекса Российской Федерации от 5 августа 2000 г., СЗ РФ 2000, № 32, ст. 3340].

139 *Perchik*, Bergrecht (2002), S. 20.

festgelegt[140], das allerdings erst am 1. Januar 2016 in Kraft tritt. Das geltende Modell der staatlichen Bestandsaufnahme der Ressourcen wurde noch in der Sowjetunion im Jahr 1983 festgelegt und blieb bis heute praktisch unverändert. Seine Eigentümlichkeit im Vergleich zu den in anderen Ländern verwendeten Modellen (JORC, SAMREC, IMM code, Kanada – NI43–101, USA – SEC) besteht hauptsächlich darin, dass es nur die quantitative Bewertung der Ressourcen und Vorräte reflektiert, aber nicht ihre qualitativen Eigenschaften beurteilt und deswegen keine objektive Einschätzung der Wirtschaftlichkeit des Bodenschatzvolumens ermöglicht.[141] Die neuen Erfassungsstandards, die den weltweit üblichen angepasst sind, sollen den Unternehmen und dem Staat ermöglichen, in einem einheitlichen Rahmen tätig zu sein. Bis jetzt musste die Mehrzahl der russischen Bergbaugesellschaften eine „doppelte Buchführung“ benutzen, um ausländische Investitionen einbeziehen zu können.[142]

III. Begriffsbestimmung und Einteilung der Erdkörperfelder

1. Begriff „Erdkörperfeld“

Laut Art. 7 Abs. 1 ErdkörperG wird dem Berechtigten das Nutzungsrecht nicht an dem Erdkörper in seiner Ganzheit verliehen, sondern nur an „einem Feld des Erdkörpers“ zur Verfügung gestellt. Dadurch wird das Erdkörperfeld zum Hauptobjekt des russischen Bergrechts. Die staatliche Regulierung und Verwaltung im Bergbaubereich ist auf das Erdkörperfeld bezogen. Weder im ErdkörperG noch in anderen Rechtsakten findet sich allerdings eine eindeutige Definition dieses Begriffes. Aus Art. 7 ErdkörperG folgt lediglich, dass der Erdkörper nach Maßgabe der Bergbauberechtigung in Form von Feldern, die einen geometrisierten Erdkörperblock darstellen, zur Verfügung gestellt wird. Abhängig von der Art der Bergbauberechtigung unterscheidet Art. 7 ErdkörperG des Weiteren zwischen bergbaulichem und geologischem Zuweisungsfeld. Zu Zwecken der

140 Anordnung MINPRIRODA № 477 vom 01. November 2013 „Über die Genehmigung der Vorräteklassifikation für die Erdölressourcen und Brenngase“, Registrierung bei Justizministerium RF am 31. Januar 2013, № 30943 [Приказ Минприроды России № 477 от 01 ноября 2013 г. «Об утверждении Классификации запасов и ресурсов нефти и горючих газов», зарегистрировано в Минюсте России 31 декабря 2013, № 30943].

141 Vgl. *Popov, A. P.*, Eine neue Klassifikation ausgearbeitet, die an die internationalen Anforderungen angenähert ist, in: Gosudarstvennyi vzgljad, Februar 2013, S. 9–11 [*Попов, А. П.*, Разработана новая классификация, которая приближена к международным требованиям, в: Государственный взгляд, февраль 2013, с. 9–11]; *Gudkov/Larochkina/Lakhno/Salieva* in: *Säcker (Hrsg.)*, Handbuch zum dt.-russ. Energierecht, S. 325 f.; *Henley S.*, The russian reserves & resources reporting system. Discussion and Comparison with International Standards, abrufbar unter: http://www.imcinvest.com/ pdf/Russian_reserves_8.pdf.

142 *Säcker (Hrsg.)*, Deutsch-russisches Energie- und Bergrecht im Vergleich, S. 325.

Gewinnung von Bodenschätzen und zur Errichtung und zum Betrieb von nicht in Zusammenhang mit der Bodenschätzegewinnung stehenden Tiefbauanlagen sowie gemäß den geltenden PSA bezeichnet der Gesetzgeber den entsprechenden geometrisierten Erdkörperblock als „bergbauliches Zuweisungsfeld" (Abs. 1). Wird ein Erdkörperfeld gemäß der Bergbauberechtigung zur geologischen Forschung ohne wesentliche Beeinträchtigung der Ganzheit des Erdkörpers zur Verfügung gestellt, erhält der entsprechende geometrisierte Erdkörperblock die Bezeichnung „geologisches Zuweisungsfeld" (Abs. 5).

Die Analyse des Wortlauts des ErdkörperG und anderer Rechtsakte bestätigt, dass dem Begriff „Erdkörperfeld" im russischen Bergrecht zentrale Bedeutung zukommt: alle Stufen der bergrechtlichen Erteilungs- und Genehmigungsverfahren, angefangen von der Bildung der Erdkörperfelderverzeichnisse bis zur Erteilung eines Nutzungsrechts an einem bestimmten Erdkörperfeld, haben immer ein Erdkörperfeld zum Hauptrechtsobjekt. Die rechtlichen Rahmenbedingungen für die bergbauliche Tätigkeit hängen von der Art des Erdkörperfeldes ab, in welchem sie ausgeübt wird. Infolgedessen ist es für das Verständnis der Struktur des russischen Bergrechts von zwingender Bedeutung, sich vor Augen zu führen, dass das Objekt eines Erdkörpernutzungsrechts faktisch ein bewilligtes Erdkörperfeld ist und somit die staatliche Regulierung des Zugangs zu den Bodenschätzen sich in erster Linie am Erdkörperfeld als Objekt orientiert. Umso deutlicher wird der Bedarf nach einer gesetzlich verankerten, klaren Definition dieses Begriffs.

2. Begriffe „bergbauliches Zuweisungsfeld" und „geologisches Zuweisungsfeld"

Nach der Feststellung, dass ein Erdkörperfeld in Form eines bergbaulichen oder geologischen Zuweisungsfeldes dem Nutzer zur Verfügung gestellt wird, ergibt sich die Frage, ob diese Begriffe deckungsgleich zu betrachten sind und falls nicht, in welchem Wechselverhältnis sie zueinander stehen. Bis zum Inkrafttreten des ErdkörperG in der sowjetischen Gesetzgebung erfolgte die Rechtsverleihung am Erdkörper in Form des „Aktes zur Festlegung des bergbaulichen Zuweisungsfeldes" (in russ.: *gornyi otvod*), der einen Verwaltungsakt der zuständigen Bergaufsichtsbehörde darstellte. Dieser Bergbauzuweisungsakt (in russ.: *gornootvodnyi akt*) bildete die einzige Grundlage für die Entstehung des Erdkörpernutzungsrechts. Somit war das Objekt des Nutzungsrechtes praktisch gesehen das Zuweisungsfeld, das wie folgt definiert war: „ein Teil des Erdkörpers, der dem Erdkörpernutzer für die Erschließung von Bodenschatzlagerstätten zur Verfügung gestellt wurde".[143] Den Begriff „Erdkörperfeld" kannte die sowjetische Bergbaugesetzgebung zwar auch, räumte diesem rechtstechnisch allerdings nur eine untergeordnete Bedeutung

143 *Melgunov/Kostareva,* Kategorien „Erdkörperfeld", „bergbauliches und geologisches Zuweisungsfeld", S. 33–34.

ein.[144] Seit dem Inkrafttreten des ErdkörperG im Jahr 1992 erfolgt die Zuteilung von Verfügungsrechten am Erdkörper laut Art. 11 ErdkörperG auf der Grundlage „einer speziellen Berechtigung in Form einer Lizenz". Dabei wurden die oben genannten Kategorien „bergbauliches Zuweisungsfeld" und „Bergbauzuweisungsakt" aber nicht entsprechend in „Erdkörperfeld" und „Erdkörpernutzungslizenz" umgewandelt, sondern im Gesetzestext beibehalten, wenn ihnen heute auch eine andere Bedeutung zugewiesen wird.

So ist Bergbauzuweisungsakt kein rechtsbegründendes Verwaltungsakt mehr, sondern dient der Bestimmung der räumlichen Grenzen des bergbaulichen oder geologischen Zuweisungsfeldes und stellt einen festen Bestandteil der erteilten EKL dar. In Verbindung mit den Begriffen „bergbauliches" und „geologisches Zuweisungsfeld" verwendet das ErdkörperG in Art. 7 die Bezeichnung „Status". Danach ist dem Bewilligungsfeld, für welches die EKL für die geologische Forschung erteilt wurde, „der Status eines geologischen Zuweisungsfeldes einzuräumen", Art. 7 Abs. 5 ErdkörperG. Obwohl das „bergbauliche Zuweisungsfeld" im Wortlaut des Art. 7 Abs. 1 ErdkörperG zwar nicht direkt mit dem Begriff „Status" bezeichnet wird, sondern die Formulierung „in Form eines bergbauliches Zuweisungsfeldes" zu finden ist, kann man davon ausgehen, dass es sich hierbei ebenso um einen bestimmten Status handelt. Den Status „bergbauliches Zuweisungsfeld" erhält das Erdkörperfeld, wenn für dieses entweder die EKL für Erkundung und Gewinnung, die EKL für die Ausübung von nicht mit der Gewinnung von Bodenschätzen zusammenhängenden Arbeiten oder die EKL auf der Grundlage eines PSA erteilt wurde. Zur detaillierten Gestaltung der rechtlichen Voraussetzungen des Verfahrens, nach welchem die Ausfertigung der Zuerkennung des bergbaulichen Zuweisungsfeldes erfolgt, existieren entsprechend den einschlägigen Arten der Erdkörpernutzung mehrere unterschiedliche Leitfäden.[145] Für die Abwicklung der Ausfertigung eines bergbaulichen Zuweisungsfeldes bei einer Gewinnungsberechtigung für die Kohlenwasserstoffe wurde ein spezieller Leitfaden ausgearbeitet.[146]

---

144 Vgl. Erdkörpergesetzbuch der RSFSR vom 22. September 1976; *Jakovlev*, Das Bergrecht im modernen Russland, S. 302–305.

145 Leitfaden zur Ausfertigung von bergbaulichen Zuweisungsfeldern für die Erschließung der Bodenschatzlagerstätten, RD 07-192-98, Registrierung bei Justizministerium am 13. März 1998, № 1485 [Инструкция по оформлению горных отводов для разработки месторождений полезных ископаемых, РД 07-192-98, зарегистрировано в Минюсте РФ 13 марта 1998 г., № 1485]; Leitfaden zur Ausfertigung von bergbaulichen Zuweisungsfeldern für die Nutzung des Erdkörpers zu Zwecken, die mit der Gewinnung von Bodenschätzen nicht zusammenhängen, RD 07-192-98, Registrierung bei Justizministerium am 27. April 1999, № 1766 [Инструкция по оформлению горных отводов для использования недр в целях, не связанных с добычей полезных ископаемых, РД 07-192-98, зарегистрировано в Минюсте РФ 27. апреля 1999 г., № 1766].

146 Leitfaden zur Ausfertigung von bergbaulichen Zuweisungsfeldern für die Erschließung der erdöl- und erdgasführenden Lagerstätten, RD 07-122-96, Registrierung

Viele der Vorschriften dieser Leitfäden wiederholen einander, so dass eine klare Abgrenzung zwischen allgemeinen und speziellen Normen sehr schwierig ist. Bemerkenswert ist die Tatsache, dass kein solcher Leitfaden oder anderer Rechtsakt ähnlichen Inhalts für die Zuerkennung des geologischen Zuweisungsfeldes vorhanden ist mit der Folge, dass dieser Begriff von der herrschenden Meinung als „unterentwickelt" angesehen wird.[147]

Unter der Berücksichtigung der Vorgaben des Art. 7 Abs. 1 und 5 ErdkörperG und der Bestimmungen der Leitfäden für das bergbauliche Zuweisungsfeld lässt sich zusammenfassend folgender Begriff für das „Zuweisungsfeld" bestimmen: Ein geometrisierter Erdkörperblock, der gemäß einer EKL für die darin festgelegte Nutzungsart des entsprechenden Erdkörperfeldes zugewiesen wurde und der in Abhängigkeit von dieser Nutzungsart den Status „bergbauliches" oder „geologisches" Zuweisungsfeld erhält.

Der eine Status unterscheidet sich von dem anderen durch zwei wesentliche Merkmale: In den Grenzen des bergbaulichen Zuweisungsfeldes kommt dem Bergbauunternehmer das alleinige Nutzungsrecht am Erdkörper gemäß der ihm erteilten Lizenz zu, Art. 7 Abs. 4 ErdkörperG. Jegliche bergbauliche Tätigkeit anderer Personen in den Grenzen des gleichen bergbaulichen Zuweisungsfeldes kann nur mit dem Einverständnis des Lizenzinhabers erfolgen. Im Unterschied dazu können in den Grenzen eines und des gleichen geologischen Zuweisungsfeldes gleichzeitig mehrere Bergbauunternehmer tätig sein, d. h. die geologischen Aufsuchungsarbeiten können im gleichen geologischen Zuweisungsfeld von mehreren Nutzungsberechtigten im Rahmen unterschiedlicher Erdkörpernutzungslizenzen für die geologische Forschung durchgeführt werden. Das Verhältnis zwischen den einzelnen Lizenzinhabern untereinander ist dabei nach Art. 7 Abs. 5 ErdkörperG in der Lizenz festzulegen. In der Praxis wird dieser Norm keine Folge geleistet, was zu Konflikten zwischen bestehenden Lizenzinhabern führt.[148] Das zweite Unterscheidungsmerkmal besteht in der Grenzenbestimmung des Zuweisungsfeldes: das bergbauliche Zuweisungsfeld muss in die Tiefe (in das Erdinnere) begrenzt werden, wobei die Tiefgrenzen des geologischen Zuweisungsfeldes nicht unbedingt festzulegen sind.[149]

---

bei Justizministerium am 9. Oktober 1996, № 1175 [Инструкция о порядке предоставления горных отводов для разработки газовых и нефтяных месторождений, РД 07-122-96, зарегистрировано в Минюсте РФ 9 октября 1996 г., № 1175].

147 Vgl. *Perchik*, Bergrecht (2002), S. 239 ff.; *Pevzner*, Bergrecht (2012), S. 114, 115, S. 233–236; *Izujmov*, Bergrecht (2010).

148 Siehe z.B. Entscheidung des Arbitragegerichts des Gebiets Astrachan vom 10. Juli 2002, № A06-576y-10к/2002 [Решение Арбитражного суда Астраханской области от 10 июля 2002 г. № А06-576у-10к/2002]; Entscheidung des Arbitragegerichts des Gebiets Astrachan vom 28. Mai 2003, № A06-782y-4/03 [Решение Арбитражного суда Астраханской области от 28 мая 2003 г. № А06-782у-4/03].

149 Vgl. Ziff. 3.8 LizenzvergabeG.

Ein prägnantes Beispiel für solche Konflikte ist ein Fall, bei dem es um die geologische Erforschung zum Zwecke des Aufsuchens und der Bewertung von Kohlenwasserstofflagerstätten auf dem Gebiet Astrachan ging.[150] Die Gesellschaft „RusGas" hatte gegen die Ablehnung ihres Antrags auf Erteilung einer EKL für die geologische Forschung Klage erhoben. Die zuständige Behörde (in dem Fall ROSNEDRA) hatte die Absage damit begründet, dass: a) für das beantragte Erdkörperfeld bereits zwei andere EKL für die geologische Forschung jeweils einem anderen Nutzer erteilt worden waren und b) der Antragsteller „RusGas" die Anforderungen des Art. 7 ErdkörperG nicht erfüllt habe, da er keine mit den anderen Nutzern abgestimmten Vorschläge zur Koordinierung der Arbeiten vorgelegt habe. Dabei hatte einer der Nutzer als Antwort auf das entsprechende Ersuchen des Klägers mitgeteilt, dass er (der Nutzer) das ausschließliche Recht für die geologische Forschung auf dem entsprechenden Erdkörperfeld besitze und davon ausschließlich Gebrauch machen werde. Die beiden Inhaber der EKL für die geologische Forschung können kein „ausschließliche Recht" besitzen, denn das umstrittene Erdkörperfeld den Status eines geologischen Zuweisungsfeldes hat, in dessen Grenzen in Übereinstimmung mit Art. 7 Abs. 5 S. 2 ErdkörperG mehrere Nutzer ihre Arbeiten zu Zwecken geologischer Forschung durchführen können. Dennoch entschied das Gericht zugunsten der Behörde, ohne zu berücksichtigen, dass nach der ersten Erteilung der EKL einem zweiten Unternehmen ebenfalls eine EKL für die geologische Forschung erteilt worden war und zwischen diesen beiden Lizenznehmern die Vorschläge zur Koordinierung der begonnenen Arbeiten nicht abgestimmt worden war.[151]

3. Verhältnis des „bergbaulichen" oder „geologischen " Zuweisungsfeldes zum „Erdkörperfeld"

Die geltende russische Berggesetzgebung unterscheidet nicht ausdrücklich zwischen den Begriffen „Erdkörperfeld" und „bergbauliches oder geologisches Zuweisungsfeld". Nach einer genauen Betrachtung des Definitionsinhalts der beiden Begriffe wird deutlich, dass sie, obwohl sie eng zusammenhängen, nicht deckungsgleich anzuwenden sind. Nach Art. 3 und 7 ErdkörperG stellen sowohl die Erdkörperfelder als auch die Zuweisungsfelder durch geometrische Grenzen bestimmte Blöcke des Erdkörpers dar. Dabei sind die räumlichen Grenzen des Erdkörperfeldes laut Art. 12 ErdkörperG bei der Erteilung der Bergbauberechtigung festzulegen. Die Eingrenzung des Zuweisungsfeldes erfolgt gem. Art. 7 ErdkörperG zweimal. Zunächst

150 Entscheidung des Arbitragegerichts der Stadt Moskau vom 28. August 2003, № A40-32307/03122-403 [Решение Арбитражного суда г. Москвы от 28 августа 2003 г. по делу N A40-32307/03122-403].

151 Vgl. *Klimova, O.V.*, Rechtliche Natur des Nutzungsrechts am Erdkörper, Online-Ressource, abrufbar unter: http://viperson.ru/articles/pravovaya-priroda-prav-polzovaniya-nedrami [*Климова О.В.*, Правовая природа прав пользования недрами, Online-Ressource, доступно на сайте: http://viperson.ru/articles/pravovaya-priroda-prav-polzovaniya-nedrami].

werden bei der Erteilung der Bergbauberechtigung die vorläufigen Grenzen des Zuweisungsfeldes bestimmt, die dann in dem Verfahren zur Genehmigung der technischen Projektdokumentation[152] gem. Art. 23.2 ErdkörperG genauer definiert und erneut festgelegt werden. Dafür erstellt die zuständige Behörde einen neuen Bergbauzuweisungsakt, in dem die endgültigen Grenzen des Zuweisungsfeldes fixiert werden. Anschließend wird dieses Dokument zu einem festen Bestandteil der Bergbauberechtigung. In diesem Moment ändern sich die räumlichen Eigenschaften des bergbaulichen und geologischen Zuweisungsfeldes, die anfänglich bei der Erteilung der Bergbauberechtigung vorläufig bestimmt wurden. Dies führt dazu, dass spätestens ab dem Ausstellungszeitpunkt des neuen Bergbaugenehmigungsaktes die räumlichen Umrisse des Erdkörperfeldes sich von den räumlichen Grenzen des Zuweisungsfeldes unterscheiden.[153] Vollumfänglich äußern sich die Unterschiede zwischen diesen beiden Kategorien im Verfahren zur Änderung ihrer festgelegten Grenzen.

a) Grenzenänderung des bewilligten Erdkörperfeldes

Nach Art. 7 ErdkörperG können die Grenzen des bewilligten Erdkörperfeldes aus Gründen der Vervollständigung der geologischen Aufsuchungsarbeiten sowie der nachhaltigen und rationellen Verwendung des Erdkörpers geändert werden. Anzumerken ist, dass diese Bestimmung durch das Änderungsgesetz[154] erst im Juli 2011 in das ErdkörperG eingeführt wurde. Bis dahin fehlte es in der russischen Berggesetzgebung an der Möglichkeit, die Grenzen des bewilligten Erdkörperfeldes zu ändern. Das führte im Ergebnis zu Problemfällen in der Praxis, wenn es sich z.B. herausstellte, dass eine Lagerstätte deutlich über die Grenzen des bewilligten Erdkörperfeldes hinausreichte, oder der Lizenzinhaber ein bisher unbekanntes Vorkommen in den tiefer liegenden Horizonten entdeckte.[155]

Die neue Fassung des ErdkörperG eröffnete die Befugnis, das entsprechende Verfahren und die Bedingungen dazu auszuarbeiten und festzulegen. Fast ein Jahr später trat eine der „meist erwarteten“ Regierungsverordnungen der RF № 429 über die Bestimmung und Änderung der Grenzen von bewilligten Erdkörperfeldern

---

152 Ausführlicher zur Genehmigung der technischen Projektdokumentation siehe in dieser Arbeit unter Kapitel 4, C., S. 196 ff.

153 *Melgunov/Kostareva,* Kategorien „Erdkörperfeld“, „bergbauliches und geologisches Zuweisungsfeld“, S. 35–36.

154 Föderalgesetz „Über die Änderungen im Föderalgesetz „Über den Erdkörper“ und in Art. 8.2 des Föderalgesetzes „Über das Inkrafttreten des Waldgesetzbuches der RF“ vom 18. Juli 2011, SZ RF 2011, № 30 Teil I, Pos. 4570 [Федеральный закон от 18 июля 2011г. «О внесении изменений в Закон Российской Федерации «О недрах» и статью 8.2 Федерального закона «О введении в действие Лесного кодекса Российской Федерации», СЗ РФ 2011, № 30 (ч. 1), ст. 4570].

155 *Vasilevskaja,* Rechtliche Rahmenbedingungen der Erdkörpernutzung in Russland und Ausland, 2010, S. 104.

(im Folgenden: Verordnung № 429)[156] in Kraft. Diese Verordnung regelt das Verfahren, die Fristen, die Änderungsgründe sowie die Versagungsgründe für Grenzenänderungen und benennt die zuständigen Behörden. Danach kann ein Erdkörperfeld in seinen Grenzen in jede räumliche Richtung (Breite und Tiefe) sowohl verkleinert als auch vergrößert werden. Die Verordnung № 429 listet die möglichen Gründe für die Grenzenänderung eines Erdkörperfeldes abschließend auf.

Die Gründe für die Vergrößerung der Grenzen ergeben sich aus Ziff. 8 Verordnung № 429 und lassen sich folgendermaßen benennen: Verfahrenstechnische Notwendigkeit der Grenzausdehnung ohne Vorratszunahme der Bodenschätze, Nachweis über die Zugehörigkeit der Vorräte, die sich außerhalb der Fläche des bewilligten Erdkörperfeldes oder in dem der Tiefgrenze des bewilligten Erdkörperfeldes untergelagerten Horizont befinden, für welches die Lizenz erteilt wurde. Zusätzlich wird die Vergrößerung der Grenzen unter Ziff. 10 Verordnung № 429 an drei Bedingungen geknüpft: Zum Zeitpunkt der Antragseinreichung soll das beanspruchte Erdkörperfeld an dem bewilligten Erdkörperfeld anliegen. Hinsichtlich des beanspruchten Erdkörperfeldes soll noch keine Nutzungsberechtigung erteilt worden oder keine Erteilung einer Nutzungsberechtigung geplant sein (z. B. die Entscheidung über die Durchführung einer Auktion). Die Ausweitung der Grenzen darf nur einmal innerhalb der Gültigkeitsdauer der Lizenz durchgeführt werden. Im Unterschied dazu kann eine Reduzierung der Grenzen uneingeschränkt mehrfach erfolgen. Sie darf allerdings nur nach der Anschließung der geologischen Aufsuchungsarbeiten und nach der Einreichung des abschließenden Berichtes bei der zuständigen Behörde durchgeführt werden, Ziff. 12 Verordnung № 429.

Der Antrag auf Grenzenänderung ist für die Erdkörperfelder föderaler Bedeutung bei ROSNEDRA einzureichen und in Bezug auf die Erdkörperfelder regionalen Bedeutung – bei dem Exekutivorgan des Föderationsmitgliedes. Für die Erdkörperfelder, die keiner der beiden Gruppen angehören, trifft die Entscheidung über die Grenzenänderung ebenso ROSNEDRA. Trifft die zuständige Behörde die Entscheidung über eine Änderung des bewilligten Erdkörperfeldes, sind in der EKL entsprechende Änderungen nach dem von MINPRIRODA bestimmten Verfahren vorzunehmen.

b) Grenzenänderung des Zuweisungsfeldes

Das Verfahren für die Bestimmung und Änderung der Grenzen von Zuweisungsfeldern regelt im Allgemeinem der Leitfaden für die Festlegung des bergbaulichen Zuweisungsfeldes (im Folgenden: Leitfaden RD 07-192-98)[157] und in sektorspezifischen

156 Regierungsverordnungen № 429 vom 3. Mai 2012 „Über die Bestimmung und Änderung der Grenzen von bewilligten Erdkörperfeldern“, SZ RF 2012, № 19, Pos. 2445 [Постановление Правительства РФ № 429 от 3 мая 2012 г. „Об утверждении Положения об установлении и изменении границ участков недр, предоставленных в пользование“, СЗ РФ 2012, № 19, ст. 2445].

157 Leitfaden zur Ausfertigung von bergbaulichen Zuweisungsfeldern für die Erschließung der Bodenschatzlagerstätten, RD 07-192-98, Registrierung bei

Fragen hinsichtlich der Kohlenwasserstofflagerstätten der Leitfaden für die Zuweisung von Feldern für die bergbauliche Erschließung von Kohlenwasserstofflagerstätten (im Folgenden: Leitfaden RD 07–122–96)[158]. Einer der wichtigsten Unterschiede zwischen einem Erdkörperfeld und einem Zuweisungsfeld bildet die Tatsache, dass das Gesetz nach dem Wortlaut des Art. 7 Abs. 3 ErdkörperG davon ausgeht, dass grundsätzlich die Präzisierung der Grenzen (Grenzenänderung) notwendig ist. Dagegen bleibt das bewilligte Erdkörperfeld in seinen Grenzen für die gesamte Zeit der Geltungsdauer der EKL gleich.

Die Bergbauarbeiten können erst begonnen werden, wenn das Bergbauunternehmer im Rahmen des Genehmigungsverfahrens der technischen Projektdokumentation aufgrund des zweiten Bergbauzuweisungsaktes die endgültigen (also inzwischen präzisierten) Grenzen des Zuweisungsfeldes zugewiesen erhält. Dies geschieht wie folgt: nachdem die technische Projektdokumentation für das bergbauliche Vorhaben von der zuständigen Behörde genehmigt wurde, kann der Bergbauunternehmer bei der ROSTEHNADSOR einen Antrag auf die genaue Definierung der endgültigen Grenzen des vorläufigen Zuweisungsfeldes stellen. Nach Ziff. 12 Leitfaden RD 07-192-98 kann ein solcher Antrag nur für den Teil des Erdkörperfeldes gestellt werden, für welchen die staatliche Expertise der Bodenschatzvorräte gem. Art. 29 ErdkörperG abgeschlossen wurde.

Dem Antrag ist das Projekt des endgültigen Zuweisungsfeldes beizufügen, in dem die Koordinaten des Zuweisungsfeldes näher präzisiert werden und die Eckpunkte des Zuweisungsfeldes (innerhalb des Erdkörperfeldes) im Koordinatensystem fixiert werden. Die Bestimmung der endgültigen Grenzen eines Zuweisungsfeldes steht in Zusammenhang mit dem konkreten Zweck der Erdkörpernutzung sowie mit dem konkreten Bodenschatz. Die Messgrößen können abhängig von der Berechnung der nutzbaren Vorräte des in der EKL festgelegten Bodenschatzes, des Standortes der Bergbauanlagen, der Gebirgsbewegungszonen und der Grenzen von Sprengarbeiten variieren. Ein bergbauliches oder geologisches Zuweisungsfeld kann jedoch nicht über die Grenzen des entsprechenden Erdkörperfeldes hinausgehen. Zu unterstreichen ist, dass die Festlegung der endgültigen Grenzen des Zuweisungsfeldes nur die Zuteilung eines konkreten Erdkörperblocks für bestimmte bergbauliche Tätigkeit bedeutet und keinen Einfluss auf die in der EKL angegebene Größe des bewilligten

Justizministerium am 13. März 1998, № 1485 [Инструкция по оформлению горных отводов для разработки месторождений полезных ископаемых, РД 07-192-98, зарегистрировано в Минюсте РФ 13 марта 1998 г., № 1485].

158 Föderale Berg- und Betriebsaufsichtsbehörde RF, Leitfaden zur Ausfertigung von bergbaulichen Zuweisungsfeldern für die Erschließung der erdöl- und erdgasführenden Lagerstätten, RD 07-122-96, Registrierung bei Justizministerium am 9. Oktober 1996, № 1175 [Федеральный горный и промышленный надзор России, Инструкция о порядке предоставления горных отводов для разработки газовых и нефтяных месторождений, РД 07-122-96, зарегистрировано в Минюсте РФ 9 октября 1996 г., № 1175].

Erdkörperfeldes hat.[159] Die endgültig festgelegten Grenzen des Zuweisungsfeldes können nach Ziff. 10 Leitfaden RD 07–192–98 jedoch auch noch geändert werden. In diesem Fall ändern sich ebenso nur die Grenzen des Zuweisungsfeldes und nicht die des bewilligten Erdkörperfeldes.

c) Zwischenfazit

Aus den genannten Tatsachen ergibt sich, dass das bergbauliche oder geologische Zuweisungsfeld nur als ein Teil des bewilligten Erdkörperfeldes zu verstehen ist. Beide stellen gemäß der gesetzlichen Definition jeweils einen Erdkörperblock dar, wobei jedoch jedes der beiden durch unterschiedliche räumliche Grenzen bestimmt wird. Sowohl bei der Bestimmung als auch bei der Änderung der räumlichen Grenzen der beiden Erdkörperblöcke fehlt es an einer gesetzlichen Regelung zu einer „Kopplung" aneinander.

Die Grenzbestimmung des bewilligten Erdkörperfeldes steht mit derjenigen des bewilligten Zuweisungsfeldes ihrem Wesen nach in einem Wechselverhältnis. In der gesetzlichen Regelung fehlt allerdings jegliche Klärung der Wechselwirkung zwischen den beiden Verfahrensabläufen. Sowohl die Festlegung als auch die Änderung der Grenzen von Erdkörperfeldern und Zuweisungsfeldern erfolgen durch unterschiedliche Behörden innerhalb unterschiedlicher Fristen und erlangen ihre Rechtskraft durch unterschiedliche Dokumente. Die geltende Gesetzgebung sieht keine Mechanismen für jegliche Wechselwirkung zwischen den beiden Verfahren vor, so dass im Ergebnis der Erdkörpernutzer nicht nur die Schwierigkeiten bei der Vereinbarung der Koordinaten von Erdkörperfeld und Zuweisungsfeld überwinden muss, sondern auch gezwungen wird, einen doppelten bürokratischen Aufwand zu betreiben.

3. Die Einteilung der Erdkörperfelder

Das geltende ErdkörperG unterscheidet in erster Linie zwischen zwei Kategorien der Erdkörperfelder: „Erdkörperfelder föderaler Bedeutung" und „Erdkörperfelder lokaler Bedeutung". Das Bewilligungsverfahren gestaltet sich abhängig davon, zu welchen dieser Kategorien das entsprechende Erdkörperfeld gehört. Damit ist die Vergegenwärtigung der genannten Einteilung der Erdkörperfelder für das systematische Verständnis des russischen Bergrechts von grundlegender Bedeutung.

a) Erdkörperfelder föderaler Bedeutung

Der Begriff „Erdkörperfeld föderaler Bedeutung" wurde im Jahr 1995[160] in das ErdkörperG aufgenommen. Bis zum Jahr 2008 behielt die Norm allerdings eher die Form einer Deklaration. Im neueingefügten Artikel 2.1 ErdkörperG hieß es, dass „bestimmte

---

159 *Melgunov/Kostareva,* Kategorien „Erdkörperfeld", „bergbauliches und geologisches Zuweisungsfeld", S. 35, 36.

160 Föderalgesetz vom 3. März 1995 „Über die Änderungen im Föderalgesetz der RF „Über den Erdkörper", SZ RF 1995, № 10, Pos. 823 [Федеральный закон от

Erdkörperfelder, einschließlich derjenigen, die die Bodenschatzlagerstätte enthalten, den Status eines Objektes föderaler Bedeutung erlangen können". Das Verfahren und die Kriterien, wonach Erdkörperfelder den Erdkörperfeldern föderaler Bedeutung zugeordnet werden sowie die Nutzungsbedingungen für diese Art der Erdkörperfelder und die Zuordnung zum Staatseigentum sollten in einem weiteren Föderalgesetz festgelegt werden. Ein solches Gesetz wurde bis zum Jahr 2008 nicht beschlossen. So blieb diese Kategorie zunächst ohne jegliche praktische Bedeutung.[161] Eine gesetzliche Regelung erfolgte erst durch die Novelle des ErdkörperG im Jahr 2008. Sie war eine direkte Folge der Einführung starker Beschränkungen für ausländische Investitionen in die „strategisch wichtigen" Wirtschaftszweige Russlands. Als „strategisch wichtig" wurde nun auch die Erdkörpernutzung auf den Erdkörperfeldern föderaler Bedeutung eingestuft.[162] Zwecks Erfüllung dieser neuen Anforderungen trat im Jahr 2008 die neue Fassung des Art. 2.1 ErdkörperG in Kraft, der den Begriff „Erdkörperfelder föderaler Bedeutung" mit rechtlichem Inhalt ausfüllte.

Nach dem geltenden Art. 2.1 ErdkörperG sind Erdkörperfelder dann als Erdkörperfelder föderaler Bedeutung einzustufen, wenn sie folgende Kriterien erfüllen:

1) Lagerstätten und Vorkommen von Uran, Diamanten, besonders reinem Quarz, seltene Böden der Yttrium-Gruppe, Nickel, Kobalt, Tantal, Niobium, Beryllium, Lithium und Metalle der Platingruppe enthalten;
2) nach Angaben der staatlichen Bilanz der Bodenschatzvorräte seit 1. Januar 2006 folgende Bodenschatzvorräte enthalten:
   - gewinnbare Erdölvorräte ab 70 Millionen Tonnen;
   - Gasvorräte ab 50 Milliarden Kubikmeter;
   - Berggoldvorräte ab 50 Tonnen;
   - Kupfervorräte ab 500 Tausend Tonnen;
3) sich in dem Binnengewässer, Hoheitsgewässer und auf dem Festlandsockel der RF befinden; sowie jene, für deren bergbauliche Nutzung ein Zugriff auf die zur Verteidigung und Sicherheit des Staates dienende Erdkörperfelder erforderlich ist.

Diese Auflistung der Kriterien zeigt, dass fast alle irgendwie wirtschaftlich bedeutenden Lagerstätten[163] einschließlich kleineren und mittleren unter die Kategorie der Erdkörperfelder föderaler Bedeutung fallen. Bemerkenswert ist die Bestimmung in Art. 2.1 Abs. 4 ErdkörperG, dass die Erdkörperfelder ihre „föderale Bedeutung" auch dann behalten, wenn die Voraussetzungen für ihre Aufnahme in diese Kategorie sich ändern oder wegfallen.

---

3 марта 1995 г. „О внесении изменений и дополнений в Закон Российской Федерации „О недрах" СЗ РФ 1995, № 10, Pos. 823].

161 *Perchik,* Kritische Lesung des Gesetzes „Über den Erdkörper", S. 12; *Vasilevskaja/Laevskaja/Litunovskaja,* Die Lizenzierung der Erdkörpernutzung in Russland, S. 64.

162 Vgl. Art. 6 StrategInvestG.

163 Kohlelagerstätten werden nicht den Erdkörperfeldern föderaler Bedeutung zugeordnet, da sie im Art. 2.1 ErdkörperG nicht aufgeführt sind.

Die Qualifizierung des Erdkörperfeldes als Erdkörperfeld föderaler Bedeutung bringt bestimmte Besonderheiten im Hinblick auf das Erteilungsverfahren der Bergbauberechtigungen mit sich. Der besondere Status dieser Erdkörperfelder kommt in erster Linie darin zum Ausdruck, dass nach Art. 10.1 ErdkörperG für die Verleihung eines Nutzugsrechts an solch einem Erdkörperfeld immer eine Entscheidung der Regierung der RF vorliegen muss.[164] Hier unterscheidet das ErdkörperG zusätzlich zwischen solchen Erdkörperfeldern föderaler Bedeutung, die für die Erteilung einer Bergbauberechtigung dem wettbewerbsorientierten Verfahren unterliegen und solchen, die keinem Verfahren dieser Art unterliegen. Auch wenn der Bergbauberechtigte für ein Erdkörperfeld föderaler Bedeutung nach Ergebnissen einer Auktion ermittelt wird, bleibt das letzte Wort bei der russischen Regierung. Die Bergbauberechtigung wird nur dann tatsächlich erteilt, wenn die Regierung die entsprechende Anordnung erlässt. Ferner legt das ErdkörperG für die Erdkörperfelder föderaler Bedeutung einen gesonderten, stark eingeschränkten Kreis der zulässigen Nutzer fest.[165] Dabei differenziert das ErdkörperG noch zwischen Erdkörperfeldern föderaler Bedeutung, die sich nicht auf dem Festlandsockel der RF befinden und denjenigen, die sich auf dem Festlandsockel der RF befinden oder sich auf das Gebiet des Festlandsockels lediglich erstrecken. Im ersten Fall kann eine Bergbauberechtigung für juristische Personen erteilt werden, die nach russischer Gesetzgebung gegründet worden sind. Sofern diese juristische Person eine Beteiligung ausländischer Investoren aufweist, hat die Regierung der RF nach Art. 9 Abs. 2 ErdkörperG das Recht, ihre Teilnahme an Auktionen hinsichtlich eines Erdkörperfeldes föderaler Bedeutung zu beschränken.[166]

Für die zweite Konstellation – wenn es sich also um die Erdkörperfelder auf dem Festlandsockel oder sich darauf erstreckende Erdkörperfelder handelt[167] – gelten nach Abs. 3 ErdkörperG noch weiterreichende Beschränkungen. Für den möglichen Antragsteller auf eine Bergbauberechtigung für solche Erdkörperfelder setzt diese Norm eine direkte oder indirekte Beteiligung des russischen Staates mit einem Anteil von mehr als 50 % voraus sowie eine nachweisliche mindestens 5-jährige Erfahrung im Bereich bergbaulicher Arbeiten auf dem russischen Festlandsockel. Diesen Anforderungen entsprechen heute nur zwei Unternehmen – Gazprom und

164 *Gudkov/Larochkina/Lakhno/Salieva* in: *Säcker (Hrsg.)*, Handbuch zum dt.-russ. Energierecht, S. 349; *Vasilevskaja/Laevskaja/Litunovskaja,* Die Lizenzierung der Erdkörpernutzung in Russland, S. 81.

165 *Sailer*, Aufsuchung, Exploration, Erschließung und Förderung von Bodenschätzen in der RF durch russische und ausländische Investoren, S. 98 ff., *Bardin/Kuvschinov*, Unter dem Damoklesschwert des Staates, S. 85; *Vasilevskaja/ Laevskaja/ Litunovskaja*, Die Lizenzierung der Erdkörpernutzung in Russland, S. 74–79.

166 *Vasilevskaja/ Laevskaja/ Litunovskaja*, Die Lizenzierung der Erdkörpernutzung in Russland, S. 8.

167 Nach Art. 2.1 Abs. 3 Pkt. 3 ErdkörperG werden alle diese Erdkörperfelder den Erdkörperfeldern föderaler Bedeutung zugeordnet.

NK Rosneft.[168] Damit ist der mögliche Personenkreis für die Erschließung von Erdkörperfeldern, die sich auf dem russischen Festlandsockel befinden nicht nur für ausländische Investoren sehr eingeschränkt, sondern es werden auch viele große russische Bergbauunternehmen wie z.B. Lukoil aus der Bergbautätigkeit auf dem Festlandsockel ausgeschlossen. Die dritte Besonderheit der Erdkörperfelder föderaler Bedeutung besteht darin, dass die Erteilung einer eigenständigen Bergbauberechtigung für Aufsuchungsarbeiten nicht möglich ist. Diese Berechtigung kann das Bergbauunternehmen nur zusammen mit der Gewinnungsberechtigung im Rahmen einer sog. „kombinierten Lizenz" erlangen.

b) Erdkörperfelder lokaler Bedeutung

Die Erdkörperfelder lokaler Bedeutung haben ihren klar definierten rechtlichen Status erst durch die Änderungen des ErdkörperG vom 30. November 2011[169] und damit durch den in das ErdkörperG neu hinzugefügten Art. 2.3 erlangt. Bis dahin enthielt das ErdkörperG keine Bestimmung darüber, nach welchen Kriterien sowie nach welchem Verfahren die Erdkörperfelder den Status Erdkörperfelder lokaler Bedeutung erlangen sollten. Der neueigeführte Artikel 2.3 ErdkörperG sieht vor, dass zu den Erdkörperfeldern lokaler Bedeutung diejenigen zuzuordnen sind, die:

1) Lagerstätten allgemeinverbreiteter Bodenschätze[170] enthalten;
2) für die Errichtung und den Betrieb unterirdischer Anlagen benutzt werden, die in keinem Zusammenhang mit der Exploration von Bodenschätzen stehen.

Die neue Fassung des ErdkörperG enthält zwar eine klare, ausführliche und abschließende Definition von Erdkörperfeldern lokaler Bedeutung. Inhaltlich folgt jedoch diese Definition der allgemeinen Tendenz, die Befugnisse zur Regulierung der bergbaulichen Tätigkeit auf der Föderationsebene zu konzentrieren. Bevor eine Bergbauberechtigung für ein Erdkörperfeld lokaler Bedeutung erteilt werden kann, müssen zunächst die Bodenschätze den „allgemeinverbreiteten Bodenschätzen" zugeordnet werden. Dies erfolgt durch ihre Aufnahme in das Regionalverzeichnis der allgemeinverbreiteten Bodenschätze, das zwar von den zuständigen Behörden des Föderationsmitgliedes gebildet wird, aber von MINPRIRODA genehmigt werden muss.[171]

---

168 Vgl. *Vasilevskaja*, Rechtliche Rahmenbedingungen der Erdkörpernutzung in Russland und Ausland, S. 124; *Bardin/Kuvschinov*, Unter dem Damoklesschwert des Staates, S. 85; *Valentinov*, Das alte Unheil-Gesetz, S. 82.

169 Föderalgesetz vom 30. November 2011 „Über die Änderungen im Föderalgesetz „Über den Erdkörper" und einzelnen gesetzlichen Rechtsakten, SZ RF 2011, № 49 (Teil I), Pos. 7042[Федеральный закон от 30.11.2011 „О внесении изменений в Закон Российской Федерации „О недрах" и отдельные законодательные акты Российской Федерации", СЗ РФ 2011, № 49 (ч. 1), ст. 7042].

170 Zu dem Begriff der allgemeinverbreiteten Bodenschätze siehe in dieser Arbeit S. 52 f.

171 *Vasilevskaja/ Laevskaja/ Litunovskaja*, Die Lizenzierung der Erdkörpernutzung in Russland, S. 23, 24.

Hinzu kommt, dass mit der oben genannten Fassung das ErdkörperG mit dem neuen Art. 33.1 ErdkörperG ergänzt wurde, der besagt, dass die Feststellung der Entdeckung einer neuen Lagerstätte der allgemeinverbreiteten Bodenschätze durch eine spezielle Kommission erfolgt, die vom Exekutivorgan des Föderationsmitglieds gebildet wird und der unbedingt auch die Vertreter von ROSNEDRA angehören müssen.

Auf der Grundlage des genannten Regionalverzeichnisses der allgemeinverbreiteten Bodenschätze wird das Erdkörperfeld, das die allgemeinverbreiteten Bodenschätze enthält, in das föderale Verzeichnis der Erdkörperfelder lokaler Bedeutung aufgenommen. Dieses Verzeichnis wird von den Exekutivorganen der Föderationsmitglieder in Abstimmung und mit Einverständnis von ROSNEDRA aufgestellt gem. Art. 2.3 Abs. 2 i. V. m. Art. 4 Pkt. 7.1 ErdkörperG. Dabei wird das Verfahren für die Zusammensetzung, Prüfung und Genehmigung sowie für die Verweigerung der Verzeichnisgenehmigung alleine durch ROSNEDRA bestimmt.[172] Ein Nutzungsrecht kann nur für ein Erdkörperfeld verliehen werden, das in diesem Verzeichnis aufgelistet ist. Somit lässt sich festhalten, dass das ErdkörperG dem Föderationszentrum auch in Bezug auf die Erdkörperfelder lokaler Bedeutung umfassende Kontrollkompetenzen zuweist.

Man stellt fest, dass die im ErdkörperG verwendete Bezeichnung Erdkörperfelder „lokaler Bedeutung" unglücklich gewählt wurde.[173] Es wäre empfehlenswert, die Bezeichnung Erdkörperfelder „regionaler Bedeutung" zu wählen. Denn die lokalen Behörden – also die Kommunen – besitzen nach ErdkörperG keine Regulierungs- und Verwaltungskompetenzen im Hinblick auf bergbauliche Tätigkeit.[174] Hier handelt es sich um die Kategorie der Erdkörperfelder, für die der rechtliche Rahmen durch die Föderationsmitglieder ausgestaltet werden kann. Im Dienste der Rechtsklarheit wäre es deswegen wünschenswert, die Bezeichnung in „Erdkörperfelder regionaler Bedeutung" zu ändern.

c) Erdkörperfelder „allgemeiner" Bedeutung

Betrachtet man die Kriterien für die Erdkörperfelder föderaler und lokaler Bedeutung, kommt man zum Ergebnis, dass nicht alle existierenden Erdkörperfelder in diese zwei Kategorien unterteilt sind. Es gibt Erdkörperfelder, die weder die Kriterien von Erdkörperfeldern föderaler noch von Erdkörperfeldern lokaler Bedeutung erfüllen. Dazu zählen Erdkörperfelder mit Erdöl, Erdgas, Gold und Kupfer führenden Lagerstätten, die sich nicht auf dem Festlandsockel befinden oder sich darauf erstrecken und die kleinere Vorratsvolumen aufweisen, als in Art. 2.1 Abs. 3 ErdkörperG für die Erdkörperfelder föderaler Bedeutung bestimmt ist. In der Literatur werden

---

172 *Vasilevskaja/Laevskaja/Litunovskaja*, Die Lizenzierung der Erdkörpernutzung in Russland, S. 178.

173 *Volkov/Zabbarov*, Die aktuellen Änderungen in der rechtlichen Regulierung der Erdkörpernutzung, S. 13.

174 Ausführlicher hierzu siehe bei *Volkov/Lujtjagina* Erdkörpernutzung als Objekt der öffentlich-rechtlichen Regulierung, S. 219 ff.

diese Erdkörperfelder als „Erdkörperfelder allgemeiner Bedeutung" genannt.[175] Der Rechtsrahmen für bergbauliche Tätigkeiten auf den Erdkörperfeldern föderaler und lokaler Bedeutung ist in Form von Sonderregelungen ausgestaltet, während für diese Erdkörperfelder die allgemeinen Bestimmungen des Bergrechts gelten.

4. Verzeichnisse der Erdkörperfelder

Die Erteilung einer Bergbauberechtigung ist nur für solche Erdkörperfelder zulässig, die im einschlägigen Verzeichnis aufgeführt sind.[176] Explizit ist diese Notwendigkeit im ErdkörperG nicht genannt. Sie ergibt sich daraus, dass in jeder Verfahrensanordnung für jede einzelne Erteilungsart einer Bergbauberechtigung die Bestimmung enthalten ist, dass der Antrag auf Erteilung nur für solche Erdkörperfelder zulässig ist, die in dem entsprechenden Verzeichnis enthalten sind. Zweck dieser Verzeichnisse ist es, den Interessenten einen Überblick über die Pläne des Staates zur Vergabe von Bergbauberechtigungen zu ermöglichen. Denn in diesen Verzeichnissen werden nicht nur die Erdkörper selbst aufgeführt, sondern auch der voraussichtliche Termin (meistens Quartal) für die Eröffnung des Erteilungsverfahrens sowie die zuständige territoriale Stelle von ROSNEDRA, bei der die Antragsunterlagen einzureichen sind. Deshalb wird die Aufstellung der Verzeichnisse als „erster Schritt" in dem bergbaulichen Bewilligungsverfahren betrachtet.[177] Das russische Bergrecht kennt folgende Arten von Verzeichnissen der Erdkörperfelder:

- das Verzeichnis der Erdkörperfelder, die für die bergbauliche Nutzung zur Verfügung gestellt werden können;
- das Verzeichnis der Erdkörperfelder föderaler Bedeutung;
- das Verzeichnis der Erdkörperfelder föderaler Bedeutung, die ohne Durchführung von Auktionen zur Verfügung gestellt werden;
- das Regionalverzeichnis der Erdkörperfelder lokaler Bedeutung.

Die allgemeinen rechtlichen Grundlagen, die für alle genannten Verzeichnisse gelten, bilden einerseits die entsprechende Anordnung von MINPRIRODA [178] und

---

175 *Vasilevskaja/Laevskaja/Litunovskaja,* Die Lizenzierung der Erdkörpernutzung in Russland, S. 24.

176 *Siryk,* Prozessgestaltung bei der Erdkörpernutzung im Öl- und Gassektor Russlands, S. 2; *Vasilevskaja/Laevskaja/Litunovskaja,* Die Lizenzierung der Erdkörpernutzung in Russland, S. 27, 28.

177 *Siryk,* Prozessgestaltung bei der Erdkörpernutzung im Öl- und Gassektor Russlands, S. 2.

178 Anordnung MINPRIRODA № 120 vom 22. Mai 2006 „Über die vorläufigen methodischen Empfehlungen für das Bildungsverfahren von Objektverzeichnissen, die zur bergbaulichen Nutzung zur Verfügung gestellt werden können", keine offizielle Veröffentlichung, abrufbar unter: http://base.consultant.ru [Приказ Минприроды России № 120 от 22 мая 2006 г. „Об утверждении Временных методических рекомендаций о порядке формирования перечней объектов,

andererseits der Erlass von ROSNEDRA[179]. Danach sind die Verzeichnisse jeweils für zwei verschiedene Gruppen der Bodenschätze getrennt zu bilden: für die festen Bodenschätze und für die Kohlenwasserstoffe zusammen mit Grundwasser und Schlammerden. Das jeweilige Verzeichnis ist in zwei Abschnitte zu unterteilen. In einem sind die Erdkörperfelder zu benennen, die ohne Wettbewerbsverfahren zu Aufsuchungszwecken auf Kosten des Bergbauunternehmens (nicht staatliche) zur Verfügung gestellt werden. Im zweiten Abschnitt werden die Erdkörperfelder verzeichnet, die in einem Wettbewerbsverfahren zu Gewinnungszwecken zur Verfügung gestellt werden. Die Erdkörperfelder, deren geologische Erforschung durch öffentliche Mittel erfolgen soll, d. h. auf der Grundlage eines Staatsauftrages, werden nicht in ein solches Verzeichnis aufgenommen, sondern im „Programm für die geologische Studien und rationelle Nutzung der Rohstoffbasis" aufgelistet.[180]

a) *Verzeichnis der Erdkörperfelder, die für die bergbauliche Nutzung zur Verfügung gestellt werden können*

Die Erdkörperfelder allgemeiner Bedeutung werden in dem „Verzeichnis der Erdkörperfelder, die für die bergbauliche Nutzung zur Verfügung gestellt werden können" (im Folgenden: Verzeichnis der Erdkörperfelder für die bergbauliche Nutzung) aufgelistet. Die regionalen Vertretungen von ROSNEDRA stellen zunächst aus den Vorschlägen der geologischen Einrichtungen, der Bergbaugesellschaften und anderer im Bergbaubereich tätigen Organisationen die Verzeichnisse dieser Objekte zusammen. Danach fasst ROSNEDRA diese zusammen und bildet ein einheitliches bundesweites Objektverzeichnis, das durch MINPRIRODA in Form einer Anordnung zu genehmigen ist. Erst nach Erlass der Anordnung sowie nach der Veröffentlichung auf der Webseite von MINPRIRODA wird das Verzeichnis rechtskräftig. Zusätzlich muss das Verzeichnis in den entsprechenden Medien in dem Föderationsmitglied, auf dessen Territorium sich die einzelnen Erdkörperfelder befinden, veröffentlicht werden.[181] Dieses Verzeichnis ist jährlich zu erstellen.[182]

предлагаемых для предоставления в пользование", документ опубликован не был, доступен на сайте: http://base.consultant.ru].

179 Erlass ROSNEDRA № 407 vom 15. April 2011 „Über die Genehmigung der Anforderungen an das Bildungsverfahren von Objektverzeichnissen, die zur Nutzung zur Verfügung gestellt werden können", keine offizielle Veröffentlichung, abrufbar unter: http://base.consultant.ru [Приказ Роснедр № 407 от 15 апреля 2011 г. «Об утверждении Требований к формированию перечней участков недр, предлагаемых для предоставления в пользование», документ опубликован не был, доступен на сайте: http://base.consultant.ru].

180 Die Programme werden durch die Anordnung von MINPRIRODA genehmigt.

181 *Siryk*, Prozessgestaltung bei der Erdkörpernutzung im Öl-und Gassektor Russlands, S. 3, 4.

182 Die aktuelle Fassung siehe unter http://www.rosnedra.gov.ru/category/144.html.

b) Verzeichnis der Erdkörperfelder föderaler Bedeutung

Neben den oben genannten allgemeinen Anforderungen an die Verzeichnisbildung gelten für das Verzeichnis der Erdkörperfelder föderalen Bedeutung die Sonderregelungen für seine offizielle Veröffentlichung. Nur in Bezug auf Erdkörperfelder föderaler Bedeutung sieht das ErdkörperG ausdrücklich die Notwendigkeit der Verzeichnisbildung vor. Gem. Art. 2.1 Abs. 1 ErdkörperG ist das Verzeichnis der der Erdkörperfelder föderaler Bedeutung in einer offiziellen Bekanntmachung der Russischen Föderation zu veröffentlichen und das Veröffentlichungsverfahren durch die Regierung zu bestimmen. Zur Weiterentwicklung dieser Norm erlies die Regierung der RF am 7. November 2008 die entsprechende Verordnung № 823[183]. Danach ist das Verzeichnis ebenfalls in der Fachzeitung „Rossijskaja gazeta“ zu veröffentlichen. Das erste Verzeichnis der Erdkörperfelder föderaler Bedeutung wurde kurz nachdem die Zuordnungskriterien für diese Erdkörperfelderkategorie durch die Änderung des Art. 2.1 ErdkörperG festgelegt worden waren, bereits am 5. März 2008 durch ROSNEDRA in der genannten Zeitung veröffentlicht.[184] Seitdem wurde es mehrmals durch neue Objekte ergänzt. Zurzeit zählt das Verzeichnis über 1300 Objekte auf.[185]

Trotz der gesetzlich definierten Notwendigkeit, ein solches Verzeichnis zu bilden, bleibt sein rechtlicher Status nicht eindeutig bestimmt. Das hängt mit der Frage zusammen, ab welchem Zeitpunkt die Zuordnung des Erdkörperfeldes zu einem Erdkörperfeld föderaler Bedeutung rechtskräftig wird. Ist dafür der Zeitpunkt seiner Aufnahme in das Verzeichnis (und die anschließende Veröffentlichung) entscheidend oder reicht es, wenn ein Erdkörperfeld die Anforderungen des Art. 2.1 ErdkörperG erfüllt. Nach der herrschenden Meinung behält ein Feld, das den Anforderungen des Art. 2.1 ErdkörperG entspricht, aber aus irgendeinem Grund nicht in das amtliche Verzeichnis der Erdkörperfelder föderaler Bedeutung aufgenommen wurde, trotzdem den Status eines Erdkörperfeldes föderaler Bedeutung. Der Gesetzgeber hat in Art. 2.1 ErdkörperG alle erforderliche Kriterien festgelegt, wonach sich die Objekte als Erdkörperfelder föderaler Bedeutung klassifizieren lassen.[186] Das Verzeichnis hat somit seinem Wesen nach eher Informationscharakter

---

183 Regierungsverordnung № 823 vom 7. November 2008 „Über das Verfahren zu offiziellen Veröffentlichung des Verzeichnisses der Erdkörperfelder föderaler Bedeutung in der offiziellen Bekanntmachung der Russischen Föderation“, SZ RF 2008, № 46, Pos. 5345 [Постановление Правительства РФ № 823 от 07 ноября 2008 г. „О порядке официального опубликования перечня участков недр федерального значения в официальном издании Российской Федерации“, СЗ РФ 2008, № 46, ст. 5345].

184 Rossijskaja gazeta vom 05.03.2008, № 37 (4861).

185 Das Verzeichnis ist unter http://base.consultant.ru/cons/cgi/online.cgi?req=doc;base=LAW;n= 171794 abrufbar.

186 Vgl. *Vasilevskaja,* Über die Rechtspraxis bei der Erteilung und Nutzung der Erdkörperfelder föderaler Bedeutung, S. 11; *Ivanova,* Strategische Lagerstätte: neue rechtliche Regulierung und ihre Auswirkungen auf die Investitionen, S. 16, 17; *Kuznezova,* Zur Frage der Zuordnung von Erdkörperfeldern föderaler Bedeutung,

und keinen rechtsbegründeten Charakter: das alleinige Entsprechen der Merkmale, die der Gesetzgeber für die Erdkörperfelder föderaler Bedeutung in Art. 2.1 ErdkörperG festgelegt hat, reicht aus, damit das Erdkörperfeld den besagten Status besitzt.[187] Diese Annahme wird dadurch bekräftigt, dass nach der Verordnung über das Veröffentlichungsverfahren das amtlich bekanntgemachte Verzeichnis keiner Abstimmung oder Genehmigung eines weiteren staatlichen Organs in Form eines Rechtsaktes bedarf.[188] In der Bejahung dieser Auslegung sei darauf hingewiesen, dass es zum Zwecke eines eindeutigen und klaren Verständnisses der Gesetzesnormen seitens des Gesetzgebers sinnvoll wäre, direkt in den Rechtsakten zu bestimmen, dass das Verzeichnis der Erdkörperfelder nur Auskunftscharakter hat.

c) *Verzeichnis der Erdkörperfelder föderaler Bedeutung, die ohne Auktionen zur Verfügung gestellt werden*

Das ErdkörperG sieht in Art. 10.1 und 16 für bestimmte Erdkörperfelder ein gesondertes Verzeichnis der Erdkörperfelder föderaler Bedeutung vor. Dieses Verzeichnis listet die Erdkörperfelder auf, für die die Nutzungsrechte ohne Ausschreibung oder Auktion erteilt werden. Nach Art. 10.1 und 16 ErdkörperG werden die Bergbauberechtigungen für die Erdkörperfelder föderaler Bedeutung, die sich auf dem Festlandsockel befinden oder sich darauf erstrecken, und die Erdkörperfelder föderaler Bedeutung, die Erdgas enthalten, ohne die Durchführung von Auktionen erteilt. Dieses Verzeichnis wird auf der Grundlage von Vorschlägen der MINPRIRODA gebildet und ist durch die Regierung in Form einer Verfügung zu genehmigen. Obwohl in Art. 12 ErdkörperG ein eigenständiges Verzeichnis für die Erdkörperfelder föderaler Bedeutung, die Erdgas enthalten,[189] vorgesehen ist, hat sich die Praxis derart entwickelt, dass die Bildung der beiden Verzeichnisse im Rahmen ein und desselben Dokuments erfolgt – des Verzeichnisses der Erdkörperfelder föderaler Bedeutung, die ohne Auktionen zur Verfügung gestellt werden.[190] Zu betonen ist, dass im Unterschied zu dem oben begutachteten Verzeichnis der Erdkörperfelder

---

S. 43; *Vasilevskaja/Laevskaja/Litunovskaja,* Die Lizenzierung der Erdkörpernutzung in Russland, S. 65.

187 *Vasilevskaja,* Über die Rechtspraxis bei der Erteilung und Nutzung der Erdkörperfelder föderaler Bedeutung, S. 11,12; *Kuznezova,* Zur Frage der Zuordnung von Erdkörperfeldern föderaler Bedeutung, S. 43.

188 *Vasilevskaja/Laevskaja/Litunovskaja,* Die Lizenzierung der Erdkörpernutzung in Russland, S. 66; *Vasilevskaja,* Rechtliche Rahmenbedingungen der Erdkörpernutzung in Russland und Ausland, S. 99.

189 Ausführlicher zum Verzeichnis siehe in dieser Arbeit S. 72 f.

190 Regierungsverfügung № 787-p vom 15. Juni 2009 „Über die Genehmigung des Verzeichnisses der Erdkörperfelder föderaler Bedeutung, die ohne Auktionsdurchführung zur Verfügung gestellt werden", SZ RF 2009, № 25, Pos. 3100 [Распоряжение Правительства РФ № 787-р от 15 июня 2009 г. „Об утверждении перечня участков недр федерального значения, которые предоставляются в пользование без проведения конкурсов и аукционов", СЗ РФ 2009, № 25, ст. 3100].

föderaler Bedeutung, das keiner weiteren Genehmigung bedarf und im Moment seiner ordnungsgemäßen Bekanntmachung rechtskräftig wird, dieses Verzeichnis durch einen von der Regierung RF erlassenen Rechtsakt genehmigt werden muss. In der Praxis enthalten solche Anordnungen der Regierung gleichzeitig die Informationen darüber, welche Erdkörperfelder welchen Bergbauunternehmen zur Verfügung gestellt werden (NK-Rosneft und Gazprom).[191]

d) Verzeichnis der Erdkörperfelder lokaler Bedeutung

Auf der Grundlage des oben genannten Regionalverzeichnisses der allgemeinverbreiteten Bodenschätze wird das Erdkörperfeld, das allgemeinverbreitete Bodenschätze enthält, in das Regionalverzeichnis der Erdkörperfelder lokaler Bedeutung aufgenommen. Das Verfahren hierfür legt die Anweisung der ROSNEDRA № 687 vom 15. Juni 2012 fest.[192] Danach erarbeitet die zuständige Landesbehörde des Föderationsmitgliedes zunächst einen Entwurf des Verzeichnisses, den sie anschließend zur Genehmigung an die territoriale Niederlassung von ROSNEDRA im entsprechenden Föderationsmitglied weiterleitet. Die territoriale Stelle von ROSNEDRA[193] prüft innerhalb von 20 Tagen ab dem Eingangsdatum den vorgeschlagenen Entwurf auf das Vorliegen der unter Ziff. 8 der Anweisung aufgeführten Versagungsgründe für die Aufnahme eines Erdkörperfeldes in das besagte Verzeichnisses. Dazu zählen die Fälle, in denen das Erdkörperfeld ganz oder teilweise bereits zur Nutzung vergeben oder in einem anderen Verzeichnis aufgeführt ist.

Nachdem die Prüfungsergebnisse vorliegen, informiert die territoriale Stelle von ROSNEDRA die zuständige Landesbehörde des entsprechenden Föderationsmitgliedes in Form eines offiziellen Schreibens darüber, ob das Verzeichnis der Erdkörperfelder lokaler Bedeutung genehmigt oder abgelehnt wurde. Im Falle einer Ablehnung des Verzeichnisentwurfes sind in dem Schreiben die relevanten Versagungsgründe anzugeben. Nach der Landesgesetzgebung der meisten Föderationsmitglieder kann ein Bergbauunternehmen bei der zuständigen Landesbehörde einen Antrag auf Aufnahme eines bestimmten Erdkörperfeldes in das Verzeichnis der

---

191 *Vasilevskaja/Laevskaja/Litunovskaja,* Die Lizenzierung der Erdkörpernutzung in Russland, S. 77.

192 Erlas ROSNEDRA № 687 vom 15. июня 2012 „Über die Genehmigung des Verfahrens zu Vorbereitung, Prüfung, Vereinbarung von Verzeichnissen der Erdkörperfelder lokaler Bedeutung", Registrierung in Justizministerium RF am 20. Juli 2012, № 24960 [Приказ Федерального агентства по недропользованию № 687 от 15 июня 2012 г. "Об утверждении Порядка подготовки, рассмотрения, согласования перечней участков недр местного значения или отказа в согласовании таких перечней", зарегистрирован в Минюсте РФ 20 июля 2012 г., № 24960].

193 Es sei daran erinnert, dass es sich dabei immer noch um eine Bundesbehörde handelt, die eine Niederlassung in jedem Föderationsmitglied hat. Die territorialen Stellen von ROSNEDRA stellen keine Behörden auf der Landesebene dar.

Erdkörperfelder föderaler Bedeutung stellen. Das Genehmigungsverfahren durch ROSNEDRA muss auch in diesen Fällen durchgeführt werden.

5. *Föderaler Reservefonds von Erdkörperfeldern*

Bei der Bildung des föderalen Reservefonds von Erdkörperfeldern hat der Gesetzgeber das Ziel verfolgt, für zukünftige Generationen der RF den Bedarf an strategischen und knappen Arten von Bodenschätzen zu sichern.[194] Art. 2.2 ErdkörperG bestimmt, dass die Entscheidung über die Aufnahme eines Erdkörperfeldes in den Fonds durch die Regierung der RF auf Vorschlag von MINPRORODA zu treffen ist. Die Anforderungen und Verfahrensregeln zur Bildung dieser Kategorie der Erdkörperfelder fehlten im russischen Bergrecht bis zum Jahr 2013. So behielt auch dieser Begriff eine lange Zeit einen deklarativen Charakter.[195] Am 1. Juli 2013 erließ die Regierung der RF die Verordnung № 552 „Über die Bildung des föderalen Reservefonds von Erdkörperfeldern“[196]. Danach können in den Reservefonds die Erdkörperfelder aufgenommen werden, die sich auf dem Festlandsockel befinden und für welche noch keine Bergbauberechtigungen beantragt wurden, sowie Erdkörperfelder, die solche Lagerstätte enthalten, deren Erschließung zum heutigen Zeitpunkt aus wirtschaftlichen oder ökologischen Gründen als ungeeignet erscheint.[197] Außerdem sieht die Verordnung vor, dass die Bergbaugesellschaften die Erdkörperfelder, deren Erschließung sie für unwirtschaftlich erkannt haben, ebenso an den föderalen Reservefonds abgeben können. Der besondere Rechtsstatus dieser Erdkörperfelder besteht darin, dass sie aus dem föderalen Reservefonds nicht zur Nutzung freigegeben werden können, solange keine amtliche Entscheidung über ihre „Herausnahme“ aus dem Fonds getroffen wird. Diese Entscheidung trifft, wie auch die Entscheidung über die Aufnahme in den Fonds, die Regierung der RF auf Vorschlag von MINPRORODA. Eine solche „Herausnahme“ ist beim Auftreten der Notwendigkeit, den Bedarf an strategischen und knappen Arten der Bodenschätze zu sichern, zulässig.

Das abschließende Verzeichnis entsprechender Erdkörperfelder wurde noch nicht festgelegt. ROSNEDRA hat bereits einen Entwurf des Verzeichnisses bei MINPRIRODA zur Genehmigung vorgelegt, die jedoch bis heute noch nicht erfolgt ist. Der

194 Art. 2.2, Abs. 1 Satz 1 ErdkörperG.

195 *Perchik*, Kritische Lesung des Gesetzes „Über den Erdkörper“, S. 12.

196 Regierungsverordnung № 552 vom 1. Juli 2013 „Über die Bildung des föderalen Reservefonds der Erdkörperfeldern“, SZ RF 2013, № 28, Pos. 3827 [Постановление Правительства РФ № 552 от 1 июля 2013 г. „О формировании федерального фонда резервных участков недр“СЗ РФ 3013, № 28, ст. 3827].

197 Eine abschließende Entscheidung steht noch aus. Im von ROSNEDRA vorbereiteten und bereits bei MINPRIRODA zur Abstimmung vorgelegten Entwurf sind elf Erdkörperfelder enthalten, acht davon befinden sich auf dem Festlandsockel und führen Gasvorkommen.

Entwurf beinhaltete 11 Erdkörperfelder von denen 8 sich auf dem Festlandsockel befinden und gasführende Lagerstätte enthalten.[198]

IV. Zwischenfazit

Kritisch ist anzumerken, dass im russischen Bergrecht gesetzlich festgelegte Legaldefinitionen der wichtigsten Regelungsgegenstände fehlen. Obwohl der Erdkörperbegriff im ErdkörperG definiert ist, wirft die Positionierung dieser Legaldefinition in der Präambel des ErdkörperG die Frage nach ihrem normativen Charakter auf. Hinzu kommt, dass die Formulierung des Begriffs nicht optimal gewählt wurde. Durch eine neue Formulierung der Legaldefinition des Erdkörperbegriffes und ihre Fixierung direkt im Gesetzestext könnte sowohl der unnötige dynamische Charakter aufgehoben als auch sein Inhalt auf die an die Erdoberfläche heraustretenden mineralischen Stoffe ausgedehnt werden. Der Begriff des Erdkörperfeldes fehlt im russischen Bergrecht ebenfalls, obwohl das Erdkörperfeld das Hauptobjekt der Regulierung im russischen Bergrecht darstellt. Den Begriff „Bodenschätze" definiert der Gesetzgeber ebenso nicht. Die Tatbestanderfassung dieser Begriffe ergibt sich zwar aus den im Gesetz für sie bestimmten Einteilungscharakteristiken. Im Dienste der Rechtsklarheit ist es jedoch notwendig, die fehlenden Legaldefinitionen für Erdkörperfeld, Bodenschätze sowie allgemeinverbreitete und strategische Bodenschätze im ErdkörperG zu verankern.

Abschließend für die Beurteilung der oben behandelten Materie drängt sich der Vorschlag auf, das aus dem sowjetischen Bergrecht übernommene Rechtsgebilde des Zuweisungsfeldes abzuschaffen. Eine Differenzierung zwischen dem Erdkörperfeld und einem bergbaulichen oder geologischen Zuweisungsfeld erscheint in der Praxis nicht unbedingt erforderlich. Dies gilt insbesondere vor dem Hintergrund, dass alle Tatbestandsmerkmale des Zuweisungsfeldes auch das Erdkörperfeld erfüllen kann – vorausgesetzt der Gesetzgeber nimmt entsprechende Änderungen vor.

B. Eigentumsverhältnisse an im Erdkörper enthaltenen und an gewonnenen Bodenschätzen

Einer der grundlegenden Aspekte des Bergrechts in allen Rechtsordnungen ist die gesetzliche Ausgestaltung des Eigentumsrechts am Untergrund und an den darin enthaltenen Bodenschätzen und anderen Naturressourcen. Zu den klassischen Problemfragen des Bergrechts gehört ebenso die Abgrenzung zwischen dem Eigentumsrecht am Boden und den durch die Bergbauberechtigung erteilten

198 *Podobedova, L.*, Reservefonds wird mit illiquiden Lagerstätten aufgefüllt, in: Gazeta Izvestia vom 12. September 2013, abrufbar unter: http://izvestia.ru/news/556950 [*Подобедова, Л.*, Резервный фонд наполнят неликвидными месторождениями, в: Газета Известия от 12 сентября 2013 г., доступно на сайте http://izvestia.ru/news/556950].

Rechten. Denn die bergbauliche Tätigkeit ist immer mit der Nutzung eines Grundstücks verbunden.

I. Eigentum am Erdkörper

Gesetzesgrundlagen für die Eigentumsverhältnisse in Bezug auf den Erdkörper bildet die russische Verfassung. Sie etabliert zunächst im Art. 9 Abs. 1 Verf RF den Grundsatz der nationalen Bedeutung der Bodenschätze als eines der Naturressourcen: „Die Naturressourcen werden als Grundlage des Lebens und Wirkens der Völker genutzt". Durch die Gestaltung einer solchen Rechtsfigur, die das hohe öffentliche Interesse bei der Nutzung von Naturressourcen und insbesondere im Bergbaubereich verkörpert, verfolgt der Gesetzgeber das Ziel, besondere Verfahren für solche Tätigkeitsbereiche festlegen zu können.[199] Nach den Bestimmungen des Art. 9 Abs. 2 Verf RF können sich die Naturressourcen in privater, staatlicher, kommunaler oder anderer Form des Eigentums befinden. Der Wortlaut beider Normen bietet keine inhaltlichen Anhaltspunkte über den konkreten Inhaber des Eigentumsrechts am Erdkörper.[200]

Die verfassungsrechtliche Normen zum Eigentumsrecht wurden in Bezug auf den Erdkörper im ErdkörperG dahingehend weiterentwickelt, dass nach den Bestimmungen des Art. 1.2 ErdkörperG sich der „Erdkörper, sowie der unterirdische Raum und die im Erdkörper enthaltenen Bodenschätze, Energie- und anderen Ressourcen" ausschließlich im staatlichen Eigentum befinden. Nach Auffassung des VerfG RF ist eine solche Ausgestaltung des Eigentumsrechts nicht verfassungswidrig, denn auch bei der Annahme, dass das Eigentumsrecht an Naturressourcen in verschiedenen Formen bestehen kann, verpflichtet die Verfassung der RF jedoch nicht dazu, dass die Naturressourcen in diesen getrennten Eigentumsformen vorliegen sollen.[201]

Die Legaldefinition von „Staatseigentum" findet sich im Zivilgesetzbuch der Russischen Föderation in Art. 214 Abs. 1 ZGB[202], wonach der Begriff „Staatseigentum" das föderale Eigentum und das Eigentum der Föderationsmitglieder beinhaltet. Die Naturressourcen, die sich in niemandes Eigentum befinden, sind gem. Art. 214 Abs. 2 ZGB dem staatlichen Eigentum zuzuordnen. Damit gilt grundsätzlich eine Vermutung des staatlichen Eigentumsrechts an Naturressourcen und demgemäß

199 *Gudkov/Larochkina/Lakhno/Salieva* in: *Säcker (Hrsg.)*, Handbuch zum dt.-russ. Energierecht, S. 296.

200 *Grebennikov, V.V. / Dmitriev, Uj. A.*, Institut des Eigentumsrechts in einer Marktwirtschaft und in einem sozialistischen Staat, Moskau, 1996, S. 26–27 [*Гребенников В. В. / Дмитриев, Ю. А.*, Институт собственности в условиях рыночной экономики и социального государства, Москва, 1996, с. 26–27]; *Izujmov*, Bergrecht (2010), S. 166.

201 Pkt. 4 Beschluss VerfG RF vom 09.01.1998 №1-P, SZ RF 1998 № 3, S. 429.

202 Zivilgesetzbuch der RF vom 30. November 1994, SZ RF 1994, № 32, Pos. 3301 [Гражданский кодекс Российской Федерации от 30 ноября 1994 г., СЗ РФ 1994, № 32, ст. 3301].

auch am Erdkörper.[203] Dabei bestimmt Art. 214 Abs. 5 ZGB, dass die Zuordnung des öffentlichen Vermögens zum föderalen Eigentum oder dem Eigentum der Föderationsmitglieder in der gesetzlich vorgeschriebenen Weise vorzunehmen ist. In Anbetracht dessen, dass im Zivilgesetzbuch keine Aussagen darüber getroffen sind, welches genaue Föderalgesetz eine solche Abgrenzung bezüglich des Erdkörpers und der darin enthaltenen Bodenschätze bestimmen soll, geht man davon aus, dass das Verfahren hierfür durch das ErdkörperG – das Spezialgesetz zur Regelungen der Rechtsverhältnisse im Bereich der Erdkörpernutzung – erfolgen soll.[204] Bis zum Jahr 2008 enthielt das ErdkörperG die Norm, wonach das Verfahren zur Abgrenzung von Staatseigentum in einem weiteren „speziellen Gesetz" geregelt werden sollte. Ein solches Gesetz wurde bisher nicht beschlossen. Stattdessen hat der Gesetzgeber eine Einteilung von Erdkörperfeldern in „Erdkörperfelder föderaler Bedeutung" und „Erdkörperfelder lokaler Bedeutung" direkt im ErdkörperG vorgenommen. Durch diese im Jahr 2008 erfolgte Gesetzesänderung wurden die Kriterien für die Zuordnung von Erdkörperfeldern zu den Erdkörperfeldern föderaler Bedeutung im neu eingefügten Art. 2.1 ErdkörperG aufgeführt. Die Voraussetzungen für die Zuordnung der Erdkörperfelder zu den Erdkörperfeldern lokaler Bedeutung wurden allerdings erst im Jahr 2011 in das ErdkörperG aufgenommen und sind im Art. 2.3 ErdkörperG festgelegt.[205]

Die beiden Bestimmungen tragen nicht zur Abgrenzung des staatlichen Eigentums als solches bei, denn daraus geht nicht deutlich hervor, dass die Erdkörperfelder föderaler Bedeutung im föderalen Eigentum stehen und die Erdkörperfelder lokaler Bedeutung im Eigentum der Föderationsmitglieder. Sie regeln alleine die Aufteilung der Befugnisse der beiden Parteien im Hinblick auf die Erdkörpernutzug, die mit dem jeweiligen Erdkörperfeld zusammenhängt. Dabei erfolgt die Regulierung der Besitz-, Nutzungs- und Verfügungsfragen im Hinblick auf den Erdkörper innerhalb der Staatsgrenze einschließlich des Untergrundes der Hoheitsgewässer nach Art. 2 Abs. 2 ErdkörperG durch die gemeinsamen Kompetenzen der Russischen Föderation und ihrer Föderationsmitglieder. Außerhalb der Staatsgrenze, d. h. in der ausschließlichen Wirtschaftszone und auf dem Festlandsockel gehört diese Kompetenz gemäß Art. 5 FestlandsockelG i. V. m. Art. 5 Föderalgesetz „Über die ausschließliche Wirtschaftszone der RF"[206] ausschließlich dem Föderationszentrum.

Mit der Frage der möglichen Zuordnung von Naturressourcen zum Eigentum der Föderationsmitglieder befasste sich auch das Verfassungsgericht der RF. Bereits in

---

203 *Suchanov, E. A.*, Allgemeine Grundsätze über das Eigentumsrecht und andere Sachenrechte, in: Chozjaystvo i pravo, № 6/1995, S. 41.

204 *Vasilevskaja*, Rechtliche Rahmenbedingungen der Erdkörpernutzung in Russland und Ausland: Theorie und Praxis, S. 202.

205 Ausführlicher zur Einteilung der Erdkörperfelder siehe in dieser Arbeit S. 77 ff.

206 Föderalgesetz vom 17. Dezember 1998 „Über die ausschließliche Wirtschaftszone der RF", SZ RF 1998, № 51, Pos. 6273 [Федеральный закон от 17 декабря 1998 г. „Об исключительной экономической зоне Российской Федерации", СЗ РФ 1998 г., № 51, ст. 6273].

der oben erwähnten Entscheidung bestimmte das VerfG RF, dass auch im Wortlaut des Art. 9 Abs. 1 Verf RF kein Eigentumsrecht der Föderationsmitglieder an Naturressourcen begründet wird.[207] Diese Auffassung bekräftigte das Gericht in seiner Entscheidung vom 7. Juni 2000[208], in der die Verfassungsmäßigkeit einzelner Bestimmungen der Verfassung des Föderationsmitglieds Republik Altai geprüft wurde. In Art. 16 Pkt. 1 enthielt die Verfassung die Bestimmung, dass der Erdkörper sowie andere Naturressourcen das Eigentum der Republik Altai sind. In seinem Beschluss erklärte das Gericht diese Norm für verfassungswidrig und wies darauf hin, dass die Föderationsmitglieder keinen Anspruch darauf haben, die Naturressourcen auf ihrem Territorium für eigenes Eigentum zu erklären und eine solche Regulierung der Eigentumsverhältnisse hinsichtlich der Naturressourcen vorzunehmen, welche ihre Nutzung im Interesse aller Völker Russlands beschränken würde.[209]

In der Literatur ist sowohl das ausschließliche Eigentum des Staates auf den Erdkörper mit den darin enthaltenen Ressourcen, als auch eine Notwendigkeit der klaren gesetzlichen Abgrenzung des staatlichen Eigentums sehr umstritten. Einige Rechtswissenschaftler sehen in dem absoluten Staatseigentum am Erdkörper eine Verletzung des Grundsatzes der Gleichberechtigung aller in der Verfassung dafür vorgesehenen Eigentumsformen.[210] Die herrschende Meinung widerspricht dieser Auffassung mit der Begründung, „der Erdkörper mit den darin enthaltenen Ressourcen habe eine enorme Bedeutung für die Sicherheit und Souveränität des Landes" und deshalb sei, um eine effiziente Nutzung dieser Ressourcen im öffentlichen Interesse zu gewährleisten, das ausschließliche Staatseigentum daran berechtigt.[211]

In Bezug auf das Fehlen einer klaren gesetzlichen Abgrenzung zwischen dem öffentlichen Vermögen des Föderationszentrums und der Föderationsmitglieder bestehen in der juristischen Diskussion zwei Meinungen. Die herrschende Meinung ordnet den Erdkörper mit den darin enthaltenen Bodenschätzen im Einklang mit der Rechtsprechung des Verfassungsgerichts dem föderalen Staatseigentum zu.[212] Einige Autoren sind dagegen zu Recht der Auffassung, dass eine gesetzlich klar festgelegte Zuordnung der Eigentumsrechte am Erdkörper zur föderalen und regionalen Ebene (mit einer möglichen Aussonderung des kommunalen Eigentums)

207 Pkt. 4, Entscheidung VerfG RF vom 09.01.1998 № 1-P.

208 Entscheidung VerfG RF vom 7. Juni 2000 № 10-P.

209 Pkt. 3.1, Abs. 6 Entscheidung VerfG RF vom 7. Juni 2000 № 10-P.

210 Vgl. *Pevzner*, Das Eigentumsrecht bei der Erdkörpernutzung, S. 28,29; *Pozdnjakov*, Über die Parität der Rechte an Naturressourcen, 26–28.

211 Vgl. *Vasilevskaja*, Rechtliche Verankerung des Eigentumsrechts am Erdkörper; S. 65 ff.; *Teplov*, Die Entwicklung der föderalen Gesetzgebung über den Erdkörper; *Klimova*, Zur Frage über das Eigentumsrecht am Erdkörper in der RF, S. 100; *Perchik*, Bergrecht (2002), S. 46; *Izujmov*, Bergrecht (2010), S. 179; *Salieva*, Bergrecht, (2006), S. 110.

212 *Klimova*, Zur Frage über das Eigentumsrecht am Erdkörper in der RF, S. 100; *Bystrov* in: *Säcker*, (Hrsg.), Deutsch-russisches Energie- und Bergrecht im Vergleich, S. 105.

unbedingt notwendig ist.[213] Der Hauptansatz dabei soll nicht die bloße Teilung des Erdkörpers als öffentliches Vermögen sein, sondern viel eher die objektive Berücksichtigung von sozialwirtschaftlichen Interessen sowohl des Föderationszentrums als auch der Föderationsmitglieder, deren Durchsetzung durch die gesetzliche Festlegung der Anteilsrechte an den entsprechenden Steuern und Abgaben im bergbaulichen Bereich sowie durch eine klare Differenzierung der Verfügungs- und Kontrollbefugnisse zwischen diesen zwei Ebenen der Staatsorganisation gelöst werden kann.[214]

Einig sind sich die Rechtswissenschaftler dabei, dass die Rechtsfragen hinsichtlich des staatlichen Eigentumsrechts am Erdkörper bis heute nicht eindeutig beantwortet sind. Weder die Verfassungsvorgaben noch das russische Bergrecht enthalten Vorschriften darüber, in welchem Verhältnis die Zuordnung eines Erdkörperfeldes zum föderalen oder regionalen Erdkörperfeld und die Zuordnung eines Erdkörperfeldes zum föderalen oder regionalen Eigentum zueinander stehen. Unklar bleibt, ob die Qualifizierung eines Erdkörperfeldes als föderales oder lokales Objekt automatisch bedeutet, dass es sich jeweils im föderalen oder regionalen Eigentum befindet. Aktuell wird unter Berücksichtigung der Rechtsprechung des russischen VerfG davon ausgegangen, dass das proklamierte Staatseigentum am Erdkörper als ungeteiltes föderales Eigentumsrecht anzusehen ist.[215]

Seitens des Gesetzgebers könnte diese umstrittene Frage dadurch ausgeräumt werden, dass er unter Berücksichtigung der bereits allgemein anerkannten Rechtsprechung über die ungeteilte eigentumsrechtliche Zuordnung des Erdkörpers zum Föderationszentrum das Eigentum am Erdkörper in Art. 1.2 ErdkörperG eindeutig als föderales Eigentum definiert. Würde der Gesetzgeber auf der Ebene der Verwaltungskompetenzen bei der bergrechtlichen Regulierung den Föderationsmitgliedern gleichzeitig mehr Befugnisse einräumen, wäre die Bestimmung des Art. 72 Verf RF nicht nur in formeller, sondern auch in tatsächlicher Hinsicht gewahrt.

---

213 *Kimel`man,* Zum Problem des staatlichen Eigentums am Erdkörper, S. 7; *Pevzner,* Bergrecht (2012), S. 73; *Säcker,* (Hrsg.), Russisches Energierecht. Gesetzessammlung; S. 13.

214 *Osokin,* Zur Frage der Abgrenzung der föderalen Naturressourcen von denen der Föderationsmitglieder, S. 38,39; *Kljukin,* Die Entwicklung des Bergrechts in der RF: Probleme und Wege zur Vervollkommnung S. 4; zit. *Morozova,* Verfassungsrechtliche Grundsätze bei staatlichem Eigentumsrecht am Erdkörper, S. 49.

215 Vgl. *Teplov,* Kommentar zum ErdkörperG, S. 40; *Klimova,* Zur Frage über das Eigentumsrecht am Erdkörper in der RF, S. 100, *Izujmov,* Bergrecht (2010), S. 179; *Morozova,* Verfassungsrechtliche Grundsätze bei staatlichem Eigentumsrecht am Erdkörper, S. 50, 51; *Oleynik/Sivizkiy/Teplov,* Rechtlicher Rahmen für Gewinnung und Vertrieb von Bodenschätzen, S. 30.

II. Eigentumsverhältnisse an den bewilligten Erdkörperfeldern

1. Eigentumsrechtliche Zuordnung

So wie am Erdkörper kann an einem ausgewiesenen Erdkörperfeld kein privates Eigentum begründet werden. Da das Subjekt des staatlichen Eigentumsrechts der Staat ist, übt den Besitz über den Erdkörper auch der Staat aus, aber nur soweit, wie er den Erdkörper in Form eines ausgewiesenen Erdkörperfeldes einer anderen Person für die Nutzung zur Verfügung stellt. Ab diesem Zeitpunkt geht der Besitz zwar an den Erdkörpernutzer über, jedoch nur eingeschränkt. An dieser Stelle ist wichtig zu berücksichtigen, dass das Bergbauunternehmen, das ein bestimmtes Erdkörperfeld zugewiesen bekommt, nicht über das Besitzrecht an diesem Erdkörper als solches verfügt, sondern lediglich über ein beschränktes Besitzrecht in Form eines Rechts, das entsprechende Erdkörperfeld zu nutzen – Erdkörperfeldnutzungsrecht. Indem der Staat die Erdkörperfelder dem Bergbauunternehmen zur Verfügung stellt, bleibt der Staat als Eigentümer bestehen und verliert nicht seine eigentumsrechtlichen Befugnisse.[216] Das kommt insbesondere dadurch zum Ausdruck, dass er durch die im Bergrecht festgelegten Auflagen das Nutzungsrecht beschränkt (Bewilligungsverfahren).

2. Zivilrechtliche Verkehrsfähigkeit des Erdkörperfeldes

Es ist wichtig hervorzuheben, dass das ErdkörperG *lex specialis* gegenüber dem ZGB RF darstellt. Eine Anwendung zivilrechtlicher Bestimmungen auf die Eigentumsverhältnisse im Bereich der Erdkörpernutzung sieht das ErdkörperG nicht vor. Mit anderen Worten werden die Rechtsbeziehungen, in welchen ein Erdkörperfeld als Rechtsobjekt auftritt, in erster Linie und überwiegend durch die Bergbaugesetzgesetzgebung geregelt, die in Russland einen öffentlich-rechtlichen Charakter hat.[217] Hier spiegelt sich die allgemeine Position der russischen Regierung hinsichtlich aller Naturressourcen wider, nämlich die Priorität der rechtlichen Normen aus den speziellen Fachgesetzen über die Naturressourcen, wie z.B. Forstgesetzbuch oder Wassergesetzbuch, gegenüber den zivilrechtlichen Bestimmungen.

In Art. 128, 130 ZGB RF werden die Erdkörperfelder zwar klar als unbewegliche Sachen definiert und unterliegen somit den zivilrechtlichen Bestimmungen. Durch die in Art. 1.2 Abs. 3 ErdkörperG zu findende Regelung werden sie jedoch als Rechtsobjekte aus dem zivilrechtlichen Verkehr herausgenommen.[218] Diese Norm besagt,

---

216 *Klimova,* Zur Frage über das Eigentumsrecht am Erdkörper in der RF, S. 101; *Kljukin,* Über die Entwicklung der vertragsrechtlichen Grundlage des Nutzungsrechts am Erdkörper, S. 61.

217 *Melgunov,* Einige Fragen der gerichtlichen Praxis bei der Erdkörpernutzung, S. 22–23, *Vasilevskaja,* Rechtliche Rahmenbedingungen der Erdkörpernutzung in Russland und Ausland, S. 255.

218 *Teplov,* Kommentar zum ErdkörperG, S. 41; *Perchik,* Bergrecht (2002), S. 109, 121;

dass „die Erdkörperfelder nicht gekauft, verkauft, verschenkt, vererbt, investiert, verpfändet oder in sonst einer Form veräußert“ werden können. Abgeleitet wird diese Regelung aus den Vorschriften des Art. 129 Abs. 3 ZGB RF, wonach die Naturressourcen aus dem Rechtsverkehr ausgeschlossen oder in ihrer Verkehrsfähigkeit beschränkt werden können.[219]

Die damit einhergehende Beschränkung zivilrechtlicher Verkehrsfähigkeit des Erdkörperfeldes verhindert ausschließlich die Verfügungsgeschäfte über Erdkörperfelder und die darin enthaltenen, noch nicht gewonnenen Bodenschätze. Das Recht auf die Nutzung des Erdkörperfeldes wird dadurch jedoch nicht betroffen, was dem Bergbauunternehmen erlaubt, im Zuge der Nutzung des Erdkörperfeldes rechtmäßig gewonnene Bodenschätze anschließend zu verkaufen oder andere Rechtsgeschäfte damit durchzuführen.[220] Somit kann im Hinblick auf die Verkehrsfähigkeit des Erdkörpers nur das Nutzungsrecht übertragen werden. Dafür sieht das ErdkörperG ein spezielles Verfahren vor.[221]

Für die russische Gesetzgebung im Bereich der Naturressourcen und somit auch des Bergrechts gilt insgesamt eine eingeschränkte Anwendbarkeit der zivilrechtlichen Bestimmungen. Festgelegt wurde sie vom Gesetzgeber mit dem Ziel, dem besonderen rechtlichen Status, der allen Naturressourcen durch den Grundsatz der sozialen Bedeutung der Naturressourcen in Art. 9 Abs. 1 Verf RF beigemessen wird, zu entsprechen.[222] Dabei sieht das Bergrecht die strengsten Einschränkungen vor. Während im Forstgesetzbuch, Wassergesetzbuch oder Bodengesetzbuch die Anwendung des Zivilrechts in Bezug auf die Fragen der Eigentumsverhältnisse jeweils gesetzlich fixiert ist, ist ein Verweis auf die gleiche Möglichkeit im ErdkörperG nicht enthalten.[223] Daran

---

219 *Kuzmishin, A. / Sevillano, S.*, Übergang des Erdkörpernutzungsrechts nach russischem Bergrecht, in: WIRO, 2002, S. 330; *Klimova*, Zur Frage über das Eigentumsrecht am Erdkörper in der RF, S. 97.

220 *Sailer*, Aufsuchung, Exploration, Erschließung und Förderung von Bodenschätzen in der RF durch russische und ausländische Investoren, S. 43.

221 Ausführliche zur Übertragung der Nutzungsrechte am Erdkörper siehe in dieser Arbeit S. 184 ff.

222 *Sailer*, Aufsuchung, Exploration, Erschließung und Förderung von Bodenschätzen in der RF durch russische und ausländische Investoren, S. 46. Vgl. auch *Dadascheva, D. R.*, Besonderheiten der rechtlichen Verkehrsfähigkeit von Naturressourcen, in: Pravovoy Vestnik – Sammelwerk wissenschaftlicher Beiträge, Makchachkala, 2011, 1. Ausgabe, c. 139–143 [*Дадашева Д. Р.*, Особенности оборотоспособности природных ресурсов, Правовой вестник: сборник научных статей, Махачкала, 2011, Вып. 1., с. 139–143]; *Sorokina, Uj. V.*, Naturressourcengesetzgebung der Russischen Föderation und der Subjekte der Russischen Föderation: Rechtsvergleichende Untersuchung, Dissertation, Saratov, 2000 [*Сорокина, Ю. В.*, Природоресурсное законодательство Российской Федерации и субъектов Российской Федераци: Сравнительно-правовой анализ].

223 *Sailer*, Aufsuchung, Exploration, Erschließung und Förderung von Bodenschätzen in der RF durch russische und ausländische Investoren, S. 46, *Jakovlev*, Das Bergrecht im modernen Russland, S. 86.

wird einmal mehr der gesetzgeberische Wille erkennbar, der auf eine eingeschränkte Anwendungsmöglichkeit von zivilrechtlichen Vorschriften abzielt.

III. Eigentum an gewonnenen Bodenschätzen

1. Eigentumsrechtliche Zuordnung

Im Unterschied zu den Erdkörperfeldern kann an den gewonnenen Bodenschätzen auch privates Eigentum begründet werden. Laut Art. 1.2 Abs. 3 ErdkörperG können sich die gewonnenen Bodenschätze gemäß den in der Bergbauberechtigung festgelegten Bedingungen in föderalem, kommunalem, privatem oder im Eigentum der Föderationsmitglieder sowie in anderen Formen des Eigentums befinden. Durch einen solchen Aufbau des Art. 1.2 ErdkörperG wird den verfassungsrechtlichen Vorgaben des Art. 9 Abs. 2 Verf RF hinsichtlich des Eigentumsrechts an den Bodenschätzen in privater oder kommunaler Form Rechnung getragen.[224]

Aus der gesetzessystematischen Betrachtung des Wortlauts des Art. 1.2 ErdkörperG resultiert, dass das Monopoleigentum des Staates nur auf die Bodenschätze Anwendung findet, die sich noch im Erdinneren befinden. Ab dem Zeitpunkt der Ausbringung der Bodenschätze kann das staatliche Eigentum in privates Eigentum oder andere Eigentumsformen (z.B. kommunales Eigentum) übergehen.[225] Somit wird die Begründung des Privateigentums an den Bodenschätzen an die Erfüllung von zwei Voraussetzungen geknüpft. Zum einem muss die Eigentumsform in der jeweiligen Bergbauberechtigung festgelegt sein. Hinsichtlich dieser bereits in Art. 1.2 Abs. 3 ErdkörperG festgelegten Bedingung sieht Art. 12 Abs. 7 ErdkörperG zusätzlich vor, dass die Bergbauberechtigung obligatorisch die Angaben zur „vereinbarten Eigentumsform an den gewonnenen Bodenschätzen“ enthalten soll. Zum anderen muss der Zeitpunkt der Bodenschätzeextraktion angegeben sein.

2. Zeitpunkt der Eigentumsübertragung

Eine Lücke in der russischen Berggesetzgebung stellt die Tatsache dar, dass es sowohl im ErdkörperG als auch in den anderen Rechtsakten an der Festlegung der Bestimmungen fehlt, die den Zeitpunkt der Übertragung des Eigentumsrechts an den gewonnenen Bodenschätzen vom Staat an das Bergbauunternehmen regeln. In Art. 12 Abs. 7 ErdkörperG ist zwar festgelegt, dass die Bergbauberechtigung die Angaben zur Eigentumsform an den gewonnenen Bodenschätzen enthalten soll. Unklar bleibt jedoch, in welcher Form und in welchem Zeitpunkt das Eigentum vom Staat

224 *Kuzmishin, A. / Sevillano, S.*, Übergang des Erdkörpernutzungsrechts nach russischem Bergrecht, in: WIRO, 2002, S. 329.

225 *Izujmov*, Bergrecht (2010), S. 179; *Jakovlev*, Das Bergrecht im modernen Russland, S. 95 ff. Jakovlev, 2012, s. 95 ff., siehe auch *Sailer*, Aufsuchung, Exploration, Erschließung und Förderung von Bodenschätzen in der RF durch russische und ausländische Investoren, S. 51.

auf das Bergbauunternehmen übergeht.[226] Die unzureichende Regelung durch die bloße Festlegung der Eigentumsform im Rahmen der Lizenzbedingungen, wie es das ErdkörperG verlangt, wird durch die Tatsache bestätigt, dass in der überwiegenden Mehrheit der Bergbauberechtigungen auf die Eigentumsform an den gewonnenen Bodenschätzen nicht eingegangen wird.[227] Ein weiterer Nachteil dieser Regelung ist die Tatsache, dass die anderen im Erdinneren enthaltenen Naturressourcen, wie z. B. Tiefbauanlagen, die mit der Bodenschätzegewinnung nicht zusammenhängen (z. B. Gasspeicher), oder die Erdwärme bei der Frage der Eigentumsübertragung außerhalb des Gesetzesrahmens bleiben.

Die Grundlagen zum Eigentumserwerb regelt das ZGB RF in Art. 218 i. V. m. Art. 136 ZGB RF. Die herrschende Meinung sieht im Hinblick auf die gewonnenen Bodenschätze keine Möglichkeit einer Anwendung des Art. 136 ZGB RF, der das Eigentum an der Produktion regelt, mit der Begründung, dass die gewonnenen Bodenschätze nicht als „Produktion infolge der Nutzung der Sache (Nutzung des Erdkörperfeldes)" im Sinne des Art. 136 ZGB RF qualifiziert werden können.[228] In Betracht kommt somit der Eigentumserwerb gem. Art. 218 Abs. 2 ZGB RF. Danach erfolgt der Eigentumserwerb an einer nicht herrenlosen Sache auf Grund eines Rechtsgeschäfts, dessen Gegenstand die Veräußerung jener Sache ist. Daraus lässt sich schließen, dass eine rechtmäßige Übertragung des Eigentums an den gewonnenen Bodenschätzen vom geltenden Eigentümer an eine andere Person nur auf der Grundlage eines Vertrages begründet werden kann.[229] Nach Art. 223 ZGB RF wird bei einem Vertrag das Eigentumsrecht des Erwerbers an der Sache im Zeitpunkt ihrer Übergabe begründet. Die „Übergabe" definiert Art. 224 ZGB RF als "Aushändigung der Sache an den Erwerber, Abgabe an den Transportdienstleister zur Auslieferung an den Erwerber oder die Übergabe der Sache an eine Versandgesellschaft zur Verschickung an den Erwerber".

Bekanntlich kann eine Bergbauberechtigung ihrer Rechtsnatur nach nicht als ein Vertrag oder anderes Rechtsgeschäft bezeichnet werden, da sie eine spezielle Erlaubnis des Staates – einen Verwaltungsakt – darstellt, der dem Bergbauunternehmen die Nutzung eines bestimmten Erdkörperfeldes genehmigt. Der Abschluss derartiger Verträge ist nach dem russischen Bergrecht nicht vorgesehen und wird in der Praxis nicht praktiziert. In Anlehnung an die Bestimmungen der Art. 223, 224 ZGB RF gilt *de facto* die nicht normative Regel, dass der Zeitpunkt der Eigentumsübertragung für flüssige und gasförmige Rohstoffe dem Zeitpunkt der Rohstoffzubringung zur Bohrlochmündung und für feste Rohstoffe zum Stoß (der Grube) entspricht. [230]

226 *Pevzner*, Das Eigentumsrecht bei der Erdkörpernutzung, S. 28–29; *Pimenova*, Erdöl als zivilrechtliches Objekt, S. 50.
227 *Kimel`man*, Zum Problem des staatlichen Eigentums am Erdkörper, S. 8.
228 Vgl. *Jakovlev*, Das Bergrecht im modernen Russland, S. 98–102.
229 *Jakovlev*, Das Bergrecht im modernen Russland, S. 104.
230 *Perchik*, Bergrecht (2002), S. 126; *Pimenova*, Erdöl als zivilrechtliches Objekt, S. 51.

C. Das Verhältnis des Bergbaus zum Grundeigentum

Die Aufsuchung oder Gewinnung von Bodenschätzen ist ohne eine gleichzeitige Benutzung der Bodenoberfläche unvorstellbar. Nach der russischen Gesetzeslage sind Grund und Boden als Rechtsobjekte von dem Erdkörperfeld abgesondert, deshalb zieht die rechtliche Ausgestaltung des Nutzungsrechts am Erdkörper die Notwendigkeit nach sich, die Nutzungsrechte bzw. Eigentumsrechte an dem entsprechenden Grundstück zusätzlich zu beschaffen.[231] Art. 25.1 ErdkörperG enthält die allgemeine Regelung, dass Grundstücke, die für die Bergbautätigkeit benötigt werden, nach den Bestimmungen des Boden- und Zivilrechts zu gewähren sind. Das Bodenrecht stellt in der russischen Rechtsordnung ein eigenes Rechtsgebiet dar und wird im Wesentlichen durch das Bodengesetzbuch (im Folgenden: BodenGB)[232] geregelt.

Den Zeitpunkt für den Rechtserwerb an einem Grundstück für die Ausführung der mit dem Bergbau zusammenhängenden Arbeiten bestimmt Art. 11 Abs. 6 ErdkörperG. Danach erfolgt die Zuweisung des Grundstückes nach der Genehmigung der technischen Projektdokumentation[233] für die geplanten Arbeiten, d. h. erst nachdem eine erteilte Bergbauberechtigung vorliegt. Im Hinblick auf die Frage, ob diese Abfolge zwingend ist, weist die Rechtsprechung darauf hin, dass ein zu Zwecken eines Bergbauvorhabens zur Verfügung gestelltes Grundstück vorrangig an solche Nutzungsberechtigten überlassen werden sollte, die die Qualifikationsanforderungen an einen Bergbauberechtigten erfüllen, um die zweckgerechte Nutzung des Grundstückes zu gewährleisten. Demensprechend muss die Folgerichtigkeit – zuerst Erteilung der Bergbauberechtigung und dann Verleihung des Nutzungsrechts am Grundstück – gewahrt werden. So wurden Mietverträge, die vor der Erteilung der Bergbauberechtigung und Genehmigung der technischen Projektdokumentation abgeschlossen wurden, mehrfach für nichtig erklärt.[234] Als zusätzliche Voraussetzung müssen die in Art. 13 BodenGB festgelegten Bestimmungen über den Schutz des Grund und Bodens eingehalten werden.

Das Verfahren und die Bedingungen für den Erwerb des Nutzungsrechts am Grundstück für die bergbauliche Tätigkeit ist im russischen Recht davon abhängig,

---

231 *Säcker (Hrsg.)*, Handbuch zum dt.-russ. Energierecht, S. 296,297; 309,310.

232 Bodengesetzbuch der RF vom 25. Oktober 2001, SZ RF 2001, № 44, Pos. 4147 [Земельный кодекс Российской Федерации от 25 октября 2001, СЗ РФ 2001, № 44, ст. 4147].

233 Ausführlicher zu Genehmigungsverfahren der technischen Projektdokumentation siehe in dieser Arbeit Kapitel 4, C, S. 196 ff.

234 Beschluss des Obersten Arbitragegerichts der RF vom 14. November 2011, № ВАС-15274/11 [Определение Высшего Арбитражного Суда Российской Федерации от 14 ноября 2011 г. № ВАС-15274/11]; Entscheidung des 15. Berufungsarbitragegerichts vom 4. Februar 2010, № 15АП-11719/2009 [Постановление Пятнадцатого арбитражного апелляционного суда от 4 февраля 2010 г. № 15АП-11719/2009].

in wessen Eigentum das einschlägige Grundstück sich befindet (staatliches, kommunales oder privates Eigentum) und für welche Art der Erdkörpernutzung dieses Grundstück genutzt werden soll. Der Großteil der Grundstücke steht nach wie vor im Eigentum der öffentlichen Hand, so dass zu Zwecken der bergbaulichen Tätigkeit der Grundstückserwerb aus dem staatlichen oder kommunalen Eigentum der häufigste Fall ist.[235]

I. Grundstückserwerb zu Zwecken der bergbaulichen Tätigkeit von der öffentlichen Hand

Die neue am 1. März 2015 in Kraft getretene Fassung des BodenGB zählt die zulässigen Gründe für den Grundstückserwerb aus dem öffentlichen Eigentum abschließend auf, Art. 39.1, 39.2 und 39.3 BodenGB. Dazu zählen der Beschluss der zuständigen Behörden, der abgeschlossene Vertrag (Kauf- oder Mietvertrag oder Vertrag über unentgeltliche Nutzung) sowie eine Versteigerung. Art. 25.1 Abs. 2 ErdkörperG grenzt diese Vielfalt für die Grundstücke, die zu bergbaulichen Zwecken eingeräumt werden, ein und besagt, dass sie ohne Durchführung eines Bieterwettbewerbs (Versteigerung) auf der Grundlage des staatlichen Beschlusses zu überlassen sind. Die zuständige Behörde bestimmt sich nach dem Rechtsträger in Abhängigkeit davon, wem das besagte Grundstück zugeordnet ist (Föderationszentrum, Föderationssubjekt, kommunale Bezirke bzw. Stadtkreise).[236]

Die Verwaltung des öffentlichen Vermögens auf der föderalen Ebene obliegt der Föderalen Agentur für die Verwaltung des föderalen Eigentums (im Folgenden: ROSIMUSCHESTVO), die dem Wirtschaftsministerium untergeordnet ist.[237] Das einschlägige Verfahren sowie die Bestimmung der Miethöhe richtet sich nach den Vorschriften der Anordnung № 570 des Ministeriums für wirtschaftliche Entwicklung (im Folgenden: MINEKONOMRAZVITIE)[238]. Das Bergbauunternehmen hat

---

235 Dabei ist zu beachten, dass viele Grundstücke, die nicht im privaten Eigentum stehen, immer noch keinem konkreten öffentlichen Rechtsträgers zugeordnet sind. Mehr zu dieser Frage siehe bei *Nobis, V.*, Rechtliche Rahmenbedingungen für die Abwicklung von Bauvorhaben in der Russischen Föderation, Berlin, 2012, S. 99 ff.

236 Vgl. *Nobis, V.*, Rechtliche Rahmenbedingungen für die Abwicklung von Bauvorhaben in der Russischen Föderation, Berlin, 2012, S. 101.

237 Ziff. 5 lit. a, Erlasses des Präsidenten der RF „Über das System und die Struktur der föderalen Exekutivorgane" vom 9. März 2004, SZ RF 2004, № 11, Pos. 945 [Указ Президента РФ N 314 „О системе и структуре федеральных органов исполнительной власти" от 9 марта 2004 г., СЗ РФ 2004, № 11, ст. 945].

238 Anordnung MINEKONOMRAZVITIE № 570 от 03. Oktober 2013 „Über die Verfahrensverwaltungsordnung für die Föderale Agentur für die Verwaltung des föderalen Eigentums bei der Erbringung der öffentlichen Dienstleistung für die Erteilung von Grundstücken, die sich im föderalen Eigentum befinden zu Zwecken der Bebauung, Registrierung bei Justizministerium RF am 21. Januar 2014, № 31065 [Приказ Минэкономразвития России № 570 от 03 октября 2013 г. „Об утверждении Административного регламента по предоставлению Федеральным агентством

zunächst einen Antrag auf die Überlassung des Grundstückes aus dem staatlichen Grundeigentum bei ROSIMUSCHESTVO zu stellen. Der Überlassungsbeschluss dieser Behörde ist die Grundlage für die Vereinbarung eines Nutzungsverhältnisses mit dem Bergbauberechtigten. Die Nutzungsfreigabe eines Grundstücks aus dem staatlichen oder kommunalen Eigentum erfolgt in diesen Fällen meistens in der Form eines Pachtvertrages.[239] Abschließend führt die gleiche Behörde die entsprechende Registrierung des Pachtvertrages bzw. eines anderen Nutzungsverhältnisses in dem Einheitlichen Staatlichen Register für Immobilienrechte und -geschäfte[240] durch.

Die Aufsuchungsarbeiten können auf dem staatlichen Grundbesitz ohne Einräumung von Nutzungsrechten auf der Grundlage einer Erlaubnis der zuständigen Behörde erfolgen, Art. 25.1 Abs. 2 S. 2 ErdkörperG i.V. m. Art. 39.2 BodenGB. Für die Bergbauvorhaben, die zu keiner Verletzung der Unversehrtheit des Erdkörpers führen, können die Grundstücke gem. Art. 23 Ziff. 9 Abs. 3 BodenGB im Rahmen eines befristeten Nutzungsverhältnisses zur unentgeltlichen Nutzung sowie in Form der öffentlichen Dienstbarkeit den Bergbauunternehmen gewährt werden.[241]

II. Grundstückserwerb zu Zwecken der bergbaulichen Tätigkeit aus dem Privateigentum

Befindet sich das für den Bergbau benötigte Grundstück im privaten Eigentum, kann das Bergbauunternehmen die Rechte an diesem Grundstück nur mit dem Einverständnis des Eigentümers (Besitzers) erlangen. Dafür muss zwischen beiden Parteien nach dem Dispositionsprinzip eine Einigung über die Bedingungen des Erwerbes oder der Nutzung des betreffenden Grundstückes vorliegen[242], z.B. in Form eines Kauf- oder Mietvertrages. In der Praxis kommt es oft zu Fällen, in denen eine solche Einigung nicht erzielt werden kann. Das Bergbauunternehmen wird oft mit einer Weigerung seitens des Eigentümers des Grundstücks, einen Miet- oder

---

по управлению государственным имуществом государственной услуги по предоставлению земельных участков, находящихся в федеральной собственности, для целей, связанных со строительством", зарегистрировано в Минюсте России 21 января 2014 г., № 31065].

239 *Mirkerimova,* Rechtsrahmen für die Grundstücke, die zur Erdkörpernutzung zur Verfügung gestellt werden, S. 51; *Säcker (Hrsg.),* Handbuch zum dt.-russ. Energierecht, S. 310.

240 Vgl. Art. 12 Ziff. 1, Föderales Gesetz vom 21. Juli 1997, „Über die staatliche Registrierung der Immobilienrechte und -geschäfte", SZ RF1997, № 30, Pos. 3594 [Федеральный закон от 21 июля 1997 г. „О государственной регистрации прав на недвижимое имущество и сделок с ним", СЗ РФ 1997, № 30, ст. 3594].

241 *Mirkerimova,* Rechtsrahmen für die Grundstücke, die zur Erdkörpernutzung zur Verfügung gestellt werden, S. 52.

242 *Mirkerimova,* Rechtsrahmen für die Grundstücke, die zur Erdkörpernutzung zur Verfügung gestellt werden, S. 52; *Vysozkaja,* Zu einigen Problemfragen der rechtlichen Regulierung für die Erteilung von Grundstücken für die Zwecke der Erdkörpernutzung, S. 52, 53.

Kaufvertrag zu schließen, konfrontiert. Im „besten Falle“ bietet der Eigentümer an, diese Verträge zu für das Bergbauunternehmen inakzeptablen Bedingungen, wie in erster Linie z. B. unangemessen überhöhtem Kauf- oder Mietpreis, zu schließen.[243] Wurde die Einigung mit dem Grundstückseigentümer (Besitzer) nicht erzielt, sieht Art. 49 BodenGB das Instrument der Einziehung von Grundstücken für den staatlichen oder kommunalen Bedarf durch. Anschließend kann die Überlassung der Nutzungsrechte an dem in dieser Weise eingezogenen Grundstück an das Bergbauunternehmen erfolgen.[244]

III. Einziehung von Grundstücken für den staatlichen oder kommunalen Bedarf gem. Art. 49 BodenGB

Gründe für eine solche Einziehung, insbesondere durch den Abkauf des Grundstückes, sind in Art. 49 Abs. 1 BodenGB aufgelistet. Der Wortlaut der Norm benennt allerdings die bergbauliche Tätigkeit nicht als mögliche Grundlage für eine solche Grundstückseinziehung. Jedoch bestimmt Art. 49 Abs. 1 Ziff. 3 BodenGB, dass für eine Einziehung der Grundstücke für den staatlichen oder kommunalen Bedarf durch Gesetz auch andere Gründe festgelegt werden können. Für Grundstücke im föderalen Eigentum sind das die Föderalgesetze und für solche im kommunalen Eigentum und im Eigentum der Föderationsmitglieder die Gesetze der Föderationsmitglieder. Genau hier greift Art. 25.1 Abs. 2 ErdkörperG, wonach Grundstücke, die mit der Nutzung des Erdkörpers zusammenhängen, für den staatlichen oder kommunalen Bedarf entzogen werden können.[245] Eine solche Grundstückseinziehung erfolgt gem. Art. 25.1 Abs. 6, 7 ErdkörperG auf der Grundlage des Beschlusses der zuständigen Behörde. Die Bestimmungen aus Art. 11 Abs. 6 und Art. 25.1 ErdkörperG sind in die neue Fassung des BodenGB, die ab dem 1. April 2015 in Kraft tritt[246] und die im Jahr 2014 vorgenommene umfassende Novellierung des Bodenrechts abschließt, aufgenommen worden. Der neue Art. 56.4 BodenGB sieht unter Abs. 1 Pkt. 3 vor, dass ein Bergbauunternehmen einen Antrag auf die Einziehung des Grundstücks für staatlichen oder kommunalen Bedarf stellen kann, wenn diese

---

243 *Ivleva,/Talipov,* Aktuelle rechtliche Problemfragen bei der Erdkörpernutzung in Russland, S. 24, *Vysozkaja,* Zu einigen Problemfragen der rechtlichen Regulierung für die Erteilung von Grundstücken für die Zwecke der Erdkörpernutzung, S. 53.

244 *Mironov,* Erteilung von Grundstücken für die Zwecke der Erdkörpernutzung, S. 30,31; *Mirkerimova,* Rechtsrahmen für die Grundstücke, die zur Erdkörpernutzung zur Verfügung gestellt werden, S. 51.

245 *Mirkerimova,* Rechtsrahmen für die Grundstücke, die zur Erdkörpernutzung zur Verfügung gestellt werden, S. 52.

246 Föderalgesetz vom 31. Dezember 2014 „Über die Änderungen im Bodengesetzbuch der RF und in einzelnen Rechtsakten der RF“, SZ RF 2015, № 1 (Teil I), Pos. 52 [Федеральный закон от 31 декабря 2014 „О внесении изменений в Земельный кодекс Российской Федерации и отдельные законодательные акты Российской Федерации“, СЗ РФ 2015, № 1 (часть I) ст. 52].

Einziehung der bergbaulichen Tätigkeit gewidmet wird. Als Voraussetzung für eine solche Einziehung des Grundstücks nennt Art. 56.3 Abs. 2 Pkt. 3 BodenGB das Vorhandensein einer EKL beim antragstellenden Bergbauunternehmen.

Das Verfahren für eine Grundstückseinziehung wegen staatlichen oder kommunalen Bedarfs ist nach Art. 25.1 ErdkörperG durch die Regierung der RF festzulegen. Im Sinne der Weiterentwicklung dieser Norm hat die Regierung der RF im Jahr 2013 eine entsprechende Verordnung erlassen[247], die im Jahr 2015 im Zuge der Aufnahme des Verfahrens zur Grundstückseinziehung wegen staatlichen oder kommunalen Bedarfs unmittelbar in das BodenGB wieder außer Kraft gesetzt wurde.[248] Ab dem 1. April 2015 gestaltet sich das einschlägige Verfahren nach den Bestimmungen der im BodenGB extra dafür eingeführten Kapitel VII.1 (Art. 56.2 – 56.11 BodenGB).

Danach hat das Bergbauunternehmen den Antrag bei ROSNEDRA einzureichen, wenn es sich um Grundstücke handelt, die für die Ausführung der bergbaulichen Arbeiten auf den Erdkörperfeldern föderaler und allgemeiner Bedeutung benötigt werden. ROSNEDRA prüft den Antrag und fasst ihren Beschluss über die Grundstückseinziehung. Der Antrag kann abgelehnt werden, wenn der Antragsteller die Einziehung eines solchen Grundstücks beantragt, das nicht der Erfüllung des staatlichen oder kommunalen Bedarfs im Sinne von Art. 56.3 BodenGB dient.[249] Somit liegt die Entscheidung, die Grundstückseinziehung zu genehmigen oder zu verweigern im Ermessen der Behörde. Nach der Beschlussfassung aber nichts später als 30 Tage nach dem Antragseingang ist ROSNEDRA gem. Art. 56.5 BodenGB zunächst verpflichtet, den geltenden Inhaber des Grundstücks zu ermitteln und ihn über den Einziehungsbeschluss zu informieren. Bemerkenswert ist, dass das Gesetz die ausdrückliche Verpflichtung über die Informierung des Grundstücksinhabers nur für den Fall vorsieht, dass das Eigentumsrecht an dem einschlägigen Grundstück nicht in dem Einheitlichen Staatlichen Register für

247 Regierungsverordnung № 294 vom 3. April 2013 „Über die Erstellung und Bearbeitung des Antrages auf die Einziehung der Grundstücke, die für die Ausführung der bergbaulichen Arbeiten benötigt werden sowie über die Beschlussfassung über ihre Einziehung", SZ RF 2013, № 14, Pos. 1709 [Постановление Правительства РФ № 294 от 3 апреля 2013 г. "О подготовке и рассмотрении ходатайств об изъятии земельных участков, необходимых для ведения работ, связанных с пользованием недрами, а также принятии решений об их изъятии", СЗ РФ 2013, № 14, ст. 1709].

248 Regierungsverordnung № 262 vom 31. März 2015 „Über die Änderungen in der Regierungsverordnung vom 7. Mai 2003 und über die Außerkraftsetzung der Regierungsverordnung № 294 vom 3. April 2013", SZ RF 2015, № 14, Pos. 2140 [Постановление Правительства РФ № 262 от 31 марта 2015 «О внесении изменений в постановление Правительства Российской Федерации от 7 мая 2003 г. и признании утратившим силу постановления Правительства Российской Федерации от 3 апреля 2013 г. N 294», СЗ РФ 2015, № 14, ст. 2140].

249 Vgl. Art. 56.2 Pkt. 11 BodenGB. Der Ablehnungsbescheid soll innerhalb von 30 Tagen nach dem Antrageingang erfolgen.

Immobilienrechte und -geschäfte eingetragen ist. Das Bedeutet im Umkehrschluss, dass diese Verpflichtung nicht besteht, wenn alle erforderlichen Angaben in dem genannten Register vorhanden sind. Dies könnte in der Praxis dazu führen, dass die Mitteilung über die bevorstehende Einziehung nirgendwo bekanntgemacht wird und ordentlich registrierte Grundstückseigentümer über die bevorstehende Einziehung ihres Grundstücks erst aus dem behördlichen Beschluss über die Grundstückseinziehung erfahren werden.[250]

Fasst ROSNEDRA den Entschluss, das Grundstück zu entziehen, informiert sie darüber sowohl das Bergbauunternehmen als auch den Grundstückseigentümer. Dabei ist zu beachten, dass gem. Art. 279 Abs. 3 ZGB der Grundstückseigentümer nicht später als ein Jahr vor der bevorstehenden Einziehung des Grundstückes schriftlich darüber informiert werden soll. Eine Einziehung vor Ablauf dieser Einjahresfrist ist nur mit Zustimmung des Eigentümers zulässig.[251] Da die Einziehung eines Grundstückes für den staatlichen oder kommunalen Bedarf ihrer rechtlichen Natur nach eine Enteignung darstellt, ist sie an die verfassungsrechtlichen Vorgaben für eine Enteignung in Art. 35 Abs. 2 Verf RF gebunden.[252] Darin heißt es, „niemandem darf sein Vermögen entzogen werden, es sei denn auf Entscheidung eines Gerichts. Zwangsenteignung für staatliche Bedürfnisse darf nur bei vorheriger und gleichwertiger Entschädigung vollzogen werden". Diese Voraussetzungen übernimmt auch Art. 55 BodenGB und legt fest, dass eine Einziehung des Grundstückes für den staatlichen oder kommunalen Bedarf nur mit einer vorherigen und angemessenen Entschädigung zulässig ist.

Die Ermittlung der Entschädigungshöhe regelt der neue Art. 56.8 BodenGB. Danach erfolgt die Ermittlung des Marktwertes durch einen unabhängigen Gutachter im Einklang mit den Bestimmungen des Föderalgesetzes „Über die Bewertungstätigkeit in der RF"[253]. Auf der Grundlage dieses Gutachtens und des Beschlusses der ROSNEDRA über die Entziehung des Grundstückes bereitet der Antragsteller eine Vereinbarung über die Entziehung des Grundstückes gegen die Entschädigung vor, die gem. Art. 56.9 BodenGB Angaben über den Zweck der Einziehung, über die Parteien der Vereinbarung und über das Übertragungsdatum der Eigentumsrechte sowie die Katasterbezeichnung des Grundstückes und den behördlichen Einziehungsbeschluss enthalten soll. Die Vereinbarung wird vom Antragsteller und von ROSNEDRA als die Behörde, die den Einziehungsbeschluss gefasst hat, unterzeichnet und zur weiteren Unterzeichnung an den geltenden Grundstückseigentümer

---

250 *Chumakov*, Erneuerter Rechtsrahmen für die Einziehung von Grundstücken für den staatlichen oder kommunalen Bedarf, S. 34.

251 Vgl. Art. 279–282 ZGB RF.

252 *Ivleva,/Talipov*, Aktuelle rechtliche Problemfragen bei der Erdkörpernutzung in Russland, S. 24.

253 Das Gericht berechnet die Entschädigungshöhe nach den Vorschriften des Föderalgesetzes vom 29. Juli 1998 „Über die Bewertungstätigkeit in der RF", SZ RF 1998, № 31, Pos. 3813 [Федеральный закон от 29 июля 1998 г. «Об оценочной деятельности в Российской Федерации», СЗ РФ 1998, № 31, ст. 3813].

per Einschreiben gesendet.[254] Die Festlegung der Entschädigungssumme darf nicht später erfolgen als 60 Tage vor der Übersendung der Vereinbarung an den geltenden Eigentümer, Art. 56.8 Abs. 7 BodenGB. Wird keine Einigung erzielt und erfolgt keine Unterzeichnung der Vereinbarung durch den geltenden Eigentümer innerhalb von 90 Tagen, kann der Antragsteller gem. Art. 56.10 Abs. 10 BodenGB die Entziehung des Grundstückes per gerichtlichen Beschluss erzwingen.[255] In diesem Fall kann der Kauf nur nach einem Jahr ab der Zustellung des Einziehungsbeschlusses vollzogen werden, Art. 55 BodenGB i. V. m. Art. 279–282 ZGB RF. Die durch die Parteien unterzeichnete Vereinbarung bzw. in Kraft getretene Gerichtsentscheidung gilt als Grundlage für die Übertragung des Eigentumsrechts am Grundstück auf den Antragsteller sowie für die Beendigung an diesem Grundstück anderweitig bestehender Nutzungsrechte (Miet- oder Pachtvertrag), die im Einheitlichen Staatlichen Register für Immobilienrecht und -geschäfte registriert werden. Die Rechte des Antragstellers an dem einschlägigen Grundstück entstehen am Tag der Registrierung in dem genannten Register, jedoch unter der Voraussetzung, dass die vereinbarte oder durch das Gericht festgelegte Entschädigungssumme von ihm an den vorherigen Grundstückseigentümer ordnungsgemäß ausgezahlt wurde, Art. 56.11 Abs. 4 Pkt. 4 BodenGB.

Eine solche Einziehung des Grundstücks kann auch von Amts wegen durch die zuständige Behörde – bei einer Einziehung zu Zwecken der Erdkörpernutzung ist dies die ROSNEDRA – erfolgen. Die Vorgehensweise ist in diesem Fall mit dem oben beschriebenen Verfahren identisch mit dem Unterschied, dass als Partei der Vereinbarung die einschlägige Behörde auftritt. Das Eigentumsrecht wird entsprechend der Behördenebene zunächst auf die Russische Föderation, das Föderationsmitglied oder die Gemeinde übertragen, welche anschließend ein Nutzungsverhältnis (Miet- oder Pachtvertrag) mit dem Bergbauunternehmen vereinbaren und die Rechte des neuen Nutzungsberechtigten im Einheitlichen Staatlichen Register für Immobilienrecht und -geschäfte registrieren kann.[256]

In Bezug auf Grundstücke, die für Bergbaubetriebe auf Erdkörperfeldern lokaler Bedeutung beansprucht werden, herrscht weniger Klarheit. Die Gestaltung des hierfür einschlägigen Verfahrens obliegt der Gesetzgebungskompetenz der

254 Die Vereinbarung gilt als von dem geltenden Eigentümer empfangen am Tag des Erhalts des Einschreibebriefes. Der Antragsteller ist ebenfalls berechtigt, die Vereinbarung persönlich bei dem geltenden Eigentümer gegen Empfangsbescheinigung abzuliefern. Weigert sich der geltende Eigentümer in diesem Fall, die Vereinbarung anzunehmen, macht der Lieferant auf der Vereinbarung einen Vermerk über die Verweigerung der Annahme. Der geltende Eigentümer wird dann so gestellt, als ob er die Vereinbarung ordnungsgemäß empfangen hätte, Art. 56.10 Abs. 7 BodenGB.

255 *Chumakov*, Erneuerter Rechtsrahmen für die Einziehung von Grundstücken für den staatlichen oder kommunalen Bedarf, S. 43.

256 Vgl. *Chumakov*, Erneuerter Rechtsrahmen für die Einziehung von Grundstücken für den staatlichen oder kommunalen Bedarf, S. 32–41.

Föderationsmitglieder. Aus dem Grund, dass nicht alle Föderationsmitglieder ein solches Verfahren festgelegt haben, ist die Einziehung von Grundstücken auf den Erdkörperfeldern lokaler Bedeutung mit großer Rechtsunklarheit verbunden und beansprucht deshalb oftmals unangemessen lange Zeit.

Als Alternative zu einer solchen Enteignung könnte die Dienstbarkeit nach Art. 23 BodenGB– das Recht zur eingeschränkten Nutzung eines fremden Grundstücks – in Betracht gezogen werden. Im Wortlaut des genannten Artikels wird die Dienstbarkeit als eine zulässige Form der Beschaffung von Nutzungsrechten an einem Grundstück für Zwecke der bergbaulichen Tätigkeit nicht genannt. Gleichzeitig legt der Artikel kein direktes Verbot in diesem Zusammenhang fest. Die Verwendung der Dienstbarkeit hätte sowohl Vor- als auch Nachteile. In erster Linie profitiert davon das Bergbauunternehmen, indem das Verfahren zur Erlangung der Rechte am Grundstück deutlich vereinfacht wird: erforderlich wird nur eine Vereinbarung über die Entschädigung für die Grundstücksnutzung, die einer Registrierung unterliegt nach den gleichen Bestimmungen, wie die Registrierung von Grundbesitz.[257] Für den Eigentümer des Grundstücks ist die Dienstbarkeit ebenso vorteilhaft, denn er verliert nicht sein Eigentumsrecht darauf und erhält ein Recht auf Zahlung einer angemessenen Gebühr für die Nutzung. Zu den Nachteilen bei Bestellung einer Dienstbarkeit gehört vor allem die Tatsache, dass das ZGB eine Norm enthält, nach welcher der Grundstückseigentümer durch das Gericht eine Aufhebung der Dienstbarkeit verlangen kann. Dadurch können viele Unannehmlichkeiten für das Bergbauunternehmen entstehen. Somit kann die Bestellung einer Dienstbarkeit zur Erlangung der Rechte am Grundstück für die Durchführung bergbaulicher Arbeiten nicht in allen Situationen möglich sein.[258]

D. Rechtsvergleichende Ausführungen zum deutschen Bergrecht

I. Begriffsbestimmung der Regelungsgegenstände

Mittels der Begriffsbestimmung der Regelungsgegenstände des russischen Bergrechts kristallisiert sich der wesentliche dogmatische Unterschied zum deutschen Bergrecht heraus. Dadurch, dass das BBergG die „wirtschaftliche Nutzbarmachung der Bodenschätze" zum Regelungsgegenstand hat[259], werden die Bodenschätze zum Hauptobjekt des bergbaulichen Rechtsverhältnisses. Der im ErdkörperG festgelegte Rechtsrahmen dagegen ist auf die „wirtschaftliche Nutzbarmachung

257 *Mirkerimova, N. F.,* Rechtsrahmen für die Grundstücke, die zur Erdkörpernutzung zur Verfügung gestellt werden, S. 52.

258 Vgl. *Mirkerimova, N. F.,* Rechtsrahmen für die Grundstücke, die zur Erdkörpernutzung zur Verfügung gestellt werden, S. 52,53; *Korolev,* Die Rechte an Grundstücken bei Erdkörpernutzung und Netzinfrastruktur, S. 33–41.

259 *Kühne* in: *Säcker (Hrsg.),* Handbuch zum dt.-russ. Energierecht, S. 267; *Kremer/Neuhaus,* Bergrecht (2001), S. 15.

des Erdkörpers“ gerichtet. Angesichts dessen, dass nicht der ganze Erdkörper zur bergbaulichen Nutzung freigegeben wird, sondern nur ein durch die räumlichen Grenzen bestimmtes Erdkörperfeld bewilligt wird, tritt im russischen Bergrecht das Bewilligungsfeld als Hauptobjekt des Rechtsverhältnisses auf. Das deutsche Bergrecht kennt den Begriff des Bewilligungsfeldes zwar auch, dieser wird jedoch nur in Bezug auf die räumliche Bestimmung seiner Grenzen verwendet. In Russland dagegen ist das Erdkörperfeld und seine Einteilung in Kategorien für die bergrechtliche Regulierung von zentraler Bedeutung, da damit über die Art des Bewilligungsverfahrens, der Zulassungsvoraussetzungen und des Umfangs der Bergbauberechtigung entschieden wird.

Dieser Umstand ist auf die unterschiedliche historische Entwicklung der beiden Systeme der Bergbaugesetzgebung zurückzuführen. Das geltende russische Bergrecht hat die rechtliche Ausgestaltung des bergbaulichen Zugangs zu den Bodenschätzen nach dem Verwaltungsaktmodell in großen Teilen aus der sowjetischen Bergbaugesetzgebung übernommen und damit eben auch die auf die Erdkörperfelder bezogene Regelung der bergbaulichen Tätigkeit. Das gleiche gilt für das im russischen Bergrecht stark umstrittene rechtliche Konstrukt des bergbaulichen oder des geologischen Zuweisungsfeldes. Die effektive staatliche Regulierung der bergbaulichen Tätigkeit nach deutschem Bergrecht, das eine solche Doppellagerung – bewilligtes Erdkörperfeld und darin ein Zuweisungsfeld – nicht kennt, bestätigt die in dieser Studie getroffene Aussage, dass für den Begriff Zuweisungsfeld auch im russischen Bergrecht kein Bedarf erkennbar ist. Die deutsche Erfahrung zeigt, dass auch das Erdkörperfeld (Bewilligungsfeld) die dem Zuweisungsfeld auferlegten rechtlichen Funktionen erfüllen kann. Dabei geht es vor allem um die räumliche Grenzbestimmung und die Unterscheidung zwischen dem ausschließlichen und nicht ausschließlichen Nutzungsrecht an dem bewilligten Erdkörperfeld. Beide Merkmale können durch den Inhalt der Bergbauberechtigung erfasst werden, wie es im deutschen Bergrecht der Fall ist.

Vom gesetzestechnischen Standpunkt aus unterscheidet sich das deutsche BBergG von dem russischen ErdkörperG durch die gesetzliche Festlegung klarer Legaldefinitionen aller Begriffe, die seine Regelgenstände darstellen. In § 3 BBergG sind die Bodenschätze als alle mineralischen Rohstoffe in festem oder flüssigem oder gasförmigem Zustand außer Wasser[260], die in natürlichen Ablagerungen oder

260 Das Wasser wird ausdrücklich aus dem Bodenschatzbegriff herausgenommen, d. h. dass unterirdisches Wasser (Grundwasser) von diesem Begriff nicht umfasst wird und somit nicht in den Anwendungsbereich des Bergrechts fällt. Hintergrund dieser Regelung ist die Notwendigkeit, Überschneidungen mit dem Wasserrecht und insbesondere Wasserhaushaltsgesetz (im Folgenden: WHG) zu vermeiden, welches die Nutzungsverhältnisse hinsichtlich oberirdischer und unterirdischer Gewässer sowie der Küstengewässer in §§ 1, 3 WHG bereits verhältnismäßig dicht regelt. Das Rechtsgebiet des Wasserrechts ist in einer langen Tradition entstanden und wird in Deutschland als eigenständiger Teil des Umweltrechts verstanden. Vgl. *Kremer/Neuhaus*, Bergrecht (2001), S. 16, Rn. 55; *Kühne* in: *Säcker (Hrsg.),*

Ansammlungen (Lagerstätten) in oder auf der Erde, auf dem Meeresgrund, im Meeresuntergrund oder im Meerwasser vorkommen, definiert. Laut § 2 Abs. 1 Nr. 1 BBergG erstreckt sich der sachliche Geltungsbereich auf die Nutzbarmachung aller Bodenschätze.[261] Der Anwendungsbereich des russischen ErdkörperG gilt ebenfalls für alle Bodenschätze übergreifend. Somit wird der Zugang zu den Kohlenwasserstofflagerstätten sowohl in Russland als auch in Deutschland im allgemeinen Bergrecht geregelt, und es existieren keine Sondergesetze für einzelne Bodenschätze wie z. B. Erdöl oder Erdgas.

In beiden Rechtsordnungen werden die Bodenschätze in zwei Kategorien aufgeteilt. Das BBergG unterscheidet zwischen den in § 3 Abs. 3 BBergG aufgezählten bergfreien Bodenschätzen und in § 3 Abs. 4 BBergG aufgezählten grundeigenen Bodenschätzen. Seinem Wortlaut nach differenziert zwar das ErdkörperG zwischen allgemeinverbreiteten und anderen Bodenschätzen, die in der Rechtswissenschaft die Bezeichnung „strategische Bodenschätze" erlangt haben, enthält jedoch für beide Gruppen weder eine Definition noch eine Aufzählung. Die Auflistung der allgemeinverbreiteten Bodenschätze erschließt sich aus der Anordnung MINPRORODA № 47-p und der strategischen Bodenschätze aus Art. 337 Abs. 2 Steuergesetzbuch RF. Das Abgrenzungskriterium ist in beiden bergrechtlichen Gesetzgebungssystemen die volkwirtschaftliche Bedeutsamkeit des konkreten Bodenschatzes. So sind die wirtschaftlich bedeutsameren Bodenschätze, wie Kohlenwasserstoffe in Deutschaland den bergfreien Bodenschätzen zugeordnet[262] und in Russland – den strategischen Bodenschätzen.

Die zweite Gruppe bilden solche Bodenschätze, die in der Natur häufig auftreten; sie stellen keine Energiequellen dar und werden meist in der Bauindustrie genutzt, wie z. B. Ton, Quarz, Torf. Im Hinblick auf diese Kategorie der Bodenschätze weist das deutsche Bergrecht gegenüber dem russischen eine Besonderheit auf, die darin besteht, dass gem. § 3 Abs. 4 Nr. 2 BBergG sonstige Bodenschätze, soweit sie untertägig aufgesucht oder gewonnen werden und nicht zu den namentlich aufgezählten bergfreien oder grundeigenen Bodenschätzen gehören, als grundeigene Bodenschätze eingestuft werden. Das hat zur Folge, dass solche Bodenschätze wie

---

Handbuch zum dt.-russ. Energierecht, S. 268. In der russischen Rechtsordnung ist das Wasserrecht zwar auch als ein eigenständiges Rechtsgebiet ausgebildet. Es wird im Wesentlichen durch den Wasserkodex geregelt, der in Art. 5 darauf hinweist, dass die rechtliche Regulierung in Bezug auf die unterirdischen Gewässer nach den Bestimmungen des Bergrechts und des Wasserrechts erfolgt, wobei dem Bergrecht der Vorrang eingeräumt wird. Somit richten sich das Aufsuchen und Gewinnen des Grundwassers nach russischem Recht vorrangig nach bergrechtlichen Erteilungs- und Genehmigungsverfahren, während diese Tätigkeit in der deutschen Rechtsordnung alleine durch das Wasserrecht geregelt wird.

261 *Kühne* in: *Säcker (Hrsg.),* Handbuch zum dt.-russ. Energierecht, S. 267.

262 Vgl. *Schilling,* Planerische Steuerung von unterirdischen Raum- und Grundstücksnutzungen, S. 82 ff.; *Kühne* in: *Säcker,* (Hrsg.), Deutsch-russisches Energie- und Bergrecht im Vergleich, S. 115; *Kühne/von Mäßenhausen,* BBergG, § 3 Rn. 20 ff.

Sand, Kies, Torf und Kalkstein weder bergfrei noch grundeigen sind und nicht dem BBergG unterliegen. Sie werden als Grundeigentümerbodenschätze bezeichnet.[263] Ihre Nutzbarmachung vollzieht sich nach außerbergrechtlichen Regelungen, meistens nach Landesumweltrecht. In Russland werden auch Kies, Sand, Torf und Kalkstein ausdrücklich den allgemeinverbreiteten Bodenschätzen zugeordnet und unterliegen somit den Bestimmungen des ErdkörperG. Eine Ähnlichkeit besteht wiederum auf der Ebene der staatlichen Zuständigkeitsregelung bezüglich dieser Bodenschätze. Die Erdkörperfelder, die die allgemeinverbreiteten Bodenschätze enthalten, stehen in dem Zuständigkeitsbereich der Föderationsmitglieder. Demensprechend ist für diese Bodenschätze wie auch nach dem deutschen Bergrecht das Landesrecht maßgeblich.

II. Eigentumsverhältnisse

Wenn die inhaltliche Komponente bei der Einteilung der Bodenschätze in beiden Rechtsordnungen relativ gleich ist, so unterscheidet sich die rechtliche Bedeutung dieser Einteilung signifikant. Im deutschen Bergrecht ist die Zugehörigkeit zu der einen oder der anderen Kategorie für die eigentumsrechtliche Zuordnung von Bodenschatzlagerstätten entscheidend.[264] Die grundeigenen Bodenschätze sind gem. § 3 Abs. 2 S. 1 BBergG von dem Grundstückseigentum umfasst und können vom Eigentümer kraft seiner Befugnisse als Eigentümer gem. §§ 903 ff. BGB gewonnen werden; es bedarf also keiner besonderen Bergbauberechtigung.[265] Auf die bergfreien Bodenschätze erstreckt sich das Eigentumsrecht am Grundstück nach der ausdrücklichen Anordnung des § 3 Abs. 2 S. 2 BBergG nicht.[266] In wessen Eigentum die noch im Erdkörper enthaltenen Bodenschätze stehen, bleibt damit zwar ungeklärt; nach herrschender Auffassung sind sie herrenlos.[267] Gleichwohl bedarf es für eine wirksame Aneignung der bergfreien Bodenschätze eines vom Staat verliehenen Rechtstitels, einer Bergbauberechtigung, die das Aneignungsrecht ihres Inhabers begründet.[268] Mit dieser Regelung hat das deutsche Bergrecht eine klare Zuordnung der Eigentumsverhältnisse an den Bodenschätzen geschaffen.

Im russischen Bergrecht spielt die Einteilung der Bodenschätze für ihre eigentumsrechtliche Zuordnung keine Rolle. Alle noch im Erdkörper sich befindenden Bodenschätze und andere Ressourcen (Erdwärme) stehen gem. Art. 1.2 ErdkörperG im ausschließlichen Eigentumsrecht des Staates. Das Privateigentum kann nur an den gewonnenen, d. h. dem Erdkörper bereits entnommenen Bodenschätzen

263 Vgl. *Kremer/Neuhaus*, Bergrecht (2001), S. 17.
264 *Kühne* in: *Säcker (Hrsg.)*, Handbuch zum dt.-russ. Energierecht, S. 268.
265 *Schilling*, Planerische Steuerung von unterirdischen Raum- und Grundstücksnutzungen, S. 81; *Kremer/Neuhaus*, Bergrecht (2001), S. 17.
266 *Kühne/von Mäßenhausen*, BBergG, § 3 Rn. 10, 11.
267 *Kühne/von Mäßenhausen*, BBergG, § 3 Rn. 10, 11.
268 *Kühne* in: *Säcker (Hrsg.)*, Handbuch zum dt.-russ. Energierecht, S. 269; Begründung zum Gesetzesentwurf der Bundesregierung zum BBergG, BT-Drucks, 08/315, S. 77.

begründet werden. Eine Abgrenzung des öffentlichen Eigentums sowohl an den im Erdkörper enthaltenen Bodenschätzen als auch an den Erdkörperfeldern zwischen dem föderalen Eigentum (Föderationszentrum) und regionalen Eigentum (Föderationsmitglieder) ist gesetzlich bis heute nicht vollzogen worden. Die unzureichende rechtliche Regelung der eigentumsrechtlichen Zuordnung der Bodenschätze wurde in der russischen Rechtswissenschaft breit diskutiert, eine einheitliche Lösung für diese Fragestellung konnte jedoch bis heute nicht gefunden werden. Die vom Gesetzgeber gesetzlich vollzogene Differenzierung zwischen Erdkörperfeldern föderaler und lokaler Bedeutung trägt zur Klärung dieses Problems wenig bei, da sie nur die rechtliche Zuordnung der Verwaltungszuständigkeiten und nicht der Eigentumsrechte regelt. Es scheint so, als ob der russische Staat es bevorzugt, den Status quo beizubehalten, wonach das öffentliche Eigentum an den Bodenschätzen gesetzlich weder abgegrenzt noch dem Föderationszentrum zugeordnet ist, es jedoch in Übereinstimmung mit der Rechtsprechung des Verfassungsgerichts *de facto* dem nichtgeteilten föderalen Eigentum zugeordnet wird. Offenbar möchte der Gesetzgeber mit dieser Haltung verhindern, dass es zu möglichen Auseinandersetzungen mit Föderationsmitgliedern kommt, falls er das einheitliche Eigentumsrecht des Föderationszentrums an den Bodenschätzen im ErdkörperG klar festlegen würde. Dies könnte der föderale Gesetzgeber jedoch vermeiden, würde er die Föderationsmitglieder mit mehr Verfügungs- und Kontrollbefugnissen ausstatten.

III. Verhältnis Grundeigentum und Bergbauvorhaben

Das Verhältnis des Bergbaus zum Grundeigentum gehen die beiden Rechtsordnungen ähnlich an. Sie befolgen den Grundsatz, dass die Bergbauberechtigung nur Rechte hinsichtlich der Bodenschätze einräumt und keine Nutzungsrechte am Grundstück vermittelt. In beiden Ländern muss das Bergbauunternehmen sich dieses Recht zusätzlich beschaffen, indem es sich mit dem geltenden Eigentümer vertraglich einigt. In den Fällen, in denen der Eigentümer nicht bereit ist, das Nutzungs- oder Eigentumsrecht an dem Grundstück dem Bergbauberechtigten einzuräumen, stellen beide Rechtsordnungen dem Bergbauunternehmen Instrumente zum zwangsweisen Erwerb dieses Rechts mittels behördlichen Beschlusses bzw. Gerichtsentscheid zur Verfügung.

Das deutsche Bergrecht unterscheidet dabei zwischen Instrumenten hinsichtlich Aufsuchungsarbeiten und Gewinnungsarbeiten. Verweigert der geltende Eigentümer oder der Nutzungsberechtigte die Zustimmung in Bezug auf die geplanten Aufsuchungsarbeiten, kann sie unter bestimmten Voraussetzungen auf Antrag des Aufsuchungsberechtigten durch einen staatlichen Beschluss, die sog. Streitentscheidung gem. § 40 BBergG, ersetzt werden.[269] Den Antrag kann das Bergbauunternehmen erst stellen, wenn es die Verhandlungen mit dem Grundstückseigentümer oder sonstigen Nutzungsberechtigten geführt hat und eine Verweigerung der

269 *Kühne* in: *Säcker (Hrsg.)*, Handbuch zum dt.-russ. Energierecht, S. 297.

Zustimmung vorliegt.[270] Im Hinblick auf eine verweigerte Zustimmung für die Gewinnungsarbeiten gewährt § 77 Abs. 1 BBergG dem Bergbauberechtigten die Grundabtretung, der ein Beschluss der zuständigen Behörde zu Grunde liegen muss.[271] Im Unterschied dazu differenziert das russische Bergrecht nicht zwischen der Aufsuchungs- und Gewinnungsphase des Bergbaubetriebes und sieht das gleiche Verfahren für die Einziehung des einschlägigen Grundstücks für den staatlichen oder kommunalen Bedarf vor.

Sowohl die Grundabtretung nach §§ 77 ff. BBergG als auch die Grundstückseinziehung zu Zwecken der bergbaulichen Tätigkeit nach Art. 25.1 und 25.2 ErdkörperG i. V. m. Art. 56.2 ff. BodenGB stellen eine Enteignung dar. Dementsprechend sind diese Instrumente in beiden Rechtsordnungen an die Vorgaben zur Eigentumsgarantie gebunden und setzen eine Entschädigung voraus: Art. 14 Abs. 3 GG im deutschen Recht und Art. 35 Verf RF im russischen Recht. In Deutschland hat der Gesetzgeber die verfassungsrechtlichen Eigentumsregelungen für den speziellen Fall des Bergbaus im Bergrecht ausgeführt und in §§ 77 ff. BBergG ausgestaltet.[272] So muss das Bergbauunternehmen im Sinne der in Art. 14 Abs. 3 GG verlangten „Abwägung der Interessen der Allgemeinheit und der Beteiligten“ nach § 79 Abs. 1 und 2 Nr. 2 BBergG nachweisen, dass die Grundabtretung dem Wohle der Allgemeinheit dient und dass das Grundstück innerhalb einer angemessenen Frist zu dem vorgesehenen Zweck verwendet werden wird. In Russland verweist das ErdkörperG in Bezug auf die Entziehung des Grundeigentums zu bergbaulichen Zwecken auf die Vorschriften des BodenGB, das in Art. 55 ff. das allgemeine Verfahren für die Einziehung der Grundstücke für den staatlichen oder kommunalen Bedarf regelt. Im Unterschied zum deutschen Recht legt das russische Recht nicht die konkreten Zulässigkeitsvoraussetzungen sondern die Zulässigkeitsfälle für einen möglichen Entzug des Grundstücks für Bergbauvorhaben fest und räumt der zuständigen Behörde praktisch uneingeschränkten Ermessensspielraum bei ihrer Entscheidung ein. In Deutschland trifft die Entscheidung über die Grundabtretung zwar ebenfalls die zuständige Behörde, sie ist im Entscheidungsfindungsprozess allerding stark an den Grundsatz der Verhältnismäßigkeit gebunden. Im Grundsatz gilt in der deutschen Bergrechtstradition eine weitreichende Duldungspflicht des Oberflächeneigentümers – *„dulde und liquidiere“*.[273] Als Kompensation für die weitreichende Duldungspflicht steht dem Grundeigentümer der verschuldensunabhängige Bergschadensanspruch zu.[274] Die Abwandlung dieses Grundsatzes zu dem am Verhältnismäßigkeitsprinzip orientierten Verständnis vollzog sich Ende der 90er Jahre

270 *Kremer/Neuhaus*, Bergrecht (2001), S. 111.
271 *Kühne* in: *Säcker (Hrsg.)*, Handbuch zum dt.-russ. Energierecht, S. 297.
272 *Kühne* in: *Säcker (Hrsg.)*, Handbuch zum dt.-russ. Energierecht, S. 297.
273 Vgl. *Beddis* in: FS für Kühne, S. 455–458; Amtliche Begründung zu § 8 Abs. 2 BBergG, BT-Drucks, 8/1315; *Kühne/von Mäßenhausen*, BBergG, § 8 Rn. 8 f.; *Kühne/Schoch/Beckmann*, Gegenwartsprobleme des Bergrechts, S. 27.
274 *Beddis* in: FS für Kühne, S. 455, 457; Amtliche Begründung zu §§ 110 ff. BBergG, BT-Drucks, 8/1315, S. 137.

durch die höchstrichterliche Rechtsprechung.[275] Kurze Zeit später schloss sich der deutsche Gesetzgeber dieser Rechtsfortbildung an[276] und lokalisierte den Schutz von Dritten und dabei insbesondere der Grundeigentümer in § 48 Abs. 2 S. 1 BBergG.[277] Über diese Norm wird der Grundeigentümerschutz im Bergrecht bereits im Betriebsplanzulassungsverfahren gewährleistet.[278] Danach hat die Bergbehörde die beabsichtigte Gewinnung des Bodenschatzes zu beschränken oder zu untersagen, wenn nur dadurch eine unverhältnismäßige Beeinträchtigung des Oberflächeneigentums vermieden werden kann.[279] Das BVerwG bewertete den Rechtssatz der Duldungspflicht, der das Oberflächeneigentum gegenüber bergbaulichen Einwirkungen stets und ohne jede Einschränkung zurücktreten lässt und der die Berücksichtigung von Eigentümerbelangen im bergbaulichen Zulassungs- und Aufsichtsverfahren von vorneherein ausschließt, als eine unzulässige Inhalts- und Schrankenbestimmung des grundsätzlich geschützten Eigentums im Sinne des Art. 14 Abs. 1 Satz 2 GG.[280] In der jüngsten Zeit wurde die Rechtsposition des Oberflächeneigentümers insbesondere auch gegenüber dem untertägigen Bergbau durch die zivilrechtliche Rechtsfortbildung weiter gestärkt. Nach der Grundsatzentscheidung des BGH vom 19.08.2008 können nachbarrechtliche Ausgleichsansprüche nach § 906 Abs. 2 S. 2 BGB auch im vertikalen Nachbarverhältnis Bergbau-Grundeigentum zugunsten des Oberflächeneigentums durchgreifen.[281] Auf Grund dieser Entwicklungen gilt die allumfassende Duldungspflicht des Grundeigentümers nicht mehr. Viel mehr ist dem Grundeigentümer ein Weg eröffnet, den Schaden an seinem Grundstück zu minimieren oder zu verhindern.[282]

In Russland sind ähnliche Ansätze zur Interessenabwägung weder im Gesetz festgelegt noch in der Rechtsprechung ausgearbeitet. Der Grund dafür ist unter anderem der wesentliche Unterschied bei den Rechtsfolgen einer solchen Enteignung. Die Grundabtretung nach §§ 77 ff. BBergG ist im Unterschied zu einem klassischen Enteignungsfall zeitlich begrenzt und ausschließlich auf die Einräumung eines Nutzungsrechts gerichtet.[283] Das bedeutet der Oberflächeneigentümer verliert

---

275 *Altenberg-Urteil*, BVerwGE, DVBl. 1986, 1273; *Moers-Kapellen-Urteil*, BVerwGE, DVBL. 1989, 663; *Gasspeicher-Urteil*, BVerwGE, DVBl. 1992, 569.

276 Art. 1 Nr. 2 des Gesetzes zur Änderung des BBergG, BGBl. I 1990, S. 215.

277 Vgl. *Beddis* in: FS für Kühne, S. 461; .*Kühne/Schoch/Beckmann*, Gegenwartsprobleme des Bergrechts, S. 32.

278 *Beddis* in: FS für Kühne, S. 461.

279 Vgl. *Neumann, W.* in: *Kühne/Ehricke (Hrsg.)*, Entwicklungslinien des Bergrechts, S. 42; *Beddis* in: FS für Kühne, S. 459 ff; *Kühne*, Drei Jahrzehnte Bundesberggesetz – Entwicklungslinien und Ausblick, in: ZfB 154/2013, S. 119; *Kühne/Schoch/Beckmann*, Gegenwartsprobleme des Bergrechts, S. 31.

280 *Moers-Kapellen-Urteil*, BVerwGE, DVBL. 1989, 663, 667 f.

281 *Kühne*, Drei Jahrzehnte Bundesberggesetz – Entwicklungslinien und Ausblick, in: ZfB 154/2013, S. 120.

282 *Beddis* in: FS für Kühne, S. 462.

283 *Kühne* in: *Säcker (Hrsg.)*, Handbuch zum dt.-russ. Energierecht, S. 297.

nicht sein Eigentumsrecht am Grundstück, außer es liegen zusätzliche Voraussetzungen nach § 81 Abs. 2 BBergG vor oder der Eigentümer verlangt ausdrücklich eine Entziehung des Grundstücks gem. § 82 BBergG, obwohl der Bergbautreibende nur eine Grundabtretung beantragt hat. So ist der Grundabtretungsbegünstigte gem. § 81 Abs. 3 BBergG nach Beendigung der Benutzung des Grundstücks verpflichtet, den ursprünglichen Zustand des Grundstücks wiederherzustellen und es dem betroffenen Eigentümer wieder zur Verfügung zu stellen. Nach russischem Recht stellt die Einziehung des Grundstücks für staatlichen oder kommunalen Bedarf einen klassischen Fall der Enteignung dar mit der Rechtsfolge also, dass das Eigentumsrecht am Grundstück gänzlich auf den Enteignungsbegünstigten übergeht: Es entsteht ein neuer Eigentümer des betroffenen Grundstücks – der Staat selbst oder das die Einziehung beantragende Bergbauunternehmen.

Kapitel 3. Die staatliche Regulierung des bergbaulichen Zugangs zu den Bodenschätzen nach Verwaltungsaktmodell. Lizenzierungssystem

In der Weltpraxis haben sich zwei rechtliche Grundmodelle herausgebildet, wie der Zugang zu den Bodenschätzen gewährt werden kann: basierend auf dem staatlichen Verwaltungsakt oder einem Vertrag. Meistens verwendet jeder Staat jeweils eines der beiden Grundmodelle.[284] Bei der Entscheidung für einen dieser rechtlichen Mechanismen geht jeder Staat normalerweise von der Bedeutungsgröße des Mineral-Rohstoffsektors in der Wirtschaft und von dem Konzept und der Zielsetzung der sozialen und wirtschaftlichen Entwicklung des Landes aus. Das russische Bergrecht sieht jedoch die Anwendung beider Systeme der bergrechtlichen Verhältnisse vor. Das überwiegend angewendete Modell für die Entstehung eines Nutzungsrechts am Erdkörperfeld für bergbauliche Zwecke ist das auf der Rechtsverleihung durch einseitigen Verwaltungsakt – die Erdkörpernutzungslizenz – basierende Lizensierungsmodell nach ErdkörperG. Die zweite Methode setzt den Abschluss eines PSA voraus und wird durch das PAS-G geregelt. In diesem Kapitel wird das Lizenzierungsmodell detailliert dargestellt. Die Erörterung des vertraglichen Modells nach PSA erfolgt im nächsten Kapitel.

A. Das einheitliche Lizenzierungssystem nach ErdkörperG

Das bergrechtliche Bewilligungsverfahren wird im ErdkörperG als „das staatliche Lizenzierungssystem" ausgestaltet und stellt laut Art. 15 ErdkörperG ein einheitliches Lizenzvergabeverfahren dar, das eine informative, wissenschaftlich-analytische, wirtschaftliche und rechtliche Vorbereitung von Angaben und ihre formelle Ausfertigung einschließt. Das Rechtsinstitut der Lizenzierung im bergrechtlichen Sinne hat vor allem die Aufgabe, die Einheitlichkeit aller Bestimmungen, nach denen sich das bergbauliche Lizenzierungsverfahren zu richten hat, auf dem Gesamtterritorium

284 Wobei von einigen Rechtswissenschaftlern die Meinung vertreten wird, dass zwangsläufig die Hauptelemente aus beiden Modellen (wie eine Entscheidung des staatlichen Organs und ein Vertrag zur Ausführung bestimmter Arbeiten) in den bergrechtlichen Bestimmungen jeder Rechtsordnung vorhanden sind. Vgl. *Breidenbach (Hrsg),* Handbuch WiRO, Kapitel D.V, Rn 21.

der RF zu gewährleisten.[285] Das umfasst die einheitlichen Rechtsgründe für die Entstehung und Beendigung des Nutzungsrechts am Erdkörperfeld, das einheitliche Verfahren zur Bestimmung von EKL-Bedingungen, das einheitliche Verfahren zur Ausstellung, Gestaltung und Registrierung der EKL sowie das einheitliche System der staatlichen Behörden, die für die Regulierung der bergbaulichen Tätigkeit und Bergaufsicht zuständig sind.[286] Die Bewilligung des bergbaulichen Zugangs zu den Lagerstätten ergeht in Form eines individuellen, spezialisierten und einseitigen staatlichen Verwaltungsaktes – die EKL.[287] Die genannten Merkmale betreffen sowohl den Beschluss des entsprechenden staatlichen Exekutivorgans, der das Nutzungsrecht begründet, als auch die EKL, die der Beurkundung des bereits bestehenden Nutzungsrechts dient.

Die Verleihung von Nutzungsrechten an einem Erdkörperfeld nach bergrechtlichen Lizenzierungsverfahren ist von dem allgemeinen Lizenzierungssystem nach dem Föderalgesetz "Über die Lizenzierung einzelner Tätigkeitsbereiche" (im Folgenden: LizenzierungsG)[288] zu unterscheiden. Dieses Gesetz legt die Tätigkeiten fest, deren Ausübung eine Lizenz erfordert. Auf den Bereich der Nutzung von Naturressourcen und demnach auch hinsichtlich der Lizenzierung von Nutzungsrechten am Erdkörperfeld finden die Normen dieses Gesetzes keine Anwendung.[289] Dennoch setzt Art. 12 LizenzierungsG für bestimmte Tätigkeitsarten, die für den Bergbaubetrieb unerlässlich sind, eine Lizenz für ihre Ausübung voraus. Dazu gehören folgende Arbeiten: Betrieb von explosions- und brandgefährdeten Produktionsanlagen[290]; Lagerung und Verwendung von Sprengstoffen[291];

285 *Teplov,* Das Rechtsinstitut der Lizenzierung der Erdkörpernutzung in der Russischen Föderation, S. 20.

286 *Teplov,* Kommentar zum ErdkörperG, S. 226; *Oleynik/Sivizkiy/Teplov,* Rechtlicher Rahmen für Gewinnung und Vertrieb von Bodenschätzen, S. 119.

287 *Jakovlev,* Das Bergrecht im modernen Russland, S. 231–234.

288 Föderalgesetz über "Über die Lizenzierung einzelner Tätigkeitsbereiche", SZ RF 2011, № 19, Pos. 2716 [Федеральный закон от 4 мая 2011 г. „О лицензировании отдельных видов деятельности", СЗ РФ 2011, № 19, ст. 2716].

289 *Volkov/Lujtjagina,* Zur Frage über das Lizenz-Bewilligungs-System bei der Erdkörpernutzung, S. 33.

290 Regierungsverordnung № 492 vom 10. Juni 2013 „Über die Genehmigung des Lizenzierungsverfahrens für den Betrieb von explosiv und chemisch gefährlichen Industrieanlagen mit Gefährlichkeitsgrad I, II und III", SZ RF 2013, № 24, Pos. 3014 [Постановление Правительства РФ № 492 от 10 июня 2013 г. „О лицензировании эксплуатации взрывопожароопасных и химически опасных производственных объектов I, II и III классов опасности", СЗ РФ 2013, №24, ст. 3014].

291 Regierungsverordnung № 279 vom 16. April 2008 „Über die Genehmigung der Lizenzierungsbestimmungen im Bereich der industrieller Anwendung von Explosivstoffen", SZ RF 2008 № 16, Pos. 1704 [Постановление Правительства РФ № 279 от 16 апреля 2008 г. „Об утверждении положений о лицензировании в области взрывчатых материалов промышленного назначения", СЗ РФ

markscheiderische Vermessungsarbeiten[292]. Die Lizenzierung dieser Tätigkeiten führt ROSTEHNADZOR durch. Derartige Lizenzen können mit Gewerbegenehmigung in der deutschen Rechtsordnung verglichen werden. Das Vorliegen dieser Lizenzen ist gem. Art. 9 Abs. 3 ErdkörperG eine der Zulassungsvoraussetzungen, die ein Bergbauunternehmen erfüllen muss. Demgemäß muss ein Bergbauunternehmen, um Bergbauarbeiten ausführen zu dürfen, neben der Bergbauberechtigung in Form einer Lizenz auch die Lizenzen für die Ausübung oben genannter Tätigkeiten besitzen. Wenn es andere Organisationen für die Ausführung solcher Arbeiten beauftragt, müssen diese ebenso die erforderlichen Lizenzen nachweisen können.

Die organisatorische Ausführung des Lizenzierungsverfahrens für die Nutzungsrechte am Erdkörper wird gem. Art. 16 Abs. 1 ErdkörperG und Ziff. 1 Regierungsverordnung № 293 der Föderalbehörde ROSNEDRA bzw. deren territorialen Zweigstellen übertragen. Das schließt die Vorbereitung, Ausfertigung, staatliche Registrierung und Erteilung einer Erdkörpernutzungslizenz ein. Für die Lizenzen, die Nutzung der Erdkörperfelder lokaler Bedeutung betreffen, werden das Verfahren, die zuständigen Behörden für ihre Ausfertigung, Erteilung und die staatliche Registrierung durch Exekutivorgane der Föderationsmitglieder festgelegt, Art. 16 Abs. 2 ErdkörperG.

2008, № 16, ст. 1704]; Anordnung MINPRIRODA № 267 vom 23 Oktober 2008 „Über die Genehmigung der Verwaltungsverfahrensordnung für das Föderale Amt für ökologische, technische und Atomaufsicht über die Erbringung der öffentlichen Dienstleistung zur Lizenzierung des Betriebes, der Lagerung, der Anwendung und der Verbreitung von Explosivstoffen im Bereich der industrieller Anwendung", Registrierung in Justizministerium RF am 3. Februar 2009, № 13252 [Приказ Минприроды России № 267 от 23 октября 2008 г. «Об утверждении Административного регламента по исполнению Федеральной службой по экологическому, технологическому и атомному надзору государственной функции по лицензированию деятельности производства, хранения, применения и деятельности по распространению взрывчатых материалов промышленного назначения», зарегистрировано в Минюсте РФ 3 февраля 2009 г., № 13252].

292 Anordnung ROSTEHNADZOR № 512 vom 12. September 2012 „Über die Genehmigung der Verwaltungsverfahrensordnung für das Föderale Amt für ökologische, technische und Atomaufsicht über die Erbringung der öffentlichen Dienstleistung zur Lizenzierung der Tätigkeit für die Ausübung markscheiderischer Vermessungsarbeiten", Registrierung bei Justizministerium RF am 1. März 2013, № 27408 [Приказ Федеральной службы по экологическому, технологическому и атомному надзору № 512 от 12 сентября 2012 г. «Об утверждении Административного регламента Федеральной службы по экологическому, технологическому и атомному надзору по предоставлению государственной услуги по лицензированию деятельности по производству маркшейдерских работ», зарегистрировано в Минюсте РФ 1 марта 2013 г., № 27408].

I. Entstehungsgründe und Arten des Nutzungsrechts an dem bewilligten Erdkörperfeld

1. *Begriff des Nutzungsrechts am Erdkörperfeld*

Wie oben aufgezeigt erfolgt die bergbauliche Tätigkeit nach russischem Bergrecht im Rahmen eines Nutzungsrechts am ausgewiesenen Erdkörperfeld, das von dem geltenden Monopoleigentümer des Erdkörpers – dem Staat – an das Bergbauunternehmen erteilt wird. Eine direkte Legaldefinition für „Nutzungsrecht am Erdkörperfeld" enthält das russische Bergrecht jedoch nicht. Aus den Bestimmungen der Art. 10.1, 11, 20–21.1 ErdkörperG ergibt sich, dass darunter das Recht zu verstehen ist, welches dem Nutzungsberechtigten (Bergbauunternehmen) nach den Bestimmungen des ErdkörperG vom Staat erteilt wird und den Nutzer berechtigt, die nützlichen Eigenschaften der Mineralressourcen des Erdkörpers innerhalb der in der Lizenz festgelegten Grenzen, Bedingungen und Fristen aufzusuchen, zu erforschen und anderweitig zu nutzen.

Bevor im Weiteren auf die Entstehungsgründe und Rechtsnatur des Nutzungsrechts am Erdkörperfeld eingegangen wird, ist folgende Anmerkung erforderlich. Das ErdkörperG verwendet in diesem Zusammenhang zwei Begriffe nebeneinander: „Nutzungsrecht am Erdkörper" und „Nutzungsrecht am Erdkörperfeld". Die inkonsequente Verwendung dieser Begriffe kommt besonders stark zum Ausdruck in der Abfolge der Art. 10.1 und 20 bis 21.1 ErdkörperG. Die Bezeichnung des Art. 10 ErdkörperG lautet „Entstehungsgründe des Nutzungsrechts an Erdkörperfeldern". Dabei lautet die Bezeichnung des Art. 20 ErdkörperG, der die Beendigungsgründe für dieses Recht festlegt – „Beendigungsgründe für das Nutzungsrecht am Erdkörper". In Art. 21.1 ErdkörperG heißt es wieder „die Nutzung der Erdkörperfelder bei der vorzeitigen Beendigung des Erdkörpernutzugsrechts am Erdkörperfeld". Es ist leicht zu sehen, dass das Objekt des Nutzungsrechts seltsamerweise eine Umwandlung vom Erdkörperfeld bei der Entstehung des Rechts in den Erdkörper bei der Beendigung des Rechts und wieder zurück in das Erdkörperfeld durchlebt.[293] Eine solche Vernachlässigung der elementaren Vorgaben der Gesetzestechnik ist inakzeptabel. Offenkundig ist, dass der Staat dem Nutzer nur einen durch die Koordinaten bestimmten Erdkörperblock – ein Erdkörperfeld – zur Verfügung stellt. Damit ist die einzig richtige Bezeichnung „das Nutzungsrecht am Erdkörperfeld". Bemerkenswert ist, dass der Gesetzgeber es auch im Rahmen von mehr als 40 Änderungen des Gesetzestextes nicht geschafft hat, diese Unzulänglichkeit auszuräumen, obwohl die uneinheitliche Begriffsverwendung im ErdkörperG mehrfach durch viele Autoren bemängelt wurde[294].

---

293 *Ibragimov*, Erdkörpernutzung und das Nutzungsrecht am Erdkörper (Erdkörperfeld), S. 23.

294 Vgl. *Ibragimov*, Erdkörpernutzung und das Nutzungsrecht am Erdkörper (Erdkörperfeld); *Perchik*, Kritische Lesung des Gesetzes „Über den Erdkörper"; *Kljukin*, Die

2. *Rechtsgründe für die Entstehung des Nutzungsrechts*

Die abschließende Auflistung der Entstehungsgründe für das Nutzungsrecht am Erdkörperfeld enthält Art. 10.1 ErdkörperG. Das Gesetz unterscheidet diese Rechtsgrundlagen in Abhängigkeit zum einem von der Art der Erdkörperfelder und zum anderen von den Art des geplanten Bergbaubetriebes.[295] In der nachkommenden tabellarischen Übersicht werden die Entstehungsgründe den einzelnen Kategorien der Erdkörperfelder und dem verleihenden Nutzungsrecht zum Zwecke der Aufsuchung und Gewinnung von Erdöl und Erdgas zugeordnet.

Zweck des Nutzungsrechts	**Entstehungsgrundlage**
1. Erdkörperfelder föderaler Bedeutung	
- Geologische Forschung - Gewinnung - Geologische Forschung und Gewinnung (kombinierte EKL)	Entscheidung der föderalen Regierung nach den Auktionsergebnissen
2. Erdkörperfelder föderaler Bedeutung, die ohne Auktionen zur Verfügung gestellt werden *(Festlandsockel, gasführende Erdkörperfelder)*	
- Geologische Forschung - Gewinnung - Geologische Forschung und Gewinnung (kombinierte EKL)	Entscheidung der föderalen Regierung ohne die Durchführung von Auktionen
3. Erdkörperfelder allgemeiner Bedeutung *(ohne föderale oder lokale Bedeutung)*	
- Geologische Forschung	Beschluss einer von ROSNEDRA eingesetzten gemeinsamen Kommission (bestehend aus ROSNEDRA-Vertretern und unter Beteiligung der Vertreter der Föderationsmitglieder)
- Gewinnung - Gewinnung und geologische Forschung (kombinierte EKL)	Beschluss der Auktions- oder Ausschreibungskommission (gebildet durch ROSNEDRA)

Quelle: *Säcker (Hrsg.)*, Handbuch zum dt.-russ. Energierecht, S. 348. Von Verfasserin überarbeitet und angepasst.

Entwicklung des Bergrechts in der RF: Probleme und Wege zur Vervollkommnung; *Pevzner*, Bergrecht (2012).

295 *Säcker (Hrsg.)*, Handbuch zum dt.-russ. Energierecht, S. 347, 348.

Nachdem der entsprechende Beschluss ergangen ist, erteilt ROSNEDRA nachfolgend einen bewilligenden Verwaltungsakt – die „Lizenz für die Nutzung des Erdkörperfeldes für einen bestimmten bergbaulichen Zweck“ (EKL). In Art. 11 Abs. 4 ErdkörperG heißt es: die Lizenz „beurkundet“ das Nutzungsrecht. Somit ist die Lizenz nicht allein der Rechtsgrund für die Entstehung des Nutzungsrechts, sondern vielmehr eine Voraussetzung für die Entstehung eines wirksamen Nutzungsrechts.[296] Es ist wichtig, sich die zusammenhängende Wirkung der beiden Tatbestände vor Augen zu halten: weder die Beschlussfassung der zuständigen Behörde noch die Erteilung der EKL alleine führt zu einer wirksamen Verleihung des Nutzungsrechts am Erdkörperfeld. Das Zustandekommen dieser zusammenhängenden Wirkung kommt bei der Begutachtung der Verfahrensabfolge, die in dieser Arbeit im Kapitel 3, C. erfolgt, deutlich zum Ausdruck.

II. Inhalte der EKL

Der Begriff der EKL gestaltet sich nach den Bestimmungen der Art. 11, 12 ErdkörperG. Danach begründet eine EKL noch nicht das Recht zur Nutzung eines Erdkörperfeldes. Sie beglaubigt lediglich das Recht des Lizenzinhabers, ein begrenztes Feld des Erdkörpers gemäß dem angegebenen Zweck unter Einhaltung der zuvor vereinbarten Bedingungen während einer bestimmter Frist zu nutzen. Art. 11 Abs. 1 ErdkörperG bestimmt die EKL in inhaltlicher Hinsicht als eine Einheit von ausgefülltem Vordruck in festgelegter Ausführung mit dem Wappen der RF zusammen mit allen anderen Anlagen in Textform, in graphischer oder sonstiger Form, die zwingende Bestandteile der Lizenz darstellen.[297]

Die Angaben, die die festen Bestandteile einer EKL darstellen und zwingend in jeder EKL enthalten sein müssen, sind in Art. 12 ErdkörperG verzeichnet und lassen sich in zwei Gruppen aufgliedern.[298] Zum einem sind es die Informationsauskünfte (Ziff. 1–5), die die Daten über den Lizenzinhaber und die Ausstellungsbehörde sowie die Angaben zur Zweckbestimmung der bergbaulichen Arbeiten und räumlichen Begrenzung der ausgewiesenen Erdkörperfelder enthalten. Die zweite Gruppe besteht aus den Bestimmungen (Ziff. 6, 9), die aus der Gesetzgebung bereits hervorgehen, wie z. B. Abgaben- oder Umweltbestimmungen sowie aus den mit dem Bergbauunternehmen vereinbarten Bedingungen (Ziff. 5, 7, 8, 10). Dazu zählen vor allem der Zeitpunkt des Arbeitsbeginns, die vereinbarte Fördermenge, die vereinbarte Eigentumsform an den gewonnenen Bodenschätzen und die Vereinbarungen über die Rechte an der geologischen Information, Ablauf und Fristen für Abbau bzw. Stilllegung der Bergbauanlagen. Die genauen Anforderungen zu den Lizenzangaben finden sich in der Verwaltungsverfahrensordnung № 315 vom 29. September 2009[299],

296 Vgl. *Teplov*, Kommentar zum ErdkörperG, S. 188.

297 *Teplov*, Kommentar zum ErdkörperG, S. 187.

298 Vgl. *Chodyrev*, Eigentumsrecht an Bodenschätzen, S. 98.

299 Anordnung MINPRIRODA № 315 vom 29. September 2009 „Über die Genehmigung der Verwaltungsverfahrensordnung für die Föderale Agentur für Erdkörpernutzung

die das Verfahren für die Ausfertigung, Erteilung und Registrierung der EKL sowie die entsprechenden Bearbeitungsfristen und Abläufe regelt.[300]

In Art. 12 Abs. 5 ErdkörperG hat der Gesetzgeber eine Stabilitätsklausel für die Rechte des Lizenzinhabers vorgesehen, indem er die einseitige Änderung der in der EKL festgelegten Bedingungen ausgeschlossen hat.[301] Danach behalten die EKL-Bedingungen ihre Gültigkeit für die Dauer der darin bestimmten Fristen und können nur mit dem Einverständnis des Lizenzinhabers und des Lizenzgebers oder in den gesetzlich vorgeschriebenen Fällen geändert werden. Die EKL obliegt der staatlichen Registrierung, die durch den Eintrag in das Staatliche Register der Lizenzen für Erdkörpernutzung erfolgt.[302] Die Rechte und Pflichten der Erdkörpernutzer entstehen im Zeitpunkt der Registrierung, Art. 9 Abs. 7 ErdkörperG). Die Gültigkeitsdauer wird ebenso ab dem Zeitpunkt der staatlichen Registrierung berechnet. Zusammenfassen lässt sich feststellen, dass die Entstehung eines wirksamen Nutzungsrechts am Erdkörperfeld in drei Schritten erfolgt: Die Beschlussfassung der zuständigen Behörde über die Erteilung des Nutzungsrechts, die Erteilung der EKL und als letzte Voraussetzung ihre Registrierung.

über die Erbringung der öffentlichen Dienstleistung zu Erteilung, Ausfertigung und Registrierung von Erdkörpernutzungslizenzen; Änderungen, Ergänzungen und Übertragung der Erdkörpernutzungslizenzen sowie die Einschränkung, Einstellung und vorzeitige Beendigung von Erdkörpernutzungslizenzen, einschließlich auf der Grundlage eines Beschlusses des Föderalen Amtes für die Naturnutzung und anderer zuständigen Behörden, Registrierung in Justizministerium RF am 25. Dezember 2009, № 15837 [Приказ Минприроды России № 315 от 29 сентября 2009 г. «Об утверждении Административного регламента Федерального агентства по недропользованию по исполнению государственных функций по осуществлению выдачи, оформления и регистрации лицензий на пользование недрами, внесения изменений и дополнений в лицензии на пользование участками недр, а также переоформления лицензий и принятия, в том числе по представлению Федеральной службы по надзору в сфере природопользования и иных уполномоченных органов, решений о досрочном прекращении, приостановлении и ограничении права пользования участками недр», зарегистрировано в Минюсте РФ 25 декабря 2009 г., № 15837].

300 Diese Anordnung gilt nur für die EKL, die durch ROSNEDRA vergeben werden. Für die EKL, die Erdkörperfelder lokaler Bedeutung betreffen, werden die entsprechenden Bestimmungen in den Rechtsakten der Föderationsmitglieder festgelegt.

301 *Teplov*, Kommentar zum ErdkörperG, S. 196.

302 Die Registrierungsnummer besteht aus Serie und Nummer sowie festgelegten Abkürzungen für die einschlägige Art des Bodenschatzes und Art der bergbaulichen Arbeiten.

III. Die EKL und die EKL-Bedingungen

Die oben genannten Angaben und Bedingungen, die obligatorisch in jeder EKL enthalten sein müssen, können nach Art. 12 Abs. 2 ErdkörperG durch die Vereinbarung weiterer Bestimmungen ergänzt werden. In der Praxis wird eine solche Vereinbarung zwischen dem Bergbauunternehmen und dem lizenzvergebenden Organ „die Lizenzvereinbarung" genannt. Sie zielt auf die Konkretisierung und Individualisierung der Bedingungen, nach welchen die lizenzierte bergbauliche Tätigkeit erfolgen soll.[303]

In den ersten Geltungsjahren des Lizenzierungssystems (in den Jahren von 1992 bis 1995) hatte dieses Dokument eine etwas andere Rolle als es ihm heutzutage in der bergrechtlichen Praxis zukommt. Anfänglich wurde es in den meisten Fällen als „Die Nutzungsbedingungen des Erdkörperfeldes *Name*" bezeichnet und bestand durchschnittlich aus fünf Seiten. Festgehalten wurde darin meist die Liste der Verpflichtungen des Nutzers (Ausführung der Arbeiten in Übereinstimmung mit bergrechtlichen Vorschriften, Erreichung eines bestimmten Fördervolumens zu bestimmten Kalenderdaten, Zahlung der gesetzlich festgelegten Steuern und Abgaben usw.). Mit der Entwicklung der zunehmenden staatlichen Kontrolle über das Lizenzierungssystem gewinnt die Lizenzvereinbarung deutlich an Bedeutung und erlangt ihre inhärente Stellung.[304] Heute stellt sie ein umfassendes Dokument dar, das aus mehr als 30 Artikeln bestehen und mehrere Anlagen enthalten kann.

Der Inhalt der Lizenzvereinbarung hängt von dem Zweck der lizenzierten bergbaulichen Tätigkeit, dem Entwicklungsstand der Lagerstätte sowie von der Art der geförderten Bodenschätze ab. Trotz der Tatsache, dass die einzelnen Lizenzvereinbarungen sich entsprechend diesen Voraussetzungen signifikant unterscheiden können, gestalten sie sich nach einer bestimmten Musterstruktur.[305] Sie fixiert folgende Angaben:

- allgemeine Bestimmungen: Ziele und Gegenstand der Vereinbarung, Absicht des Nutzers sich an der sozialwirtschaftlichen Entwicklung des Gebietes, auf dem sich das Erdkörperfeld befindet, zu beteiligen;
- die Betriebsregelungen: Struktur des Projektmanagements, die Pflicht zu bestimmten Zeitpunkten ein bestimmtes Fördervolumen zu erreichen sowie bestimmte Arbeiten durchzuführen; andere betriebliche Anforderungen, Aufgaben und Pflichten des Bergbauunternehmens;
- die Regelung der Rechtsverhältnisse: Eigentumsrecht am Grundstück; Eigentumsrecht an gewonnenen Bodenschätzen und anderen Objekten; Abtretung

303 Vgl. *Nalötov*, Erdkörpernutzungslizenz: rechtliche Kollisionen, S. 12–14.

304 *Perchik*, Bergrecht (2002), S. 273; *Koldaev*, Vertragsmodell für Erdkörpernutzung als Alternative zum Bewilligungsmodell, S. 3; *Moroz*, Klassifizierung der Verträge bei der Erdkörpernutzung.

305 *Perchik*, Bergrecht (2002), S. 273.

von Rechten; Verzicht auf Rechte; Schlichtungsverfahren, Ereignisse höherer Gewalt usw.;
- die Regelung der unternehmerischen Tätigkeit: Verzeichnis und Sätze der zu zahlenden Steuern und Abgaben;
- Verfahrensfragen: Vertraulichkeit; Datum des Inkrafttreten; Bekanntmachungen; Unterschriften und ähnliches.[306]

Gewöhnlich sieht die Lizenzvereinbarung auch die Bestimmungen in Bezug auf ein Handeln des Bergbauunternehmens im Falle einer durch Gesetzesänderung verursachten Änderung der vereinbarten Bedingungen vor. Der Staat räumt grundsätzlich auch für die Lizenzvereinbarung dem Bergbauunternehmen entscheidende Garantien für die Stabilität der Vereinbarung ein.[307]

Der Umstand, dass der genaue Inhalt und die rechtliche Natur der Lizenzvereinbarung nach Art. 12 Abs. 2 ErdkörperG gesetzlich nicht definiert sind, diese aber meistens fundamentale Voraussetzungen des Bergbauprojekts darstellen, sorgt in der Rechtswissenschaft für kontroverse Diskussionen.[308] Fraglich ist, ob eine solche Vereinbarung im Sinne eines festen Bestandteils der EKL und damit als Verwaltungsakt behandelt werden soll oder ob sie einen eigenständigen, zivilrechtlichen Vertrag darstellt. Die Möglichkeit des Abschlusses zivilrechtlicher Verträge sieht Art. 11 Abs. 3 ErdkörperG vor. Danach kann zwischen dem Lizenznehmer und der zuständigen Behörde ein Vertrag abgeschlossen werden, in dem die Nutzungsbedingungen und die aus dem genannten Vertrag hervorgehenden Pflichten festgeschrieben werden. Bei der Auslegung dieser Regelung haben einige Rechtswissenschaftler in Russland, insbesondere direkt nach dem Inkrafttreten des ErdkörperG Ende der 90-er Jahre, die Lizenzvereinbarung gem. Art. 12 Abs. 2 ErdkörperG i. V. m. der Norm über den Abschluss eines zivilrechtlichen Vertrages im Art. 11 Abs. 3 ErdkörperG eben einem solchen Vertrag zugeordnet.[309]

Heute vertritt die herrschende Meinung die Auffassung, dass es von elementarer Bedeutung ist, sich den Unterschied zwischen einer Lizenzvereinbarung nach

306 Vgl. *Perchik*, Bergrecht (2002), S. 273–275; *Moroz*, Klassifizierung der Verträge bei der Erdkörpernutzung. S.

307 *Perchik*, Bergrecht (2002), S. 275.

308 Vgl. *Machlina*, Verhältnis zwischen ZGB und ErdkörperG und ihre Anwendung auf die Lizenzierung in Russland, S. 2–3; *Djachenko*, Die Ölkonzessionsverträge, S. 44–52; *Melgunov*, Zur Frage der rechtlichen Natur des Nutzungsrechts am Erdkörperfeld, S. 30–31; *Dudikov*, Besonderheiten bei der staatlichen Regulierung der Erdkörpernutzung in RF, S. 92. *Dudikov*, Lizenzvereinbarung: Konfrontation zwischen öffentlichem und Zivilrecht, S. 60–62; *Koldaev*, Vertragsmodell für Erdkörpernutzung als Alternative zum Bewilligungsmodell, S. 3–5; *Nalötov*, Rechtsformen der Erdkörpernutzung, S. 84–89; *Kljukin*, Über die Entwicklung der vertragsrechtlichen Grundlage des Nutzungsrechts am Erdkörper, S. 55–57.

309 Vgl. *Machlina*, Verhältnis zwischen ZGB und ErdkörperG und ihre Anwendung auf die Lizenzierung in Russland, S. 2–3; *Djachenko*, Die Ölkonzessionsverträge, S. 44–52.

Art. 12 Abs. 2 ErdkörperG und dem zivilrechtlichen Vertrag nach Art. 11 Abs. 3 ErdkörperG zu vergegenwärtigen. Außer durch ihren Namen ist die Lizenzvereinbarung durch keine weiteren Merkmale eines eigenständigen zivilrechtlichen Vertrages gekennzeichnet.[310] Die Bedingungen in der Lizenzvereinbarung werden nicht wirklich „vereinbart", denn sie werden in einem einseitigen Verfahren staatlicherseits bei der Durchführung der Auktion oder Ausschreibung vorgegeben und in einem nicht normativen Rechtsakt von ROSNEDRA, der Regierung RF oder einem Exekutivorgan des Föderationsmitgliedes festgelegt.[311] Die Einflussmöglichkeiten des Bergbauunternehmens darauf sind praktisch vollständig ausgeschlossen. Tatsächlich schließt sich das Bergbauunternehmen dem ihm angebotenen Entwurf der Bedingungen (Lizenzvereinbarung) nur an.[312] Dabei behält die Lizenz als solche ihre rechtssetzende Bedeutung. Die Bedingungen der Lizenzvereinbarung dürfen dem Lizenzinhalt nicht widersprechen. Die Lizenz kann durch den Staat einseitig beendet werden (beim Eintreten bestimmter Gründe, Art. 20 Abs. 2 ErdkörperG), damit würde die Lizenzvereinbarung ebenso erlöschen.[313] Somit erfüllt die Lizenzvereinbarung nicht die Voraussetzungen für eine wirkliche vertragliche Regelung der Rechtsbeziehungen zwischen den Parteien.

Der unselbständige Charakter der Lizenzvereinbarung wird durch Art. 12 Abs. 3 ErdkörperG bestätigt. Danach kann der Lizenzgeber im Falle einer wesentlichen Änderung des Absatzvolumens, die das Bergbauunternehmen nicht zu verantworten hat, die „in der Lizenzvereinbarung festgelegte" Frist für die Inbetriebnahme der betreffenden Industrieobjekte neu bestimmen. Daraus lässt sich schließen, dass die Fristbestimmung für die Inbetriebnahme, die nach Art. 12 Abs. 1, Ziff. 1 ErdkörperG dem obligatorischen Inhalt der EKL zugeordnet wird, in der Lizenzvereinbarung

---

310 Vgl. *Melgunov,* Zur Frage der rechtlichen Natur des Nutzungsrechts am Erdkörperfeld, S. 30–31; *Dudikov,* Lizenzvereinbarung: Konfrontation zwischen öffentlichem und Zivilrecht, S. 61–62; *Koldaev,* Vertragsmodell für Erdkörpernutzung als Alternative zum Bewilligungsmodell, S. 3–5; *Nalötov,* Rechtsformen der Erdkörpernutzung, S. 84–89; *Kljukin,* Über die Entwicklung der vertragsrechtlichen Grundlage des Nutzungsrechts am Erdkörper, S. 55–57; *Gudkov/Larochkina/Lakhno/Salieva* in: *Säcker (Hrsg.),* Handbuch zum dt.-russ. Energierecht, S. 346; *Perchik,* Bergrecht (2002), S. 273; *Perchik,* Kritische Lesung des Gesetzes „Über den Erdkörper", S. 15.

311 *Melgunov,* Zur Frage der rechtlichen Natur des Nutzungsrechts am Erdkörperfeld, S. 31; *Dudikov,* Lizenzvereinbarung: Konfrontation zwischen öffentlichem und Zivilrecht, S. 61; *Kljukin,* Über die Entwicklung der vertragsrechtlichen Grundlage des Nutzungsrechts am Erdkörper, S. 55; *Nalötov,* Rechtsformen der Erdkörpernutzung, S. 86.

312 *Perchik,* Kritische Lesung des Gesetzes „Über den Erdkörper", S. 15; *Melgunov,* Zur Frage der rechtlichen Natur des Nutzungsrechts am Erdkörperfeld, S. 31; *Gudkov/Larochkina/Lakhno/Salieva* in: *Säcker (Hrsg.),* Handbuch zum dt.-russ. Energierecht, S. 346.

313 *Koldaev,* Vertragsmodell für Erdkörpernutzung als Alternative zum Bewilligungsmodell, S. 4.

erfolgt.[314] Hier wird der Wille des Gesetzgebers deutlich, die Lizenzvereinbarung als festen Bestandteil der EKL zu fixieren und ihr statt eines selbständigen, vertraglichen Charakters im zivilrechtlichen Sinne wie auch der EKL einen öffentlichrechtlichen Charakter einzuräumen.

Hinzu kommt, dass nach dem Wortlaut des Art. 11 Abs. 3 ErdkörperG der Abschluss zivilrechtlicher Verträge mit dem „Lizenzinhaber" und nicht mit dem Antragsteller vorgesehen ist. Nach Art. 9 ErdkörperG entstehen die Rechte und Pflichten des Lizenzinhabers ab dem Zeitpunkt der staatlichen Registrierung der EKL. Das heißt, nur wenn ein Vertrag nach der Lizenzvergabe und -registrierung abgeschlossen ist – auch wenn er die Bedingungen zur Ausübung des Bergbauprojekts zum Regelungsgegenstand hat -, kann er als ein eigenständiger, zivilrechtlicher Vertrag im Sinne von Art. 11 Abs. 3 i. V. m. Art. 420 ff. ZGB RF eingestuft werden.

In der Rechtsprechung herrscht in dieser Frage bis heute keine Einigkeit. Die Gerichte erkennen der Lizenzvereinbarung oftmals den Status eines zivilrechtlichen Vertrages zu. Dieser Auffassung liegt die Ansicht zu Grunde, dass das ErdkörperG in Art. 11 Abs. 3 ErdkörperG ausdrücklich die Möglichkeit eines Vertragsabschlusses zwischen der lizenzerteilenden Behörde und dem Bergbauunternehmen vorsieht. Indem das Bergbauunternehmen eine Lizenzvereinbarung abschließt, übernimmt es die Verpflichtung ihrer Erfüllung, die durch die Art. 309, 314 ZGB RF geregelt werden. Alleine die Ausfertigung der Lizenzvereinbarung in Form einer Lizenzanlage, die einen festen Bestandteil der EKL darstellt, bedeutet nach Ansicht der Gerichte nicht, dass sie einen festen Bestandteil der Lizenz als einen Verwaltungsakt darstellt und kein zivilrechtliches Rechtsgeschäft ist.[315] In anderen Fällen kommen die Gerichte zum umgekehrten Schluss und sehen die Lizenzvereinbarung als einen Bestandteil und eine weitere Anlage der EKL an und stufen dementsprechend sie als einen reinen Verwaltungsakt ein.[316]

Mit dem Inkrafttreten der Verwaltungsverfahrensordnung № 315 wurde diese Problemfrage dahingehend gelöst, dass die genannten Inhalte nicht mehr als Lizenzvereinbarung bezeichnet, sondern ausdrücklich als EKL-Bedingungen genannt

---

314 *Nalötov*, Rechtsformen der Erdkörpernutzung, S. 85, 86.

315 Entscheidung des Föderalen Arbitragegerichts des Ost-Sibirischen Gebiets vom 11. Januar 2013 № A19-5383/2012 [Постановление ФАС ВСО от 11 января 2013 г. № A19-5383/2012]; Entscheidung des Föderalen Arbitragegerichts des Moskauer Gebiets vom 03. Juli 2013 № A40-82241/12-120-786 [Постановление ФАС МО от 03 Июля 2013 г. № A40-82241/12-120-786]; Entscheidung des Föderalen Arbitragegerichts des Nord-Westlichen Gebiets vom 02. April 2001 по делу № A05-6565/00-342/21 [Постановление ФАС Северо-Западного округа от 02 апреля 2001 г. по делу № A05-6565/00-342/21].

316 Entscheidung des Föderalen Arbitragegerichts des Uralgebiets vom 19. Juni 2012 № Ф09-4477/12 [Постановление ФАС УО от 19 июня 2012 г. № Ф09-4477/12]; Entscheidung des Arbitragegerichts des Arkchangelsker Gebiets vom 25. August 1998 № A05-6782/97-474/11 [Решение Арбитражного Суда Архангельской области по делу от 25 августа 1995 г. № A05-6782/97-474/11].

werden und sind gem. Ziff. 24 Pkt. 1) Verwaltungsverfahrensordnung № 315 fester Bestandteil der Lizenz. Jedoch gilt diese Regelung nur für solche EKL, die nach dem Inkrafttreten des genannten Rechtsaktes erteilt werden. Somit beschäftigt die Frage des Wechselverhältnisses zwischen der EKL selbst und der durch sie bestimmten Bedingungen im Hinblick auf die früheren EKL die russischen Gerichte bis heute immer noch. In den neuesten Fällen entschied die Rechtsprechung darüber ebenfalls uneinheitlich und bejahte sowohl den zivilrechtlichen Vertragsckarakter[317] als auch den verwaltungsrechtlichen Charakter[318] der EKL-Bedingungen.

IV. Arten der EKL

Aus praktischer Sicht kennt das russische Bergrecht zwei Arten des Bergbaubetriebes: die sog. allgemeine und spezielle Nutzung des Erdkörpers. Für die erste Nutzungsart ist keine spezielle Ermächtigung im bergrechtlichen Sinne erforderlich, für die zweite wird eine vom Staat erteilte Bergbauberechtigung benötigt.

1. Allgemeine (bis zur Tiefe von 5 m) und spezielle Erdkörpernutzung

Das Recht auf allgemeine Nutzung des Erdkörperfeldes wird durch Art. 19 ErdkörperG geregelt. Darunter versteht man das Recht der Grundstückseigentümer (Pächter, Bodennutzer) innerhalb der Grundstücksgrenzen allgemeinverbreitete Bodenschätze, die nicht in der staatlichen Rohstoffbilanz aufgeführt sind, für den eigenen Bedarf abzubauen. Außerdem wird die Errichtung von Tiefbauanlagen für den eigenen Bedarf bis zu einer Tiefe von fünf Metern auch dem allgemeinen Bergbaubetrieb zugeordnet. Diese Arbeiten müssen ohne Sprengarbeiten ausgeführt werden. Den Begriff „für den eigenen Bedarf" definiert die Fassung des Art. 19 Abs. 2, 3 ErdkörperG aus dem Jahr 2014[319] als die Verwendung für den persönlichen und alltäglichen Gebrauch sowie für einen anderen Bedarf, der mit einer unternehmerischen Tätigkeit nicht zusammenhängt. Die nach Art. 19 ErdkörperG gewonnenen Ressourcen dürfen nicht veräußert oder auf eine andere Person übertragen werden. Die Ausübung des Rechts auf die allgemeine Erdkörpernutzung bedarf keiner speziellen Erlaubnis (Lizenz). Das Recht auf die allgemeine Nutzung des Erdkörperfeldes leitet sich aus dem Verfügungsrecht des Grundstückseigentümers

---

317 Entscheidung des Obersten Arbitragegerichts der RF vom 04. Februar 2014 № 13728/13 [Постановление Президиума ВАС РФ от 04 февраля 2014 г. № 13728/13].

318 Entscheidung des Föderalen Arbitragegerichts des Uralgebiets vom 19. Juni 2012 № Ф09-4477/12 [Постановление ФАС УО от 19 июня 2012 г. № Ф09-4477/12].

319 Föderalgesetz vom 29. Dezember 2015 „Über die Änderungen im Föderalgesetz „Über den Erdkörper" und in einzelnen Rechtsakten der RF", SZ RF 2015, № 1 (Teil I), Pos. 12 [Федеральный закон от 29 декабря 2014 «О внесении изменений в Закон Российской Федерации «О недрах» и отдельные законодательные акты Российской Федерации», СЗ РФ 2015, № 1 (часть I), ст. 12].

ab und kann Kraft seiner Befugnisse als Eigentümer ausgeübt werden.[320] Das einschlägige Verfahren vollzieht sich nach den Gesetzen und anderen Rechtsakten der Föderationsmitglieder. Dabei muss berücksichtigt werden, dass die nach anderen Gesetzen erforderlichen Genehmigungen dadurch nicht ersetzt werden. Zu vermerken ist das Recht eines EKL-Inhabers, in den Grenzen des zugeteilten Bewilligungsfeldes ebenso allgemeinverbreitete Bodenschätze für den eigenen Bedarf abzubauen, Art. 19.1 ErdkörperG.

Die sog. spezielle Erdkörpernutzung ist die wirtschaftlich interessanteste. Hierzu bedarf es je nach beabsichtigtem Zweck der Bergbautätigkeit einer individuellen Ermächtigung des Staates in Form einer EKL. Art. 6 ErdkörperG listet die zulässigen bergbaulichen Nutzungsarten des Untergrundes abschließend auf. Danach kann ein Erdkörperfeld für sechs verschiedene Zwecke zur Verfügung gestellt werden: für regionale geologische Forschung, für geologische Forschung, für Erkunden und Gewinnen von Bodenschätzen, für Errichtung und Betrieb von Tiefbauanlagen, die mit der Gewinnung von Bodenschätzen nicht zusammenhängen, für Einrichtung besonders geschützter geologischer Objekte, für Sammlung geologischer Daten (mineralogische, paläontologische und sonstige) zu Kollektionszwecken.

Jede dieser Arten der Erdkörpernutzung begründet zwar die Zweckbestimmung der zu vergebenden EKL. Zu beachten dabei ist jedoch, dass nicht jeder Art der Erdkörpernutzung stets eine eigene Art der EKL entspricht, denn eine EKL wird für bestimmte auszuführende Arbeiten erteilt. Daher entsteht die Situation, in der es gem. Art. 6 ErdkörperG sechs Arten der Erdkörpernutzung gibt, die Verwaltungsverfahrensordnung № 315, die die formelle Ausgestaltung einer EKL und deren Zusammensetzung regelt, kennt jedoch nur vier Typen der EKL (Ziff. 32 Abs. 2): „*П*“ – für geologische Forschung; „*Э*“ – für Aufsuchen und Gewinnen von Bodenschätzen einschließlich Verwertung von Abfällen der Bergbau- und damit verbundener Industrien; „*Р*“ – gleichzeitig für die geologische Forschung, Erkundung und Gewinnung (kombinierte EKL); „*Д*“- andere Arten von Arbeiten, die mit der Gewinnung von Bodenschätzen nicht zusammenhängen. In dem Lizenzvordruck wird somit der Typ der EKL durch die Angabe des entsprechenden Buchstabens festgelegt und im weiteren Text die Zweckbestimmung durch die Angabe der zulässigen Art der Erdkörpernutzung nach Art. 6 ErdkörperG fixiert. Nachfolgend werden die ersten drei EKL-Typen dargestellt, die beim Zugang zu den Erdöl- und Erdgaslagerstätten relevant sind.[321]

---

320 *Teplov*, Kommentar zum ErdkörperG, S. 271; *Perchik*, Bergrecht (2002), S. 410.

321 Unter dem vierten EKL-Typ für die Arbeiten, die mit der Gewinnung von Bodenschätzen nicht zusammenhängen, die Erdkörpernutzungsarten nach Art. 6 Ziff. 4–6 ErdkörperG subsumiert. Diese EKL umfasst die Arbeiten zur Errichtung und zum Betrieb von nicht mit der Bodenschatzgewinnung zusammenhängenden Tiefbauanlagen, zur Einrichtung besonders geschützter geologischer Objekte und zur Sammlung von geologischen Stoffen. Im Bergbaubetrieb ist vor allem die erste der aufgezählten Tätigkeiten von Bedeutung. Dabei werden unter Tiefbauanlagen alle Bauwerke verstanden, die sich tiefer als fünf Meter im Erdinneren

2. EKL für die geologische Forschung

Die auf die geologische Erforschung des Untergrundes gerichtete Tätigkeit schließt vier der in Art. 6 ErdkörperG bestimmten Arten der Erdkörpernutzung ein. Für den Bergbaubetrieb hinsichtlich der Kohlenwasserstoffe sind allerding nur zwei davon von Bedeutung[322]: die „regionale geologische Forschung" nach Art. 6 Ziff. 1 ErdkörperG und „die geologische Forschung, einschließlich Aufsuchung und Bewertung" nach Art. 6 Ziff. 2 ErdkörperG. Eine genaue Definition der Begriffe „geologische Forschung", „Aufsuchung", und „Bewertung" enthält das ErdkörperG nicht. Die einzige Hilfestellung für die eindeutige Abgrenzung der einzelnen Arten der Erdkörpernutzung leistet – und das auch nur bezüglich der Kohlenwasserstoffe – die „Übergangsbestimmung über die Etappen der geologischen Aufsuchungsarbeiten für Erdöl und Erdgas" (im Folgenden: Übergangsbestimmung über die Etappen der Aufsuchungsarbeiten)[323], die die Etappen der geologischen Erforschung des Untergrundes festlegt und eine feste Abfolge der einzelnen Arbeiten vorsieht. Die inhaltlichen Vorgaben dieser Tätigkeit wie z. B. Umfang, Dauer usw. sind gesetzlich jedoch nicht geregelt und werden deshalb in der Praxis in der Lizenzvereinbarung fixiert.[324]

---

befinden. Dazu zählen sowohl die unterirdischen Anlagen, die in den nach dem Abbau von Bodenschätzen entstandenen Hohlräumen positioniert werden als auch diejenigen, die in naturgegebenen Hohlräumen eingerichtet werden, wie z. B. Erdgasspeicher sowie unterirdische Lagerung von chemischen und radioaktiven Abfällen und Schadstoffen. Die Erteilung der EKL zu solchen Zwecken richtet sich nach Anordnung MINPRIRODA № 85 vom 13. März 2013 „Über das Verfahren zur Erteilung des Nutzungsrechts am Erdkörperfeld zu Zwecken der Einrichtung und des Betriebs von Erdöl- und Erdgasspeichern sowie der Lagerung von Produktions- und Verbrauchsabfällen". Dieser Typ der EKL kann ebenso nur dann erteilt werden, wenn für das entsprechende Erdkörperfeld die Ergebnisse der staatlichen Expertise der Bodenschatzvorräte vorliegen, d. h. dieser Tätigkeit geht zunächst obligatorisch die geologische Forschung voraus.

322 Die EKL für die geologische Forschung wird auch für Errichtung besonders geschützter geologischen Objekte (Art. 6 Ziff. 6 ErdkörperG) und Sammlung von geologischen Mineralien (Art. 6 Ziff. 6 ErdkörperG) erteilt; siehe mehr dazu bei *Sailer*, Aufsuchung, Exploration, Erschließung und Förderung von Bodenschätzen in der RF durch russische und ausländische Investoren, S. 134–136.

323 Anordnung MINPRIRODA № 126 vom 7. Februar 2001 „Über die Genehmigung der Übergangsbestimmung und der Klassifikationen" (einschließlich „Übergangsbestimmung über die Etappen und Stadien der geologischen Aufsuchungsarbeiten für Erdöl und Erdgas"), Amtsblatt des Justizministeriums Russlands, № 6/2001 [Приказ Минприроды России № 126 от 7 февраля 2001 г. „Об утверждении Временных положения и классификаций" (Вместе с „Временным положением об этапах и стадиях геологоразведочных работ на нефть и газ"), Бюллетень Министерства юстиции Российской Федерации, № 6/2001].

324 *Gudkov/Larochkina/Lakhno/Salieva* in: *Säcker (Hrsg.)*, Handbuch zum dt.-russ. Energierecht, S. 321; *Perchik*, Bergrecht (2002), S. 220.

Die EKL für die geologische Forschung unterscheidet sich von den anderen EKL-Typen durch die Tatsache, dass sie kein ausschließliches Recht einräumt, d.h. eine EKL für die geologische Forschung kann für das gleiche Erdkörperfeld an mehrere Bergbauunternehmen erteilt werden. Jeder einzelne Lizenzinhaber kann die geologische Forschung allerdings nur in Bezug auf die in der Lizenz festgelegte Art (Arten) von Bodenschätzen betreiben.[325]

a) *Regionale geologische Forschung (Art. 6 Ziff. 1 ErdkörperG)*

Unter regionalen geologischen Forschung versteht man die Arbeiten zur allgemeinen geologischen Erforschung des Untergrundes, deren Hauptmerkmal darin besteht, dass sie durchgeführt werden, ohne die Unversehrtheit des Erdkörpers wesentlich zu beeinträchtigen. Das Ziel dieser Arbeiten ist das Entdecken von denjenigen Feldern, wo sich Ansammlungen von Bodenschätzen befinden könnten, und die Gewinnung von Informationen über die Höffigkeit dieser Bodenschätze in der jeweiligen Lagerstätte. Das sind Arbeiten, die nach Möglichkeit ohne Tiefbohrungen, Schürfgruben und andere Arten von Baugruben vorzugsweise mit Methoden der mathematischen Berechnungen und Aufnahme- und Vermessungsarbeiten mit höchstsensiblen Geräten durchgeführt werden. Die Ergebnisse der regionalen geologischen Forschung setzen sich zusammen aus Prognosen zur Höffigkeit und aus der Zonenbestimmung der Bodenschatzansammlungen.[326]

Die Berechtigung für die Ausübung dieser Art von Tätigkeit stellt nicht die EKL dar, sondern eine Genehmigung in Verbindung mit dem Staatsauftrag zur Erbringung von regionalen geologischen Forschungsarbeiten, der durch ROSNEDRA mit dem Dienstleister abgeschlossen wird. Das Verfahren sowie die Bedingungen eines solchen Auftrages regelt das Föderalgesetz „Über die Vergabe von Aufträgen über Waffenlieferungen, Werkarbeiten und Dienstleistungen für den staatlichen oder kommunalen Bedarf“[327].

b) *Geologische Forschung einschließlich Aufsuchung und Bewertung (Art. 6 Ziff. 2 ErdkörperG)*

Nach dem Wortlaut des Art. 6 Ziff. 2 ErdkörperG umfasst diese Tätigkeit zwei Arten von Arbeiten: „die Aufsuchung und Bewertung von Bodenschatzlagerstätten“ und „die geologische Untersuchung über die Eignung des Untergrundes für die

---

325 *Teplov*, Kommentar zum ErdkörperG, S. 122.

326 Vgl. *Gudkov/Larochkina/Lakhno/Salieva* in: *Säcker (Hrsg.)*, Handbuch zum dt.-russ. Energierecht, S. 322; *Pevzner*, Bergrecht (2012), S. 112; *Sailer*, Aufsuchung, Exploration, Erschließung und Förderung von Bodenschätzen in der RF durch russische und ausländische Investoren, S. 126–127.

327 Föderalgesetz vom 5. April 2013 „Über das Vertragssystem im Bereich des Waren-, Arbeiten- und Dienstleistungseinkaufs für den staatlichen und kommunalen Bedarf“, SZ RF 2013, № 14, Pos. 1652 [Федеральный закон от 5 апреля 2013 г. „О контрактной системе в сфере закупок товаров, работ, услуг для обеспечения государственных и муниципальных нужд“, СЗ РФ 2013 г., № 14, ст. 1652].

Errichtung und den Betrieb von nicht mit dem Abbau von Bodenschätzen verbundenen Tiefbauanlagen". Somit dient sie in Bezug auf die Kohlenwasserstoffe insbesondere einer Voruntersuchung des Untergrundes auf das Vorhandensein einzelner Lagerstätten.[328] In der Regel erfolgt dies mit Hilfe von Suchbohrungen, die mit dem Ziel eingesetzt werden, die Verortung einer Ansammlung von Kohlenwasserstoffen zu bestimmen und die industrielle Bedeutung der Lagerstätte zu ermitteln.[329]

Die gesammelten geologischen Informationen werden anschließend gem. Art. 29 ErdkörperG im Rahmen der „Staatlichen Expertise der Bodenschatzvorräte" durch den von ROSNEDRA eingesetzten zuständigen „Expertenausschuss" im Hinblick auf die qualitativen und quantitativen Eigenschaften der Lagerstätte bewertet. Das einschlägige Verfahren richtet sich nach der Regierungsverordnung „Über die staatliche Expertise der Bodenschatzvorräte"[330]. Hat der Expertenausschuss auf der Grundlage von Ergebnissen seiner Untersuchung in seinem abschließenden Gutachten die Relevanz der gewerblichen Nutzung der Lagerstätte bejaht, erstellt ROSNEDRA erst daraufhin auf Antrag des Bergbauunternehmens die Urkunde über die Entdeckung der Lagerstätte.[331]

Im Rahmen der geologischen Untersuchungen über die Eignung des Untergrundes für die Errichtung und den Betrieb von nicht mit dem Abbau von Bodenschätzen verbundenen Tiefbauanlagen erfolgt die Suche nach geologischen Formationen, die beispielweise für einen unterirdischen Gasspeicher geeignet wären, oder die Ermittlung von Auswirkungen eines unterirdischen Tunnels. Diese Arbeiten sollen

---

328 *Pavlov,* Geologische Erforschung des Erdkörpers auf Erdöl und Erdgas im System der Erdkörpernutzungsarten, S. 23.

329 *Gudkov/Larochkina/Lakhno/Salieva* in: *Säcker (Hrsg.),* Handbuch zum dt.-russ. Energierecht, S. 322; *Sailer,* Aufsuchung, Exploration, Erschließung und Förderung von Bodenschätzen in der RF durch russische und ausländische Investoren, S. 127, 128.

330 Regierungsverordnung № 69 vom 11. Februar 2005 „Über die staatliche Expertise der Bodenschatzvorräte, geologischen, wirtschaftlichen und ökologischen Informationen über die zur Nutzung verleihbare Erdkörperfelder sowie über die Höhe und das Verfahren der zu erhebenden Gebühr für ihre Erstellung", SZ RF 2005, № 8, Pos. 651 [Постановление Правительства РФ № 69 от 11 февраля 2005 г. „О государственной экспертизе запасов полезных ископаемых, геологической, экономической и экологической информации о предоставляемых в пользование участках недр, размере и порядке взимания платы за ее проведение", СЗ РФ 2005, № 8, ст. 651].

331 Anordnung MINPRIRODA № 689 vom 11. November 2004 „Über die Genehmigung des Leitfadens für das Verfahren zum Festsetzung der Tatsache der Entdeckung einer Bodenschatzlagerstätte", Registrierung bei Justizministerium RF am 14. Dezember 2004, № 6186 [Приказ Минприроды России № 689 от 11 ноября 2004 г. «Об утверждении Инструкции о порядке установления факта открытия месторождений полезных ископаемых», зарегистрировано в Минюсте РФ 14 декабря 2004 г., № 6186].

nur die Feststellung zum Ziel haben, ob die Errichtung und der Betrieb der geplanten Tiefbauanlage möglich sind oder nicht.

3. *EKL für Erkundung und Gewinnung von Bodenschätzen*

Dieser Typ der EKL entspricht der Erdkörpernutzungsart nach Art. 6 Ziff. 3 ErdkörperG und berechtigt den Inhaber, die in der Lizenz festgelegten Bodenschätze zu erkunden und zu gewinnen sowie die Abfälle, die im Zusammenhang mit dieser bergbaulichen Tätigkeit einstehen, zu verwerten. Nach Art. 29 Abs. 2 ErdkörperG gilt die allgemeine Regel, dass eine die Gewinnungsarbeiten beinhaltende EKL nur für solche Erdkörperfelder erteilt werden kann, für welche die staatliche Expertise der Bodenschatzvorräte bereits durchgeführt worden ist.

a) Gegenstand der lizenzierten Arbeiten

Die Legaldefinitionen für „Erkundung" und „Gewinnung" sind im ErdkörperG nicht näher bestimmt. Anhaltspunkte dafür bietet nur die bereits erwähnte Übergangsbestimmung über die Etappen der Aufsuchungsarbeiten, denn entgegen ihres Namens bestimmt sie auch die Etappen des Gewinnungsprozesses. Nach Pkt. 4 der Übergangsbestimmung sind die Erkundungsarbeiten „auf die Erforschung der entdeckten Lagerstätteneigenschaften gerichtete Tätigkeiten mit dem Ziel, die Lagerstätte für den Gewinnungsbetrieb vorzubereiten". Im Rahmen von Erkundungsarbeiten erfolgt die Präzisierung der Angaben, die durch das Aufsuchen und Bewerten in der vorgelagerten Etappe beschafft worden sind. Das Ziel dieser Arbeiten ist insbesondere die genaue Berechnung der Bodenschatzvorräte.[332] Die Erkundungsarbeiten werden durch den Einsatz von Probebohrungen durchgeführt und gelten mit der Erstellung der technischen Projektdokumentation nach Art. 23.2 ErdkörperG (insbesondere Funktionsschema des Gewinnungsbetriebes und technisches Projekt des Gewinnungsbetriebes) als abgeschlossen. Auch hier gilt, dass auf Grund der unzureichenden gesetzlichen Regelung der Umfang, die Phasen und die Dauer der einzelnen Arbeiten in der Praxis in der Lizenzvereinbarung festgehalten werden. Nach der Genehmigung des technischen Projektes des Gewinnungsbetriebes durch ROSNEDRA beginnen die Gewinnungsarbeiten. Darunter versteht man das eigentliche Abbau und die Förderung der Bodenschätze, die durch die Produktions- oder Förderbohrungen vorgenommen werden.[333]

Ein weiterer Gegenstand der EKL für die Erkundung und Gewinnung ist das Recht, die Abfälle, die in Zusammenhang mit der Erkundungs- und Gewinnungstätigkeit entstehen, zu verwerten. Der Rechtsstatus solcher Abfälle ist in der Berggesetzgebung nicht definiert. Es handelt sich dabei vor allem um Gesteinsmasse,

---

332 *Gudkov/Larochkina/Lakhno/Salieva* in: *Säcker (Hrsg.)*, Handbuch zum dt.-russ. Energierecht, S. 324.

333 *Gudkov/Larochkina/Lakhno/Salieva* in: *Säcker (Hrsg.)*, Handbuch zum dt.-russ. Energierecht, S. 324: *Perchik*, Bergrecht (2002), S. 223, 222.

taubes Gestein und Rückstände, die noch Mineralstoffe enthalten und sich in Halden, Absatzteichen, Dämmen oder anderen Vorrichtungen für das Zurückhalten (Lagern) solcher Abfälle befinden.[334] Die Absicht, solche Arbeiten auszuführen, kann ausschließlich neben und in Verbindung mit der Ausführung von Erkundungs- und Gewinnungsarbeiten vorgenommen werden. Die mangelnde verbindliche Regulierung der Bewirtschaftung von Abfällen aus der mineralgewinnenden Industrie führt zu großen Schwierigkeiten bei Vorhaben zu ihrer Verwertung mit der Folge, dass kein Interesse daran besteht, und zwar sowohl seitens des Bergbauunternehmens selbst als auch bei potenziellen Gesellschaften, die von ihm dafür beauftragt werden könnten.[335]

b) Trennung der „Erkundung“ aus dem Gesamtprozess der Aufsuchungsarbeiten

Die Besonderheit des russischen Bergrechts besteht darin, dass gem. Art. 6 ErdkörperG die Erkundungsarbeiten aus der Phase der Aufsuchungsarbeiten herausgenommen und dem Gewinnungsstadium angegliedert sind. Dadurch unterliegt dieser Typ der Arbeiten nach dem ErdkörperG nicht der Regulierung für die „geologische Forschung“, während jedoch die Übergangsbestimmung für die Etappen der Aufsuchungsarbeiten die Erkundungsarbeiten neben den Aufsuchungsarbeiten dem Prozess der „geologischen Forschung“ zuordnet. Das ErdkörperG versteht die EKL für Erkunden und Gewinnen als eine eigenständige, unteilbare Bergbauberechtigung, d. h. die Erkundung ist nach russischem Bergrecht immer nur in Verbindung mit der Gewinnung von Bodenschätzen zulässig.[336]

Im Hinblick auf die Herausnahme der Erkundungsarbeiten aus der geologischen Forschung und ihre Subsumtion unter die Gewinnungslizenz trennen sich die Meinungen in der russischen Rechtswissenschaft. Einige Autoren schlagen unter der Berücksichtigung von zulässigen Erdkörpernutzungsarten und dafür auszuführenden bergbaulichen Tätigkeiten vor, die Zweckbestimmung der EKL in zwei Arten zu unterteilen: EKL für Aufsuchen und Erkunden von Bodenschätzen und EKL für Gewinnen von Bodenschätzen.[337] Andere sind der Meinung, dass man in Anbetracht der Tradition des russischen Bergrechts die „Erkundung“ von der „Aufsuchung“ trennen und für jede der Haupttätigkeiten im Bergbaubetrieb eigene EKL-Typen

---

334 *Tumanova, M.* Problem- und Streitfragen, die sich bei der Nutzung von beim Gewinnungsbetrieb entstehenden Abfällen ergeben.

335 *Tumanova, M.* Problem- und Streitfragen, die sich bei der Nutzung von beim Gewinnungsbetrieb entstehenden Abfällen ergeben.

336 Vgl. *Gudkov/Larochkina/Lakhno/Salieva* in: *Säcker (Hrsg.),* Handbuch zum dt.-russ. Energierecht, S. 322, Handbuch, S. 321; *Lakhno/Mazkov,* Rechtsrahmen für die geologische Erforschung des Erdkörpers, Aufsuchung und Erkundung von Erdöl- und Erdgaslagerstätten, S. 397; zit. *Pavlov,* Geologische Erforschung des Erdkörpers auf Erdöl und Erdgas im System der Erdkörpernutzungsarten, S. 25–26.

337 Vgl. *Salieva,* Rechtliche Charakteristik der Arbeiten zur geologischen Erforschung des Erdkörperfeldes.

anordnen sollte, nämlich eine EKL für die Aufsuchung, eine EKL für die Erkundung und eine EKL für die Gewinnung.[338] In einem sind sich die Rechtswissenschaftler einig: die Festlegung rechtlicher Inhalte für die einzelnen Arten des Bergbaubetriebes sind im geltenden Bergrecht nicht ausreichend. Das Fehlen von gesetzlich festgelegten Definitionen solcher im Bergrecht bedeutender Begriffe wie „Aufsuchung", „Erkundung" und „Gewinnung" sowie die eher geologische als juristische Terminologie und Herangehensweise in der Übergangsbestimmung für die Etappen der Aufsuchungsarbeiten erlauben keine schlüssige Vorstellung über die einzelnen Etappen der bergbaulichen Tätigkeit.

3. EKL gleichzeitig für die geologische Forschung und Erkundung und Gewinnung – „kombinierte EKL"

Nach Art. 6 Abs. 2 und Art. 11 Abs. 5 ErdkörperG kann ein Erdkörperfeld auf der Grundlage einer einheitlicher EKL gleichzeitig für mehrere Nutzungsarten zur Verfügung gestellt werden. Die Verwaltungsverfahrensordnung № 315 sieht in diesem Sinne im Hinblick auf die möglichen Typen der EKL die Koppelung von nur zwei Erdkörpernutzungsarten vor – geologische Forschung und Erkundung und Gewinnung – sog. „kombinierte Lizenz". Unstreitig verleiht die kombinierte Lizenz die umfangreichsten Rechte, indem sie den Inhaber zugleich zur geologischen Erforschung des Erdkörperfeldes, zur Erkundung von Lagerstätten und zur Gewinnung von Bodenschätzen aus den in diesem Feld gefundenen Lagerstätten ermächtigt.[339] In diesem Fall erhält das entsprechende Erdkörperfeld gleichzeitig den Status „geologisches Zuweisungsfeld" und den bedingten Status „bergbauliches Zuweisungsfeld". Nach der Entdeckung der Lagerstätte wird der bedingte Status „bergbauliches Zuweisungsfeld" in den Grenzen des geologischen Zuweisungsfeldes automatisch rechtskräftig.[340] Die Grenzen des nun rechtsgültigen bergbaulichen Zuweisungsfeldes können bei Bedarf nach den Bestimmungen des Leitfadens RD 07–192–98 für die Festlegung des bergbaulichen Zuweisungsfeldes vergrößert oder verkleinert werden.

Die Besonderheit der „kombinierten Lizenz" besteht darin, dass mit den Erkundungs- und Gewinnungsarbeiten sowohl während der geologischen Forschungsarbeiten als auch unmittelbar nach ihrem Abschluss begonnen werden kann.[341] Das bedeutet, dass das Bergbauunternehmen die Gewinnung von Bodenschätzen einleiten kann, ohne die Ergebnisse der staatlichen Expertise über die

---

338 Vgl. *Pavlov*, Geologische Erforschung des Erdkörpers auf Erdöl und Erdgas im System der Erdkörpernutzungsarten; *Lakhno/Mazkov*, Rechtsrahmen für die geologische Erforschung des Erdkörpers, Aufsuchung und Erkundung von Erdöl- und Erdgaslagerstätten.

339 *Gudkov/Larochkina/Lakhno/Salieva* in: *Säcker (Hrsg.)*, Handbuch zum dt.-russ. Energierecht, S. 346; *Perchik*, Bergrecht (2002), S. 222, 223.

340 *Gudkov/Larochkina/Lakhno/Salieva* in: *Säcker (Hrsg.)*, Handbuch zum dt.-russ. Energierecht, S. 346; *Perchik*, Bergrecht (2002), S. 223.

341 Art. 6 Abs. 2 Satz 1 ErdkörperG.

Bodenschatzvorräte abzuwarten, was eine Ausnahme von der allgemeingültigen Regel nach Art. 29 Abs. 2 ErdkörperG darstellt. Dies gilt allerdings nicht für die EKL für Erdkörperfelder föderaler Bedeutung, die an einen ausländischen Investor oder an eine juristische Person erteilt worden ist, die sich unter ausländischer Kontrolle befindet. In diesem Falle vollzieht sich die Regelung der Erkundungs- und Gewinnungsarbeiten gem. Art. 6 Abs. 2 S. 1 ErdkörperG alleine nach Regierungsbeschluss, der die Grundlage für die Entstehung des entsprechenden Nutzungsrechts am Erdkörperfeld bildet.

Die Kontrolle über den Gang der Arbeiten erfolgt bei der kombinierten Lizenz durch für das Bergbauunternehmen verbindliche Fristen, die in der Lizenz selbst festgelegt werden. So muss der Lizenzinhaber die lizenzausstellende Behörde über den Gang und die Ergebnisse der Aufsuchungs- und Erkundungsarbeiten zu den fixierten Zeitpunkten informieren und nach ihrem Abschluss den geologischen Abschlussbericht einreichen, indem es die Vorräte entsprechend neu bewertet. Daraufhin kann die „nachfolgende" staatliche Expertise der Bodenschatzvorräte erfolgen, die ebenso innerhalb der in der Lizenz bestimmten Fristen stattfinden muss.[342] Auf der Grundlage des abschließenden Gutachtens der staatlichen Expertise können die Lizenzbedingungen, insbesondere die Höhe der entsprechenden Abgaben, konkretisiert werden.[343] Die kombinierte Lizenz, die die Möglichkeit einer parallel oder nacheinander verlaufenden Durchführung von Aufsuchungs- und Gewinnungsarbeiten vorsieht, ist somit die einzige Bergbauberechtigung, die den absoluten vorrangigen Rechtsanspruch des Lagerstättenentdeckers auf die Ausbeutung dieser Lagerstätte berücksichtigt.

V. Geltungsdauer der EKL

Die Erdkörperfelder können gem. Art. 10 ErdkörperG sowohl für eine bestimmte Frist als auch unbefristet zur Nutzung gestellt werden. Der Inhalt des Art. 10 ErdkörperG ist so aufgebaut, dass sein Wortlaut nur die befristeten Fälle explizit benennt. Somit gelten alle anderen, in Art. 10 ErdkörperG nicht genannten Arten der Nutzung eines Erdkörperfeldes als „unbefristet" (zu diesen Nutzungsarten zählen solche, die mit der Gewinnung von Bodenschätzen und Grundwasser nicht zusammenhängen). Der Wortlaut „unbefristet" erscheint irreführend. Denn es bedeutet nicht, dass die EKL „endlos" gilt. Die Geltungsdauer wird bei diesen Nutzungsarten direkt in den EKL-Bedingungen eingetragen.[344]

Die EKL für die geologische Forschung wird gem. Art. 10 Abs. 1 Teil 1 ErdkörperG grundsätzlich für fünf Jahre erteilt. Im Jahr 2013 wurde für die Erdkörperfelder, die sich in bestimmten territorialen Gebieten befinden, eine auf sieben

---

342 *Teplov*, Kommentar zum ErdkörperG Teplov, S. 125.

343 *Perchik*, Bergrecht (2002), S. 234.

344 *Perchik*, Bergrecht (2002), S. 243; *Sailer*, Aufsuchung, Exploration, Erschließung und Förderung von Bodenschätzen in der RF durch russische und ausländische Investoren, S. 137.

Jahre verlängerte Geltungsdauer festgelegt. Zu diesen Gebieten zählen: Republik Sacha (Jakutien), Region Krasnojarsk, Region Kamtschatka, Region Chabarowsk, Gebiet Irkutsk, Gebiet Magadan, Gebiet Sachalin, Autonomer Bezirk der Nenzen, Autonomer Bezirk der Jamal-Nenzen, Autonomer Bezirk der Tschuktschen. Alle diese Territorien zeichnen sich durch schwere klimatische Bedingungen und durch das Fehlen einer stabilen Infrastruktur aus, was die Durchführung jeglicher Bauarbeiten erschwert. Eine weitere Ausnahme gilt für die EKL, die zur geologischen Forschung auf den Erdkörperfeldern auf dem Festlandsockel oder für solche, die sich darauf erstrecken, erteilt werden. Die Geltungsdauer dieser EKL kann bis zu zehn Jahre betragen.

Die EKL für Erkunden und Gewinnen sowie die kombinierte EKL sind gem. Art. 10 Abs. 1 Teil 2 ErdkörperG für eine der Abbauabschließung einer Lagerstätte im Einzelfall angemessenen Frist zu erteilen. Das heißt, die Frist für die Gewinnungsberechtigungen wird ausgehend von den technischen und wirtschaftlichen Faktoren dieser Lagerstätte sowie unter Berücksichtigung der Anforderungen des Umweltschutzes individuell berechnet.[345]

B. Die Zulassungsvoraussetzungen

I. Personenkreis der zulässigen Nutzer des Erdkörperfeldes

Art. 9 Abs. 1 ErdkörperG definiert die Nutzer des Erdkörperfeldes als Subjekte unternehmerischer Tätigkeit, darunter auch Mitglieder einfacher Genossenschaften[346], Ausländer und juristische Personen. Der Begriff „Subjekt unternehmerischer Tätigkeit" ist ein Begriff des russischen Zivilrechts. Nach Art. 2 Abs. 3 ZGB RF versteht man unter unternehmerischer Tätigkeit „eine selbständige und auf eigene Gefahr ausgeübte Tätigkeit, die auf regelmäßige Gewinne durch Nutzung von Vermögensgegenständen, den Verkauf von Waren oder auf die Ausführung von Arbeiten und Dienstleistungen gerichtet ist und von Personen ausgeübt wird, die entsprechend den gesetzlichen Bestimmungen als Unternehmer registriert sind". Nach den Bestimmungen der Kapitel 3 und 4 ZGB RF werden den Subjekten unternehmerischer Tätigkeit neben juristischen Personen auch natürliche Personen zugeordnet, wenn sie ordnungsgemäß als ein Subjekt unternehmerischer Tätigkeit registriert sind.[347] Die staatliche Registrierung der Subjekte unternehmerischer Tätigkeit erfolgt nach den Bestimmungen des Föderalgesetzes „Über die staatliche Registrierung

345 *Teplov*, Kommentar zum ErdkörperG Teplov, S. 163; *Perchik*, Bergrecht (2002), S. 248; *Sailer*, Aufsuchung, Exploration, Erschließung und Förderung von Bodenschätzen in der RF durch russische und ausländische Investoren, S. 137.

346 Im Art. 1049 ZGB RF definiert: keine gesellschaftliche Handlungsform sondern schuldvertraglicher Zusammenschluss.

347 *Teplov*, Kommentar zum ErdkörperG Teplov, S. 149; *Sailer*, Aufsuchung, Exploration, Erschließung und Förderung von Bodenschätzen in der RF durch russische und ausländische Investoren, S. 105.

juristischer Personen und privater Unternehmer“[348] und wird durch den Eintrag im Einheitlichen Register der juristischen Personen oder Einheitlichen Register privater Unternehmer vollzogen.[349] Das wesentliche qualifizierende Merkmal des Nutzers eines Erdkörperfeldes liegt also im unternehmerischen Charakter seiner Tätigkeit. Daraus folgt, dass z. B. die nicht kommerziellen Organisationen oder die natürlichen Personen, die nicht als Subjekte unternehmerischer Tätigkeit in dem Einheitlichen Register der juristischen Personen registriert sind, das Nutzungsrecht nicht erlangen können.[350] Weit ausgelegt versteht man im russischen Bergrecht unter Nutzer eines Erdkörperfeldes ein Rechtssubjekt der unternehmerischen Tätigkeit, das Träger von Rechten und Pflichten gemäß dem verliehenen Nutzugsrecht am Erdkörperfeld ist.[351] Im weiteren Textverlauf werden diese Rechtssubjekte als EKL-Inhaber bezeichnet. Die Rechte und Pflichten des EKL-Inhabers entstehen gem. Art. 9 Abs. 7 ErdkörperG am Tag der Lizenzregistrierung.

Durch die in Art. 9 Abs. 1 S. 1 Hs. 2 ErdkörperG normierte Vorbehaltsklausel „sofern nichts anderes gesetzlich bestimmt ist“ hat der Gesetzgeber die Möglichkeit geschaffen, für einen Teil des Personenkreises der EKL-Inhaber gewisse Einschränkungen festzulegen. Diese wurden im Jahr 2008 in den Abs. 3 und 6 des Art. 9 ErdkörperG aufgenommen. In Abhängigkeit von der Kategorie des potenziellen Erdkörperfeldes sieht das ErdkörperG gegenüber ausländischen Investoren bestimmte Einschränkungen ihrer unternehmerischen Tätigkeit vor. Die einschränkenden Bestimmungen gelten auch für nationale Kapitalgesellschaften, sofern ausländische Investoren an ihnen beteiligt sind.

Die rechtliche Definition von „ausländischen Investoren“ enthält das ErdkörperG nicht, sondern verweist auf Art. 2 des Föderalgesetzes „Über die ausländischen Investitionen in der Russischen Föderation“ (im Folgenden: AuslInvestG)[352]. Danach sind unter ausländischen Investoren Subjekte unternehmerischer Tätigkeit zu verstehen, deren Rechtsfähigkeit nach ihrer jeweiligen nationalen Gesetzgebung

---

348 Föderalgesetz vom 8. August 2001 „Über die Über die staatliche Registrierung juristischer Personen und privater Unternehmer“, SZ RF 2001, № 33 (Teil I), Pos. 3431 [Федеральный закон от 8 августа 2001 г. „О государственной регистрации юридических лиц и индивидуальных предпринимателей“, СЗ РФ 2001, № 33 (Часть I), ст. 3431].

349 Vgl. Art. 5 Föderalgesetz vom 8. August 2001 „Über die Über die staatliche Registrierung juristischer Personen und privater Unternehmer“, SZ RF 2001, № 33 (Teil I), Pos. 3431 [Федеральный закон от 8 августа 2001 г. «О государственной регистрации юридических лиц и индивидуальных предпринимателей», СЗ РФ 2001, № 33 (Часть I), ст. 3431].

350 *Gudkov/Larochkina/Lakhno/Salieva* in: *Säcker (Hrsg.)*, Handbuch zum dt.-russ. Energierecht, S. 347.

351 *Teplov*, Kommentar zum ErdkörperG Teplov, S. 149.

352 Föderalgesetz vom 9. Juli 1999 „Über die ausländischen Investitionen“, SZ RF 1999, № 28, Pos. 3493 [Федеральный закон от 9 июля 1999 г. «Об иностранных инвестициях в Российской Федерации», СЗ РФ 1999, № 28, ст. 3493].

anerkannt ist und die gemäß ihrer nationalen Gesetzgebung zum Tätigen von Investitionen in der Russischen Föderation befugt sind. Dazu zählen ausländische juristische Personen, ausländische Organisationen, die keine juristischen Personen sind, ausländische natürliche Personen und Personen, deren ständiger Wohnsitz sich außerhalb der Russischen Föderation befindet.[353]

II. Zugangsbeschränkungen für ausländische Investoren im russischen Bergbausektor

Der Bedarf an ausländischen Investitionen im russischen Bergbaubereich und insbesondere im Erdöl- und Erdgassektor wurde in den letzten Jahren immer wieder von verschiedenen Amtspersonen sowohl in mündlichen Erklärungen als auch in offiziellen Dokumenten unterstrichen.[354] In der „Energiestrategie Russlands bis zum Jahr 2030" wird ebenfalls ausdrücklich auf eine geringe Investitionsrate zur Entwicklung des Energiesektors hingewiesen. Man sieht darin eines der Hauptprobleme im Bereich der Energiesicherheit. Demzufolge wird in der Energiestrategie die Notwendigkeit hervorgehoben, die Heranziehung der Investitionen in den Bergbausektor im Allgemeinen und in die Aufsuchungsarbeiten im Besonderen zu fördern. Es soll vor allem auf die Begünstigung ausländischer Investitionen zu gegenseitig vorteilhaften Bedingungen in risikoreichen Projekten hingearbeitet werden.[355] Bekanntlich findet im Bereich von Investitionen in Exploration und Bergbau ein globaler Wettbewerb statt. Bei der Wahl des attraktivsten Landes für seine Investitionsprojekte berücksichtigt das Bergbauunternehmen viele unterschiedliche Faktoren. Eine entscheidende Rolle spielen dabei oft klare normative Grundlagen und eine stabile Gesetzeslage. Vor diesem Hintergrund konkurriert Russland im Kampf um Investitionen in den Bergbausektor mit Kanada, USA, Australien, China und anderen Ländern.[356]

Grundsätzlich sieht Art. 4 Abs. 1 AuslInvestG vor, dass der Rechtsrahmen für die Tätigkeit ausländischer Investoren in Russland nicht ungünstiger sein darf als dieser für die nationalen Investoren ist. Bis zum Jahr 2008 erfolgten die ausländischen Investitionen im Bergbaubereich in Russland nach diesem Gleichbehandlungsprinzip (Nationalregime), d.h. was nationalen Investoren erlaubt war, durften

353 *Sailer*, Aufsuchung, Exploration, Erschließung und Förderung von Bodenschätzen in der RF durch russische und ausländische Investoren, S. 107.

354 Vgl. *Kuvschinov*, Ausländische Investitionen in die Erschließung von Erdkörperfeldern föderaler Bedeutung, S. 16.

355 Ausführlicher zu der Energiestrategie Russlands 2030 siehe *Gudkov, I. V.* Energiestrategie der RF im System der Schwerpunkrichtlinien: nationale und internationale Dimensionen, in: Energeticheskoe Pravo, № 1/2010, S. 7–22 [*Гудков, И. В.*, Энергетическая стратегия России в системе программных документов: внутригосударственны и международно-правовые аспекты, в: Энергетическое право, № 1/2010, с. 7–22].

356 Abschlussbericht "Fostering Investment in Mineral Exploration and Development in Russia", S. 42.

auch ausländischen Investoren in gleichem Maße. Art. 4 Abs. 2 AuslInvestG erlaubt jedoch sowohl einschränkende als auch fördernde Maßnahmen für die Tätigung ausländischer Investitionen per Föderalgesetz festzulegen. Die Beschränkungen dürfen dabei nur in dem Ausmaß getroffen werden, welcher notwendig ist, um die „verfassungsmäßige Ordnung, Sittlichkeit, Gesundheit, Rechte und gesetzlichen Interessen anderer Personen, nationale Verteidigung und Staatssicherheit" zu schützen. In der Politik die Fragen der Kontroll- und Beschränkungsmechanismen ausländischer Investitionen in die strategisch wichtigen Wirtschaftszweige sowie die Schaffung eines abschätzbaren und transparenten Investitionsklimas über mehrere Jahre diskutiert. Als Ergebnis traten im März 2008 zwei zusammenhängende Föderalgesetze in Kraft: Föderalgesetz № 57 „Über die Durchführung von ausländischen Investitionen in Wirtschaftsgesellschaften, die strategische Bedeutung für die Sicherung der Landesverteidigung und die Sicherheit des Staates haben" (im Folgenden: StrategInvestG)[357] und № 58 „Über Änderungen in einzelnen Gesetzesakten der Russischen Föderation und die Außerkraftsetzung einzelner Bestimmungen von Gesetzesakten der Russischen Föderation im Zusammenhang mit dem Inkrafttreten des StrategInvestG" (im Folgenden: FZ № 58)[358].

Die Grundidee, worauf sich der Kontrollmechanismus für die Tätigung ausländischer Investitionen in die gemäß StrategInvestG als „strategisch wichtig" qualifizierten Gesellschaften stützt, lautet: Jedes Rechtsgeschäft, in dessen Folge ein ausländischer Investor oder eine Personengruppe beabsichtigt, die Kontrolle über eine russische Kapitalgesellschaft zu erwerben, die eine den „strategisch wichtigen Tätigkeiten" zugeordnete Tätigkeit ausübt, bedarf der vorherigen Zustimmung der „Regierungskommission für die Kontrolle über das Tätigen von ausländischen

---

357 Föderalgesetz vom 29. April 2008 „Über die Durchführung von ausländischen Investitionen in Wirtschaftsgesellschaften, die strategische Bedeutung für die Sicherung der Landesverteidigung und die Sicherheit des Staates haben", SZ RF 2008, № 18, Pos. 1940 [Федеральный закон от 29 апреля 2008 г. N 57-ФЗ "О порядке осуществления иностранных инвестиций в хозяйственные общества, имеющие стратегическое значение для обеспечения обороны страны и безопасности государства", СЗ РФ 2008, №18, ст. 1940].

358 Föderalgesetz N 58-FZ vom 29. April 2008 „Über Änderungen in einzelnen Gesetzesakten der Russischen Föderation und die Außerkraftsetzung einzelner Bestimmungen in Gesetzesakten der Russischen Föderation im Zusammenhang mit dem Inkrafttreten des Föderalgesetzes „Über die Durchführung von ausländischen Investitionen in Wirtschaftsgesellschaften, die strategische Bedeutung für die Sicherung der Landesverteidigung und die Sicherheit des Staates haben", SZ RF 2008, № 18, Pos. 1941 [Федеральный закон от 29 апреля 2008 г. N 58-ФЗ "О внесении изменений в отдельные законодательные акты Российской Федерации и признании утратившими силу отдельных положений законодательных актов Российской Федерации в связи с принятием Федерального закона "О порядке осуществления иностранных инвестиций в хозяйственные общества, имеющие стратегическое значение для обеспечения обороны страны и безопасности государства", СЗ РФ 2008, № 18, ст. 1941].

Investitionen" (im Folgenden: Regierungskommission über die ausländischen Investitionen) mit dem Ministerpräsidenten an der Spitze.

1. *StrategInvestG*

Das im Jahr 2008 in Kraft getretene StrategInvestG legt in einer Auflistung die einzelnen Bereiche unternehmerischer Tätigkeit (sog. „Wirtschaftszweige") fest, die von strategischer Bedeutung für die nationale Verteidigung und Staatssicherheit sind. Für ausländische Investoren, die sich daran beteiligen wollen, schafft das StrategInvestG im Hinblick auf bestimmte Rechtsgeschäfte ein spezielles Verfahren. Damit nimmt der Gesetzgeber ausländische Investitionen in strategisch wichtige Wirtschaftszweige aus den allgemeinen Regelungen des AuslInvestG heraus. Diese Herausnahme soll einerseits den Schutz der nationalen Interessen garantieren und gleichzeitig dazu beitragen, ein transparentes und kalkulierbares Umfeld für ausländische Investoren in der RF zu schaffen.[359] Dem Regelungsgehalt des StrategInvestG liegt das sog. „Genehmigungsmodell" zugrunde, das beim Zugang ausländischer Investoren zu bestimmten Bereichen der nationalen Volkswirtschaft für bestimmte Rechtsgeschäfte keine Verbote vorsieht sondern ein im Einzelnen gesetzlich geregeltes Zustimmungsverfahren voraussetzt.[360]

Zur Realisierung der Gesetzesmechanismen bedurfte es einer Vielzahl von weiteren Rechtsakten zur Konkretisierung der Vorschriften des StrategInvestG. Im gleichen Jahr wie das StrategInvestG trat das FZ № 58 in Kraft, welches bereits viele der erforderlichen Änderungen und Ergänzungen in der russischen Gesetzgebung vollzogen hat. Wie in Kapitel 2 bereits dargestellt, wurden gemäß diesem Änderungsgesetz mittels der Einführung von Art. 2.1 in das ErdkörperG die Kriterien aufgenommen, bei deren Erfüllung die Erdkörperfelder den Erdkörperfeldern föderaler Bedeutung zuzuordnen sind, sowie weitere sich daraus ergebende Änderungen (Art. 9 – Mögliche Nutzer des Erdkörperfeldes, Art. 10.1 – Rechtsgründe für die Entstehung des Nutzungsrecht am Erdkörperfeld, Art. 13.1 – Ausschreibungen und Auktionen, Art. 17.1 – Übertragung des Nutzungsrechts am Erdkörper). In den folgenden drei Jahren wurde die Föderale Antimonopolbehörde (im Folgenden: FAS) mit Kontrollbefugnissen über ausländische Investitionen ausgestattet und der rechtliche Rahmen für die Arbeitsweise der zuständigen Regierungskommission[361]

---

359 *Tagascheva/Ageschkina/*Gerasimenko, Kommentar zu StrategInvestG, S. 5, Pkt. 3.

360 Z.B. auch in USA, Finnland, Frankreich usw. Ausführlicher zu Beschränkungen für Investitionen aus Drittstaaten im Energiebereich siehe *Lecheler/Germelmann,* Zugangsbeschränkungen für Investitionen aus Drittstaaten im deutschen und europäischen Energierecht.

361 Regierungsverordnung № 510 vom 6. Juli 2008 "Über die Regierungskommission zur Kontrolle über die Tätigung von ausländischen Investitionen" in der RF, SZ RF 2008, № 28, Pos. 3382 [Постановление Правительства РФ № 510 от 6 июля 2008 г. „О Правительственной комиссии по контролю за осуществлением иностранных инвестиций в Российской Федерации", СЗ РФ 2008, № 28, ст. 3382].

festgelegt sowie das Verfahren für die Beantragung der Zustimmung für die relevanten Rechtsgeschäfte bestimmt[362].

Das Gesetz definiert für zustimmungspflichtige Rechtsgeschäfte drei Voraussetzungen: (1) Es muss ein ausländischer Investor bzw. eine Personengruppe, der eine ausländische juristische oder natürliche Person angehört, daran beteiligt sein; (2) Das Rechtsgeschäft soll dem ausländischen Investor bzw. der Personengruppe dazu dienen, die Kontrolle über eine russische Kapitalgesellschaft zu erwerben; (3) Das einschlägige russische Unternehmen muss eine der in Art. 6 StrategInvestG aufgelisteten strategischen Unternehmenstätigkeiten ausüben.

a) Ausländischer Investor oder Personengruppe nach StrategInvestG

Ergänzend zu dem oben erörterten Begriff ausländischer Investoren gem. Art. 2 AuslInvestG gelten gem. Art. 3 Abs. 2 S. 2 StrategInvestG auch solche Personen als ausländische Investoren, die außerhalb der russischen Gerichtsbarkeit gegründet wurden, unabhängig davon, ob russisches Kapital die letztendliche Kontrolle über diese Personen besitzt und ausübt. Das heißt, die Bestimmungen des Gesetzes finden nicht nur für ausländisches Kapital Anwendung, sondern auch auf Investitionen, die von Offshore-Strukturen der russischen Unternehmen getätigt werden sowie auf jegliche Strukturen mit Beteiligung eines außerhalb russischer Gerichtsbarkeit gegründeten gemeinsamen Unternehmens.[363]

In Art. 3 StrategInvestG erweiterte der Gesetzgeber den Kreis der Personen, die als ausländische Investoren qualifiziert werden. Eine „Personengruppe“ wird darin als eigenständiges Rechtssubjekt angesehen. In Betracht kommen im Sinne des StrategInvestG allerdings nur Personengruppen mit Beteiligung ausländischer Investoren. Der Begriff „Personengruppe“ geht aus dem Wettbewerbsrecht hervor

---

362 Anordnung FAS № 597 vom 18. August 2011 „Über die Genehmigung der Verwaltungsverfahrensordnung für Föderale Antimonopolbehörde über die Erbringung der öffentlichen Dienstleistung über Antragsprüfung auf Vorabgenehmigung für die Rechtsgeschäfte und (oder) Kontrollerwerb durch ausländische Investoren oder Personengruppen im Hinblick auf die Wirtschaftsgesellschaften, die eine strategische Bedeutung für die Verteidigung des Staates und nationale Sicherheit haben“, Registrierung in Justizministerium RF am 24. November 2011, № 22396 [Приказ ФАС России № 597 от 18 августа 2011 г. «Об утверждении административного регламента Федеральной антимонопольной службы по предоставлению государственной услуги по рассмотрению ходатайств о предварительном согласовании сделок и (или) установлении контроля иностранного инвестора или группы лиц над хозяйственными обществами, имеющими стратегическое значение для обеспечения обороны страны и безопасности государства», зарегистрировано в Минюсте России 24 ноября 2011 г., № 22396].

363 *Stoljarskiy,* Ausländische Investitionen in strategische Branchen in Russland, S. 55; *Ivanova,* Überblick über die neue Gesetzgebung über die Beschränkungen ausländischer Investitionen in die strategischen Wirtschaftszweige, S. 23.

und ist in Art. 9 Abs. 1 des Gesetzes „Über den Wettbewerbsschutz" (im Folgenden: WettbG)[364] durch eine abschließende Aufzählung qualifizierender Merkmale definiert. Danach handelt es sich bei einer „Personengruppe" um natürliche oder juristische Personen, die aufgrund eines gemeinsamen wirtschaftlichen Interesses und bei Erfüllung der in Art. 9 WettbG genannten Kriterien als einheitliches Rechtssubjekt betrachtet werden.[365]

Im Hinblick auf ausländische Investitionen in den russischen Bergbausektor wird dieser Begriff vor allem dafür genutzt, um eine Umgehung der Zustimmungspflicht zu verhindern, die dadurch geschehen kann, dass statt des ausländischen Investors eine der Personengruppe angehörende russische juristische Person das Rechtsgeschäft zum Kontrollerwerb vollzieht. Dies führt dazu, dass in Übereinstimmung mit dem Wortlaut der Definition von „Personengruppe" die Rechtsprechung[366] eine Personengruppe auch dann als „ausländischen Investor" im Sinne des StrategInvestG behandelt, wenn die zur Personengruppe gehörende ausländische juristische oder natürliche Person, die weder direkt noch indirekt an dem Erwerbsgeschäft beteiligt ist, selbst von einer russischen juristischen oder natürlichen Person kontrolliert wird.[367] Eine solche weite Auslegung ist mit der Zielsetzung des Gesetzes nicht mehr vereinbar, denn dann müssten die meisten russischen Unternehmen als Personengruppen im Sinne des StrategInvestG qualifiziert werden und es müssten dementsprechend für sie die gleichen Beschränkungen gelten, die für tatsächliche ausländische Investoren im Gesetz vorgesehen sind. [368]

Für ausländische Staaten, internationale Organisationen sowie von ihnen kontrollierte Gesellschaften sieht das StrategInvestG eine spezielle Regelung vor und legt für sie in Art. 2 Abs. 2 StrategInvestG ein direktes Verbot für die Durchführung von Transaktionen mit der Folge des Kontrollerwerbes an einer strategischen Kapitalgesellschaft fest. Für diese Personen gilt gem. Art. 2 Abs. 3 StrategInvestG die Pflicht, die durch die Antimonopolbehörde erteilte Zustimmung des Staates auch bei Rechtsgeschäften einzuholen, die zwar nicht zum Kontrollerwerb führen aber trotzdem den Anforderungen des StrategInvestG entsprechen. Eine Ausnahme davon

---

364 Föderalgesetz vom 26. Juli 2006 „Über den Wettbewerbsschutz", SZ RF 2006, № 31 (Teil I), Pos.3434 [Федеральный закон от 26 июля 2006 г. „О защите конкуренции", СЗ РФ 2006, № 31, (часть I) ст. 3434].

365 Vgl. *Timofeeva, E.*, Unbundling in der russischen Elektrizitätswirtschaft im Vergleich zum deutschen und europäischen Energierecht, S. 56–57.

366 Entscheidung der Arbitragegerichts der Stadt Moskau vom 28. Juli 2009 №A40-58081/09-83- 443 [Решение Арбитражного суда г. Москвы от 28 июля 2009 №A40-58081/09–83– 443].

367 *Stoljarskiy,* Ausländische Investitionen in strategische Branchen in Russland, S. 56; *Stepanchenko,* Einige Problemfragen bei der Anwendung des StrategInvestG, S. 83.

368 *Stepanchenko,* Einige Problemfragen bei der Anwendung des StrategInvestG, S. 83; Abschlussbericht „Fostering Foreign Investment in Mineral Exploration and Development in Russia", S. 53.

wurde durch die Änderung des StrategInvestG vom November 2011[369] eingeführt und betrifft internationale Finanzorganisationen, in denen die Russische Föderation Mitglied ist.[370]

b) Begriff „strategische Kapitalgesellschaft"

Die Legaldefinition für die strategische Kapitalgesellschaft findet sich in Art. 3 Abs. 3 StrategInvestG. Danach ist darunter eine Kapitalgesellschaft zu verstehen, die in Russland registriert ist und ihre unternehmerische Tätigkeit in einem Wirtschaftszweig ausübt, der nach dem StrategInvestG als strategisch wichtiger Wirtschaftszweig definiert ist. Das Bedeutet im Ergebnis, dass eine Kapitalgesellschaft auch dann insgesamt als eine strategische Kapitalgesellschaft eingestuft wird, wenn das Unternehmen in verschiedenen Geschäftsfeldern tätig ist und nur eines dieser Felder in den Anwendungsbereich des StrategInvestG fällt.[371]

Die Aufzählung einzelner Wirtschaftszweige (Unternehmenstätigkeiten) mit strategischer Bedeutung ist in Art. 6 StrategInvestG enthalten. Zunächst wurden in dieser Norm 42 solcher Tätigkeitsbereiche verzeichnet, die Anfang 2014 um drei weitere ergänzt wurden. Die geologische Erforschung des Erdkörpers und die Erkundung und Gewinnung von Bodenschätzen auf Erdkörperfeldern föderaler Bedeutung ist gem. Art. 6 Nr. 39 StrategInvestG auch als strategischer Wirtschaftszweig eingestuft. Die Tätigkeitsbereiche wie Transport von Erdöl, Erdölprodukten und Gas durch das Pipelinenetz fallen ebenso in den Anwendungsbereich des StrategInvestG, da dieses gem. Art. 6 Nr. 37 StrategInvestG auch die Investitionen in die natürlichen Monopole regelt.

---

369 Föderalgesetz vom 16. November 2011 „Über die Änderungen in Art. 6 Föderalgesetzes „Über die Ausländischen Investitionen" und im Föderalgesetz „Über die Durchführung von ausländischen Investitionen in Wirtschaftsgesellschaften, die strategische Bedeutung für die Sicherung der Landesverteidigung und die Sicherheit des Staates haben, SZ RF 2011, № 47, Pos. 6612 [Федеральный закон от 16 ноября 2011 г. N 322-ФЗ „О внесении изменений в статью 6 Федерального закона «Об иностранных инвестициях в Российской Федерации» и Федеральный закон «О порядке осуществления иностранных инвестиций в хозяйственные общества, имеющие стратегическое значение для обеспечения обороны страны и безопасности государства», СЗ РФ 2011, № 47, ст. 6612].

370 *Chernzschov/Ostanez*, Überblick über die Änderungen in Gesetzgebung über die ausländischen Investitionen, S. 40, 41.

371 *Tagascheva/Ageschkina/*Gerasimenko, Kommentar zu StrategInvestG, S. 20; *Stepanchenko,* Einige Problemfragen bei der Anwendung des StrategInvestG, S. 57; *Sailer,* Aufsuchung, Exploration, Erschließung und Förderung von Bodenschätzen in der RF durch russische und ausländische Investoren, S. 113; *Stoljarskij/Wedde,* Auslandsinvestitionen unter Aufsicht, in: VDRW-Mitteilungen № 36 – 37/2008, S. 44,45.

2. *Zustimmungspflicht für die Rechtsgeschäfte zum Kontrollerwerb*

Für alle Rechtsgeschäfte zwischen einer strategischen Kapitalgesellschaft und ausländischen Investoren, die auf den Erwerb einer indirekten oder direkten Kontrolle seitens des ausländischen Investors oder der Personengruppe abzielen, setzt Art. 7 StrategInvestG die Pflicht zur vorherigen Zustimmung der speziellen Regierungskommission voraus. Ausnahmen davon bilden nach Art. 4 Abs. 4 StrategInvestG Rechtsgeschäfte mit einer strategischen Kapitalgesellschaft, wenn der ausländische Investor bereits vor dem geplanten Rechtsgeschäft Anteile an dieser Kapitalgesellschaft in Höhe von 50 % besaß. Entbehrlich ist die Vorabanfrage der Zustimmung gem. Art. 2 Abs. 7 StrategInvestG auch bei Rechtsgeschäften in Bezug auf diejenigen strategischen Kapitalgesellschaften, an welchen die Russische Föderation selbst zu mehr als 50 % beteiligt ist.

a) Begriff „Kontrolle"

Der Begriff der Kontrolle einer Kapitalgesellschaft über die andere einschließlich der indirekten Kontrolle wurde in der russischen Gesetzgebung zum ersten Mal im StrategInvestG definiert und verwendet.[372] Nach Art. 3 Abs. 1 Ziff. 3 StrategInvestG ist „die Kontrolle über eine strategische Kapitalgesellschaft" als die Möglichkeit des ausländischen Investors bzw. der Personengruppe definiert, direkt oder durch Dritte die von der strategischen Kapitalgesellschaft zu treffenden Entscheidungen zu bestimmen. Der Kontrollbegriff wird in Art. 5 StrategInvestG um Merkmale ergänzt, nach denen bestimmt werden soll, ob eine Kontrolle vorliegt. Aus dieser Norm folgt, dass in den im Art. 3 Abs. 1 Ziff. 3 StrategInvestG gemeinten „Einfluss" auf die Entscheidungen der strategischen Kapitalgesellschaft sowohl die Stimmenverfügung (Anteile) auf der Aktionärsversammlung dieser strategischen Kapitelgesellschaft, als auch die Teilnahme in den Verwaltungsgremien dieser strategischen Gesellschaft und die Möglichkeit zur Funktionsausübung als Verwaltungsorganisation fällt. Die zustimmungspflichtige Rechtsgeschäfte sind gem. Art. 7 StrategInvestG solche Rechtsgeschäfte, die zum Erwerb der im Art. 5 StrategInvestG definierten Merkmalen der Kontrolle (Kontrollerwerb) führen.[373]

aa) Allgemeine Regel für die Kontrollschwelle

Gem. Art. 5 StrategInvestG allgemein gilt, dass die strategische Kapitalgesellschaft ist als eine unter der Kontrolle eines ausländischen Investor stehende zu betrachten, wenn dieser:

---

372 *Tagascheva/Ageschkina/*Gerasimenko, Kommentar zu StrategInvestG, S. 21; *Ivanova,* Überblick über die neue Gesetzgebung über die Beschränkungen ausländischer Investitionen in die strategischen Wirtschaftszweige, S. 23.

373 *Sailer,* Aufsuchung, Exploration, Erschließung und Förderung von Bodenschätzen in der RF durch russische und ausländische Investoren, S. 114–117, *Paulsen/Saenko,* WiRO (2009) -Teil 1, S. 79.

- mehr als 50 % der Anteile (Aktien) der strategischen Kapitalgesellschaft hält;
- das Recht hat, mehr als 50 % der Aufsichtsratsmitglieder (oder eines anderen kollegialen Leitungsorgans) des strategische Unternehmens zu bestimmen;
- das Recht hat, die durch die strategische Kapitalgesellschaft zu treffenden Entscheidungen und andere Bedingungen ihrer unternehmerischen Tätigkeit auf Grundlage eines Vertrages oder in einer anderen Form zu bestimmen;
- das Recht besitzt, den Geschäftsführer der strategischen Gesellschaft zu ernennen;
- weniger als 50 % der Anteile (Aktien) der strategischen Kapitalgesellschaft besitzt, die anderen Anteile aber so aufgeteilt sind, dass er trotzdem die Möglichkeit hat, die Entscheidungen dieser Kapitalgesellschaft zu bestimmen.

Zusammenfassend kann festgestellt werden, dass der ausländische Investor dann die Kontrolle über eine strategische Kapitalgesellschaft besitzt, wenn er in der Lage ist, die unternehmerische Tätigkeit dieser Kapitalgesellschaft entscheidend zu beeinflussen oder einen direkten Einfluss auf ihre Entscheidungen zu nehmen. Eine klar definierte Grenze, unter derer die Kontrolle auf jedem Fall nicht vorliegt, wurde in das Gesetz nicht aufgenommen. Trotz der Tatsache, dass dem Kontrollerwerb bei der Frage, ob ein Rechtsgeschäft unter den Anwendungsbereich des StrategInvestG fällt, die Schlüsselrolle zukommt, ist die entsprechende Legaldefinition im Gesetz intransparent und schwer nachvollziehbar ausgestaltet.[374] Die Liste der Kriterien zur Bestimmung, ob die Kontrolle vorhanden ist, ist nicht abschließend. Gem. Art. 7 Pkt. 4 unterliegt „jeglicher" Kontrollerwerb der Genehmigungspflicht. Damit hält das Gesetz auch eine geringere Beteiligung unter Umständen für das Vorhanden der Kontrolle für ausreichend, was zur Folge hat, dass ein Kontrollerwerb durch einen ausländischen Investor über ein strategisches Unternehmen praktisch jeweils in Einzelfällen ermittelt werden muss.[375] Vor diesem Hintergrund ist es besonders für die die gemeinsamen Unternehmen notwendig, die gesamte Reihe von Vereinbarungen zwischen den Aktionären zu prüfen.[376]

---

374 *Lecheler/Germelmann,* Zugangsbeschränkungen für Investitionen aus Drittstaaten im deutschen und europäischen Energierecht, S. 204; *Stoljarskij/Wedde,* Auslandsinvestitionen unter Aufsicht, in: VDRW-Mitteilungen № 36 – 37/2008, S 45.

375 *Ivanova,* Überblick über die neue Gesetzgebung über die Beschränkungen ausländischer Investitionen in die strategischen Wirtschaftszweige, S. 24; *Stoljarskiy,* Ausländische Investitionen in strategische Branchen in Russland, S. 56, *Paulsen/Saenko,* WiRO (2009) – Teil 1, S. 79.

376 *Stoljarskij/Wedde,* Auslandsinvestitionen unter Aufsicht, in: VDRW-Mitteilungen № 36 – 37/2008, S 45,46; *Ivanova,* Überblick über die neue Gesetzgebung über die Beschränkungen ausländischer Investitionen in die strategischen Wirtschaftszweige, S. 24; *Stoljarskiy,* Ausländische Investitionen in strategische Branchen in Russland, S. 56.

bb) Besondere Kontrollschwelle für Kapitalgesellschaften, die im Bergbausektor tätig sind

Für die strategischen Kapitalgesellschaften, die ihre unternehmerische Tätigkeit im Bereich der Nutzung des Untergrundes auf den Erdkörperfeldern föderaler Bedeutung durchführen (im Folgenden: strategische Erdkörpernutzer), gelten gem. Art. 5 Abs. 3 StrategInvestG Sonderregeln bei den Transaktionen mit ausländischen Investoren, indem für diese Rechtsgeschäfte wesentlich höhere Schwellenwerte für das Vorhandensein einer Kontrolle normiert sind. In der ersten Fassung des StrategInvestG von 2008 wurde für die strategischen Erdkörpernutzer die Grenze für den Kontrollerwerb bei 10 % gesetzt. Insbesondere im Vergleich mit den anderen als strategisch definierten Wirtschaftszweigen wie z.B. Atom-, Rüstungs-, Luftfahrt- oder Raumluftfahrtindustrie, die ersichtlich mehr und direkter mit der Gewährleistung der nationalen Sicherheit verbunden sind, aber der allgemeinen Regelung nach Art. 7 StrategInvestG unterliegen, wonach die Grenze zur freien (ohne staatliche Zustimmung) Beteiligung des ausländischen Kapitals bei 50 % plus einer Stimmrechtsaktie liegt, erschien die 10 %-Schwelle für die strategischen Erdkörpernutzer als viel zu niedrig.[377]

Es ist kein Geheimnis, dass ein Unternehmen, welches in das internationale Explorationsgeschäft investiert, nicht nur die rein finanzielle Beteiligung zum Ziel hat, sondern auch die Erwartungen hegt, als Betreiber des Projekts zu agieren. Unabdingbare Voraussetzung dafür ist, dass es über einen Anteil an der Gesellschaft verfügt, welche für die Durchführung von Bergbauarbeiten auf dem entsprechenden Erdkörperfeld Lizenzinhaberin ist. Die bevorzugte Anteilshöhe ist dabei mindestens 25 % plus eine Aktie, das heißt die Möglichkeit, die Sperrminorität auszuüben. Das hängt vor allem damit zusammen, dass eine solche Anteilshöhe dem Unternehmen erlaubt, nach den Regeln internationaler Rechnungslegung (IAS oder SEC) in dem Bergbauvorhaben getätigte Investitionen als „erhebliche“ (significant influence) zu betrachten und die Vorräte des einschlägigen Erdkörperfeldes in seiner Finanzbilanz aufzuführen.[378] Die Schwelle 25 % plus eine Stimmrechtsaktie garantiert unter anderem dem Minderheitsgesellschafter seine Teilnahme am Vorstand des Gemeinschaftsunternehmens, was notwendig ist, um vollständige Informationen über den

377 *Kuvschinov*, Ausländische Investitionen in die Erschließung von Erdkörperfeldern föderaler Bedeutung, S. 18; *Bardin/Kuvschinov*, Rechtlicher Rahmen für die Investitionszusammenarbeit bei der Erschließung von Erdkörperfeldern föderaler Bedeutung, S. 24, 25; *Sailer*, Aufsuchung, Exploration, Erschließung und Förderung von Bodenschätzen in der RF durch russische und ausländische Investoren, S. 121; Abschlussbericht "Fostering Investment in Mineral Exploration and Development in Russia“, S. 54.

378 Das sog. „booking“ nach den Regeln des IAS- oder SEC-Accounting Systeme. Vgl. *Bardin/Kuvschinov*, Rechtlicher Rahmen für die Investitionszusammenarbeit bei der Erschließung von Erdkörperfeldern föderaler Bedeutung; S. 24–25, 34; *Kuvschinov*, Ausländische Investitionen in die Erschließung von Erdkörperfeldern föderaler Bedeutung, S. 18.

Projektfortschritt zu erhalten, und räumt dem Investor die minimalen Sperrrechte zu zentralen Fragen der Arbeitsweise des Unternehmens ein. Vor diesem Hintergrund überrascht es nicht, dass die ursprünglich Festlegung eines 10 %-igen Schwellenwertes der freien Beteiligung ausländischer Investoren bei der Erdkörpernutzung auf den föderalen Erdkörperfeldern große Kritik sowohl aus den Reihen der Rechtswissenschaftler als auch aus der Praxis ausgelöst hat. So wurden am Ende des Jahres 2011 diesbezüglich Änderungen im StrategInvestG vorgenommen, wodurch der Gesetzgeber einen gewissen Kompromiss eingegangen ist und den Grenzwert zur Bestimmung des Kontrollerwerbs durch Transaktionen zwischen ausländischen Investoren und strategischen Erdkörpernutzern von 10 % auf „bis 25 %" erhöht hat.

Heute ist nach Art. 5 Abs. 3 Pkt. 1 und 2 StrategInvestG der Erwerb der Kontrolle an einem strategischen Erdkörpernutzer dann anzunehmen, wenn der ausländische Investor direkt oder indirekt 25 % der Stimmrechtsaktien (Anteile) des strategischen Erdkörpernutzers kontrolliert und bzw. oder das Recht hat, mehr als 25 % der Mitglieder des Aufsichtsrates (oder eines anderen kollegialen Leitungsorgans) des strategischen Erdkörpernutzers zu ernennen. Die Festlegung des Kontrollschwellenwertes in Höhe von 25 % soll ein Übergewicht der ausländischen gegenüber den nationalen Investitionen in diesem Wirtschaftszweig verhindern, um damit eine mögliche Bedrohung für die nationale Sicherheit abzuwehren.[379] Die restlichen Vorschriften des Gesetzes, die den Kontrollerwerb auf der Grundlage eines Vertrages sowie durch die Möglichkeit, den Geschäftsführer oder den Vorstand zu ernennen und die Aufgaben der Verwaltungsorganisation auszuüben, gelten für die strategischen Erdkörpernutzer in gleichem Umfang wie für die anderen strategischen Kapitalgesellschaften. Auch in Bezug auf Rechtsgeschäfte zwischen strategischen Erdkörpernutzern und ausländischen Staaten, internationalen Organisationen sowie von ihnen kontrollierten Organisationen sind die oben geschilderten Bestimmungen nach Art. 2 Abs. 2 StrategInvestG in gleicher Weise wie für die anderen strategischen Gesellschaften anwendbar.

Aus der Sicht des russischen Aktienrechts ist der Unterschied zwischen den Schwellenwerten von 10 % und 25 % nicht wirklich bedeutend. Bei dem Beteiligungsgrad des ausländischen Investors bis 25 % behält der russische Mehrheitsgesellschafter die volle Kontrolle über das Projekt, denn der ausländische Investor erhält damit kein Recht, Entscheidungen über die Arbeitsweise des Unternehmens zu blockieren. Durch den Kontrollerwerb von bis zu 25 % der Stimmrechtsaktien verfügen die ausländischen Investoren über sehr begrenzte Rechte, die praktisch keinen Einfluss auf die Kontrolle über das Projekt mit sich bringen. Diese Rechte reduzieren sich *de facto* auf die Erlangung der Informationen über das Projekt. Trotz des vorherrschenden Einflusses des russischen Majoritätspartners erlangt der ausländische Minoritätspartner (ausländischer Investor) dadurch nach Art. 1

379 *Tagascheva/Ageschkina/Gerasimenko*, Kommentar zu StrategInvestG, S. 34.

Föderalgesetzes „Über die Aktiengesellschaften“[380] i. V. m. den Bestimmungen des ZGB RF einen garantierten Platz im Vorstand des Gemeinschaftsunternehmens sowie das Recht auf Einberufung einer außerordentlichen Hauptversammlung eingeräumt werden. So kann er zumindest den Fortschritt des Projekts verfolgen sowie die Entscheidungen der Hauptversammlung zu Themen wie Änderungen und Ergänzungen der Satzung sowie die Genehmigung einer neuen Version der Satzung, Reorganisation oder Auflösung der juristischen Person, Erhöhung oder Minderung vom Stammkapital usw. blockieren können.[381]

Für die strategischen Kapitalgesellschaften im Bereich der Erdkörpernutzung gelten gem. Art. 2 Abs. 7 StrategInvestG zwei weiteren Besonderheiten. Die ausländischen Investoren, die bis zum Zeitpunkt der Transaktion bereits mehr als 75 % der Anteile (Aktien) am Stammkapital der einschlägigen strategischen Explorationsgesellschaft besitzen, bedürfen keiner Zustimmung der Regierungskommission für Transaktionen mit dem Zukauf von Anteilen. Außerdem wurden aus den zustimmungspflichtigen Rechtsgeschäften die konzerninternen Transaktionen innerhalb einer strategischen Explorationsgesellschaft ausgenommen.

b) Zustimmungsverfahren

Das Verfahren zur Erhaltung der vorherigen staatlichen Zustimmung für Rechtsgeschäfte, die zum Kontrollerwerb an einer russischen strategischen Gesellschaft führen, ist in erster Linie in den Art. 8–16 StrategInvestG und ferner in der Regierungsverordnung № 510 „Über die Regierungskommission für die Kontrolle über die ausländischen Investitionen“ (im Folgenden: Regierungsverordnung № 510)[382] geregelt. Die Zustimmung ist von der zuständigen Behörde zu erteilen. Wie oben erwähnt, ermächtigt Art. 3 Regierungsverordnung № 510 die FAS als die zuständige staatliche Stelle. Dem Zustimmungs- oder Verweigerungsbeschluss vom FAS ist eine Prüfung und Entscheidung der Regierungskommission für ausländischen Investitionen vorgelagert, die vom Ministerpräsidenten geleitet wird.[383] Aufgaben der FAS sind vor allem die Registrierung und erste Vorprüfung der Antragsunterlagen sowie

---

380 Föderalgesetz vom 26. Dezember 1995 „Über die Aktiengesellschaften“, SZ RF 1996, № 1, Pos. 1 [Федеральный закон от 26 декабря 1995 г. „Об акционерных обществах“, СЗ РФ 1996, № 1, ст. 1].

381 Vgl. *Bardin/Kuvschinov,* Rechtlicher Rahmen für die Investitionszusammenarbeit bei der Erschließung von Erdkörperfeldern föderaler Bedeutung, S. 25; *Kuvschinov,* Ausländische Investitionen in die Erschließung von Erdkörperfeldern föderaler Bedeutung, S. 17; *Sailer,* Aufsuchung, Exploration, Erschließung und Förderung von Bodenschätzen in der RF durch russische und ausländische Investoren, S. 121.

382 Siehe Fn. 361.

383 Die aktuelle Zusammensetzung siehe in der Verfügung der Regierung der RF vom 11. November 2013 №2088-р „Über die Zusammensetzung der Regierungskommission für die Kontrolle über das Tätigen ausländischer Investitionen in der RF“, unter http://government.ru/info/8095/ [Распоряжения Правительства РФ от 11 ноября 2013 г. № 2088-р „О составе Правительственной комиссии

die Ermittlung, ob die betreffende Transaktion zu einer Veränderung der Kontrolle über die strategische Kapitalgesellschaft führt. Die Regierungskommission trifft die Entscheidung in der Sache, ob der bevorstehende (geplante) Erwerb der Kontrolle durch den ausländischen Investor zulässig ist.

Bei Zweifeln des Vorliegens eines zustimmungspflichtigen Rechtsgeschäftes zum Kontrollerwerb kann der ausländische Investor sich nach Art. 8 Abs. 6 StrategInvestG an die FAS mit eine Voranfrage wenden, ob die Durchführung des Zustimmungsverfahrens für das geplante Rechtsgeschäft erforderlich ist. In der Praxis steht ein Investor vor drei Fragen, Antwort auf welche er selbständig nicht ohne weiteres eindeutig beantworten kann: ob das Zielgesellschaft in irgendeiner Weise zu den strategischen Branchen gehören könnte, ob durch das Rechtsgeschäft tatsächlich ein Kontrollerwerb vollzogen wird und nicht zuletzt, ob es bei dem Investor überhaupt um einen ausländischen Investor handelt.[384] Die Möglichkeit der Vorabanfrage gem. Art. 8 Abs. 6 StrategInvestG ist zwar für Investor eine willkommene Absicherung und FAS beantwortet in der Praxis auch andere Anfragen, wäre eine klare gesetzliche Regelung für diese Entscheidungskriterien jedoch wünschenswert. Im Falle einer Vorabanfrage prüft die FAS innerhalb von 30 tagen, ob es sich um ein zustimmungspflichtiges Rechtsgeschäft handelt, Art. 9 Abs. 3 StrategInvestG

Das Zustimmungsverfahren wird auf Antrag des ausländischen Investors eröffnet, dem Rechtsgeschäft, das auf den Kontrollerwerb gerichtet ist, zuzustimmen. Der Antrag ist zusammen mit den Unterlagen, die in Art. 8 Abs. 2 StrategInvestG aufgelistet sind, bei der FAS einzureichen. Die Unterlagenliste weist Ähnlichkeiten mit dem Unterlagenverzeichnis für die Anträge auf kartellrechtliche Genehmigung für Rechtsgeschäfte über den Erwerb von Kapitalanteilen (Beteiligungsanteilen) auf.[385] Die einzureichenden Unterlagen müssen unter anderem neben Informationen zu gesellschaftsrechtlichen und sonstigen Beteiligungsverhältnissen sowie Tätigkeitsarten des Antragstellers auch die den Inhalt des geplanten Rechtsgeschäfts offenlegende Vereinbarung sowie einen Businessplan im Hinblick auf das strategische Unternehmen[386] enthalten. Der Anfertigung des Businessplans ist besondere

по контролю за осуществлением иностранных инвестиций в Российской Федерации", http://government.ru/info/8095.

384 *Stoljarskiy,* Ausländische Investitionen in strategische Branchen in Russland, S. 56; *Lecheler/Germelmann,* Zugangsbeschränkungen für Investitionen aus Drittstaaten im deutschen und europäischen Energierecht, S. 203–205; *Stoljarskij/Wedde,* Auslandsinvestitionen unter Aufsicht, in: VDRW-Mitteilungen № 36 – 37/2008, S 45,46.

385 Art. 28 WettbG.

386 Anordnung MINPRIRODA № 201 vom 23. März 2011 „Über die Genehmigung der Form für den Businessplan der strategischen Kapitalgesellschaft, der vom ausländischen Investor gem. Art. 8 Abs. 2 Pkt. 10 des Föderalgesetzes „Über die Durchführung von ausländischen Investitionen in Wirtschaftsgesellschaften, die strategische Bedeutung für die Sicherung der Landesverteidigung und die Sicherheit des Staates haben" eizureichen ist", Registrierung im Justizministerium am 10. Juni 2011, № 20982 [Приказ ФАС РФ от 23 марта 2011 «Об утверждении

Sorgfalt zu widmen. Die dort gemachten Annahmen, Kalkulationen und Angaben können im Falle der Zustimmung zum Erwerbsgeschäft für den ausländischen Investor verpflichtende Wirkung entfalten.[387]

Die FAS prüft den Antrag in erster Linie auf seine Vollständigkeit und stellt fest, ob das bevorstehende (geplante) Rechtsgeschäft zum Kontrollerwerb über die strategische Kapitalgesellschaft führt, Art. 9 StrategInvestG. Wird nach Meinung der Antimonopolbehörde der Kontrollerwerb nicht konstituiert, leitet die Behörde den Antrag an den ausländischen Investor zurück. Er ist dann dazu berechtigt, diese Transaktion ohne staatliche Zustimmung abzuschließen, Art. 9 Abs. 2 StrategInvestG. Für den Fall, dass der Kontrollerwerb festgestellt wird, stellt die FAS zunächst eine Anfrage bei den in Art. 10 Abs. 1 StrategInvestG aufgelisteten staatlichen Behörden, darunter beim Föderalen Dienst für Sicherheit der Russischen Föderation (im Folgenden: FSB) oder je nach betroffenem Wirtschaftssektor bei den entsprechenden Fachministerien, über das mögliche Auftreten einer Bedrohung für die nationale Sicherheit und Verteidigung des Staates als Folge der geplanten Transaktion. Parallel dazu prüft sie, ob für die betroffene strategische Kapitalgesellschaft eines der in Art. 10 Abs. 1 StrategInvestG aufgelisteten Kriterien zutrifft, insbesondere ob diese Gesellschaft über alle Rechte und erforderlichen Lizenzen verfügt, um die den strategischen Wirtschaftszweigen zugeordnete Tätigkeit auszuüben. Neben einer Zustimmung oder einer Verweigerung, kann die Kommission Art. 12 Pkt. 1 StrategInvestG dem Rechtsgeschäft unter Auflagen zustimmen, wie z.B. Beibehaltung von Arbeitsplatzen oder bestimmter Produktionsbereiche, Fortführung bestimmter Staatsauftrage usw. [388]

Das Gesetz setzt gem. Art. 11 abs. 4 StrategInvestG voraus, dass die Entscheidung innerhalb von drei Monaten ab dem Tag des Antragseingangs gefällt wird. In Ausnahmefällen ist eine einmalige Verlängerung auf weitere drei Monate möglich. Die Frist beginnt erst, wenn alle erforderlichen Unterlagen vorliegen. Der FAS kommt diesbezüglich eine Einschätzungsprärogative zu, da sie weitere Dokumente anfordern kann, wenn sie dies für geboten hält, um sich ein vollständiges Bild von dem geplanten Rechtsgeschäft oder dem Erwerber bzw. dem (den) Endbegünstigten zu

---

формы бизнес-плана хозяйственного общества, имеющего стратегическое значение, представляемого иностранным инвестором, в соответствии с требованиями пункта 10 части 2 статьи 8 Федерального закона от 29.04.2008 N 57-ФЗ «О порядке осуществления иностранных инвестиций в хозяйственные общества, имеющие стратегическое значение для обеспечения обороны страны и безопасности государства», зарегистрировано в Минюсте РФ 10 июня 2011 г., № 20982].

387 *Stoljarskiy,* Ausländische Investitionen in strategische Branchen in Russland, S. 58; *Säcker (Hrsg.),* Handbuch zum dt.-russ. Energierecht, S. 334.

388 *Stoljarskiy,* Ausländische Investitionen in strategische Branchen in Russland, S. 58; *Ivanova,* Überblick über die neue Gesetzgebung über die Beschränkungen ausländischer Investitionen in die strategischen Wirtschaftszweige, S. 26.

machen.[389] Die dreimonatige Frist bezieht sich auf das Verfahren bei der FAS und bei der Regierungskommission zusammen.[390] Sie kann zwar in Ausnahmefällen um weitere drei Monate verlängert werden, in der Praxis jedoch dehnt sich das Verfahren oft über einen längeren Zeitraum aus. Es gibt vereinzelte Fälle, in denen die Prüfung des Antrags über ein Jahr gedauert hat.[391] Das Gesetz sieht aber keine Sanktionen oder sonstigen Rechtsfolgen bei Fristüberschreitung vor, was sich auf die Planungssicherheit eines ausländischen Investors durchaus negativ auswirken kann. Denn solche Verzögerungen führen für den Investor zu erheblichen Zeit- und Geldverlusten sowie zu einem Misstrauen gegenüber der russischen Rechtsordnung.

Die Zustimmung wird nur für eine bestimmte Frist gewährt, der gem. Art. 11 Abs. 2 StrategInvestG nach dem Vorschlag des Antragstellers festgelegt wird. Außerhalb dieser Frist ist der Abschluss des Rechtsgeschäfts zum Kontrollerwerb nicht mehr zulässig.[392] Nach Art. 11 Abs. 2.1 StrategInvestG[393] kann der Antragsteller allerdings bei der FAS ein begründetes Ersuchen auf Verlängerung der Zustimmungsgeltungsdauer stellen, worin die Begründung der Verlängerungsnotwendigkeit und Angabe der gewünschten Frist zu benennen sind. Daraufhin hat die Regierungskommission innerhalb von drei Tagen ab dem Eingangsdatum des Ersuchens, über die Zustimmung oder Verweigerung einer solcher Fristverlängerung zu entscheiden und die FAS auf der Grundlage dieser Entscheidung den entsprechenden Beschluss an den Antragsteller zu übermitteln.

3. *Meldepflicht nach Art. 14 und 16 Abs. 3 StrategInvestG*

Rechtsgeschäfte, die die Kontrollschwelle nicht überschreiten, bedürfen keiner vorherigen Zustimmung der Regierungskommission. Zusätzlich schreibt jedoch das StrategInvestG in Art. 14 die Verpflichtung ausländischer Investoren vor, die zuständige Behörde (die Antimonopolbehörde) über jedes Rechtsgeschäft zu informieren, mit dem 5 % und mehr Anteile (Aktien) an der strategischen Gesellschaft erworben werden.[394] Besaß der ausländische Investor vor dem Inkrafttreten des

389 *Stoljarskiy,* Ausländische Investitionen in strategische Branchen in Russland, S. 58.

390 *Tagascheva/Ageschkina/*Gerasimenko, Kommentar zu StrategInvestG, S. 74.

391 Abschlussbericht „Fostering Foreign Investment in Mineral Exploration and Development in Russia“, S. 55;
Stoljarskiy, Ausländische Investitionen in strategische Branchen in Russland, S. 58.

392 *Ivanova,* Überblick über die neue Gesetzgebung über die Beschränkungen ausländischer Investitionen in die strategischen Wirtschaftszweige, S. 26.

393 Eingeführt durch Änderungsgesetz vom 4. November 2014. Bis dahin musste der Investor, einen neuen Antrag stellen und das Zustimmungsverfahren nach Art. 8–16 StrategInvestG aufs Neue zu beginnen, wenn der Vertragsabschluss innerhalb der genehmigten Frist nicht zustande kam.

394 Anordnung FAS № 337 vom 25. Mai 2012 „Über die Genehmigung des Verwaltungsverfahrensordnung für die Föderale Antimonopoldienst Über die Erbringung der öffentlichen Dienstleistung über die Prüfung des Meldeschreibens über den Erwerb durch einen ausländischen Investor oder durch eine Personengruppe mit ausländischer

Gesetzes bereits 5 % und mehr Anteile, ist er verpflichtet, innerhalb von 180 Tagen nach dem Inkrafttreten des Gesetzes den Staat (in dem Fall durch die Antimonopolbehörde vertreten) über diesen Besitz zu informieren, Art.16 Abs. 3 StrategInvestG.

4. *Rechtsfolgen*

Rechtsgeschäfte, die nach StrategInvestG die Voraussetzungen für zustimmungspflichtige Transaktionen erfüllen und ohne eine vorherige Zustimmung vollzogen wurden, sind gem. Art. 15 Abs. 1 StrategInvestG nichtig. In diesem Falle gelten die Rechtsfolgen für unwirksame und nichtige Rechtsgeschäfte nach Art. 166 ff. ZGB. Ist es nicht möglich, diese Vorschriften anzuwenden, sieht das StrategInvestG in folgenden Fällen die Möglichkeit vor, dass ein Gericht auf Klage der FAS das Stimmrecht des ausländischen Investors oder der Personengruppe in der Generalversammlung entzieht Art. 15 Abs. 2–3. Die Stimmen solcher Investoren werden bei der Bestimmung der Beschlussfähigkeit und bei der Stimmauszählung nicht berücksichtigt. Diese Sanktion soll die Wirksamkeit des per Gesetz vorgeschriebenen Ablaufs garantieren.[395] Ebenso kann das Gericht auf Antrag der FAS nach Art. 15 Abs. 3 StrategInvestG eine Entscheidung der Generalversammlung sowie die Beschlüsse anderer Verwaltungsorgane einer solchen Gesellschaft und die nach dem Kontrollerwerb durch den ausländischen Investor oder die Personengruppe durchgeführten Rechtsgeschäfte für unwirksam erklären.[396] Das zuständige Gericht ist gem. Art. 11 Pkt. 7 StrategInvestG in diesen Fällen das Oberstes Arbitragegericht. Eine solche Rechtsprechung ist bis heute nicht ergangen.

5. *Zwischenfazit*

Die Schaffung von Zugangsbeschränkungen für Investitionen aus Drittstaaten und die Einführung entsprechender Kontrollmechanismen in den strategisch wichtigen Wirtschaftsbereichen in Russland ist im weltweiten Vergleich kein Novum. Auch

---

Beteiligung einen 5%-Anteil an einer strategischen Kapitalgesellschaft", Registrierung im Justizministerium RF am 7. Juni 2012, № 24489 [Приказ Федеральной антимонопольной службы № 337 от 25 мая 2012 г. «Об утверждении административного регламента Федеральной антимонопольной службы по предоставлению государственной услуги по рассмотрению уведомлений о приобретении иностранным инвестором или группой лиц, в которую входит иностранный инвестор, пяти и более процентов акций (долей), составляющих уставные капиталы хозяйственных обществ, имеющих стратегическое значение для обеспечения обороны страны и безопасности государства», зарегистрировано в Минюсте РФ 7 июня 2012 г., № 24489].

395 *Gudkov/Larochkina/Lakhno/Salieva* in: *Säcker (Hrsg.),* Handbuch zum dt.-russ. Energierecht, S. 332; *Stoljarskij/Wedde,* Auslandsinvestitionen unter Aufsicht, in: VDRW-Mitteilungen № 36 – 37/2008, S. 44.

396 *Stoljarskij/Wedde,* Auslandsinvestitionen unter Aufsicht, in: VDRW-Mitteilungen № 36 – 37/2008, S. 44; *Paulsen/Saenko,* WiRO (2009) – Teil 1, S. 80.

die Europäische Union und Deutschland neben den USA und Kanada sowie einigen anderen Staaten haben in der jüngsten Zeit solche Änderungen getroffen. Der russische Gesetzgeber strebte bei der Einführung des StrategInvestG den positiven Effekt an, klare Regeln für ausländische Investoren zu schaffen, indem alle dabei zu berücksichtigenden Anforderungen an ein transparentes Verfahren vereinheitlicht werden sollten. Dies läuft jedoch aufgrund weiterhin bestehender Unzulänglichkeiten bei der praktischen Anwendung des Gesetzes beinahe ins Leere. Die Mängel beginnen bei den Definitionen der Entscheidungskriterien, nach welchen die Anwendung der Zugangsbeschränkungen bejaht oder verneint wird und enden mit der Tatsache, dass die Entscheidungen der Regierungskommission nicht begründet werden müssen, was den effektiven Rechtschutz bei dem Obersten Arbitragegericht deutlich erschwert. Dazu kommt das langwierige und komplizierte Zustimmungsverfahren, das die Einreichung umfangreicher Informationen und Dokumente voraussetzt und mit zahlreichen bürokratischen Anforderungen verbunden ist. Die Anreize und Rechtssicherheit für die ausländischen Investoren werden so nicht erreicht.

Der Wille des russischen Gesetzgebers den Bergbausektor auf Grund seiner herausragenden volkswirtschaftlichen und politischen Bedeutung von den Einflüssen ausländischen Kapitals zu schützen, verwundert nicht. Gleichwohl bestehet in gerade in diesem Bereich großer Investitionsbedarf. Dabei gelten nach StrategInvestG hierfür die strengsten Zugangsbeschränkungen. Der viel höhere Schwellenwert für einen Kontrollerwerb in den strategischen Explorationsgesellschaften macht sich insbesondere damit bemerkbar, als dass Zustimmungsanfragen für ausländische Investitionen in den Rohstoffsektor (Öl, Gas und andere Bodenschätze) weit mehr als die Hälfte aller Antragsfälle ausmachen.[397] Für die ausländischen Investoren sind die Beteiligungen an strategischen Explorationsgesellschaften sogar mit einem doppelten Risiko verbunden. Selbst wenn der Investor alle Hindernisse des Zustimmungsverfahrens erfolgreich überwindet, bleibt er in der „Zange" des russischen Staates in Form von Art. 2.1 Abs. 5 ErdkörperG. Entdeckt ein Bergbauunternehmen mit Beteiligung ausländischer Investoren eine Lagerstätte, die das entsprechende Erdkörperfeld als Erdkörperfeld föderaler Bedeutung qualifizieren lässt, kann die Regierung der RF diesem Bergbauunternehmen den Gewinnungsbetrieb untersagen, auch wenn es im Besitz einer kombinierten EKL ist.

Das Gesetz sieht zwar in so einem Fall vor, dass die für die Aufsuchungsarbeiten aufgebrachten Kosten sowie die Summe der einmaligen Gebühr, die in Übereinstimmung mit den Bedingungen der kombinierten Lizenz bezahlt worden ist, erstattet werden. Allerdings sind die Investitionen in den Bergbausektor schon aus rein geologischer Sicht sehr riskant. Die Gewissheit über die Auszahlung der Investition hat das Bergbauunternehmen nur durch die sichere Perspektive einer Beteiligung an der Erschließung der entdeckten Lagerstätte und am Abbau des darin enthaltenen Vorkommens. Durch die Perspektive einer möglichen Beendigung

397 *Stoljarskiy,* Ausländische Investitionen in strategische Branchen in Russland, S. 58.

des Gewinnungsrechts gem. Art. 2.1 Abs. 5 ErdkörperG wird das Risiko für den ausländischen Investor nicht mehr abschätzbar.

III. Zulassungsvoraussetzungen

Das russische Bergrecht verwendet den Begriff der sog. „Qualifikationsanforderungen“. Das ErdkörperG enthält keine zusammenhängende Aufzählung dieser Anforderungen. Sie werden an verschiedenen Stellen des ErdkörperG benannt und in den entsprechenden untergeordneten Rechtsakten jeweils für einzelne Arten der EKL und die dafür vorgesehenen Erteilungsverfahren in Form der Antragsunterlagen konkretisiert.

Laut Art. 14 Abs. 3 ErdkörperG ist die Erteilung einer EKL zu versagen, wenn der Antragsteller keinen „Nachweis darüber erbringen kann, dass er über qualifiziertes Personal und ausreichende finanzielle und technische Mittel verfügt oder verfügen wird, um effektiv und sicher die Arbeiten durchzuführen“. Unter dem Wortlaut „effektive Durchführung der Bergbauarbeiten“ versteht das ErdkörperG die Einhaltung von Regeln zur rationalen Nutzung und Schutz des Körpers, die in Art. 23 ErdkörperG festgelegt sind. Die Formulierung „sichere Durchführung der Bergbauarbeiten“ umfasst die Erfüllung von Regeln der Betriebssicherheit, die für diese Art der Tätigkeit in der Bergbaugesetzgebung oder in sektorspezifischen Rechtsakten bestimmt sind.[398] Die weiteren Qualifikationsanforderungen schreiben Art. 9 Abs. 3 ErdkörperG und Art. 22 Abs. 3 ErdkörperG vor. Die erste Norm benennt das Vorliegen einer Genehmigung zur Ausübung der mit den Bergbauarbeiten verbundenen Tätigkeiten, falls eine solche Genehmigung für diese Arbeiten gesetzlich vorgeschrieben ist.[399] Im Besitz der Genehmigung muss sowohl der EKL-Inhaber sein, wenn er die besagte Tätigkeit selbständig ausüben möchte, als auch die von ihm hinzugezogenen anderen juristischen oder natürlichen Personen und Organisationen. Die zweite Vorschrift besagt, dass für Arbeiten wie geologische Aufnahmen, Aufsuchung, Erkundung und die verschiedenen Verfahren der Rohstoffgewinnung, Errichtung und Betrieb von Tiefbauanlagen sowie sonstigen Arten der Erdkörpernutzung die erforderliche fachliche Qualifikation des EKL-Inhabers und der von ihm hinzugezogenen juristischen oder natürlichen Personen und Organisationen nachgewiesen werden muss. Dieser Nachweis kann in Form staatlicher Urkunden wie Lizenz, Zeugnisse oder Diplome erbracht werden.

Es erscheint sinnvoll anzumerken, dass in der russischen Rechtsdogmatik die Zulassungsvoraussetzungen sich aus den Anforderungen an die zulässigen Antragsteller und die Qualifikationsanforderungen zusammensetzen. Dabei unterscheiden sich die Anforderungen an die zulässigen Antragsteller abhängig von der Kategorie der Erdkörperfelder. Da das ErdkörperG dem Erteilungsverfahren einer

398 *Teplov*, Kommentar zum ErdkörperG, S. 223.

399 Ausführlicher zu Lizenzpflichtigen Tätigkeiten beim Bergbau siehe in dieser Arbeit S. 102 f.

Bergbauberechtigung grundsätzlich ein Wettbewerbsverfahren zu Grunde legt, wird die Aufmerksamkeit auf die Zulassungsvoraussetzungen im Zusammenhang mit den erforderlichen Antragsunterlagen im konkreten Erteilungsverfahren gelenkt. Dabei sind die genauen Inhalte nicht aller Angaben gesetzlich ausdrücklich festgelegt. Es hat sich hierfür zwar eine entsprechende Praxis herausgebildet,[400] eine klare Benennung in den Rechtsakten wäre hierfür trotzdem begrüßenswert vor allem aus dem Gesichtspunkt eines möglichen Missbrauchs des Ermessensspielraums durch die zuständigen Behörden. Um das Erteilungsverfahren der EKL systematisch und umfassend darzustellen, werden die einschlägigen Zulassungsvoraussetzungen bei der Besprechung der jeweiligen Verfahren detaillierter benannt.

C. Das Erteilungsverfahren

Die staatliche Regulierung des bergbaulichen Zugangs zu den Bodenschatzlagerstätten ist im russischen Bergrecht als ein vielschichtiges System aufgebaut, das aus zwei Kernpunkten besteht. Zum einen sind zwei Hauptphasen dieses Systems zu unterscheiden. In der ersten Phase wird mittels des Erteilungsverfahrens einer EKL der Rechtstitel auf Zugang zu dem bewilligten Erdkörperfeld und den darin enthaltenen Bodenschätzen verliehen. In der daran anschließenden zweiten Phase ergeht durch das Projektdokumentationsgenehmigungsverfahren die Ermächtigung zur unmittelbaren Betriebsführung. Der andere Kernpunkt des bergbaulichen Regulierungssystems besteht darin, dass die Verfahrensvorgaben in Abhängigkeit von der rechtlichen Einordnung des einschlägigen Erdkörperfeldes in eine der drei Kategorien differenziert werden. Geregelt wird das Erteilungsverfahren einer EKL primär im ErdkörperG, insbesondere Art. 13.1–21 ErdkörperG. Diese Bestimmungen haben allgemeinen Charakter und umfassen lediglich den allgemeinen Vorschriftsrahmen. Konkretisiert werden sie in einer Vielzahl untergeordneter Rechtsakte (meistens Anordnungen des MINPRIRODA oder der ROSNEDRA), welche die Zulassungsvoraussetzungen zusammen mit den Verfahrensbedingungen für die Antragsbearbeitung, für die Teilnahme an Auktionen bzw. Ausschreibungen oder für die Durchführung solcher Wettbewerbsverfahren sowie für die Ausstellung, Registrierung, Änderung, Ergänzung und Übertragung der EKL festlegen.

Vom Standpunkt eines Bergbauunternehmens aus besteht die Struktur des Lizenzierungssystems im Hinblick auf den Zugang zu den Bodenschätzen aus zwei wesentlichen Elementen:

- Die Erteilung einer Aufsuchungsberechtigung durch die EKL für die geologische Forschung: entweder aufgrund eines Staatsauftrags für die Erbringung der geologischen Forschungsarbeiten oder aufgrund des Beschlusses der zuständigen Kommission;

400 *Vasilevskaja*, Rechtliche Rahmenbedingungen der Erdkörpernutzung in Russland und Ausland, S. 268.

- Die Erteilung einer Gewinnungsberechtigung durch die EKL für Erkunden und Gewinnen von Bodenschätzen oder durch die kombinierte EKL: nach der Feststellung der Entdeckung einer Lagestätte oder auf Grund der Auktions- bzw. Ausschreibungsergebnisse sowie ohne Durchführung von Ausschreibungen und Auktionen;
- Die Erteilung einer EKL durch die Übertragung einer EKL.

Jedem dieser Erteilungsverfahren liegt eine gesetzlich festgelegte Abfolge einzelner Schritte zu Grunde, die sich wie folgt verzeichnen lässt: Bildung und Veröffentlichung des entsprechenden Verzeichnisses der Erdkörperfelder, Antragstellung, Antragsbearbeitung und Beschlussfassung (einschließlich der Durchführung der Auktion bzw. Ausschreibung), Ausstellung und Registrierung der EKL. Anschließend erfolgt eine detaillierte Untersuchung der wesentlichen Inhalte der Verfahrensvorgaben im Rahmen dieser Strukturelemente, in unserem konkreten Fall hinsichtlich Kohlenwasserstoffe.[401] Dabei soll auf die sich in einzelnen Verfahrensarten ergebenden Problemfragestellungen eingegangen und die Mehrstufigkeit (verschiedene Etappen für verschiedene Arten der Erdkörperfelder) in ein logisches System gebracht werden. Die Bildung und Veröffentlichung einschlägiger Verzeichnisse der Erdkörperfelder wurde bereits im Zusammenhang mit der Einteilung der Erdkörperfelder in die Kategorien behandelt, dementsprechend beginnt die Darstellung des Erteilungsverfahrens in diesem Kapitel mit dem nächsten Schritt: Antragstellung und Antragsbearbeitung. Der Antrag kann nur aus fünf im Art. 14 ErdkörperG genannten Gründen abgelehnt werden: wenn der Antrag gegen die geltenden formellen Vorschriften, beispielweise die aufgestellten Auktionsbedingungen verstößt; der Antragsteller macht vorsätzlich falsche Angaben; der Antragsteller kann oder wird keinen Nachweis über das erforderliche Fachpersonal sowie ausreichende finanzielle und technische Mitteln erbringen können; beim Verstoß gegen die Antimonopolbestimmungen, der Antragsteller erfüllt nicht die Zulassungsvoraussetzungen für einen Nutzer eines Erdkörperfelder föderaler Bedeutung. Diese Liste der Verweigerungsgründe gilt im gleichen Umfang für alle EKL-Typen.[402]

I. Erteilung einer EKL für die geologische Forschung

Der Ablauf des Erteilungsverfahrens einer EKL für die geologische Forschung richtet sich neben dem ErdkörperG nach der Anordnung MINPRIRODA vom 15. März 2005 № 61[403] (im Folgenden: Anordnung № 61). Die Anordnung № 61 regelt den

401 Die Vorgaben hinsichtlich anderer Bodenschätze wie Edelsteine und Edelmetalle, Kohle usw. sind in der Struktur gleich, unterscheiden sich allerdings durch sektorspezifische Regelungen wie z. B. einige Behörden, deren Zustimmung erforderlich wird, oder durch die Regeln der Betriebssicherheit.

402 *Vasilevskaja*, Rechtliche Rahmenbedingungen der Erdkörpernutzung in Russland und Ausland, S. 265.

403 Anordnung MINPRIRODA № 61 vom 15. März 2005 „Über die Genehmigung der Verfahrensbestimmung für die Bearbeitung von Anträgen auf die Erteilung

genauen Ablauf des Erteilungsverfahrens, insbesondere die Fristen, die erforderlichen Antragsunterlagen, die Anforderungen an den Antragssteller sowie die Kompetenzaufteilung zwischen den Behörden.

1. Antragsinhalt und Antragstellung

Zur Erteilung einer EKL für die geologische Forschung hat der Interessent nach Ziff. 3.3 Anordnung № 61 einen Antrag bei territorialen Dienststellen der ROSNEDRA in dem Föderationsmitglied zu stellen, in welchem sich das einschlägige Erdkörperfeld befindet. Erstreckt sich das Erdkörperfeld auf die Fläche mehrerer Föderationsmitglieder erfolgt die Antragsstellung bei ROSNEDRA. Der Antrag soll mit den folgenden Informationen eingereicht werden, Ziff. 3 Pkt. 1–12 Anordnung № 61:

- Angaben zum Antragssteller: die Rechtsform der Gesellschaft und bei einem Einzelunternehmer Vor- und Nachname, Personendaten (Anschrift, Ausweisnummer); Ort des Hauptsitzes; Informationen über die wirtschaftlichen Beziehungen des Antragsstellers mit den Finanz- und Produktionspartnern und Ähnliches;
- Angaben zu den Führungspersonen des Antragsstellers sowie zu den bei der Lizenzerteilung vertretungsberechtigten Personen;
- Informationen über die Bonität des Antragsstellers, die für die Durchführung der mit der geplanten Erdkörpernutzung zusammenhängenden Arbeiten notwendig sind. Dazu zählen der Nachweis über die eigenen Mittel in Form einer Kopie der Unternehmensbilanz für das dem Antrag vorhergehende Jahr und ggf. der Nachweis über fremde Mittel in Form einer Kopie des Darlehens- oder Kreditvertrages, der Bankbürgschaft oder Ähnliches;
- Angaben zu den technischen und technologischen Fähigkeiten des Antragsstellers sowie der Drittunternehmen (Organisationen), die vom Antragssteller für die Ausführung bestimmter Arbeiten beauftragt werden. Darunter die Lizenzen zur Durchführung bestimmter Arbeiten und die Verträge mit den beauftragten Unternehmen (Organisationen);
- Vorschläge des Antragsstellers zu den Bedingungen der Erdkörpernutzung, darunter die Angabe zu Arten und Mengen der Bodenschatzvorräte, Dauer der einzelnen Arbeiten sowie den erwarteten Ergebnissen.

---

des Nutzungsrechts am Erdkörperfeld zu Zwecken geologischer Forschung (mit Ausnahme von Erdkörperfeldern föderaler Bedeutung), Registrierung bei Justizministerium RF am 26. April 2005, № 6559 [Приказ Минприроды России № 61 от 15 марта 2005 г. «Об утверждении Порядка рассмотрения заявок на получение права пользования недрами для геологического изучения недр (за исключением недр на участках недр федерального значения)», зарегистрировано в Минюсте России 26 апреля 2005 г., № 6559].

Der Antrag kann nur innerhalb einer begrenzten Zeit nach der Veröffentlichung des Verzeichnisses gestellt werden. Diese Frist beträgt nach Ziff. 3.4 Anordnung № 61 30 Tage. Sie beginnt ab dem Tag der ersten öffentlichen Bekanntmachung des Verzeichnisses. Anträge, die nach Ablauf dieser Frist eingehen, werden nicht berücksichtigt. Alle eingereichten Anträge unterliegen zunächst einer Vorprüfung durch die territorialen ROSNEDRA-Vertretungen. Dabei soll die anfängliche Prüfung auf die Vollständigkeit der Unterlagen erfolgen sowie die Zahl der Anträge bestimmt werden. Die angenommenen Anträge sind von den territorialen Stellen innerhalb von drei Tagen nach Ablauf der Antragsfrist an die ROSNEDRA weiterzuleiten. Die zuständige Abteilung bei ROSNEDRA begutachtet die eingegangenen Anträge. Erfolgt für ein Erdkörperfeld nur ein Antrag auf die Erteilung der EKL für die geologische Forschung, übergibt ROSNEDRA den Antrag an die „Kommission für Prüfung der Anträge auf Erteilung des Nutzungsrechts für ein Erdkörperfeld" (im Folgenden: Kommission).

Gehen mehrere Anträge ein, hat die territoriale Stelle der ROSNEDRA im entsprechenden Föderalbezirk gem. Ziff. 3.7 Anordnung № 61 die Auktion bzw. Ausschreibung für die Erteilung einer kombinierten EKL auszurichten. Das bedeutet, dass dieses Erdkörperfeld automatisch aus dem Verzeichnis für die der geologischen Forschung zur Verfügung stehenden Erdkörperfelder ausgenommen und in das Verzeichnis der Erdkörperfelder eingefügt wird, die für die Nutzung im Rahmen einer kombinierten Lizenz nach den Ergebnissen einer Auktion (Ausschreibung) vergeben werden können.[404] Eine solche Bestimmung über die obligatorische Ausrichtung einer Auktion für eine EKL für die geologische Forschung beim Eingang mehr als eines Antrages steht im Widerspruch zu der im letztem Satz des Abs. 5 Art. 7 ErdkörperG verankerten Norm, nach der „innerhalb des geologischen Zuweisungsfeldes mehrere Nutzer gleichzeitig tätig sein dürfen".[405] In dieser Hinsicht ist es nicht verwunderlich, dass die Zahl der EKL für die geologische Forschung seit dem Jahr, in dem die einschlägige Anordnung in Kraft getreten ist, drastisch zurückging.[406] In der Praxis führt diese Bestimmung dazu, dass auf der Etappe des Auswahlverfahrens, das eigentlich nur für die geologische Forschung bestimmt ist, nur der Nutzer gewinnen kann, der sich auch die Gewinnungsarbeiten leisten kann. Die Erdkörpernutzer, die sich nur mit geologischer Forschung beschäftigen möchten, bleiben dabei im Nachteil und haben keine Möglichkeiten, sich durchzusetzen.

---

404 *Siryk,* Prozessgestaltung bei der Erdkörpernutzung im Öl-und Gassektor Russlands, S. 7; *Vasilevskaja,* Rechtliche Rahmenbedingungen der Erdkörpernutzung in Russland und Ausland, S. 68.

405 *Siryk,* Prozessgestaltung bei der Erdkörpernutzung im Öl-und Gassektor Russlands, S. 7.

406 *Vasilevskaja,* Rechtliche Rahmenbedingungen der Erdkörpernutzung in Russland und Ausland, S. 269.

2. *Die Bearbeitung des Antrages durch die Kommission*

In Übereinstimmung mit Art. 10.1 Abs. 3 ErdkörperG müssen der Kommission Vertreter der Exekutiven des jeweiligen Föderationsmitgliedes sowie Vertreter des MINPRIRODA angehören. Das konkrete Mitglied der Kommission wird nach einem entsprechenden Vorschlag – im ersten Fall durch das jeweilige Exekutivorgan und im zweiten Fall durch MINPRIRODA ernannt.[407] Die Kommission hat nach Ziff. 3.6 Anordnung № 61 innerhalb von 20 Tagen ab dem Eingangsdatum des Antrages diesen zu prüfen. Sie untersucht, ob die grundlegenden Ziele und Bedingungen der Aufsuchungsarbeiten eingehalten werden sowie ob der Antragsteller die Anforderungen, die das ErdkörperG an die Erdkörpernutzer stellt, erfüllt.[408] Im Ergebnis der Untersuchung fasst die Kommission einen Beschluss über die Erteilung einer EKL für die geologische Forschung oder über die Ablehnung des Antrages.

Die Sitzungen der Kommission sind wirksam, wenn mindestens die Hälfte der Kommissionsmitglieder anwesend ist. Den Mitgliedern der Kommission ist es nicht erlaubt, ihre eigene Stimme an andere Personen, auch wenn diese Mitglieder der Kommission sind, zu delegieren. Das abwesende Mitglied kann seine Meinung zu den auf der Agenda stehenden Fragen in schriftlicher Form äußern. Die Entscheidungen der Kommission werden mit einfacher Mehrheit der bei der Sitzung anwesenden Mitglieder unter Berücksichtigung der schriftlich geäußerten Stimmen getroffen. Im Falle einer Stimmengleichheit ist die ausschlaggebende Stimme die des Kommissionsvorsitzenden. Der Beschluss der Kommission wird protokolliert und ist von dem Vorsitzenden und dem Sekretär der Kommission zu unterzeichnen.

3. *Ausstellung und Registrierung der EKL*

Trifft die Kommission eine positive Entscheidung, folgt die Ausfertigung der Lizenzunterlagen – EKL und Lizenzvereinbarung – durch das Lizenzierungsdepartment der ROSNEDRA. Die verfahrensrechtlichen Vorgaben hierfür sind in der Verfahrensverwaltungsordnung № 315[409] der ROSNEDRA festgelegt. Anzumerken ist, dass die besagte Verfahrensverwaltungsordnung erst im Dezember 2009 in Kraft trat. Bis dahin war das Verfahren sehr lückenhaft geregelt, insbesondere fehlte es an genauen Regeln zu Verfahrensabfolge und Frist für die Ausfertigung der Lizenz, so dass die Bearbeitungszeit durch die Behörde stets verzögert wurde und oft über ein Jahr dauerte.[410]

---

407 *Leont'ev*, Kommentar zum ErdkörperG, S. 51.

408 *Vasilevskaja*, Rechtliche Rahmenbedingungen der Erdkörpernutzung in Russland und Ausland, S. 268.

409 Siehe Fn. 299.

410 *Siryk*, Prozessgestaltung bei der Erdkörpernutzung im Öl-und Gassektor Russlands, S. 7; *Vasilevskaja*, Rechtliche Rahmenbedingungen der Erdkörpernutzung in Russland und Ausland: Theorie und Praxis, S. 81.

Nach der Erstellung der Lizenzunterlagen werden sie von den entsprechenden Struktureinheiten der ROSNEDRA genehmigt und danach vom ersten stellvertretenden Vorsitzenden der ROSNEDRA unterzeichnet und dem Erdkörpernutzer zur Prüfung und Unterzeichnung zugestellt. Nach Unterzeichnung schickt dieser die Unterlagen an ROSNEDRA für die Registrierung der Lizenz in der vorgeschriebenen Weise zurück, Ziff. 25–33 Verwaltungsverfahrensordnung № 315. Das Lizenzierungsdepartment von ROSNEDRA hat gem. Ziff. 21 der Verwaltungsverfahrensordnung № 315 innerhalb von 45 Tagen ab dem Tag der Beschlussfassung über die Erteilung die EKL auszustellen. Sie wird in zwei Exemplaren ausgefertigt und ist von der Führungsperson der ROSNEDRA zu unterzeichnen. Anschließend trägt das Lizenzierungsdepartment die Lizenz in das Staatliche Register der EKLs ein. Die Registrierung besteht aus der Vergabe der Lizenznummer und richtet sich nach einer eigenen Verwaltungsverfahrensordnung (Ziff. 74–77, Anhang 7).[411] Anschließend werden die EKL und die anderen Unterlagen dem Erdkörpernutzer übergeben. Hervorzuheben ist, das das Bergbauunternehmen die Rechte und Pflichten als Nutzer eines Erdkörperfeldes gem. Art. 9 Abs. 7 ErdkörperG ab dem Zeitpunkt der Registrierung erlangt.

4. Besonderheiten für Erdkörperfelder föderaler Bedeutung

Das oben dargestellte Verfahren gilt nicht für Erdkörperfelder föderaler Bedeutung. Nach den Änderungen des ErdkörperG im Jahre 2008 ist die geologische Forschung auf einem Erdkörperfeld föderaler Bedeutung im Rahmen einer eigenständigen EKL für die geologische Forschung nicht mehr möglich. Nach der geltenden Fassung des Art. 10.1 ErdkörperG kann das Nutzungsrecht an einem Erdkörperfeld föderaler Bedeutung zu Zwecken geologischer Forschung nur entweder auf der Grundlage eines staatlichen Auftrages zur Durchführung geologischer Arbeiten auf staatliche Kosten oder durch eine Entscheidung der Regierung der RF über die Erteilung einer kombinierten EKL verliehen werden.

---

411 Anordnung MINPRIRODA № 121 vom 3. April 2013 „Über die Genehmigung der Verwaltungsverfahrensordnung für die Föderale Agentur für die Erdkörpernutzung bei Erbringung der öffentlichen Dienstleistung für die Erfassung staatlicher Daten und die Führung des staatlichen Registers für die Aufsuchungsarbeiten bei der geologischen Forschung; Erdkörperfeldern, die für die Gewinnung von Bodenschätzen sowie für Tätigkeit, die mit der Bodenschätzegewinnung nicht zusammenhängt, zur Verfügung gestellt wurden; und für die EKLs", Registrierung bei Justizministerium RF am 9. August 2013, № 29324 [Приказ Минприроды России № 121 от 3 апреля 2013 г. «Об утверждении Административного регламента Федерального агентства по недропользованию по предоставлению государственной услуги по ведению государственного учета и обеспечению ведения государственного реестра работ по геологическому изучению недр, участков недр, предоставленных для добычи полезных ископаемых, а также в целях, не связанных с их добычей, и лицензий на пользование недрами», зарегистрировано в Минюсте РФ 9 августа 2013 г., № 29324].

5. *Feststellung der Tatsache der Entdeckung einer Bodenschatzlagerstätte*

Als Ergebnis der geologischen Forschung erhält der Erdkörpernutzer die Information darüber, ob das Erdkörperfeld perspektivlos für den Bergbau ist oder ob eine Lagerstätte von Bodenschätzen existiert. Im ersten Fall kann der Erdkörpernutzer entweder das Erdkörperfeld dem Staat zurückübergeben, woraufhin gem. Art. 28 ErdkörperG ein detaillierter Bericht über die Ergebnisse der unternommenen Forschung bei dem Föderalen Geologischen Fonds (im Folgenden: ROSGEOLOGFOND) in der Weise vorzulegen ist, wie sie in der oben genannten Verwaltungsverfahrensordnung vorgeschrieben ist.[412] Die zweite Möglichkeit für den Unternehmer besteht darin, von seinem Recht Gebrauch zu machen, die EKL zu verlängern. Das setzt die Erstellung und Genehmigung eines neuen und entsprechend begründeten Programms für die geologischen Aufsuchungsarbeiten sowie die Einhaltung der ursprünglich in der EKL festgelegten Bedingungen voraus. Entdeckt das Bergbauunternehmen durch die geologische Forschung eine Bodenschatzlagerstätte, muss es zunächst die „Tatsache der Entdeckung einer Bodenschatzlagerstätte" nach den Vorschriften der Anordnung MINPRIRODA № 689[413] beurkunden lassen.

a) *Antragstellung und Antragsunterlagen*

Nach Ziff. 3 Anordnung MINPRIRODA № 689 erfolgt die Feststellung der Entdeckung einer Lagerstätte auf Antrag des Erdkörpernutzers, der die geologischen Aufsuchungsarbeiten im Rahmen seiner EKL für die geologische Forschung durchgeführt hat. Der Antrag ist bei ROSNEDRA in der Form einzureichen, die der Anordnung als Anhang 1 beigefügt ist. Der Erdkörpernutzer muss sein Vorhaben, die entdeckten Bodenschätze auch selbständig zu gewinnen, in dem Antrag ausdrücklich benennen, Ziff. 4 Anordnung MINPRIRODA № 689. Im Hinblick auf die Antragsfrist sieht die Anordnung MINPRIRODA № 689 für Kohlenwasserstofflagerstätten eine Ausnahmeregelung vor. Der Antrag auf Feststellung der Tatsache der Entdeckung einer Kohlenwasserstofflagerstätte darf nicht später erfolgen, als die EKL für die geologische Forschung abläuft, Ziff. 5 Abs. 2.[414] Hierbei gilt es zu beachten, dass die Expertise der Bodenschatzvorräte gem. Art. 29 ErdkörperG zum Zeitpunkt der Antragstellung bereits abgeschlossen sein und die industrielle

---

412 *Teplov*, Kommentar zum ErdkörperG, S. 396.

413 Anordnung MINPRIRODA № 689 vom 11. November 2004 „Über die Genehmigung des Leitfadens zu Festlegung der Tatsachen der Entdeckung einer Bodenschatzlagerstätte [Приказ Минприроды России № 689 от 11 ноября 2004 г. «Об утверждении Инструкции о порядке установления факта открытия месторождений полезных ископаемых», зарегистрировано в Минюсте РФ 14 декабря 2004 г., № 6186].

414 Für die anderen Bodenschätze beträgt der Antragsfrist 60 Tage nach der Entdeckung und der sich daran anschließenden staatlichen Expertise der Bodenschatzvorräte nach Art. 29 ErdkörperG.

Bedeutung der Lagerstätte sich bestätigt haben muss.[415] Der Antrag muss nach Ziff. 6 Anordnung MINPRIRODA № 689 eine Auskunft über den Entdeckungsablauf sowie die wichtigsten geologischen und wirtschaftlichen Parameter der entdeckten Lagerstätte enthalten. Für die Kohlenwasserstoffe muss eine geologische Strukturkarte für den Förderhorizont eingereicht werden und für feste Bodenschätze – eine geologische Karte mit Koordinatennetz und Lagerstättengrenze. Der Antrag kann nach Ziff. 12 Anordnung MINPRIRODA № 689 abgewiesen werden, wenn die von dem Antragsteller vorgelegten Unterlagen die Entdeckung des neuen Objektes nicht als Entdeckung einer Bodenschatzlagerstätte qualifizieren lassen sowie wenn der Antrag nach Ablauf der in Ziff. 5 Anordnung MINPRIRODA № 689 festgelegten Frist gestellt wurde. Über die Gründe der Antragsablehnung ist der Erdkörpernutzer schriftlich zu unterrichten.

b) Antragsbearbeitung und Urkundenausstellung

Bei der Bearbeitung des Antrags sind neben den Vorschriften der Anordnung MINPRIRODA № 689 auch die Anforderungen der Verwaltungsanweisung № 56 der ROSNEDRA für die Bearbeitung von Anträgen auf die Feststellung der Tatsache einer Entdeckung der Lagerstätte[416] zu beachten. Die erste enthält vor allem die Bearbeitungsfristen, die zweite regelt dabei die Zuständigkeit und das Arbeitsverfahren der entsprechenden Dienststellen der ROSNEDRA.

Der Antrag wird durch ROSNEDRA an dem Tag seines Eingangs registriert und ist gem. Ziff. 8 der Anordnung MINPRIRODA № 689 innerhalb von 45 Tagen zu bearbeiten. Der Erdkörpernutzer kann auf Wunsch eine Bestätigung über das Eingangsdatum erhalten, Ziff. 7 Anordnung MINPRIRODA № 689. Die Bearbeitungszeit kann im Falle großräumiger und komplexer Objekte bis zu weiteren 45 Tagen verlängert werden, worüber ROSNEDRA den Erdkörpernutzer im Voraus zu informieren verpflichtet ist. Bis zum Jahr 2007 betrug die Bearbeitungszeit nur 30 Tage. Die Praxis zeigte jedoch, dass die zuständigen Behörden die 30-Tage-Frist oft nicht einhalten konnten.[417] Deshalb wurde durch eine Änderung im Jahr 2007 sowohl die Bearbeitungszeit als auch die mögliche Verlängerungsfrist für großräumige Objekte auf 45 Tage erhöht. ROSNEDRA kann zusätzlich zur Prüfung der

415 Vgl. auch *Gudkov/Larochkina/Lakhno/Salieva* in: *Säcker (Hrsg.)*, Handbuch zum dt.-russ. Energierecht, S. 322, 323. Zum einschlägigen Verfahren siehe Fn. 330.

416 Anordnung ROSNEDRA vom 21. Januar 2005 „Über die Bearbeitung der Anträge auf Festlegung der Tatsache der Entdeckung einer Bodenschatzlagerstätte, keine offizielle Veröffentlichung, abrufbar unter http://base.garant.ru/2161536/ [Приказ Федерального агентства по недропользованию № 56 от 21 января 2005 г. «О рассмотрении заявок на установление факта открытия месторождений полезных ископаемых», официально опубликован не был, доступен на сайте http://base.garant.ru/2161536/].

417 Vgl. *Vasilevskaja*, Rechtliche Rahmenbedingungen der Erdkörpernutzung in Russland und Ausland, S. 273.

eingereichten Unterlagen weitere ergänzende oder konkretisierende Informationen anfordern. Der Antragsteller wird darüber schriftlich informiert. In diesem Fall wird die Bearbeitungszeit des Antrages erst ab dem Eingangsdatum der zusätzlich angeforderten Unterlagen berechnet.

Bestätigt die Behörde die Entdeckung der Lagerstätte, stellt sie laut Ziff. 10 Anordnung MINPRIRODA № 689 eine Urkunde in der im Anhang 2 der Anordnung vorgeschriebenen Form aus. Die Ausstellung der Urkunde erfolgt in dreifacher Ausfertigung mit gleicher Rechtskraft. Ein Exemplar wird dem Erdkörpernutzer bzw. seinem Vertreter gegen Empfangsbestätigung ausgehändigt. Zwei weitere Exemplare zusammen mit dem Antrag und den vom Erdkörpernutzer eingereichten Unterlagen unterliegen der Erfassung und Aufbewahrung in den geologischen Archiven (Art. 32 ErdkörperG).[418] Wenn bei Entdeckung einer Lagerstätte das entsprechende Erdkörperfeld dem Erdkörperfeld föderaler Bedeutung zugeordnet werden kann, hat ROSNEDRA die Information über die Feststellung der Entdeckung einer solchen Lagerstätte spätestens zehn Tage nach der Urkundeausstellung an das MINPRIRODA zu übermitteln, Ziff. 10 Anordnung MINPRIRODA № 689.

II. Die Erteilung einer EKL für die Gewinnung von Bodenschätzen

Die Gewinnung von Bodenschätzen ist entweder im Rahmen einer EKL für das Erkunden und Gewinnen oder im Rahmen einer kombinierten EKL möglich. Gehen für ein Erdkörperfeld mehr als ein Antrag auf Erteilung einer EKL für die geologische Forschung ein, ist ROSNEDRA – wie oben bereits angemerkt – verpflichtet, für dieses Erdkörperfeld das Verfahren für die Erteilung einer kombinierten EKL einzuleiten. Im Hinblick auf die EKL für das Erkunden und Gewinnen kommen zwei Varianten in Betracht. Beschließt das Bergbauunternehmen, die entdeckte Lagerstätte auch selbst zu erschließen und die darin enthaltenen Bodenschätze selbst zu gewinnen, kann es einen Antrag auf Erteilung einer EKL für das Erkunden und Gewinnen aufgrund der Entdeckung einer Bodenschatzlagerstätte stellen. Die zweite Variante setzt die Durchführung einer Auktion bzw. Ausschreibung voraus. Auch hier unterscheidet sich die Gestaltung des Rechtsrahmens für die beiden Arten des Erteilungsverfahrens für Erdkörperfelder mit und ohne föderale Bedeutung signifikant.

---

418 Siehe hierzu auch Regierungsverordnung № 215 vom 28. Februar 1996 „Über die Genehmigung des Verfahrens für die öffentliche Berichterstattung durch die Unternehmen, die die die Tätigkeit zu Aufsuchung und Gewinnung von Bodenschätzen ausüben, SZ RF 1996, № 12, ст. 1110 [Постановление Правительства РФ № 215 от 28 февраля 1996 г. „Об утверждении Порядка представления государственной отчетности предприятиями, осуществляющими разведку месторождений полезных ископаемых и их добычу, в федеральный и территориальные фонды геологической информации“, СЗ РФ 1996, № 12, ст. 1110].

1. *Anspruch des Inhabers einer EKL für geologische Forschung auf Erteilung einer EKL für Erkundung und Gewinnung*

Mehrfach wurde in dieser Arbeit betont, dass Aufsuchung und Gewinnung von Bodenschätzen und damit die Ausübung der Nutzungsrechte aus der EKL für geologische Forschung und aus der EKL für Erkunden und Gewinnen in einem wirtschaftlichen Zusammenhang stehen. Das Regulierungsmodell, das den Zugang zu den Lagerstätten zum Zwecke der Aufsuchung und Gewinnung durch zwei verschiedene Erteilungsverfahren ermöglicht, droht diese wirtschaftliche Einheit von Aufsuchung und Gewinnung durch die Trennung der für die jeweilige Tätigkeit benötigten Bergbauberechtigungen zu zerreißen.[419] Im russischen Bergrecht ist das mit Ausnahmen einer kombinierten EKL, die gleichzeitig zur Aufsuchung und Gewinnung berechtigt, auch der Fall.

Die Frage der Anwartschaft eines Aufsuchungsberechtigten auf die Verleihung einer Gewinnungsberechtigung bei Entdeckung einer Lagerstätte wurde in Russland durch die Änderungen des ErdkörperG im Jahr 2004[420] neu geregelt. Ziel war es, dem Umstand ausbleibender Investitionen in Aufsuchungsarbeiten entgegenzuwirken. Aufgrund der Notwendigkeit, die Aufsuchungsprojekte in neue Gebiete mit schwierigen klimatischen Bedingungen (arktischer Festlandsockel) und unterentwickelter Infrastruktur (Ostsibirien und Ferner Osten) verlagern zu müssen, kam es von Jahr zu Jahr zu einem deutlichen Anstieg der Kosten für die Aufsuchungsarbeiten. Als Ausgleich für das unternehmerische Risiko des Bergbauunternehmens hat der Gesetzgeber für Erstentdecker einer Lagerstätte das Vorrangrecht eingeführt, die Gewinnungsberechtigung für das entsprechende Erdkörperfeld zu erhalten.[421]

Art. 10.1 Abs. 1 und Abs. 3 ErdkörperG sieht vor, dass für den Inhaber einer EKL für die geologische Forschung, die auf Kosten des Bergbauunternehmens und nicht auf der Grundlage eines staatlichen Auftrages durchgeführt wurde, die EKL auf Erkundung und Gewinnung auf der Grundlage einer Regierungsentscheidung oder eines Beschlusses der zuständigen Kommissionen erteilt werden kann, d. h. ohne die Durchführung von Auktionen bzw. Ausschreibungen. Je nachdem, ob durch die Eigenschaften der entdeckten Lagerstätte das entsprechende Erdkörperfeld als ein Erdkörperfeld föderaler Bedeutung zu qualifizieren ist oder nicht, erfolgt die Erteilung der Gewinnungsberechtigung in zwei unterschiedlichen Verfahren, die in jeweils einem eigenen Rechtsakt geregelt werden: für Erdkörperfelder ohne föderale

---

419 Vgl. *Kühne* in *Säcker (Hrsg.),* Deutsch-russisches Energie- und Bergrecht im Vergleich, S. 276.

420 Art. 13 Pkt. 7 Föderalgesetzes № 122-FZ vom 22. August 2004 „Über die Änderungen in einzelnen Rechtsakten der RF ...“, SZ RF 2004, № 35, ст. 3607 [Федеральный закон № 122-ФЗ от 22 августа 2004 г. „О внесении изменений в законодательные акты Российской Федерации ... „, СЗ РФ 2004, № 35, ст. 3607].

421 *Gudkov/Larochkina/Lakhno/Salieva* in: *Säcker (Hrsg.),* Handbuch zum dt.-russ. Energierecht, S. 349.

Bedeutung – die Anordnung des MINPRIRODA № 23[422] und für Erdkörperfelder mit föderaler Bedeutung – Regierungsverordnung № 897 [423]. Aus diesen Verfahren sind die Fälle ausgenommen, in denen die Lagerstätten durch Aufsuchungsarbeiten entdeckt wurden, die auf Grundlage eines staatlichen Auftrages durchgeführt worden sind. Im Folgenden werden die rechtlichen Voraussetzungen in den einschlägigen Verfahren für Erdkörperfelder mit und ohne föderale Bedeutung einer detaillierten Betrachtung unterzogen.

---

422 Anordnung MINPRIRODA № 23 vom 24. Januar 2005 „Über die Genehmigung des Verfahrens für die Bearbeitung von Anträgen auf die Erteilung eines Nutzungsrechts am Erdkörperfeld auf der Grundlage der Entdeckung einer Bodenschatzlagerstätte, die im Ergebnis der Aufsuchungsarbeiten auf eigene Kosten des Bergbauunternehmens entdeckt wurde, mit Ausnahme von Erdkörperfeldern föderaler Bedeutung und Erdkörperfeldern, die durch die Entdeckung der Bodenschatzlagerstätte den Erdkörperfelder föderaler Bedeutung zugeordnet werden", Registrierung bei Justizministerium RF am 16. Februar 2005, № 6329 [Приказ Минприроды России № 23 от 24 января 2005 г. «Об утверждении Порядка рассмотрения заявок на получение права пользования недрами при установлении факта открытия месторождения полезных ископаемых на участке недр, за исключением участка недр федерального значения и участка недр, который отнесен к участкам недр федерального значения в результате открытия месторождения полезных ископаемых пользователем недр, проводившим работы по геологическому изучению недр за счет собственных средств для разведки и добычи полезных ископаемых открытого месторождения», зарегистрировано в Минюсте РФ 16 февраля 2005 г., № 6329].

423 Regierungsverordnung № 897 vom 27 November 2008 „Über die Genehmigung des Verfahrens für die Bearbeitung von Anträgen auf die Erteilung eines Nutzungsrechts am Erdkörperfeld auf der Grundlage der Entdeckung einer Bodenschatzlagerstätte auf dem Erdkörperfeld föderaler Bedeutung oder Erdkörperfeld, das durch die Entdeckung der Bodenschatzlagerstätte den Erdkörperfelder föderaler Bedeutung zugeordnet wird, welche während der Aufsuchungsarbeiten auf eigene Kosten des Bergbauunternehmens entdeckt wurde", SZ RF 2008, № 49, Pos. 5839 [Постановление Правительства РФ № 897 от 27 ноября 2008 г. «Об утверждении Положения о рассмотрении заявок на получение права пользования недрами при установлении факта открытия месторождения полезных ископаемых на участке недр федерального значения или на участке недр, который отнесен к участкам недр федерального значения в результате открытия месторождения полезных ископаемых пользователем недр, проводившим работы по геологическому изучению недр такого участка за счет собственных средств для разведки и добычи полезных ископаемых открытого месторождения», СЗ РФ 2008, № 49, ст. 5839].

2. *Die Erteilung einer EKL für Erkundung und Gewinnung bei Entdeckung einer Bodenschatzlagerstätte*

a) Antragstellung und Antragsunterlagen

Der Erstentdecker der Lagerstätte, der die Erteilung der EKL für Aufsuchen und Gewinnen des darin enthaltenen Bodenschatzes beansprucht, hat gem. Ziff. 3 und 4 der Anordnung № 23 einen entsprechenden Antrag bei ROSNEDRA zu stellen. Die Antragsstellung soll nicht später als sechs Monate ab dem Datum, an dem der Erdkörpernutzer die Urkunde über die Feststellung der Entdeckung der Bodenschatzlagerstätte erhalten hat, erfolgen. Zusammen mit dem Antrag hat der Erdkörpernutzer bestimmte Unterlagen einzureichen. Die Antragsunterlagen differenzierte der Gesetzgeber zwischen allgemeinen und zusätzlichen Angaben.[424] Bei Bedarf kann die Behörde vom Antragsteller weitere präzisierende Informationen anfordern.

Die allgemeinen Angaben geben Auskunft über die Gründung, Struktur und Finanzierung des Unternehmens und dienen dem Nachweis darüber, dass es über die benötigte technische Ausrüstung und das Fachpersonal verfügt. Dabei handelt es sich um folgende Unterlagen:

- beglaubigte Kopien oder Originale der Gründungsunterlagen sowie des Nachweises über die Eintragung in das Einheitliche Staatliche Register der juristischen Personen. Daraus erschließen sich die Angaben über die Bezeichnung und den Standort des Unternehmens.
- Auszug aus dem Register der juristischen Personen;
- Auszug aus dem Aktionärsregister für die Aktiengesellschaften;
- beglaubigte Kopie oder Original der Bescheinigung über die Registrierung bei der Steuerbehörde mit Angabe der Steueridentifikationsnummer;
- Kopie der Buchungsbilanz des Unternehmens für das vergangene Jahr mit dem Vermerk der Steuerbehörde über die Annahme;
- Bescheinigung der Steuerbehörde über das Bestehen von Steuerrückständen;
- Nachweis ausreichender Finanzmittel des Antragsstellers, die für die Durchführung der beabsichtigten Gewinnungsarbeiten notwendig sind (Kopien der Darlehens- oder Kreditverträge);
- Angaben zum Vorhandensein der technischen Ausrüstung und des Fachpersonals, die für die Durchführung der beabsichtigten Gewinnungsarbeiten notwendig sind. Darunter die Lizenzen zur Durchführung bestimmter Arbeiten und die Verträge mit den beauftragten Unternehmen (Organisationen), die berechtigt sind, die übernommenen Arbeiten durchzuführen;
- Entwurf der EKL-Bedingungen, der die vom Antragssteller vorgeschlagenen Bedingungen für die geplanten Gewinnungsarbeiten enthält. Diese Vorlage spielt

424 *Vasilevskaja*, Rechtliche Rahmenbedingungen der Erdkörpernutzung in Russland und Ausland, S 274.; *Vasilevskaja/Laevskaja/Litunovskaja,* Die Lizenzierung der Erdkörpernutzung in Russland, S. 40.

bei der Ermessensentscheidung der Kommission über die Erteilung der EKL eine wesentliche Rolle.[425] Die Angaben, die das Bergbauunternehmen in diesem Dokument machen muss, nennt die Anordnung № 23 sehr genau. So muss es die geplanten Erkundungsarbeiten und ihre Ausführungsfristen benennen, die geplanten Fristen für den Beginn der Gewinnungsarbeiten und die Höhe des geplanten Fördervolumens bestimmen sowie Aussagen zu den geplanten Umweltschutzmaßnahmen treffen.

- der Nachweis, dass der Antragsteller die Bedingungen seiner EKL für die geologische Forschung erfüllt hat.
- Nachweis über vom Antragssteller durchgeführte Aufsuchungs- und Bewertungsarbeiten auf dem besagten Erdkörperfeld, die er im Rahmen seiner EKL für die geologische Forschung ausgeführt hat. Dazu zählt die EKL für die geologische Forschung für das besagte Erdkörperfeld sowie die Urkunde über die Lagerstättenentdeckung.

Als zusätzliche Unterlagen nennt Ziff. 4 der Anordnung № 23 die Urkunde die Urkunde über die Lagerstättenentdeckung und die EKL für die geologische Forschung für das besagte Erdkörperfeld, im Rahmen derer das Bergbauunternehmen die Lagerstätte entdeckt hat.

b) Antragsbearbeitung

Gemäß Ziff. 5 ff. Anordnung № 23 hat ROSNEDRA den Antrag zusammen mit den eingereichten Unterlagen innerhalb von 45 Tagen nach dem Tag des Eingangs zu bearbeiten. Geprüft wird, ob die vom Antragssteller vorgeschlagenen Bedingungen der beabsichtigten Erkundungs- und Gewinnungsarbeiten „mit den Anforderungen zur rationellen Nutzung des Erdkörpers und zum Schutz des Erdkörpers im Einklang stehen". Entsprechen die Vorschläge des Bergbauunternehmens nach den Ergebnissen der Prüfung diesen Anforderungen, so arbeitet ROSNEDRA auf der Basis dieser Vorlage als nächstes innerhalb von 60 Tagen den Entwurf der EKL-Bedingungen aus, den sie zusammen mit allen Antragsunterlagen der zuständigen Kommission vorlegt. Bewertet ROSNEDRA die Vorschläge des Antragsstellers als ungenügend, unterbereitet sie ihm in schriftlicher Form das Angebot zur Nachbearbeitung und erneuten Prüfung. Kommt es zu keiner Erteilung der EKL für Erkunden und Gewinnen in diesem Verfahren, wird das Erdkörperfeld im Rahmen eines wettbewerbsorientierten Verfahrens durch eine Auktion bzw. eine Ausschreibung zur Verfügung gestellt. Sobald die zuständige Kommission den Entwurf der EKL-Bedingungen sowie die Antragsunterlagen erhält, hat sie gem. Ziff. 7 Anordnung № 23 binnen 30 Tagen den Beschluss über die Erteilung oder die Verweigerung der ersuchten EKL zu treffen. Bei einer positiven Entscheidung übergibt die Kommission den gefassten

425 *Gudkov/Larochkina/Lakhno/Salieva* in: *Säcker (Hrsg.)*, Handbuch zum dt.-russ. Energierecht, S. 349; *Vasilevskaja/Laevskaja/Litunovskaja*, Die Lizenzierung der Erdkörpernutzung in Russland, S. 41.

Beschluss über die Erteilung der EKL für Erkunden und Gewinnen an ROSNEDRA, damit das Lizenzierungsdepartment die Lizenz in der vorgeschriebenen Weise registriert und aushändigt.

c) *Erteilungsverfahren für Erdkörperfelder föderaler Bedeutung*

Wenn im Ergebnis der staatlichen Expertise der Bodenschatzvorräte durch die Reservenbewertung der entdeckten Lagerstätte das entsprechende Erdkörperfeld nach Art. 2.1 ErdkörperG den Status föderaler Bedeutung erhält, besteht die Eigentümlichkeit des Erteilungsverfahrens für eine Gewinnungsberechtigung in erster Linie auf der Ebene, auf der die Entscheidung über die „Umwandlung" der Aufsuchungs- in die Gewinnungsberechtigung stattfindet.[426] Diese Entscheidung wird gem. Art. 10 Abs. 1 ErdkörperG von der Regierung der RF getroffen. Wie oben bereits erwähnt richtet sich das Erteilungsverfahren in diesem Fall nach der Regierungsverordnung № 897.

aa) Antragstellung und Antragsbearbeitung

Der Antrag auf Erteilung einer EKL für Erkunden und Gewinnen für ein Erdkörperfeld föderaler Bedeutung, auf welchem der Antragsteller zuvor eine Bodenschatzlagerstätte entdeckt hat, ist gem. Ziff. 3 Regierungsverordnung № 897 bei ROSNEDRA einzureichen. Die Antragsunterlagen sind mit der Unterlagenliste, die das Bergbauunternehmen beim Erteilungsverfahren für Erdkörperfeld ohne föderale Bedeutung einreichen muss, praktisch identisch. Der einzige Unterschied besteht darin, dass nach Ziff. 3 lit. b Regierungsverordnung № 897 der Antragsteller das Verzeichnis der Personen, die mit ihm zusammen der gleichen Personengruppe im Sinne von Art. 9 WettbG angehören, dem Antrag hinzuzufügen hat. Durch diese Information wird bereits bei der Antragsstellung die Kontrolle über eine mögliche Beteiligung ausländischen Kapitals und ihre Höhe gewährleistet, die zum Erfordernis einer weiteren Genehmigung durch die FAS führen kann.

Nach Eingang der Antragsunterlagen hat ROSNEDRA gem. Ziff. 4, 5 Regierungsverordnung № 897 30 Tage Zeit, um diese zu bearbeiten. Dieser Frist kann um maximal 20 Tagen verlängert werden, falls ROSNEDRA zusätzliche Informationen vom Unternehmen anfordert, worüber die Behörde den Antragsteller schriftlich zu unterrichten hat. Innerhalb von drei Tagen leitet ROSNEDRA die Kopien der eingegangenen Unterlagen an die FAS weiter. Die FAS begutachtet die Unterlagen in der Sache, ob das Bergbauunternehmen eine juristische Person mit ausländischen Beteiligung darstellt, und sendet innerhalb von 20 Tagen das Gutachten seiner Prüfung an die ROSNEDRA zurück. Die FAS kann bei Bedarf ebenfalls ergänzende Angaben anfordern. In diesem Fall kann die Begutachtungsfrist verlängert werden, aber nicht um mehr als 15 Tage. Die FAS hat ROSNEDRA darüber zu informieren.

---

426 *Vasilevskaja/Laevskaja/Litunovskaja,* Die Lizenzierung der Erdkörpernutzung in Russland, S. 41.

Nach den Ergebnissen der Prüfung durch ROSNEDRA und die Begutachtung durch die FAS bereitet ROSNEDRA einen Entwurf der Regierungsentscheidung über die Erteilung oder begründete Verweigerung der beanspruchten EKL für Erkunden und Gewinnen (im Folgenden: Entwurf) vor. Danach müssen der Entwurf zusammen mit dem Gutachten der FAS vom Verteidigungsministerium und der Bundesagentur für Sicherheit genehmigt werden (Ziff. 8 Regierungsverordnung № 897). Nachdem beide Behörden den Entwurf genehmigt haben, arbeitet ROSNEDRA innerhalb von zehn Tagen den Entwurf der EKL-Bedingungen unter Berücksichtigung der vom Antragsteller angegebenen Vorschläge (im Folgenden: Entwurf der EKL-Bedingungen) aus. Anschließend muss der Entwurf der EKL-Bedingungen zusammen mit dem Entwurf der Regierungsentscheidung über die Erteilung der EKL vom MINEKONOMRASVITIE genehmigt werden. Dieses Ministerium prüft den Antrag in Bezug auf die Investitionsverpflichtungen des Unternehmers und die Mechanismen zu ihrer Erfüllung (Ziff. 8 Abs. 3, 4 Regierungsverordnung № 897). Zugleich muss der Entwurf der Regierungsentscheidung in den Fällen, in denen die Entscheidung Erdkörperfelder mit Kohlenwasserstofflagerstätten betrifft, vom Energieministerium genehmigt werden, sowie von der Föderalagentur für Fischereiwesen, wenn es sich um Erdkörperfelder in Binnen-, Hoheitsgewässern und auf dem Festlandsockel handelt (Ziff. 8 Abs. 5 Regierungsverordnung № 897).

Den genehmigten Entwurf der Regierungsentscheidung übersendet ROSNEDRA innerhalb von zehn Tagen nach der Genehmigung durch die genannten Behörden an MINPRIRODA zusammen mit den folgenden Unterlagen: das Gutachten der FAS, Kopien der Gründungsunterlagen, Entwurf der EKL-Bedingungen, Kopie der Urkunde über die Lagerstättenentdeckung und Kopie des Gutachtens der staatlichen geologischen Expertise (Ziff. 12 Regierungsverordnung № 897). Letztendlich reicht MINPRIRODA innerhalb von zehn Tagen; nachdem es die Unterlagen von ROSNEDRA erhalten hat, den Entwurf der Regierungsentscheidung über die Erteilung der EKL und die entsprechenden Unterlagen bei der Regierung der RF zur Abstimmung ein (Ziff. 13 Regierungsverordnung № 897).

bb) Ablehnung des Antrages

Die in Ziff. 7 Regierungsverordnung № 897 genannten Gründe für die Ablehnung des Antrages sind mit den allgemein geltenden Verweigerungsgründen für eine EKL laut Art. 14 ErdkörperG identisch. In Ziff. 9, 10 Regierungsverordnung № 897 ist noch ein weiterer Ablehnungsgrund bestimmt, der mit der Norm in Art. 2.1 Abs. 5 ErdkörperG korrespondiert. Danach können das Verteidigungsministerium und die FSB die Genehmigung des Entwurfs der Regierungsentscheidung verweigern und damit die Erteilung der Gewinnungsberechtigung für das Erstentdeckerunternehmen verhindern, wenn dieses Unternehmen eine juristische Person mit Beteiligung ausländischer Investoren oder einen ausländischen Investor darstellt und dadurch eine Gefahr für die Verteidigung des Staates und die nationale Sicherheit entsteht. ROSNEDRA ist dabei verpflichtet, innerhalb von sieben Tagen nach dem Eingang der Genehmigungsverweigerung folgende Unterlagen an das MINPRIRODA zu übersenden: das Gutachten der FAS, die Kopien der Gründungsunterlagen, Kopie der Urkunde über die Lagerstättenentdeckung und die Kopie des Gutachtens der staatlichen Expertise der Bodenschatzvorräte. Auf der Grundlage dieser Unterlagen bereitet MINPRIRODA innerhalb von zehn Tagen den Entwurf der Regierungsentscheidung über die Verweigerung der EKL aufgrund einer Gefahr für die Verteidigung des Staates und die nationale Sicherheit vor und stimmt diesen mit dem Verteidigungsministerium und der Bundesagentur für Staatssicherheit ab. Innerhalb von zehn Tagen nach der Verweigerung der Genehmigung durch die genannten Bundesbehörden reicht MINPRIRODA den Entwurf der Regierungsentscheidung über die Verweigerung der EKL bei der Regierung ein.

d) Zwischenfazit

Trotz der Tatsache, dass die Möglichkeit der „Umwandlung" einer EKL für die geologische Forschung bei Entdeckung einer Lagerstätte in eine EKL für Erkunden und Gewinnen gesetzlich ausdrücklich vorgesehen ist, ist die praktische Umsetzung dieser Bestimmung mit großen Schwierigkeiten verbunden. Insbesondere gilt es für die Erdkörperfelder föderaler Bedeutung und die Erdkörperfelder, die nach der einschlägigen Entdeckung der Lagerstätte zu solchen zugeordnet werden. Das Erteilungsverfahren für diese Kategorie der Erdkörperfelder ist stärkeren Auflagen unterworfen als das gleiche Verfahren für die Erdkörperfelder ohne föderale Bedeutung. Am deutlichsten zeigt sich das in dem Erfordernis, den Antrag durch mehrere Ministerien und andere Behörden unter anderem durch das Verteidigungsministerium und die FSB genehmigen zu lassen. Zusätzlich zu den allgemein geltenden Verweigerungsgründen einer EKL nach Art. 14 ErdkörperG räumt die Regierungsverordnung, nach der sich der einschlägige Verfahrensvorgang richtet, diesen beiden staatlichen Stellen das Recht zu, Antrages wegen einer möglichen Gefahr für die Staatssicherheit abzulehnen. Bis heute wurde unter Anwendung dieser Regelung noch kein Antrag auf Erteilung einer EKL abgelehnt. Das Verteidigungsministerium und die FSB als auch die FAS – selbst wenn im Erstentdeckerunternehmen ausländisches Kapital beteiligt war – haben mangels einer Bedrohung für die nationale Sicherheit die erforderliche Genehmigung erteilt. Theoretisch bleibt aber diese Konstellation in Zukunft nicht ausgeschlossen und birgt damit für Investoren ein großes Risiko.

Im Hinblick auf die „Umwandlung" der Aufsuchungs- in die Gewinnungsberechtigung für die Erdkörperfelder allgemeiner Bedeutung bestehen in der praktischen Anwendung ebenfalls einige Hindernisse. In seinem Ersuchen nach einer Gewinnungsberechtigung muss Erstentdeckerunternehmen beweisen können, dass er über das für die Ausführung von Gewinnungsarbeiten erforderliche Fachpersonal sowie die technischen und finanziellen Mittel verfügt oder verfügen wird. In dieser Hinsicht haben die zuständigen Erteilungsorgane (Regierung, Kommission) einen großen Ermessensspielraum und können theoretisch die Gewinnungsberechtigung mangels erforderlicher Nachweise über das Vorhandensein dieser Mittel verweigern. Außerdem steht der Erstentdecker bei der erfolgreichen „Umwandlung" der

EKL vor der Aufgabe, die Einmalige Gebühr nach Art. 40 Abs. 2 ErdkörperG[427] zu bezahlen, die mindestens 10 % der erwarteten Höhe der Förderabgabe beträgt und schon bei mittleren Lagerstätten eine sehr hohe Summe bedeuten kann. Die Gewinne aus der Förderung des Bodenschatzes wird das Unternehmen erst in den nächsten Jahren erzielen können, so dass zum Zeitpunkt der Entdeckung diese Summe oftmals nur für Großunternehmen bezahlbar ist. Als Anreiz für Erstentdecker könnte eine Regelung in Betracht gezogen werden, die in solchen Fällen die Entrichtung der Einmaligen Gebühr erst zu einem viel späteren Zeitpunkt oder in Raten erlaubt.

III. Erteilungsverfahren nach den Ergebnissen von Auktionen bzw. Ausschreibungen

Die Gewinnungsberechtigung kann ein Bergbauunternehmen auch im wettbewerbsorientierten Verfahren erhalten. Nach Art. 10.1 ErdkörperG kann eine EKL für Erkunden und Gewinnen oder eine kombinierte EKL nach den Ergebnissen der Auktion bzw. Ausschreibung erteilt werden. Im Hinblick darauf, für welche Kategorie der Erdkörperfelder die EKL erteilt werden soll, unterscheidet der Gesetzgeber zwischen drei Entstehungsgrundlagen: für die Erdkörperfelder föderaler Bedeutung – die Entscheidung der russischen Regierung (Art. 10.1 Abs. 1 Pkt. 1 ErdkörperG); für die Erdkörperfelder ohne föderale und ohne regionale Bedeutung – die Entscheidung der Auktions- bzw. Ausschreibungskommission (Art. 10.1 Abs. 1 Pkt. 4 ErdkörperG); für die Erdkörperfelder lokaler Bedeutung – die Entscheidung des entsprechenden Exekutivorgans der Föderationsmitglieder (Art. 10.1 Abs. 1 Pkt. 4 ErdkörperG). Da Erdöl und Erdgas nicht zu den allgemeinverbreitete Bodenschätzen gehören und dementsprechend erdöl- und erdgasführende Erdkörperfelder nicht als Erdkörperfeldern lokaler Bedeutung eingestuft werden können, werden nachfolgen nur die ersten zwei Formen analysiert.

1. Abgrenzung zwischen Auktion und Ausschreibung

Der Unterschied zwischen beiden Formen besteht im Auswahlkriterium. Der Gewinner einer Ausschreibung ist die Person, die die besseren EKL-Bedingungen anbietet. Die Prüfsteine dabei sind nach Art. 13.1 Abs. 5 ErdkörperG insbesondere das vorgeschlagene wissenschaftliche und technische Niveau der Bergbauarbeiten, der vollständige Abbau der Lagerstätte, der Beitrag zur sozialwirtschaftlichen Entwicklung des jeweiligen Gebietes, die Kalenderdaten für die Durchführung und Abschließung der geplanten Bergbauarbeiten, die Effizienz der Umweltmaßnahmen und die Sicherstellung der nationalen Sicherheit. Bei einer Auktion gewinnt nach Art. 13.1 Abs. 6 ErdkörperG der Bieter, der das höchste einmalige Zahlungsgebot für die EKL unterbreitet. Die Verwendung der einen oder anderen Form steht im

427 Ausführlicher zu Einmaligen Gebühr siehe in dieser Arbeit unter Kapitel 4, B I, S. 256 ff.

direkten Verhältnis zu den Kategorien der Erdkörperfelder. Seit den Änderungen des ErdkörperG vom 30. Dezember 2012[428] ist die Durchführung von Ausschreibungen für die Erteilung einer EKL für die Erdkörperfelder föderaler Bedeutung nicht mehr möglich. Dafür können nur noch Auktionen eingesetzt werden. Für die Erdkörperfelder ohne regionale und ohne föderale Bedeutung kann das Wettbewerbsverfahren weiterhin in beiden Formen stattfinden. Die Entscheidung darüber liegt im Ermessen der ROSNEDRA.[429] Dabei ist die jeweilige Form in der Mitteilung über die Durchführung des Wettbewerbsverfahrens anzugeben. Inzwischen hat sich in Russland die Praxis durchgesetzt, dass am häufigsten die Form einer Auktion verwendet wird.[430] An erster Stelle soll dies einen möglichen Missbrauch des Ermessensspielraums verhindern, der bei der Bewertung der im Rahmen einer Ausschreibung einzureichenden Unterlagen besteht.

2. Erteilungsverfahren für die Erdkörperfelder allgemeiner Bedeutung

Das Verfahren für die Durchführung von Auktionen bzw. Ausschreibungen richtet sich neben den Bestimmungen des Art. 13.1 ErdkörperG im Wesentlichen nach der Anordnung MINPRIRODA № 156[431]. Anzumerken ist, dass bei der Durchführung der Ausschreibung oder Auktion für die Erteilung einer EKL auch die rechtlichen Bestimmungen des ZGB für die Bieterwettbewerbe einzuhalten sind.[432]

---

428 Föderalgesetz vom 30. Dezember 2012 „Über die Änderungen im Föderalgesetz „Über den Erdkörper" und anderen Rechtsakten der RF", SZ RF 2012, № 53 (Teil I), Pos. 7648 [Федеральный закон от 30 декабря 2012 г. „О внесении изменений в Закон Российской Федерации „О недрах" и отдельные законодательные акты Российской Федерации", СЗ РФ 2012, № 53 (часть I), ст. 7648].

429 *Vasilevskaja/Laevskaja/Litunovskaja,* Die Lizenzierung der Erdkörpernutzung in Russland, S. 44.

430 *Izujmov,* Bergrecht (2010), S. 255; *Gudkov/Larochkina/Lakhno/Salieva* in: *Säcker (Hrsg.),* Handbuch zum dt.-russ. Energierecht, S. 347; *Vasilevskaja/Laevskaja/Litunovskaja,* Die Lizenzierung der Erdkörpernutzung in Russland, S. 44.

431 Anordnung MINPRIRODA № 156 vom 17. Juni 2009 „Über die Genehmigung der Verwaltungsverfahrensordnung für die Föderale Agentur für Erdkörpernutzung bei Erbringung der öffentlichen Dienstleistung für die Durchführung von Auktionen und Ausschreibungen für das Nutzungsrecht am Erdkörperfeld in vorgeschriebenen Weise", Registrierung bei Justizministerium RF am 05. August 2009, № 14476 [Приказ Минприроды России № 156 от 17 июня 2009 г. «Об утверждении Административного регламента Федерального агентства по недропользованию по исполнению государственной функции по организации проведения в установленном порядке конкурсов и аукционов на право пользования недрами», зарегистрировано в Минюсте РФ 05 августа 2009г. № 14476].

432 Ausführlicher dazu siehe *Sailer,* Aufsuchung, Exploration, Erschließung und Förderung von Bodenschätzen in der RF durch russische und ausländische Investoren, S. 146.

Dieses Erteilungsverfahren gilt für alle Erdkörperfelder, die in Art. 2.1 und Art. 2.3 ErdkörperG festgelegten Kriterien nicht erfüllen, d.h. nicht den Erdkörperfeldern föderaler oder lokaler Bedeutung zugeordnet werden können. Die Verfahrensvoraussetzungen und den Verfahrensvorgang regelt die oben bereits erwähnte Anordnung № 156. Sie legt mehrere aufeinander folgende Etappen fest, woraus das Erteilungsverfahren bestehen soll, Ziff. 31 Anordnung № 156: die Entscheidung über die Durchführung einer Auktion bzw. Ausschreibung für die Erteilung einer EKL; die Veröffentlichung der Mitteilung über die Durchführung einer Ausschreibung oder Auktion; Antragsstellung auf die Teilnahme an der Ausschreibung oder Auktion; Bearbeitung und Registrierung der Anträge; die Durchführung der Ausschreibung oder Auktion und die Genehmigung der Ergebnisse und Registrierung der entsprechenden EKL.

a) Beschlussfassung über die Durchführung einer Auktion bzw. Ausschreibung

Damit eine Auktion bzw. Ausschreibung für die Erteilung einer EKL für Erkunden und Gewinnen oder für die Erteilung einer kombinierten EKL durchgeführt werden kann, muss nach Ziff. 32 Anordnung № 156 das entsprechende Erdkörperfeld in dem Verzeichnis zu Zwecken bergbaulicher Nutzung zur Verfügung stehender Erdkörperfelder[433] aufgelistet sein. Die offizielle Bekanntmachung des Verzeichnisses ist für ROSNEDRA die Grundlage, um die Vorbereitung für die Durchführung der Auktion bzw. Ausschreibung zu beginnen.[434] So werden anschließend an die Verzeichnisveröffentlichung die Bedingungen der Auktion bzw. Ausschreibung durch ROSNEDRA ausgearbeitet und festgelegt. Die Inhalte, die diese Bedingungen enthalten müssen, sind in Ziff. 35 Anordnung № 156 aufgelistet. Sie können je nach der Art des Bodenschatzes und des Erforschungsstadiums der Lagerstätte variabel bestimmt werden. Bei der Erteilung einer EKL im Hinblick auf Erdöl und Erdgas enthaltende Erdkörperfelder werden wohl die umfangreichsten und detailliertesten Konditionen erarbeitet.[435] Die Entscheidung über die Durchführung einer Auktion bzw. Ausschreibung ergeht in Form eines Beschlusses von ROSNEDRA, der die Grundlage für ihre öffentliche Ankündigung darstellt.

In formeller Hinsicht beginnt die Auktion bzw. Ausschreibung im Moment der offiziellen Veröffentlichung der Mitteilung über die Durchführung des Wettbewerbes (im Folgenden: Mitteilung). In praktischer Hinsicht beginnt sie jedoch früher. Denn bereits bei der Aufnahme der Erdkörperfelder in das entsprechende Verzeichnis erfolgt die Festlegung einzelner Bestimmungen zum Ablauf und zur Ankündigung des

---

433 Siehe in dieser Arbeit unter S. 72.

434 *Siryk,* Prozessgestaltung bei der Erdkörpernutzung im Öl-und Gassektor Russlands, S. 20.

435 *Sailer,* Aufsuchung, Exploration, Erschließung und Förderung von Bodenschätzen in der RF durch russische und ausländische Investoren, S. 148; *Mazkov,* Aktualisierung der Lizenzvereinbarung für das Nutzungsrecht am Erdkörperfeld, S. 35–36.

jeweiligen Verfahrens.[436] Darin werden z. B. bereits die Fristen für die Durchführung der Auktionen bzw. Ausschreibungen sowie die Verteilung der Kompetenzen zwischen ROSNEDRA und ihren territorialen Organen festgelegt.[437]

Die Mitteilung ist nach Art. 13.1 Abs. 8 ErdkörperG mindestens 45 Tage vor dem Auktionstermin (und mindestens 90 Tage vor dem Ausschreibungstermin) und laut Ziff. 42 Anordnung № 156 spätestens fünf Tage nach dem Ergehen des Beschlusses von ROSNEDRA sowohl in den föderalen als auch in den regionalen Medien des jeweiligen Föderationsmitgliedes zu veröffentlichen. Auf der föderalen Ebene wird die Mitteilung in dem Mitteilungsblatt „Erdkörpernutzung in Russland" und in „Rossiyskaja Gazeta" veröffentlicht. Zusätzlich muss die Anzeige über die bevorstehende Auktion oder Ausschreibung spätestens fünf Tage nach der offiziellen Veröffentlichung auch auf der Webseite von ROSNEDRA zu finden sein (Ziff. 40, Abs. 3). In der Mitteilung müssen nach Ziff. 41 Abs. 2 Anordnung № 156 folgende Informationen angegeben werden: die Lage und Beschreibung des ausgeschriebenen Erdkörperfeldes; das verwendete Auswahlkriterium[438]; Teilnahmebeschränkungen; Ort, Datum und Uhrzeit der Durchführung sowie Antragsstellungsfrist; die Höhe des Startwertes für das einmalige Zahlungsgebot und die Gebühr für die Teilnahme an der Auktion; Ort der möglichen Einsichtnahme in den Beschluss von ROSNEDRA und Verweis auf das Mitteilungsblatt „Erdkörpernutzung in Russland", in dem der vollständige Text zu Verfahren und Durchführungsbedingungen enthalten ist.

b) *Antragstellung und Antragsunterlagen für die Teilnahme an der Auktion oder Ausschreibung*

Ein Interessent stellt laut Ziff. 16 ff. Anordnung № 156 innerhalb der in der Mitteilung festgelegten Frist bei ROSNEDRA einen Antrag auf Teilnahme an der Auktion bzw. Ausschreibung, in dem seine Teilnahmeabsicht sowie sein Einverständnis mit den offiziell angekündigten und veröffentlichen Durchführungsbedingungen „deutlich zum Ausdruck gebracht werden muss". Die Antragsformulare, die als Anhänge 4 und 5 zu der Anordnung № 156 vorhanden sind, müssen maschinell ausgefüllt und ausgedruckt werden. Der Antrag ist in zweifacher Ausfertigung aufzusetzen, mit den Originalunterlagen oder amtlich beglaubigten Kopien. Alle vom Antragsteller zusammengestellten Unterlagen müssen vom Geschäftsführer oder von der dafür bevollmächtigten Person unterschrieben sowie festgebunden und mit dem Stempel

---

436 *Sailer*, Aufsuchung, Exploration, Erschließung und Förderung von Bodenschätzen in der RF durch russische und ausländische Investoren, S. 147; *Siryk*, Prozessgestaltung bei der Erdkörpernutzung im Öl-und Gassektor Russlands, S. 20.

437 *Vasilevskaja*, Rechtliche Rahmenbedingungen der Erdkörpernutzung in Russland und Ausland, S. 271; *Vasilevskaja/Laevskaja/Litunovskaja*, Die Lizenzierung der Erdkörpernutzung in Russland, S. 28–29.

438 Die Angabe darüber, ob das Wettbewerb in Form einer Auktion oder einer Ausschreibung stattfindet sowie ob es in einem öffentlichen oder geschlossenem Verfahren abgehalten wird.

des Antragstellers versehen werden. Einzureichen sind die Unterlagen in einem verschlossenen Umschlag, begleitet von einer Bestandsaufnahme seines Inhalts auf Papier und in elektronischer Form. Unterlagen in einer Fremdsprache müssen mit notariell beglaubigter Übersetzung ins Russische eingereicht werden.

Der Antrag besteht aus folgenden Grundelementen: Antragsformular; sämtliche beizufügende Antragsunterlagen in versiegelter Form; Nachweis über die geleistete Anzahlung und Nachweis über Zahlung der Teilnahmegebühr. Die dem Antrag beizufügenden Angaben und Unterlagen sind unter Ziff. 17 der Anordnung № 156 aufgelistet. Diese Aufzählung ist abschließend – die Anforderung jeglicher anderer Angaben und Unterlagen ist nicht zulässig, Ziff. 17 Abs. 10 Anordnung № 156. In der Anordnung № 156 sind die mit dem Antrag einzureichenden Unterlagen am deutlichsten definiert im Vergleich zu allen anderen Verfahren. Man könne davon ausgehen, dass diese Inhalte auch für die Unterlagen gelten, die der Antragsteller im Rahmen anderer Arten des Erteilungsverfahrens einreichen muss. Offensichtlich wollte der Gesetzgeber in dieser erst später ergangenen Anordnung die bereits bestehende Kritik an den etwas früher in Kraft getretenen Anordnungen MINPRIRODA № 61 sowie Regierungsverordnung № 897 und Anordnung MINPRIRODA № 23 aufgreifen, wonach diese Rechtsakte die Antragsunterlagen unzureichend definieren.

aa) Angaben über den Antragsteller und die Leitungsstruktur des Unternehmens

Nach Ziff. 17 Abs. 3 Pkt. 1 Anordnung № 156 muss aus dem Antrag die Auskunft hervorgehen, wo der Ort der überwiegenden Tätigkeit des Antragstellers sich befindet sowie über seine wirtschaftlichen Beziehungen zu den jeweiligen Finanz- und Produktionspartnern. Insbesondere muss der Antrag folgende Informationen und Unterlagen enthalten:

- Name, Rechtsform und Adresse – für eine juristische Person; Vor- und Nachname, Wohnsitzadresse und Daten des Personalausweises – für einen Einzelunternehmer;
- beglaubigte Kopien der Gründungsunterlagen und der Urkunde über die Eintragung in das Einheitliche Staatliche Register der juristischen Personen; oder für Einzelunternehmer –beglaubigte Kopie der Urkunde über die Registrierung der Person als Einzelunternehmer;
- beglaubigte Kopie der Unterlagen über die Registrierung des Antragstellers bei der Steuerbehörde;
- Unterlagen über die wirtschaftlichen Wechselbeziehungen mit den Hauptfinanzierungs- und Produktionspartnern.

Gemäß Ziff. 17 Abs. 3 Pkt. 2 Anordnung № 156 muss der Antragsteller ebenso Angaben zur Struktur der Unternehmensleitung, zu den Gründern und Eigentümern, bei Aktiengesellschaften – zu den Gesellschaftern, zu Führungspersonal und den Personen, die den Antragsteller bei der Ausschreibung oder Auktion vertreten, machen und insbesondere folgende Unterlagen einreichen:

- beglaubigte Kopie der Entscheidung des zuständigen Organs des Antragstellers über die Ernennung des Einzelexekutivorgans der Antragstellergesellschaft;
- in der vorgeschriebenen Weise erteilte Vollmacht, wenn die Interessen des Antragstellers von einer Person vertreten werden, die ohne eine Vollmacht nicht berechtigt ist, die Interessen einer juristischen Person zu vertreten;
- einen nicht früher als einen Monat vor dem Datum der Antragstellung ausgestellten Auszug aus dem Einheitlichen Staatlichen Register der juristischen Personen – für eine juristische Person; einen nicht früher als einen Monat vor dem Datum der Antragstellung ausgestellten Auszug aus dem Aktionärsregister für eine Aktiengesellschaft; Auszug aus dem Einheitlichen Staatlichen Register der Einzelunternehmer – für ein Einzelunternehmer;
- Nachweis über die Entscheidung des zuständigen Leitungsorgans des Antragstellers über die Teilnahme an der Ausschreibung oder Auktion hinsichtlich des entsprechenden Erdkörperfeldes.

bb) Informationen über finanzielle Möglichkeiten des Antragstellers

Ziff. 17 Abs. 3 Pkt. 2 Anordnung № 156 benennt die Unterlagen, die der Antragsteller einzureichen hat, um seine finanziellen Möglichkeiten darzulegen, die für die Durchführung der beabsichtigten Arbeiten notwendig sind. Dazu zählen insbesondere:

- Kopien der Bilanzen des Antragstellers zusammen mit sämtlichen vorgeschriebenen Anlagen für das dem Antrag vorangegangene Jahr und für den letzten Abrechnungszeitraum mit der Eingangsbestätigung der Steuerbehörde;
- beglaubigte Kopie des Wirtschaftsprüfungsabschlusses für das Vorjahr, wenn nach der entsprechenden Gesetzgebung der Antragsteller der obligatorischen Wirtschaftsprüfung unterliegt;
- Bescheinigung der Bankinstitute über die Geldmittelbewegung (Cashflow) auf den Konten des Antragstellers während des der Antragstellung vorangegangenen Monats;
- Darlehens- oder Kreditvertrag, der zum Zeitpunkt der Antragstellung in Kraft getreten ist, unter Beifügung des Nachweises über die Erfüllung der Verpflichtungen aus dem Darlehens- oder Kreditvertrag durch den Kreditgeber oder des Nachweises über das Vorhandensein der erforderlichen Finanzmittel der Kreditgeber. Als Nachweis können z. B. die Bilanzen des Kreditgebers für das Vorjahr und für den letzten Abrechnungszeitraum oder die Anforderung des Kreditgebers bezüglich des maximalen Risikowertes je Kreditnehmer oder einer Gruppe verbundener Kreditnehmer dienen.
- Bescheinigung der Steuerbehörde über Abgaberückstände oder über Schuldenfreiheit.

Das Gesetz enthält keine Angabe dazu, in welcher Höhe die Finanzmittel vom Antragsteller nachgewiesen werden müssen. Die Praxis der Ausschreibungs- und Auktionsdurchführung entwickelte sich in zwei Richtungen. Beim ersten Ansatz wird die nachzuweisende Summe auf der Grundlage der Zahlungen und Gebühren berechnet, die in den Durchführungsbedingungen festgelegt sind, zuzüglich der im einen Auktionsschritt[439] erhöhten Summe des einmaligen Zahlungsgebots. Bei der zweiten Methode ist es die Summe, die nach der Expertenmeinung für die Erschließung der Lagerstätte und den vollständigen Abbau des Bodenschatzes erforderlich sein kann. Bei der Anwendung dieser Methode ergaben sich Probleme bei der Verfahrensweise zur Ermittlung der erforderlichen Summe. Aus diesem Grund folgt die aktuelle Lizenzierungspraktik überwiegend dem ersten Ansatz.[440]

cc) Nachweise über technische und technologische Kapazitäten des Antragstellers

Der Antragsteller muss nachweisen, dass er und die vom ihm beauftragten Unternehmen und Organisationen über die benötigten technischen Kapazitäten sowie das Fachpersonal verfügen. Für diesen Zweck sieht die Anordnung № 156 unter Ziff. 17 Abs. 3 Pkt. 3 folgende Unterlagen vor:

- vom Geschäftsführer oder einem seiner autorisierten Vertreter unterschriebene Bescheinigung, die eine Beschreibung der verwendeten Technologien und eine Liste der technischen Ausrüstung, die zur Ausführung der geplanten Arbeiten benötigt werden, enthält nebst Nachweis, dass diese im Eigentum des Antragstellers oder des Betreibers stehen. Das können z. B. Kopien der staatlichen Registrierung der Immobilienrechte, in diesem Sinne abgeschlossene Verträge, Übergabe- oder Übernahmeprotokolle und Ähnliches sein;
- Kopien der Lizenzen, die den Antragsteller berechtigen, bestimme Tätigkeiten auszuführen, die nach der russischen Gesetzgebung unter Lizenzierungspflicht stehen sowie Kopien der Werkverträge mit externen Unternehmen und Organisationen mit dem Nachweis, dass diese über die Lizenzen verfügen, die sie dazu berechtigen, bestimmte mit der Erdkörpernutzung zusammenhängende und unter Lizenzierungspflicht stehende Tätigkeiten auszuführen;
- Angaben zu Mitarbeiterstamm und qualifizierten Fachleuten, die unmittelbar an den Arbeiten zur Erschließung der Lagerstätte und insbesondere beim Einsatz der angegebenen technischen Mittel teilnehmen werden, z. B. Kopie der Stellenpläne des Antragstellers, Diplomkopien der Fachkräfte usw.

---

439 Die Höhe des Auktionsschritts wird in den Durchführungsbedingungen der Auktion festgelegt und ist der Mitteilung zu entnehmen.

440 *Vasilevskaja, D. V./ Laevskaja, N.V./ Litunovskaja D. A.*, Die Lizenzierung der Erdkörpernutzung in Russland S. 49.

dd) Angaben zu vorherigen Tätigkeiten des Antragstellers im Bergbaubereich

Die Antragsteller, die vorher bereits im Bereich der Erdkörpernutzung tätig waren, müssen allgemeine Informationen über die in den letzten fünf Jahren ausgeführten, mit der Erschließung von Lagerstätten zusammenhängenden Projekte einreichen. Insbesondere sind damit Informationen über erhaltene Lizenzen gemeint sowie über die Erfüllung der sich aus diesen Lizenzen ergebenden Bedingungen der Nutzung des Erdkörperfeldes.

c) Registrierung und Bearbeitung der Anträge

Am Tag des Eingangs erfolgt gem. Ziff. 46, 47 Anordnung № 156 die Registrierung des Antrages durch die zuständige Abteilung bei ROSNEDRA. Eine Änderung der in den Antragsunterlagen enthaltenen Angaben ist nach Ablauf der Antragstellungsfrist nicht zulässig. Eine weitere Bedingung für die Registrierung des Antrages ist die Zahlung der in den Durchführungsbedingungen fixierten Teilnehmergebühr und der Anzahlung. Die Anzahlung stellt einen Teil der im Art. 40 ErdkörperG festgelegten Einmaligen Gebühr dar.[441] Die Höhe dieser Anzahlung wird in den Auktionsbedingungen bekannt gemacht. Erfüllt der Antrag diese Teilnahmevoraussetzungen, wird er registriert, woraufhin der Antragsteller eine offizielle Bescheinigung über die Registrierung seines Antrages erhält. Im Falle einer Ausschreibung wird dem Antragsteller anschließend die geologische Information über das entsprechende Erdkörperfeld ausgehändigt mit dem Hinweis auf die Frist, in der die technisch-wirtschaftlichen Vorschläge eingereicht werden müssen, Ziff. 100, 101 Anordnung № 156.

Nach der Registrierung der Anträge setzt ROSNEDRA eine Arbeitsgruppe (mindestens drei Personen) für die Vorprüfung der Anträge ein. In der Sitzung der Arbeitsgruppe werden die versiegelten Antragsumschläge geöffnet und ihr Inhalt protokolliert. Bei der Öffnung der Umschläge dürfen die Vertreter der Antragsteller anwesend sein, Ziff. 50 Anordnung № 156. Anschließend bearbeitet die Arbeitsgruppe die Anträge, um die finanzielle und technische Kompetenz des Antragstellers zu überprüfen und die Einhaltung der in den Durchführungsbedingungen festgelegten Zulassungsvoraussetzungen festzustellen. Im Ergebnis der Prüfung trifft die Arbeitsgruppe die Entscheidung über die Zulassung des Antrages zur Teilnahme an der Auktion bzw. Ausschreibung oder über seine Ablehnung. Der Antrag kann – wie bei allen EKL-Typen – aus den in Art. 14 ErdkörperG festgelegten Gründen abgelehnt werden.

Die Entscheidung der Arbeitsgruppe ist vom ROSNEDRA-Vorsitzenden zu genehmigen. Ab dem Zeitpunkt der Genehmigung gilt der Antragsteller als Teilnehmer der Auktion, worüber ROSNEDRA ihn nicht später als an dem auf die Genehmigung folgenden Tag zu unterrichten hat. Hinsichtlich der Anträge auf

---

441 Ausführlicher zu Einmaligen Gebühr gem. Art. 40 ErdkörperG sehe in dieser Arbeit Kapitel 4, B I, S. 256 ff.

die Teilnahme an einer Ausschreibung findet keine solche Vorprüfung statt, da die Prüfung und Bewertung der Angaben das Hauptkriterium für die Ermittlung des Gewinners darstellt und deswegen direkt in den Sitzungen der Ausschreibungskommission erfolgt.

d) Die Durchführung der Auktion oder Ausschreibung

Die nächste Etappe im Erteilungsverfahren ist die eigentliche Durchführung der Auktion bzw. Ausschreibung, die bei einer Auktion nach Ziff. 56–72 und bei einer Ausschreibung nach Ziff. 106–115 jeweils der Anordnung № 156 durch die Auktions- bzw. Ausschreibungskommission erfolgt. Die entsprechende Kommission wird von ROSNEDRA durch Erlass gegründet. Ihre Zusammensetzung und Arbeitsweise ergeben sich aus den Bestimmungen der Ziff. 56–61 Anordnung № 156. Sie darf aus sieben bis 15 Mitgliedern bestehen. Die Kommission setzt sich aus ROSNEDRA-Vertretern und Vertretern des Exekutivorgans des entsprechenden Föderationsmitglieds zusammen, die von diesem Exekutivorgan vorgeschlagen werden. Die Anordnung № 156 enthält ein direktes Verbot der Mitarbeit in der Auktions- bzw. Ausschusskommission von Interessenträgern oder von mit den Auktions- bzw. Ausschreibungsteilnehmern affiliierten Personen, Ziff. 57 Abs. 6, 7 Anordnung № 156. Die Auktions- bzw. Ausschreibungskommission ist beschlussfähig, wenn mehr als die Hälfte oder mindestens fünf ihrer Mitglieder anwesend sind. Eine Übertragung der Stimmrechte von einem Mitglied auf ein anderes ist nicht zulässig Ziff. 59 Abs. 3Anordnung № 156.

Am Tag der Auktion werden zunächst alle Teilnehmer und ihre Vertreter auf ihre Anwesenheit hin registriert und gelten dann als angemeldet für die Auktion bzw. Ausschreibung. Für den Fall, dass ein Antragsteller sich vertreten lässt, muss nach Ziff. 62 Anordnung № 156 der Vertreter noch vor Auktionsbeginn beim Kommissionsvorsitzenden eine ordnungsgemäße Vollmacht vorlegen, die ausdrücklich sein Recht bestätigt, als Vertreter des Teilnehmers bei der Auktion für die Erteilung einer EKL agieren zu können. Wird der Antragsteller durch sein Einzelexekutivorgan (Generaldirektor) vertreten, muss beim Kommissionsvorsitzenden das Dokument über seine Ernennung (Wahl) eingereicht sein. Die Vertreter der Bieter, die oben genannte Unterlagen vor Beginn der Auktion bzw. Ausschreibung nicht einreichen, werden zur Auktion nicht zugelassen.[442]

Der eigentliche Ablauf der Auktion gestaltet sich nach Ziff. 63 ff. Anordnung № 156. Sie wird in einer offenen Form durchgeführt, indem die Bieter ihre Vorschläge für die Höhe der Einmaligen Zahlung ansagen. Zu Beginn der Auktion wird die Anfangshöhe der Einmaligen Zahlung verkündet. Jede nachfolgend verkündete Summe wird durch den sogenannten „Auktionsschritt“ bestimmt, der in den Durchführungsbedingungen anzugeben ist. Beim Fehlen bietender Teilnehmer nach dreifacher Verkündung der Anfangshöhe der Einmaligen Zahlung wird die Auktion

442 *Vasilevskaja/Laevskaja/Litunovskaja,* Die Lizenzierung der Erdkörpernutzung in Russland, S. 53.

beendet und für ungültig erklärt. Der höchste Wert der Einmaligen Zahlung gilt als ermittelt, wenn der gleiche Wert vom Versteigerer dreifach genannt wurde und keiner der Teilnehmer sich durch Hochhalten seiner Registrationsnummer gemeldet hat. Somit ist Gewinner der Auktion derjenige Teilnehmer, dessen Registrationsnummer zuletzt genannt wurde.

Der Ablauf einer Ausschreibung ist dem Ablauf einer Auktion sehr ähnlich. Die von ROSNEDRA eingesetzte Ausschreibungskommission öffnet in ihrer ersten Sitzung die Umschläge mit den Antragsunterlagen und technisch-wirtschaftlichen Vorschlägen und prüft diese auf die Erfüllung der in den Durchführungsbedingungen festgelegten Anforderungen und Voraussetzungen. Die Ablehnung eines Antrages kann hier ebenso nach dem Vorhandensein einer der Gründe nach Art. 14 ErdkörperG erfolgen. Am Tag der letzten Sitzung der Ausschreibungskommission registriert eines der Kommissionsmitglieder alle Teilnehmer der Ausschreibung. Dafür müssen alle Teilnehmer ebenso die bevollmächtigenden Unterlagen ihrer Vertreter vorlegen. Diejenigen Teilnehmer, die das versäumen, werden von der Ausschreibung ausgeschlossen. Wie bereits oben dargelegt, gewinnt derjenige Teilnehmer die Ausschreibung, der die besten EKL-Bedingungen vorschlägt, insbesondere in Bezug auf technisches Niveau der Bergbauarbeiten, vollständigen Abbau der Lagerstätte, Beitrag zur sozialwirtschaftlichen Entwicklung des jeweiligen Gebietes, Fristen für den Abschluss der geplanten Bergbauarbeiten, Effizienz der Umweltmaßnahmen und Sicherstellung der nationalen Sicherheit. Diese Vorschläge werden mit Hilfe offizieller Gutachten sowie sonstigen schriftlichen und mündlich vorgetragenen Angaben von den Ausschreibungsteilnehmern in der letzten Sitzung der Kommission vorgetragen.[443] Nach der Anhörung zieht sich die Ausschreibungskommission zu einer nicht öffentlichen Sitzung zurück, in der sie über die Vorschläge berät und über den Gewinner abstimmt.

Sieht die Ausschreibungskommission mehrere Anträge als gleichwertig an, wird der Gewinner anhand eines Zusatzkriteriums ermittelt – nämlich der Höhe der Einmaligen Zahlung. Diese Angabe hat der Teilnehmer in einem gesonderten Umschlag bei Einreichung der Antragsunterlagen zu machen. Die Ausschreibungskommission öffnet die entsprechenden Umschläge in Anwesenheit der Teilnehmer und verkündet den Teilnehmer mit dem höchsten Gebot als Gewinner der Ausschreibung. Registriert die Ausschreibungskommission nur einen Antrag auf die Teilnahme, kann die EKL diesem Antragsteller unter Auflagen der Durchführungsbedingungen erteilt werden, wobei die von dem Teilnehmer vorgeschlagenen technisch-wirtschaftlichen Entwürfe und die Höhe der Einmaligen Zahlung zu berücksichtigen sind.[444]

443 Die Reinfolge wird dabei ausgelost.

444 *Vasilevskaja/Laevskaja/Litunovskaja,* Die Lizenzierung der Erdkörpernutzung in Russland, S. 54, 55.

e) Genehmigung der Ergebnisse und Registrierung der EKL

Nach dem Auktions- bzw. Ausschreibungsabschluss muss ROSNEDRA ihre Ergebnisse gem. Art. 13.1 Abs. 3 ErdkörperG innerhalb von 30 Tagen nach der Unterzeichnung des Protokolls genehmigen. Daraufhin erstellt das Lizenzierungsdepartment der ROSNEDRA die entsprechende EKL, in der die Auktionsbedingungen und die im Rahmen der Ausschreibung durch den Gewinner vorgeschlagenen Bedingungen als fester Bestandteil der Lizenz eingefügt werden. Nach der Unterzeichnung der erstellten EKL durch den ersten stellvertretenden Direktor der ROSNEDRA muss das Gewinnerunternehmen sie ebenfalls unterzeichnen und erst dann wird sie in der in der Verwaltungsverfahrensordnung № 315 vorgeschriebenen Weise registriert. Nach der Registrierung ist das Gewinnerunternehmen verpflichtet, die von ihm gebotene Summe der Einmaligen Zahlung in der Frist, die in den Auktions- bzw. Ausschreibungsbedingungen festgelegt wurde, zu bezahlen.[445] ROSNEDRA ist dazu verpflichtet, die Auktions- bzw. Ausschreibungsergebnisse in dem Amtsblatt „Erdkörpernutzung in Russland“ und in den entsprechenden regionalen Medien zu veröffentlichen.[446]

3. Erteilungsverfahren für Erdkörperfelder föderaler Bedeutung

Die Erteilung einer EKL für Erkunden und Gewinnen sowie einer kombinierten EKL für Erdkörperfelder föderaler Bedeutung fällt laut Art. 10.1 Abs. 1 ErdkörperG unter die Kompetenz der Regierung der RF. Das bezieht sich auf das gesamte Erteilungsverfahren einschließlich der Festlegung von Auktionsbedingungen, der Bestimmung der Zusammensetzung und des Arbeitsablaufs der entsprechenden, dafür eingesetzten Auktionskommission. Eines der besonderen Merkmale der Auktionen für Erdkörperfelder föderaler Bedeutung ist gem. Art. 13.1 Abs. 2 ErdkörperG das Recht der Regierung, juristische Personen mit Beteiligung ausländischen Kapitals von der Teilnahme an einer solchen Auktion auszuschließen oder die zugelassene Höhe der Beteiligung zu bestimmen. Eine solche Entscheidung kann die russische Regierung auf Vorschlag des Verteidigungsministeriums oder der FSB im Interesse der nationalen Sicherheit treffen. Diese Regelung ist direkte Folge des StrategInvestG und wurde im Jahr 2008 in das ErdkörperG aufgenommen.[447] Bis heute hat die Regierung von diesem Recht noch keinen Gebrauch gemacht.

---

445 *Siryk*, Prozessgestaltung bei der Erdkörpernutzung im Öl-und Gassektor Russlands, S. 25.

446 *Vasilevskaja*, Rechtliche Rahmenbedingungen der Erdkörpernutzung in Russland und Ausland, S. 262.

447 *Vasilevskaja/Laevskaja/Litunovskaja*, Die Lizenzierung der Erdkörpernutzung in Russland, S. 79.

a) Regierungsanordnung über die Durchführung der Auktion

Die rechtliche Grundlage für die Auktionsdurchführung bildet die Anordnung der Regierung über die Durchführung der Auktion für das Nutzungsrecht am Erdkörperfeld föderaler Bedeutung (im Folgenden: Regierungsanordnung). Die Regierungsanordnung hat immer Einzelcharakter und wird jeweils für jede Auktion für jedes Erdkörperfeld oder Gruppe der Erdkörperfelder ausgearbeitet und erlassen.[448] Eine weitere Besonderheit dieses Erteilungsverfahrens besteht darin, dass die Ausarbeitung eines speziellen Rechtsaktes, der die Verfahrensvoraussetzungen dafür regeln würde, nicht vorgesehen ist. Die Regierungsanordnungen müssen zwar nach Art. 13.1 ErdkörperG die Zusammensetzung der Auktionskommission und ihre Arbeitsverfahren sowie das Durchführungsverfahren der Auktion insgesamt festlegen, in der Praxis sind diese Regierungsanordnungen jedoch relativ knapp und regeln die verfahrensrechtlichen Vorgaben nur oberflächlich. Dadurch entsteht in der Praxis die Situation, dass eine Vielzahl der Vorgaben zur verfahrensrechtlichen Ausgestaltung der Auktionsdurchführung über verschiedene Rechtsakte zerstreut ist, was ohne Zweifel die Übersicht des Teilnehmers darüber, ob seine Rechte bei der Auktion gewahrt wurden, deutlich erschwert.[449] Die einschlägigen Vorschriften finden sich neben dem ErdkörperG in der Geschäftsordnung der Regierung der RF,[450] in Verordnungen der Regierung der RF über die Arbeitsweise des MINPRIRODA[451], in der Regierungsverordnung über die ROSNEDRA[452] und in der im vorangegangenen Gliederungspunkt erwähnten Anordnung über № 156.

Bereits bei der Aufnahme eines Erdkörperfeldes in das Verzeichnis der Erdkörperfelder föderaler Bedeutung wird für jedes einzelne Erdkörperfeld der Zeitraum (meisten durch Quartalangabe) für die geplante Auktionsdurchführung angegeben. Ebenso wird gleich im Verzeichnisinhalt angegeben, ob die Auktion sich auf die Erteilung der EKL für Erkunden und Gewinnen oder der kombinierten EKL bezieht.[453] Der Entwurf einer solchen Regierungsanordnung wird gem. Ziff. 7 und 53 Satzung der Regierung der RF durch ROSNEDRA ausgearbeitet und danach durch MINPRIRODA

448 *Vasilevskaja/Laevskaja/Litunovskaja,* Die Lizenzierung der Erdkörpernutzung in Russland, S. 82.

449 *Vasilevskaja/Laevskaja/Litunovskaja,* Die Lizenzierung der Erdkörpernutzung in Russland, S. 82.

450 Regierungsverordnung № 260 vom 1. Juni 2004 „Über die Geschäftsordnung der Föderalen Regierung der RF und über den Beschluss über die Einrichtungen der Föderalen Regierung der RF“, SZ RF 2004, № 23, Pos. 2313 [Постановление Правительства РФ № 260 от 1 июня 2004 г. № 260 „О Регламенте Правительства Российской Федерации и Положении об Аппарате Правительства Российской Федерации“, СЗ РФ 2004, № 23, ст. 2313].

451 Siehe Fn. 91.

452 Siehe Fn. 93.

453 Siehe Verzeichnisse der Erdkörperfelder für einzelne Föderationsmitglieder, die im Jahr 2015 zur Verfügung gestellt werden, abrufbar unter: http://www.rosnedra.gov.ru/article/8101.html.

der Regierung der RF zur Abstimmung vorgelegt. Die Zulassungsvoraussetzungen, darunter die Antragsunterlagen, sowie die EKL-Bedingungen werden von ROSNEDRA ebenfalls in jedem einzelnen Fall erarbeitet. Der bei der Regierung eingehende Entwurf besteht praktisch aus diesen Angaben.

Vor der Vorlage bei MINPRIRODA muss ROSNEDRA den Entwurf von den zuständigen Behörden genehmigen lassen. Bei Auktionen für Erdkörperfelder, die Kohlenwasserstofflagerstätten enthalten, sind bei der Genehmigung des Entwurfs die gleichen Behörden beteiligt, die auch den Regierungsentwurf für die Erteilung einer Gewinnungsberechtigung für Erdkörperfelder föderalen Bedeutung auf Grund der Entdeckung einer Lagerstätte prüfen und genehmigen: MINEKONOMRAZVITIE, FSB, Verteidigungsministerium, Energieministerium, Föderale Agentur für Fischereiwesen.[454] Im Falle von Meinungsverschiedenheiten zwischen den genannten Behörden obliegt es nach Ziff. 59 Satzung der Regierung der RF dem MINPRIRODA, die Vermittlungsausschüsse einzusetzen und zu führen. Erst nachdem die Auktionsbedingungen durch alle genannten zuständigen Behörden genehmigt wurden, legt MINPRIRODA den Entwurf der Regierung vor, die diesen ebenfalls genehmigen muss. Daraufhin erfolgt der Erlass der Regierungsanordnung.

b) Antragstellung und Durchführung der Auktion

Die Ankündigung der Auktion erfolgt durch die Anzeige auf der offiziellen Webseite der RF für die Veröffentlichung von Informationen über die Bieterwettbewerbe und Ausschreibungen – www.torgi.gov.ru. Nach Art. 13. 1 ErdkörperG muss die Anzeige mindestens 45 Tage vor dem Datum der Auktionsdurchführung veröffentlicht sein. Sind für die Auktionsteilnahme Beschränkungen in Bezug auf ausländische Investoren festgelegt worden, sind diese Einschränkungen gem. Art. 13 Abs. 11 S. 2 ErdkörperG in der Anzeige zu benennen. Obwohl es noch keine Erfahrungswerte mit der Festlegung von Beschränkungen gegenüber von ausländischen Investoren gibt, ist es denkbar, dass diese Angaben bereits in der Regierungsanordnung fixiert werden und in die offizielle Ankündigung übernommen werden.

An die derzeitige Praxis anknüpfend[455] lässt sich feststellen, dass die Regierung die tatsächliche Durchführung der Auktion in den Regierungsanordnungen

454 Ausführlicher zum konkreten Prüfgegenstand der einzelnen Behörde siehe in dieser Arbeit S. 157.

455 Siehe z. B. Regierungsanordnung № 767-r vom 8. Mai 2014, keine offizielle Veröffentlichung, abrufbar unter: http://government.ru/media/files/41d4dc3d24d05dea978d.pdf [Распоряжение Правительства Российской Федерации, № 767-р от 8 мая 2014 г., документ официально опубликован не был, доступен на сайте http://government.ru/media/files/41d4dc3d24 d05dea978d.pdf]; über die Dürchführung der Auktion für das Nutztungsrecht am Erdkörperfeld föderaler Bedeutung „Minhovskiy", das die gasführende Lagerstätte „Minchovskoe" und „Ost-Minchovskoe" enthält und sich auf dem Territorium des Autonomen Bezirks Jamal-Nenzen befindet, für die Aufsuchung und Gewinnung von Kohlenwasserstoffen auf der Grundlage einer kombinierten EKL.

der ROSNEDRA aufträgt. Die Vorschriften hinsichtlich der Auktionskommission beziehen sich in der untersuchten Regierungsanordnung nur auf die Angaben zu ihrer Zusammensetzung und darauf, dass ihre Entscheidungen durch einfache Mehrheit der Stimmen getroffen werden. So muss die Auktionskommission aus bis zu zehn Mitgliedern bestehen, und zwar aus den jeweiligen Vertretern des MINPRIRODA, des Ministeriums für wirtschaftliche Entwicklung, des Bundesamtes für die Aufsicht bei der Naturressourcennutzung, der ROSNEDRA und anderer der ROSNEDRA untergeordneten Institutionen. ROSNEDRA als für die Auktionsdurchführung zuständige Behörde bestimmt über die genaue Zusammensetzung der Auktionskommission und ernennt ihren Vorsitzenden.

Die Ermittlung des Gewinners erfolgt gem. Art. 13.1 Abs. 7 ErdkörperG aufgrund der vom Interessenten angegebenen Höhe der Einmaligen Gebühr. Die anfängliche Mindesthöhe dieser Gebühr wird durch ROSNEDRA berechnet und in der Regierungsanordnung vorgegeben. Dabei bleibt es jedoch unklar, in welcher Vorgehensweise die Bieter ihre Angebote unterbreiten sollen und wie genau der Gewinner ermittelt werden soll: in einem klassischen Schrittverfahren oder auf Grund der im Antrag gemachten Angabe zur Höhe der Einmaligen Gebühr, die der Bieter bereit ist zu zahlen. Hierbei enthalten die untersuchten Regierungsanordnungen keine Angaben. In der Praxis führt ROSNEDRA die Auktionen jedoch unter Anlehnung an die Vorschriften in Ziff. 65 ff. Anordnung № 156 durch.[456] Alle untersuchten Regierungsanordnungen enthalten eine Bestimmung, wonach die besagte Auktion für erfolglos erklärt wird, wenn die festgelegte anfängliche Mindesthöhe der Einmaligen Gebühr durch die Auktionsteilnehmer nicht überboten wurde.

Im Einklang mit den Ergebnissen der abgeschlossenen Auktion bereitet ROSNEDRA auf der Grundlage des Auktionsprotokolls den Entwurf für die Anordnung der Regierung über die Genehmigung der Auktionsergebnisse und die Erteilung der EKL für das Erdkörperfeld föderaler Bedeutung (im Folgenden: Regierungsanordnung über die Erteilung der EKL nach Auktionsergebnissen) vor. Auf der Grundlage der erlassenen Regierungsanordnung über die Erteilung der EKL nach Auktionsergebnissen ordnet ROSNEDRA in Form eines Erlasses der Lizenzabteilung an, die entsprechende EKL auszustellen.

Obwohl gem. Art. 13.1 Abs. 3 ErdkörperG die Regierungsanordnung über die Erteilung der EKL nach Auktionsergebnissen binnen einer Frist, die 30 Tage nicht überschreiten darf, zu beschließen ist, wird diese Norm von den Behörden in der Praxis jedoch nicht immer eingehalten. So wurde beispielweise bei der ersten Auktion für ein Erdkörperfeld föderaler Bedeutung im Dezember 2010 die Regierungsanordnung erst nach ca. 1,5 Jahren – im Juni 2012 erlassen.[457] Dieses Beispiel bestätigt die im rechtswissenschaftlichen Raum oft zu hörende Kritik darüber, dass das

456 *Vasilevskaja/Laevskaja/Litunovskaja,* Die Lizenzierung der Erdkörpernutzung in Russland, S. 81, 82.

457 *Vasilevskaja/Laevskaja/Litunovskaja,* Die Lizenzierung der Erdkörpernutzung in Russland, S. 87.

Erteilungsverfahren für eine EKL für Erdkörperfelder föderaler Bedeutung durch seine Mehrstufigkeit und hohe Komplexität zu unverhältnismäßig langen Bearbeitungszeiten bei den zuständigen Behörden führt. Die nicht vorhandene Regulierung aller verfahrensrechtlich relevanten Aspekte in den einzelnen Regierungsanordnungen hat einen hohen Grad an rechtlicher Unklarheit für die Auktionsteilnehmer zur Folge und bedeutet für die Investoren zusätzliche Risiken.[458]

IV. Erteilungsverfahren für die Erdkörperfelder föderaler Bedeutung ohne Durchführung von Auktionen

Aus dem oben dargestellten Erteilungsverfahren sind zwei Ausnahmen möglich, nämlich für die Erdkörperfelder föderaler Bedeutung, die sich auf dem Festlandsockel befinden oder sich bis auf diesen erstrecken, sowie die Erdkörperfelder föderaler Bedeutung, die Erdgaslagerstätten enthalten. Nach dem im Jahr 2008 neu aufgenommenen Art. 10.1 Abs. 1 ErdkörperG ist die EKL für Erkunden und Gewinnen sowie die kombinierte EKL für diese Erdkörperfelder ohne Durchführung von Auktionen allein auf der Grundlage eines Beschlusses der Regierung der RF zulässig. Bevor sie zur Nutzung zur Verfügung gestellt werde können, müssen diese Erdkörperfelder in einem durch die Regierung zu genehmigenden speziellen Verzeichnis aufgelistet sein.[459] Den rechtlichen Rahmen für dieses Erteilungsverfahren bestimmt die Regierungsverordnung № 4 vom 8. Januar 2009 (im Folgenden: Regierungsverordnung № 4)[460].

---

458 *Ivanova,* Strategische Lagerstätte: neue rechtliche Regulierung und ihre Auswirkungen auf die Investitionen, S. 18–19; *Vasilevskaja/Laevskaja/Litunovskaja,* Die Lizenzierung der Erdkörpernutzung in Russland, S. 91; *Sailer,* Aufsuchung, Exploration, Erschließung und Förderung von Bodenschätzen in der RF durch russische und ausländische Investoren, S. 161.

459 Ausführlicher zu dem Verzeichnis dieser Art der Erdkörperfelder siehe in dieser Arbeit S. 72 f.

460 Regierungsverordnung № 4 vom 8. Januar 2009 „Über die Genehmigung der Bestimmung über die Bearbeitung von Anträgen auf die Erteilung eines Nutzungsrechts am Erdkörperfeld durch die EKL für Erkunden und Gewinnen oder eine kombinierte EKL, ohne Auktionsdurchführung für Nutzung zur Verfügung gestellt werden kann, für die Erdkörperfelder föderaler Bedeutung auf dem Festlandsockel der RF oder die sich darauf erstrecken, für die erdgasführende Erdkörperfelder“, SZ RF 2009, № 3, Pos. 405 [Постановление Правительства РФ № 4 от 8 января 2009 г. „Об утверждении Положения о рассмотрении заявок на получение права пользования недрами для разведки и добычи полезных ископаемых или для геологического изучения недр, разведки и добычи полезных ископаемых, осуществляемых по совмещенной лицензии, на предоставляемых в пользование без проведения аукционов участке недр федерального значения континентального шельфа Российской Федерации, участке недр федерального значения, расположенном на территории Российской Федерации и простирающемся на ее континентальный шельф,

1. *Besonderheiten für die EKL-Erteilung für Erdkörperfelder auf dem Festlandsockel*

a) *Engster Personenkreis nach Art. 9 Abs. 2 ErdkörperG*

Der bergbauliche Zugang zu den Lagerstätten in den Erdkörperfeldern auf dem Festlandsockel sowie zu Lagerstätten, die in den Grenzen der Erdkörperfelder liegen, welche darauf sich lediglich erstrecken, unterliegt nach russischem Bergrecht den strengsten Einschränkungen. Dabei handelt es sich in erster Linie gerade um ergdas- und erdölführende Lagerstätten. Wie bei der Erörterung der Einteilung von Erdkörperfeldern bereits bemerkt wurde, gehören alle diese Erdkörperfelder gem. Art. 2.1 Abs. 3 Pkt. 3 ErdkörperG der Kategorie der Erdkörperfelder föderaler Bedeutung an. Die Hauptbesonderheit im Hinblick auf das Erteilungsverfahren des Zugriffsrechts auf diese Erdkörperfelder besteht darin, dass die russische Bergbaugesetzgebung grundsätzlich nur zwei mögliche Nutzer für sie zulässt. Ein Bergbauunternehmen, das die Absicht hat, bergbauliche Tätigkeiten auf dem Festlandsockel der RF auszuüben, muss nach Art. 9 Abs. 2 ErdkörperG Voraussetzungen erfüllen. Es muss eine nach russischem Recht gegründete juristische Person sein, es muss eine mindestens fünfjährige Erfahrung der Bergbautätigkeit auf dem russischen Festlandsockel nachweisen können und mehr als 50 % seines Stammkapitals müssen Anteile der Russischen Föderation sein. Diesen Anforderungen entsprechen nur zwei Unternehmen: Gazprom und NK Rosneft.

Naheliegend ist, dass der Kreis der möglichen Antragsteller sehr eng definiert ist. Mehrfach wurde eine Liberalisierung des Zugangs zu den Lagerstätten auf dem Festlandsockel gefordert, indem der Personenkreis der zulässigen Nutzer ausgeweitet wird.[461] Heute sind 80 % der entdeckten Lagerstätten auf dem russischen Festlandsockel an diese zwei Unternehmen bereits erteilt.[462] In der Realität führte es zu einer gewissen „Hortung" von Bergbauberechtigungen. Denn klar ist, dass diese zwei Unternehmen alleine über keine ausreichenden Kapazitäten verfügen, um gleichzeitig allen erlangten EKLs nachzugehen. Sowohl Gazprom als auch Rosneft haben mehrfach bei den Behörden Anträge auf Änderung der EKL-Bedingungen

---

участке недр федерального значения, содержащем газ", СЗ РФ 2009, № 3, ст. 405].

461 Vgl. *Makarova,* Rechtlicher Rahmen für die Erdkörpernutzung auf dem Festlandsockel: Probleme und mögliche Lösungen, S. 56,57; *Vasilevskaja,* Über die Rechtspraxis bei der Erteilung und Nutzung der Erdkörperfelder föderaler Bedeutung, S. 15; *Basnieva,* Rechtliche Problemfragen bei Erforschung und Erschließung der Erdkörperressourcen auf dem Festlandsockel der RF und Mechanismen zu deren Lösung, S. 53, 54.

462 *Starinskaja, G.,* Festlandsockel unter Wache des MINPRIRODA, in: Vedomosti vom 3. Juli 2015 [*Старинская, Г.,* Минприроды встало на стражу шельфа, в: Ведомости от 3 июля 2015 г.].

gestellt und darin eine Fristverlängerung der vereinbarten Arbeiten beantragt.[463] Bekanntlich ist der Offshore-Bergbaubetrieb deutlich teurer als auf dem Festland. Sowohl Gazprom als auch Rosneft verfügen über genug Erdkörperfelder auf dem Festland, die günstiger in der Erschließung sind, weniger Risiken mit sich tragen und deshalb höhere Gewinne abwerfen. Beide Unternehmen sind mit solchen Erdkörperfeldern mindestens für die nächsten 40–50 Jahre ausgestattet.

b) Die Liberalisierung des Zugangs seit Mai 2015

Über eine erforderliche Liberalisierung des Zugangs zu den Lagerstätten wurde bereits seit der Einführung der geltenden Einschränkungen im Jahr 2008 in Fachkreisen diskutiert. Der erste Schritt dafür wurde am 2. Mai 2015 getan, indem der Präsident der RF ein Änderungsgesetz[464] unterzeichnete, wonach die in Art. 9 Abs. 2 ErdkörperG festgelegten Beschränkungen nicht mehr für die Erdkörperfelder auf dem Festlandsockel der Ostsee gelten. Danach können Bergbauunternehmen, welche ihre EKL für die geologische Forschung für die besagten Erdkörperfelder bereits vor dem Jahr 2008 besaßen, eine EKL für Erkunden und Gewinnen auch dann erhalten, wenn sie über keine Erfahrung im Gewinnungsbetrieb auf dem Festladsockel der RF verfügen und auch wenn sie nicht unter staatlicher Kontrolle stehen. Diese Novellierung betrifft in erster Linie die russischen Unternehmen „Lukoil“ und „SurgutnefteGas“, die über Aufsuchungsberechtigungen für die einschlägigen Erdkörperfelder in der Ostsee verfügen, aber wegen der im Jahr 2008 eingeführten Beschränkungen im Hinblick auf zulässige Nutzer auf dem Festlandsockel keine Gewinnungsberechtigungen für diese Felder erlangen konnten, insbesondere weil sie keine fünfjährige Erfahrung auf dem russischen Festlandsockel nachweisen konnten.[465]

---

463 *Basnieva*, Rechtliche Problemfragen bei Erforschung und Erschließung der Erdkörperressourcen auf dem Festlandsockel der RF und Mechanismen zu deren Lösung, S. 53.

464 Föderalgesetz vom 2. Mai 2015 „Über die Änderungen im Art. 12 des Föderalgesetzes „Über die Änderungen in den einzelnen Rechtsakten der RF und über die Aufhebung einzelner Bestimmungen im Föderalgesetz „Über die Durchführung von ausländischen Investitionen in Wirtschaftsgesellschaften, die strategische Bedeutung für die Sicherung der Landesverteidigung und die Sicherheit des Staates haben“, SZ RF 2015, № 18, Pos. 2624 [Федеральный закон Российской Федерации от 2 мая 2015 г. N 121-ФЗ „О внесении изменений в статью 12 Федерального закона «О внесении изменений в отдельные законодательные акты Российской Федерации и признании утратившими силу отдельных положений законодательных актов Российской Федерации в связи с принятием Федерального закона «О порядке осуществления иностранных инвестиций в хозяйственные общества, имеющие стратегическое значение для обеспечения обороны страны и безопасности государства», СЗ РФ 2015, № 18, ст. 2624].

465 *Korjakin, I.*, In der nahen Zukunft verschiebt sich der Schwerpunkt der Erschließung auf den Festlandsockel, in: Komersant vom 5. Mai 2015, abrufbar unter http:// www.kommersant.ru/ doc/2721280 [*Корякин,И*, В ближайшее время основной

Obwohl die neue Regelung nur für die Erdkörperfelder gilt, die sich auf dem Festlandsockel der Ostsee befinden, wird darin ein gewisser „Probelauf" für die weitere Liberalisierung der Zugangsanforderungen zu den Lagerstätten auf dem gesamten russischen Festlandsockel gesehen. Ende April 2015 hat der leitende Minister der MINPRIRODA der Presse gegenüber mitgeteilt, dass MINPRIRODA eine Liberalisierung der Zugangsvoraussetzungen für die Erdkörperfelder auf dem Festlandsockel anstrebt und die notwendige Gesetzesinitiative noch im Herbst Jahr 2015 in die Wege geleitet werden soll.[466] Ohne eine konkrete Abschätzung geben zu wollen, sei angemerkt, dass höchstwahrscheinlich die geltenden Beschränkungen für ausländische Investoren durch die anstehende Liberalisierung nicht berührt werden. Das heißt, die Kapitalgesellschaften, die unter der Kontrolle ausländischer Investoren stehen, werden weiterhin keine Möglichkeit haben, EKL-Inhaber zu werden. Diese Novellierung wird vielmehr die Anforderung über den Nachweis der fünfjährigen Erfahrung auf dem russischen Festlandsockel betreffen, so dass außer für Gazprom und Rosneft auch für andere russische Bergbauunternehmen der Zugang zu den Lagerstätten auf dem Festlandsockel möglich wird.

c) *„Joint operating agreement" für internationale Bergbauvorhaben auf dem russischem Festlandsockel*

Der Aufbau von großen internationalen Bergbauvorhaben auf der Grundlage des „Joint operating agreement" (im Folgenden: JOA)[467] ist in der weltweiten Praxis bei der Rohstoffförderung sehr verbreitet. Dem russischen Recht waren sie bis vor kurzer Zeit noch unbekannt. Im September 2013[468] war durch die Änderungen des

---

центр освоения будет смещаться именно в шельф», в: Комерсант от 5 мая 2015 г., доступно на сайте http://www.kommersant. ru/doc/2721280].

466 Vgl. *Fadeeva, A./Starinskaja, G.*, Festlandsockel wird fur eine Liberalisierung vorbereitet, in: Vedomosti vom 30. März 2015, abrufbar unter http://www.vedomosti.ru/business/articles /2015/03/30/chinovniki-mogut-pustit-chastnie-kompanii-na-shelf [*Фадеева, А./Старинская, Г.*, Шельф готовят к либерализации, в: Ведомости от 30 марта 2015 г., доступно на саайте http://www.vedomosti.ru/business/articles/2015/03/30/chinovniki-mogut-pustit-chastnie-kompani i-na-shelf]; *Zubkov, I.*, Den Privaten wurde der Zugang zum Meer eröffnet, in: Rossiyskaja Gaseta vom 5. Mai 2015, abrufbar unter: http://www.rg.ru/2015/05/06/shelf.html [*Зубков, И.*, Частника пустили в море, в: Российская газета от 5 мая 2015 г., доступно на сайте http://www.rg.ru/2015/05/06/shelf.html].

467 Siehe Mustervertrag für „Joint operating agreements" ist von Association of International Petrolium Negotiators (AIPN), abrufbar unter: https://www.aipn.org/mcvisitors.aspx.

468 Föderalgesetz vom 30. September 2013 „Über die Änderungen im Teil I und II Steuergesetzbuch RF und einzelnen Rechtsakten der RF in Zusammenhang mit der Umsetzung der Maßnahmen zur steuerlichen und zoll-tariflichen Förderung der Tätigkeit zur Gewinnung von Kohlenwasserstoffen auf dem Festlandsockel", SZ RF 2013, № 40 (Teil III) Pos. 5038 [Федеральный закон от 30 сентября 2013 г.

Steuergesetzbuches und des FestlandsockelG für Gemeinschaftsunternehmen, die bei der Rohstoffgewinnung auf dem Festlandsockel agieren aber keine Bergbauberechtigung besitzen, der Begriff „Operator neuer Offshore-Lagerstätte" (im Folgenden: Operator) eingeführt. In Art. 25.7 definiert das Steuergesetzbuch, was unter Operator zu verstehen ist und nennt dafür drei Voraussetzungen.

Erstens muss ein russisches Unternehmen, das eine EKL für ein Erdkörperfeld auf dem Festlandsockel besitzt, am Stammkapital des Operators beteiligt sein. Für die obligatorische Höhe der Beteiligung trifft das Gesetz keine Aussage. Zweitens muss der Operator seine bergbauliche Tätigkeit auf dem Festlandsockel auf der Grundlage eines JOA ausüben, wonach seine Vergütung in Abhängigkeit von der Höhe des geförderten Kohlenwasserstoffvolumens ausgezahlt wird. Die dritte Bedingung verlangt, dass der Operator mindestens eine Art der Tätigkeit in Zusammenhang mit der Kohlenwasserstoffegewinnung auf dem einschlägigen neuen Offshore-Erdkörperfeld selbst oder durch Beauftragung anderer Organisationen ausübt. Unter diese Tätigkeit können neben dem unmittelbaren Gewinnungsbetrieb auch der Bau von Infrastrukturobjekten sowie die Projektierungs- und Gewinnungsarbeiten fallen.[469] Den Status eines Operators erhalt das Unternehmen gem. Art. 25.7 Abs. 3 Steuergesetzbuch nach dem die Steuerbehörde über den Abschluss des JOA informiert wurde. In einem Erdkörperfeld ist gem. Art. 25.7 Abs. 4 Steuergesetzbuch immer das Bestehen nur eines Operators zulässig. In dem Fall, wenn JOA mit einem anderen Unternehmen abgeschlossen wird, erlischt der Operator-Status des vorherigen Unternehmens automatisch.[470]

Das FestlandsockelG verwendet nicht die genau gleiche Bezeichnung, sondern sieht in der neuen Fassung vor, dass der Inhaber einer Bergbauberechtigung für die Ausführung bestimmter Arbeiten einen „Leistungserbringer" heranziehen kann. Das Steuergesetzbuch bestimmt ausdrücklich, dass der Begriff Operator ausschließlich zu Zwecken der Steuergesetzgebung anzuwenden ist, das heißt nur in Zusammenhang mit der Festlegung der Besteuerung.[471]

Nach den Bestimmungen der Art. 16.2 und 22.2 FestlandsockelG kann man die Leistungserbringer-Organisation als solche definieren, die folgende Arbeiten

„О внесении изменений в части первую и вторую Налогового кодекса Российской Федерации и отдельные законодательные акты Российской Федерации в связи с осуществлением мер налогового и таможенно-тарифного стимулирования деятельности по добыче углеводородного сырья на континентальном шельфе Российской Федерации", СЗ РФ 2013, № 40 (часть III) ст. 5038].

469 *Josefson/Rotar*, Das neue Modell für die Zusammenarbeit auf dem russischen Festlandsockel, S. 19.

470 Vgl. auch *Bardin/Kuvschinov*, Rechtsstatus des Operators in der Gesetzgebung der RF über den Erdkörper, S. 23; *Josefson/Rotar*, Das neue Modell für die Zusammenarbeit auf dem russischen Festlandsockel, S. 19.

471 *Bardin/Kuvschinov*, Rechtsstatus des Operators in der Gesetzgebung der RF über den Erdkörper, S. 22.

durchführt: Errichtung, Betrieb und Nutzung der Bohrinseln, Anlagen, Unterwasser-Pipeline sowie Bohrarbeiten bei der geologischen Forschung, Erkundung und Gewinnung von Kohlenwasserstoffen, Transport und Lagerung von Erdöl und Erdölerzeugnissen auf dem Festlandsockel.[472] Bekannterweise sind die aufgezählten Arbeiten diejenigen Arbeiten, die ein Operator im weltweiten Vergleich ausführt (vorausgesetzt die nationale Rechtsordnung sieht eine solche Möglichkeit vor). Diese Annahme wird durch die Inhalte der JOA-Verträge bestätigt, die in den letzten Jahren in Russland abgeschlossen wurden. Darin wurden die Unternehmen mit dem Status eines Operators gerade mit diesen Arbeiten beauftragt.[473]

Weder das russische Zivilrecht noch das Bergrecht kennt nach wie vor solche Art von Verträgen wie JOA. Deshalb werden sie unter Anwendung des englischen Rechts realisiert.[474] Insbesondere bei der Erschließung von Offshore-Erdkörperfeldern sind die russischen Unternehmen auf das Know-how und die Technik von ausländischen Investoren angewiesen. Seitdem die direkte Beteiligung eines ausländischen Investors an einem Bergbauunternehmen, das eine EKL für den Festlandsockel besitzt, ausgeschlossen ist, wurden mehrere Verträge in JOA-Form zwischen russischen und ausländischen Unternehmen abgeschlossen, darunter der umfangreichste zwischen Rosneft und ExxonMobile Oil Corporation im Juni 2013.[475] Die Praxis zeigt, dass der russische Bergbausektor auf JOA-Verträge angewiesen ist und sie beim Bergbaubetrieb auf dem Festlandsockel eine große Rolle spielen. Aus diesen Gründen wäre es sinnvoll, Ergänzungen im Zivilrecht vorzunehmen, um den Parteien solcher Verträge einen angemessenen Rechtsrahmen unter Berücksichtigung der hohen Risiken und der damit zusammenhängenden Verteilung der Verantwortung zu bieten. Nur damit kann das maximale Vertrauen der Parteien in die Möglichkeit der Durchsetzung ihrer Ansprüche und der vereinbarten Bedingungen gewährleistet werden.

2. *Besonderheiten für erdgasführende Erdkörperfelder föderaler Bedeutung*

Für die Erteilung einer EKL für Erkunden und Gewinnen oder einer kombinierten EKL in Bezug auf Erdkörperfelder föderaler Bedeutung, die Gaslagerstätten enthalten, hat der Gesetzgeber ein spezielles Verfahren vorgesehen. Dieses geht nicht auf die Regelung im ErdkörperG zurück, sondern hat zur Grundlage die Norm

472 *Bardin/Kuvschinov,* Rechtsstatus des Operators in der Gesetzgebung der RF über den Erdkörper, S. 30.

473 *Bardin/Kuvschinov,* Rechtsstatus des Operators in der Gesetzgebung der RF über den Erdkörper, S. 30.

474 *Hines/Marchenko,* Steuerliche und sonstige Anreize für Aufsuchung und Gewinnung bei der Erschließung von Offshore- und unerforschten Lagerstätten in Russland, S. 29.

475 Ausführlicher zu den Inhalten der Vereinbarungen siehe bei *Bardin/Kuvschinov,* Rechtsstatus des Operators in der Gesetzgebung der RF über den Erdkörper, S. 25–29.

in Art. 12 GasG, die *lex specialis* gegenüber dem ErdkörperG darstellt.[476] Danach kann eine solche EKL an bestimmte juristische Personen ohne die Durchführung von Auktionen auf der Grundlage eines speziellen Regierungsbeschlusses erteilt werden. Zu diesen Personen zählen die Eigentümer des Einheitlichen Systems der Gasversorgung oder der regionalen Systeme der Gasversorgung. Die Begriffe „Einheitliches Gasversorgungssystem" und „Regionales Gasversorgungssystem" sind in Art. 6 GasG und in Art. 7 GasG definiert. Daraus ergibt sich, dass der Eigentümer des Einheitlichen Gasversorgungssystems ÖAG Gazprom und des regionalen Gasversorgungssystems – mit ÖAG Gazprom affiliierte Personen sind.[477]

In Anbetracht der gem. Art. 2.1 ErdkörperG erfolgten Zuordnung von Erdkörperfeldern mit Gasvorräten ab 50 Milliarden Kubikmetern zu den Erdkörperfeldern föderaler Bedeutung räumt Art. 12 GasG dem Unternehmen Gazprom für das Aufsuchen und Gewinnen der Gasvorräte auf dem russischen Territorium eine Monopolstellung ein[478], denn diesem wird ermöglicht, außerhalb des wettbewerbsorientierten Verfahrens die Nutzungsrechte an allen halbwegs wirtschaftlich bedeutenden Gaslagerstätten sowohl auf dem Festlandsockel als auch auf dem Festland zu erhalten. Die Statistik aller durchgeführten Auktionen auf Erteilung einer EKL bestätigt, dass die meisten Erdkörperfelder, die rentable Gaslagerstätten enthalten, aus dem Auktionsverfahren herausgenommen und in dem beschriebenen Verfahren vergeben werden. Mehr als die Hälfte aller Auktionen in Bezug auf Kohlenwasserstoffe hat Erdkörperfelder mit Öllagerstätten zum Gegenstand, während Erdkörperfelder mit Gaslagerstätten äußerst selten im Rahmen eines Auktionsverfahrens versteigert werden.[479] Überzeugender wäre die Einräumung einer solchen Möglichkeit als Ausnahme in wirklichen Sonderfällen, in denen unmittelbare negative Auswirkungen auf die Zuverlässigkeit der Gasversorgung erkannt werden. Einen weiteren Vorteil erlangt Gazprom dadurch, dass das Unternehmen keinen Konkurrenten bei der Höhe der einmaligen Zahlung überbieten muss, wie es bei einem Auktionsverfahren vorgesehen ist. Das heißt, das Unternehmen braucht die Einmalige Gebühr nur in der anfänglich festgelegten Höhe zu erbringen. Dadurch entgehen dem Staat hohe Annahmesummen für den Staatshaushalt.

a) Regierungsanordnung für die Erteilung einer EKL ohne Durchführung der Auktionen

Im Ziff. 3, 4 übernimmt die Regierungsverordnung № 4 die Bestimmungen über die speziellen Zulassungsvoraussetzungen an die möglichen Nutzer im Rahmen dieses Erteilungsverfahrens. In der praktischen Anwendung bedeutet das, dass der Antrag auf die Erteilung einer EKL ohne die Auktionsdurchführung für die Erdkörperfelder

476 *Scharifulina* in: *Säcker (Hrsg.)*, Russisches Energierecht. Gesetzessammlung, S. 17.
477 *Kuznezov, K. B.*, Kommentar zum GasG, S. 26.
478 *Kuznezov, K. B.*, Kommentar zum GasG, S. 26.
479 *Bogdanov*, Auktionen und Ausschreibungen für die Nutzungsrechte an Erdkörperfeldern: Ergebnisse eines Jahrzehnts, S. 14.

auf dem Festlandsockel sowie für die gasführende Erdkörperfelder föderaler Bedeutung nur vom NK Rosneft, Gazprom und mit Gazprom affiliierte Personen gestellt werden kann. Der Antrag ist zusammen mit den erforderlichen Antragsunterlagen gem. Ziff. 4 Regierungsverordnung № 4 bei ROSNEDRA einzureichen. Dem Antrag sind im Wesentlichen die gleichen Unterlagen hinzuzufügen, die auch im Erteilungsverfahren auf der Grundlage einer Auktion für die Nutzungsrechte an Erdkörperfeldern allgemeiner Bedeutung verlangt werden und im oberen Abschnitt bereits ausführlich dargestellt wurden. Zusätzlich zu diesen Angaben muss der Antragsteller vor dem Hintergrund des speziell gefassten zulässigen Personenkreises die Nachweise einreichen, dass er über fünfjährige Erfahrung im Bergbau auf dem russischem Festlandsockel verfügt, ein Unternehmen mit 50 %-iger Beteiligung der RF ist – für die Anträge bezüglich der Erdkörperfelder auf dem Festlandsockel, Ziff. 4 lit. k) Regierungsverordnung № 4; dass er eine juristische Person darstellt, die entweder Eigentümer des Einheitlichen Systems der Gasversorgung oder Eigentümer der regionalen Systeme der Gasversorgung ist – für die Anträge bezüglich der gasführenden Erdkörperfelder, Ziff. 4 lit. l) Regierungsverordnung № 4.

Innerhalb von 40 Tagen ab dem Datum des Antrageingangs bearbeitet ROSNEDRA gem. Ziff. 5 Regierungsverordnung № 4 die Antragsunterlagen und bereitet den Entwurf des Regierungsbeschlusses über die Erteilung der EKL mit den EKL-Bedingungen. Bei Bedarf ist ROSNEDRA berechtigt, ergänzende Informationen anzufordern. In diesem Falle kann diese Frist um maximal 20 Tage verlängert werden, worüber ROSNEDRA den Antragsteller unterrichten muss. In der Praxis erarbeitet ROSNEDRA die EKL-Bedingungen bereits unter Berücksichtigung von Vorschlägen und in Absprache mit den möglichen Antragstellern.[480] Unter Ziff. 7 schreibt die Regierungsanordnung ausdrücklich № 4 vor, den ausgearbeiteten Entwurf zunächst von zuständigen Behörden genehmigen zu lassen. Das sind in Bezug auf die Kohlenwasserstoffe die gleichen Behörden, die in den oberen Erteilungsverfahren für die Erdkörperfelder föderaler Bedeutung genannt wurden. Die Gesamtzeit der Prüfung und der Genehmigung des Entwurfes durch die Behörden darf 30 Tagen nicht überschreiten, Ziff. 7 Abs. 3 Regierungsverordnung № 4. Verweigert eine der Behörden die Zustimmung zu dem Entwurf des Regierungsbeschlusses über die Erteilung der EKL, sendet ROSNEDRA innerhalb von zehn Tagen den Antrag unter Angabe der Gründe für die Ablehnung an den Antragsteller zurück, Ziff. 9 Regierungsverordnung № 4. Liegen die Genehmigungen aller zuständigen Behörden vor, leitet ROSNEDRA diesen zunächst an das MINPRIRODA, das ihn innerhalb von zehn Tagen bei der Regierung vorlegt, Ziff. 10, 11 Regierungsverordnung № 4. Für die Nutzung von Erdkörperfeldern, die ohne Auktion zur Verfügung gestellt werden, wird ebenfalls die Einmalige Gebühr erhoben, die ROSNEDRA berechnet und in der Regierungsanordnung bestimmt.

480 *Vasilevskaja,* Über die Rechtspraxis bei der Erteilung und Nutzung der Erdkörperfelder föderaler Bedeutung, S. 13.

b) *Zwischenfazit*

Bei dem hier besprochenen Erteilungsverfahren ist auf seine mangelnde Transparenz hinzuweisen. Die Lizenzen werden praktisch zwischen Gazprom, Rosneft und der Regierung „verhandelt". Eine öffentliche Bekanntmachung der Anträge findet nicht statt. Der Öffentlichkeit werden nur die bestehenden Ergebnisse in der Regierungsverordnung über die Erteilung der EKL präsentiert. Sie enthalten jedoch z. B. keine Angaben dazu, unter welchen Bedingungen die Erdkörpernutzung stattfinden soll, d. h. der Öffentlichkeit werden z. B. keine Angaben zu Fristen für den Abschluss der einzelnen Arbeiten oder zu geplanten Umweltmaßnahmen präsentiert. Unklar bleibt auch, in welchen Zeiträumen die Anträge auf Erteilung einer EKL nach diesem Verfahren gestellt werden müssen, denn weder die Regierungsverordnung № 4 noch das Verzeichnis der entsprechenden Erdkörperfelder enthalten dazu Angaben. Die Praxis zeigt, dass Erdkörperfelder die auktionsfrei zur Nutzung erteilt werden, werden in das einschlägige Verzeichnis bereits mit der Angabe aufgenommen, welchem Unternehmen sie zur Nutzung erteilt worden sind.

V. Die Übertragung der EKL

Neben der Erteilung einer Bergbauberechtigung durch den Verwaltungsakt entsteht gem. Art. 10.1 Abs. 7 ErdkörperG durch die Übertragung eines bestehenden Nutzungsrechts am Erdkörperfeld auf einen Dritten ebenfalls ein neues Nutzungsrecht am Erdkörperfeld. Unter Berücksichtigung von Art. 1.2 Abs. 2 ErdkörperG, wonach die Erdkörperfelder nicht gekauft, verkauft, verschenkt, vererbt, investiert, verpfändet oder in sonst einer Form veräußert werden dürfen, ist die Übertragung einer EKL der einzige Mechanismus für den Übergang von Nutzungsrechten an einem Erdkörperfeld von einer juristischen Person auf eine andere.[481] Aus praktischer Sicht verdient dieses Verfahren eine nähere Betrachtung, da der dafür geltende Rechtsrahmen mehrere rechtliche Problemfälle schafft. Zum einen betrifft es die Auslegung des Wortlauts, der die Zulässigkeitsfälle für eine Übertragung bestimmt und in der praktischen Anwendung zur Vermeidung der in der Regel sehr teuren Umweltmaßnahmen am Ende der Bergbauarbeiten missbraucht werden kann. Zum anderen sind in bestimmten Fällen Kollisionen mit der Insolvenzgesetzgebung festzustellen.

---

481 Vgl. *Teplov*, Kommentar zum ErdkörperG, S. 249; *Vasilevskaja*, Rechtliche Rahmenbedingungen der Erdkörpernutzung in Russland und Ausland, S. 281; *Dudikov*, Besonderheiten bei der staatlichen Regulierung der Erdkörpernutzung in RF, S. 99; *Golub*, Institut der Lizenzierung der Erdkörpernutzung: Wirtschaftsaspekte der inländischen Rechtspolitik, S. 60.

1. *Zulässigkeit der Übertragung von Nutzungsrechten an einem Erdkörperfeld*

Die erteilten Bergbauberechtigungen haben grundsätzlich höchstpersönlichen Charakter, denn der Staat nimmt vor Einräumung dieser Rechte eine gründliche Prüfung vor, ob der Antragsteller bestimmte Zulassungsvoraussetzungen erfüllt.[482] Deshalb ist eine Übertragung von Nutzungsrechten an einem Erdkörperfeld in den gesetzlich zugelassenen Fällen erlaubt.[483] Diese Fälle sind in Art. 17.1 ErdkörperG abschließend zusammengefasst. Danach kann ein bestehendes Nutzungsrecht an einem Erdkörperfeld auf eine andere juristische Person übertragen werden kann, wenn:

- eine Unternehmensumstrukturierung des EKL-Inhabers (mittels Änderung der Rechtsform, Ausgliederung einer anderen juristischen Person oder Fusion mit einer anderen juristischen Person) durchgeführt wird;
- die Gründung einer neuen juristischen Person erfolgt, mit dem Ziel, die im Rahmen der EKL ausgeübte Tätigkeit entsprechend fortzusetzen, unter der Bedingung, dass der Anteil des ursprünglichen EKL-Inhabers in der neuen juristischen Person mindestens 50 % beträgt;
- im Falle der Insolvenz des EKL-Inhabers, wenn eine andere juristische Person sein Vermögen erwirbt;
- das Nutzungsrecht von der Muttergesellschaft an ihre Tochtergesellschaft und umgekehrt übertragen wurde sowie wenn eine Tochtergesellschaft das Nutzungsrecht an eine andere Tochtergesellschaft derselben Muttergesellschaft übertragen möchte.

Aus den zulässigen Übertragungsgründen geht hervor, dass die Übertragung der Nutzungsrechte an einem Erdkörperfeld nur im Wege der Gesamtrechtsnachfolge erfolgen kann. Die Übertragung kann sich nicht nur auf eine einzelne rechtliche Position beschränken, sondern betrifft den Eintritt des Rechtsnachfolgers in die Rechtsposition des Rechtsvorgängers in ihrer Gesamtheit.[484] Das heißt, die neue juristische Person muss die Rechte und Pflichten, die sich beim Nutzungsrecht am Erdkörperfeld aus den in der EKL und der Lizenzvereinbarung festgelegten Bedingungen und Verpflichtungen ergeben, vollständig übernehmen.[485]

---

482 *Gudkov/Larochkina/Lakhno/Salieva* in: *Säcker (Hrsg.)*, Handbuch zum dt.-russ. Energierecht, S. 352.

483 *Teplov*, Kommentar zum ErdkörperG, S. 250.

484 *Urlova*, Übertragung des Nutzungsrechts am Erdkörperfeld, S. 210.

485 Entscheidung des Obersten Arbitragegerichts der RF vom 20. April 2004 № 16455/03 [Постановление Президиума ВАС РФ от 20.04.2004 № 16455/03].

2. *Antragstellung und Zulassungsvoraussetzungen*

Der Interessent muss bei ROSNEDRA einen Antrag auf Übertragung der EKL stellen. Zusammen mit dem Antrag muss er umfangreiche und nach dem jeweiligen Übertragungsgrund unterschiedliche Unterlagen bei ROSNEDRA vorlegen. Die verfahrensrechtlichen Angaben zur Antragsstellung und -bearbeitung finden sich neben dem ErdkörperG in der Verwaltungsverfahrensordnung № 315[486]. Dieser Rechtsakt bestimmt die Inhalte der Zulassungsanforderungen für jeden der in Art. 17.1 ErdkörperG aufgelisteten zulässigen Fälle für die Übertragung sowie den Ablauf des Verfahrens und die Bearbeitungsfristen. Für viele Erdkörpernutzer ergeben sich im Hinblick auf die Durchführung des Verfahrens oftmals Probleme, die weitestgehend auf Missverständnissen bei den verfahrensrechtlichen Anforderungen, insbesondere den Inhalten der Antragsunterlagen bei der Antragseinreichung zurückzuführen sind.[487]

a) Allgemeine Zulassungsvoraussetzungen

Eine Übertragung ist nur dann zulässig, wenn die juristische Person – der Anwärter auf die EKL-Rechte – nach russischem Recht gegründet worden ist.[488] Der Antrag soll ein deutliches Ersuchen für die Übertragung der betreffenden EKL enthalten, einschließlich der Angaben zu ihrem Typ, Registrierungsnummer und –datum sowie zur Bezeichnung des entsprechenden Erdkörperfeldes und der Zweckbestimmung der erlaubten Arbeiten.[489] Die genauen Antragsunterlagen, die dem begründeten Antrag beizufügen sind, legt Ziff. 66–68 Verwaltungsverfahrensordnung № 315 fest. Zusätzlich zu den Angaben, die für andere Erteilungsverfahren gelten und die Informationen über den Antragsteller enthalten, muss der Anwärter den genauen Grund für die Übertragung benennen sowie ausdrücklich seine Absicht bekunden, die in der zu übertragenden EKL festgelegten Pflichten und Bedingungen in vollem Umfang zu übernehmen.[490] Diese Norm geht konform zu Art. 17.1 Abs. 2 ErdkörperG, wonach die Bedingungen der ursprünglichen Lizenz nicht geändert werden dürfen.

Wenn der Lizenzinhaber zum Zeitpunkt der Antragstellung den Status einer juristischen Person behält, muss mit dem Antrag die Zustimmung des aktuellen Lizenzinhabers für die Übertragung der bestehenden EKL auf den Interessenten eingereicht werden. Das bedeutet, dass in einem solchen Fall zwei Anträge eingereicht werden müssen: einer von dem Interessenten mit dem Ersuchen um Übertragung und ein zweiter vom Lizenzinhaber mit der Bitte (Zustimmung) der Übertragung

486 Siehe Fn. 299.

487 *Vasilevskaja,* Übertragung der EKL: Typische Probleme und deren Lösung, S. 98.

488 *Teplov,* Kommentar zum ErdkörperG, S. 254; *Dudikov,* Besonderheiten bei der staatlichen Regulierung der Erdkörpernutzung in RF, S. 99.

489 Dafür soll die Kopie der bestehenden EKL mit allen Anlagen dem Antrag hinzugefügt werden.

490 *Vasilevskaja,* Übertragung der EKL: Typische Probleme und deren Lösung, S. 99.

der Nutzungsrechte an den Interessenten.[491] Häufig machen die Unternehmen bei der Antragstellung den Fehler, dass der Antrag nicht von beiden Subjekten gestellt wird. Außerdem fehlt es in der Praxis oftmals an der ausdrücklichen Zustimmung des Interessenten, alle Erdkörpernutzungsbedingungen aus der bestehenden Lizenz zu übernehmen.[492]

Nach der Einführung der Beschränkungen für ausländische Investoren im Jahre 2008 wurden auch in dem hier behandelten Verfahren entsprechende Änderungen vorgenommen. So darf nach Art. 17.1 Abs. 9 ErdkörperG das Nutzungsrecht an einem Erdkörperfeld föderaler Bedeutung nicht auf eine juristische Person mit Beteiligung ausländischen Kapitals oder Personengruppe mit ausländischen Investoren übertragen werden, wenn der ausländische Investor über mehr als 25 % der Aktien (Stimmrechte) verfügt. Allerdings kann nach der erforderlichen Antragsstellung die Regierung der RF gem. Art. 17.1 Abs. 9 ErdkörperG in Ausnahmefällen die Übertragung auch an solche Personen zulassen. Ob ein Ausnahmefall vorliegt, bestimmt die Regierung in jedem konkreten Einzelfall neu.

b) Nach Übertragungsgrund definierte Zulassungsvoraussetzungen

Zusätzlich zu den allgemeinen Unterlagen muss der Antragsteller gem. Ziff. 69 Verwaltungsverfahrensordnung № 315 je nach dem bestehenden Übertragungsgrund definierte Unterlagen einreichen.

aa) Unternehmensumstrukturierung

Im Falle einer Umstrukturierung durch die Änderung der Rechts- und Organisationsform muss dem Eintrag das Übergabeprotokoll beigefügt werden. Daraus muss insbesondere hervorgehen, dass die technischen Anlagen und Einrichtungen, die eine Ausführung der geplanten Bergbauarbeiten auf dem Erdkörperfeld ermöglichen, sowie die geologische Informationen über das Erdkörperfeld auf den Antragsteller übertragen worden sind. Bei einer Übertragung der EKL aus Gründen der Umstrukturierung des bisherigen Lizenzinhabers durch seine Teilung oder Ausgliederung einer anderen juristischen Person, muss nach Ziff. 69 Abs. 3 Verwaltungsverfahrensordnung № 315 mit dem Antrag auf EKL-Übertragung die Auseinandersetzungsbilanz (Abschichtungsbilanz) vorgelegt werden, aus der die Rechtsnachfolge des Antragstellers in das Nutzungsrecht am entsprechenden Erdkörperfeld erkennbar hervorgeht.

In der Praxis hat sich gezeigt, dass diese Konstellation dem Bergbauunternehmen ermöglicht, die Ausführung der in der Regel kostspieligen Umweltmaßnahmen zu umzugehen.[493] Das ist dann zu beobachten, wenn z.B. während des Abbaus

491 *Vasilevskaja*, Übertragung der EKL: Typische Probleme und deren Lösung, S. 99.
492 *Vasilevskaja*, Rechtliche Rahmenbedingungen der Erdkörpernutzung in Russland und Ausland, S. 283, 284.
493 *Dudikov*, Besonderheiten bei der staatlichen Regulierung der Erdkörpernutzung in RF, S. 101; *Urlova*, Übertragung des Nutzungsrechts am Erdkörperfeld, S. 213.

großräumiger Lagerstätten Erdkörperfelder verbleiben, deren weitere Ausbeutung nicht mehr rentabel ist. Heutzutage nimmt die Zahl solcher erschöpften Lagerstätten immer mehr zu[494] Auf einem solchen Feld besitzt das Bergbauunternehmen weiterhin technische Bergbauanlagen, die sehr hohe Instandhaltungskosten verursachen, was sich in der Unternehmensbilanz widerspiegelt. Außerdem ist es nach Art. 21 und 26 ErdkörperG verpflichtet, die kostenintensiven Maßnahmen zu Liquidierung bzw. Stilllegung der bergbaulichen Tiefbauanlagen sowie des Abbaubetriebes durchzuführen. Vor diesem Hintergrund versucht es, sich von diesen Belastungen durch die Übertragung einer EKL an solchen Erdkörperfelder mit minimalen Kosten zu befreien.[495]

Das Losschlagen der kapitalintensiven Anlagen erfolgt durch die Anwendung der Bestimmung aus Art. 17.1 ErdkörperG in der Regel nach folgendem Schema: Der Erdkörpernutzer als Inhaber einer EKL, die die Nutzung mehrerer Erdkörperfelder umfasst, führt eine Reorganisierung des Unternehmens durch Teilung oder Ausgliederung einer juristischen Person durch. Diese neu entstandene juristische Person – der Interessent für die Übertragung der EKL – stellt den Antrag auf Übertragung der EKL für das entsprechende Erdkörperfeld und reicht die Auseinandersetzungsbilanz (Abschichtungsbilanz) ein. Danach überträgt der ursprüngliche Lizenzinhaber unter Anwendung des Art. 17.1. ErdkörperG die Nutzungsrechte an den nicht mehr profitablen Erdkörperfeldern zusammen mit den nicht mehr benötigten bzw. verschlissenen Anlagen in Übereinstimmung mit der eingereichten Abschichtungsbilanz an die neue juristische Person. Im Ergebnis ist der ursprüngliche Lizenzinhaber frei von der Verpflichtung, die Kosten für die Liquidierungs- und Stilllegungsmaßnahmen zu tragen und führt die Bergbauarbeiten auf den profitablen Erdkörperfeldern weiterhin gewinnbringend durch. Der neue Lizenzinhaber eröffnet meistens das Insolvenzverfahren. Solche Missbrauchsfälle sind bereits wiederholt bei den sekundären Lagerstätten im Nordosten Russlands aufgetreten.[496]

Bei der Übertragung der EKL mit der Begründung, dass der ursprüngliche Inhaber der EKL seine Tätigkeit in Folge seiner Angliederung oder Fusionierung mit einer anderen juristischen Person beendet hat, muss das oben genannte Übergabeprotokoll ebenso dem Antrag beigefügt werden. Ein häufiger Fehler, der den Interessenten bei der Übertragung einer EKL auf Grund der Auflösung des ursprünglichen Lizenzinhaberunternehmens durch Angliederung oder Fusionierung mit einer anderen juristischen Person unterläuft, ist die Nichteinreichung des Auszuges aus

494 *Valentinov*, Das alte Unheil-Gesetz, S. 78, 79; *Ponkratov* Besteuerung der Produktion und der Ausfuhr von Kohlenwasserstoffen in Russland, S. 11.

495 *Dudikov*, Besonderheiten bei der staatlichen Regulierung der Erdkörpernutzung in RF, S. 102.

496 *Dudikov*, Besonderheiten bei der staatlichen Regulierung der Erdkörpernutzung in RF, S. 102.

dem Einheitlichen Staatlichen Register der juristischen Personen darüber, dass die juristische Person – der alte Lizenzinhaber – aufgehört hat zu existieren.[497]

bb) Neugründung einer juristischen Person zum Zwecke der Fortsetzung der in der EKL festgelegten Arbeiten

Die wirksame Übertragung des Nutzungsrechts am Erdkörperfeld in den Fällen, in denen der Lizenzinhaber eine neue juristische Person gründet, die die in der EKL festgelegten Arbeiten fortsetzen soll, macht der Gesetzgeber von zwei Bedingungen abhängig. Der Rechtsnachfolger soll eine nach russischem Recht gegründete Person sein und die Anteile des bisherigen Lizenzinhabers am Stammkapitel der neuen juristischen Person müssen zum Zeitpunkt der Übertragung mindestens die Hälfte betragen. Dem Antrag muss dabei der Nachweis über die Übertragung der Vermögenswerte – insbesondere der innerhalb des lizenzierten Erdkörperfeldes vorhandenen Einrichtungen – auf den neuen Nutzer beigefügt werden. Im Unterschied zu den anderen Übertragungsfällen können in diesem Falle die Vermögenswerte dem Interessenten nicht nur als Eigentum übertragen, sondern auch zur Miete zur Verfügung gestellt werden.[498]

Eine in dieser Weise ausgestaltete Übertragungsgrundlage ermöglicht einen nahezu unkontrollierten Übergang der Nutzungsrechte an einem Erdkörperfeld auf einen Dritten, da sie die Übertragung der EKL praktisch an jedes beliebige Wirtschaftssubjekt nach folgendem Schema zulässt.[499] Die juristische Person A, die im Besitz einer EKL ist, gründet eine neue juristische Person, an der die juristische Person A über 51 % des Stammkapitals verfügt und die Person B über 49 %. Nach Art. 17.1 ErdkörperG hat die juristische Person A das Recht, ihre EKL auf die juristische Person B zu übertragen. Nach dem Wortlaut der Bestimmung muss die Beteiligung 50 % plus eine Aktie jedoch nur „zum Zeitpunkt der Übertragung" vorhanden sein.[500] So werden nach Abschluss der Übertragung die Gründungsunterlagen so geändert, dass der Gesellschafter A durch eine andere juristische Person C ersetzt wird. Im Ergebnis wurde das Nutzungsrecht am Erdkörperfeld von der juristischen Person A auf die juristische Person B übertragen, in der aber A nicht mehr als Gesellschafter fungiert.

497 *Vasilevskaja*, Rechtliche Rahmenbedingungen der Erdkörpernutzung in Russland und Ausland, S. 285.

498 *Kuzmishin, A. / Sevillano, S.* Übergang des Erdkörpernutzungsrechts nach russischem Bergrecht, in: WIRO, Teil 2 – Heft 12/2002, S. 357; *Vasilevskaja*, Übertragung der EKL: Typische Probleme und deren Lösung, S. 100.

499 *Melgunov*, Rechtlicher Regulierung und Besonderheiten bei der Übertragung des Nutzungsrechts am Erdkörperfeld, S. 4; *Dudikov*, Besonderheiten bei der staatlichen Regulierung der Erdkörpernutzung in RF, S. 104.

500 *Melgunov*, Rechtlicher Regulierung und Besonderheiten bei der Übertragung des Nutzungsrechts am Erdkörperfeld, S. 5.

Diese Abwicklung ermöglicht es, die Anforderungen des Art. 1.2 Abs. 2 S. 2 ErdkörperG zu umgehen, wonach die Nutzungsrechte am Erdkörperfeld nur soweit veräußert werden oder von einer Person zu einer anderen übergehen dürfen, wie es nach der geltenden Gesetzgebung zulässig ist. Nach dem letzten Absatz des Art. 17.1 ErdkörperG kann das erworbene Nutzungsrecht am Erdkörperfeld nicht auf Dritte übertragen werden, auch nicht durch eine zivilrechtliche Abtretung. Die Auswechslung des Gesellschafters bzw. der Austritt des ursprünglichen Lizenzinhabers aus dem Gesellschafterkreis ermöglicht durch die Realisierung des beschriebenen Schemas eine praktisch unkontrollierte Übertragung einer EKL. Solche Fälle einer Übertragung der EKL auf Dritte durch die zweistufige Umverteilung des Gründerkapitals treten in der Praxis häufig auf.[501]

cc) Vermögenserwerb von einem insolventen EKL-Inhaber

Meldet der ursprünglicher Lizenzinhaber Insolvenz an und werden seine Vermögensbestände von einem Dritten erworben, müssen dem Antrag auf Übertragung der EKL die die Nachweisunterlagen über den Erwerb der Vermögenswerte des insolventen Lizenzinhabers hinzugefügt werden, dabei insbesondere ein Nachweis, dass diese Vermögenswerte mit der Ausführung der in der EKL festgelegten Bergbauarbeiten zusammenhängen. Aus diesen Unterlagen muss hervorgehen, dass der Interessent nicht nur einzelne Vermögensobjekte, sondern einen Vermögenskomplex, der die entsprechende Erdkörpernutzung ermöglicht, erworben hat.[502]

Die Bestimmung, dass nach Art. 17.1 ErdkörperG die Übertragung nur dann zulässig ist, wenn der Antragsteller die gesetzlich festgelegten Qualifikationsanforderungen an den Nutzer des Erdkörperfeldes erfüllt, führt zu einer Kollision des ErdkörperG mit dem Föderalgesetz „Über die Insolvenz“ (im Folgendem: InsolvenzG)[503]. Diese Anforderungen muss der Rechtsnachfolger zum Zeitpunkt des Erwerbs des insolventen Bergbauunternehmens erfüllen. Darüber hinaus muss der Erwerber ausdrücklich zustimmen, dass er die in der bisherigen EKL festgelegten Bedingungen und Verpflichtungen, die nach Art. 17.1 Abs. 2 ErdkörperG im Falle einer Übertragung nicht geändert werden können, übernimmt. Dies stellt nach Art. 110 InsolvenzG eine Einschränkung für die Bieter dar. Das InsolvenzG selbst lässt jedoch keine Einschränkungen für die Beteiligung am Bieterwettbewerb um ein insolventes

---

501 *Dudikov,* Besonderheiten bei der staatlichen Regulierung der Erdkörpernutzung in RF, S. 103, 104.

502 *Kuzmishin, A. / Sevillano, S.,* Übergang des Erdkörpernutzungsrechts nach russischem Bergrecht, in: WIRO, Teil 2 – Heft 12/2002, S, 358; *Vasilevskaja,* Übertragung der EKL: Typische Probleme und deren Lösung, S. 100.

503 Föderalgesetz vom 26. Oktober 2002 „Über die Insolvenz (den Bankrott)“, SZ RF 2002, № 43, Pos. 4190 [Федеральный закон от 26 октября 2002 г. N 127-ФЗ «О несостоятельности (банкротстве)», СЗ РФ 2002, № 43, ст. 4190].

Unternehmen zu.[504] Das geltende Insolvenzrecht sieht nämlich im Gegensatz zum ErdkörperG beim Vermögenserwerb im Insolvenzverfahren keine Pflicht des Erwerbers vor, die Bedingungen und Verpflichtungen aus der EKL zu übernehmen.[505]

dd) Innergesellschaftliche Übertragung

Bei der Übertragung der Nutzungsrechte an einem Erdkörperfeld von der die EKL besitzenden Muttergesellschaft an eine ihrer Tochtergesellschaften und umgekehrt sowie im Fall, dass eine Tochtergesellschaft das Nutzungsrecht an eine andere Tochtergesellschaft derselben Muttergesellschaft übertragen möchte, sind von dem Anwärter die Angaben vorzulegen, dass die Muttergesellschaft die durch die Tochtergesellschaft zu treffenden Entscheidungen nach der Gesetzgebung der RF bestimmen kann (Kopien der Gründungs- und Registrierungsdokumente der Mutter- und der Tochtergesellschaft, Auszug aus dem Aktionärsregister, Kopien der Verträge zwischen den Gesellschaften). Wird eine Übertragung der EKL von einer Tochtergesellschaft auf die andere der gleichen Muttergesellschaft beabsichtigt, muss zusätzlich zu den genannten Unterlagen auch eine schriftliche Erklärung der Muttergesellschaft über die Zustimmung zu der Übertragung eingereicht werden.[506]

3. *Antragsbearbeitung*

Der Antrag auf Übertragung einer EKL kann schriftlich gestellt werden, ohne besondere Formerfordernisse. Alle dem Antrag hinzugefügten Kopien müssen nach den gesetzlichen Anforderungen beglaubigt oder zusammen mit den Originalen eingereicht werden. Der Antrag ist an die entsprechende territoriale Dienststelle von ROSNEDRA zu richten, Ziff. 66–67 Verwaltungsverfahrensordnung № 315. Für das Verfahren zur Übertragung einer EKL legt die Verwaltungsverfahrensordnung № 315 folgende Schritte fest: Registrierung des Antrages durch ROSNEDRA, Bearbeitung des Antrages durch die Kommission für Durchführung der Änderungen, Ergänzungen und Übertragungen der EKL, Entscheidung über die Übertragung der EKL mit nachfolgender Ausstellung und Registrierung der neuen Lizenz. Dabei darf die Bearbeitungsfrist von 140 Tagen nicht überschritten werden.[507] Die Übertragung einer EKL kann abgelehnt werden, wenn der Interessent nicht den

504 *Melgunov,* Rechtlicher Regulierung und Besonderheiten bei der Übertragung des Nutzungsrechts am Erdkörperfeld, S. 3; *Dudikov,* Besonderheiten bei der staatlichen Regulierung der Erdkörpernutzung in RF, S. 108.

505 *Dudikov,* Besonderheiten bei der staatlichen Regulierung der Erdkörpernutzung in RF, S. 109.

506 *Vasilevskaja/Laevskaja/Litunovskaja,* Die Lizenzierung der Erdkörpernutzung in Russland Vasilevskaja, S. 56 ff.

507 Ergibt sich durch das Addieren der maximalen Fristen für die einzelnen Schritte, Ziff. 21, 24, 75–91 Verwaltungsverfahrensordnung № 315. Vgl. *Vasilevskaja/Laevskaja/Litunovskaja,* Die Lizenzierung der Erdkörpernutzung in Russland Vasilevskaja, S. 62 ff.

gesetzlich festgelegten Anforderungen an einen Erdkörpernutzer entspricht. Neben der Einreichung der erforderlichen Antragsunterlagen ist durch den Rechtsnachfolger gem. Ziff. 14 Verwaltungsverfahrensordnung № 315 eine Übertragungsgebühr zu zahlen. Die Höhe der Gebühr richtet sich nach der Höhe der staatlichen Kosten der Bearbeitung des Übertragungsantrags[508].

Im Ergebnis einer Übertragung entsteht ein neues Nutzungsrecht am Erdkörperfeld und dementsprechend bestimmt Art. 17.1 Abs. 2 ErdkörperG, dass dafür eine neue EKL angefertigt und erteilt werden muss. Nach Ziff. 92, 93 Verwaltungsverfahrensordnung № 315 ist ROSNEDRA dafür zuständig, diese neue EKL ordnungsgemäß und fristgerecht zu registrieren.

VI. Zwischenfazit

Der Ausgangpunkt des Erteilungsverfahrens einer EKL im russischen Bergrecht ist die Gewissheit darüber, ob es sich dabei um ein Erdkörperfeld föderaler Bedeutung gem. Art. 2.1 ErdkörperG oder regionaler Bedeutung gem. Art. 2.3 ErdkörperG handelt. Für die Erdkörperfelder lokaler Bedeutung wird das Erteilungsverfahren einer EKL in jedem einzelnen Föderationsmitglied durch seine eigene Gesetzgebung geregelt. Das Erteilungsverfahren im Hinblick auf die übrigen Erdkörperfelder, darunter die Erdkörperfelder föderaler Bedeutung und die Erdkörperfelder ohne föderale oder lokale Bedeutung, liegt im Macht- und Verwaltungsbereich des Föderationszentrums und wird durch die Regierung der RF und ROSNEDRA ausgeführt. Grundsätzlich legt das ErdkörperG für die Erlangung einer EKL die Notwendigkeit fest, ein wettbewerbsorientiertes Verfahren in Form einer Auktion bzw. Ausschreibung durchzuführen. Für die Erdkörperfelder föderaler Bedeutung, die sich auf dem Festlandsockel befinden oder Gaslagerstätten enthalten, bestimmte der Gesetzgeber eine Ausnahme von dieser allgemeinen Regel. Für die benannten Erdkörperfelder erfolgt die Erteilung einer EKL nur auf der Grundlage einer speziellen Anordnung der föderalen Regierung der RF. Dieses Erteilungsverfahren ist gegenwärtig insbesondere im Hinblick auf seine unzureichende Transparenz zu kritisieren. Es fehlen konkrete Bestimmungen zu verfahrensrechtlichen Vorgaben, nach welchen diese Art des Erteilungsverfahrens einer EKL durzuführen ist. Diese Ausnahme zusammen mit den Bestimmungen über den beschränkten Personenkreis der zulässigen EKL-Inhaber für die Erdkörperfelder föderaler Bedeutung verschaffen den Unternehmen mit mehrheitlich staatlicher Beteiligung – Gazprom und Rosneft – eine Monopolstellung bei der Erteilung der Nutzungsrechte an wirtschaftlich am bedeutendsten Erdkörperfeldern. Ferner ist anzumerken, dass bei Erteilung einer EKL für Erdkörperfelder föderaler Bedeutung, für welche das wettbewerbsorientierte Verfahren vorgesehen ist, seit dem Jahr 2012 nur die Form eine Auktion (keine Ausschreibung) zulässig ist.

508 *Sailer*, Aufsuchung, Exploration, Erschließung und Förderung von Bodenschätzen in der RF durch russische und ausländische Investoren, S. 228.

Die Ausgestaltung des Erteilungsverfahrens regelt das ErdkörperG nur sehr allgemein. Die meisten Normen zu Zulassungsvoraussetzungen und zu verfahrensrechtlichen Anforderungen sind in einer Großzahl von untergeordneten Rechtsakten von MINPRIRODA und ROSNEDRA geregelt, die ihrerseits kein klarstrukturiertes System bilden und zudem oft lückenhaft und verbesserungsbedürftig sind. Dies hat mangelnde Rechtsklarheit zu Folge, sowohl für die lizenzerteilenden Behörden, die diese Normen oft unterschiedlich anwenden, als auch für die Bergbauunternehmen, die ihre Rechte und Pflichten überblicken möchten. Die vorhandene Rechtspraxis verdeutlicht diese Annahme. Bei der größten Zahl der Gerichtsfälle handelt es sich um die Ablehnung des Antrages auf die Teilnahme an einer Auktion bzw. Ausschreibung wegen fehlender Antragsunterlagen.[509] Darin kommt die Tatsache zum Ausdruck, dass die konkreten Zulassungsvoraussetzungen in den einschlägigen untergeordneten Rechtsakten oft nicht deutlich genug definiert sind, wodurch eine klare Vorstellung darüber, welche genauen Unterlagen dem Antrag hinzuzufügen sind, dem Bergbauunternehmen verwehrt bleibt. Dabei muss die Behörde, die den Antrag auf die Teilnahme an der Auktion bzw. Ausschreibung abgelehnt hat, diese Ablehnung begründen und im Ablehnungsbescheid die fehlenden Unterlagen genau benennen.[510] Außerdem ist eine Ablehnung des Antrages aus formellen Gründen wie z.B. technische Fehler bei Angabe der Adresse nicht zulässig.[511]

Das zweite große Problemfeld bilden die Fälle, in denen die Bergbauunternehmen versuchen, die Ergebnisse der Auktionen bzw. Ausschreibungen für ungültig erklären zu lassen. Diese Fälle hängen vor allem damit zusammen, dass ROSNEDRA oder ihre territorialen Dienststellen die verfahrensrechtlichen Vorgaben der Anordnung MINPRIRODA № 156 verletzen oder es versäumen, die korrekte geologische Information in der Mitteilung über die Durchführung der Auktion anzugeben[512].

---

509 Entscheidung des Obersten Gerichts der RF vom 16. Juni 2012 № ГКПИ10-526 [Решение Верховного Суда РФ от 16 июня 2012 г. № ГКПИ10-526]; Entscheidung des Föderalen Arbitragegerichts des Ost-Sibirischen Gebiets vom 18. Januar 2013 № A58-2971/2011 [Постановление ФАС Восточно-Сибирского округа от 18 января 2013 г. № A58-2971/2011].

510 Entscheidung des Föderalen Arbitragegerichts des Uralgebiets vom 22. Oktober 2012 N Ф09-10052/12, N Ф09-10055/12 [Постановление ФАС Уральского округа от 22 октября 2012 г. N Ф09-10052/12, N Ф09-10055/12].

511 Entscheidung des Föderalen Arbitragegerichts des Ost-Sibirischen Gebiets vom 10. Juni 2013 № A10-3947/2012 [Постановление ФАС Восточно-Сибирского округа от 10 июня 2013 № A10-3947/2012].

512 Entscheidung des Föderalen Arbitragegerichts des Fern-Östlichen Bezirks vom 11. Februar 2013 № Ф03-6416/2012 [Постановление ФАС Дальневосточного округа от 11 февраля 2013 г. № Ф03-6416/2012]; Entscheidung des Obersten Arbitragegerichts der RF vom 13. März № ВАС-2066/13 [Определение Высшего Арбитражного Суда РФ от 13 марта 2013 г. № ВАС-2066/13]; Entscheidung des Obersten Arbitragegerichts der RF vom 02. November 2010 № ВАС-11815/10 [Определение Высшего Арбитражного Суда РФ от 02 ноября 2010 г. № ВАС-11815/10]; Entscheidung des Obersten Arbitragegerichts der RF vom 28. Februar

Zu der dritten Gruppe oft vorkommender Streitigkeiten gehören die Fälle in Bezug auf die Gültigkeit der Übertragung einer EKL. Hierbei ist die Rechtsprechung bis heute keiner einheitlichen Auffassung, vielmehr hat das damallige Oberste Arbitrage Gericht in seinen neuen Entscheidungen zwei entgegengesetzte Ansätze entwickelt, wann eine bereits erfolgte EKL-Übertragung für ungültig erklärt werden kann. Der Gegenstand seines Urteils vom 14. Februar 2013 waren folgende Umstände: Drei Gesellschaften – nennen wir sie A, B und C – bildeten ein Konsortium. Das Unternehmen C erhielt eine EKL. Daraufhin verkaufte Unternehmen B an Unternehmen A seine 100 %-ige Beteiligung am Unternehmen C. Anschließend stellte Unternehmen A bei der zuständigen Behörde einen Antrag auf Übertragung der EKL von seiner 100 %-igen Tochtergesellschaft – Unternehmen C – auf sich selbst. Die zuständige Behörde prüfte den Antrag und führte die Übertragung durch. Später wurde das Rechtsgeschäft über den Kauf der 100%-Anteile durch das Unternehmen A vom Unternehmen B vom zuständigen Gericht für ungültig erklärt. Unternehmen B und C sahen nun die erfolgte EKL-Übertragung ebenso als rechtwidrig an. Das Oberste Arbitrage Gericht wies die Klage ab mit der Begründung, dass zum Zeitpunkt der EKL-Übertragung das Unternehmen A im Besitz von 100 % der Anteile am Unternehmen C war und die erforderlichen Zustimmungen der Unternehmen B und C auch vorlagen, woraufhin die territoriale Dienststelle der ROSNEDRA die rechtmäßige Entscheidung getroffen hatte, die EKL an den Antragsteller – das Unternehmen A – zu übertragen.[513] In einem ein paar Monate später ergangenen Urteil vertrat das Gericht die Auffassung, dass eine rechtwidrige EKL-Übertragung dann vorliegt, wenn aufgrund dieser Übertragung das Nutzungsrecht am Erdkörperfeld an ein Bergbauunternehmen übergeht, das nicht nach den geltenden Rechtvorschriften gegründet wurde und zwar unabhängig davon, ob der Rechtsverstoß zum Zeitpunkt der Übertragung bekannt war oder nicht.[514] Diese Beispiele bestätigen die vom Autor vertretene Aussage, dass das ErdkörperG nicht die Konstellationen enthalten muss, wann eine EKL-Übertragung zulässig ist, sondern die Kriterien und Voraussetzungen festlegen soll, welche ein Antragsteller auf Übertragung einer EKL zwingend erfüllen soll.

Zur abschließenden Betrachtung der Rechtsfragen, die mit der Übertragung des Nutzungsrechts am Erdkörperfeld zusammenhängen, sei auf eine interessante Praxis hingewiesen, die mit der vorzeitigen Beendigung der EKL gem. Art. 20 Abs. 1 Pkt. 4 ErdkörperG zusammenhängt. Diese Norm besagt, dass das Nutzungsrecht am Erdkörperfeld erlischt, wenn seine Übertragung gegen die in Art. 17.1 ErdkörperG vorgesehenen Bedingungen für eine EKL-Übertragung an den Rechtsnachfolger

2012 № ВАС-1466/12 [Определение Высшего Арбитражного Суда РФ от 28 февраля 2012 г. № ВАС-1466/12].

513 Entscheidung des Obersten Arbitragegerichts der RF vom 14. Februar 2013 № ВАС-497/13 [Определение Высшего Арбитражного Суда РФ ВАС РФ 14 февраля 2013 г. № ВАС-497/13].

514 Entscheidung des Obersten Arbitragegerichts der RF vom 18. Juni 2013 № ВАС-6947/13 [Определение ВАС РФ 18 июня 2013 г. № ВАС-6947/13].

verstößt. Eine Regelung für die Wiederherstellung solcher Rechte zu Gunsten des ursprünglichen EKL-Inhabers sieht die Bergbaugesetzgebung nicht vor. In der Praxis ist es jedoch mehrmals vorgekommen, dass das Nutzungsrecht am Erdkörperfeld nicht für gänzlich erloschen erklärt wurde, sondern es erfolgte eine Rückübertragung der Rechte an den ursprünglichen Lizenzinhaber.[515]

D. Freigabe des bergbaulichen Betriebes durch das Genehmigungsverfahren der Projektdokumentation

I. Allgemeine Grundorientierung

Das bisher dargestellte Verfahren zur Erteilung einer EKL umfasst ausschließlich die Frage der Zuteilung des Nutzungsrechts über das verliehene Erdkörperfeld. Dieses Recht wird durch die staatlich erteilte EKL begründet und entsteht im Zeitpunkt der Registrierung der EKL. Gewährt wird dadurch allerdings nur ein Rechtstitel für den Zugang zu den in dem entsprechenden Erdkörperfeld enthaltenen Lagerstätten. Jedoch ist damit das Bergbauunternehmen noch nicht berechtigt, unmittelbar mit der Ausübung der bergbaulichen Arbeiten zu beginnen.[516] Diese Befugnis erlangt das Unternehmen erst in der zweiten Phase durch die Genehmigung der technischen Projektdokumentation (im Folgenden: PDO)[517], die den tatsächlichen Bergbaubetrieb regelt. Dies erfolgt durch die Beschaffung einer Reihe von ermächtigenden Unterlagen im Rahmen der sog. „Genehmigung der technischen Projekte" nach Art. 23.2 ErdkörperG, die dem Bergbauunternehmen die Ausführung der in der EKL festgelegten Bergbauarbeiten erlauben. Dieses Verfahren soll der präventiven staatlichen Kontrolle über die Ausübung der beabsichtigten bergbaulichen Tätigkeit dienen und insbesondere die Einhaltung der für diese Betriebsart aufgestellten staatlichen Anforderungen zum Umweltschutz und zur technischen Sicherheit sicherstellen.

In Art. 23. 2 ErdkörperG selbst sind keine Vorschriften über die Zulassungsanforderungen oder den verfahrensrechtlichen Vorgang für die Genehmigung der PDO enthalten. In Abs. 3 dieses Artikels ist die Aufgabe, den hierfür erforderlichen rechtlichen Rahmen auszuarbeiten, der Regierung der RF übertragen. In diesem

515 *Vasilevskaja/Laevskaja/Litunovskaja,* Die Lizenzierung der Erdkörpernutzung in Russland, S. 63; *Sailer,* Aufsuchung, Exploration, Erschließung und Förderung von Bodenschätzen in der RF durch russische und ausländische Investoren, S. 235.

516 *Bojarko,* Über Abbau des bürokratischen Aufwandes in der Erdkörpernutzung, S. 3; *Siryk,* Prozessgestaltung bei der Erdkörpernutzung im Öl- und Gassektor Russlands, S. 26; *Goncharov,* Rechtlicher Rahmen für die Erstellung und Genehmigung technischer Projektdokumentation für Aufsuchung und Erschließung der Bodenschatzlagerstätte, S. 54.

517 Der Begriff „technische Projektdokumentation" ist im Text des Art. 23.2 ErdkörperG zwar nicht enthalten, seine Anwendung in den Rechtsakten, die zur Weiterentwicklung der einschlägigen Norm dienen, sowie in der Fachliteratur ist jedoch weit verbreitet.

Sinne wurde von der Regierung der RF im Jahr 2010 die Verordnung № 118 „Über die Vorbereitung, Vereinbarung und Genehmigung der technischen Projekte beim Abbau von Bodenschätzen und andere Projektdokumentation für die Durchführung von mit der Erdkörpernutzung zusammenhängenden Arbeiten nach Art der Bodenschätze und den Arten der Erdkörpernutzung“ (im Folgenden: PDO-Verordnung)[518] verabschiedet.

Im folgenden Abschnitt werden die für das Genehmigungsverfahren der PDO relevanten Regelungen in ein logisches System gebracht, indem zunächst die PDO-Typen bei den Bergbauvorhaben erörtert werden und anschließend das Genehmigungsverfahren chronologisch dargestellt wird.

II. Arten und Funktion der PDO-Typen bei Bergbauvorhaben

Die konkreten Typen der PDO sowie die Verfahren zu ihrer Genehmigung unterscheiden sich je nach Etappe und Gegenstand des Bergbaubetriebes. Es existieren eigene Rechtsregelungen für Kohlenwasserstoffe, für feste Bodenschätze, für Errichtung und Betrieb von mit der Bodenschatzgewinnung nicht zusammenhängenden Tiefbauanlagen und für Grundwasservorkommen. Die Rechtsakte, die den geltenden Rahmen für das bergbauliche Genehmigungsverfahren im Hinblick auf Kohlenwasserstofflagerstätten bilden, sind neben der PDO-Verordnung und der Übergangsbestimmung über die Etappen der Aufsuchungsarbeiten[519] insbesondere: Anordnung MINPRIRODA mit den „Anforderungen an Struktur und Anforderungen der technischen Projektdokumentation für die Erschließung von Kohlenwasserstofflagerstätten“ (im Folgenden: Anforderungen an PDO)[520]; „Verfahrensordnung für die Erstellung der technischen

518 Regierungsverordnung vom № 118 vom 3. März 2010 „Über die Genehmigung der Bestimmung über die Erstellung und Genehmigung technischer Projekte für Erschließung der Bodenschatzlagerstätte und andere Projektdokumentation für die Ausführung von Arbeiten_ die mit der Nutzung des Erdkörpers zusammenhängen, unterteilt nach Art des Bodenschatzes und Art der Erdkörpernutzung“, SZ RF 2010, № 10, Pos. 1100 [Постановление Правительства РФ от 3 марта 2010 г. № 118 «Об утверждении Положения о подготовке, согласовании и утверждении технических проектов разработки месторождений полезных ископаемых и иной проектной документации на выполнение работ, связанных с пользованием участками недр, по видам полезных ископаемых и видам пользования недрами», СЗ РФ 2010 г., № 10, ст. 1100].

519 Siehe Fn. 323.

520 Anordnung MINPRIRODA № 254 vom 08. Juli 2010 „Über die Genehmigung der Anforderungen an Struktur und Anfertigung der technischen Projektdokumentation für die Erschließung von Kohlenwasserstofflagerstätte“, Registrierung bei Justizministerium RF am 17. September 2010 № 18468 [Приказ Минприроды России № 254 от 08 июля 2010 г. «Об утверждении требований к структуре и оформлению проектной документации на разработку месторождений углеводородного сырья», зарегистрировано в Минюсте России 17 сентября 2010, № 18468].

Projektdokumentation bei der Erschließung der Erdöl- und Erdgaslagerstätten“ (im Folgenden: PDO-Verfahrensordnung)[521]; Anordnung MINPRIRODA mit „Methodische Empfehlungen für die Projekterstellung der Erschließung von Erdöl- und Erdgaslagerstätten“ (im Folgenden: Methodische PDO-Empfehlungen)[522].

Analysiert man die darin enthaltenen Vorschriften, ergibt sich folgendes Bild. Die Projektplanung und seine Zulassung erfolgt wie auch der Bergbaubetrieb selbst stufenweise in aufeinander folgenden Etappen.[523] Die Aufsuchungsarbeiten sind in drei Etappen untergliedert: regionale geologische Arbeiten, Aufsuchung- und Bewertungsarbeiten und zuletzt die Erkundungsarbeiten.[524] Der Gewinnungsbetrieb wird in zwei Etappen aufgeteilt: Probegewinnungsbetrieb und Gewinnungsbetrieb (Abbau).[525] Die einzelnen Typen der PDO, die beim Bergbaubetrieb im Zusammenhang mit den Kohlenwasserstoffen erstellt und genehmigt werden müssen, bestimmt Ziff. 9 lit. b PDO-Verordnung wie folgt:

- technisches Projekt des Probetriebes einer Suchbohrung
- technisches Projekt des Probebetriebes der Aufschlussbohrung
- Projekt des Probebetriebes für die Erschließung der Lagerstätte (in ihrer Ganzheit)
- Funktionsschema des Probe-Gewinnungsbetriebes
- Funktionsschema des Gewinnungsbetriebes
- technisches Projekt des Gewinnungsbetriebes.

Der konkrete PDO-Typ ist je nach Durchführung der verschiedenen Etappen vom Bergbauunternehmen einzeln auszuarbeiten und zur Genehmigung vorzulegen. Untereinander sind die einzelnen Typen der PDO nach dem Schwierigkeitsgrad der

521 Verfahrensordnung für die Erstellung der technischen Projektdokumentation für die Erschließung Erdol- und Erdgaslagerstätten, genehmigt in Kraft gesetzt durch Ministerium für Treibstoff und Energie (jetzt MINENERGO) am 31. Januar 1997 [Регламент составления проектных технологических документов на разработку нефтяных и газонефтяных месторождений», утвержден и введен в действие Минтопэнерго РФ 31 января 1997 г.].

522 Anordnung MINPRIRODA № 61 vom 21. März 2007 „Über die Genehmigung der Methodischen Empfehlungen für die Projektierung der Erdöl- und Erdgaslagerstätten, keine offizielle Veröffentlichung, abrufbar unter http://www.garant.ru/ [Приказ Минприроды России № 61 от 21 марта 2007 г. «Об утверждении Методических рекомендаций по проектированию разработки нефтяных и газонефтяных месторождений», документ опубликован не был, доступен на сайте http://www.garant.ru/].

523 *Teplov*, Kommentar zum ErdkörperG, S. 328.

524 Gem. Ziff. 1.6 und Tabelle 1 Übergangsbestimmung über die Etappen der Aufsuchungsarbeiten, Fn. 323.

525 Vgl. *Goncharov*, Rechtlicher Rahmen für die Erstellung und Genehmigung technischer Projektdokumentation für Aufsuchung und Erschließung der Bodenschatzlagerstätte, S. 59.

einschlägigen Arbeiten hierarchisch gegliedert.[526] Die Notwendigkeit, eine konkrete PDO auszuarbeiten, wird durch die durchzuführende Etappe der geologischen Aufsuchungsarbeiten oder die Etappe der Gewinnungsarbeiten vorgegeben.

1. PDO-Typen auf der Etappe der Aufsuchungsarbeiten

Aus der Aufzählung der genehmigungspflichtigen PDO-Typen geht hervor, dass für die Betriebsphase der Aufsuchungsarbeiten zwei der oben genannten Arten der PDO gelten: Projekt des Probebetriebes einer Suchbohrung und Projekt des Probebetriebes einer Erkundungsbohrung.[527] Diese Bohreinrichtungen werden am Ende der Aufsuchungs- und Bewertungsarbeiten und bei Erkundungsarbeiten verwendet.[528] Das bedeutet, dass die Pflicht zur betrieblichen Zulassung der Aufsuchungsarbeiten in Form der PDO-Genehmigung erst ab dem Ende der Bewertungsetappe vorgesehen ist. Das Bergbauunternehmen erstellt das Projekt des Probebetriebes einer Suchbohrung und das Projekt des Probebetriebes einer Erkundungsbohrung nach den Bestimmungen von Teil I und Teil III der Anforderungen an PDO und nach Ziff. 4, 5 PDO-Verfahrensordnung

Für alle vorangehenden Betriebsarten der geologischen Forschung muss das Bergbauunternehmen keine technische PDO genehmigen lassen. Diese Arbeiten erfolgen auf der Grundlage von „Programmen der geologischen Aufsuchungsarbeiten".[529] Darin sollen die einzelnen Arten und der Umfang der Aufsuchungsarbeiten bestimmt werden, durch die das Bergbauunternehmen sein beabsichtigtes Ziel erreichen möchte. Das Programm ist mit der territorialen Stelle von ROSNEDRA desjenigen Föderationsmitgliedes, in welchem das ihm zugewiesene Erdkörperfeld liegt, abzusprechen und von diesem zu genehmigen. Ohne ein genehmigtes Programm der geologischen Aufsuchungsarbeiten ist es dem EKL-Inhaber nicht gestattet, die Aufsuchungsarbeiten zu beginnen.

2. PDO-Typen auf der Etappe der Gewinnungsarbeiten

Für die Lagerstätte, in welchen die Aufsuchungsarbeiten nicht abgeschlossen sind bzw. abgeschlossen sind, aber die Daten für die weitere PDO nicht ausreichen, muss das Bergbauunternehmen nach Ziff. 6 PDO-Verfahrensordnung und Teil II

526 *Goncharov,* Rechtlicher Rahmen für die Erstellung und Genehmigung technischer Projektdokumentation für Aufsuchung und Erschließung der Bodenschatzlagerstätte, S. 55; *Siryk,* Prozessgestaltung bei der Erdkörpernutzung im Öl-und Gassektor Russlands, S. 26–30.

527 Vgl. Ziff. 2.4, 2.6 „Vorläufige Klassifikation der Bohrungsarten zur Ausführung von Aufsuchungsarbeiten", Anhang 2 zu Übergangsbestimmung über die Etappen der Aufsuchungsarbeiten, Fn. 323.

528 *Goncharov,* Rechtlicher Rahmen für die Erstellung und Genehmigung technischer Projektdokumentation für Aufsuchung und Erschließung der Bodenschatzlagerstätte, S. 56.

529 *Siryk,* Prozessgestaltung bei der Erdkörpernutzung im Öl-und Gassektor Russlands, S. 26, 27.

der Anforderungen an PDO zunächst das Projekt des Probetriebes für die Erschließung der Lagerstätte genehmigen lassen. Der Probetrieb soll nach Ziff. 2.3 Methodische PDO-Empfehlungen zum Ziel haben, die Werte für die Berechnung der Kohlenwasserstoffvorräte und die Kennzahlen für den Aufbau des geologischen Lagerstättenmodells zu präzisieren sowie die Perspektiven der Explorationsentwicklung abzuschätzen. Das Projekt des Probetriebes wird für einen befristeten Zeitraum erstellt. Die Regelung dieser Frist weicht in den Anforderungen an eine PDO und in den methodischen PDO-Empfehlungen voneinander ab (fünf und drei Jahre). In der Regel wird dieser PDO-Typ für einen Zeitraum von bis zu fünf Jahren erstellt.[530]

Wurden die Lagerstätten ausreichend erforscht, entfällt die Notwendigkeit, diesen PDO-Typ auszuarbeiten. In diesem Fall hat das Bergbauunternehmen nach Ziff. 7 Verfahrensordnung für PDO zunächst das Funktionsschema des Probegewinnungsbetriebes aufzustellen und genehmigen zu lassen. Danach dient Funktionsschema dazu, neue Techniken und neue Technologien bzw. bereits bekannte Technologien unter den konkreten geologisch-physikalischen Bedingungen unter Berücksichtigung der wirtschaftlichen Effizienz zu erproben. Aus diesen Probeuntersuchungen muss das Bergbauunternehmen ausreichende Informationen erhalten, um sich ein umfassendes Bild von der industriellen Gewinnung der Bodenschätze machen zu können, die es in der nächsten Etappe – Gewinnungsbetrieb – umsetzen wird.[531] Das Funktionsschema wird für einen Frist von höchstens fünf Jahren angefertigt, Ziff. 7 Anforderungen an PDO. Diese Art der PDO kann auch im Rahmen anderer Etappen der Bergbauarbeiten erstellt werden, um z. B. auf einem bestimmten Abschnitt des Feldes neue Gewinnungstechnologien zu erproben.[532] Die inhaltlichen und formellen Anforderungen an das Funktionsschema des Probegewinnungsbetriebes sind in Teil II und Teil III der Anforderungen an eine PDO festgelegt.

Der tatsächliche Gewinnungsbetrieb ist auf der Grundlage des genehmigten Funktionsschemas des Gewinnungsbetriebes und des technischen Projekts des Gewinnungsbetriebes auszuführen.[533] Das Funktionsschema stellt das Hauptprojektdokument dar, welches den industriellen Gewinnungsbetrieb für den Zeitraum bestimmt, in dem der Abbau der Lagerstätte durch den Hauptfonds der

530 *Goncharov*, Rechtlicher Rahmen für die Erstellung und Genehmigung technischer Projektdokumentation für Aufsuchung und Erschließung der Bodenschatzlagerstätte, S. 58.

531 *Siryk*, Prozessgestaltung bei der Erdkörpernutzung im Öl-und Gassektor Russlands, S. 28, 29; *Goncharov*, Rechtlicher Rahmen für die Erstellung und Genehmigung technischer Projektdokumentation für Aufsuchung und Erschließung der Bodenschatzlagerstätte, S. 59.

532 *Goncharov*, Rechtlicher Rahmen für die Erstellung und Genehmigung technischer Projektdokumentation für Aufsuchung und Erschließung der Bodenschatzlagerstätte, S. 59.

533 *Teplov*, Kommentar zum ErdkörperG, S. 330.

Bohrlöcher erfolgt. Das technische Projekt des Gewinnungsbetriebes soll den ganzen Maßnahmenkomplex zum Abbau von Bodenschätzen aus dem Erdinneren sowie die Kontrollmechanismen über den gesamten Abbaubetrieb umfassen, Teil II Anforderungen an PDO, Ziff. 8 PDO-Verfahrensordnung. Er soll sich gem. Ziff. 8.6. PDO-Verfahrensordnung vor allem durch „mehr Genauigkeit bei bestimmten Fragen" von dem Funktionsschema unterscheiden. In der Praxis werden die technischen Projekte des Gewinnungsbetriebes in der Regel nach dem Bohren der meisten geplanten Bohrlöcher erstellt, und berücksichtigen die geologischen und die produktionsbezogenen Daten, die das Bergbauunternehmen durch die nach dem genehmigten Funktionsschema durchgeführten Maßnahmen sowie aus anderen Quellen zusätzlich erhält.[534]

III. Zulassung des Bergbaubetriebes

Das Genehmigungsverfahren einer konkreten PDO wird gem. Ziff. 15 ff. PDO-Verordnung auf Antrag des Bergbauunternehmens bei der zuständigen ROSNEDRA-Kommission eröffnet. Dem Antrag müssen gem. Ziff. 16 i. V. m. Ziff. 24 PDO-Verordnung neben dem einzelnen PDO-Typ (zwei Kopien in Schriftform und zwei Kopien in elektronischer Form) die Gutachten der Zulassungsverfahren hinzugefügt werden, welche in der russischen Gesetzgebung für die einschlägigen Projekte vorgesehenen sind. Das heißt, wenn die im Rahmen des Bergbauvorhabens errichteten Anlagen unter die Anforderung einer Expertise nach städtebaulichen Vorschriften, Vorschriften über Arbeitssicherheit sowie umweltrechtlichen Bestimmungen fallen, ist die Durchführung entsprechender Zulassungsverfahren erforderlich: die Umweltexpertise, Expertise der Betriebssicherheit, bauordnungsrechtliche Genehmigung. Bis Ende 2014 wurden diese Gutachten unter Ziff. 16 PDO-Verordnung explizit als Antragsinhalte genannt. Nach der aktuellen Fassung wird bei der Antragstellung nur das Gutachten der staatlichen Expertise der Bodenschatzvorräte nach Art. 29 ErdkörperG ausdrücklich verlangt. Die Pflicht des Bergbauunternehmens, die weiteren Expertisen durchzuführen, entfällt jedoch nicht und geht jeweils aus der sektorspezifischen Gesetzgebung hervor. Eine Konzentrationswirkung entfaltet das bergbauliche Genehmigungsverfahren der PDO zwar nicht, in der Praxis jedoch erfolgt die Genehmigung der PDO-Typen durch die ROSNEDRA-Kommission als letzter Schritt, nachdem alle anderen Zulassungsverfahren beendet wurden.[535]

534 *Goncharov*, Rechtlicher Rahmen für die Erstellung und Genehmigung technischer Projektdokumentation für Aufsuchung und Erschließung der Bodenschatzlagerstätte, S. 59.

535 Amtliches Schreiben ROSNEDRA № EK-04-30/12862 vom 19. Dezember 2012 „Zur Fragen der Bearbeitung und Genehmigung technischer Projekte für die Lagerstätten mit festen Bodenschätzen und anderer Art der technischen Projektdokumentation für die Ausführung mit der Erdkörpernutzung zusammenhängenden Arbeiten, keine offizielle Veröffentlichung, abrufbar unter http://www.garant.ru/

1. *Projektgenehmigung des bergbaulichen Betriebes nach umweltrechtlichen Bestimmungen*

Kaum ein anderer Industriezweig entfaltet seine Einwirkung auf die Umwelt so stark wie der Bergbaubetrieb. Das der bergbaulichen Tätigkeit zu Grunde liegende Eindringen in die Erdkruste und den Erdkörper bringt in der Regel negative Auswirkungen auf die Umwelt mit sich. Das Verhältnis zwischen Bergrecht und Umweltrecht ist dabei in Russland nicht umfassend geregelt. Generell geht der Gesetzgeber von einem Nebeneinander von bergrechtlichen und umweltrechtlichen Bestimmungen aus. Nachfolgend erfolgt ein knapper Überblick über das System der gesetzlichen Regelungen zum Umweltschutz bei der Ausübung der bergbaulichen Tätigkeit. Es ist keine umfassende Darstellung und erschöpft sich darin, die für ein Verständnis des Verhältnisses Bergbau-Umweltschutz relevanten Normen in einem systematischen Rahmen darzustellen.

Die Grundsätze des Umweltschutzes bei der Ausübung jeglicher Art der wirtschaftlichen Tätigkeit legt das Föderalgesetz „Über den Umweltschutz" von 2002"[536] (im Folgenden: USchG) fest. Ferner kommt bei der Umsetzung der darin bestimmten Grundlagen den Föderalgesetzen „Über die Umweltexpertise" (im Folgenden: UExG)[537] und „Über die industrielle Sicherheit gefährlicher Betriebsanlagen" (im Folgenden: BetrSichG)[538] große Bedeutung zu. In Art. 1 USchG ist der Erdkörper klar als „Bestandteil der Umwelt" definiert und fällt somit in den Anwendungsbereich dieses Gesetzes.

Die staatlichen Anforderungen, die im Hinblick auf die Umweltbelange für die bergbauliche Tätigkeit aufgestellt sind, finden sich in Art. 46 USchG. Danach gelten für „Ansiedlung, Planung, Errichtung, Umbau, Inbetriebnahme und Betrieb der Anlagen für Gewinnung, Verarbeitung, Transport, Lagerung und Verkauf von Öl und Gas" folgende Anforderungen: wirksame Maßnahmen für die Abfallaufbereitung und die Verringerung von negativen Auswirkungen auf die Umwelt sowie die

---

[Письмо Федерального агентства по недропользованию № ЕК-04-30/12862 от 19 декабря 2012 г. «По вопросам проведения рассмотрения и согласования технических проектов разработки месторождений твердых полезных и иной проектной документации на выполнение работ, связанных с пользованием недрами», документ опубликован не был, доступен на сайте http://www.garant.ru/].

536 Föderalgesetz „Über den Umweltschutz" vom 10. Januar 2002, SZ RF 2002, № 2, Pos. 133 [Федеральный закон N 7-ФЗ „Об охране окружающей среды" от 10 января 2002 г., СЗ РФ 2002, № 2, ст. 133].

537 Föderalgesetz „Über die Umweltexpertise" vom 23. November 1995, SZ RF № 48, Pos. 4556 [Федеральный закон от N 174-ФЗ „Об экологической экспертизе" 23 ноября 1995 г., СЗ РФ 1995, № 48, ст. 4556].

538 Föderalgesetz „Über die industrielle Sicherheit gefährlicher Betriebsanlagen", vom 21. Juli 1997, SZ RF 1997, № 30, Pos. 3588 [Федеральный закон N 116-ФЗ „О промышленной безопасности опасных производственных объектов" от 21 июля 1997 г., СЗ РФ 1997, № 30, ст. 3588].

Pflicht zur Wiedernutzbarmachung der Flächen und Erstattung von Umweltschäden, Art. 46 Abs. 1 USchG. Diese Norm enthält ebenso die Bestimmung, dass die Errichtung dieser Anlagen nur nach zugelassenen bzw. genehmigten Projekten der Wiedernutzbarmachung und positivem Prüfbescheid der staatlichen Expertise der technischen Projektdokumentation erlaubt ist, Art. 46 Abs. 3 USchG.

Die Bewertung von Auswirkungen auf die Umwelt durch die Ausübung jeglicher Art der betrieblichen oder wirtschaftlichen Tätigkeit und somit auch der bergbaulichen Tätigkeit erfolgt in Russland mit Hilfe zweier wesentlichen Instrumente: die Umweltexpertise und deren Vorstufe – die Umweltverträglichkeitsprüfung (im Folgenden: UVP). Das allgemein geltende Erfordernis zur Durchführung beider Verfahren ist zunächst in Kapitel 6 USchG geregelt. Während die ökologische Expertise in einem speziellen Gesetz – dem Gesetz „Über die Umweltexpertise" – ausführlicher erläutert wird, ist die Regelung der UVP in der Anordnung des Staatlichen Komitees für Umweltschutz der RF vom 16. Mai 2000 (im Folgenden: UVP-Anordnung)[539] relativ knapp.[540]

Im ErdkörperG sind die Leitsätze aus dem USchG aufgegriffen und unter dem Begriff „rationale Nutzung und Schutz des Erdkörpers" unter Art. 23–26 ErdkörperG zusammengefasst. Die Anforderungen einer rationalen Erdkörpernutzung sind in Art. 23 ErdkörperG nur sehr allgemein definiert. Dazu zählen z. B.: Verbot einer eigenmächtiger Nutzung des Erdkörperfeldes; Sicherung der Vollständigkeit der geologischen Erforschung; Durchführung einer staatlichen Begutachtung und staatliche Erfassung der Vorräte; Gewährleistung einer weitgehend vollständigen Gewinnung der wesentlichen Vorräte aus dem Erdkörper; Vorbeugung von Verunreinigungen des Erdkörpers durch bergbauliche Tätigkeit insbesondere bei Errichtung und Betrieb von Untertagespeichern sowie von Lagerungsstätten für schädliche Stoffe und industrielle Abfallprodukte; Verhinderung der Ablagerung industrieller und anderer Abfälle in Wasserflächen und in grundwasserführenden Schichten, die zur Trinkwasser- oder industriellen Wasserversorgung genutzt werden.

Die Pflicht zur Wiedernutzbarmachung von für Bergbau in Anspruch genommenen Flächen hat der Gesetzgeber in Art. 26 ErdkörperG als Pflicht zur „Liquidation und Konservierung" der Bergbauanlagen konzipiert. Danach sind die Bergbauanlagen nach Ablauf der Bergbauberechtigung oder vorzeitigen Einstellung

539 Anordnung des Staatlichen Komitees für Umweltschutz der RF vom 16. Mai 2000 „Über die Prüfung der Auswirkungen geplanter wirtschaftlichen Tätigkeit und anderer Tätigkeit auf die Umwelt in der RF", Rossiyskaja Gazeta, 01.09.2000, № 170 [Приказ Госкомэкологии РФ N 372 „Об утверждении Положения об оценке воздействия намечаемой хозяйственной и иной деятельности на окружающую среду в Российской Федерации" от 16 мая 2000 г., „Российская газета", 01.09.2000, № 170].

540 Rechtsvergleichende Studie: Vergleich und Analyse der gesetzlichen Regelungen zur Berücksichtigung ökologischer Belange in der deutschen Raumplanung und in der russischen Territorialplanung, S. 49 ff., abrufbar unter: http://www.ioer.de/fileadmin/internet/IOER_Projekte /EkoRuss/EkoRus_Rechtsvergleich_deu.pdf.

des Bergbaubetriebes zu liquidieren oder zu konservieren. Unter vollständiger oder teilweiser Liquidation oder Konservierung versteht das Gesetz einen „Zustand, der Leben und Gesundheit der Bevölkerung nicht gefährdet, den Schutz von Umwelt, Gebäuden und anderweitigen Anlagen gewährleistet und im Falle einer Konservierung den Erhalt von Bodenschatzlagerstätten, Grubenbauten und Bohrlöchern sichert", Art. 26 Abs. 3 ErdkörperG. Bis zum Abschluss dieser Arbeiten trägt der Bergbauberechtigte die volle Verantwortung, die ihm durch Gesetz und durch die Bedingungen bei der Erteilung der Bergbauberechtigung auferlegt wurde. Die Arbeiten gelten als abgeschlossen, wenn die die Bergbauberechtigung erteilende Behörde und die Bergaufsichtsbehörde einen „Liquidations- oder Konservierungsbeschluss" unterzeichnen, Art. 26 Abs. 5 ErdkörperG.

Die Kontrolle über die Einhaltung der festgelegten Anforderungen ist zweigeteilt in eine Aufsicht über die rationale Nutzung und den Schutz des Erdkörpers (Umweltbehörde) und die Aufsicht über die Arbeitssicherheit bei der Nutzung des Erdkörpers (Behörde für Betriebssicherheit). Bei Nichteinhaltung der Anforderungen kann die die Bergbauberechtigung erteilende Behörde gem. Art. 20 Abs. 2 Ziff. 3, 6 ErdkörperG den Bergbaubetrieb beschränken, unterbrechen oder einstellen. Im Hinblick auf die Schadensvergütung bei Schäden, die durch die bergbauliche Tätigkeit verursacht wurden, enthält das ErdkörperG eine Sonderregulierung nur in Bezug auf die Schäden am Erdkörper selbst. Alle anderen Schadensersatzansprüche sind unter Anwendung allgemeiner zivilrechtlichen Bestimmungen zur außervertraglichen Schadenshaftung geltend zu machen.[541] Anzumerken ist dabei, dass der Begriff „Schaden am Erdkörper" i. S. v. Art. 51 ErdkörperG und das Verfahren zu seiner Berechnung erst durch die Regierungsverordnung № 564[542] im Jahr 2013 bestimmt wurde. Danach wird unter „Schaden" der Schaden verstanden, welcher zum Verlust von Bodenschatzvorräten geführt hat, der insbesondere durch Verunreinigung, Überflutung, Verwässerung, Brand oder unberechtigte Nutzung des Erdkörperfeldes hervorgerufen wurde, sowie der Schaden, der die Beschaffenheit des Erdkörpers beeinträchtigt hat, aufgrund dessen die Errichtung und der Betrieb von unterirdischen Anlagen, die mit der Bodenschätzegewinnung nicht zusammenhängen, nicht mehr möglich sind, sowie des Weiteren der Schaden, welcher den besonders geschützten geologischen Objekten zugefügt worden ist, die eine wissenschaftliche, kulturelle, ästhetische, sanitätsdienstliche oder gesundheitsfördernde Bedeutung haben.[543]

541 *Scheynfeld*, Rechtliche Regulierung der Aufsuchung, Erschließung und Gewinnung von Bo-denschätzen in der Bundesrepublik Deutschland, S. 163.

542 Verordnung der Regierung der RF № 564 vom 04. Juli 2013 „Über die Regeln für die Berechnung von Schäden, die am Erdkörper in Folge von Verstößen gegen die Gesetzgebung der RF über den Erdkörper verursacht wurden", SZ RF № 28, Pos. 3830 [Постановление Правительства РФ № 564 от 04 июля 2013 г. „Об утверждении Правил расчета размера вреда, причиненного недрам вследствие нарушения законодательства Российской Федерации о недрах", СЗ РФ 2013, № 28, ст. 3830].

543 Pkt. 2 Regierungsverordnung № 564.

Diese Definition ist nicht optimal, da solche Belange der Schadensverursachung, die durch Nichteinhaltung oder Verletzung der EKL-Bedingungen und der technischen PDO entstanden sind, nicht eindeutig von ihr erfasst werden.

Sinnvoller erscheint, nicht zuletzt im Dienste der gesetzlichen Systematik, den Begriff „Schaden" aus dem UwSchG zu berücksichtigen.[544] In Art. 1 UwSchG versteht das Gesetz darunter eine negative Veränderung der Umwelt in Folge ihrer Verunreinigung, die eine Degradation von naturgegebenen Ökosystemen und eine Erschöpfung der Naturressourcen zur Folge hat. Der Umfang dieser Definition wird um die Ergebnisse der unternehmerischen Tätigkeit erweitert, die solche Schäden verursachen. Dazu zählen gem. Art. 77 UwSchG: Verschmutzung, Erschöpfung, Beschädigung, Vernichtung, nicht rationale Nutzung der Naturressourcen, Degradation und Zerfall von naturgegebenen Ökosystemen, Naturhaushalten und Naturlandschaften sowie andere Verletzungen der umweltrechtlichen Vorschriften. Diese Definition ist breiter gefasst und besser dazu geeignet, die bergbaulichen Schäden auch i. S. v. Art. 51 ErdkörperG zu identifizieren. Die Einführung einer speziellen Definition für „Schäden am Erdkörper" mit einem deutlich engeren Umfang erscheint daher überflüssig und kontraproduktiv. Dies gilt vor allem vor dem Hintergrund, dass in Art. 1 UwSchG der Erdkörper ausdrücklich als ein Bestandteil der Umwelt definiert ist.

a) *Umweltverträglichkeitsprüfung*

Das UwSchG als das für Umweltbelange grundlegende Gesetz bestimmt unter anderem die Grundsätze des Umweltschutzes, Methoden der umweltrechtlichen Regulierung, Aufgaben der Umweltschutzverwaltung, wie die Umweltverträglichkeitsnormen, Umweltverträglichkeitsprüfungen, regelmäßige staatliche Kontrolle der Einhaltung von Umweltstandards. Neben den allgemeinen Umweltanforderungen an die unternehmerische Tätigkeit enthält Art. 46 USchG spezielle Vorschriften über den Umweltschutz bei der Planung, dem Bau, Umbau, der Inbetriebnahme und dem Betrieb von Erdöl-und Erdgasgewinnungsanlagen sowie für die Betriebe zur Verarbeitung, zum Transport, zur Speicherung und zum Verkauf von Erdöl, Gas und deren Erzeugnissen. Diese Vorschriften sind relativ inhaltslos: der Gesetzgeber fordert darin zwar effektive Maßnahmen zur Aufbereitung und Entsorgung von Abfällen, die bei der Gewinnung von Erdöl und Erdgas sowie bei der Sammlung und Aufbereitung des Erdölbegleitgases entstehen, zur Rekultivierung der beschädigten und versäuchten Böden, zur Verringerung schädlicher Einwirkungen auf die Umwelt sowie zum Ersatz des durch den Bau und Betrieb der Anlagen verursachten Schadens, benennt jedoch keine konkreten Voraussetzungen oder Mechanismen, sondern verweist auf die Gesetzgebung über die Umweltverträglichkeitsprüfung,

544 Vgl. *Saliev*, Rechtliche Regulierung im Bereich des Erdkörperschutzes bei der Erschließung von Erdöllagerstätten in der RF und GUS, S. 44–45.

auf die Bodengesetzgebung sowie auf die anderen in der russischen Gesetzgebung vorgesehenen Expertisen.[545]

„Jede geplante unternehmerische Tätigkeit", die einen direkten oder indirekten Einfluss auf die Umwelt nimmt, unterliegt gem. Art. 1 und 32 Abs. 1 USchG der UVP. Demnach nimmt das Bergbauunternehmen auf dem ihm zugeteilten Erdkörperfeld die ökologischen Untersuchungen vor, um auf der Grundlage der daraus erzielten Ergebnisse die UVP stattfinden zu lassen. Die konkreten Anforderungen an das UVP-Verfahren legt die UVP-Anordnung fest. Danach versteht man unter der UVP (in Russisch: OVOS) „einen Prozess mit dem Ziel einer ökologisch orientierten Entscheidungsfindung für die geplante Ausübung einer wirtschaftlichen Tätigkeit oder anderer Tätigkeiten Mithilfe der Ermittlung möglicher negativer Auswirkungen, der Bewertung möglicher Auswirkungen, der Berücksichtigung der öffentlichen Meinung sowie der Festlegung von Maßnahmen zur Reduzierung und Vermeidung dieser Auswirkungen". Dabei ist anzumerken, dass die Einordnung einzelner Typen von Bergbauprojekten als UVP-pflichtige Vorhaben weder im ErdkörperG noch im USchG oder in der Anordnung über die UVP explizit genannt ist. Eine genaue Auflistung der UVP-pflichtigen Bergbauvorhaben findet sich nur im Anhang 6 des „Leitfadens zur Durchführung von UVP-Verfahren"[546]. Darin werden unter Pkt. 1 Erdölgewinnungsbetriebe mit Fördervolumen ab 500.000 Tonnen im Jahr und unter Pkt. 2 Erdgasgewinnungsbetriebe mit Fördervolumen ab 500 Mio. m^3 im Jahr den Vorhaben zugeordnet, die einer UVP unterworfen sind. Das Erfordernis, für Bergbauvorhaben eine UVP durchzuführen, ergibt sich auch aus der Genehmigungspflicht der PDO nach Art. 23.2 ErdkörperG. Dieses Genehmigungsverfahren beinhaltet die staatliche Umweltexpertise des zur Zulassung vorgelegten Bergbauprojektes, die gem. Art. 3 und Art. 14 Abs. 1 Unterabs. 2 UExG unter Berücksichtigung der UVP-Ergebnisse erfolgen soll. In Art. 1.3 UVP-Anordnung ist diese Norm ebenso aufgegriffen; darin heißt es, dass die Durchführung der UVP für Vorhaben erfolgt, deren PDO anschließend der Umweltexpertise unterliegt.

Die UVP erfolgt in Form eines Gutachtens, das vom Vorhabensträger erstellt wird. Dafür reicht der Vorhabensträger bei der zuständigen kommunalen Verwaltungsbehörde zunächst die Absichtserklärung über das Projekt ein, die Angaben zu möglichen Umweltauswirkungen und Unfällen des geplanten Betriebes wiedergibt. Auf der Grundlage dieser Erklärung bestimmen nachfolgend die zuständigen

545 *Larochkina* in: *Säcker (Hrsg.)*, Deutsch-russisches Energie- und Bergrecht im Vergleich, S. 132.

546 Leitfaden für die Durchführung der Umweltexpertise für die Luftschutzmaßnahmen und Bewertung von Luftverschmutzung durch die Projekte PND 1–94, in Kraft gesetzt durch amtliches Schreiben MINPRIRODA vom 25. Dezember 1995 [«Инструкция о порядке проведения экологической экспертизы воздухоохранных мероприятий и оценки воздействия загрязнения атмосферного воздуха по проектным решениям ПНД 1–94 Минприроды РФ», введен в действие письмом ДГЭК Минприроды РФ № 11-02/02-594 от 25 декабря 1995 г.].

föderalen bzw. regionalen Behörden die Anforderungen und Bedingungen, die das einschlägige Vorhaben erfüllen muss. Daraufhin erarbeitet der Vorhabensträger die „technische Aufgabestellung" für die UVP (vergleichbar mit den Angaben gem. § 6 des deutschen UVPG), die konkrete UVP-Maßnahmen zur Vermeidung oder Reduktion der negativen Auswirkungen darstellt.[547] Die Öffentlichkeitsbeteiligung ist in der UVP-Verordnung als „untrennbarer Bestandteil des Prozesses zur Bewertung von Umweltauswirkungen von Vorhaben" definiert, wonach sie als einer der wichtigsten Bestandteile des UVP-Verfahrens gelten soll. Eine Beteiligung der Öffentlichkeit ist in allen Phasen des UVP-Verfahrens vorgesehen. Die Öffentlichkeit muss über das geplante UVP-pflichtige Vorhaben bereits bei Einreichung der Absichtserklärung durch den Vorhabensträger informiert werden. Die Erarbeitung der technischen Aufgabenstellung für die UVP soll „unter Berücksichtigung der öffentlichen Meinung" erfolgen. Nach Erarbeitung der vorläufigen UVP-Ergebnisse werden diese der interessierten Öffentlichkeit zur Diskussion gestellt.[548]Als nächstes bereitet der Vorhabensträger auf der Grundlage der primären technischen Aufgabestellung und unter Berücksichtigung von Vorschlägen und Anmerkungen der Behörden und der Öffentlichkeit die endgültige Fassung der UVP-Dokumentation vor, die zur Umweltexpertise vorgelegt wird. Somit kommt dem eigentlichen UVP-Verfahren in Russland nur eine Informations- und Prognosefunktion zu. [549]

b) *Staatliche Umweltexpertise*

Die endgültige präventive Umweltkontrolle über das Projektvorhaben erfolgt im Rahmen der auf Grundlage der Ergebnisse der vorangegangen UVP basierenden staatliche Umweltexpertise nach den Bestimmungen des UExG. In diesem Verfahren soll der geplante Bergbaubetrieb auf die Vereinbarung mit umweltrechtlichen Anforderungen, Vorschriften zur technischen Betriebssicherheit (aus der Sicht des Umweltrechts) sowie Gesetzgebung über Naturschutz geprüft werden. Ziel ist dabei gem. Art. 1 UExG „die Vermeidung von negativen Umweltauswirkungen". Die bei der UVP erzielten Ergebnisse bilden einen wesentlichen Teil der Voraussetzungen, nach welchen die staatliche Umweltexpertise positiv oder negativ ausfällt.[550] Nur

547 Vgl. *Schuhmann.*, Governance-Strukturen in der regionalen Umweltpolitik Russlands, S. 91, 91; *Köppel*, Öffentlichkeitsbeteiligung in der Umweltfolgenabschätzung und –bewältigung und Harmonisierung der verwendeten Standards mit Europa, S. 2, 3.

548 *Köppel*, Öffentlichkeitsbeteiligung in der Umweltfolgenabschätzung und –bewältigung und Harmonisierung der verwendeten Standards mit Europa, S. 5.

549 Ausführlicher zu der Wirksamkeit von Rechtmechanismen der Öffentlichkeitsbeteiligung bei UVP in Russland siehe *Köppel/Kovalev/Agakhanyants*, Direkte Demokratie und Umweltverträglichkeitsprüfung in Russland, S. 227–230; *Schuhmann*, Governance-Strukturen in der regionalen Umweltpolitik Russlands, S. 87–94; *Nawassardova*, in: *Säcker (Hrsg.)*, Deutsch-russisches Energie- und Bergrecht im Vergleich, S. 136 ff.

550 *Jakovlev*, Das Bergrecht im modernen Russland, S. 235 ff.

ein positives Abschlussgutachten der Umweltexpertise erlaubt dem Unternehmer, die bergbauliche Tätigkeit auszuüben. Ein negativer Beschluss der Umweltexpertise bedeutet gem. Art. 18 Abs. 5 UwExG ein Verbot der Realisierung des Projekts, das zur Expertise vorgelegt wurde. Die Durchführung der staatlichen Umweltexpertise obliegt dem ROSPRIRODNADSOR und richtet sich nach der in Mai 2014 von MINPRIRODA erlassene Verwaltungsverfahrensordnung № 204.[551]

Neben der staatlichen Umweltexpertise sieht das russische Umweltrecht die Möglichkeit einer gesellschaftlichen Umweltexpertise vor. Diese Möglichkeit kann von NGOs eigenständig wahrgenommen werden. Auch hier wird eine Gutachterkommission zusammengestellt, die die Zulässigkeit des Vorhabens und die Vollständigkeit der UVP-Dokumentation prüft. Der Vorhabensträger ist dabei verpflichtet, den Trägern der gesellschaftlichen Umweltexpertise alle relevanten Unterlagen zur Verfügung zu stellen (Technische Aufgabenstellung, Endfassung der UVP-Dokumentation, weitere Dokumente, soweit sie nicht als Geschäftsgeheimnis anerkannt sind). Wie die staatliche schließt auch die gesellschaftliche Umweltxpertise mit einer Entscheidung zur Zulässigkeit oder Unzulässigkeit des Betriebes ab.[552] Dieser Beschluss ist gem. Art. 25 UExG bei der Durchführung der staatlichen Umweltexpertise für das betroffene Vorhaben zu berücksichtigen und kann gem. Abs. 2 der genannten Norm bei Anerkennung durch die staatliche Behörde auch Rechtsverbindlichkeit erlangen.

2. *Expertise der Betriebssicherheit*

Die Expertise der industriellen Sicherheit ist ein Verfahren zur Auswertung des industriellen Betriebsobjekts auf die Erfüllung der Normen über die Sicherheitsanforderungen, die von ROSTEHNADZOR aufgestellt werden. Das Gesetz definiert gefährliche Industrieanlagen durch ihre Aufzählung im Anhang 1 zum BetrSichG. Unter Anhang 1 Ziff. 5 BetrSichG sind die Anlagen, auf welchen die Bergbauarbeiten durchgeführt werden, ausdrücklich als gefährliche Betriebsanlagen definiert. Außerdem fallen die Anlagen der Erdöl-und Erdgasindustrie, in welchen Brenn-,

551 Anordnung MINPRIRODA № 204 vom 6. Mai 2014 „Über die Genehmigung des Verwaltungsverfahrensordnung für das Föderale Aufsichtsamt für Naturnutzung über die Erbringung der öffentlichen Dienstleistung zur Organisation und Durchführung der staatlichen föderalen Umweltexpertise“, Registrierung in Justizministerium RF am 7. Oktober 2014, № 34257 [Приказ Министерства природных ресурсов и экологии от 6 мая 2014 г. № 204 «Об утверждении Административного регламента Федеральной службы по надзору в сфере природопользования по предоставлению государственной услуги по организации и проведению государственной экологической экспертизы федерального уровня», зарегистрировано в Минюсте РФ 7 октября 2014 г., № 34257].

552 *Köppel*, Öffentlichkeitsbeteiligung in der Umweltfolgenabschätzung und –bewältigung und Harmonisierung der verwendeten Standards mit Europa, S. 5, 6; *Schuhmann,* Governance-Strukturen in der regionalen Umweltpolitik Russlands, S. 96.

Explosiv- und Schadstoffe[553] gewonnen, genutzt, verarbeitet, hergestellt, gespeichert, transportiert und vernichtet werden, ebenfalls unter die Definition der gefährlichen Industrieanlagen, Ziff. 1 Anhang 1 BetrSichG. Im Anhang 2 BetrSichG werden den einzelnen Typen der Betriebsanlagen Gefährlichkeitsklassen zugeordnet.

Der Expertise der industriellen Sicherheit unterliegt gem. Art. 13 Abs. 1 BetrSichG Folgendes: Technische PDO für die technische Neuausstattung, Konservierung und Liquidation der als gefährlich eingestuften Anlagen; Technische Einrichtungen in den gesetzlich festgelegten Fällen[554]; Gebäude und Bauwerke, die für die Durchführung technologischer Arbeitsvorgänge, für Lagerung von Rohstoffen oder deren Erzeugnissen, Transport von Menschen und Gütern, Lokalisierung von Betriebsunfällen und Beseitigung von deren Folgen vorgesehen sind. Die konkreten Sicherheitsvorgaben finden sich in den zahlreichen untergeordneten Rechtsakten. Neben den allgemeinen Sicherheitsvorgaben für gefährliche Industrieanlagen[555] wurden für Erdöl- und Erdgasbetriebe spezielle Standards und Regeln der Industriesicherheit erstellt, die in einer gesonderten Anordnung der ROSTEHNADZOR enthalten sind.[556]

Die Expertise führt ROSPRORODNADZOR nicht selbst durch, sondern sie wird gem. Art. 13 Abs. 2 BetrSichG durch eine lizenzierte Stelle erstellt. Der Abschlussbericht ist bei ROSTEHNADZOR zur Registrierung in dem „Staatlichen Register der gefährlichen Betriebsobjekte“ vorzulegen. Seit 1. Januar 2014 gilt ein Abschlussbericht der Expertise der Betriebssicherheit als ungültig, wenn er nicht in dem einschlägigen Register eingetragen ist.

---

553 Die Definition einzelner dieser Stoffe im Sinne des BetrSichG ist in der gleichen Norm enthalten.

554 Diese Fälle sind im Art. 7 BetrSichG aufgelistet.

555 Anordnung ROSTEHNADZOR № 61-A vom 18. Oktober 2002 „Über die Genehmigung allgemeiner Regel für die gefährliche Industrieanlagen für die Organisationen, die ihre Tätigkeit im bereich der Betriebssicherheit gefährlicher Industrieanlagen ausüben“, Regiestrierung in Justizministerium RF am 28. November 2002, № 3968 [Постановление Госгортехнадзора России № 61 от 18 октября 2002 г. «Об утверждении общих правил промышленной безопасности для организаций, осуществляющих деятельность в области промышленной безопасности опасных производственных объектов», зарегистрировано в Минюсте России 28 ноября 2002 г., № 3968].

556 Anordnung ROSTEHNADZOR № 101 vom 12 März 2013 „Über die Genehmigung Föderaler Standards im Bereich der Betriebssicherheit „Sicherheitsbestimmungen in Erdöl- und Erdgasindustrie“, Registrierung bei Justizministerium RF am 19. April 2013, № 28222 [Приказ Федеральной службы по экологическому, технологическому и атомному надзору № 101 от 12 марта 2013 г. «Об утверждении Федеральных норм и правил в области промышленной безопасности «Правила безопасности в нефтяной и газовой промышленности, зарегистрировано в Минюсте РФ 19 апреля 2013 г., № 28222].

3. *Staatliche Expertise nach dem bauordentlichen Genehmigungsverfahren*

Die Bergbauanlagen werden nach Art. 1 Abs. 10 Städtebaugesetzbuch (im Folgenden: StBauGB)[557] den „kapitalen Bauobjekten" zugeordnet (mit Ausnahme von Tagebauen ohne Sprengarbeiten).[558] Diese Zuordnung begründet die Genehmigungsbedürftigkeit der technischen PDO solcher Anlagen im Rahmen des bauordnungsrechtlichen Genehmigungsverfahrens nach Art. 49 ff. StBauGB.[559] Das Verfahren wird durch die Behörde GLAVGOSEXPERTIZA[560] durchgeführt, die dem Bauministerium untergeordnet ist. Dieses Zulassungsverfahren bereitet in der Praxis den Bergbauunternehmen die meisten Unannehmlichkeiten, denn das Verhältnis zwischen der im Rahmen des bauordentlichen Genehmigungsverfahrens verlangten PDO und der PDO nach dem bergbaulichen Genehmigungsverfahren ist unklar. Die rechtliche Unklarheit besteht darin, dass die beiden zuständigen Behörden – ROSNEDRA und GLAVGOSEXPERTIZA – unterschiedliche Zulassungsanforderungen für die gleichen PDO-Typen aufstellten.[561] Als Folge muss das Bergbauunternehmen die gleichen PDO-Typen für das bergrechtliche und bauordnungsrechtliche Genehmigungsverfahren einzeln in zwei verschiedenen Varianten bei Einhaltung der jeweils erforderlichen Voraussetzungen beantragen. Das Fehlen von Widersprüchen zwischen den beiden Projektversionen bleibt in der Verantwortung des Planers und wird von den Behörden in der Expertise selbst nicht geprüft.[562] Oft kam es in der Praxis deshalb schon vor, dass Bergbauunternehmen mit dem Antrag auf Genehmigung der technischen PDO bei der ROSNEDRA-Kommission die erforderlichen Gutachten der Umwelt- und städtebaulichen Expertise nicht eingereicht und die dafür erforderlichen Untersuchungen gar nicht durchgeführt hatten, bevor sie die entsprechenden PDO-Typen von ROSNEDRA genehmigt bekamen. Damit versuchten sie, die Kosten

---

557 Städtebaugesetzbuch vom 29. Dezember 2004, SZ RF 2005, № 1 (Teil I), Pos. 16 [Градостроительный кодекс Российской Федерации от 29.12.2004 N 190-ФЗ, СЗ РФ 2005, № 1 (часть 1), ст. 16].

558 *Salieva/Fatkudinov*, Rechtliche Regulierungsprobleme bei der Erdöl- und Erdgasgewinnung, S. 2; *Kaplan/Leyderman/Ischmaev*, Rechtsrahmen für Projektierung der Bergbaubetriebe: mehr Änderungen und weniger Klarheit, S. 17.

559 Mehr zu dieser Definition und Rechtsvergleich zu deutschem Baurecht s. bei *Nobis, V.*, Rechtliche Rahmenbedingungen für die Abwicklung von Bauvorhaben in der Russischen Föderation, Berlin, 2012, S. 40.

560 Vgl. Regierungsverordnung № 87 vom 16. Februar 2008, № 8, Pos. 744 „Über die Zusammensetzung der Abschnitte der Projektdokumentation und Anforderengen zu deren Inhalten", SZ RF 2008, [Постановление Правительства РФ № 87 от 16 февраля 2008 г. „О составе разделов проектной документации и требованиях к их содержанию", СЗ РФ 2008, № 8 ст. 744].

561 *Izujmov*, Bergrecht (2010), S. 114 ff; *Salieva/Fatkudinov*, Rechtliche Regulierungsprobleme bei der Erdöl- und Erdgasgewinnung, S. 3–5.

562 *Kaplan/Leyderman/Ischmaev*, Rechtsrahmen für Projektierung der Bergbaubetriebe: mehr Änderungen und weniger Klarheit, S. 18.

für die Erstellung solcher Gutachten und Expertisen zu umgehen, denn im Falle der Nichtgenehmigung der PDO durch die ROSNEDRA-Kommission müsste das Bergbauunternehmen die PDO-Unterlagen überarbeiten, wofür es allerdings die bereits gewonnenen Gutachtenergebnisse nicht mehr nutzen kann.[563]

Zur Klärung dieser Praxis trug die Entscheidung des Obersten Gerichtshofes der RF vom 16. Dezember 2010[564] bei, indem es die Klage über die Anerkennung der Teilunwirksamkeit von Ziff. 16 PDO-Verordnung zurückwies. Das Gericht betonte, dass „die Genehmigung der technischen PDO für Bergbaubetriebe gem. Art. 23.3 ErdkörperG kein Objekt der Expertise gem. Art. 49 StBauGB darstellt". Es wies darauf hin, dass die Notwendigkeit, für die Bergbauanlagen das bauordnungsrechtlichen Genehmigungsverfahrens durchzuführen, sich aus Art. 22 ErdkörperG ergibt, der dem Bergbauunternehmer die Pflicht auferlegt, die sichere Durchführung aller mit dem Bergbaubetrieb zusammenhängenden Arbeiten zu gewährleisten. ROSNEDRA selbst reagierte auf viele Anfragen mit einem amtlichen Schreiben, in dem sie betonte, dass ROSNEDRA die abschließende Stelle im Zulassungsverfahren eines Bergbaubetriebes ist, d. h. alle nach der russischen Gesetzgebung erforderlichen Gutachten in Bezug auf die erstellte PDO müssen vor Antragstellung bereits vorliegen und zusammen mit dem Antrag bei ROSNEDRA eingereicht werden.[565]

4. *Projektgenehmigung durch die ROSNEDRA-Kommission*

Für die Genehmigung der technischen PDO ist gem. Ziff. 2, 5, 12, 13 und 21 PDO-Verordnung die durch ROSNEDRA eingesetzte Kommission zuständig. Die Kommission prüft die PDO-Typen auf die Vereinbarkeit mit den EKL-Bedingungen sowie mit den Erfordernissen der rationalen Nutzung des Erdkörpers und des Erdkörperschutzes, die im Wesentlichen unter Art. 23–26 ErdkörperG festgelegt sind.[566] Das ist entweder die durch ROSNEDRA eingesetzte Zentralkommission oder die Kommission,

563 *Goncharov*, Rechtlicher Rahmen für die Erstellung und Genehmigung technischer Projektdokumentation für Aufsuchung und Erschließung der Bodenschatzlagerstätte, S. 62.

564 Entscheidung des Obersten Gerichts RF vom 16. Dezember 2010 № ГКПИ10-1450 [Решение Верховного Суда РФ от 16 декабря 2010 г. № ГКПИ10-1450].

565 Amtliches Schreiben ROSNEDRA № ЕК-04-30/12862 vom 19. Dezember 2012 „Zur Fragen der Bearbeitung und Genehmigung technischer Projekte für die Lagerstätten mit festen Bodenschätzen und anderer Art der technischen Projektdokumentation für die Ausführung mit der Erdkörpernutzung zusammenhängenden Arbeiten, keine offizielle Veröffentlichung, abrufbar unter http://www.garant.ru/ [Письмо Федерального агентства по недропользованию № ЕК-04-30/12862 от 19 декабря 2012 г. «По вопросам проведения рассмотрения и согласования технических проектов разработки месторождений твердых полезных и иной проектной документации на выполнение работ, связанных с пользованием недрами», документ опубликован не был, доступен на сайте http://www.garant.ru/].

566 Siehe hierzu in dieser Arbeit unter Kapitel 3, B III, S. 141 f.

die von den territorialen Zweigstellen der ROSNEDRA gebildet wird. Die Kriterien für die Kompetenzaufteilung sind in einem speziellen Rechtsakt geregelt – Anordnung MINPRIRODA № 154[567]. Der Unterschied zwischen den beiden Kommissionen besteht in ihrer Zusammensetzung. Während sich die Mitglieder der Zentralkommission aus Vertretern der Behörden auf Bundesebene MINPRIRODA, ROSNEDRA, ROSPRIRODNADZOR und ROSTEHNADZOR zusammenstellen, so sind es bei der regionalen Kommission die Vertreter aus den territorialen Stellen dieser Behörden.[568] Nach Ziff. 13 Anordnung № 154 erfolgt die Genehmigung durch die von der territorialen Zweigstelle der ROSNEDRA eingesetzten Kommission nur bei Projekten des Probebetriebes einer Suchbohrung oder einer Erkundungsbohrung, d. h. nur bei der PDO auf der Etappe der geologischen Aufsuchungsarbeiten. Alle anderen Arten der PDO und damit der gesamte Gewinnungsbetrieb sind von der Zentralkommission zu genehmigen, die von ROSNEDRA für die Genehmigung der PDO seit Jahre 2013 durch eine entsprechende Anordnung gebildet wird[569] und deren Arbeitsweise im Teil 4 PDO-Verordnung. Die jeweils zuständige Kommission begutachtet die vom Bergbauunternehmen in der PDO vorgeschlagenen technischen Lösungen auf ihre Vereinbarkeit mit den EKL-Bedingungen, mit den Erfordernissen der rationalen Nutzung des Erdkörpers und des Erdkörperschutzes sowie anderen bergrechtlichen Bestimmungen.

---

567 Anordnung MINPRIRODA № 154 vom 13. Mai 2010 „Über die Genehmigung der Zuordnungskriterien der technischen Projektdokumentation zu Kompetenzbereich der durch ROSNEDRA eingesetzten Kommission und zu Kompetenzbereich der durch territorialen Zweigstelle der ROSNEDRA eingesetzten Kommission", keine offizielle Veröffentlichung, abrufbar unter http://www.garant.ru [Приказ Минприроды России № 154 от 13 мая 2010 г. „Об утверждении критериев отнесения вопросов согласования проектной документации к компетенции комиссии, создаваемой Федеральным агентством по недропользованию, и компетенции комиссий, создаваемых его территориальными органами", документ официально опубликован не был, доступен на сайте http://www.garant.ru].

568 *Vasilevskaja/Laevskaja/Litunovskaja,* Die Lizenzierung der Erdkörpernutzung in Russland, S. 165, 166.

569 Aktuelle Zusammensetzung der Kommission s. in Anordnung ROSNEDRA № 79 vom 30. Januar 2015 „Über die Organisation der Bearbeitung und Genehmigung technischer Projekte bei Gewinnungsbetrieb von Kohlenwasserstoffen und anderen Projektdokumentation durch die Kommission, die durch ROSNEDRA eingesetzt wird", keine offizielle Veröffentlichung, abrufbar unter http://www.garant.ru [Приказ Федерального агентства по недропользованию № 79 от 30 января 2015 г. «Об организации рассмотрения и согласования технических проектов разработки месторождений углеводородного сырья и иной проектной документации, согласование которых осуществляется комиссией, создаваемой Федеральным агентством по недропользованию», документ официально опубликован не был, доступен на сайте http://www.garant.ru].

Die Anforderungen zum Umweltschutz werden in einem gesonderten Abschnitt der PDO „Umwelt- und Erdkörperschutz“ aufgeführt. Die Maßnahmen zur Wiedernutzbarmachung der Flächen werden in der Regel in einem eigenen Kapitel ausgearbeitet.[570] Die Kommission ist befugt, die bei ihr vorgelegte PDO nur auf die Erfüllung der bergrechtlichen Anforderungen zu prüfen und darf nicht die Erfordernisse an die Betriebsführung aus anderen Rechtsgebieten untersuchen.[571]

Die gesamte Prüfungsdauer und die Ausstellung der Genehmigung durch ROSNEDRA dürfen 30 Tage ab dem Antragseingang nicht überschreiten. Diese Bearbeitungsfrist gilt übergreifend für alle PDO-Typen. Für „einzigartige und großräumige Kohlenwasserstofflagerstätten“ kann diese Frist allerdings auf bis zu weiteren 30 Tagen verlängert werden, Ziff. 20 PDO-Verordnung. Die auf den Gewinnungsbetrieb bezogenen PDO-Typen für Kohlenwasserstofflagerstätten, also die Funktionsschemata des Probegewinnungsbetriebes, die Funktionsschemata des Gewinnungsbetriebes und das technische Projekt des Gewinnungsbetriebes müssen parallel vom Energieministerium genehmigt werden, Ziff. 19 PDO-Verordnung. Die zuständige Kommission kann die PDO-Genehmigung aus den in Ziff. 21 PDO-Verordnung aufgelisteten Gründen verweigern. Dazu zählen Nichterfüllung der EKL-Bedingungen, Nichtübereinstimmung mit den Daten der staatlichen geologischen Expertise und Ähnliches. Die Genehmigung von Änderungen oder Ergänzungen zu der bereits zugelassenen PDO erfolgt in dem gleichen Verfahren wie die ursprüngliche Genehmigung.

5. Zuteilung eines Grundstücks für das Bergbauvorhaben

Bei der Erteilung einer EKL werden die vorläufigen Grenzen des bergbaulichen Zuweisungsfeldes festgelegt, die laut Art. 7 Abs. 6 ErdkörperG nach der Zulassung des technischen Projekts im Sinne von Art. 23.3 ErdkörperG genau zu bestimmen sind. In der Regel werden die endgültigen Grenzen des Zuweisungsfeldes nach dem erfolgreichen Abschluss des Genehmigungsverfahrens für das Projekt des Probebetriebes für die Erschließung der Lagerstätte festgelegt und im Zuweisungsakt

---

570 *Schuhmann,* Governance-Strukturen in der regionalen Umweltpolitik Russlands, S. 92; *Saliev,* Rechtliche Regulierung im Bereich des Erdkörperschutzes bei der Erschließung von Erdöllagerstätten in der RF und GUS, S. 43.

571 Amtliches Schreiben ROSNEDRA № EK-04-30/12862 vom 19. Dezember 2012 „Zu Fragen der Bearbeitung und Genehmigung technischer Projekte für die Lagerstätten mit festen Bodenschätzen und anderer Art der technischen Projektdokumentation für die Ausführung mit der Erdkörpernutzung zusammenhängenden Arbeiten“, keine offizielle Veröffentlichung, abrufbar unter http://www.garant.ru [Письмо Федерального агентства по недропользованию № ЕК-04-30/12862 от 19 декабря 2012 г. «По вопросам проведения рассмотрения и согласования технических проектов разработки месторождений твердых полезных и иной проектной документации на выполнение работ, связанных с пользованием недрами», документ опубликован не был, доступен на сайте http://www.garant.ru].

bescheinigt, der zum festen Bestandteil der EKL wird.[572] Daraufhin kann das Bergbauunternehmen sich das Recht zur Benutzung des entsprechenden Grundstücks beschaffen.[573] Dies geschieht in der Regel in Form eines Vertragsabschlusses (Miet-, Pacht-, Kaufvertrag).[574]

IV. Zwischenfazit

Zusammenfassend lässt sich feststellen, dass bis heute in der russischen Rechtsordnung kein klarer, systematisch aufgebauter und vollständig ausgefüllter Rechtsrahmen besteht, in welchem das Genehmigungsverfahren der PDO für die Bergbauvorhaben wirksam funktionieren könnte. Es existiert zwar eine Vielzahl an Rechtsakten, die die Fragestellungen zu diesem Rechtsfeld behandeln. Diese enthalten jedoch oftmals nur fragmentarische Regelungen und bedienen sich oft wiederholten Normen, aber teilweise mit mehrdeutigen Interpretationen der gleichen Bestimmungen. Bereits im Hinblick auf die Typen und Inhalte der erforderlichen PDO erscheint es schwierig, die Grenze nachzuvollziehen, wo die Beschreibung der Methodik aufhört und die geltenden Rechtsnormen über Rechte und Pflichten der involvierten Rechtssubjekte beginnen. In dem Verfahren wirken mehrere Behörden zusammen, deren Zuständigkeitsbereiche jedoch nicht klar genug voneinander abgegrenzt sind. Diese Unzulänglichkeiten haben eine nicht einheitliche Rechtsprechung zur Folge.

Trotz des Bemühens durch die Verabschiedung der PDO-Verordnungen im Jahr 2010 ist es dem Gesetzgeber nicht gelungen, die im Bereich der Zulassung von Bergbaubetrieben herrschende Rechtsunklarheit aus der Welt zu schaffen. Auch die normsetzende Tätigkeit des MINPRIRODA in den letzten Jahren konnte zur Entstehung eines klar definierten, transparenten Systems von Vorschriften in diesem Rechtsfeld nicht wirklich beitragen. Für Juristen von Bergbauunternehmen ist ein Überblick darüber, welche Voraussetzungen das Unternehmen bei welcher Art des Bergbaubetriebes und bei welcher Betriebsphase zu erfüllen hat, nur nach einem „Durchwühlen" durch die Rechtsnormen möglich. Die Verwaltungsbelastung ist so groß, dass sich ein spezieller Dienstleistungszweig entwickelte, der sich nur mit der Aufstellung und Genehmigung der technischen PDO beschäftigt. Größere Bergbauunternehmen gründen für diese Zwecke eigene Abteilungen.

Die Dauer der Abstimmung und Genehmigung der erforderlichen staatlichen Expertisen und der technischen PDO kann mehr als zwölf Monate betragen und sich manchmal sogar bis zu mehreren Jahren hinziehen. Für das Bergbauunternehmen bedeutet die lange (teilweise sogar unbestimmt lange) Bearbeitungszeit aller genannten Genehmigungsunterlagen eine verkürzte tatsächliche Nutzungsdauer

572 *Siryk,* Prozessgestaltung bei der Erdkörpernutzung im Öl-und Gassektor Russlands, S. 28.

573 *Teplov,* Kommentar zum ErdkörperG, S. 184.

574 Ausführlicher zu Abgrenzung von Bergbauberechtigung und Oberflecheneigentum siehe in dieser Arbeit unter Kapitel 2, C, S. 84 ff.

der EKL, denn der Zeitraum, in dem die Bearbeitung stattfindet, ist bereits in der Geltungsdauer der Lizenz enthalten. Die nicht rechtzeitige Ausführung der Arbeiten durch den Erdkörpernutzer ist dadurch praktisch vorprogrammiert. Einzelne Bergbauunternehmen nennen die langwierigen Genehmigungsverfahren als direkte Ursache einer gemäß den Lizenzbedingungen nicht fristgemäßen Ausführung der einzelnen Arbeiten.

E. Änderung und Beendigung der EKL

I. Zulässigkeitsfälle und Verfahren für EKL-Änderungen

Art. 12 Abs. 5 ErdkörperG sieht vor, dass die in der EKL festgelegten Bedingungen ihre Gültigkeit während der darin vereinbarten Fristen oder über die gesamte Lizenzdauer hinweg behalten. Die gleiche Norm lässt eine Änderung dieser Bedingungen nur dann zu, wenn der EKL-Inhaber und die lizenzgebende Behörde sich darüber einig sind, dass die Lizenz geändert werden soll, und wenn eine Änderung gesetzlich zulässig ist. Das ErdkörperG enthält insgesamt drei diesbezügliche Grundlagen, die an unterschiedlichen Stellen konzipiert sind. Art. 12 Abs. 3 ErdkörperG besagt, dass beim Auftreten wesentlicher Änderungen in der Produktion der Bodenschätze, die der EKL-Inhaber nicht zu verantworten hat, die Fristen für die Inbetriebnahme der in der EKL definierten Anlagen geändert werden können. Zu solchen Umständen zählen z.B. das Anwachsen der Bilanzvorräte und die Veränderung geologischer Gegebenheiten, die mit der Entdeckung einer weiteren Lagerstätte zusammenhängen, oder umgekehrt die Minderung der Bilanzvorräte, die aus der Rückgabe der Erdkörperfeldabschnitte folgt. Auch bedeutende Marktpreisänderungen des betroffenen Bodenschatzes können darunter subsumiert werden.[575] Der EKL-Inhaber kann sich außerdem gem. Art. 22 Abs. 7 ErdkörperG um die Änderung der EKL-Bedingungen bemühen, wenn Umstände eintreten, die sich von jenen unterscheiden, die bei der Erteilung der EKL vorlagen. Zudem kann das Bergbauunternehmen laut Art. 10 Abs. 3 ErdkörperG die Gültigkeitsdauer der EKL dann verlängern, wenn es bis dahin die EKL-Bedingungen nicht verletzt hat und eine Verlängerung für den Abschluss der Erkundung- oder Gewinnungsarbeiten notwendig ist. Die meisten Änderungsinitiativen betreffen die Verlängerung der EKL-Dauer und werden vom Bergbauunternehmen veranlasst.[576]

Die genauen Kriterien für die Bestimmung der Notwendigkeit und der Objektivität der Änderungen einer EKL sind gesetzlich nicht definiert. Die Frage über die Abänderung der EKL-Bedingungen entscheidet sich im Rahmen der Prüfung des vom EKL-Inhaber bei ROSNEDRA gestellten Antrages auf Änderung der EKL-Bedingungen, die sich nach Vorgaben der Ziff. 37 ff. Verwaltungsverfahrensordnung № 315

575 *Tumanova*, Umstrittene Punkte in der Gesetzgebung und Verwaltungsbarrieren bei Änderungen der EKL, S. 36.

576 *Vasilevskaja/Laevskaja/Litunovskaja*, Die Lizenzierung der Erdkörpernutzung in Russland, S. 119.

richtet. Die Entscheidung steht im Ermessen der Behörde und trägt infolgedessen einen subjektiven Charakter. Wenn die zuständige Behörde die vom EKL-Inhaber vorgeschlagenen Änderungen als notwendig und begründet einstuft, genehmigt sie ihre Durchführung.[577] Das Fehlen gesetzlich genau festgelegter Gründe für eine Änderung der EKL sieht die Rechtsprechung als unproblematisch an, da die Begutachtung der Antragsunterlagen durch ROSNEDRA eine sachliche Prüfung auf Einhaltung der Anforderungen des ErdkörperG in jedem einzelnen Fall darstellt.[578] Bei einer Weigerung der Behörde, die Änderungen in der EKL vorzunehmen, weisen die Gerichte darauf hin, dass laut ErdkörperG ROSNEDRA nicht verpflichtet, sondern berechtigt ist, die EKL auf Antrag des EKL-Inhabers zu ändern. Dabei muss der EKL-Inhaber die zur Begründung der Änderungen angeführten Tatsachen glaubhaft machen.[579]

Die Verwaltungsverfahrensordnung № 315 legt die erforderlichen Antragsunterlagen (Ziff. 39) sowie das verfahrensrechtliche Vorgehen für ROSNEDRA und die Bearbeitungsfristen (Ziff. 44–58) fest. Insgesamt hat ROSNEDRA 140 Tage Zeit für die Bearbeitung des Antrages. Der Antrag ist bei der territorialen Zweigstelle der ROSNEDRA einzureichen. Diese prüft ihn auf Zulässigkeit der vorgeschlagenen Änderungen und legt ihn bei positivem Beschluss der ROSNEDRA vor. Diese untersucht den Antrag auf Einhaltung der Anforderungen für die rationale Nutzung und den Schutz des Erdkörpers gem. Art. 23 ErdkörperG und leitet die Antragsunterlagen an die Kommission für die Änderungen, Ergänzungen und Übertragung von EKL weiter. Die Kommission soll eine „objektive, qualitative und umfassende" Analyse der vorgeschlagenen Änderungen gewährleisten. Die Entscheidung dieser Kommission hat aber nur Empfehlungscharakter.[580] Den endgültigen Beschluss, die Änderungen der EKL zu genehmigen oder zu verweigern, trifft ROSNEDRA, nachdem sie das Sitzungsprotokoll mit den Empfehlungen von der Kommission erhalten hat, die für die Entscheidungsfindung nicht bindend sind.

Die Bergbautreibenden sollen zwar nicht die EKL-Bedingungen beliebig ändern können, ein solches Verfahren erscheint doch als zu langwierig und kompliziert. Eine Vereinfachung des Verfahrens muss nicht eine Lockerung der Zulässigkeitsvoraussetzungen für eine Änderung bedeuten. In diesem Zusammenhang wäre die Entscheidungsfindung nur an einer Stelle wünschenswert. Nach dem geltenden Rechtsrahmen ist die Prüfung durch die Kommission *de facto* entbehrlich, denn ROSNEDRA die endgültige Entscheidung trifft.

---

577 *Tumanova,* Umstrittene Punkte in der Gesetzgebung und Verwaltungsbarrieren bei Änderungen der EKL, S. 36.

578 Entscheidung des Obersten Gerichts RF vom 25. April 2013 № АПЛ13-140 [Решение Верховного Суда РФ от 25 апреля 2013 г. № АПЛ13-140].

579 Entscheidung des Föderalen Arbitragegerichts des Volgo-Vjatskiy Gebiets vom 10. August 2012 № A31-8008/2011 [Постановление ФАС Волго-Вятского Округа от 10 августа 2012 г. № А31-8008/2011].

580 *Vasilevskaja/Laevskaja/Litunovskaja,* Die Lizenzierung der Erdkörpernutzung in Russland, S. 124.

II. Beendigung des Nutzungsrechts am Erdkörperfeld

Das ErdkörperG unterscheidet zwischen einem automatischen Erlöschen des Nutzungsrechts am Erdkörperfeld nach Art. 20 Abs. 1 ErdkörperG und einer frühzeitigen Beendigung gem. Art. 20 Abs. 1 ErdkörperG, die durch Beschluss der lizenzerteilenden Behörde erfolgt. Von Amts wegen kann das Nutzungsrecht am Erdkörperfeld beendet, unterbrochen oder eingeschränkt werden.

1. Erlöschen

Die Erlöschensgründe sind in Art. 20 Abs. 1 ErdkörperG abschließend aufgelistet. Danach erlischt das Nutzungsrecht am Erdkörperfeld in folgenden Fällen:

- nach Ablauf der Gültigkeitsdauer der EKL (sofern keine Verlängerung vorgenommen wurde), Art. 20 Abs. 1 Ziff. 1 ErdkörperG;
- beim Verzicht des EKL-Inhabers auf das Nutzungsrecht am Erdkörperfeld, Art. 20 Abs. 1 Ziff. 2. Diese Bestimmung stellt eigentlich eine Art der frühzeitigen Beendigung des Nutzungsrechtes dar. Ihrem Sinn nach wiederholt sie die Norm in Art. 20 Abs. 2 Ziff. 7 und 9 ErdkörperG, die die frühzeitige Aufhebung des Nutzungsrechts am Erdkörperfeld auf Initiative des EKL-Inhabers zulässt.
- beim Eintritt einer in der EKL festgelegten Klausel, nach deren Wirksamwerden das Nutzungsrecht am Erdkörperfeld erlischt, Art. 20 Abs. 1 Ziff. 3 ErdkörperG;
- bei einer Übertragung der EKL, die unter Verstoß gegen die in Art. 17.1 ErdkörperG enthaltenen Vorschriften erfolgte, Art. 20 Abs. 1 Ziff. 4 ErdkörperG.

Die Anwendung des ersten und des letzten Erlöschensgrundes ist in der Praxis mit wenig Schwierigkeiten verbunden. Die Beendigung des Nutzungsrechts auf Initiative des EKL-Inhabers schafft jedoch eine Reihe von rechtlichen Unklarheiten.[581] Dies hängt in erster Linie mit einer unklaren Fristenregelung zusammen. So sieht Art. 21 Abs. 1 ErdkörperG für den EKL-Inhaber, der gem. Art. 20 Abs. 1 Ziff. 2 ErdkörperG auf sein Nutzungsrecht am Erdkörperfeld verzichtet, die Pflicht vor, mindestens sechs Monate vor dem Kalenderdatum des Rechtsverzichts die lizenzerteilende Behörde darüber zu informieren. Für die vorzeitige Beendigung auf Initiative des EKL-Inhabers gem. Art. 20 Abs. 2 Ziff. 7, 9 ErdkörperG ist diese Fristregelung gesetzlich nicht festgelegt und findet somit auf sie keine Anwendung.[582] Dies erlaubt den Bergbauunternehmen, ihre Initiative zur Beendigung des Nutzugsrechts

581 *Sailer*, Aufsuchung, Exploration, Erschließung und Förderung von Bodenschätzen in der RF durch russische und ausländische Investoren, S. 240, *Mironov*, Beendigung des Nutzungsrechts am Erdkörperfeld: Probleme bei der Rechtsanwendung, S. 19; *Perchik*, Bergrecht (2002), S. 268.

582 *Sailer*, Aufsuchung, Exploration, Erschließung und Förderung von Bodenschätzen in der RF durch russische und ausländische Investoren, S. 240, *Mironov*, Beendigung des Nutzungsrechts am Erdkörperfeld: Probleme bei der Rechtsanwendung, S. 19.

auf diejenige Grundlage zu stellen, die für sie am wirtschaftlichsten ist. Denn das Bergbauunternehmen hat zwar einen Anspruch darauf, auf sein Nutzungsrecht am Erdkörperfeld zu verzichten. Dies bedeutet aber keine Befreiung von seinen in der EKL festgelegten Pflichten, insbesondere zur Stilllegung und Konservierung der Bergbauanlagen gem. Art. 26 ErdkörperG.[583]

Ein Kontrollinstrument für die Überprüfung der Umsetzung dieser Verpflichtungen des Bergbauunternehmens bei einer vorzeitigen Aufhebung des Nutzungsrechts auf seinen Antrag hin sieht die Gesetzgebung nicht vor. So kennt die Praxis auch Fälle, in denen die zuständige Behörde das Nutzungsrecht am Erdkörperfeld auf Antrag des EKL-Inhabers beendet hat, obwohl die Frist von sechs Monaten nicht eingehalten worden war.[584] Auch die Frist von sechs Monaten erscheint schon zu kurz, damit die zuständige Behörde sich ein Bild davon machen kann, ob das Bergbauunternehmen bei einer frühzeitigen Beendigung des Nutzungsrechts seine damit zusammenhängenden Verpflichtungen auch tatsächlich ordnungsgemäß erfüllen wird.

2. Vorzeitige Beendigung von Amts wegen

Das Nutzungsrecht am Erdkörperfeld kann gem. Art. 20 Abs. 2 ErdkörperG durch die lizenzerteilende Behörde beendet, ausgesetzt oder eingeschränkt werden. Die Abgrenzung dieser drei möglichen Formen der vorzeitigen Beendigung von Amts wegen ist in Ziff. 107 Verwaltungsverfahrensordnung № 315 definiert. Im Falle einer Beendigung sind alle Arbeiten des Bergbauunternehmens auf dem gesamten zugewiesenen Erdkörperfeld mit Ausnahme der in der EKL festgelegten Liquidations- und Konservierungsarbeiten einzustellen. Die Rechtsfolge einer Aussetzung ist die vorläufige Einstellung der Hauptarbeiten des Bergbauunternehmens und der damit verbundenen Nebentätigkeiten. Dabei ist das Bergbauunternehmen verpflichtet, die Arbeiten zur Instandhaltung der Bergbauanlagen sowie zur Erhaltung dieser Anlagen in einem für Leben und Gesundheit der Menschen, Umwelt und Erdkörper sicheren Zustand durchführen. Bei einer Einschränkung des Nutzungsrechts am Erdkörperfeld wird es zeitweise oder endgültig verboten, eine oder mehrere Arten von Bergbauarbeiten durchzuführen, bis die durch sie verursachte Gefahr für Gesundheit und Leben der Menschen oder schädliche Auswirkungen auf die Umwelt oder den Erdkörper beseitigt sind. Die Bergbaugesetzgebung enthält keine Entscheidungskriterien, wann eine Aufhebung, Aussetzung oder Einschränkung vorgenommen werden soll. Zweifellos ist die Aufhebung jedoch die meist verwendete Form in der praktischen Anwendung.[585]

---

583 *Perchik*, Bergrecht (2002), S. 268; *Teplov*, Kommentar zum ErdkörperG, S. 280; *Izujmov*, Bergrecht (2010), S. 267.

584 *Mironov*, Beendigung des Nutzungsrechts am Erdkörperfeld: Probleme bei der Rechtsanwendung, S. 19.

585 Vgl. *Vasilevskaja/Laevskaja/Litunovskaja*, Die Lizenzierung der Erdkörpernutzung in Russland, S. 142; *Mironov*, Beendigung des Nutzungsrechts am Erdkörperfeld: Probleme bei der Rechtsanwendung, S. 19.

Art. 20 Abs. 2 ErdkörperG enthält eine abschließende Auflistung der Gründe für die vorzeitige Beendigung des Nutzungsrechts. Sie können in zwei Kategorien aufgeteilt werden: die Fälle, die mit der Verletzung der EKL-Bedingungen durch den EKL-Inhaber nicht zusammenhängen, und die Fälle, die aufgrund unrechtmäßiger Handlungen bzw. Untätigkeit des EKL-Inhabers entstehen.

a) Gründe ohne Verschulden des EKL-Inhabers

Zu den Beendigungsgründen, die nicht in der Verantwortung des Bergbauunternehmens liegen, zählen folgende Fälle:

- die Entstehung einer unmittelbaren Gefahr für Leben und Gesundheit von Menschen, die im Einflussbereich des Bergbaubetriebes wohnen oder arbeiten. Der Einzugsbereich der schädlichen Auswirkungen ist nicht begrenzt. Er kann sowohl innerhalb des für die Bergbauarbeiten beanspruchten Gebietes liegen als auch außerhalb. Dieser Grund kommt meistens nur in Betracht, wenn die Umstände einer technischen oder Naturkatastrophe vorliegen, Art. 20 Abs. 2 Ziff. 1 ErdkörperG;
- durch höhere Gewalt verursachte Umstände (Naturkatastrophen, Militärhandlungen und ähnliches), Art. 20 Abs. 2 Ziff. 4 ErdkörperG;
- bei Auflösung des Subjekts unternehmerischer Tätigkeit, das Inhaber der EKL ist, Art. 20 Abs. 2 Ziff. 6 ErdkörperG.

Bei der praktischen Anwendung dieser Vorschriften treten meist keine Schwierigkeiten auf. In den Fällen der unmittelbaren Bedrohung für Mensch und Umwelt sowie in durch höhere Gewalt verursachten Situationen wird die vorzeitige Beendigung des Nutzungsrechts am Erdkörperfeld mit der entsprechenden Beschlussfassung und ihrer Mitteilung an den EKL-Inhaber wirksam, Art. 21 Abs. 2 ErdkörperG.

b) Gründe mit Verschulden des EKL-Inhabers

Vom EKL-Inhaber verschuldete unrechtmäßige Handlungen bzw. seine Untätigkeit, die zu einer vorzeitigen Beendigung des Nutzungsrechts am Erdkörperfeld führen können, sind:

- Verstoß gegen die wesentlichen EKL-Bedingungen, Art. 20 Abs. 2 Ziff. 2 ErdkörperG;
- mehrfache Verletzung der EKL-Bedingungen, Art. 20 Abs. 2 Ziff. 3 ErdkörperG;
- Verletzung der in der EKL festgelegten Fristen für das Erreichen bestimmter Arbeitsphasen, Art. 20 Abs. 2 Ziff. 5 ErdkörperG;
- kein Erfüllen der gesetzlich vorgeschriebenen Rechenschaftspflicht nach Art. 22, 27, 32 ErdkörperG, Art. 20 Abs. 2 Ziff. 8 ErdkörperG.

Die Nichteinhaltung der genehmigten PDO während der Ausführung der Bergarbeiten stellt gem. Art. 7.3. Gesetzbuches der RF über die Ordnungswidrigkeiten[586] eine Ordnungswidrigkeit dar, und ihre Begehung hat eine Haftung zur Folge. Das vorgesehene Strafmaß für diese Vergehen ist eine Geldstrafe in Höhe von 300.000 bis 500.000 Rubel (4.500 bis 7.000 Euro). Es ist offensichtlich, dass diese Höhe der Geldbuße für die unternehmerische Tätigkeit jedes mittelgroßen bis großen Bergbauunternehmens kaum entscheidend sein kann. Die Aussicht auf einmalige Verhängung des Bußgeldes stellt keine hinreichend wirksame Sanktion dar, um konkretes Fehlverhalten des EKL-Inhabers zu unterbinden.[587] Deshalb ist in der Praxis eine Beendigung des Nutzugsrechts am Erdkörperfeld von Amts wegen oft die einzige wirkungsvolle Sanktionsmaßnahme gegen das unzuverlässige Verhalten des Bergbauunternehmens.[588]

Vor diesem Hintergrund, sollten vor allem die Aufhebungsgründe nach Art. 20 Abs. 2 Ziff. 2 und 3 ErdkörperG wirkungsvoll sein. Gerade diese Normen weisen jedoch zahlreiche rechtliche Unzulänglichkeiten auf. Die Bergbaugesetzgebung enthält keine genauen Bestimmungen darüber, was unter „wesentlichen" EKL-Bedingungen und unter „mehrfacher Verletzung der EKL-Bedingungen" zu verstehen ist. Die Entscheidungen über eine vorzeitige Beendigung des Nutzungsrechts, die die Behörden auf Grund solcher Verletzungen treffen, werden deshalb oft zum Gegenstand eines Rechtsstreits.[589]

In der Rechtsprechung sind bis heute keine einheitlichen Kriterien dafür herausgearbeitet worden, welche EKL-Bedingungen als „wesentlich" zu qualifizieren sind. Man kann mindestens drei verschiedene Auffassungen der Gerichte zu dieser Frage beobachten. Erstens: ein Verstoß gegen die wesentlichen EKL-Bedingungen sind solche Verletzungen, die nicht behebbare Folgen haben, die weitere Erschließung der Lagerstätte verhindern oder die Interessen des Staates und anderer Personen grob verletzen.[590] Zweitens: die „Wesentlichkeit" der EKL-Bedingungen ist

586 Gesetzbuch der RF über die Ordnungswidrigkeiten vom 30. Dezember 2001, SZ RF 2002, № 1 (Teil I), Pos. 1 [Кодекс Российской Федерации об административных правонарушениях от 30 декабря 2001 г., СЗ РФ 2002, № 1 (часть I), ст. 1].

587 *Goncharov*, Rechtlicher Rahmen für die Erstellung und Genehmigung technischer Projektdokumentation für Aufsuchung und Erschließung der Bodenschatzlagerstätte, S. 64; *Zabbarov*, Unrationelle Nutzung des Erdkörpers, S. 19–20.

588 Vgl. Bericht des Föderationsrates, Rechtsanwendungspraxis (Rechtsprechung) im Bereich der Erdkörpernutzung, Moskau, 2010 [Аналитический доклад Совета Федерации, Правоприменительная (судебная) практика в недропользовании, Москва, 2010], S. 21.

589 *Mironov*, Beendigung des Nutzungsrechts am Erdkörperfeld: Probleme bei der Rechtsanwendung, S. 22–23; Vgl. auch *Makovkin*, Über die Definition „wesentliche Bedingungen einer EKL", S. 27, 28.

590 Entscheidung des Föderalen Arbitragegerichts des Zentralen Gebiets vom 01. September 2009 № A68-984/09 und № A68-8906/08-665/15 [Постановления ФАС Центрального округа от 01 сентября 2009 г. № A68-984/09 и № A68

ein Bewertungsfaktor und die Behörde, die eine Entscheidung über die vorzeitige Beendigung des Nutzungsrechts am Erdkörperfeld aus diesem Grund trifft, muss die "Wesentlichkeit" der verletzten EKL-Bedingungen beweisen.[591] Drittens: als wesentliche EKL-Bedingungen werden mindestens alle Bedingungen angesehen, die in den festen Bestandteilen der EKL (EKL selbst, Lizenzvereinbarung) enthalten sind.[592] Im Gegensatz dazu vertreten die Gerichte hinsichtlich der gesetzlich nicht definierten „mehrfachen Verletzung" einen einheitlichen Ansatz und definieren „mehrfach" als „zwei oder mehr Male".[593]

c) Ausnahmeregelung für die kombinierte EKL gem. Art. 20 Abs. 3 ErdkörperG

Einen gesonderten Grund nennt Art. 20 Abs. 3 ErdkörperG für die Beendigung einer kombinierten EKL, die für die Erdkörperfelder föderaler Bedeutung erteilt wurde. Danach wird die Entscheidung über die Beendigung des Nutzungsrechts durch die Regierung der RF getroffen. Diese Norm wurde in das ErdkörperG im Zuge der Änderungen bezüglich der Beschränkungen für ausländische Investoren vom Jahr 2008 eingeführt und geht konform mit der Bestimmung in Art. 2.1 Abs. 5 ErdkörperG, die besagt, dass bei Entdeckung einer Lagerstätte im Rahmen einer kombinierten EKL durch ein Bergbauunternehmen mit ausländischer Beteiligung – für den Fall, dass die Lagerstätte das entsprechende Erdkörperfeld als Erdkörperfeld föderaler Bedeutung einstufen lässt – die russische Regierung die kombinierte EKL entziehen kann. Nach Art. 21 Abs. 3 ErdkörperG stellt eine solche Entscheidung der Regierung eine frühzeitige Beendigung des Nutzungsrechts dar.[594]

-8906/08-665/15]; Entscheidung des Föderalen Arbitragegerichts des Nord-Kaukasischen Gebiets vom 19. Juli 2010 № A32 -54675/2009 [Постановления ФАС Северо-кавказкого округа от 19 июля 2010 г. № А32-54675/2009].

591 Entscheidung des Föderalen Arbitragegerichts des Moskauer Gebiets vom 02. Februar 2009 № KA-A40/12907-08 [Постановление ФАС Московского округа от 02 февраля 2009 г. № КА-А40/12907-08].

592 Entscheidung des Föderalen Arbitragegerichts des Moskauer Gebiets vom 24. November 2010 № KA-A40/13777-10 [Постановление ФАС Московского округа от 24 ноября 2010 г. № КА-А40/13777-10]; Entscheidung des Föderalen Arbitragegerichts des Zentralen Gebiets vom 01. September 2009 № A54-1311/2009-C4 [Постановление ФАС Центрального округа от 01.09.2009 по делу № А54-1311/2009-С4]; Entscheidung des Föderalen Arbitragegerichts des Ost-Sibirischen Gebiets vom 09. März 2010 № A33-15142/2009 [Постановление ФАС Восточно-сибирского округа от 09 Марта 2010 г. по делу № А33-15142/2009].

593 Entscheidung des Föderalen Arbitragegerichts des Fernöstlichen Bezirks vom 27. Juli 2007 № Ф03-A04/07-1/2683 [Постановления ФАС Дальневосточного округа от 27 июля 2007 г. № Ф03-А04/07-1/2683 по делу № А04-7658/06-14/807].

594 *Sailer*, Aufsuchung, Exploration, Erschließung und Förderung von Bodenschätzen in der RF durch russische und ausländische Investoren, S. 239, 240.

III. Verfahren

Die Anforderungen an das Verfahren zur vorzeitigen Beendigung des Nutzungsrechts am Erdkörperfeld stellt neben dem Art. 21 ErdkörperG der Teil III Verwaltungsverfahrensordnung № 315 auf. Danach ist ROSNEDRA als lizenzerteilende Behörde für die Durchführung des Verfahrens zuständig. In Abhängigkeit von den jeweiligen Beendigungsgründen erfolgt die vorzeitige Beendigung in unterschiedlichen Verfahren.

Die erste Gruppe bilden gem. Art. 21 Abs. 3 ErdkörperG die Fälle, in denen die Gültigkeitsdauer der EKL abläuft und die Übertragung der EKL unter Verstoß gegen die in Art. 17.1 ErdkörperG enthaltenen Vorschriften erfolgte sowie die Fälle, in denen die EKL aufgrund einer Regierungsentscheidung gem. Art. 2.1 Abs. 5 ErdkörperG beendet wurde. Die Gültigkeit der EKL in den genannten Fällen wird unmittelbar nach dem entsprechenden Beschluss der zuständigen Behörde und nach der schriftlichen Benachrichtigung des EKL-Inhabers hierüber beendet. Bei Ablauf einer EKL informiert die zuständige territoriale Stelle der ROSNEDRA den EKL-Inhaber über den Ablauf der EKL drei Monate vor dem Ablauftermin.[595] Eine ähnliche Verfahrensform gilt auch für zwei weitere Beendigungsgründe: die Entstehung einer unmittelbaren Gefahr für Leben und Gesundheit von Menschen, die im Einflussbereich des Bergbaubetriebes wohnen oder arbeiten sowie beim Eintreten von in der EKL festgelegten Klauseln. In diesen Fällen beschließt ROSNEDRA (Lizenzierungsdepartment) die Beendigung der EKL und sendet an den EKL-Inhaber den entsprechenden Bescheid, Ziff. 94, 102 ff. Verwaltungsverfahrensordnung № 315. Das Verfahren für die Beendigung der EKL durch die Regierungsentscheidung gem. Art. 2.1 Abs. 5 ErdkörperG bestimmt eine gesonderte Regierungsverordnung.[596] Danach ergeht die Entscheidung über die Beendigung des Nutzungsrechts in Form einer speziellen Regierungsanordnung.

---

595 Vgl. Ziff. 5 Anordnung ROSNEDRA № 394 vom 17. May 2006 „Über die Vorläufige Methodische Empfehlungen zu Verfahren der Beendigung des Nutzungsrechts am Erdkörperfeld auf Grund des Gültigkeitsablaufs der EKL“, keine offizielle Veröffentlichung, abrufbar unter http://www.garant.ru [Приказ Федерального агентства по недропользованию № 394 от 17 мая 2006 г. „Об утверждении Временных методических рекомендаций о порядке прекращения права пользования недрами в связи с истечением срока действия лицензии“, документ официально опубликован не был, доступен на сайте http://www.garant.ru].

596 Regierungsverordnung № 697 vom 16. September 2008 «Über die Genehmigung der Bestimmung über die Entscheidungsfindung zu Beendigung eines Nutzungsrechts am Erdkörperfeld föderaler Bedeutung für Erkunden und Gewinnen in dem Fall, wenn die geologische Forschung im Rahmen einer kombinierten EKL erfolgt“, SZ RF 2008, № 39, Pos. 4437 [Постановление Правительства РФ № 697 от 16 сентября 2008 г. «Об утверждении Положения о принятии решения о прекращении права пользования участком недр федерального значения для разведки и добычи полезных ископаемых в случае осуществления геологического изучения недр по совмещенной лицензии», СЗ РФ 2008, № 39, ст. 4437].

Bei allen übrigen Fällen erfolgt die Prüfung der Beendigungsgründe im Art. 20 Abs. 2 Ziff. 2, 3, 5 ErdkörperG durch die Kommission für die vorzeitige Beendigung des Nutzungsrechts am Erdkörperfeld, Ziff. 103, 106 Verwaltungsverfahrensordnung № 315. Das Verfahren wird dadurch eröffnet, dass das ROSPRIRODNADZOR bzw. eine andere zuständige Behörde bei seiner Kontrollprüfung die Verstöße aufdeckt, die nach Art. 20 ErdkörperG zu einer vorzeitigen Beendigung des Nutzungsrechts am Erdkörperfeld führen können und diese Ergebnisse bei ROSNEDRA vorlegt. Lässt ROSNEDRA diese Vorlage zur Prüfung durch die Kommission zu, übergibt sie die Unterlagen an die Kommission. Verneint ROSNEDRA die Zulässigkeit einer Prüfung bestehender Umstände durch die Kommission, gibt sie die Unterlagen mit einer begründeten Absage an das ROSPRIRODNADZOR zurück. Nach Prüfung aller Umstände kann die Kommission entweder zu dem Ergebnis kommen, den EKL-Inhaber auf die Verstöße hinzuweisen und eine Frist zur Behebung festzusetzen. Diese Frist muss mindestens drei Monate und darf nicht mehr als zwölf Monate betragen, Ziff. 110, Abs. 2 Verwaltungsverfahrensordnung № 315. Für die Feststellung der Behebung von Verstößen führt das ROSPRIRODNADZOR Kontrollprüfungen durch. Diese Behörde kann sich ebenfalls für oder gegen eine Beendigung des Nutzungsrechts aussprechen. Entscheidet sich ROSNEDRA dazu, das Nutzugsrecht des EKL-Inhabers aufzuheben, einzustellen oder einzuschränken, erlässt sie eine entsprechende Anordnung. Darin schreibt sie die Maßnahmen vor, die das Bergbauunternehmen zum Zwecke der Liquidation und Konservierung der Bergbauanlagen gem. Art. 26 ErdkörperG ausführen muss.

Bemerkenswert ist, dass die Entscheidungen der Kommission gem. Ziff. 107, 101 Verwaltungsverfahrensordnung № 315 nur Empfehlungscharakter haben. Nach Erhalt dieser Empfehlungen trifft ROSNEDRA die endgültige Entscheidung über die Beendigung des Nutzungsrechts am Erdkörperfeld eigenständig.[597] Art. 20 ErdkörperG zwingt die Behörde nicht, das Nutzungsrecht am Erdkörperfeld tatsächlich aufzuheben, einzustellen oder einzuschränken. Das heißt, auch beim Auftreten der gesetzlich festgelegten Beendigungsgründe ist die Behörde nicht verpflichtet, das Nutzugsrecht zu beenden, und kann sich entscheiden es unberührt zu lassen.[598] Die Rechtsprechung bestätigt diesen Ansatz und hat in ihren Entscheidungen mehrfach auf die nicht zwingende Wirkung des Art. 20 ErdkörperG hingewiesen.[599]

---

597 *Mironov*, Beendigung des Nutzungsrechts am Erdkörperfeld: Probleme bei der Rechtsanwendung, S. 20, 24; *Vasilevskaja/Laevskaja/Litunovskaja*, Die Lizenzierung der Erdkörpernutzung in Russland; S. 151.

598 *Mironov*, Beendigung des Nutzungsrechts am Erdkörperfeld: Probleme bei der Rechtsanwendung, S. 20, 24; *Dudikov*, Besonderheiten bei der staatlichen Regulierung der Erdkörpernutzung in RF.

599 Entscheidung des Föderalen Arbitragegerichts des Uralgebiets vom 22. April 2010 № Ф09-2676/10-C1 [Постановление ФАС Уральского округа от 22 апреля 2010 г. № Ф09-2676/10-C1]; Entscheidung des Föderalen Arbitragegerichts des Nord-Westlichen Gebiets 02. August 2010 № A26-10355/2009 [Постановление ФАС Северо-Западного округа от 02.08.2010 № A26-10355/2009].

IV. Zwischenfazit

Das Rechtsinstitut des Erlöschens und der vorzeitigen Beendigung des Nutzungsrechts am Erdkörperfeld weist viele Unzulänglichkeiten auf. Der dem EKL-Inhaber eingeräumte Rechtsanspruch, das Nutzungsrecht am Erdkörperfeld aus eigener Initiative zu beenden, ist mit keinen Kontrollmechanismen über die ordnungsgemäße Ausführung der Beendigungsarbeiten verbunden. Die gesetzlich verankerte Unterscheidung zwischen drei Formen der Beendigungsinitiative des EKL-Inhabers in Art. 20 Abs. 1 Ziff. 2 und Abs. 2 ErdkörperG mit uneinheitlicher Fristregelung erlaubt den Bergbauunternehmen, die für sie vorteilhafteste Variante zu wählen. Theoretisch könnte somit ein Bergbauunternehmen bei ROSNEDRA einen Antrag auf Beendigung des Nutzungsrechts am Erdkörperfeld von heute auf morgen stellen. Vor diesem Hintergrund wäre es wünschenswert, den Rechtsanspruch des EKL-Inhabers, auf eigenen Antrag hin auf das Nutzungsrecht zu verzichten, nur in einer einzigen Vorschrift zu fixieren. Zwecks Kontrolle darüber, ob und wie das Bergbauunternehmen nach der vorzeitigen Beendigung des Nutzungsrechts seinen Pflichten zu Liquidation und Konservierung der Tiefbauanlagen ordnungsgemäß nachkommt, sollte die gesetzlich festgelegte Pflicht der Aufsichtsbehörde eingeführt werden, bestimmte Kontrollprüfungen durchzuführen. Bei der Fristregelung für die Antragstellung (Zeitraum vor dem Verzichtstermin) sollten diese Kontrollmaßnahmen berücksichtigt werden.

Im Hinblick auf eine vorzeitige Beendigung von Amts wegen bedürfte es zunächst einer klaren Definition, in welchen Fällen eine Aufhebung, vorläufige Einstellung oder Einschränkung in Betracht kommt. Da das Rechtsinstitut der vorzeitigen Beendigung des Nutzungsrechts am Erdkörperfeld die Rolle des wirksamsten Sanktionsmittels im russischen Bergrecht übernimmt, sind zwei Ansätze zu betonen. Bei der Entscheidung darüber, welche EKL-Bedingungen „wesentlich“ sind, deren Verletzung zur vorzeitigen Beendigung des Nutzungsrechts führt, haben die Gerichte in jedem einzelnen Fall einen weitreichenden Auslegungsspielraum. Ein ausgewogener Weg zur Vereinheitlichung der Praxis wäre die Erläuterung des Plenums des Obersten Gerichts der RF[600], in der es die Definition und die Kriterien für die Einstufung bestimmter EKL-Bedingungen als „wesentliche“ benennt. Dies würde sowohl die Gerichte als auch die beteiligten Behörden dazu veranlassen, sich dem Inhalt dieser Erläuterung anzuschließen.

Weiterhin wirkt sich die fehlende zwingende Wirkung des Art. 20 Abs. 2 ErdkörperG nachteilig aus. Als wirksames Sanktionsmittel kommt anstelle der sehr geringen Geldbuße nur die vorzeitige Beendigung des Nutzungsrechts und damit einhergehend der Entzug der EKL in Betracht. Jedoch auch beim Auftreten der gesetzlich festgelegten Gründe, die zu einer Aufhebung, Aussetzung oder

600 Gem. Art. 2 Abs. 7 Pkt. a) des Föderalen Verfassungsgesetzes „Über das Oberste Gericht der RF“ vom 5. Februar 2014, SZ RF 2014, № 6, Pos. 550 [Федеральный конституционный закон от 05 февраля 2014 г «О Верховном Суде Российской Федерации», СЗ РФ 2014, № 6, ст. 550].

Einschränkung führen sollten, ist die zuständige Behörde nicht verpflichtet, diese anzuordnen und kann das Nutzungsrecht unberührt lassen. Die Rechtsprechung verlangt, dass die Entscheidung der zuständigen Behörde über die vorzeitige EKL-Beendigung nach Verhältnismäßigkeitsgrundsatz getroffen werden soll: sie soll dem Maß des Vergehens angemessen sein und die wirtschaftlichen Interessen Russlands berücksichtigen.[601] Die Besonderheit des russischen Bergbausektors besteht darin, dass zahlreiche Bergbauunternehmen stadtbildende Unternehmen sind. Aus dem Gesichtspunkt des Schutzes öffentlicher Interessen lohnt es sich deshalb für den Staat oft nicht, diesen Bergbauunternehmen die EKL zu entziehen. In solchen Fällen kommt besonders stark zum Ausdruck, dass die vorzeitige Beendigung des Nutzungsrechts am Erdkörperfeld nur das letzte Mittel sein soll und andere, wirkungsvollere Sanktionsmechanismen etabliert werden müssten, um die Einhaltung der EKL-Bedingungen und der Vorschriften aus dem ErdkörperG durchzusetzen.

F. Rechtsvergleichende Ausführungen zum deutschen Bergrecht

Vergleicht man den geltenden Rahmen für das deutsche und russische bergbauliche Bewilligungsverfahren, ist er von einer fundamentalen Gemeinsamkeit geprägt. Das System der staatlichen Regulierung des Bergbaus ist in beiden Rechtsordnungen zweistufig aufgebaut. Auf der ersten Stufe wird allein der Rechtstitel auf den bergbaulichen Zugang zu den Bodenschätzen gewährt, der einen einseitigen Verwaltungsakt darstellt. In Deutschland sind es Erlaubnis, Bewilligung und Bergwerkseigentum, in Russland ist es eine Erdkörpernutzungslizenz für einzelne bergbauliche Arbeiten. Die Freigabe der tatsächlichen Ausführung der Bergbauarbeiten erfolgt auf der zweiten Stufe durch die Zulassung des konkreten Bergbaubetriebes: in Deutschland im Rahmen von Betriebsplanzulassungsverfahren und in Russland mittels Genehmigung der technischen Projektdokumentation. Die konkrete rechtliche Ausgestaltung jeder dieser Stufen in den jeweiligen Rechtsordnungen ist jedoch durch starke Abweichungen gekennzeichnet. Diese sollen in dem nachkommenden Rechtsvergleich für die konkreten Etappen dargestellt werden.

601 Entscheidung des Föderalen Arbitragegerichts des Ost-Sibirischen Gebiets vom 29. April 2009 № A33-1838/08-Ф02-1741/09 [Постановление ФАС Восточно-Сибирского округа от 29 апреля 2009 г. № A33-1838/08-Ф02-1741/09]; Entscheidung des Föderalen Arbitragegerichts des Uralgebiets vom 18. Januar 2010 № Ф09-10895/09-C1 [Постановление ФАС Уральского округа от 18 января 2010 г. № Ф09-10895/09-C1].

I. Entstehung einer Bergbauberechtigung

Die Voraussetzungen für die Entstehung einer Bergbauberechtigung schafft im deutschen Bergrecht das öffentlich-rechtliche Konzessionssystem.[602] Dieses Konzessionsverfahren ist als präventives Verbot mit Erlaubnisvorbehalt ausgestaltet und letztendlich eine Konsequenz aus § 3 Abs. 2 S. 2 BBergG, nach dem bergfreie Bodenschätze nicht vom Eigentumsrecht am Grundstück erfasst sind.[603] Das deutsche Bergrecht folgt in seiner Tradition seit jeher der Trennung zwischen dem Oberflächeneigentum und der Befugnis zur Aneignung der darunter befindlichen bergfreien Bodenschätze.[604] Die Trennung des Grundeigentums von diesen Bodenschätzen setzt ein Rechtsinstitut voraus, das eine Aufsuchung und Gewinnung unabhängig vom Willen des jeweiligen Grundeigentümers und ohne Rücksicht auf Eigentumsgrenzen[605] bei gleichzeitiger Wahrung des öffentlichen Interesses ermöglicht.[606] Die Verleihung des Verfügungsrechts über bergfreie Bodenschätze erfolgt durch einen staatlichen Verwaltungsakt, dem ein entsprechender Antrag des Bergbauunternehmens vorausgeht. Der Antragsteller hat einen umfassenden Rechtsanspruch auf die Erteilung der Bergbauberechtigung, wenn er die im BBergG festgelegten Voraussetzungen erfüllt.[607] Im Sinne des Art. 3 Abs. 3 Lizenzierungsrichtlinie besteht somit in Deutschland für die Entstehung der Bergbauberechtigungen das open-door-System.

Dem russischen Bergrecht dagegen liegt das sog. closed-door-System zu Grunde. Der Staat als Monopoleigentümer aller im Erdkörper enthaltenen Bodenschätze und anderen Naturressourcen muss die Vorkommen erst zu Verleihung freigeben. Dafür nimmt der Staat die Erdkörperfelder mit den darin enthaltenen Vorkommen in die entsprechenden Verzeichnisse auf. Darauffolgend verleiht er die Nutzungsrechte an den besagten Erdkörperfeldern im Rahmen des Lizenzierungsverfahrens. Die Bergbauberechtigung wird ebenso durch einen einseitigen Verwaltungsakt erteilt – die Erdkörpernutzungslizenz. Ein wesentlicher Unterschied zum deutschen Bergrecht besteht dabei darin, dass eine wirksame Bergbauberechtigung durch zwei rechtliche Faktoren entsteht. Zunächst ergeht ein Beschluss der zuständigen Behörde über die Verleihung des Nutzungsrechts nach Art. 10.1 ErdkörperG. Dieser Beschluss

602 *Kremer/Neuhaus*, Bergrecht (2001), S. 22; *Schilling*, Planerische Steuerung von unterirdischen Raum- und Grundstücksnutzungen, S. 86.

603 *Kühne/von Mäßenhausen*, BBergG, § 6 Rn. 4, 8 ff.; *Schilling*, Planerische Steuerung von unterirdischen Raum- und Grundstücksnutzungen, S. 86.

604 *Kühne/von Mäßenhausen*, BBergG, § 3, Rn. 8; *Kremer/Neuhaus*, Bergrecht (2001), S. 22; *Schilling*, Planerische Steuerung von unterirdischen Raum- und Grundstücksnutzungen, S. 81.

605 BVerwG, UPR 1999, S. 75; BVerfGE 58, S. 300 ff. (339).

606 BVerfGE 52, 1 ff. (30); *Kremer/Neuhaus*, Bergrecht (2001), S. 17.

607 *Kühne/von Mäßenhausen*, BBergG, § 6 Rn. 9; *Kühne* in: *Säcker (Hrsg.)*, Handbuch zum dt.-russ. Energierecht, S. 272; *Schilling*, Planerische Steuerung von unterirdischen Raum- und Grundstücksnutzungen, S. 88; Begründung zum Gesetzesentwurf der Bundesregierung zum BBergG, BT-Drucks, 08/315, S. 86.

bildet die Grundlage für die eigentliche Erteilung der EKL, die das bestehende Recht beurkundet. So gesehen wird eine wirksame Bergbauberechtigung nach russischem Bergrecht durch zwei aneinandergereihte rechtliche Faktoren begründet, während das deutsche Bergrecht für die Entstehung der Bergbauberechtigung nur eine Rechtsgrundlage vorsieht.

II. Art und Inhalt der Bergbauberechtigungen

1. Aufsuchungsberechtigung und Gewinnungsberechtigung

Das BBergG enthält in seinem § 6 den Grundsatz: wer bergfreie Bodenschätze aufsuchen will, bedarf der Erlaubnis, wer bergfreie Bodenschätze gewinnen will, der Bewilligung oder des Bergwerkseigentums. Dementsprechend unterscheidet es zwischen drei Arten der Bergbauberechtigung, und zwar der Erlaubnis als Aufsuchungsberechtigung, der Bewilligung und dem Bergwerkseigentum als Gewinnungsberechtigung. In Anbetracht der Tatsache, dass das geltende ErdkörperG das Nutzungsrecht an dem Erdkörperfeld und die EKL, die dieses Recht beurkundet, voneinander abhebt, sind im russischen Bergrecht die Arten des Nutzungsrechts und die Arten der EKL in der Weise eingeteilt, nach der sie einander nicht entsprechen: Sechs verschiedene, nach Art. 6 ErdkörperG zulässige Nutzungsarten des Erdkörpers unterteilen sich in vier möglichen EKL-Typen, die sich gem. Ziff. 32 Abs. 2 Verfahrensverwaltungsordnung № 315 ergeben. An die Stelle einer reinen Aufsuchungsberechtigung tritt die EKL für die geologische Forschung und an die Stelle der Gewinnungsberechtigung die EKL für das Erkunden und Gewinnen. Im Gegensatz zum deutschen kennt das russische Bergrecht die kombinierte EKL, die gleichzeitig sowohl Aufsuchungs- als auch Gewinnungsberechtigung beinhaltet.

Ein wesentlicher Unterschied zwischen russischem und deutschem System der Bergbaugesetzgebung besteht darin, dass der Inhalt des Begriffes „Aufsuchen“ unterschiedlich konzipiert wird. Im deutschen Bergrecht umfasst dieser Begriff gem. Art. 4 Abs. 1 BBergG sowohl auf die Entdeckung als auch auf die Feststellung der Ausdehnung gerichtete Tätigkeiten.[608] Das bedeutet, die Aufsuchungsberechtigung – die Erlaubnis gem. § 7 BBergG – ermächtigt zur Durchführung beider dieser Arten der bergbaulichen Arbeiten. Im russischen Bergrecht dagegen werden diese Arbeiten nicht in ihrer Gesamtheit im Rahmen einer Bergbauberechtigung behandelt. Erkundungsarbeiten, also solche, die auf die Feststellung der Ausdehnung und Höffigkeit der Bodenschätze sowie die Bewertung der Lagerstätte gerichtet sind, sind aus der Aufsuchungsberechtigung herausgenommen. Die Erkundung ist nach russischem Recht gem. Art. 6 ErdkörperG immer mit der Gewinnung verbunden und kann aus diesem Grund nur auf der Grundlage einer Gewinnungsberechtigung in Form einer EKL für Erkunden und Gewinnen oder einer kombinierten EKL erfolgen. Vor diesem Hintergrund kann man von einem viel engeren Inhalt der Aufsuchungsberechtigung nach russischem im Vergleich zu deutschem Recht sprechen.

---

608 *Kremer/Neuhaus*, Bergrecht (2001), S. 23.

Abschließend ist im deutschen Bergrecht die Tatsache positiv zu bewerten, dass der rechtliche Inhalt der Bergbauberechtigungen durch die klare Begriffsbestimmung in Bezug auf „Aufsuchen" und „Gewinnen" genau definiert ist. Im russischen Recht fehlt es an einer Legaldefinition für „geologische Forschung" sowie für „Erkundung" und „Gewinnung", was die genaue Abgrenzung der durchzuführenden Arbeiten im Rahmen einzelner Bergbauberechtigungen schwierig macht.

2. Ausschließlichkeit gewährter Rechte

Im deutschen Bergrecht gilt für aufgrund von Bergbauberechtigungen gewährte Rechte das Ausschließlichkeitsprinzip.[609] Nach deutschem Bergrecht gewährt sowohl die Erlaubnis als auch die Bewilligung deren Inhabern die ausschließlichen Rechte.[610] Gem. § 7 Abs. 1 S. 1 Nr. 1 bis 3 BBergG erhält das Bergbauunternehmen durch die Erlaubnis das ausschließliche Recht in dem bewilligten Feld, die in der Erlaubnis bezeichneten Bodenschätze aufzusuchen und zur Aufsuchung erforderlichen Einrichtungen zu errichten und zu betreiben. Die Bewilligung gewährt gem. § 8 Abs. 1 BBergG das ausschließliche Recht, die im Bewilligungsfeld bezeichneten Bodenschätze zu gewinnen, andere Bodenschätze mitzugewinnen und Eigentum daran zu erwerben sowie die für diese Tätigkeit benötigten Anlagen zu errichten und zu betreiben.[611] Eingeschränkt wird das Ausschließlichkeitsprinzip nur zu Gunsten der Möglichkeit, zeitlich oder sachlich parallel zur Erlaubnis (§ 7 Abs. 2 BBergG) oder zur Bewilligung (§ 8 Abs. 3 BBergG) die Erlaubnisse zu wissenschaftlichen Zwecken oder zu großräumigen Aufsuchungen i. S. v. § 4 Abs. 2 BBergG zu erteilen. Dabei bleibt gem. § 14 Abs. 1 BBergG Vorrang auf die Erteilung einer Bewilligung nur dem Inhaber einer Erlaubnis zu gewerblichen Zwecken vorbehalten.[612]

Im russischen Bergrecht wird die Ausschließlichkeit der aufgrund von Bergbauberechtigungen verliehenen Rechte durch das Konstrukt des Zuweisungsfeldes entschieden. Das Erdkörperfeld, für welches eine Aufsuchungsberechtigung – also eine EKL für die geologische Forschung – erteilt wurde, erlangt gem. Art. 7 Abs. 5 ErdkörperG den Status eines geologischen Zuweisungsfeldes. In den Grenzen eines geologischen Zuweisungsfeldes dürfen mehrere Bergbauunternehmer tätig sein, deren wechselseitige Beziehungen bei der Erteilung des Nutzungsrechts am Erdkörper geregelt werden müssen. Somit gewährt die Aufsuchungsberechtigung ihrem Inhaber nach russischem Bergrecht im Unterschied zum deutschen Bergrecht kein ausschließliches Recht. Diese Regelung erklärt sich mit dem Willen des Gesetzgebers, nicht nur die Qualität, sondern auch die Quantität der geologischen

609 Vgl. *Kremer/Neuhaus*, Bergrecht (2001), S. 23–24.

610 Vgl. *Kühne/von Mäßenhausen*, BBergG, § 7, Rn. 3, 10 und § 8 Rn. 3, 13 ff.; *Kremer/Neuhaus*, Bergrecht (2001), S. 23–24; *Schilling*, Planerische Steuerung von unterirdischen Raum- und Grundstücksnutzungen, S. 89, 91–92.

611 Vgl. *Kühne* in: *Säcker (Hrsg.)*, Handbuch zum dt.-russ. Energierecht, S. 273; *Kremer/Neuhaus*, Bergrecht (2001), S. 23–24.

612 Vgl. *Kremer/Neuhaus*, Bergrecht (2001), S. 24, 32.

Aufsuchungsarbeiten in Russland zu steigern. Zu einem gesunden Wettbewerb zwischen den Bergbauunternehmen im Bereich der geologischen Forschung fehlt es allerdings an einer klaren Rechtsstruktur des Begriffes „geologisches Zuweisungsfeld“ und der damit verbundenen Rechtposition des Inhabers einer Aufsuchungsberechtigung. Die Gewinnungsberechtigungen – die EKL für Erkunden und Gewinnen und die kombinierte EKL – verleihen dem einschlägigen Erdkörperfeld den Status eines „bergbaulichen Zuweisungsfeldes“, in dessen Grenzen das Bergbauunternehmen gem. Art. 7 Abs. 4 ErdkörperG ähnlich wie im deutschen Bergrecht das ausschließliche Recht gemäß der ihm erteilten EKL erhält. Jegliche Art der Nutzung eines als bergbauliches Zuweisungsfeld bewilligten Erdkörperfeldes bedarf der Genehmigung durch den EKL-Inhaber. Schlussfolgernd wird sichtbar, dass das deutsche Bergrecht dem Inhaber einer Aufsuchungsberechtigung stärkeren Schutz seiner Rechte bietet.

3. *Anspruch des Erstentdeckerunternehmens auf Erteilung einer Gewinnungsberechtigung*

Wie oben dargelegt sind für Aufsuchungstätigkeiten und für Gewinnungstätigkeiten in beiden Rechtordnungen zwei verschiedene Berechtigungen vorgesehen. Aus wirtschaftlicher Sicht sind dies jedoch Etappen eines einheitlichen Entwicklungsvorganges.[613] Deshalb ist die Sicherung des Anspruches des Erstentdeckerunternehmens auf Erteilung einer Gewinnungsberechtigung einer der zentralen Aspekte in der bergrechtlichen Regulierung. Im russischen Bergrecht stehen dafür zwei Modelle zur Verfügung. Zum einem kann eine kombinierte EKL erteilt werden, die das Bergbauunternehmen zugleich für die Durchführung von Aufsuchungs- und von Gewinnungsbetrieb berechtigt. Eine gesonderte Erteilung einer Gewinnungsberechtigung wird in diesem Fall nicht mehr erforderlich. Das deutsche Bergrecht kennt eine solche einheitliche Berechtigung nicht. Die Rechtsposition des Bergbauunternehmens, das im Rahmen einer kombinierten EKL eine Lagerstätte entdeckt, kann jedoch gem. Art. 2.1 Abs. 5 ErdkörperG stark eingeschränkt werden. Dafür müssen zwei Voraussetzungen erfüllt sein: das entsprechende Erdkörperfeld muss aufgrund der Vorkommen der entdeckten Lagerstätte die Kriterien eines Erdkörperfeldes föderaler Bedeutung gem. Art. 2.1 Abs. 3 ErdkörperG erfüllen, und das Entdeckerunternehmen muss eine Beteiligung ausländischer Personen oder Personengruppen i. S. d. StrategInvestG aufweisen. Der Regierung der RF steht gem. Art. 2.1 Abs. 5 ErdkörperG dann das Recht zu, das Nutzungsrecht zur Erkundung und Gewinnung für dieses Unternehmen zu verweigern. Gerade in Russland, einem Land das auf ausländische Investitionen im Bergbausektor angewiesen ist, bedeutet diese Bestimmung für die ausländischen Investoren keine ausreichende Rechtssicherheit gegen wirtschaftliche Verluste, die bei einer Untersagung des Gewinnungsbetriebes drohen.

---

613 Vgl. *Kühne*, Festschrift Börner (1992), S. 565 ff., 578; *Goncharov*, Rechtlicher Rahmen für die Erstellung und Genehmigung technischer Projektdokumentation für Aufsuchung und Erschließung der Bodenschatzlagerstätte, 56, 57.

Das zweite Modell besteht im russischen Recht darin, dass einem Bergbauunternehmen, welches nach den Bedingungen seiner EKL für die geologische Forschung eine Lagerstätte entdeckt, gem. Art. 10.1 Abs. 1 und Abs. 3 ErdkörperG das Vorrangrecht eingeräumt wird, für das entsprechende Erdkörperfeld die EKL für Erkunden und Gewinnen außerhalb des wettbewerbsorientierten Verfahrens zu erhalten. Die Erteilung einer EKL für Erkunden und Gewinnen erfolgt in diesem Fall für die Erdkörperfelder föderaler Bedeutung durch den speziellen Beschluss der Regierung der RF, und für die anderen Erdkörperfelder – durch den Beschluss einer von ROSNEDRA eingesetzten Kommission. Handelt es sich um ein Erdkörperfeld föderaler Bedeutung, kann der Staat in das Vorrangrecht des Inhabers einer EKL für die geologische Forschung ebenfalls eingreifen, indem die Regierung der RF auf der Grundlage einer entsprechenden Entscheidung durch das Verteidigungsministerium oder der FSB die Erteilung der Gewinnungsberechtigung verweigert. In den beiden genannten Fällen, in denen dem Erstentdeckerunternehmen die Gewinnungsberechtigung versagt wird, sieht das ErdkörperG eine Entschädigung der diesem Bergbauunternehmen durch die Aufsuchungsarbeiten entstandenen Kosten vor, die jedoch so berechnet wird, dass sie im Ergebnis nicht ausreichend die Kosten des Unternehmens deckt und deswegen keinen ausreichenden Schutz vor der Aufsuchungsinvestition bietet.

Das deutsche Bergrecht geht von zwei „hintereinander geschalteten" Bergbauberechtigungen aus: Erlaubnis für die Aufsuchung und Bewilligung für die Gewinnung. Auf die Erteilung beider Berechtigungen hat das Bergbauunternehmen einen Anspruch, soweit es die gesetzlichen Voraussetzungen erfüllt.[614] Die Frage der Sicherung des Gewinnungsrechts ist damit aber nicht gelöst. Da im BBergG gesetzestechnisch die Erteilungsvoraussetzungen für eine Bergbauberechtigung als Versagungsgründe ausgestaltet sind, gilt im Hinblick auf den Anspruch des Erlaubnisinhabers auf die Erteilung einer Bewilligung gem. § 12 Abs. 2 BBergG folgendes: Entdeckt ein Erlaubnisinhaber die in dieser Erlaubnis bezeichneten Bodenschätze, so darf die von ihm beantragte Bewilligung nur versagt werden, wenn die in § 12 Abs. 1 BBergG aufgelisteten Versagungsgründe, die die Versagung rechtfertigen, erst nach der Erteilung der Erlaubnis eingetreten sind.[615] Treten die Versagungsgründe jedoch kurz vor der Entscheidung über die Erteilung einer Bewilligung auf, ist entscheidend, ob der Erlaubnisinhaber den Verweigerungsgrund für die Erteilung einer Bewilligung zu verantworten hat oder nicht (z.B. wegen eines nachträglich aufgetretenen überwiegenden öffentlichen Interesses, § 12 Abs. 1 S. 1 i. V. m. § 11 Nr. 10 BBergG). Entsteht der Ablehnungsgrund durch das Verschulden des Entdeckerunternehmens wie z.B. bei einem nachträglichen Vermögensverfall gem. § 12 Abs. 1 S. 1 i. V. m. § 11 Nr. 7 BBergG, so geht man davon aus, dass es in Bezug auf seine Investitionen in die Aufsuchungsarbeiten nicht schutzwürdig ist. Wird dagegen die Bewilligung deswegen versagt, weil nachträglich auf Veranlassung des

614 *Kühne/von Mäßenhausen*, BBergG, § 6 Rn. 9.
615 *Kremer/Neuhaus*, Bergrecht (2001), S. 32.

Staates ein überwiegendes öffentliches Interesse gem. § 12 Abs. 1 S. 1 i. V. m. § 11 Nr. 10 BBergG wie z.B. Errichtung eines militärischen Sperrgebiets eingetreten ist, ist die Missachtung des schutzwürdigen Vertrauens des Unternehmens in die Beständigkeit seiner Investitionen zu bejahen.[616] Bei der Versagung einer Bewilligung ist im BBergG für das Entdeckerunternehmen kein Anspruch auf Erstattung der ihm durch den Aufsuchungsbetrieb entstandenen Kosten vorgesehen.

Bei der Entstehung von Konkurrenzverhältnissen um eine konkrete Bergbauberechtigung regelt § 14 BBergG, welcher Anwärter bei deckungsgleichen Anträgen den Vorrang genießt. Es handelt sich bei §14 BBergG um ein Mischmodell aus Vorrangsrecht und Vergabe nach qualitativen Kriterien.[617] In dieser Vorschrift sind zwei Grundsatzfälle geregelt, die durch konkurrierende Anträge entstehen können.[618] Trifft ein Antrag auf eine Bewilligung eines Dritten auf eine bereits bestehende deckungsgleiche Erlaubnis (beantragtes Bewilligungsfeld ganz oder teilweise in dem Erlaubnisfeld und beantragter Bodenschatz ist der der Erlaubnis unterliegende Bodenschatz), ist die Bergbehörde verpflichtet, dem Erlaubnisinhaber unverzüglich den Inhalt dieses Antrags mitzuteilen. Der Erlaubnisinhaber hat dann innerhalb von drei Monaten das Vorrangrecht vor allen übrigen Anträgen auf die Erteilung der deckungsgleichen Bewilligung.[619] In dem Fall, dass gleichartige Anträge eingehen, sind rein qualitative Kriterien entscheidend. Hier hat derjenige Antragsteller Vorrang, der das bessere Arbeitsprogramm vorlegt und die ihm zur Verfügung stehenden entsprechenden Mittel nachweist, wodurch die sinnvolle und planmäßige Aufsuchung und Gewinnung von Bodenschätzen gewährleistet wird.[620]

Insgesamt kommt man beim Vergleich der im deutschen und im russischen Bergrecht vorhandenen Mechanismen zur Sicherung des Rechtsanspruches des Inhabers einer Aufsuchungsberechtigung auf die Erteilung einer Gewinnungsberichtigung zu dem Ergebnis, dass die Rechtsposition des Erstentdeckerunternehmens im deutschem Bergrecht stärker gefestigt ist. Das Risiko der Nichterteilung der Gewinnungsberechtigung wird vor allem durch das nachträgliche öffentliche Interesse begründet. Im russischen Bergrecht ist zwar die Sicherung der Gewinnungsberechtigung ebenfalls vorgesehen, im Unterschied zum deutschen Bergrecht wird jedoch zwischen einem Erstentdeckerunternehmen mit und ohne ausländische Beteiligung differenziert. So kann der Staat nach ErdkörperG in die Rechtsposition des Inhabers einer Aufsuchungsberechtigung in Form einer Kapitalgesellschaft mit ausländischer Beteiligung stark eingreifen und nach Ermessen der zuständigen Behörde

---

616 *Kühne* in: *Säcker (Hrsg.),* Handbuch zum dt.-russ. Energierecht, S. 278.

617 Begründung zum Gesetzesentwurf der Bundesregierung zum BBergG, BT-Drucks, 08/315, S. 89; *Schilling*, Planerische Steuerung von unterirdischen Raum- und Grundstücksnutzungen, S. 117.

618 *Kühne/von Mäßenhausen*, BBergG, § 14, Rn. 1.

619 *Kühne* in: *Säcker (Hrsg.),* Handbuch zum dt.-russ. Energierecht, S. 277; *Schilling*, Planerische Steuerung von unterirdischen Raum- und Grundstücksnutzungen, S. 117; *Kühne/von Mäßenhausen*, BBergG, § 14 Rn. 3.

620 *Kühne/von Mäßenhausen*, BBergG, § 14, Rn. 9.

die Gewinnungsberechtigung versagen. Es erscheint zwar unbefriedigend, dass im BBergG keine Bestimmungen über die Erstattung von Aufsuchungsinvestitionen bei einer Versagung der Gewinnungsberechtigung vorgesehen sind. Trotzdem räumt das deutsche Bergrecht dem Erstentdeckerunternehmen einen umfassenderen Vertrauensschutz in die Beständigkeit seiner Investitionen ein.

III. Die staatliche Regulierung des bergbaulichen Zugangs zu den Lagerstätten

Vergleicht man die Rechtsmodelle der staatlichen Regulierung der bergbaulichen Tätigkeit nach dem geltenden russischen und deutschen Rechtsrahmen, sind sie von einer bedeutenden Ähnlichkeit geprägt. Das System der staatlichen Regulierung des Bergbaus ist in beiden Rechtsordnungen zweistufig strukturiert. Dabei erfolgt in beiden Ländern auf der ersten Stufe ausschließlich die Zuteilung eines Rechtstitels: im deutschen Recht des Verfügungsrechts über die nicht zum Grundeigentum gehörenden Bodenschätze und im russischem Recht – des Nutzungsrechts an einem bestimmten Erdkörperfeld. Sowohl in Russland als auch in Deutschland erlaubt der auf der ersten Stufe verliehene Rechtstitel seinem Inhaber noch nicht, mit den bergbaulichen Aufsuchungs- und Gewinnungsarbeiten tatsächlich zu beginnen. Diese Befugnis erlangen die Bergbauunternehmen erst auf der zweiten Stufe der staatlichen Regulierung, in der die Freigabe des bergbaulichen Betriebes durch die Genehmigung des Projektvorhabens erfolgt.[621] In der inhaltlichen Ausgestaltung der beiden Stufen unterscheiden sich die Rechtsordnungen dennoch deutlich.

1. Erste Stufe – Erteilungsverfahren einer Bergbauberechtigung

a) Personenkreis zulässiger Inhaber von Bergbauberechtigungen

Die Bergbauberechtigung kann gem. § 6 S. 2 BBergG nur natürlichen und juristischen Personen und Personenhandelsgesellschaften, also vor allem offene Handelsgesellschaften und Kommanditgesellschaften. Die ausdrückliche Beschränkung auf die Personenhandelsgesellschaften hat den Zweck, insbesondere die nicht eingetragenen Vereine und die sog. Gesellschaften Bürgerlichen Rechts (BGB-Gesellschaften) von der Erteilung einer Bergbauberechtigung auszuschließen.[622] Damit können Konsortien und andere Zweckgemeinschaften als solche nicht Inhaber einer

---

621 Ausführlicher zu dem zweistufigen Aufbau des öffentlich-rechtlichen Bewilligungssystem im deutschen Bergrecht vgl. *Schilling*, Planerische Steuerung von unterirdischen Raum- und Grundstücksnutzungen, S. 86, 87; *Kühne* in: *Säcker (Hrsg.),* Handbuch zum dt.-russ. Energierecht, S. 271, 286, 299; Bestandsschutz alten Bergwerkseigentums unter besonderer Berücksichtigung des Art. 14 GG, S. 48, 49; Begründung zum Gesetzesentwurf der Bundesregierung zum BBergG, BT-Drucks, 08/315, S. 84; BVerwG, UPR 1999, S. 75 (76).

622 *Kühne* in: *Säcker (Hrsg.),* Handbuch zum dt.-russ. Energierecht, S. 275; *Kremer/ Neuhaus*, Bergrecht (2001), S. 23.

Bergbauberechtigung sein.[623] In der Praxis kommen im deutschen Bergbausektor solche Konsortien sehr häufig vor, insbesondere vor dem Hintergrund, die mit den bergbaulichen Vorhaben verbundenen hohen finanziellen Risiken aufzuteilen.[624] Denn mehrere natürliche oder juristische Personen als Mitglieder eines Konsortiums können durchaus gemeinsam Inhaber der Bergbauberechtigung werden oder ein Mitglied des Konsortiums, der sog. Operator, ist Inhaber der Bergbauberechtigung und die anderen sind intern durch die zivilrechtliche Gestaltung des Konsortialvertrages beteiligt.[625]

Der Personenkreis nach russischem Bergrecht ist im Vergleich dazu wesentlich eingeschränkt. Im Hinblick auf die Konsortien, die nach dem russischen Zivilrecht die „einfachen Genossenschaften" darstellen, regelt Art. 9 Abs. 1 ErdkörperG ähnlich zum deutschen Recht, dass nur deren einzelne Mitglieder EKL-Inhaber sein können. Durch die Formulierung, dass die Bergbauberechtigung nur einem „Subjekt unternehmerischer Tätigkeit" erteilt werden kann, sind jedoch natürliche Personen, die nicht ordnungsgemäß als ein Subjekt unternehmerischer Tätigkeit i. S. v. Art. 2 Abs. 3 ZGB RF registriert sind, aus diesem Personenkreis ausgeschlossen. Zusätzlich gelten hinsichtlich der Antragsteller für Erdkörperfelder föderaler Bedeutung weitreichende Beschränkungen, insbesondere gegenüber ausländischen Investoren.

Der engste Personenkreis gilt für die Inhaber einer Bergbauberechtigung für die Erdkörperfelder auf dem Festlandsockel der RF. Nach Art. 9 Abs. 3 ErdkörperG darf die Bergbauberechtigung für die Erdkörperfelder auf dem Festlandsockel nur an eine nach russischem Recht gegründete juristische Person erteilt werden, die über eine mindestens fünfjährige bergbauliche Erfahrung auf dem russischem Festlandsockel verfügt und an deren Stammkapital die RF mit mindestens 50 % beteiligt ist. Dadurch erhalten nur zwei russische Unternehmen den Zugang zu den Lagerstätten auf dem Festlandsockel – Gazprom und Rosneft. Für alle weiteren Erdkörperfelder föderaler Bedeutung ist die Erteilung einer Bergbauberechtigung gem. Art. 9 Abs. 2 ErdkörperG nur an nach russischem Recht gegründete juristische Personen zulässig. Dabei kann die Regierung der RF weitergehende Einschränkungen zur Teilnahme an Auktionen bzw. Ausschreibungen gegenüber juristischen Personen beschließen, die eine ausländische Beteiligung aufweisen.

b) Zugangsbeschränkungen gegenüber ausländischen Investoren

Der Rechtsrahmen für die Beteiligung ausländischer Investoren sieht in beiden Rechtsordnungen Regelungen zum Schutz heimischer, volkswirtschaftlich bedeutsamer Wirtschaftszweige vor. Beschränkungen des Maktzutritts für die Investitionen aus Drittstaaten haben aus Sorge vor einem unregulierten und damit für die betroffene Volkswirtschaft potentiell gefährlichen Einfluss ausländischen Kapitals

---

623 *Kühne/von Mäßenhause*, BBergG, § 6 Rn. 13.
624 *Kühne* in: *Säcker (Hrsg.)*, Handbuch zum dt.-russ. Energierecht, S. 275.
625 *Kühne/von Mäßenhausen*, BBergG § 6 Rn. 13; *Kühne* in: *Säcker (Hrsg.)*, Handbuch zum dt.-russ. Energierecht, S. 275; *Kremer/Neuhaus*, Bergrecht (2001), S. 23.

in der vergangenen Zeit sowohl den russischen Gesetzgeber als auch den deutschen und europäischen Gesetzgeber beschäftigt. Im deutschen Außenwirtschaftsrecht wurde im Jahr 2009 mit dem 13. Gesetz zur Änderung des Außenwirtschaftsgesetzes (AWG)[626] und der Außenwirtschaftsverordnung (AWV)[627] eine branchenübergreifende Kontrolle über die Unternehmensbeteiligungen und -übernahmen durch die ausländischen Investoren eingeführt.[628] Zur Vermeidung von Gefahren für die „öffentliche Ordnung oder Sicherheit" sowie "wesentliche Sicherheitsinteressen der Bundesrepublik Deutschland" kann das Bundesministerium für Wirtschaft und Energie (im Folgenden: BMWi) gem. § 5 AWG, §§ 55 bis 59 AWV den Erwerb inländischer Unternehmen durch ausländische Investoren im Einzelfall überprüfen.

Im Regelfall findet das so genannte sektorübergreifende Investitionsprüfverfahren Anwendung, § 5 Abs. 2 AWG, §§ 55 bis 59 AWV.[629] Danach können alle Beteiligungserwerbe, bei welchen ein Investor aus dem EU-Ausland oder außerhalb des EFTA-Raumes mindestens 25 % der Stimmrechte an einem deutschen Unternehmen erhält, dem Investitionsprüfverfahren unterzogen werden. Eine Gefährdung der „öffentlichen Ordnung oder Sicherheit" liegt gem. § 5 Abs. 2 S. 2 AWG dann vor, wenn sie tatsächlich und hinreichend schwer das Grundinteresse der Gesellschaft berührt, eine Gefährdung der "wesentlichen Sicherheitsinteressen der Bundesrepublik Deutschland" – wenn infolge des bevorstehenden Erwerbs die sicherheitspolitischen Interessen der Bundesrepublik Deutschland oder die militärische Sicherheitsvorsorge gefährdet sein können. Insofern verweist der Gesetzestext bei dem Prüfungsmaßstab ausdrücklich auf das EU-Recht[630] und die Rechtsprechung des EuGH.[631]

Die Einzelheiten für das eigentliche sektorübergreifende Prüfverfahren sind in §§ 55–59 AWV geregelt. Nach § 55 Abs. 3 AWV kann das BMWi innerhalb von drei Monaten nach Abschluss des Erwerbsvertrages von Amts wegen eine Prüfung vornehmen. Somit besteht für ausländische Investoren im deutschen Recht keine Genehmigungs- oder Anmeldepflicht. Das BMWi erhält zwar Meldungen von der Bundesanstalt für Finanzdienstleistungsaufsicht (im Folgenden: BaFin) und vom

---

626 BGBl. 2009 II, S. 770.

627 In der Fassung vom 2. August 2013, BGBl. I S. 2865.

628 *Lecheler/Germelmann*, Zugangsbeschränkungen für Investitionen aus Drittstaaten im deutschen und europäischen Energierecht, S. 1; *Roth*, Investitionsbeschränkungen im deutschen Außenwirtschaftsrecht, S. 2, 3.

629 Abweichende Sonderregeln gelten für den Erwerb bestimmter Rüstungs- bzw. IT-Sicherheitsunternehmen (so genannte sektorspezifische Investitionsprüfung, § 5 Abs. 3 AWG, §§ 60 bis 62 AWV).

630 Artikel 36, 52 Absatz 1 und des Artikels 65 Absatz 1 AEUV, ABl. EG Nr. C 115, 47.

631 *BMWI*, Aussenwirtschaftsrecht, http://www.bmwi.de/DE/Themen/Aussenwirtschaft/aussen-wirtschaftsrecht,did=656020.html; Der EuGH hat eine mögliche Betroffenheit der öffentlichen Sicherheit bisher bei Fragen der Sicherstellung der Versorgung im Krisenfall, in den Bereichen Telekommunikation und Elektrizität oder der Gewährleistung von Dienstleistungen von strategischer Bedeutung anerkannt.

Bundeskartellamt; alle übrigen Informationen über einschlägige Erwerbsrechtsgeschäfte muss es sich jedoch selbständig beschaffen.[632] Eröffnet das BMWi ein Verfahren zur Prüfung des Anteilserwerbs, ist der Investor aufgefordert, die relevanten Unterlagen zu dem einschlägigen Erwerb einzureichen, die in der Allgemeinverfügung vom 2. September 2013[633] bestimmt sind. Darüber hinaus kann das BMWi weitere Unterlagen anfordern. Nach Zugang der vollständigen Unterlagen kann das auf den Anteilserwerb gerichtete Rechtsgeschäft nur innerhalb von zwei Monaten beschränkt oder untersagt werden, § 53 AWV. Ähnlich zum russischen Recht ist in der AWV eine Vorabprüfung auf Antrag des Investors möglich, die sog. Unbedenklichkeitsbescheinigung gem. § 58 AWV. Dies gibt dem Investor die Möglichkeit im Vorfeld die Sicherheit darüber zu erlangen, ob die Transaktion der öffentliche Ordnung oder Sicherheit entgegensteht. Leitet das BMWi binnen eines Monats nach dem Eingang des schriftlichen Antrags des Investors auf eine Unbedenklichkeitsbescheinigung kein vertieftes Prüfverfahren ein, gilt die Bescheinigung als erteilt, § 58 Abs. 2 AWV).[634]

Sektorspezifische Regelungen für die Beteiligungen an Bergbaugesellschaften kennt das deutsche Recht aus ersichtlichen Gründen nicht. Dem Bergbausektor kommt in der deutschen Volkswirtschaft zwar ebenfalls eine große Bedeutung zu, im Vergleich zu Russland jedoch ist er für das Land von keiner „strategischen" Bedeutung. An einem aktuellen Beispiel kann jedoch veranschaulicht werden, dass auch im deutschen Bergbausektor das Investitionsprüfverfahren eine Rolle spielen kann. Am 2. Juni 2014 leitete das BMWi das außenwirtschaftliche Prüfverfahren im Fall des Verkaufs der Öl- und Gasfördertochter DEA des RWE-Konzerns an die russische LetterOne Holding (Alfa-Gruppe) ein.[635] Dem war der Antrag des Erwerbers auf eine außenwirtschaftliche Unbedenklichkeitsbescheinigung gem. § 58 AWV vorangegangen, in dem die geplante Erwerbsstruktur geschildert war.

---

632 Zu dem dabei entstehenden Vollzugsdefizit siehe in *Krolop*, Staatliche Einlasskontrolle bei Staatsfonds und anderen ausländischen Investoren im Gefüge von Kapitalmarktregulierung, nationalem und internationalem Wirtschaftsrecht, S. 5, 6; *Heinemann, A.*, „Ökonomischer Patriotismus" in Zeiten regionaler und internationaler Integration: Zur Problematik staatlicher Aufsicht über grenzüberschreitende Unternehmensübernahmen, Mohr Siebeck Tübingen, 2011. S. 22.

633 Allgemeinverfügung zu den gemäß § 57 der Außenwirtschaftsverordnung einzureichenden Unterlagen (sektorübergreifende Prüfung), vom 2. September 2013, BAnz AT 06.09.2013 B1.

634 Vgl. *Lecheler/Germelmann*, Zugangsbeschränkungen für Investitionen aus Drittstaaten im deutschen und europäischen Energierecht, S. 16 ff, 165 ff.; *Roth*, Investitionsbeschränkungen im deutschen Außenwirtschaftsrecht, S. 11 ff.; Clostermeyer, M., Staatliche Übernahmeabwehr und die Kapitalverkehrsfreiheit zu Drittstaaten, Nomos, 2011, S. 44 ff.

635 Antwort des BMWi auf die schriftliche Frage an die Bundesregierung Nr. 142 vom Juni 2012, abrufbar unter http://bmwi.de/BMWi/Redaktion/PDF/P-R/Parlamentarische-Anfragen/6-142, property=pdf,bereich=bmwi2012, sprache=de,rwb=true.pdf.

In Deutschland konzentriert sich die Tätigkeit der DEA auf die Erdgassuche und -förderung in der niedersächsischen Region zwischen Elbe und Weser, die Entwicklung des Offshore-Ölfeldes Mittelplatte im Wattenmeer und den Betrieb hochvolumiger Untergrund-Erdgasspeicher. Weltweit besitzt das Unternehmen Förderrechte und Lizenzen in Norwegen, Großbritannien, Dänemark sowie in einigen Ländern in Afrika.[636] Insbesondere mit dem Ausbruch der Ukrainekrise im Jahr 2014 war diese Übernahme sehr umstritten. Die Bundesregierung beobachtete aufmerksam und prüfte, ob die außenpolitische Lage in diesem Zusammenhang eine Neubewertung der Energiesicherheit erforderte.[637] Nach der Durchführung des außenwirtschaftlichen Investitionsprüfverfahrens erlaubte das BMWi am 22. August 2014 die besagte Übernahme. Auf dieser Grundlage wurde der Verkauf der RWE DEA an LetterOne Holding Anfang 2015 abgeschlossen.[638]

Bei der rechtsvergleichenden Betrachtung lässt sich feststellen, dass die Gesetzgeber beider Länder sich dem Ziel verpflichteten, ausländische Investitionen in die heimische Wirtschaft zu überwachen. In Deutschland unterstreicht das BMWi den Ausnahmecharakter der Beschränkungen für ausländische Investitionen. Deshalb ist davon auszugehen, dass das außenwirtschaftliche Investitionsprüfverfahren hier wirklich nur in einzelnen Fällen angewendet wird, in welchen die Grundinteressen der offenen Gesellschaft tatsächlich berührt werden. Dies wird durch die Praxis bestätigt, denn seit dem Inkrafttreten entsprechender Änderungen des AWG im Jahr 2009 wurde nur ein Investitionsprüfverfahren eröffnet.

Vergleicht man das hierfür in Russland und Deutschland geschaffene Verfahren, unterscheidet sich das russische Verfahren durch seine Komplexität, Langwierigkeit und Unbestimmtheit an entscheidenden Stellen. Das allgemeine Investitionsprüfverfahren gilt in Deutschland für alle Wirtschaftszweige übergreifend und somit auch für den Rohstoffsektor; Sonderregelungen gelten für Rüstungs- bzw. IT-Sicherheitsunternehmen. Nach russischem Recht gelten die Beschränkungen für ausländische Investitionen nur in den im StrategInvestG festgelegten 45 Wirtschaftszweigen, die den strategischen Branchen zugeordnet werden. Abweichende Sonderregelungen gelten dabei für die Bergbauunternehmen, die ihre Tätigkeit auf Erdkörperfeldern föderaler Bedeutung ausüben. Dieser Unterschied entsteht verständlicherweise aus dem Wichtigkeitsgrad der jeweiligen Branche für die nationale Volkswirtschaft. Die Prüfungsmaßstäbe für beide Verfahren sind inhaltlich zwar sehr ähnlich – die Sicherheit des Staates soll gewahrt werden. Im russischen Recht jedoch ist der Begriff „Sicherheit" sehr unbestimmt definiert und legitimiert deswegen als Grundlage der

636 Vgl. Angaben der Webseite der DEA-Group, http://www.dea-group.com/de.

637 Antwort des BMWi auf die schriftliche Frage an die Bundesregierung Nr. 142 vom Juni 2012, abrufbar unter http://bmwi.de/BMWi/Redaktion/PDF/P-R/Parlamentarische-Anfragen/6-142, property=pdf,bereich=bmwi2012, sprache=de,rwb=true.pdf.

638 Pressemitteilung, Dea-Verkauf: LetterOne und RWE schließen Transaktion ab, Essen, 02. März 2015, RWE AG, abrufbar unter: http://www.rwe.com/web/cms/de/37110/rwe/presse-news/pres-semitteilungen/pressemitteilungen/?pmid=4012698.

Ermessensausübung intransparente und offen politisch motivierte Entscheidungen. Der deutsche Gesetzgeber verweist bei der Auslegung dieser Begriffe ausdrücklich auf die Normen des europäischen Rechts.

Bei der Durchführung des eigentlichen Verfahrens beginnen die Unterschiede bereits in den Anfängen. Fällt das Übernahme- oder Beteiligungsrechtsgeschäft an einem russischen Unternehmen unter die im StrategInvestG bzw. FZ-58 festgelegten Voraussetzungen, ist der Erwerber – ausländischer Investor – verpflichtet, diese Transaktion durch die Regierung genehmigen zu lassen. In Deutschland kann das BMWi nur von Amts wegen das Prüfverfahren eröffnen; es existieren für den Investor weder Anmelde- noch Genehmigungspflicht. Die Möglichkeit zur Erlangung der frühzeitigen Rechtsicherheit durch eine Vorabbescheinigung der zuständigen Behörde sehen allerdings beide Modelle vor. Auf die Höhe der Erwerbsanteile abstellende Schwellenwerte für die Anwendung des Prüfverfahrens sind im Hinblick auf die Bergbaugesellschaften in der deutschen und russischen Regelung identisch – 25 %: in Deutschland als Regelfall bei der sektorübergreifenden Investitionsprüfung und in Russland – als Sonderfall für die Tätigkeit auf den Erdkörperfeldern föderaler Bedeutung. Auch der Entscheidungsträger ist identisch – in beiden Länder muss die Bundesregierung dem Erwerb zustimmen oder ihn ablehnen.

Die russische Seite spricht über das StrategInvestG gerne wie über ein „Erlaubnisgesetz". Und tatsächlich hat dieser Rechtsakt zur Strukturierung und Transparenz der Vorgänge bei den ausländischen Investitionen beigetragen. Zugleich jedoch hat dieses Gesetz Abschreckungsbestimmungen für die strategischen Branchen eingeführt, und ganz besonders hervorzuheben sind dabei die Beschränkungen für die Erdkörperfelder föderaler Bedeutung, die für die Investitionen aus dem Ausland, um welche sich Russland so bemüht, nicht förderlich sind. Als rechtsvergleichendes Ergebnis stellt man fest, dass einem „Erlaubnismodell" die deutschen Regelungen zur Überwachung der ausländischen Investitionen vollständig entsprechen. Trotz der Tatsache, dass der Schwellenwert für den freien Erwerb in Deutschland für den Regelfall deutlich strenger ist und schon 25 % beträgt während es in Russland – 50% sind. In der praktischen Anwendung zeigt sich das russische Modell zwar auch als ein „Erlaubnismodell", denn von den fast 200 zur Genehmigung beantragten Rechtsgeschäften wurden nur neun abgelehnt. Das komplizierte Verfahren und die Rechtsunsicherheit bei der Auslegung des Prüfmaßstabs durch die russischen Behörden wecken bei ausländischen Investoren jedoch eher Skepsis und Bedenken als den Wunsch, in die strategischen Branchen Russlands und darunter den Bergbau auf den Erdkörperfeldern föderaler Bedeutung zu investieren.

c) Zulassungsvoraussetzungen

Die gesetzestechnische Ausgestaltung der Zulassungsvoraussetzungen unterscheidet sich im deutschen und im russischen Bergrecht wesentlich. Aufgrund des umfassenden Rechtsanspruchs auf Erteilung einer Bergbauberechtigung, sind die Zulassungsvoraussetzungen im deutschen Bergrecht als Versagungsgründe ausgestaltet, die je nach der beantragten Bergbauberechtigung in den §§ 11–13 BBergG gestaffelt sind.[639] Demzufolge hat der Antragsteller einen Anspruch auf Erteilung der Bergbauberechtigung, falls keine der gesetzlich festgelegten Ablehnungsgründe vorliegen.[640] Es besteht daher insoweit kein „Versagungsermessen“ der erteilenden Behörde[641], auch wenn durch die Ausfüllung unbestimmter Rechtsbegriffe eine gewisse Abwägungsprärogative vorhanden ist.[642] Nach russischem Recht dagegen liegt die Beurteilung der Zulassungsvoraussetzungen im Ermessen der Behörde. Dieser Unterschied folgt daraus, dass die deutsche bergrechtliche Ordnung dem *open-door-System* und die russische dem *closed-door-System* folgt. Anders als in Deutschland hängt die Erlangbarkeit einer Bergbauberechtigung nach der russischen Bergbaugesetzgebung davon ab, ob der Staat das Erdkörperfeld zur Nutzung durch die Ausrichtung des Auktionsverfahrens freigibt. Die Erfüllung der Zulassungsvoraussetzungen wird bei der Antragstellung auf die Teilnahme an einer solchen Auktion bzw. Ausschreibung von der zuständigen Behörde geprüft und je nachdem, ob das Bergbauunternehmen sie erfüllt, wird der Antrag zugelassen und das Bergbauunternehmen als Teilnehmer der Auktion bzw. Ausschreibung registriert. In Deutschland dagegen kann das Bergbauunternehmen sich jeder Zeit um die Erteilung einer Bergbauberechtigung bemühen und hat bei Erfüllung der Zulassungsvoraussetzungen einen Rechtsanspruch auf ihre Erteilung.

In Deutschland sind die Zulassungsvoraussetzungen enumerativ für jede Art der Bergbauberechtigung im BBergG festgelegt, §§ 11–13 BBergG. In Russland bedient sich das ErdkörperG zwar des Begriffs „Qualifikationsanforderungen“, bestimmt diese jedoch nur sehr allgemein. Die genauen Inhalte der Zulassungsvoraussetzungen ergeben sich aus den erforderlichen Unterlagen, die das Bergbauunternehmen seinem Antrag hinzuzufügen hat, welche in den für jeden EKL-Typ einzeln einschlägigen, untergeordneten Rechtsakten benannt werden. Die Festlegung der Zulassungsvoraussetzungen unmittelbar im Gesetz, wie es im deutschen BBergG der Fall ist, schafft für den Antragsteller mehr Rechtsklarheit. Dass bei den Bergbauunternehmen in Russland oftmals Unklarheiten im Hinblick auf die Zulassungsvoraussetzungen entstehen, bestätigt auch die russische Rechtspraxis. Ein Großteil der vor Gericht ausgetragenen Streitfälle bezüglich des Erteilungsverfahrens einer Bergbauberechtigung betrifft Fälle, in denen der Antrag mangels erforderlicher Unterlagen, die dem Antrag hinzugefügt werden mussten, nicht zugelassen wurde.

Beurteilt man die Zulassungsvoraussetzungen in Übereinstimmung mit der in der deutschen Literatur vorgenommenen Einteilung der Zulassungsvoraussetzungen in antragsgegenstandsbezogene (§ 11 Nr. 1–5, § 12 Abs. 1 BBergG),

639 *Schilling*, Planerische Steuerung von unterirdischen Raum- und Grundstücksnutzungen, S. 94.

640 *Kühne/von Mäßenhausen*, BBergG, § 11 Rn. 2; *Kühne* in: *Säcker (Hrsg.)*, Handbuch zum dt.-russ. Energierecht, S. 275.

641 *Kremer/Neuhaus*, Bergrecht (2001), S. 32; *Schilling*, Planerische Steuerung von unterirdischen Raum- und Grundstücksnutzungen, S. 94.

642 *Schulte*, NJW 1981, S. 91.

subjektiv-antragstellerbezogene (§ 11 Nr. 6, 7 i. V. m. § 12 Abs. 1 BBergG) sowie objektiv-gemeinwohlbezogene (§ 11 Nr. 8–10, § 12 Abs. 1 BBergG) stellt man in den beiden Rechtsordnungen sowohl Ähnlichkeiten als auch Unterschiede fest. In der Form einer reinen „Zulassungsvoraussetzung" existieren im russischen Bergrecht nur die subjektiv-antragstellerbezogenen Angaben. In der gleichen Weise wie nach BBergG muss der Antragsteller nach russischem Bergrecht die Nachweise über ausreichende finanzielle Leistungsfähigkeit, technische Mittel und technisches Know-how zusammen mit seinem Antrag erbringen. Die Abweichungen sind eine direkte Folge der unterschiedlichen strukturellen Ausgestaltung des Erteilungsverfahrens (*open-door* oder *close-door* System) und haben sowohl verfahrensrechtlichen als auch materiellen Charakter. So werden die antragsgegenstandbezogenen Zulassungsvoraussetzungen in Russland und in Deutschland an unterschiedlichen Stellen geprüft. Die Festlegung des Bodenschatzes und die Bestimmung der Grenzen des Bewilligungsfeldes erfolgt in Russland im Rahmen der Ausarbeitung der Auktions- bzw. Ausschreibungsbedingungen durch die erteilende Behörde. Diese Angaben werden bereits in der Mitteilung über die Auktions- bzw. Ausschreibungsdurchführung bekanntgegeben, und durch seinen Antrag auf Teilnahme daran stimmt das Bergbauunternehmen diesen Voraussetzungen zu. Erfolgt die Erteilung der Bergbauberechtigung ohne die Durchführung von Auktionen, so werden diese Voraussetzungen ebenfalls vom Staat diktiert und in dem Regierungsentwurf bereits festgelegt. In Deutschland muss der Antragsteller diese Angaben in seinem Antrag dagegen selbst genau bezeichnen (§ 11 Nr. 1–2, § 12 BBergG Abs. 1 Nr. 2). Zusätzlich muss das Bergbauunternehmen nach deutschem Bergrecht in seinem Antrag sich zur Bekanntgabe der Aufsuchungsergebnisse gegenüber der Behörde und zur Zusammenarbeit mit Dritten (bei wissenschaftlichen und großräumigen Aufsuchungen) verpflichten (§ 11 Nr. 4–5 BBergG). Im russischen Bergrecht sind die Pflicht des EKL-Inhabers zur Bekanntgabe der Ergebnisse aus den geologischen Untersuchungen sowie das Verfahren und die Rechte für die Nutzung dieser Informationen in Art. 27 ErdkörperG geregelt und werden in den EKL-Bedingungen ebenfalls durch die erteilende Behörde (in der Lizenzvereinbarung) fixiert. Was die qualifizierten Arbeitsprogramme angeht, in welchen Art, Zweck, Umfang und die Durchführungsfristen der vorgesehenen Arbeiten sowie die geplanten Umweltschutzmaßnahmen dargelegt sind und welche nach deutschem Recht ebenfalls zu den antragsgegenstandsbezogenen Zulassungsvoraussetzungen gehören, so muss der Bergbautreibende in Russland nur in zwei Fällen diese selbst erstellen. Es handelt sich zunächst um die Erteilung einer EKL auf die geologische Forschung. Gehen jedoch mehrere deckungsgleiche Anträge ein, so ist die erteilende Behörde verpflichtet, die Rechte am einschlägigen Erdkörperfeld in einem Bieterwettbewerbsverfahren zu vergeben, und dann wiederum werden diese Angaben von der zuständigen Behörde erstellt und als Auktionsbedingungen festgelegt. Das letztere gilt in gleicher Weise für alle anderen Erteilungsverfahren. Die zweite Anwendungsmöglichkeit solcher Arbeitsprogramme kommt bei Ausschreibungen zur Geltung, die in Russland jedoch nur selten durchgeführt werden.

Der bedeutende Unterschied liegt bei den objektiv-gemeinwohlbezogenen Zulassungsvoraussetzungen, die der Berücksichtigung des überwiegenden öffentlichen

Interesses dienen. Grundsätzlich sind aufgrund einer fehlenden Einschränkung im Gesetzeswortlaut die von § 11 Nr. 10 BBergG erfassten öffentlichen Belange weit zu verstehen und umfassen prinzipiell alle von der deutschen Rechtordnung anerkannten öffentlichen Belange.[643] Die Anhaltspunkte für eine Konkretisierung des öffentlichen Interesses enthalten die Begründung des Regierungsentwurfs und die Rechtsprechung.[644] Demnach handelt es sich um einen gegenständlich umfassenden[645] Begriff, der insbesondere Belange der Raumplanung[646], Belange von Natur und Landschaft[647] sowie, mittelbar über die Zweckbestimmung des § 1 Nr. 1 BBergG, auch Aspekte der Nachhaltigkeit[648] einschließt. Auch Belange der Rohstoff- und Energiepolitik, des Lagerstättenschutzes, des Fremdenverkehrs, des Strahlenschutzes sowie der Außenbereichsbebauung[649] sowie das Interesse an einer geordneten städtebaulichen Entwicklung[650] können in Betracht gezogen werden. Das russische Bergrecht kennt kein solches Institut der Interessenabwägung innerhalb des Erteilungsverfahrens einer Bergbauberechtigung. Die Berücksichtigung des öffentlichen Interesses erfolgt nach der russischen Rechtsordnung erst auf der zweiten Stufe durch die Zulassung des Bergbaubetriebes aufgrund der genehmigten technischen Projektdokumentation. Im früheren deutschen Recht – namentlich dem Allgemeinen Preußischen Berggesetz – fand die Überprüfung hinsichtlich öffentlicher Interessen ebenfalls erst im Betriebsplanverfahren statt und wurde im BBergG für einen früheren Zeitpunkt angesetzt. Das vom deutschen Gesetzgeber verfolgte Ziel, die Erteilung einer Bergbauberechtigung mittels § 11 Nr. 10 BBergG bereits zu einem früheren Zeitpunkt als die Freigabe des Bergbaubetriebs zu verhindern, wenn von vorneherein feststeht, dass an der bezeichneten Stelle kein Bergbaubetrieb ausgeübt werden kann,[651] erscheint im Hinblick auf die modernen Problemstellungen des Bergrechts und insbesondere aus den Gesichtspunkten des Investitionsschutzes des Antragstellers besser angepasst zu sein.

---

643 *Schilling*, Planerische Steuerung von unterirdischen Raum- und Grundstücksnutzungen, S. 104; VGH Mannheim ZfB 1989, S. 57 (Leitsatz 66); *Kühne/von Mäßenhausen*, BBergG, § 11 Rn. 13 f.

644 *Kühne/von Mäßenhausen*, BBergG, § 11 Rn. 15 ff.; BT-Drs. 8/1315, S. 86.

645 VG Lcipzig, ZfB 1995, S. 48 (54).

646 VG Leipzig, ZfB 1995, S. 48 (54), VG Weimer ZfB 1995, S. 151 (152).

647 *Kolonko*, Naturschutzrecht und Bergrecht, ZUR (1995), S. 126; *Ludwig*, Umweltaspekte in Verfahren nach dem BBergG, ZUR (2012), S. 150, 151.

648 *Frenz*, Bergrecht und Nachhaltige Entwicklung S. 37 ff.

649 VGH Mannheim, ZfB 1989, S. 57.

650 BVerwG, UPR 1999, S. 75.

651 Ausführlicher zu der Funktion der objektiven-gemeinwohlbezogenen Zulassungsvoraussetzungen siehe *Kühne*, Rechtsfragen der Aufsuchung und Gewinnung von in Steinkohleflözen beisitzendem Methangas, S. 83 ff; *Schilling*, Planerische Steuerung von unterirdischen Raum- und Grundstücksnutzungen, S. 102 ff.; Begründung zum Gesetzesentwurf der Bundesregierung zum BBergG, BT-Drucks, 08/315, S. 87.

Insgesamt stellt man fest, dass sowohl das russische als auch das deutsche Ausgestaltung der Zulassungsvoraussetzungen die wirtschaftsstarken und die bergbauerfahrenen Antragsteller begünstigt. Einerseits dient es sicherlich der sicheren Rohstoffversorgung und –ausbeutung. Allerdings können sich insbesondere in Russland kleinere Bergbaubetriebe, die vielleicht über neue Konzepte und Ideen verfügen und in ihren Strukturen nicht so „festgefahren" sind, nur schwer durchsetzen.

2. Zweite Stufe – Zulassung des Bergbaubetriebes

In beiden Rechtsordnungen erwirbt der Inhaber einer Bergbauberechtigung die Befugnis, die bergbauliche Tätigkeit tatsächlich auszuüben, durch die Zulassung (Genehmigung) des Bergbaubetriebes auf der zweiten Stufe der staatlichen Regulierung des bergbaulichen Zugangs. In diesem Sinne steht dem deutschen Betriebsplangenehmigungsverfahren nach §§ 51–52, 55 BBergG in Russland das Genehmigungsverfahren der technischen Projektdokumentation gem. Art. 23.2 ErdkörperG gegenüber. In beiden Rechtsordnungen sind diese Instrumente berufen, die gleiche Funktion auszuüben, nämlich die Ausnutzung der zuvor erteilten Bergbauberechtigung als mit den Erfordernissen der öffentlichen Sicherheit und Ordnung vereinbar freizugeben.[652] Trotz der anfänglichen Ähnlichkeit gestalten sich die einschlägigen Verfahren inhaltlich und gesetzestechnisch in beiden Ländern unterschiedlich.

Das deutsche Bergrecht zeichnet sich durch eine umfassende staatliche (behördliche) Aufsicht über Bergbauvorhaben aus.[653] Aufsuchungs-, Gewinnungs- und Aufbereitungsbetriebe dürfen gem. § 51 Abs. 1 BBergG nur auf Grund von Betriebsplänen errichtet, geführt und eingestellt werden, die vom Bergbauunternehmen aufgestellt und von der zuständigen Behörde zugelassen worden sind. Daraus ergibt sich, dass ausschließlich das jeweilige Unternehmen sein bergbauliches Vorhaben definiert und die zuständige Behörde keinen unmittelbaren Einfluss auf den Inhalt des Betriebsplans nimmt.[654] Weiterhin ergibt sich aus dieser Bestimmung, dass der vom Bergbauunternehmen erstellte Betriebsplan nur dann und erst dann zur Ausübung des Bergbaubetriebes berechtigt, wenn der Betriebsplan von der zuständigen Behörde durch Verwaltungsakt gem. § 35 S. 1 VwVfG zugelassen worden ist.[655] Das sog.

---

652 Vgl. zum dt. Recht *Kühne*, Bestandsschutz alten Bergwerkseigentums unter besonderer Berücksichtigung des Art. 14 GG, S. 48; *Kühne/von Mäßenhausen*, BBergG, § 55 Rn. 4 und zum russ. Recht *Goncharov*, Rechtlicher Rahmen für die Erstellung und Genehmigung technischer Projektdokumentation für Aufsuchung und Erschließung der Bodenschatzlagerstätte, S. 55.

653 *Kühne* in: *Säcker (Hrsg.)*, Handbuch zum dt.-russ. Energierecht, S. 286.

654 Die Bergbaubehörde kann aber in der Praxis einen mittelbaren Einfluss darauf nehmen. Vgl. *Kremer/Neuhaus*, Bergrecht (2001), S. 47; *Schilling*, Planerische Steuerung von unterirdischen Raum- und Grundstücksnutzungen, S. 127, 128.

655 *Kühne/von Mäßenhausen*, BBergG, § 50 Rn. 9 ff., § 51 Rn. 2; *Kremer/Neuhaus*, Bergrecht (2001), S. 47.

Betriebsplanzulassungsverfahren umfasst Bergbaubetriebe aller Art (Aufsuchungs-, Gewinnungs- und Aufbereitungsarbeiten) und alle Phasen des geführten Betriebes (Errichtung, Führung, Einstellung).[656]

Da die Bergbaubetriebe im Hinblick auf die Art des Bergbaus und ihre Größenordnung sehr unterschiedlich sein können, unterscheidet das BBergG zwischen mehreren Typen von Betriebsplänen: Rahmenbetriebspläne (§ 52 Abs. 2 Nr. 1 BBergG), Hauptbetriebspläne (§ 52 Abs. 1 S. 1 BBergG), Sonderbetriebspläne (§ 52 Abs. 2 Nr. 2 BBergG), gemeinschaftliche Betriebspläne (§ 52 Abs. 3 BBergG) und Abschlussbetriebspläne (§ 53 BBergG). Dabei ist zwischen obligatorischen, die von Gesetzes wegen vom Bergbauunternehmen in jedem Fall vorzulegen sind, und fakultativen Plänen, die das Bergbauunternehmen nur nach Verlangen der Behörde aufzustellen braucht, zu unterscheiden. Die eigentliche Grundlage für die Errichtung und Führung eines Bergbaubetriebes bilden die jeweils auf Jahre geltenden Hauptbetriebspläne, die zwingend aufzustellen sind. Rahmenbetriebspläne werden auf Verlangen der Behörde oder aus eigener Initiative des Bergbauunternehmens für einen bestimmten längeren Zeitraum aufgestellt, der nach den jeweiligen Umständen bemessen wird. Sie enthalten allgemeine Angaben über das beabsichtigte Bergbauvorhaben, dessen technische Durchführung und voraussichtlichen zeitlichen Ablauf. Sonderbetriebspläne werden für einzelne Teile des Betriebes oder für bestimmte Vorhaben aufgestellt.[657] Es ist hervorzuheben, dass das Betriebsplanverfahren grundsätzlich keine Konzentrationswirkung entfaltet und demzufolge nicht die nach anderen Gesetzen erforderlichen Genehmigungen wie z.B. nach Naturschutz- oder Wasserecht ersetzt.[658] Davon gibt es im deutschen Bergrecht jedoch eine Ausnahme. Mit der Umsetzung der UVP-Richtlinie der EU von 1985 in das deutsche Recht wurde zum Zwecke der Verbindung der UVP mit der Betriebsplanzulassung für besonders umweltrelevante Bergbauprojekte das Rahmenbetriebsplanverfahren dahingehend umgestaltet, das die Zulassung des Rahmenbetriebsplans für UVP-Pflichtige innerhalb des Planfeststellungsverfahrens erfolgt, welches durch seine Konzentrationswirkung gekennzeichnet ist.[659] Entscheidend für den obligatorischen Rahmenbetriebsplan ist damit die Auflistung von Vorhaben, die der UVP-Durchführung unterliegen, in § 1 Nr. 1–8 UVP-V Bergbau.[660] Unter Pkt. 2 der UVP-V sind Erdöl- und Erdgasgewinnungsbetriebe mit Fördervolumen von täglich mehr als 500 Tonnen Erdöl oder von täglich mehr als 500.000 Kubikmetern Erdgas

656 *Kühne* in: *Säcker (Hrsg.),* Handbuch zum dt.-russ. Energierecht, S. 286.

657 Vgl. Begründung zum Gesetzesentwurf der Bundesregierung zum BBergG, BT-Drucks, 08/315, S. 106 f.; ff.;, S. 47 ff.; *Gröhn,* Bodenschutzrecht – auf dem Weg zur Nachhaltigkeit, S. 304; Schoch in: *Kühne/Schoch/Beckmann,* Gegenwartsprobleme des Bergrechts, S. 55, 56; zum Verhältnis von Haupt- und Sonderbetriebsplanzulassungen siehe *Glückert,* in: FS für Kühne, S. 543 ff.

658 *Kühne/von Mäßenhausen,* BBergG, § 50 Rn. 9, § 57a Rn. 34 f., 40 ff.

659 Begründung zum Gesetzesentwurf der Bundesregierung zum BBergG-ÄndG, BT-Drucks. 11/4015, S. 12.

660 Verordnung über die Umweltverträgliche Prüfung bergbaulicher Vorhaben" vom 13.07.1990 aufgeführt, BGBL. I S. 1420.

sowie Errichtung und Betrieb von Förderplattformen im Bereich der Küstengewässer und des Festlandsockels als UVP-pflichtige Vorhaben eingestuft. Demzufolge ist für sie ein obligatorischer Rahmenbetriebsplan aufzustellen und die Betriebszulassung solcher Bergbaubetriebe erfolgt innerhalb des Planfeststellungsverfahrens in seiner Gesamtheit. Es sind keine weiteren Zulassungsverfahren wie z. B. nach Naturschutz- oder Wasserecht erforderlich.[661]

Demgegenüber entfaltet das Betriebszulassungsverfahren nach russischem Bergrecht für alle Typen von Bergbauvorhaben keine Konzentrationswirkung. Die Zulassung des Bergbaubetriebes erfolgt innerhalb des Genehmigungsverfahrens der technischen Projektdokumentation und beinhaltet alle nach anderen Gesetzen notwendigen Expertisen. Das ErdkörperG selbst fixiert nur die Vorschrift, dass die Ausführung von Bergbauvorhaben genehmigungspflichtig ist, und verweist im Hinblick auf die formellen und materiellen Zulassungsanforderungen auf die untergeordneten Rechtsakte. Die hierzu relevanten Anforderungen sind in einer Vielzahl dieser Rechtsakte enthalten, die zahlreiche eher methodische und nicht rechtliche Bestimmungen sowie oftmals gegenseitig wiederholende und teilweise widersprüchliche Normen enthalten. Hinzu kommt, dass die Befugnisse der staatlichen Stellen, die nach den Vorschriften anderer Rechtsgebiete die erforderlichen Ermächtigungsunterlagen erteilen, aufeinander nicht abgestimmt sind, was dazu führt, dass der Bergbautreibende gezwungen ist, für das gleiche Bergbauvorhaben für unterschiedliche Prüfstellen unterschiedliche Projektdokumentation auszuarbeiten, deren Übereinstimmung wiederum von den Behörden nicht geprüft wird. Im Ergebnis ergeben sich für das Bergbauunternehmen große Unklarheiten, welche Kriterien für welches Genehmigungsverfahren bei welcher Behörde gelten und den Aufsichtsbehörden entgleitet die einheitliche und wirksame Kontrolle über die Durchführung des Bergbauprojekts. Um Rechtsklarheit in dieser bedeutenden Phase der staatlichen Regulierung des bergbaulichen Zugangs zu schaffen, wäre es empfehlenswert, den geltenden Regulierungsrahmen nicht nur zu systematisieren und strukturell neu aufzustellen, sondern auch die grundlegenden Anforderungen an dieses Verfahren im ErdkörperG festzulegen. Das Beispiel des umfassenden und klar definierten Betriebsplanzulassungsverfahrens im deutschen BBergG könnte dabei für den russischen Gesetzgeber ein hilfreicher Orientierungspunkt sein.

IV. Dauer und Verlängerung der Bergbauberechtigung

Die Bergbauberechtigungen werden in beiden Rechtsordnungen befristet erteilt und die Geltungsdauer für die jeweilige Bergbauberechtigungen gesetzlich bestimmt.[662] Grundsätzlich wird in beiden Rechtsordnungen die Aufsuchungsberechtigung auf

---

661 *Kühne* in: *Säcker (Hrsg.)*, Handbuch zum dt.-russ. Energierecht, S. 294; *Kühne/ Ehricke (Hrsg.)*, Entwicklungslinien des Bergrechts, S. 39 ff, 68–72.

662 In Russland wird die Geltungsdauer für die EKL, die mit der Gewinnung von Bodenschätzen oder Grundwasser zusammenhängen, nicht im Gesetz sondern in der einschlägigen EKL festgelegt.

fünf Jahre befristet, § 16 Abs. 4 S. 1 BBergG; Art. 10 Abs. 1 ErdkörperG. Die Besonderheit im russischen Bergrecht besteht darin, dass für bestimmte Gebiete des Landes, in denen die Aufsuchungsarbeiten durch geoklimatische und infrastrukturgebundene Bedingungen eindeutig erschwert werden und deshalb mehr Zeit beanspruchen, die Geltungsdauer der Aufsuchungsberechtigung auf einen Zeitraum von sieben Jahren und für Erdkörperfelder auf dem Festlandsockel auf den Zeitraum von zehn Jahren festgelegt wird. Die Praxis in Russland hat gezeigt, dass eine solche Differenzierung notwendig ist, um eine vollständige Erforschung der Erdkörperfelder in diesen Regionen zu sichern.

Bei der gesetzlichen Festlegung der Geltungsdauer für die Gewinnungsberechtigung folgen sowohl die russische als auch die deutsche Bergbaugesetzgebung dem gleichen Ansatz, nach dem sie für einen der Abbauabschließung einer Lagerstätte im Einzelfall angemessenen Zeitraum zu erteilen ist, § 16 Abs. 5 S. 1 BBergG; Art. 10 Abs. 1 ErdkörperG. Das bedeutet, dass aus Gründen der sehr unterschiedlichen Ergiebigkeit der Lagerstätte die Geltungsdauer der Gewinnungsberechtigungen in beiden Ländern in jedem Einzelfall individuell berechnet wird. Allerdings sieht das deutsche Bergrecht vor, dass die Gewinnungsberechtigung einen Zeitraum von 50 Jahren nur dann überschreiten darf, soweit dies mit Rücksicht auf die für die Gewinnung üblicherweise notwendigen Investitionen notwendig ist, § 16 Abs. 5 S. 2 BBergG.[663] Das russische ErdkörperG legt keine ähnlichen Einschränkungen fest.

Die Möglichkeit einer Verlängerung der ursprünglich erteilten Bergbauberechtigung ist ebenfalls in beiden Rechtsordnungen vorgesehen. Allerdings legt das russische Bergrecht im Unterschied zum deutschen Recht, welches diese Möglichkeit als einen Rechtsanspruch des Bergbauunternehmens ausgestaltet,[664] die Entscheidung in den Ermessenspielraum der lizenzerteilenden Behörde. Nach beiden Rechtsordnungen wird für die Zulässigkeit einer Verlängerung die Erfüllung der gleichen Hauptbedingung vorausgesetzt – eine bisherige ordnungs- und planmäßig erfolgte Arbeitsdurchführung.

V. Beendigung der Bergbauberechtigung

Die Bergbauberechtigungen werden im russischen und im deutschen Recht durch Verwaltungsakte verliehen. Während in Russland jedoch der Gesetzgeber sich veranlasst sah, die Beendigungsgründe der Bergbauberechtigung – Beseitigung eines Verwaltungsaktes – speziell im ErdkörperG zu regeln, stellt das deutsche Bergrecht hierbei vielmehr auf die Anwendung des allgemeinen Verwaltungsrechts ab. Für die Konstellation, dass die zuständige Behörde im Rahmen des Erteilungsverfahrens bei der Prüfung der Zulassungsvoraussetzungen eine Fehlbeurteilung vornimmt und eine Erlaubnis oder Bewilligung erteilt, die sie wegen Fehlens einer gesetzlichen

663 *Schilling*, Planerische Steuerung von unterirdischen Raum- und Grundstücksnutzungen, S. 120; *Kühne/von Mäßenhausen*, BBergG, § 16 Rn. 42, 51.
664 *Kühne* in: *Säcker (Hrsg.)*, Handbuch zum dt.-russ. Energierecht, S. 274.

Voraussetzung nicht erteilen durfte, z. B. bei nicht erkannter persönlicher Unzuverlässigkeit i. S. v. § 11 Nr. 6 BBergG, enthält das BBergG bewusst keine Vorschriften.[665] Hier kommt § 5 BBergG zu Anwendung, wonach für das deutsche Bergrecht das Allgemeine Verwaltungsrecht gilt, wenn das BBergG keine Sonderbestimmungen dazu enthält. Danach kann eine Bergbauberechtigung als rechtsbegründeter Verwaltungsakt gem. § 48 Abs. 1 VwVfG ganz oder teilweise zurückgenommen werden. Es handelt sich somit über eine Ermessensentscheidung der Behörde. Eine solche Rücknahme des Verwaltungsaktes ist gem. § 48 Abs. 4 VwVfG nur innerhalb eines Jahres zulässig, seit der Kenntnisnahme der Behörde über das Vorliegen der Tatsachen, die die Rücknahme rechtfertigen. Aus Gründen des Vertrauensschutzes hat die Behörde dem Inhaber des Verwaltungsaktes auf Antrag den dadurch entstandenen Vermögensnachteil auszugleichen.[666]

Wurde die Bergbauberechtigung fehlerfrei erlassen und sind nach ihrer Erteilung Tatsachen eingetreten, die zu einer Versagung führen müssen oder lagen sie bereits im Zeitpunkt der Erteilung vor, kommt der Widerruf eines rechtmäßigen Verwaltungsaktes gem. § 49 VwVfG in Betracht. Entgegen dem bewussten Regelungsverzicht bei der Rücknahme einer Bergbauberechtigung hat der deutsche Gesetzgeber die Vorschriften zum Widerruf der Bergbauberechtigung speziell im BBergG aufgenommen.[667] Gemäß § 18 BBergG sind die Erlaubnis und die Bewilligung zwingend zu widerrufen, wenn Gründe eintreten, die zur Versagung der Bergbauberechtigung hätten führen müssen, z. B. nachträglicher Vermögensverfall des Inhabers einer Bergbauberechtigung gem. § 11 Nr. 7 BBergG. Da im BBergG keine Entschädigungsbestimmung enthalten ist, nimmt man an, dass die Entschädigungsvorschrift des § 49 Abs. 6 VwVfG auch in diesem Fall Anwendung findet.[668]

Zusätzlich kodifiziert § 18 Abs. 2 und 4 BBergG einen besonderen Widerrufsgrund – die Nichtausnutzung der Bergbauberechtigung. Hat der Erlaubnisinhaber aus von ihm nicht zu vertretenden Gründen mit den Aufsuchungsarbeiten nicht begonnen oder die planmäßige Aufsuchung länger als für ein Jahr unterbrochen, ist die Erlaubnis zu widerrufen. Eine Bewilligung ist zu widerrufen, wenn der Gewinnungsbetrieb innerhalb von drei Jahren nach ihrer Erteilung nicht aufgenommen wurde oder länger als drei Jahre unterbrochen wurde.[669] Analog zum Widerruf der Bewilligung ist auch das Bergwerkseigentum zu widerrufen, jedoch mit einer Frist von zehn Jahren.

---

665 Vgl. *Kühne* in: *Säcker (Hrsg.)*, Handbuch zum dt.-russ. Energierecht, S. 279, 280; *Kremer/Neuhaus*, Bergrecht (2001), S. 34.

666 *Kühne/von Mäßenhausen*, § 18 Rn. 4 ff.; *Kremer/Neuhaus*, Bergrecht (2001), S. 34.

667 *Kühne/von Mäßenhausen*, § 18 Rn. 20; *Kremer/Neuhaus*, Bergrecht (2001), S. 34.

668 *Kühne* in: *Säcker (Hrsg.)*, Handbuch zum dt.-russ. Energierecht, S. 280; *Schilling*, Planerische Steuerung von unterirdischen Raum- und Grundstücksnutzungen, S. 122.

669 Dies gilt allerding nicht, solange Gründe einer sinnvollen technischen oder wirtschaftlichen Planung es erfordern, dass die Gewinnung erst zum späteren Zeitpunkt aufgenommen oder wideraufgenommen wird, oder sonstige Gründe

Inhaltlich entsprechen der Rücknahme und dem Widerruf nach BBergG im russischem Bergrecht die unter Art. 20 Abs. 2 Nr. 1–4, 8 aufgeführten Gründe für die Beendigung der Bergbauberechtigung von Amts wegen. Der Unterschied besteht allerdings darin, dass in Russland die Entscheidung über die Beendigung der Bergbauberechtigungen für die Behörde nicht zwingend ist, sondern in ihrem Ermessen liegt. Wegen der starken Abhängigkeit vieler Monostädte von einem dort tätigen Bergbauunternehmen ist es in der Praxis für die Behörde nicht angemessen, die EKL zu entziehen. Bei nachträglich eintretenden Versagungsgründen oder Verstößen gegen wesentliche Auflagen des BBergG in Deutschland oder der des ErdkörperG i. V. m. den EKL-Bedingungen in Russland stattet der Gesetzgeber beider Länder die Bergbehörde mit der allgemeinen Anordnungsbefugnis aus, dem Bergbauunternehmen entsprechende Maßnahmen wie Einschränkung oder zeitliche Einstellung des Betriebes aufzuerlegen.[670] Vergleicht man die Höhe des Bußgeldes, das für die Wirksamkeit der Sanktionsmaßnahmen ausschlaggebend ist, so beträgt sie in Deutschland gem. § 127 BBergG mehr als das Dreifache des Bußgeldes in Russland, nämlic. 25.000 Euro statt in Russland maximal mögliche 7.000 Euro. Nach dem Verhältnismäßigkeitsprinzip sollte eine Beendigung, Einschränkung oder Einstellung des Bergbaubetriebes als letztes Mittel gesehen werden.[671] In der russischen Praxis ist es jedoch oftmals die einzige wirksame Maßnahme, um gegen unzuverlässige Betreiber vorzugehen. Nicht nur durch Erhöhung des Bußgeldes, sondern auch durch Umgestaltung der Bestimmungen über eine vorzeitige Beendigung von Amts wegen von kann"-Normen zu „ist"-Normen mit zwingendem Charakter könnte eine stärkere Abschreckung für nicht rechtstreue Bergbauunternehmen erreicht werden.

Ähnlich wie im russischen Recht steht dem Inhaber der Bergbauberechtigung im deutschen Bergrecht die Möglichkeit zu, auf seine aus der Bergbauberechtigung resultierenden Rechte zu verzichten. Gemäß § 19 Abs. 1 BBergG ist eine Erlaubnis oder Bewilligung auf einen schriftlichen Antrag des Inhabers ganz oder teilweise aufzuheben. Die Beendigung der Bergbauberechtigung tritt nicht durch die Verzichterklärung ein, sondern sie erlischt erst durch den Aufhebungsbescheid der Behörde mit der Bekanntgabe der Aufhebung im amtlichen Veröffentlichungsblatt.[672] Wenn es früher auch in Deutschland üblich war, nach Erschöpfung der Lagerstätte die Aufhebung des Bergwerkseigentums zu beantragen, um so den eventuellen Folgekosten zu entkommen, gilt dort heute gem. §§ 58, 121 BBergG, dass bei nachträglich auftretenden Bergschäden oder anderen Folgekosten der ehemalige Bergwerksbesitzer haftbar ist.[673] Im ErdkörperG ist das Rechtsinstitut des Verzichts auf die Bergbauberechtigung durch den Inhaber dagegen bis heute durch einige

---

vorliegen, die der Bewilligungsinhaber nicht zu vertreten hat, § 18 Abs. 3 S. 2 BBergG.

670 Im deutschen Bergrecht gem. §§ 71–73 BBergG.

671 *Kühne* in: *Säcker (Hrsg.),* Handbuch zum dt.-russ. Energierecht, S. 292.

672 *Kremer/Neuhaus,* Bergrecht (2001) S. 36, 37.

673 Vgl. *TU Clausthal,* Bergrecht, Online-Ressource, abrufbar unter: http://www.heim2.tu-clausthal.de/Dateien/recht/bergrecht.pdf, S. 15.

Unzulänglichkeiten gekennzeichnet. Das Gesetz benennt zwar drei Möglichkeit der Beendigung einer EKL auf Antrag des Inhabers, die inhaltlich das gleiche meinen, legt jedoch nur für eine davon eine Frist von sechs Monaten fest. Das erlaubt dem Bergbauunternehmen, diejenige Möglichkeit zu wählen, die nicht an die sechsmonatige Frist gebunden ist. Eine gesetzlich festgelegte Haftung für Folgekosten nach der Aufhebung der Bergbauberechtigung, wie es das BBergG vorsieht, kennt das russische Bergrecht nicht. Deshalb ist die Kontrolle darüber, ob und wie das Bergbauunternehmen seinen Pflichten nach einer Beendigung des Nutzungsrechts am Erdkörperfeld tatsächlich nachkommt, deutlich erschwert. Dies ist insbesondere dann der Fall, wenn das Bergbauunternehmen nach dem Motto „Süßer Tropfen, saurer Most" den Verzicht auf die Bergbauberechtigung kurzfristig beantragt, um den Folgekosten zu entkommen.

VI. Übertragung der Bergbauberechtigung

Die Bergbauberechtigung wird sowohl im russischen als auch im deutschen Bergrecht als an die Person des Inhabers gebundene Berechtigung angesehen.[674] Damit sind die aus der Bergbauberechtigung resultierenden Rechte zwar höchstpersönlich und nicht übertragbar, der Gesetzgeber ist jedoch befugt, ihre Übertragbarkeit vorzusehen.[675] In beiden Rechtsordnungen hat der Gesetzgeber dies getan und die Übertragbarkeit der Bergbauberechtigungen an bestimmte Bedingungen geknüpft. Das BBergG mach die Übertragung einer Erlaubnis oder Bewilligung auf einen Dritten bzw. die Beteiligung Dritter an dieser Bergbauberechtigung von der Erfüllung der Zulassungsvoraussetzungen durch diesen Dritten abhängig. Gem. § 22 Abs. 1 BBergG ist die Übertragung einer Erlaubnis oder Bewilligung an einen Dritten nur mit Zustimmung der zuständigen Behörde zulässig, welche nur dann versagt werden darf, wenn die Erteilungsvoraussetzungen der §§ 11, 12 BBergG erfüllt sind.

Der russische Gesetzgeber gestaltet die Übertragung einer Bergbauberechtigung als einen eigenständigen Grund für die Entstehung des Nutzungsrecht am Erdkörperfeld, Art. 10.1 Nr. 7 ErdkörperG. Im Unterschied zum deutschen Recht ist in den Übertragungsvorschriften im Art. 17.1 ErdkörperG keine ausdrückliche Verpflichtung zur Erfüllung der Zulassungsvoraussetzungen durch den Dritten fixiert, sondern abschließend die Gründe für eine Übertragung des Nutzungsrechts am Erdkörper festgelegt. Diese Gründe umfassen vor allem die Umstrukturierung des Bergbauunternehmens als Kapitalgesellschaft (Umwandlung, Verschmelzung, Eingliederung, Teilung, Ausgliederung), innergesellschaftliche Übertragung (von der Tochtergesellschaft an die Muttergesellschaft oder umgekehrt) und den Fall eines Erwerbes im Insolvenzverfahren. Verständlicherweise wird dieses Modell im Schrifttum stark kritisiert, denn es macht solche Übertragungen möglich, bei denen

674 *Kremer/Neuhaus*, Bergrecht (2001), S. 38.

675 Vgl. *Kühne* in: *Säcker (Hrsg.)*, Handbuch zum dt.-russ. Energierecht, S. 278–279; *Kremer/Neuhaus*, Bergrecht (2001), S. 38; *Gudkov/Larochkina/Lakhno/Salieva* in: *Säcker (Hrsg.)*, Handbuch zum dt.-russ. Energierecht, S. 352.

die Erfüllung der Erteilungsvoraussetzungen durch den Dritten – den Anwärter einer EKL – nicht berücksichtigt wird und dadurch solche Unternehmen in den Besitz einer EKL gelangen können, die im ErdkörperG bestimmte Qualifikationsvoraussetzungen für einen Nutzer des Erdkörpers nicht erfüllen. Die Praxis kennt sogar Fälle, in denen das Übertragungsmodell missbraucht wurde, um die hohen Kosten zu vermeiden, die beim Abschluss des Bergbaubetriebs entstehen.

Kapitel 4. Steuern und Abgaben im Bergbaubereich

A. Allgemeine Grundorientierung

Die Fiskalpolitik eines Staates ist bekanntlich einer der Schwerpunkte bei der staatlichen Regulierung der Wirtschaft. Angesichts der bedeutenden Rolle der Rohstoffindustrie für die Bildung des Staatshaushaltes in Russland ist ein effektives Steuer- und Abgabensystem insbesondere in Bezug auf die Kohlenwasserstoffe besonders wichtig. Im weltweiten Rechtsvergleich werden in den meisten rohstoffreichen Föderativstaaten die Staatseinnahmen aus dem Bergbaubereich in der Verfassung zwischen der föderalen und der regionalen Ebene aufgeteilt. Nach der russischen Verfassung liegt die ausschließliche Gesetzgebungskompetenz für die Steuerrecht beim Föderationszentrum.[676] Wie oben mehrfach betont wurde, ordnet Art. 72 Verf RF die Fragen über Nutzung und Verfügung für die im Untergrund enthaltenen Bodenschätze den gemeinsamen Kompetenzen des Föderationszentrums und der Föderationsmitglieder zu. Das bedeutet, über die Bestimmung der Quellen für die Staatseinamen entscheidet die Föderation, die Quellen selbst sind jedoch zwischen diesen beiden Ebenen unterteilt, da keine Regelung über die Abgrenzung des Eigentumsrechts am Erdkörper und den darin enthaltenen Bodenschätzen getroffen wurde.

Einer der im ErdkörperG festgelegten Leitsätze des Bergrechts ist die Entgeltlichkeit der Erdkörpernutzung.[677] Das gesetzliche System der Steuern und Abgaben, die im Zusammenhang mit der bergbaulichen Tätigkeit zu entrichten sind, besteht aus den in Art. 39–43 ErdkörperG festgelegten Abgaben und der in Kapitel 26 des Steuergesetzbuches RF vorgesehenen Steuer für die Förderung der Bodenschätze (im Folgenden: Fördersteuer). Die Rohstoffeinnahmen, insbesondere die Fördersteuer und die Ausfuhrzölle für die Kohlenwasserstoffe, bilden die Hauptquelle des russischen Staatshaushalts. Für die Planperiode 2015–2017 beträgt die Erwartung über den Anteil von Erdöl-und Erdgaseinnahmen im Staatshaushalt laut Richtlinien der Haushaltspolitik 46 %.[678] Zusammen mit den anderen allgemeinen Unternehmenssteuern, die auch ein Bergbauunternehmen zu entrichten hat einschließlich des Ausfuhrzolls, erreicht die Anteilshöhe der Einnahmen aus dem Erdöl-Erdgasbereich bis zu 66 %.[679]

676 Art. 71 Verf RF.

677 Vgl. *Izujmov*, Bergrecht (2010), S. 330; *Oleynik/Sivizkiy/Teplov*, Rechtlicher Rahmen für Gewinnung und Vertrieb von Bodenschätzen, S. 550.

678 Richtlinien der Haushaltspolitik für das Jahr 2015 und für die Planperiode für die Jahre 2016 und 2017, keine offizielle Veröffentlichung, abrufbar unter http://www.garant.ru [„Основные направления бюджетной политики на 2015 год и на плановый период 2016 и 2017 годов", документ официально опубликован не был, доступен на сайте http://www.garant.ru].

679 *Eder*, Steuermanöver oder Umkehr, S. 4.

B. Abgaben nach ErdkörperG

Laut Art. 39 ErdkörperG sind bei der Nutzung des Erdkörpers drei Abgaben zu leisten: einmalige Gebühren bei Eintritt bestimmter, in der Lizenz vereinbarter Ereignisse; regelmäßige Nutzungsgebühren; Gebühr für die Teilnahme an Auktionen bzw. Ausschreibungen. Die genannten Gebühren gelten nicht als Steuern, da sie nicht durch Normen der Steuergesetzgebung, sondern durch das ErdkörperG festgelegt sind.[680] Allerdings ist die Steuerbehörde laut dem Föderalgesetz „Über die Steuerbehörde der RF"[681] dafür zuständig, die Kontrolle über die Berechnungen sowie rechtzeitige und vollständige Zahlung nicht nur von Steuern, sondern auch anderen Pflichtabgaben auszuüben, zu welchen die einmaligen und regelmäßigen Gebühren bei der Erdkörpernutzung zählen.

I. Einmalige Gebühr

Die Einmalige Gebühr, auch Bonus genannt, ist in Art. 40 ErdkörperG geregelt. Danach ist sie vom EKL-Inhaber bei Eintritt bestimmter Ereignisse zu leisten, die in der Lizenz festgelegt wurden. In der Regel sind es die Entdeckung der Lagerstätte oder das Erreichen eines festgelegten Fördervolumens.[682] Die minimale Ausgangshöhe der Einmaligen Gebühr wird seit Ende 2014[683] für die Förderung von Erdöl und Erdgaskondensat und die Förderung anderer Bodenschätze differenziert. Sie wird nach den Vorschriften der Anordnung MINPRIRODA № 232[684] bestimmt. Die Mindesthöhe der Einmaligen Gebühr in Bezug auf die Förderung von Erdöl und Erdgaskondensat beträgt 5 % des Erwartungswertes der Fördersteuer, der basierend

680 *Scheveleva*, Über den Begriff „Steuer" im russischen Recht, S. 106; *Drozdov*, Verträge für die Übertragung der Nutzungsrechte an Naturressourcen, S. 25–27.

681 Föderalgesetz vom 21. März 1991 „Über die Steuerbehörde der RF", Amtsblatt des Rates der Volksabgeordneten der RF und des Obersten Rates der RF vom 11. April 1991, № 15, Pos. 492 [Закон РФ от 21 марта 1991 г.»О налоговых органах Российской Федерации», Ведомости Съезда народных депутатов РФ и ВС РФ от 11 апреля 1991 г., № 15, ст. 492].

682 *Izujmov*, Bergrecht (2010), S. 332.

683 Föderalgesetz vom 24. November 2014 „Über die Änderungen im Steuergesetzbuch der RF und einzelnen Rechtsakten der RF", SZ RF 2014, № 48, Pos. 6647 [Федеральный закон от 24 ноября 2014 г. „О внесении изменений в часть вторую Налогового кодекса Российской Федерации и отдельные законодательные акты Российской Федерации», СЗ РФ 2014, № 48, ст. 6647].

684 Anordnung MINPRIRODA № 232 vom 30. September 2008 „Über die Genehmigung der Methodik zur Bestimmung der anfänglichen Starthöhe der Einmaligen Gebühr für die Nutzung des Erdkörperfeldes, Registrierung bei Justizministerium RF am 22. Dezember 2008, № 12914 [Приказ Минприроды России № 232 от 30 сентября 2008 г. «Об утверждении Методики по определению стартового размера разового платежа за пользование недрами», зарегистрировано в Минюсте РФ 22 декабря 2008 г., № 12914].

auf der jahresdurchschnittlichen Förderkapazität des Bergbauunternehmens zu berechnen ist. Für die Förderung anderer Bodenschätze beträgt die Mindesthöhe 10 % des Erwartungswertes der Fördersteuer, der in gleicher Weise zu ermitteln ist. Für die genaue Ermittlung der Mindesthöhe der Einmaligen Gebühr sieht die Anordnung MINPRIRODA № 232 folgende Formel vor:

$$EG_{min} = \text{Fördersteuer}_{Jahr} \text{ x } P$$

wo:

EG_{min} – Mindesthöhe der Einmaligen Gebühr für die Nutzung des Erdkörpers in Tausend Rubel;

$Fördersteuer_{Jahr}$ – Höhe der Fördersteuer pro Jahr, ausgehend von der erwarteten durchschnittlichen Jahresförderleistung des Bergbauunternehmens in Tausend Rubel. In dem Fall, dass auf dem betroffenen Erdkörperfeld mehrere Arten von Bodenschätzen gefördert werden, wird die jahresdurchschnittliche Förderkapazität für jede Art einzeln berechnet und die Ergebnisse dann summiert;[685]

P – festgelegter Prozentsatz: für Erdöl und Erdgaskondensat 5 %; für andere Bodenschätze 10 %.

Art. 40 Abs. 2 S. 3 ErdkörperG sieht eine Ausnahme für den Fall vor, dass bei Entdeckung einer Lagerstätte, die das Erdkörperfeld als Erdkörperfeld föderaler Bedeutung zuordnen lässt, welche auf der Grundlage einer EKL für die geologische Forschung durch eine juristische Person mit Beteiligung ausländischer Investoren erfolgte, die Regierung der RF gem. Art. 2.1 ErdkörperG die Gewinnungsberechtigung verweigerte. Die Einmalige Gebühr für die anderweitige Vergabe der Gewinnungsberechtigung entspricht in ihrer Höhe den von dieser juristischen Person getragenen Kosten für die Aufsuchung und Bewertung der besagten Lagerstätte.

Zunächst bestimmt die lizenzerteilende Behörde die anfängliche Höhe der Einmaligen Gebühr, die in der Mitteilung über die Auktionsdurchführung verkündet wird. Ab dieser Summe beginnt das Schrittverfahren bei einer Auktion. Im Falle einer Ausschreibung dient die Angabe über die Höhe der einmaligen Gebühr dem Bergbauunternehmen als Orientierungspunkt für sein Gebot.[686] Die endgültige Höhe dieser Gebühr wird gem. Art. 40 Abs. 3 ErdkörperG nach den Ergebnissen der Auktion bzw. Ausschreibung festgelegt und in den EKL-Bedingungen fixiert. Sie darf nicht kleiner sein als die Höhe, die der Gewinner der Auktion bzw. Ausschreibung in seinem Gebot festgelegt hat. Daraus ergibt sich, dass in den EKL-Bedingungen nicht nur die Ereignisse festgelegt werden, bei deren Eintritt die Einmalige Gebühr zu zahlen ist, und die Höhe dieser Gebühr bestimmt wird, sondern auch die Art und Weise, wie sie zu entrichten ist, (z. B. Ratentilgung).[687]

---

685 *Dmitrieva*, Bergrecht (2012), S. 76.

686 *Teplov*, Kommentar zum ErdkörperG, S. 503, 504.

687 *Volkov*, Konflikte im Bereich der Verwaltung von Steuern und Gebühren bei Erdkörpernutzung, abrufbar unter http://49e.ru/ru/ 2013/8/6.

Die Entrichtung der Einmaligen Gebühr in Bezug auf die Erdkörperfelder, die nach Auktionsergebnissen bewilligt werden, erfolgt in zwei Etappen. Wie bei der Besprechung der Auktionsdurchführung weiter oben festgestellt wurde, ist eine der Voraussetzungen für die Registrierung von Anträgen für die Teilnahme an der Auktion auf die Erteilung einer EKL der Nachweis der bezahlten Anzahlung, die einen Teil der Einmaligen Gebühr darstellt. Die geleistete Anzahlung wird bei dem Auktionsgewinn von der endgültigen Höhe der Einmaligen Gebühr, die in der EKL festgelegt wird, abgezogen. Die Restsumme entrichtet das Bergbauunternehmen nach den Bestimmungen des Föderalen Staatshaushaltsgesetzes[688] (im Folgenden: HaushaltG).[689] In den Fällen, in denen die EKL ohne Wettbewerbsverfahren erteilt wurde, ist die Höhe der Einmaligen Gebühr direkt in den EKL-Bedingungen festzulegen. Berechnet wird sie in diesem Fall nach der Regierungsverordnung № 94[690]. In der Praxis entstehen oftmals Streitfälle in Bezug auf das Schicksal der Einmaligen Zahlung bei der frühzeitigen Beendigung der EKL. Die Rechtsprechung verneint eine mögliche Rückerstattung bzw. teilweise Rückerstattung der erhobenen Einmaligen Gebühr bei einer Beendigung der EKL vor dem Ablauf der Geltungsdauer.[691]

Die Einnahmen aus diesen Gebühren stehen laut Art. 40 Abs. 7 ErdkörperG dem Haushalt der Russischen Föderation und den Haushalten der Föderationsmitglieder zu. In Bezug auf die Festlegung der Standards für die genaue Verteilung dieser Einnahmen zwischen den Haushalten der beiden Ebenen verweist die Norm

688 Staatshaushaltsgesetzbuch der RF vom 31. Juli 1998, SZ RF 1998, № 31, Pos. 3823 [Бюджетный кодекс Российской Федерации от 31 июля 1998 г., СЗ РФ 1998, № 31, ст. 3823].

689 *Kadomzeva, A. E.*, Rechtliche Natur der Einmaligen und der Regelmäßigen Gebühr für die Nutzung des Erdkörperfeldes, S. 96.

690 Regierungsverordnung № 94 vom 4. Februar 2009 „Über die Bestimmung der Höhe für Einmalige Gebühr für die Nutzung der Erdkörperfelder, die ohne Auktionsdurchführung zu Zwecken der Erkundung und Gewinnung oder zu Zwecken der geologischen Forschung, Erkundung und Gewinnung auf Grund einer kombinierten Lizenz zur Verfügung gestellt werden, sowie für Erdkörperfelder deren Grenzen geändert werden", SZ RF 2009, № 7, Pos. 843 [Постановление Правительства РФ № 94 от 4 февраля 2009 г. „О порядке определения размера разовых платежей за пользование недрами на участках недр, которые предоставляются в пользование без проведения конкурсов и аукционов для разведки и добычи полезных ископаемых или для геологического изучения недр, разведки и добычи полезных ископаемых, осуществляемых по совмещенной лицензии, а также на участках недр, предлагаемых к включению в границы участка недр, предоставленного в пользование, в случае изменения его границ", СЗ РФ 2009, № 7, ст. 843].

691 Entscheidung des Obersten Gerichts der RF vom 04. Februar 2014 № 13728/13 [Постановление Президиума ВАС РФ от 04 февраля 2014 г. № 13728/13]; Entscheidung des Föderalen Arbitragegerichts des Nord-Westlichen Gebiets vom 03. August 2010 № A26-7636/2009 [Постановление ФАС Северо-Западного округа от 03.08.2010 по делу № А26-7636/2009].

auf das HaushaltG Danach sind die Einnahmen aus Einmaligen Gebühren bei der bergbaulichen Tätigkeit auf den Erdkörperfeldern lokaler Bedeutung zu 100 % den Haushalten der Föderationsmitglieder zuzurechnen, in deren Territorium das einschlägige Erdkörperfeld liegt, Art. 56 HaushaltG. Für die bergbauliche Tätigkeit auf allen anderen Erdkörperfeldern, d. h. auf den Erdkörperfeldern föderaler Bedeutung und den allgemeinen Erdkörperfeldern gilt, dass die Einnahmen aus dieser Gebühr zu 100 % dem föderalen Haushalt zugerechnet werden. Ausgenommen von dieser Regel sind die Erdkörperfelder, die Diamantenvorkommen enthalten, Art. 50 HaushaltG. Die Einmalige Gebühr wird hierbei zu 100 % den regionalen Haushalten zugeteilt.

II. Regelmäßige Gebühr

Die regelmäßigen Gebühren für die Nutzung des Erdkörpers, auch Rentals genannt, sind nach Art. 43 ErdkörperG zu entrichten. Sie werden dafür erhoben, dass dem EKL-Inhaber das ausschließliche Recht gewährt worden ist, die in Art. 43 Abs. 1 ErdkörperG aufgelisteten Bergbauarbeiten durchzuführen. Dazu zählen das Recht auf Aufsuchung und Bewertung von Lagerstätten, auf Erkundung von Bodenschätzen, auf geologische Erforschung und Eignungsbewertung von Erdkörperfeldern für die Errichtung und den Betrieb von nicht mit dem Abbau von Bodenschätzen zusammenhängenden Anlagen, und auf Errichtung und Betrieb von nicht mit dem Abbau von Bodenschätzen zusammenhängenden Tiefbauanlagen[692]- außer speziellen Ingenieurbauten in geringer Tiefe (bis höchstens 5 m). Art. 43 Abs. 1 ErdkörperG benennt abschließend die Bergbaubetriebe, bei welchen die Regelmäßige Gebühr nicht erhoben wird. Es handelt sich um Bergbaubetriebe, die folgende Arbeiten durchführen: regionale geologische Forschung; Schaffung besonders geschützter geologischer Objekte für wissenschaftliche, ästhetische, Heil- und Kurzwecke und Erkundung von Bodenschätzen in den Grenzen eines für die Gewinnung dieser Bodenschätze zugeteilten bergbaulichen Zuweisungsfeldes. Anzumerken ist dabei, dass die Regelmäßige Gebühr nicht für die Gewährung der ausschließlichen Rechte als solche erhoben wird, sondern das Bergbauunternehmen entrichtet sie bei der Umsetzung einzelner Etappen des Bergbaubetriebes entsprechend den Phasen der in der EKL festgelegten bergbaulichen Arbeitsarten.[693] Sie wird für jede einzelne in Art. 43 Abs. 1 ErdkörperG verzeichnete Art der bergbaulichen Arbeiten erhoben.

692 Laut Art. 43 Abs. (1), Teil 3 ErdkörperG zählt zu der Errichtung und dem Betrieb von nicht mit dem Abbau von Bodenschätzen zusammenhängenden Tiefbauanlagen auch der Bau künstlicher Anlagen sowie die Verlegung von Unterwasserkabeln und -leitungen.

693 *Kadomzeva, A. E.*, Rechtliche Natur der Einmaligen und der Regelmäßigen Gebühr für die Nutzung des Erdkörperfeldes, S. 96, 97; *Oleynik/Sivizkiy/Teplov*, Rechtlicher Rahmen für Gewinnung und Vertrieb von Bodenschätzen, S. 551.

Sie ist unabhängig davon zu entrichten, ob die entsprechenden Arbeiten tatsächlich ausgeführt worden sind.[694]

Die Höhe dieser Gebühr wird strikt nach den Phasen des Bergbaubetriebes aus geologischer Sicht bestimmt und ist demensprechend in Sätze für die Aufsuchungsarbeiten und Sätze für die Aufsuchungs- und Bewertungsarbeiten unterteilt.[695] Die konkrete Höhe der Regelmäßigen Gebühr ist gem. Art. 43 Abs. 2 ErdkörperG von bestimmten Faktoren abhängig, und zwar von den wirtschaftsgeografischen Bedingungen, der Größe des Erdkörperfeldes, der Art der Bodenschätze, der Dauer der Arbeiten, dem Stand der geologischen Erforschung des betreffenden Territoriums sowie dem Risikograd. Sie wird für die Fläche des bewilligten Erdkörperfeldes erhoben. In dem Fall, dass ein Abschnitt des bewilligten Erdkörperfeldes zurückgegeben wurde, ist die Fläche eines solchen Abschnittes bei der Berechnung der Fläche abzuziehen. Der Satz wird in Quadratkilometern Fläche des Erdkörperfeldes pro Nutzungsjahr festgelegt.

Die Regelmäßige Gebühr ist für jedes einzelne nach den gesetzlichen Bestimmungen bewilligte Erdkörperfeld festzulegen. Dafür sind in Art. 43 Abs. 2 ErdkörperG die Mindest- und die Höchstsätze für die einzelnen Arten der bergbaulichen Arbeiten und die einzelnen Arten der Bodenschätze festgelegt. In diesen Rahmen berechnet ROSNEDRA nach Anordnung MINPRIRODA № 134[696] die konkrete Gebührenhöhe für einzelne Erdkörperfelder und für einzelne Betriebsetappen.

Die aus der Regelmäßigen Gebühr resultierenden Einnahmen werden nach den Bestimmungen des HaushaltG auf die Haushalte der Russischen Föderation und der Föderationsmitglieder verteilt. Nach Art. 50 und 56 HaushaltG fließen diese Einnahmen zu 60 % der Föderation und zu 40 % den Föderationsmitgliedern zu. Die Ausnahme davon bilden die Bergbaubetriebe auf dem Festlandsockel. Die von diesen Bergbauunternehmen entrichteten Regelmäßigen Gebühren werden zu 100 % dem föderalen Haushalt zugeordnet.

Das ErdkörperG bestimmt nicht explizit den Zeitpunkt für die Bezahlung der besagten Gebühren. Da aber gem. Art. 9 Abs. 7 ErdkörperG die Rechte und Pflichten des Bergbauberechtigten ab dem Zeitpunkt der EKL-Registrierung entstehen, ist diese Gebühr wie auch die Einmalige Gebühr nach der Registrierung der EKL zu

---

694 *Volkov,* Konflikte im Bereich der Verwaltung von Steuern und Gebühren bei Erdkörpernutzung, abrufbar unter http://49e.ru/ru/ 2013/8/6.

695 *Teplov,* Kommentar zum ErdkörperG, S. 520; *Kadomzeva, A. E.,* Rechtliche Natur der Einmaligen und der Regelmäßigen Gebühr für die Nutzung des Erdkörperfeldes, S. 98.

696 Anordnung MINPRORODA № 134 vom 07. März 2014 „Über das Verfahren zur Bestimmung der genauen Höhe der Regelmäßigen Gebühr für die Nutzung eines Erdkörperfeldes“, Registrierung in Justizministerium RF am 08. Oktober 2014 № 34266 [Приказ Минприроды России № 134 от 07 марта 2014 г. «Об утверждении Порядка определения конкретных размеров ставок регулярных платежей за пользование недрами», зарегистрировано в Минюсте России 8 октября 2014 г. № 34266].

entrichten.[697] Die Pflicht zur Zahlung der Regelmäßigen Gebühr entfällt bei einer frühzeitigen Beendigung der EKL, denn diese Gebühr wird in Form eines festen Betrages für einen Erhebungszeitraum festgelegt, der während der ganzen Geltungsdauer der EKL zu entrichten ist.[698]

III. Teilnehmergebühren für Auktion bzw. Ausschreibung

Wie bei der Besprechung des Durchführungsverfahrens von Auktionen bzw. Ausschreibungen für die Erteilung einer EKL bereits aufgezeigt wurde, ist von jedem Auktions- bzw. Ausschreibungsteilnehmer eine Teilnehmergebühr zu bezahlen, die eine der Voraussetzungen für die Teilnahme darstellt. Diese Gebühr wird durch Art. 42 ErdkörperG geregelt. Danach errechnet sich die Höhe der Gebühr aus den Aufwendungen für die Vorbereitung und Durchführung der Auktion bzw. Ausschreibung, der Auswertung ihrer Ergebnisse sowie den Arbeitskosten des hinzugezogenen Fachpersonals. Die genaue Höhe der Gebühr wird von ROSNEDRA nach den Vorschriften der Anordnung MINPRIRODA № 507[699] berechnet und festgelegt. Eine Rückerstattung der Teilnahmegebühr erfolgt nur in dem Fall, dass das Bergbauunternehmen zur Teilnahme an der Auktion nicht zugelassen wurde.[700] Den Teilnehmern, die die Auktion nicht gewonnen haben, wird die Teilnehmergebühr nicht rückerstattet.[701] Die Einnahmen aus der Teilnahmegebühr für die Auktionen hinsichtlich der Erdkörperfelder föderaler Bedeutung fließen zu 100 % in den föderalen

697 Amtliches Schreiben des Föderalen Steueramtes № ЕД-4-3/13653 vom 26. Juli 2013 „Über die Regelmäßige Gebühr für die Erdkörpernutzung", keine offizielle Veröffentlichung, abrufbar unter http://www.garant.ru [Письмо Федеральной налоговой службы № ЕД-4-3/13653 от 26 июля 2013 г. “О регулярных платежах за пользование недрами”, документ официально опубликован не был, доступен на сайте http://www.garant.ru].

698 *Volkov*, Konflikte im Bereich der Verwaltung von Steuern und Gebühren bei Erdkörpernutzung, abrufbar unter http://49e.ru/ru/ 2013/8/6.

699 Anordnung MINPRIRODA № 507 vom 14. November 2012 „Über das Verfahren zu Bestimmung der Gebührensumme für die Teilnahme an Auktion oder Ausschreibung für das Nutzungsrecht am Erdkörperfeld", Registrierung bei Justizministerium RF am 07. Februar 2014, № 31256 [Приказ Минприроды России № 507 от 14 ноября 2013 г. «Об утверждении Порядка определения суммы сбора за участие в конкурсах или аукционах на право пользования участками недр», зарегистрировано в Минюсте РФ 07 февраля 2014 г., № 31256].

700 Entscheidung des Obersten Gerichts der RF vom 16. Juni 2010 № ГКПИ10-526 [Решение Верховного Суда РФ от 16 июня 2010 г. № ГКПИ10-526].

701 Entscheidung des Föderalen Arbitragegerichts des Ost-Sibirischen Gebiets vom 26. November 2009 № A58-421/07 [Постановление ФАС Восточно-Сибирского округа от 26 ноября 2009 г. № A58-421/07]; Entscheidung des Föderalen Arbitragegerichts des Ost-Sibirischen Gebiets vom 12. Juli 2010 № A58-1256/10 [Постановление ФАС Восточно-Сибирского округа от 12 июля 2010 г. № A58-1256/10]; Entscheidung des Föderalen Arbitragegerichts des Ost-Sibirischen

Haushalt und für die Auktionen, in deren Ergebnis eine EKL für die Erdkörperfelder lokaler Bedeutung erteilt wird, zu 100 % in den Haushalt des Föderationsmitgliedes, in welchem das einschlägige Erdkörperfeld liegt, Art. 51, 57 HaushaltG.

C. Fördersteuer gem. Art. 334 ff. SteuerGB

I. Die Entwicklung der Fördersteuer

Die Fördersteuer ist eine der „jüngsten" Steuern im russischen Steuersystem. Ihre Einführung zum 1. Januar 2002 durch das Inkrafttreten des neuen Kapitels 26 des SteuerGB hat die zuvor geltenden Abgaben für die Reproduktion der Mineralrohstoffbasis und einige andere im ErdkörperG festgelegten Gebühren abgeschafft.[702] In den frühen 2000er Jahren, als das derzeitige System der Besteuerung der Kohlenwasserstoffproduktion auf der Grundlage der Fördersteuer in Russland entwickelt wurde, bestand die Notwendigkeit, einen einfachen Mechanismus zur Entnahme einer Förderabgabe zu schaffen, da die russischen Behörden bis dahin über keine ausreichende Erfahrung zur Verwaltung solcher Abgaben besaßen. Schon damals plante man, dass ein solches Besteuerungssystem auf der Fördersteuerbasis nur vorübergehend gelten und in der Zukunft durch ein effektiveres Modell ersetzt werden soll. Doch in einer Marktsituation mit anhaltend hohen Ölpreisen wurde ein solcher Übergang als irrelevant betrachtet.[703]

In den letzten Jahren entstand eine Situation, die eine Umgestaltung dieses Systems forderte. Grund dafür waren nicht nur weltwirtschaftliche Geschehnisse und damit zusammenhängend fallende Ölpreise. Der russische Rohstoffsektor zeichnet sich zudem dadurch aus, dass insbesondere die Geographie der Kohlenwasserstoffgewinnung sich stark ändert. Die Abbaustandorte verlagern sich zunehmend in die neuen, entlegenen Gebiete mit harten klimatischen Bedingungen, schwierigen geologischen und bergbaulichen Bedingungen sowie Gebieten mit fehlendem Verkehrsnetz und fehlender Infrastruktur. Zusätzlich wächst der Anteil von „schwer zugänglichen Vorkommen stetig an".[704]

Gebiets vom 20. Dezember 2011 № A19-4604/2011 [Постановление ФАС Восточно-Сибирского округа от 20 декабря 2011 г. № A19-4604/2011].

702 In dem Zeitraum 1992–2001 erfolgte die Regulierung der Zahlungen für die Erdkörpernutzung in Übereinstimmung mit der Gesetzgebung über die Naturressourcen und nicht nach Steuerrecht. Die konkrete Abgabenhöhe wurde in den EKL-Bedingungen festgelegt. Es bestand die Möglichkeit zur Entrichtung der Abgaben in natura.

703 *Usov/Tschelkalin/Turgeneva/Rjabov*, Von jedem – abhängig vom Ergebnis, S. 28.

704 In Russland ist die Bezeichnung „schwer zugängliche Vorkommen" in der Fachliteratur ein fester Begriff, der allerdings gesetzlich nicht definiert ist. Man versteht darunter nicht nur die Vorkommen in entlegenen, nicht erschlossenen Lagerstätten (Festlandsockel, Westsibirien), sondern auch die in der Endphase des Bergbaubetriebes bleibende Rückstände der Vorräte und hochviskoses Öl.

Im Sinne der präventiven Förderung des Bergbausektors und der Sicherstellung des Fördervolumens wurde der Bedarf nach Steueranreizen für solche Bergbaubetriebe, die in den genannten entlegenen Regionen tätig sind, sowie für die Gewinnung der schwer zugänglichen Vorkommen immer größer. Angesichts dieser Tendenzen kam es in den Jahren 2012–2014[705] zu zahlreichen Gesetzesänderungen, die auf die Neugestaltung der Fördersteuer durch die Einführung steuerlicher Anreize für bestimmte Bergbaubetriebe gerichtet waren. Zum Kernelement dieser Novellierungen wurde die Einführung von differenzierten Steuersätzen für schwer zugängliche Kohlenwasserstoffvorräte in Abhängigkeit von Permeabilität des Speichergesteins, dem Grad der Erschöpfung der Lagerstätte und der Größe der Erdöl oder Erdgas führenden Schicht. Den Bergbaubetrieben auf dem Festlandsockel wurden beachtliche Steuervorteile eingeräumt. Um die Kohlenwasserstoffgewinnung in den neu zu erschließenden Gebieten zu fördern, führte man für Bergbaubetriebe in einzelnen Territorien – Halbinsel Jamal, Republik Saha, Westsibirien – ebenso vorteilhafte Steuersätze der Fördersteuer ein.

II. Bemessungsgrundlage der Fördersteuer

Derzeit wird die Höhe der Fördersteuer unter Verwendung folgender Formel berechnet:

$$\text{Fördersteuersatz} = 9 \cdot \text{Кц} \cdot \text{Кв} \cdot \text{Кз} \cdot \text{Кд} \cdot \text{Кдв},$$

wo:

Кц, Кв, Кз, Кд, Кдв – die Koeffizienten sind, die in Abhängigkeit von verschiedenen Faktoren die Höhe des Steuersatzes differenzieren lassen.

Nach Art. 334 SteuerGB ist die Fördersteuer von juristischen Personen und Einzelunternehmen, die als Nutzer des Erdkörperfeldes nach den Bestimmungen der Bergbaugesetzgebung anerkannt sind, zu entrichten. Den Besteuerungsgegenstand bilden gem. Art. 336 SteuerGB die Bodenschätze, die auf dem Territorium der RF oder auf dem Territorium, das der Rechtshoheit der RF unterliegt, auf dem bewilligten Erdkörperfeld gewonnen worden sind sowie die aus den Bergbauabfällen gewonnenen Bodenschätze die auf der Grundlage einer EKL abgebaut worden sind. Die allgemeinverbreiteten Bodenschätze sind in Art. 336 Abs. 2 SteuerGB ausdrücklich aus der Fördersteuerpflicht ausgenommen. Das SteuerGB unterscheidet in Art. 338 Abs. 2 SteuerGB nach der Art der Bodenschätze zwischen zwei Steuerbemessungsgrundlagen. Für Kohlenwasserstoffe (ausgenommen werden die aus den neuen Offshore-Lagerstätten gewonnenen Kohlenwasserstoffe) und Kohle bildet die Steuerbemessungsgrundlagen die Menge der gewonnenen Bodenschätze. Für alle anderen Arten der Bodenschätze und für die aus den neuen Offshore-Lagerstätten

705 Ausführlicher zu den einzelnen Gesetzesänderungen siehe in *Jartiev*, Besteuerung in Ölgewinnungsindustrie: Historie, Perspektiven, Effektivität für den Erdkörpernutzer, Tabelle 3, S. 8.

gewonnenen Kohlenwasserstoffe stellt der Wert der gewonnenen Bodenschätze die Steuerbemessungsgrundlagen dar. Die Berechnungs- und Zahlungsverfahren richten sich nach den in Art. 343–345 SteuerGB festgelegten Bestimmungen. Danach gilt als Steuerbemessungszeitraum ein Kalenderjahr. Dabei ist die Summe der Fördersteuer für jede Art der Bodenschätze einzeln monatlich zu berechnen und spätestens am 25. Tag nach dem Ablauf der Bemessungsperiode zu entrichten.

Für die Verteilung der als Fördersteuer erhobenen Einnahmen zwischen den Haushalten der Föderation und der Föderationsmitglieder gilt Entsprechendes: 40 % der Einnahmen fließen in den föderalen Haushalt ein und 60% in die Haushalte der Föderationsmitglieder, Art. 50, 56 HaushaltG. Das HaushaltG sieht von dieser Grundregel einige Ausnahmen vor. Die Einnahmen aus der Fördersteuer für die Gewinnung von Kohlenwasserstoffen sind zu 100 % dem föderalen Haushalt zuzurechnen, und die für die Gewinnung von Diamanten und allgemeinverbreiteten Bodenschätzen den Haushalten der Föderationsmitglieder.

III. „Steuer-Manöver 2015" in der Rohstoffindustrie

1. Exportzoll für Kohlenwasserstoffe

Das charakteristische Merkmal des Besteuerungssystems der Rohstoffindustrie in Russland ist die Erhebung von speziellen Ausfuhrzollabgaben für bestimmte Rohstoffe (einschließlich Kohlenwasserstoffe), die im Föderalgesetz „Über die Zolltarife"[706] festgelegt sind.[707] Aus der Sicht der russischen Volkswirtschaft besteht die Aufgabe der Exportzölle neben der Generierung von Staatseinahmen auch darin, das Exportvolumen von Rohstoffen und Rohstoffprodukten mit dem Ziel zu regulieren, den Bedürfnissen des inländischen Marktes gerecht zu werden. Im Ergebnis ermöglicht es, die Preise für Energieressourcen auf dem inländischen Markt niedriger als auf dem Weltmarkt zu halten. Zudem soll die Erhebung von Exportzöllen auf Rohstoffe den Aufbau von weiterverarbeitenden Industrien auf dem Territorium Russlands fördern.[708]

---

706 Gesetz der RF vom 21. Mai 1993, „Über den Zolltarif", Amtsblatt des Rates der Volksabgeord-neten der RF und des Obersten Rates der RF 1993, № 23, Pos. 821 [Закон РФ от 21 мая 1993 г. „О таможенном тарифе", Ведомости Съезда народных депутатов Российской Федерации и ВС РФ от 10 июня 1993 г. № 23 ст. 821].

707 Ausführlicher zu Bedeutung von Exportzöllen auf Rohstoffe in den Volkswirtschaften der Entwicklungsländer siehe in: Ein Positionspapier des Bundesministeriums für wirtschaftliche Zusammenarbeit und Entwicklung: BMZ Spezial 166. Entwicklungsfaktor extraktive Rohstoffe, Bonn, Februar 2010, abrufbar unter: http://www.foes.de/pdf/BMZ_Positionspapier %20Extraktive% 20Rohstoffe.pdf.

708 *I zujmov*, Bergrecht (2010), S. 351; *Hines/Marchenko*, Steuerliche und sonstige Anreize für Aufsuchung und Gewinnung bei der Erschließung von Offshore- und unerforschten Lagerstätten in Russland, S. 22–24.

Die Exportzölle bilden zusammen mit der Fördersteuer den größten Anteil in der Steuerbelastung eines Bergbauunternehmens.[709] Vor diesem Hintergrund können die Steueranreize, die durch die Neugestaltung der Fördersteuer geschaffen worden sind, nur in einem Zusammenspiel mit den Novellierungen in Bezug auf die Exportzolle ihre tatsächliche Wirkung entfalten. Demzufolge hat der russische Gesetzgeber in den Jahren 2009–2013[710] einige Änderungen auch im Zollrecht vorgenommen. Diese Novellierungen sollten ebenfalls ihre fördernde Wirkung auf den Bergbausektor entfalten. Die vorteilhaften Exportzölle wurden ebenfalls für die Bergbaubetriebe in den entlegenen Gebieten mit schweren klimatischen Bedingungen sowie für die Lagerstätte mit besonderen physikalisch-chemischen Eigenschaften des Rohstoffes festgelegt, die auf dem Festlandsockel, auf der Halbinsel Jamal, im Autonomen Bezirk der Nenzen und in der Republik Sacha liegen. Im Jahr 2013 wurden die Bergbaubetriebe auf dem Festlandsockel von den Exportzöllen für einen Zeitraum von zehn bis 30 Jahren (in Abhängigkeit vom Schwierigkeitsgrad des Bergbauprojektes) ganz befreit.[711]

2. *Änderungen ab dem 1. Januar 2015*

Am 26. November 2014 beschloss der russische Gesetzgeber neue Änderungen des SteuerGB und der Zollbestimmungen. Sie traten am 1 Januar 2015 in Kraft und haben in Fachkreisen die Bezeichnung „Steuer-Manöver" erhalten.[712] Die Grundidee des Steuer-Manövers besteht in der schrittweisen Senkung der Exportzölle insbesondere auf Erdgas und Erdöl mit einem parallelen Anstieg der Steuersätze der Fördersteuer. Damit soll die Steuerlast von den Exportzollabgaben auf die

709 Vgl. *Kondraschev*, Das Land braucht effektive Steuer, S. 80; *Eder*, Steuermanöver oder Umkehr, S. 5; *Ponkratov*, Die Bewertung der Anwendung einer Steuer auf zusätzliche Einnahmen aus der Kohlenwasserstoffegewinnung in RF, S. 178; *Hines/Marchenko*, Steuerliche und sonstige Anreize für Aufsuchung und Gewinnung bei der Erschließung von Offshore- und unerforschten Lagerstätten in Russland, S, 21.

710 Ausführlicher zu den einzelnen Gesetzesänderungen siehe in *Jartiev*, Besteuerung in Ölgewinnungsindustrie: Historie, Perspektiven, Effektivität für den Erdkörpernutzer, Tabellen 2 und 3, S. 7 und 8.

711 Vgl. *Eder*, Steuermanöver oder Umkehr, S. 8.

712 Regierungsverordnung № 1274 vom 29. November 2014 „Über die Änderungen in Regierungsverordnung № 276 vom 29. März 2012" (Änderung der Sätze für die Ausfuhrzölle für Erdöl und Erdölerzeugnisse bis zum Jahr 2017), SZ RF 2014, № 50, Pos. 7066 [Постановление Правительства РФ № 1274 от 29 ноября 2014 г. „О внесении изменений в постановление Правительства Российской Федерации от 29 марта 2013 г. № 276", СЗ РФ 2014, № 50, ст. 7066] und Föderalgesetz vom 24. November 2014 „Über die Änderungen im Teil II des Steuergesetzbuches der RF und einzelnen Rechtsakten der RF", SZ RF 2014, № 48, Pos. 6647 [Федеральный закон от 24 ноября 2014 г. № 366-ФЗ „О внесении изменений в часть вторую Налогового кодекса Российской Федерации и отдельные законодательные акты Российской Федерации», СЗ РФ 2014, № 48, ст. 6647].

Fördersteuer verlagert werden. Nach den gesetzlichen Rahmen reduziert sich die Höhe des Exportzolls auf Erdöl um das 1,7-fache und auf Erdölprodukte schrittweise um das 1,7 – 5-fache. Zugleich erhöht sich der Fördersteuersatz für Erdöl auf das 1,7-fache und für Erdgas auf das 6,5-fache. Bei der Umsetzung dieser Regelung ist ein Preisanstieg bei Energieressourcen und Erdölprodukten auf dem Inlandsmarkt vorprogrammiert. Um einen starken Anstieg der Preise zu verhindern, ist die sukzessive Minderung von Akzisen auf Benzin und Dieselkraftstoff vorgesehen.[713] Mittels dieser Maßnahmen möchte die russische Regierung drei Aufgaben lösen. Erstens erhofft sich der Staat vor dem Hintergrund der bestehenden Kopplung der Exportzölle für Erdöl an die Marktpreise und derzeit fallender Marktölpreise die Sicherstellung zusätzlicher Einnahmen für den Staatshaushalt. Zweitens wird damit die erforderliche Harmonisierung der nationalen Steuerregelungen mit den Zollgesetzgebungen der Partnerländer im Rahmen der außenwirtschaftlichen Tätigkeit, insbesondere Euroasiatische Wirtschaftsunion und WTO, angestrebt. Drittens soll die starke Abhängigkeit des russischen Staatshaushalts von den Einnahmen aus Exportzöllen auf Kohlenwasserstoffe verringert werden.[714]

Mit der Einführung des Steuer-Manövers ist die Umgestaltung des Steuersystems für die Bergbauindustrie nicht beendet. Derzeit wird über eine Umstellung des geltenden Besteuerungsmodells auf der Grundlage der Fördersteuer auf ein Modell, das auf einer Steuer für zusätzliche Gewinne der Bergbauunternehmer (Steuer auf Finanzergebnis) basiert, diskutiert. Man geht davon aus, dass dadurch im Umfang der Steuerbelastung nicht nur das Niveau der Weltmarktpreise berücksichtigt, sondern auch die Rentabilität einzelner Lagerstätten erfasst werden kann.[715] Im März 2015 billigte die Regierung der RF ein Pilotprojekt für zwölf potenzielle Bergbaubetriebe, das die Umstellung der Fördersteuer auf eine Steuer auf das Finanzresultat vorsieht.[716] Für den Projektzeitraum soll die Erhebung der Fördersteuer für diese Betriebe ausgesetzt und stattdessen die Erhebung einer Steuer auf das Finanzresultat eingeführt werden, die praktisch eine spezielle zusätzliche Gewinnsteuer darstellt.[717] Die Kriterien für die Auswahl einzelner Bergbaubetriebe sind noch nicht festgelegt, wofür noch ein konkreter Gesetzesentwurf ausgearbeitet werden muss. Ebenso bleibt abzuwarten, wie das Besteuerungsverfahren in diesem Zusammenhang

713 *Lukaschov*, Steuermanöver: Vorteile und Risiken, Online-Ressource http://www.transport-nefti.com/ blog/4554/.

714 Vgl. *Ponkratov*, Steuermanöver in der Ölgewinnungsindustrie Russlands – Versuch die Fiskalsysteme der Zollunion zu harmonisieren, S. 81–82; *Eder*, Steuermanöver oder Umkehr, S. 9; *Lukaschov*, Steuermanöver: Vorteile und Risiken, Online-Ressource http://www.transport-nefti.com/ blog/4554/.

715 *Usov/Tschelkalin/Turgeneva/Rjabov*, Von jedem – abhängig vom Ergebnis, S. 28, 29.

716 Medwedev befürwortet den Vorschlag über die Steuer auf Finanzergebnis für die Ölgewinnungsindustrie, in: Vedomosti, vom 18. März 2015, abrufbar unter: http://www.vedomosti.ru/business/news/2015/03/18/medvedev-podderzhal-predlozhe nie-o-aloge-na-finansovii-rezultat-dlya-neftyanih-kompanii.

717 *Usov/Tschelkalin/Turgeneva/Rjabov*, Von jedem – abhängig vom Ergebnis, S. 28, 29.

ausgestaltet wird. Die einzelnen Ergebnisse dieses Pilotprojekts wird man erst beurteilen können, wenn die Unternehmen ihre ersten Unternehmensbilanzen nach den neuen Vorschriften vorgelegt haben. Obwohl es noch zu früh ist, über eine gesetzlich festgelegte umfassende Umgestaltung des Besteuerungsmodells zu sprechen, ist eine deutliche Tendenz zur Auswechslung der Fördersteuer durch die Steuer auf das Finanzergebnis zu erkennen.

IV. Zwischenfazit

Der Hauptnachteil des geltenden Besteuerungsmodells im Bergbausektor Russlands ist seine Ausrichtung auf die Erhebung der Rohstoffrente und damit an erster Stelle auf die Erfüllung der Fiskalfunktion der Steuer. Dabei basieren die Mechanismen für die Entnahme der Rohstoffrente durch den Staat auf dem durchschnittlichen Niveau der Produktionskosten eines Bergbauunternehmens. Im Ergebnis führt das einerseits dazu, dass von den hochprofitablen Bergbaubetrieben die tatsächlich mögliche Rohstoffrente nicht vollständig eingenommen wird. Andererseits besteht stets die Notwendigkeit, für Bergbaubetriebe, die mit besonders hohen Kosten verbunden sind, punktuelle Steuervorteile einzuführen. Der Hauptgrund dafür, wieso der russische Staat sich für das Besteuerungsmodell auf der Grundlage der Fördersteuer und Exportzölle entschieden hatte, ist ihre einfache Verwaltung. Der komplizierte Mechanismus für die Gewährung besagter Steuervorteile erschwert dagegen die Verwaltung der Steuererhebung erheblich. Die steuerlichen Sonderregelungen, die in das System der Fördersteuer eingebaut sind, sind nur darauf gerichtet, die Exploration bestimmter Lagerstätten zu fördern, und tragen zu der Entwicklung der Bergbauindustrie in ihrer Gesamtheit nicht bei.

Der Beschluss des Steuer-Manövers 2015 ist zwar ein Mittel, um die globalen volkswirtschaftlichen Aufgaben zu lösen, wie z. B. die Aufstockung des föderalen Staatshaushaltes, die Harmonisierung der Zollregelungen mit den Außenwirtschaftspartnern und als Folge daraus die Verhinderung eines drohenden Reexports von Erdöl durch die Länder der Euroasiatischen Wirtschaftsunion. Für die Entwicklung der nationalen Rohstoffindustrie und insbesondere für die Betriebe, deren Tätigkeit auf den nationalen Markt gerichtet ist, droht seine Umsetzung jedoch mit negativen Folgen. Die Senkung der Exportzölle und die Erhöhung der Fördersteuer führen bei der Kohlenwasserstoffförderung und ihrer Verarbeitung zu einer übermäßigen Orientierung auf die Exportmärkte. Als Folge sind die Erhöhung des Ölpreises auf dem nationalen Markt sowie ein Mangel an Öl- und Ölprodukten im Land möglich.

Positiv zu bewerten ist die Bereitschaft der russischen Regierung, den gegenwärtigen an die Rohstoffrente orientierten Besteuerungsmechanismus durch ein Modell auf der Grundlage einer speziellen Steuer auf zusätzliche Gewinne zu ersetzen. Eine solche Umgestaltung wird angesichts der faktischen Gegebenheiten des russischen Bergbausektors nur dann Erfolg haben, wenn auch für die Erhebung der „neuen" Steuer ein Mechanismus gefunden wird, der zur gleichen Zeit die Erschließung von neuen, schwer zugänglichen Lagerstätten fördern und die Fortschritte der bergbaulichen Arbeiten in den bestehenden Projekten nicht hindern würde. Zurzeit bleibt abzuwarten, ob und in welcher Form eine Steuerreform für die Rohstoffindustrie nach dem Ablauf der auf die Dauer von drei Jahren festgelegten Regelungen des Steuer-Manövers 2015 durchgeführt wird.

E. Rechtsvergleichende Ausführungen zum deutschen Bergrecht

Im Hinblick auf die Besteuerung des Rohstoff- und Bergbausektors liegt der ausschlagkräftigste Unterschied zwischen den beiden Ländern ohne Zweifel in der volkswirtschaftlichen Bedeutung dieses Industriezweiges. Der russische Staatshaushalt wird zu ca. 2/3 von den Einnahmen aus der direkten Besteuerung der Bergbautreibenden und den damit zusammenhängenden allgemeinen Steuern gefüllt. In Deutschland fällt diese Anteil deutlich kleiner aus und spielt bei der Bildung des Staatshaushaltes eine wesentlich geringere Rolle.

Nach der rechtsvergleichenden Betrachtung der Besteuerungsmodelle des Bergbausektors in beiden Ländern kommt man zu dem Ergebnis, dass zwar in beiden Ländern der Bergbautreibender neben der Befolgung allgemeiner unternehmenssteuerlicher Grundsätze auch gesonderte Abgaben bzw. Steuern zu entrichten hat. Der Aufbau des eigentlichen Besteuerungsmodells ist jedoch aus Gründen der stark unterschiedlich ausfallenden Ausstattung beider Länder mit Naturressourcen von großen Unterschieden geprägt. In Deutschland erfolgt die Besteuerung durch die Erhebung der Feldesabgabe vom Inhaber einer Erlaubnis gem. § 30 BBergG und der Förderabgabe vom Inhaber einer Bewilligung gem. § 31 BBergG. Die Feldesabgabe beträgt im ersten Jahr nach der Erteilung fünf Euro pro angefangenen km^2 und erhöht sich für jedes folgende Jahr um weitere fünf Euro. Sie darf die Höhe von 25 Euro pro angefangenen km^2 aber nicht übersteigen. Zum Zwecke der Förderung von Aufsuchungsarbeiten können gem. § 30 Abs. 3 S. 2 BBergG die im jeweiligen Jahr für die Aufsuchung gemachten Aufwendungen auf die Feldesabgabe angerechnet werden. Die Förderabgabe beträgt gem. § 31 Abs. 2 BBergG 10 % des Marktwertes des innerhalb des jeweiligen Jahres aus dem Bewilligungsfeld gewonnenen Bodenschatzes. Obwohl die Förderabgabe rechtlich gesehen keine „Steuer“ ist, wird sie nach der Entscheidung des BVerfG[718] seit 1987 als solche behandelt.

Der wesentliche Unterschied des im BBergG festgelegten Besteuerungsmodells zu dem Besteuerungsmodell in Russland ist die Tatsache, dass in Deutschland gem. § 32 BBergG die Bundesländer ermächtigt sind, durch Rechtsverordnungen das im Bundesgesetz festgelegte Modell umzugestalten. Diese Bestimmung ermöglicht es den Landesregierungen, den Prozentsatz der Förderabgabe abweichend von dem in § 31 Abs. 2 BBergG festgelegten 10 %-Satz innerhalb einer Spanne zwischen 0 und 40 % festzusetzen sowie für einen bestimmten Zeitrahmen für bestimmte Bodenschätze oder bestimmten Gebiete die Bergbauunternehmen von der Entrichtung der

---

718 BVerfGE 72, 330 ff., 410 ff.

Feldes- und Förderabgabe entweder ganz zu befreien oder eine andere Staffelung zu bestimmen. Hintergrund dieser Regelung war unter anderem durch die Verwendung von Rechtsverordnungen ein flexibles Rechtsinstrument zu schaffen, das eine schnelle Reaktion des Staates auf sich unter Umständen rasch verändernde Gegebenheiten ermöglicht. Die betroffenen Bundesländer haben davon Gebrauch gemacht und regeln Einzelheiten der Abgabenerhebung sowie die Abgabensätze in Rechtsverordnungen, die einmal im Jahr an die veränderten Verhältnisse, insbesondere Preisveränderungen auf den internationalen Öl- und Gasmärkten, angepasst werden.[719]

In Russland setzt sich das Besteuerungsmodell aus den Einmaligen und Regelmäßigen Gebühren und Gebühren für die Teilnahme an der Auktion bzw. Ausschreibung gem. Art. 40, 42 und 43 ErdkörperG plus die Förderst euer nach Art. 334 ff. SteuerGB zusammen. Einen großen Anteil in der steuerlichen Belastung von Bergbauunternehmen haben auch die Exportzölle, die bei der Ausfuhr von Kohlenwasserstoffen nach den Vorschriften der Zollgesetzgebung zu entrichten sind. Alle diese Steuer und Abgaben werden durch das Bundesrecht geregelt. Das bedeutet, dass die Einzelheiten für die Erhebung und die Erhebungsbeträge nur durch eine Gesetzesänderung vorgenommen werden können, um auf Marktgeschehnisse oder andere Veränderungen durch steuerliche Erleichterungen oder Anreize zu reagieren. Dieses Verfahren ist deutlich langwieriger als das Instrument der Rechtsverordnungen im deutschen Recht. Nicht selten wird dem russischen Steuermodell von den Investoren vorgeworfen, nicht flexibel genug zu sein, um rechtzeitig auf die Welt- und Marktgeschehnisse reagieren zu können.

Vor allem in den letzten Jahren stand der russische Gesetzgeber unter Druck, ein differenziertes Besteuerungssystem zu etablieren, um die Berücksichtigung von in Russland stark unterschiedlichen klimatischen und infrastrukturellen Bedingungen in bestimmten Bergbaugebieten möglich zu machen. Heute existiert ein ganzes System von Vorschriften zur steuerlichen Entlastung solcher schwerzugänglicher Erdkörperfelder. Anfang des Jahres 2015 traten in Russland die viel diskutierten und umstrittenen Regelungen des sog. „Steuermanövers" in Kraft, wonach in den nächsten drei Jahren nach einer festgelegten Staffelung die Erhebungsbeträge bei den Exportzöllen sinken und gleichzeitig die Steuersätze für die Förderabgabe wachsen werden. Im Unterschied zu Deutschland hat der russische Gesetzgeber noch kein zufriedenstellendes System für die Besteuerung des Bergbausektors gefunden. Dies erkennt man auch daran, dass kurz nach Inkrafttreten des Steuermanövers 2015 die Regierung der RF beschlossen hat, in experimentellem Rahmen einige Bergbauprojekte vom geltenden Besteuerungssystem auf ein Modell umzustellen, in dem die Förderabgabe durch eine Steuer auf das Finanzergebnis ersetzt wird. In diesem Zusammenhang kann gespannt abgewartet werden, nach welchen Kriterien diese

719 Vgl. *Kühne* in: *Säcker (Hrsg.)*, Handbuch zum dt.-russ. Energierecht, S. 283; *Kremer/Neuhaus*, Bergrecht (2001) S. 41 ff.

Bauprojekte ausgewählt werden und welche Ergebnisse und Änderungen dieses Experiment für das Besteuerungssystem bringen wird.

Durch die rechtsvergleichende Betrachtung der Frage, in wessen Haushalt Einnahmen aus speziellen Abgaben und Steuern im Bergbausektor fließen, zeigen sich weitere Unterschiede. Zwar sind beide Länder Föderalstaaten, die Verteilung dieser Einnahmen erfolgt jedoch auf verschiedenen Wegen. Gem. §§ 30 Abs. 2, 31 Abs. 3 BBergG sind die Feldes- und die Förderabgaben an das Bundesland zu entrichten, in dem die jeweiligen Felder sich befinden. Ähnlich regelt § 137 BBergG den Einnahmenfluss für Bergbaubetriebe im Küstengewässer. Danach sind die besagten Einnahmen an das Bundesland zu entrichten, an dessen Küstengewässer das Feld im Bereich des Festlandsockels angrenzt. Der Vorteil eines Bundeslandes, welches über eine hohe Zahl von Bergbauprojekten verfügt und dadurch hohe Einnahmen aus diesem Sektor bezieht, wird durch das in der deutschen Finanzverfassung festgelegte Instrument des Länderfinanzausgleichs abgeschwächt.[720] In Russland fließen die steuerlichen Einnahmen aus dem Rohstoffsektor größtenteils direkt in den zentralen Staatshaushalt (Bundeshaushalt) ein. Die Föderationsmitglieder, die selbständig ihre regionalen Haushalte nicht ausgleichen können, werden durch Transferzahlungen aus dem Bundeshaushalt gestützt. Die regionalen Haushalte verfügen nach russischem Recht kaum über eine Unabhängigkeit bei der Wahl der Besteuerungsgrundlage, Besteuerungsmethode oder der Steuersätze. Die Entscheidung darüber, welche Regionen welche Zahlungen erhalten, liegt alleine beim Föderationszentrum und wird durch Regierungsverordnung für jedes Haushaltsjahr bestimmt. Im Endergebnis stellt man also wiederum eine Ähnlichkeit fest, denn beide Länder streben das Ziel an, durch Umverteilung der Einnahmen aus der Besteuerung der Rohstoffindustrie die ganze Bevölkerung des föderativen Staates daran teilhaben zu lassen und die Vorteile der rohstoffreichen Regionen zu relativieren.

720 *Kühne* in: *Säcker (Hrsg.),* Handbuch zum dt.-russ. Energierecht, S. 285.

Kapitel 5. Die staatliche Regulierung des bergbaulichen Zugangs zu den Bodenschätzen nach Vertragsmodell (PSA)

In Russland kann der bergbauliche Zugang zu den Lagerstätten neben dem oben besprochenen Lizenzierungsmodell nach dem ErdkörperG im Rahmen des Vertragsmodells auf der Grundlage von product-sharing agreements (im Folgenden: PSA) erfolgen, das mit dem Inkrafttreten des PSA-G im Jahr 1995 seine Gültigkeit erlangt hat. Das Ziel dieses Gesetzes war es, Investitionen in den russischen Bergbausektor zu erhöhen. Bis heute ist auf der Grundlage dieses Gesetzes noch keine Vereinbarung dieser Art (PSA) abgeschlossen worden. Die drei heutzutage in Russland laufenden PSA-Bergbauprojekte wurden alle noch vor dem Inkrafttreten des PSA-G auf der Grundlage eines Erlasses des damaligen Präsidenten der RF Boris Jelzin vereinbart.[721] Dazu zählen:

1. „Sachalin-1". Die Investoren sind „Exxon" (USA) – 30 %, Sakhalin Oil and Gas Development (Japan) – 30 %, «Rosneft – Sachalin» – 20 %, ONGC Videch (Indien) – 20 %.
2. „Sachalin-2". Die Investoren sind (seit April 2007) ÖAG „Gazprom" (Russland) 50 % + 1 Aktie, „Shell" (Niederlande – Großbritannien) – 27,5 %, Mitsui 12,5 % und Mitsubishi 10 % (beide Japan).
3. Kharyaga. Die Investoren sind (seit Juli 2009) Total (Frankreich) – 40 %, Statoil (Norwegen) – 30 %, AG „Zarubegneft" (Russland) – 20 %, „Nenets Oil Company" (Russland) – 10 %.

A. Begriff und Inhalt des PSA

I. Begriff und Gegenstand der Vereinbarung

Die Definition für eine Produktionsteilungsvereinbarung ist in Art. 2 Abs. 1 PSA-G festgelegt. Danach stellt ein PSA einen Vertag dar, gemäß welchem die RF einem Investor gegen Entgelt und für eine bestimmte Frist das ausschließliche Recht gewährt, auf dem in der Vereinbarung bestimmten Erdkörperfeld Bodenschätze

721 Erlass des Präsidenten der RF № 2285 vom 24. Dezember 1993, „PSA-Fragen bei der Erdkörpernutzung, Amtsblatt des Präsidenten und der Regierung der RF 1993, № 41, Pos. 3919 [Указ Президента РФ № 2285 от 24 декабря 1993 г. „Вопросы соглашений о разделе продукции при пользовании недрами", Собрание актов Президента и Правительства РФ 1993, № 41, ст. 3919].

aufzusuchen, zu erkunden und zu gewinnen sowie die damit verbundenen Arbeiten zu betreiben. Der Investor verpflichtet sich, die genannten Arbeiten auf eigene Rechnung und eigenes Risiko auszuführen. Demgemäß umfasst der Gegenstand der Vereinbarung das Aufsuchen, Erkunden und Gewinnen von Bodenschätzen.[722]Aus dem Wortlaut dieser Formulierung lassen sich folgende wesentliche Bedingungen eines PSA erschließen: Die Parteien einer Vereinbarung sind die RF und der Investor, die Rechtsbeziehung hat einen entgeltlichen Charakter, die Vereinbarung ist befristet, der Investor erlangt das ausschließliche Nutzungsrecht (d.h. der Staat darf keinem anderen Investor die Nutzung des im PSA bewilligten Erdkörperfeldes gewähren), das Nutzungsrecht umfasst das Aufsuchen, das Erkunden und das Fördern der Bodenschätze, das Nutzungsrecht wird nur für das ausgewiesene Erdkörperfeld verliehen, der Investor führt seine Tätigkeit auf eigene Rechnung und auf eigenes Risiko durch.

Ein besonderes Augenmerk gilt dem Art. 2 Pkt. 7 PSA-G, wonach die vor dem Inkrafttreten des PSA-G geschlossenen Vereinbarungen nach den darin fixierten Bedingungen zu erfüllen sind. Die Bestimmungen des PSA-G können auf diese Vereinbarungen nur dann angewendet werden, wenn sie den in der Vereinbarung getroffenen Regelungen nicht widersprechen und die Rechte der Investoren, die sie auf der Grundlage dieser Vereinbarungen erworben haben und ausüben, nicht einschränken.[723] Da alle derzeit in Russland geltenden PSA vor dem Inkrafttreten des PSA-G geschlossen worden sind, ist diese Regel auf alle drei anwendbar. Auf dieser gesetzlichen Grundlage haben die russischen Gerichte mehrmals den Vorrang der in der einschlägigen Vereinbarung festgelegten Regelungen vor dem geltenden nationalen Recht bejaht.[724]

II. Einordnung der Vereinbarung im russischen Rechtssystem

Die Frage über die Rechtsnatur eines PSA bleibt umstritten. Die Beantwortung dieser Frage ist von grundlegender Bedeutung, da dadurch bestimmt wird, welche Rechtsnormen und welche Regelung der Haftung in Bezug auf ein PSA Anwendung finden.[725] Es existieren in diesem Zusammenhang drei Hauptrichtungen. Einige Autoren vertreten die Meinung, dass ein PSA einen zivilrechtlichen Vertrag

---

722 Im Lizenzierungsverfahren nach ErdkörperG wird der gleiche Rechtsumfang im Rahmen einer kombinierten EKL gewährt.

723 *Ljapina/ Kolokolov/ Svechnikova/Kotscheev/Artem'ev*, Kommentar zum PSA-G, S. 9.

724 Entscheidung des Präsidiums des Obersten Arbitragegerichts vom 18. Januar 2011 № 12105/10 [Постановление Президиума ВАС РФ от 18 января 2011 г. № 12105/10]; Entscheidung des Obersten Arbitragegerichts der RF vom 18. November 2010 № ВАС-12105/10 [Определение ВАС РФ от 18 ноября 2010 г. № ВАС-12105/10].

725 *Rath, J.*, Das Recht der Product-Sharing-Agreements in der Russischen Föderation, 1. Aufl., Göttingen: Cuvillier, 2006, S. 26.

darstelle[726], andere sehen in einem PSA aufgrund der Tatsache, dass eine der Parteien immer der Staat ist, einen öffentlich-rechtlicher Vertrag mit ihm eigenen Besonderheiten[727]. Für die dritte – herrschende – Meinung ist das PSA ein zivilrechtlicher Vertrag mit öffentlich-rechtlichen Elementen.[728] Bei der Behandlung dieser Fragen ist anzumerken, dass ein PSA auch nicht als gemischter Vertrag i. S. v. Art. 421 Abs. 3 ZGB RF qualifiziert werden kann; denn das alleinige Vorhandensein von öffentlich-rechtlichen Elementen in einem PSA, wie z.B. die Erteilung einer Lizenz oder die Durchführung der Bergaufsicht, reicht nicht aus, um ihr den Status eines derartigen Vertrages einzuräumen.[729] In einem gemischten Vertrag i. S. v. Art. 421 Abs. 3 ZGB RF sind alle Elemente zwar miteinander verknüpft, können aber in einen separaten Vertrag ausgegliedert werden. Dies ist bei einem PSA nicht möglich: Alle Elemente dieser Vereinbarung bleiben untrennbaren in der Vereinbarung verbunden.[730] Die Ansicht der herrschenden Meinung über ein PSA als zivilrechtlicher Vertrag mit öffentlich-rechtlichen Elementen kommt der Rechtsnatur des PSA am nächsten. Der Staat und der Investor schließen die Vereinbarung als gleichberechtigte Parteien ab und stellen dabei die Rechtssubjekte i. S. v. Art. 124 ZGB RF dar. Das begründete Rechtsverhältnis basiert somit auf der zivilrechtlichen Parteiautonomie, enthält jedoch gleichzeitig einige öffentlich-rechtliche Rechte und Pflichten.

---

726 Vgl. *Teplov,* Rechtsbegleitung der Arbeit mit den Product sharing agreements bei der Erschließung der Kohlenwasserstofflagerstätte, S. 103–104; *Voznesenskaja,* Ausländische Investitionen, S. 155; *Averkin,* Product sharing agreement: Entwicklung des Rechtsmechanismus, S. 116–119; *Vasilevskaja,* Rechtliche Rahmenbedingungen der Erdkörpernutzung in Russland und Ausland: Theorie und Praxis, S. 263–275.

727 Vgl. *Krupko,* Investitionsstreitigkeiten zwischen dem Staat und dem ausländischen Investor, S. 78; *Haustov,* Öffentlich-rechtliche Verträge als besonderes Instrument staatlicher Regulierung der Naturnutzung, S. 8–9, 84.

728 Vgl. *Ljapina/ Kolokolov/ Svechnikova/Kotscheev/Artem'ev,* Kommentar zum PSA-G, S. 8; *Platonova,* Kommentar zum PSA-G, S. 25–27, 126; *Krujkov,* Geltender Rechtsrahmen für PSA, S. 12; *Doronina,* Einfluss vertraglicher Normen auf die Gesetzgebung der RF über die Investitionen, S. 190; *Muljavin,* Product sharing agreement: zivilrechtliche Eigenschaften und Rechtsgrundlage für den Abschluss, S. 19 – 20; *Kursky, A.,* Product Sharing Agreements (PSA) in the Russian Mining Industry, in: Russian/CIS Energy & Mining Law Journal, № 1/2003, S. 31; *Lisiza,* Internationale Investitionsvereinbarungen, S. 17–18, *Rath, J.,* Das Recht der Product-Sharing-Agreements in der Russischen Föderation, 1. Aufl., Göttingen: Cuvillier, 2006, S. 52.

729 Vgl. *Rath, J.,* Das Recht der Production-Sharing-Agreements in der Russischen Föderation, 1. Aufl., Göttingen: Cuvillier, 2006, S. 51; *Bychkov,* Rechtsnatur der Product sharing agreement: gemischter oder eigenständiger Vertrag, 68, 69. Gegenansicht siehe bei *Nemchenko,* Zu der Frage über die Position der Product sharing agreement im System des Schuldrechts, S. 16–20.

730 *Bychkov,* Rechtsnatur der Product sharing agreement: gemischter oder eigenständiger Vertrag, S. 69.

B. Die Parteien eines PSA

Die möglichen Parteien eines PSA legt Art. 2 Abs. 1 PSA-G fest, wonach die Vereinbarung zwischen der RF und dem Investor abgeschlossen wird.

I. Der Staat

Der Staat kann in den Rechtsbeziehungen mit den anderen Personen auf zwei Arten wirken: als ein Träger der öffentlichen Gewalt in Form einer Behörde oder als gleichberechtigter Teilnehmer der Wirtschaftstätigkeit, dessen Status dem Status einer juristischen Person gleichgesetzt ist, Art. 124 Abs. 1 ZGB RF. Die Tätigkeit des Staates, wenn er als Subjekt der zivilrechtlichen Beziehungen auftritt, unterliegt den gleichen Rechtsnormen, die für andere in ähnlichen Rechtsbeziehungen beteiligten juristischen Personen gelten, Art. 124 Abs. 2 ZGB RF. Wenn der Staat also an den wirtschaftlichen Tätigkeiten als gleichgestelltes Subjekt teilnimmt, verzichtet er damit auf seinen Machteinfluss auf die anderen Teilnehmer (mit Ausnahme der Aufsichtsbefugnisse) und agiert nach den gleichen Rechtsbestimmungen, die auch für die Aktivitäten seiner Vertragspartner gelten. Genau in dieser Rechtsstellung schließt der Staat auch das PSA ab.[731]

Im Namen der Russischen Föderation können die Regierung der RF und die von ihr dafür autorisierten staatlichen Stellen agieren. Die Regierung hat das Energieministerium (im Folgenden: MINENERGO)[732] damit bevollmächtigt, die Richtlinien und die gesetzliche Regulierung in Fragen der Erdkörpernutzung nach PSA-Modell zu entwickeln und umzusetzen. Insbesondere ist es dafür zuständig, die Maßnahmen in Zusammenhang mit der Vorbereitung und Realisierung des PSA durchzuführen. Mit der Anordnung MINENERGO № 77[733] gründete das Ministerium in diesem Sinne die „Zwischenbehördliche Kommission für die Vorbereitung und Umsetzung des PSA" (im Folgenden: PSA-Kommission) mit dem Energieminister als Vorsitzenden[734] sowie

731 Vgl. *Borisov*, Kommentar zum PSA-G, S. 35, 36; *Jakovlev*, Das Bergrecht im modernen Russland, S. 394, 395.

732 Bis zum Erlass des Präsidenten der RF № 724 vom 12. Mai 2008 existierte das Ministerium für Industrie und Energie, dass durch den genannten Rechtsakt in das Ministerium für Energie (MINENERGO) und das Ministerium für Wirtschaftsentwicklung und Handel umstrukturiert wurde.

733 Anordnung des Ministeriums für Industrie und Energie der RF № 77 vom 6. April 2005 „Über die Zwischenbehördliche Kommission für die Vorbereitung und Umsetzung der PSAs", keine offizielle Veröffentlichung, abrufbar unter http://www.garant.ru [Приказ Министерства промышленности и энергетики РФ № 77 от 6 апреля 2005 г. „О межведомственной комиссии по вопросам подготовки и реализации соглашений о разделе продукции", документ официально опубликован не был, доступен на сайте http://www.garant.ru].

734 Die Kommission besteht aus Vertretern von MINENERGO, MINPRIRODA, ROSPRIRODNADZOR, ROSTEHNADZOR, MINEKONOMRAZVITIE, ROSIMUSCHESTVO, Transportministerium, Finanzministerium, Außenministerium, Steuerbehörde, FSB.

erließ die Verwaltungsverfahrensordnung für Ausführung von Maßnahmen im Zusammenhang mit PSA-Abschluss (im Folgenden: Verwaltungsverfahrensordnung PSA).[735]

II. Der Investor

Die zweite Partei beim Abschluss eines PSA ist der Investor. Art. 3 Abs. 1 PSA-G definiert den Investor als juristische Person oder Vereinigung juristischer Personen, die gemäß einem Kooperationsvertrag gegründet wurde und selbst keinen Status einer juristischen Person besitzt, und welche eigene Kreditmittel oder Fremdmittel in die Aufsuchung, Erkundung und Gewinnung der Bodenschätze investiert und gemäß den Bedingungen der Vereinbarung der Erdkörpernutzer ist. Damit ist der Kreis der möglichen Investoren beim PSA-Modell im Vergleich zum Lizenzierungsmodell enger ausgestaltet, denn die russischen und ausländischen Einzelunternehmer als Personen der unternehmerischen Tätigkeit können nicht Partei eines PSA sein.[736] Ist eine Vertragspartei eine Personenvereinigung ohne den Status einer juristischen Person, üben deren Teilnehmer die vereinbarten Rechte und Pflichten gem. Art. 3 Abs. 2 PSA-G solidarisch aus.[737] Solche Personenvereinigungen können in unterschiedlichen Rechtsordnungen gebildet werden und sollen nicht nur russischer, sondern können auch ausländischer Gerichtsbarkeit unterliegen. Obligatorisch bleibt nur das Erfordernis der solidarischen Ausübung der vereinbarten Rechte und Pflichten. Im russischen Zivilrecht ist die Gründung einer solchen Vereinigung in den Art. 1041 ff. ZGB RF geregelt, die sog. Einfache Gesellschaft.

Dem Investor oder dem von ihm beauftragten Betreiber obliegt gem. Art. 7 Abs. 4 PSA-G die Organisationsdurchführung bei der Umsetzung der vereinbarten Arbeiten. Als Betreiber können vom Investor sowohl auf dem Gebiet der RF gegründete Gesellschaften, als auch auf dem Gebiet der RF tätige ausländische juristische Personen hinzugezogen werden. Die Tätigkeit eines solchen Betreibers muss auf die reine organisatorische Verwaltung der Arbeiten beschränkt sein. Im Falle

735 Anordnung MINENERGO № 480 vom 11. November 2009 „Über die Genehmigung der Verwaltungsverfahrensordnung für MINENERGO bei Erbringung der öffentlichen Dienstleistung für die Ausführung von Maßnahmen im Zusammenhang mit Vorbereitung und Umsetzung der Product sharing agreements", Registrierung bei Justizministerium RF am 25. Dezember 2009, № 15871 [Приказ Министерства энергетики РФ № 480 от 11 ноября 2009 г. «Об утверждении Административного регламента исполнения Министерством энергетики Российской Федерации государственной функции по осуществлению мероприятий, связанных с подготовкой и реализацией соглашений о разделе продукции», зарегистрировано в Минюсте РФ 25 декабря 2009 г., № 15871].

736 *Izujmov*, Bergrecht (2010), S. 360.

737 *Borisov*, Kommentar zum PSA-G, S. 38.

einer Heranziehung eines Betreibers trägt der Investor für dessen (des Betreibers) Handeln die gleiche Verantwortung wie für eigenes Handeln.

Investoren, die sich entschlossen haben, gemeinsam das Aufsuchen und Gewinnen von Bodenschätzen im Rahmen eines PSA in Russland zu betreiben, steht auch ein anderes Modell zur Verfügung. Sie können eine neue juristische Person gründen (meistens nach ausländischem Recht), die dann als die Partei der Vereinbarung auftritt. Formell entspricht dieses Modell der ersten in Art. 3 Abs. 1 PSA-G festgelegten Art des Investors. Der Unterschied besteht darin, dass die realen Investoren nur gemäß ihrem Status als Aktionäre der neu gegründeten Gesellschaft haften, die als PSA-Partei auftritt. Dieses Schema bringt für die realen Investoren eine Reihe von Vorteilen mit sich: Limitierte Verantwortung, denn die volle materielle Haftung liegt ausschließlich auf der neu gegründeten Gesellschaft als Partei des PSA; für die neu nach ausländischem Recht gegründete juristische Person gilt die Garantie des Investitionsschutzes nach russischer Gesetzgebung und nach den völkerrechtlichen Verträgen, worüber russische juristische Personen nicht verfügen; eine vereinfachte Methode beim Rechnungswesen im Vergleich zu einer Personenvereinigung ohne Status als juristische Person nach Art. 1041 ff. ZGB RF. Genau nach diesem Modell wurde das PSA „Sachalin-2“ abgeschlossen. Um an dem Projekt teilzunehmen, haben die Investoren eine geschlossene Aktiengesellschaft „Sachalin Energie Investment, Ltd.“ ins Leben gerufen, die nach dem Recht der Bermudainseln gegründet ist.[738] Eben diese Gesellschaft ist die Partei des PSA „Sachalin-2“.

C. Erteilungsverfahren für die Erteilung eines Nutzungsrechts an Erdkörperfeldern nach PSA-G

I. „Restprinzip“ bei der Bildung des Verzeichnisses der unter PSA-Recht abbaufähigen Erdkörperfelder

Wie auch im Lizenzierungsverfahren kann das bergbauliche Nutzungsrecht auf der Grundlage eines PSA nur für solche Erdkörperfelder verliehen werden, die in einem entsprechenden Verzeichnis enthalten sind. Das bedeutet, ein PSA kann nur dann abgeschlossen werden, wenn das von dem Bergbauunternehmen für die Erschließung vorgesehene Erdkörperfeld im Verzeichnis der Erdkörperfelder, die nach PSA-Modell zur Verfügung gestellt werden dürfen (im Folgenden: Verzeichnis), aufgelistet ist, Art. 2 Abs. 3 PSA-G. Rechtskraft erlangt das einschlägige Verzeichnis durch die Verabschiedung des entsprechenden Föderalgesetzes.[739]

---

738 Vgl. *Izujmov*, Bergrecht (2010), S. 362.

739 Das Verzeichnis der PSA-fähigen Erdkörperfelder ist einsehbar bei *Rath, J.*, Das Recht der Production-Sharing-Agreements in der Russischen Föderation, 1. Aufl., Göttingen: Cuvillier, 2006, S. 244 ff.; Dynamik der Aufnahme der Erdkörperfelder in das einschlägige Verzeichnis siehe bei *Borisov*, Kommentar zum PSA-G, S. 19–26.

Dabei dürfen gem. Art. 2 Abs. 3 Teil 4 PSA-G nicht mehr als 30 % der in der staatlichen Bilanz erfassten Bodenschätze nach PSA-Modell abgebaut werden. Unklar bleibt jedoch, wie genau die 30 %-Grenze ermittelt werden soll: ob diese Einschränkung für die Gesamtheit der Bodenschätze oder für jede einzelne Art der Bodenschätze gilt. Angesichts dessen, dass die Erfassung der Vorräte nach Art. 31 ErdkörperG in der staatlichen Bilanz der Bodenschatzvorräte einzeln für jede Art der Bodenschätze erfolgt, geht man davon aus, dass der Grenzwert von 30 % für jede einzelne Bodenschatzart zu ermitteln ist.[740] Anzumerken ist, dass durch die bestehenden PSA die 30 %-Quote für Kohlenwasserstoffe bereits bis zu 26,5 % ausgeschöpft ist.[741]

Die Aufnahme eines konkreten Erdkörperfeldes in das Verzeichnis setzt ein zweistufiges Verfahren voraus. Zunächst soll gem. Art. 2 Abs. 4 PSA-G nachgewiesen werden, dass die Erschließung der Lagerstätte nach dem Lizenzierungsmodell, d.h. im Rahmen des üblichen Besteuerungssystems, nicht möglich ist. Mit der „Unmöglichkeit" ist in diesem Sinne nicht die faktische (technische) Unmöglichkeit, sondern die wirtschaftliche Unrentabilität des Projektes gemeint.[742] Da die steuerliche Behandlung eines PSA-Unternehmens die Senkung seiner steuerlichen Last zum Ziel hat, wollte der Gesetzgeber durch die vorgenannte Regelung den Missbrauch der dortigen steuerlichen Vorteile verhindern.[743]

Als Nachweis für die wirtschaftliche Unrentabilität gilt gem. Art. 2 Abs. 4 Teil 2 PSA-G eine nach den Bestimmungen des ErdkörperG durchgeführte Auktion, die mangels Bieter für ergebnislos erklärt wurde. Dies gilt ebenso für den Fall, dass ein Bergbauunternehmen bereits eine nach Lizenzierungsverfahren erteilte EKL besitzt, jedoch zu dem Schluss kommt, dass der Bergbaubetrieb im Rahmen des Lizenzierungsmodells unwirtschaftlich ist und den Wunsch äußert, ein PSA für das einschlägige Erdkörperfeld zu vereinbaren. Der EKL-Inhaber muss zuerst einen Antrag auf vorzeitige Beendigung des Nutzungsrechts gem. Art. 20, 21 ErdkörperG bei ROSNEDRA stellen. Danach wird hinsichtlich dieses Erdkörperfeldes zunächst erneut eine Auktion nach ErdkörperG durchgeführt, um die wirtschaftliche Unrentabilität zu bestätigen. Dieses Grundprinzip bei der Bildung des Verzeichnisses, wonach nur die Erdkörperfelder für das PSA-Modell freigegeben werden, auf welchen die

740 *Teplov*, Kommentar zum ErdkörperG, S. 415–418; *Rath, J.*, Das Recht der Production-Sharing-Agreements in der Russischen Föderation, 1. Aufl., Göttingen: Cuvillier, 2006, S. 201.

741 *Sayfullin, I.*, Wie macht man PSA nützlich?, in: Promyschlennye vedomosti, №24-25 (35–36), Dezember 2001, abrufbar unter: http://www.promved.ru/dec_2001_02.shtml [*Сайфуллин, И.*, Как добиться проку от СРП?, в: Промышленные ведомости, № 24-25 (35–36), декабрь 2001, доступно на сайте: http://www.promved.ru/dec_2001_02.shtml]; zit. *Pevzner*, Bergrecht (2012), S. 295.

742 *Rath, J.*, Das Recht der Production-Sharing-Agreements in der Russischen Föderation, 1. Aufl., Göttingen: Cuvillier, 2006, S. 185, 189 ff.

743 *Izujmov*, Bergrecht (2010), S. 363.

bergbauliche Tätigkeit im Rahmen des Lizenzierungsmodells nicht gewinnbringend ist, bezeichnet man in den Fachkreisen auch als „Restprinzip".

Wurde die wirtschaftliche Unrentabilität durch das Fehlen von Bietern bei der Auktion nachgewiesen, hat dies noch nicht zur Folge, dass das Erdkörperfeld in das Verzeichnis aufgenommen wird. Art. 2 Abs. 4 Teil 6 PSA-G nennt dafür zusätzliche Voraussetzungen, die durch die Regierung der RF zu konkretisieren sind. Danach kann ein Erdkörperfeld in das Verzeichnis aufgenommen werden,

- wenn durch den Abbau auf dem betroffenen Erdkörperfeld der Erhalt von Arbeitsplätzen der stadtbildenden Organisation ermöglicht wird, während eine Einstellung des Abbaubetriebes zu negativen sozialen Folgen führen könnte;
- wenn der Abbau des betroffenen Erdkörperfeldes notwendig ist, um den Abbau von Vorkommen auf dem Festlandsockel der RF, in den Regionen des Hohen Nordens sowie in unbesiedelten Gebieten mit unentwickelter Infrastruktur zu fördern;
- wenn bei der Erschließung der betroffenen Lagerstätte bzw. für die Gewinnung von schwerzugänglichen Vorräten, die in bedeutender Menge in schwierigen berggeologischen Bedingungen lagern, der Einsatz kostenintensiver Spezialtechnologien erforderlich wird.

Nur wenn diese Bedingungen der sog. zweiten Stufe erfüllt sind, kann das Erdkörperfeld in einen Gesetzesentwurf über seine Aufnahme in das Verzeichnis einfließen und nach Verabschiedung und Inkrafttreten des entsprechenden Gesetzes endgültig den Status eines Erdkörperfeldes erlangen, welches nach PSA-Bedingungen für die bergbauliche Nutzung zur Verfügung gestellt werden kann.

II. Abschluss der Vereinbarung

1. System der doppelten Auktionsdurchführung

Der Abschluss eines PSA für das Nutzungsrecht an einem im Verzeichnis enthaltenen Erdkörperfeld setzt gem. Art. 6 PSA-G die Durchführung einer Auktion voraus. Der Gegenstand dieser Auktion ist das Recht auf Abschluss eines PSA für das einschlägige Erdkörperfeld. Eine Vereinbarung kann gem. Art. 6 Abs. 1 PSA-G nur mit dem Gewinner dieser Auktion abgeschlossen werden. Der Gewinner dabei ist derjenige Auktionsteilnehmer, der das höchste Preisangebot vorgelegt hat. Mit Inkrafttreten des Föderalgesetzes № 65 vom 6. Juni 2003[744], wurde der Verfahrensablauf

744 Föderalgesetz № 65-ФЗ vom 6. Juni 2003 „Über die Änderungen in Teil II des Steuergesetzbuches der RF, über die Änderungen, Ergänzungen und Aufhebung einzelner Rechtsakte der RF", SZ RF 2003, № 23, Pos. 2174 [Федеральный закон № 65-ФЗ от 6 июня 2003 г. „О внесении дополнения в часть вторую Налогового кодекса Российской Федерации, внесении изменений и дополнений в некоторые другие законодательные акты Российской

für den Abschluss eines PSA deutlich verschärft.[745] Nach Art. 7 Föderalgesetz № 65 kann über ein PSA für die im Verzeichnis enthaltenen Erdkörperfelder, für welche vor dem Inkrafttreten des genannten Gesetzes noch kein PSA abgeschlossen wurde, nur nach Durchführung der Auktion gemäß den Bestimmungen des ErdkörperG verhandelt werden, wenn diese Auktion mangels Teilnehmern für erfolglos erklärt wurde. Damit wurde für die Erteilung einer Bergbauberechtigung nach PSA-Modell das System der doppelten Auktionsdurchführung eingeführt: Zunächst muss eine Auktion nach Art. 13.1 ErdkörperG stattfinden und mangels Teilnehmer für erfolglos erklärt worden sein, erst danach kann eine Auktion gem. Art. 6 PSA-G für die Erlangung des Rechts auf PSA-Abschluss durchgeführt werden.

Bedenkt man, dass ein Unternehmen, das ein PSA für ein im Verzeichnis noch nicht enthaltenes Erdkörperfeld abschließen möchte, drei Auktionen über sich ergehen lassen muss, um das Recht auf PSA-Abschluss für dieses Erdkörperfeld zu erlangen, wird deutlich, dass die Einführung dieser Regelung den Abschluss eines PSA erheblich erschwert.[746]. Zudem ist es schwer vorstellbar, dass so eine präliminäre Auktion „erfolglos" ausgeht, denn die Praxis der Auktionsdurchführung nach den Bestimmungen des ErdkörperG zeigt, dass jede irgendwie bedeutende Lagerstätte, die in einer Auktion angeboten wird, immer das Interesse von Bergbauunternehmen weckt. Nicht alle von ihnen sind zwar bereit, viel in die tatsächliche Erschließung der Lagerstätte zu investieren, sie möchten aber dadurch ihre bilanzierten Vorräte auffüllen, um die Kapitalisierung ihres Unternehmens zu erhöhen.[747] Demnach lässt sich sogar die Auffassung vertreten, dass in der Praxis dieser Mechanismus eine Sperrwirkung entfaltet, so dass der Abschluss eines PSA nur als letztes Mittel im russischen Bergbausektor angewendet werden kann.

2. *Ausnahmen von der Auktionspflicht*

Nach Art. 7 Föderalgesetz № 65 findet die Regel über das Erfordernis der zweifachen Auktionsdurchführung keine Anwendung auf die Erdkörperfelder, deren Erschließung durch internationale Verträge geregelt worden ist. Derartige Verträge schloss die Russische Föderation im Jahr 1998 mit Kasachstan[748] und später im Jahr

---

Федерации и признании утратившими силу некоторых законодательных актов Российской Федерации», СЗ РФ, 2003, № 23, ст. 2174].

745 *Rath, J.*, Das Recht der Production-Sharing-Agreements in der Russischen Föderation, 1. Aufl., Göttingen: Cuvillier, 2006, S. 198; *Muljavin*, Product sharing agreement: zivilrechtliche Eigenschaften und Rechtsgrundlage für den Abschluss, S. 20, 21.

746 *Subbotin/Michaylov*, „Jabloko" und die Gesetzgebung über Product sharing agreements (PSA), S. 60.

747 *Subbotin/Michaylov*, „Jabloko" und die Gesetzgebung über Product sharing agreements (PSA), S. 63.

748 „Abkommen zwischen RF und Republik Kasachstan über die Grenzziehung auf dem Grund des nördlichen Teils des Kaspischen Meeres zum Zweck der Ausübung ihrer souveränen Rechte an Erdkörpernutzung" vom 6. Juli 1998, SZ RF 2003,

2002 mit Aserbaidschan[749] in Bezug auf die Erdkörperfelder im Kaspischen Meer ab. Diese Bestimmung befreit die betroffenen Erdkörperfelder gleichzeitig von den beiden Auktionen.[750]

Am weitesten sind die Verhandlungen über den PSA-Abschluss in Hinblick auf Erschließung der Lagerstätte „Khvalynskoe" vorangeschritten. Im März 2005 wurde für die Erschließung dieser Lagerstätte von Lukoil und KazMunayGas das Joint Venture „Caspian Oil and Gas Company" gegründet. In den Jahren 2006–2007 haben Kasachstan und Russland ein Protokoll über die Ergänzung des Kooperationsabkommens von 1998 ratifiziert, welches die Erschließung des Erdkörperfeldes Khvalynskoe unter den Bedingungen des PSA-Modells vorsah. Im Oktober 2009 verkaufte KazMunayGas die Hälfte seiner Anteile an Total und GDF Suez. Im Ergebnis gilt für das gegenwertige Verhältnis der Anteile in „Caspian Oil and Gas Company" Entsprechendes: Lukoil – 50%, KazMunayGas – 25%, Total – 18%, GDF Suez – 8%.[751] Für die Ausarbeitung des PSA-Bedingungen für das einschlägige Erdkörperfeld wurde im Jahr 2011 die entsprechende Kommission einberufen.[752]

Bis heute dauern die Verhandlungen über die Bedingungen des PSA Khvalynskoe an. Stein des Anstoßes bei diesen Verhandlungen ist die Tatsache, dass nach dem Kooperationsabkommen von 1998 der Bergbaubetrieb auf dieser Lagerstätte nach russischem Recht erfolgen soll. Dieses legt für Gazprom eine Monopolstellung auf den Gasexport fest, weswegen sowohl im Kooperationsvertrag von 1998 als auch in dem zwischenstaatlichen Abkommen über die gemeinsamen Aktivitäten für 2013–2015 nur der inländische Absatz des gewonnenen Erdgases vorgesehen war. Ausgehend von diesen Bedingungen ist der Bergbaubetrieb jedoch in allen

---

№ 47, Pos. 4510 [Соглашение между Российской Федерацией и Республикой Казахстан о разграничении дна северной части Каспийского моря в целях осуществления суверенных прав на недропользование от 6 июля 1998 г., СЗ РФ 2003, № 47, Ст. 4510].

749 „Abkommen zwischen RF und Republik Aserbaidschan über die Abgrenzung der benachbarten Grundgebieten des Kaspischen Meeres" vom 23. September 2002, SZ RF 2004, № 21, Pos. 1978 [Соглашение между Российской Федерацией и Азербайджанской Республикой о разграничении сопредельных участков дна Каспийского моря» от 23 сентября 2003 г., СЗ РФ 2004, № 21, Ст. 1978].

750 *Zabludnev*, Khvalynskoe, Zentralnoe – Russland und Kasachstan haben keine umstrittenen Lagerstätten im Kaspischen Meer, die Streitigkeiten bleiben jedoch, S. 37.

751 Angaben der Unternehmenswebseite http://www.kmg.kz/.

752 Anordnung MINENERGO № 158 vom 29. April 2011 „Über die Zwischenbehördliche Kommission für die Ausarbeitung der Erdkörpernutzungsbedingungen für die Lagerstätte „Khvalynskoe" und der Product sharing agreement", Registrierung bei Justizministerium RF am 10. Juni 2011, №21015 [Приказ Минэнерго России № 158 от 29 апреля 2011 г. «О межведомственной комиссии по разработке условий недропользования на месторождении «Хвалынское» и подготовке проекта соглашения о разделе продукции», зарегистрировано в Минюсте России 10 июня 2011 г., №21015].

dem Unternehmen zur Verfügung stehenden Steuermodellen unrentabel.[753] Anfang 2015 teilte das Energieministerium der Republik Kasachstan gegenüber der Presse mit, man habe der RF Vorschläge unterbreitet, den Export des aus der Khvalynskoe-Lagerstätte gewonnenen Erdgases zu erlauben, und arbeite zusammen mit dem MINENERGO der Russischen Föderation daran, die erforderlichen Änderungen in den Kooperationsvertrag von 1998 aufzunehmen.[754]

Ein weiteres Erdkörperfeld im Kaspischen Meer, das in den Anwendungsbereich dieser Regelung fällt ist die Formation Zentralnaja, in der im Jahr 2008 bedeutende Kohlenwasserstoffvorkommen entdeckt wurden. Das Erstentdeckerunternehmen – ein Gemeinschaftsunternehmen von Lukoil und Gazprom – war nur im Besitz der EKL für die geologische Forschung. Die anschließende EKL für die Erkundung und Gewinnung konnte diesem Unternehmen nach russischem Bergrecht nicht erteilt werden, da zur bergbaulichen Tätigkeit auf dem Festlandsockel gem. Art. ErdkörperG nur Unternehmen mit der Beteiligung der Russischen Föderation in Höhe von mehr als 50% zugelassen werden dürfen. Im Jahr 2013 haben Lukoil, Gazprom und KasMunayGas das Joint Venture „Oil and Gas Company Zentralnaja" gegründet und damit die 50 %-Beteiligung der RF gesichert. Das o. g. zwischenstaatliche Abkommen über die gemeinsamen Aktivitäten für 2013–2015 sieht vor, dass diesem Unternehmen eine EKL für die geologische Forschung für weitere sieben Jahre erteilt wird, um die Aufsuchungsarbeiten vollständig zu beenden.[755] Dabei wird der „Oil and Gas Company Zentralnaja" erst nach der vollständigen Beendigung der Aufsuchungsarbeiten das Recht eingeräumt, die Lagerstätte nach Lizenzierungsmodell oder nach PSA-Modell zu erschließen. Nach Schätzung von Experten wird der Abschluss eines PSA in diesem Fall mindesten zwei Jahre dauern. Das heißt, der tatsächliche Gewinnungsbetrieb wird auf diesem Erdkörperfeld nicht früher als in neun Jahren beginnen.[756]

Interessant ist die hier behandelte Ausnahmeregelung auch im Zusammenhang mit den Erdkörperfeldern in der Barentssee. Nach der Unterzeichnung des langerwarteten zwischenstaatlichen Abkommens zwischen dem Königreich Norwegen

---

753 *Zabludnev*, Khvalynskoe, Zentralnoe – Russland und Kasachstan haben keine umstrittenen Lagerstätten im Kaspischen Meer, die Streitigkeiten bleiben jedoch, S. 36.

754 „Kasachstan und Russland vereinbaren Bedingungen für das PSA für die „Khvalynskoe" Lagerstätte", vom 09. Januar 2015, http://oil-gas-energy.com.ua/kazaxstan-i-rossiya-soglasovyvayut-usloviya-srp-po-mestorozh deniyu-xvalynskoe.html.

755 *Zabludnev*, Khvalynskoe, Zentralnoe – Russland und Kasachstan haben keine umstrittenen Lagerstätten im Kaspischen Meer, die Streitigkeiten bleiben jedoch, S. 39.

756 *Zabludnev*, Khvalynskoe, Zentralnoe – Russland und Kasachstan haben keine umstrittenen Lagerstätten im Kaspischen Meer, die Streitigkeiten bleiben jedoch, S. 39.

und der Russischen Föderation im Jahr 2010[757] entfällt beim Bedarf eines PSA-Abschlusses die Notwendigkeit, zwei Auktionen durchzuführen. Bis heute arbeiten allerdings russische und norwegische Bergbauunternehmen in diesem Gebiet im Rahmen der üblichen Besteuerungsmodelle zusammen, und es sind keine Pläne über Bestrebungen bekannt, für die Erschließung einschlägiger Erdkörperfelder PSA abzuschließen.

3. *Verfahren der Auktionsdurchführung*

Die verfahrensrechtlichen Vorgaben für die Auktionsdurchführung enthält Art. 6 PSA-G. Danach werden durch MINENERGO zunächst die Ausgangsbedingungen der Auktion ausgearbeitet, die auf der Grundlage der Ergebnisse der Machbarkeitsstudien sowie der technischen und wirtschaftlichen Berechnungen erstellt werden, die im Auftrag von MINENERGO durchgeführt worden sind. In diesen Ausgangsbedingungen müssen gem. Art. 6 Abs. 2, 3 PSA-G zwingend Bestimmungen enthalten sein, die die Beteiligung von russischen juristischen Personen an der Umsetzung der Vereinbarung sowie an der Entschädigung für die Verletzung traditioneller Arten der Naturnutzung festlegen, vorausgesetzt dass sich das betreffende Erdkörperfeld in den traditionellen Siedlungsgebieten der autochthonen Kleinvölker befindet. Das genaue Maß für die erforderliche Beteiligung der russischen Unternehmen bei der Umsetzung des PSA legt die Regierung der RF in jedem einzelnen Fall fest.[758]

Das PSA-G sieht keine weiteren verfahrensrechtlichen Anforderungen an die Durchführung der Auktion vor, sondern enthält in Art. 6 Abs. 1 PSA-G nur eine allgemeine Verweisungsnorm auf die Gesetzgebung der RF. Hierbei kommt Art. 13.1 ErdkörperG, der die Durchführung von Auktionen bzw. Ausschreibungen für das Nutzungsrecht am Erdkörperfeld regelt, in Betracht. In seinem Absatz 10 besagt dieser Artikel, dass Verfahren und Bedingungen der Auktionen bzw. Ausschreibungen für die Erteilung von Nutzungsrechten an den Erdkörperfeldern auf der Grundlage eines PSA gemäß der Gesetzgebung der RF festzulegen sind. Diese Norm stellt ebenfalls nicht klar, nach welchen gesetzlichen Bestimmungen genau die Auktion für das Recht auf PSA-Abschluss erfolgen soll.

Der zu allgemein gehaltene Inhalt des Art. 6 PSA-G regelt das Auktionsverfahren weitgehend unzureichend und wurde deshalb mehrfach kritisiert.[759] Auch wenn

---

757 «Vertrag zwischen der RF und Königreich Norwegen über die Abgrenzung der Seegebiete und über die Zusammenarbeit im Barentssee und im Nordpolarmeer“, SZ RF 2011, № 15, Pos. 2030 [“Договор между Российской Федерацией и Королевством Норвегия о разграничении морских пространств и сотрудничестве в Баренцевом море и Северном Ледовитом океане“ от 15 сентября 2010 г., СЗ РФ 2011, № 15, ст. 2030].

758 *Platonova,* Kommentar zum PSA-G, S. 50; *Platonova,* PSA: rechtlicher Rahmen in der RF, S. 74 ff.

759 *Kitanina,* Product sharing agreements: Probleme der Rechtsanwendung in Zusammenhang mit dem Abschluss der Vereinbarungen, S. 34–36; *Ljapina/Kolokolov/*

man angesichts der Annahme, dass ein PSA ein Vertrag zivilrechtlicher Natur mit öffentlich-rechtlichen Elementen ist und deswegen auf die Auktionsdurchführung die Normen der Art. 447–449 ZGB RF, die das zivilrechtliche Institut des Bieterwettbewerbs regeln, anwendbar sind, wäre eine klar definierte Regelung im PSA-G wünschenswert. Falls der Gesetzgeber mit der Verwendung der Formulierung „gemäß der Gesetzgebung der RF" in Art. 6 Abs. 1 PSA-G das Ziel verfolgt hat, die Auktionen nach den Bestimmungen des ZGB RF stattfinden zu lassen, könnte dies in der besagten Norm ausdrücklich fixiert werden. Für den Fall, dass der Gesetzgeber mit dieser Formulierung ein spezielles Verfahren vorsieht, könnte dieses in die eingeführt werden, die auch das Verfahren für die Ausarbeitung der endgültigen PSA-Bedingungen nach den Auktionsergebnissen regelt.

4. *Ausarbeitung der endgültigen Vereinbarungsbedingungen*

Die verfahrensrechtliche Abfolge für die Ausarbeitung der endgültigen Vereinbarung bestimmen Art. 6 PSA-G und die Verwaltungsverfahrensordnung PSA. Spätestens sechs Monate nach dem Datum der Bekanntgabe des Auktionsergebnisses ist gem. Art. 6 Abs. 3 PSA-G eine zwischenbehördliche Kommission zu bilden, die die Nutzungsbedingungen des Erdkörperfeldes ausarbeitet, den Vereinbarungsentwurf vorbereitet und mit dem Investor die Verhandlungen führt. Aus dem Wortlaut dieser Norm geht hervor, dass eine solche Kommission für jeden Einzelfall gebildet werden muss und keine ständige Einrichtung ist.[760]

Der Kommissionsbildung soll ein Antrag des Auktionsgewinners bzw. des Investors nach einem internationalen Vertrag bei MINENERGO auf den Abschluss des PSA vorausgehen. Die Antragsunterlagen, die der Antragsteller seinem Antrag hinzuzufügen hat, sind unter Ziff. 2.6.1 Verwaltungsverfahrensordnung PSA aufgelistet und beinhalten die Informationen über den Antragsteller, Daten über das Erdkörperfeld und die darin enthaltenen Vorkommen sowie die Darstellung der geplanten bergbaulichen Tätigkeit. Der Antragsteller muss nachweisen, dass er der Gewinner der vorangegangenen Auktion für das Recht auf PSA-Abschluss für dieses konkrete Erdkörperfeld ist. Der von den Auktionen befreite Antragsteller muss den Besitz einer EKL nachweisen können, die ihm vorher erteilt sein muss. In Bezug auf die Zulassungsvoraussetzung des Antragstellers trifft die Verwaltungsverfahrensordnung PSA nur zwei Aussagen. Der Antragsteller muss seine Vorschläge für das Verfahren und die Bedingungen des PSA-Abschlusses dem Antrag beifügen, Ziff. 2.6.1. Zusätzlich legt sie fest, dass der Antrag abgewiesen werden kann, wenn der Antragsteller die in Art. 9 ErdkörperG bestimmten Anforderungen an

---

Svechnikova/Kotscheev/Artem'-ev, Kommentar zum PSA-G, S. 23, 24; *Nemchenko*, Zu der Frage über die Position der Product sharing agreement im System des Schuldenrechts, S. 72 ff.

760 Vgl. *Borisov*, Kommentar zum PSA-G, S. 48; *Rath, J.*, Das Recht der Production-Sharing-Agreements in der Russischen Föderation, 1. Aufl., Göttingen: Cuvillier, 2006, S. 204.; *Platonova*, PSA: rechtlicher Rahmen in der RF, S. 143.

den Erdkörpernutzer nicht erfüllt, Ziff. 2.7. Diese beiden Normen bestimmen nur unzureichend die Zulassungsvoraussetzungen eines Unternehmens für den PSA-Abschluss. Dies gilt umso mehr, da Art. 9 ErdkörperG nur den Personenkreis der zulässigen Nutzer eines Erdkörperfeldes regelt und der Gewinner der Auktion nach dem höchsten Preisangebot ermittelt wird. Man kann annehmen, dass in der Praxis die Antragsteller bereits bei der Zulassung für die Auktion auf ihre Qualifikation geprüft werden. Da bis heute noch keine Auktionen für das Recht auf PSA-Abschluss stattfanden und die verfahrensrechtlichen Vorgaben für ihre Durchführung gesetzlich nicht bestimmt sind, bleiben diese Fragen offen.

5. *Abschluss der Vereinbarung*

Die Prüfung der Unterlagen auf ihre Zulässigkeit soll gem. Ziff. 2.5.1 Verwaltungsverfahrensordnung PSA innerhalb von zehn Tagen erfolgen, und die anschließende Entscheidung über die Bestimmung der endgültigen PSA-Bedingungen oder über die Ablehnung des Antrages ist innerhalb der darauffolgenden 20 Tage zu treffen. Fällt die Entscheidung positiv aus, ergeht von MINENERGO der Erlass über die Bildung der entsprechenden Kommission. Ihr müssen gem. Art. 6 Abs. 3 Teil 2 PSA-G die Vertreter der föderalen Exekutivorgane einschließlich MINPRIRODA und ROSNEDRA und des zuständigen Exekutivorgans des betroffenen Föderationsmitgliedes angehören. Die genaue Zusammensetzung wird in dem genannten Erlass MINENERGO festgelegt. Die erste und bis jetzt einzige derartige Kommission ist die oben erwähnte Kommission für die Ausarbeitung der PSA-Bedingungen für das Erdkörperfeld Khvalynskoe. Laut Art. 6 Abs. 1 PSA-G soll die endgültige Vereinbarung spätestens nach einem Jahr ab dem Datum der Kommissionsgründung abgeschlossen werden. Die Praxis zeigt jedoch, dass die Arbeit der Kommission langsam vorangeht und diese Frist nicht eingehalten wird. Am Beispiel des PSA „Khvalynskoe", für welche die Kommission bereits im Jahr 2011 gegründet wurde und bis heute noch kein PSA unterzeichnet ist, kommt diese Annahme deutlich zum Ausdruck.

Ein PSA stellt einen zweiseitigen Vertrag dar und wird mit der Unterzeichnung durch den Vertreter des Investors einerseits und die Regierung der RF andererseits – diese Befugnis ist dem MINENERGO delegiert worden – gültig.[761] Ein ganz anderes Verfahren hat der Gesetzgeber für die PSA-Verträge vorgesehen, die auf dem Festlandsockel liegende oder sich innerhalb der Sonderwirtschaftszone der RF befindende Erdkörperfelder betreffen. Gem. Art. 6 Abs. 1 Teil 5 PSA-G sind solche PSA durch ein für jeden Einzelfall erlassenes Sonderföderalgesetz zu genehmigen. Nur nach Verabschiedung dieses Föderalgesetzes darf die Vereinbarung umgesetzt werden.[762] Das Parlament kann der Vereinbarung entweder zustimmen oder nicht; es ist aber nicht befugt, die PSA-Bedingungen zu ändern. Diese Regelung führt

---

761 *Ljapina/ Kolokolov/ Svechnikova/Kotscheev/Artem'ev*, Kommentar zum PSA-G, S. 25; *Borisov*, Kommentar zum PSA-G, S. 50.

762 *Rath, J.*, Das Recht der Production-Sharing-Agreements in der Russischen Föderation, 1. Aufl., Göttingen: Cuvillier, 2006, S. 207.

dazu, dass auch nach dem schwierigen und lang dauernden Verhandlungsverfahren, an dessen Ende die Vereinbarung endlich unterzeichnet wurde, immer noch die Möglichkeit besteht, dass das Parlament das einschlägige Föderalgesetz nicht verabschiedet. Nach der Verabschiedung des Föderalgesetzes wird die Vereinbarung selbst nicht Gesetz. Dieses Gesetz genehmigt nur den Text der Vereinbarung. Die Vereinbarung selbst gilt nur für die Parteien, die diese abgeschlossen haben.[763]

Diese Regelung bedeutet für den Investor ein weiteres Risiko in dem ohnehin komplizierten Verfahren bei einem PSA-Abschluss. Die staatliche Kontrolle wird bereits auf den vorgelagerten Etappen des Verfahrens ausgeübt. Die Aufhebung dieser Regelung wäre von der Interessenslage des Investors her sehr begrüßenswert und würde die Attraktivität des PSA-Modells deutlich erhöhen, insbesondere vor dem Hintergrund, dass die meisten PSA-Projekte gerade die Erdkörperfelder betreffen, die sich auf dem Festlandsockel befinden.

6. Erteilung der EKL

Das auf Grund einer geschlossenen PSA gewährte Nutzungsrecht an einem Erdkörperfeld ist gem. Art. 4 Abs. 2 PSA-G i. V. m. Art. 11 Abs. 2 ErdkörperG durch eine EKL nach den Bestimmungen des ErdkörperG zu beurkunden. Gemäß Art. 12 Abs. 4 ErdkörperG muss die auf der Grundlage eines PSA erteilte EKL alle in dieser Vereinbarung festgelegten Angaben und Bedingungen enthalten. Aus dem Wortlaut des Art. 4 Abs. 2 PSA-G ergibt sich, dass die Russische Föderation verpflichtet ist, die EKL zu erteilen. Das bedeutet, wenn ein PSA abgeschlossen wurde, kann der Staat die Erteilung einer EKL nicht verweigern.[764] Sie soll binnen 30 Tagen ab dem Datum der Vereinbarungsunterzeichnung ausgestellt werden. Tritt der Investor einer abgeschlossenen PSA in Form einer Personenvereinigung ohne den Status einer juristischen Person auf, ist die EKL einem der Teilnehmer dieses Konsortiums zu erteilen, und darin ist festzuhalten, dass der betreffende Teilnehmer im Namen der übrigen Teilnehmer handelt, Art. 4 Abs. 3 PSA-G. Bemerkenswert ist, dass, wenn für die Vorbereitung, Ausarbeitung und Unterzeichnung eines PSA MINENERGO zuständig ist, trotzdem die EKL auf Grund eines abgeschlossenen PSA durch ROSNEDRA zu erteilen ist.

Im Hinblick auf ein PSA, das Erdkörperfelder auf dem Festlandsockel oder in der Sonderwirtschaftszone betrifft, enthält das Bergrecht keine Angaben dazu, ob die EKL erst nach der Genehmigung des PSA durch das Parlament erteilt werden

763 Zu der umstrittenen Rechtsnatur des Föderalgesetzes, siehe *Rath, J.*, Das Recht der Production-Sharing-Agreements in der Russischen Föderation, 1. Aufl., Göttingen: Cuvillier, 2006, S. 207 ff; *Ljapina/ Kolokolov/ Svechnikova/Kotscheev/Artem'ev*, Kommentar zum PSA-G, S. 25; *Borisov*, Kommentar zum PSA-G, S. 23; *Nemchenko*, Zu der Frage über die Position der Product sharing agreement im System des Schuldenrechts, S. 93, 94.

764 So auch *Rath, J.*, Das Recht der Production-Sharing-Agreements in der Russischen Föderation, 1. Aufl., Göttingen: Cuvillier, 2006, S. 208.

soll. Aus Gründen der Rechtssicherheit sollte die EKL binnen 30 Tagen nach der Verabschiedung des entsprechenden Föderalgesetzes und nicht binnen 30 Tagen ab dem Datum der Vereinbarungsunterzeichnung erteilt werden. Andernfalls könnte es passieren, dass die EKL bereits erteilt, aber das den PSA-Vertrag genehmigende Föderalgesetz noch nicht rechtskräftig ist. Eine gesetzliche Regelung hierzu wäre wünschenswert.

Nach diesen Ausführungen stellt sich die Frage, in welchem Verhältnis die Vereinbarung und die EKL zu einander stehen. In dieser Hinsicht betont das ErdkörperG mehrfach den Vorrang der abgeschlossenen Vereinbarung. In Art. 7 Abs. 6 ErdkörperG heißt es, dass bei der Gewährung des Nutzungsrechts am Erdkörperfeld nach PSA-Modell die Grenzen des bewilligten Erdkörperfeldes in der Vereinbarung festzulegen sind. Nach Art. 12 Abs. 4 ErdkörperG besteht die EKL praktisch aus den Angabe n und Bedingungen, die vereinbart wurden. Außerdem lässt die Auslegung des Art. 4 Abs. 1 PSA-G die Schlussfolgerung zu, dass eine Vereinbarung, die den Anforderungen des PSA-G nicht entspricht, nicht als eine rechtmäßige Grundlage für die Gewährung des Nutzungsrechts am Erdkörperfeld dienen kann. Im Umkehrschluss bedeutet das, dass die in Übereinstimmung mit dem PSA-G abgeschlossene Vereinbarung eine ausreichende Grundlage für die Erteilung dieses Nutzungsrechts darstellt.[765] Diese Auslegung wird in Art. 4 Abs. 2 PSA-G und Art. 11 Abs. 2 ErdkörperG bestätigt. Danach wird ein Erdkörperfeld dem Nutzer gemäß den Vereinbarungsbestimmungen zugeteilt. Demzufolge spielt die EKL bei der Nutzung des Erdkörperfeldes nach PSA-Modell eine im Vergleich zur Vereinbarung untergeordnete Rolle. Denn welches Erdkörperfeld und zu welchen Bedingungen dem Investor zur Nutzung zur Verfügung gestellt wird, bestimmt die Vereinbarung.

III. Die Geltungsdauer der Vereinbarung

Die Geltungsdauer der Vereinbarung wird gem. Art. 5 PSA-G von den Parteien unter Berücksichtigung der gesetzlichen Bestimmungen der RF, die an dem Tag der Unterzeichnung gelten, festgelegt. Wenn die Vereinbarung nichts anderes vorsieht, müssen bei der Bestimmung des Beginn- und Enddatums der Vereinbarung die Normen des Vertragsrechts, insbesondere Art. 425, 433, 447–449 ZGB RF, angewendet werden.[766]

Art. 5 Abs. 2 PSA-G besagt, dass die Geltungsdauer der Vereinbarung auf Antrag des Investors verlängert werden kann, wenn dieser die Vereinbarungsbedingungen nicht verletzt hat. Diese Regelung führt im Ergebnis dazu, dass eine abgeschlossene PSA ohne zeitliche Begrenzung gelten kann, da sie im Grunde genommen keinen Ablaufzeitpunkt hat.[767] An dieser Stelle ist es wichtig, die Vereinbarung und die EKL

---

765 *Platonova,* PSA: rechtlicher Rahmen in der RF, S. 166.

766 *Ljapina/Kolokolov/Svechnikova/Kotscheev/Artem'ev,* Kommentar zum PSA-G, S. 21, *Jakovlev*, Das Bergrecht im modernen Russland, S. 391–393.

767 *Platonova,* Gesetzgebung über Teilung der Produktion: Probleme der Rechtsanwendung, S. 57.

auseinander zu halten. Die Nutzungsdauer einer EKL regelt Art. 10 ErdkörperG, der in seinem Abs. 3 die Bestimmung hinsichtlich der aufgrund eines PSA erteilten EKL enthält. Danach kann die Geltungsdauer einer aufgrund eines PSA erteilten EKL in Übereinstimmung mit dem in der einschlägigen Vereinbarung festgelegtem Verfahren verlängert werden. Das korrespondiert mit Art. 4 Abs. 2 S. 2 PSA-G, der besagt, dass die aufgrund eines PSA erteilte EKL für die Dauer der Vereinbarung gilt und gemäß der Bestimmungen der Vereinbarung verlängert oder umgewandelt werden kann. Dementsprechend kann der Investor in der Praxis nach dem in der Vereinbarung bestimmten Verfahren die Dauer der Vereinbarung beliebig verlängern (vorausgesetzt er erfüllt die Vereinbarungsbedingungen), und die EKL wäre dann entsprechend zu verlängern; dadurch kann eine abgeschlossene PSA zeitlich unbegrenzte Geltung erlangen.[768]

Die getroffene Aussage bestätigen die Beispiele PSA „Sachalin-1" und PSA „Sachalin-2". Die EKL für „Sachalin-1" wurde für die Dauer der Vereinbarung erteilt. Laut Ziff. 8.1. VIII PSA „Sachalin-1" gilt die besagte Vereinbarung für die Dauer der Aufsuchungs-, Erkundungs- und Gewinnungsarbeiten sowie für den Zeitraum jeglicher Verlängerung der Vereinbarung, es sei denn, die Vereinbarung wird vorher nach den Bestimmungen der Vereinbarung beendet. Der Investor kann die Verlängerung der Geltungsdauer der Vereinbarung beantragen. Dabei ist die Anzahl der Verlängerungen nicht begrenzt; die Dauer einzelner Verlängerungen soll jedoch jeweils in Zehnjahresschritten festgeschrieben werden, d. h. zehn, 20, 30 usw. Jahre betragen. Ein ähnliches Bild ergibt sich bei dem PSA-„Sachalin-2". Die anfängliche Geltungsdauer der EKL beträgt 25 Jahre. Gem. Art. 3 Pkt. c lit. (i) PSA „Sachalin-2" behält die EKL ihre Gültigkeit für die gesamte Geltungsdauer der Vereinbarung, solange wie der Investor die Fortsetzung der Arbeiten für wirtschaftlich sinnvoll hält. Die Zahl der Verlängerungen ist auch in dieser Vereinbarung nicht begrenzt. Einzelne Verlängerungen dürfen allerdings jeweils nur fünf Jahre betragen und mit einer schriftlichen Mitteilung an den Staat verbunden sein, die spätestens ein Jahr vor dem Ablauf der aktuellen Geltungsdauer der EKL erfolgen soll.[769]

IV. Änderung der Vereinbarungsbedingungen

Die in der Vereinbarung festgelegten Bedingungen bleiben gem. Art. 17 Abs. 1 PSA-G während der gesamten Geltungsdauer der Vereinbarung in Kraft. Sie können nur in zwei Fällen geändert werden: Mit Zustimmung beider Parteien oder auf Antrag einer der Parteien unter der Voraussetzung einer erheblichen Veränderung der Geschäftsgrundlage gemäß den zivilrechtlichen Bestimmungen der RF. Da im

---

768 Vgl. *Rath, J.*, Das Recht der Production-Sharing-Agreements in der Russischen Föderation, 1. Aufl., Göttingen: Cuvillier, 2006, S. 209, 210; *Platonova*, PSA: rechtlicher Rahmen in der RF, S. 156 ff.; siehe auch Bericht des Rechnungshofs der RF über die Prüfungsergebnisse der PSA-Umsetzung auf Sachalin.

769 Pkt. 3.5 Bericht des Rechnungshofs der RF über die Prüfungsergebnisse der PSA-Umsetzung auf Sachalin; *Platonova*, Kommentar zum PSA-G, S. 42, 43.

ersten Fall die Änderung im Einvernehmen der Parteien erfolgt, stellt eine solche Änderung weder für den Investor noch für den Staat eine Verletzung des Rechtsschutzes (Stabilitätsklausel) dar.[770]

Für den zweiten Fall sind die zivilrechtlichen Bestimmungen in Art. 450, 451 ZGB RF über die Möglichkeit einer Vertragsänderung wegen erheblicher Änderung der Geschäftsgrundlage anwendbar.[771] Art. 451 Abs. 1 ZGB RF sieht vor, dass eine erhebliche Veränderung der Umstände, von denen die Vertragsparteien beim Vertragsabschluss ausgegangen sind, die Grundlage für eine Vertragsänderung oder für eine Vertragsauflösung sein kann, wenn im Vertrag nichts anderes bestimmt ist. Als erheblich ist die Veränderung der Umstände dann einzustufen, wenn sie in solchem Maße aufgetreten ist, dass die Parteien den Vertrag nicht oder mit anderem Inhalt geschlossen hätten, wenn sie diese Veränderung vorausgesehen hätten. Kommt es zwischen den Parteien zu keiner Einigung über eine Änderung der Vertragsbedingungen wegen erheblicher Änderung der Geschäftsgrundlage, kann gem. Art. 451 Abs. 2 ZGB RF die Vertragsänderung durch ein Gericht beschlossen werden. In diesem Falle ist für die Streitbeilegung das gem. Art. 22 PSA- G in der Vereinbarung festgelegte Gericht zuständig.[772] Die durch das Einvernehmen der Parteien erzielten Vereinbarungsänderungen erlangen gem. Art. 17 Abs. 2 PSA-G ihre Rechtskraft nach demselben Verfahren wie die ursprüngliche Vereinbarung. Die Veränderungen, die auf der Grundlage einer Gerichtsentscheidung festgelegt werden, treten gem. Art. 22 PSA-G in der Weise in Kraft, welche dafür in der einschlägigen Gerichtsentscheidung bestimmt wird. [773]

Die Normen der Art. 450, 451 ZGB RF sind auf langfristige Verträge; dies gilt umso mehr bei solchen spezifischen langfristigen Verträgen wie PSA. Denn in der Praxis wird es nicht einfach sein nach vielen Jahren zu ermitteln, von welchen konkreten Umständen (Konjunkturzahlen, Rohstoffpreise, Marktanalysen usw.) die Parteien ausgegangen sind und von welchen sie ausgehen konnten. Diese zivilrechtlichen Normen richten sich vor allem auf Vertragsbeziehungen von kurzer Geltungsdauer und nicht auf solche langfristigen Vorhaben wie PSA.[774] Da im Falle einer Verlängerung der Vereinbarung die Möglichkeit einer Abänderung der Bedingungen nicht vorgesehen ist, könnten damit die ursprünglich festgelegten Bedingungen auf unbestimmte Zeit gelten. Zu betonen ist in diesem Zusammenhang, dass die Rechtsprechung in Russland davon ausgeht, dass eine Abänderung des Vertrages

---

770 Vgl. *Rath, J.*, Das Recht der Production-Sharing-Agreements in der Russischen Föderation, 1. Aufl., Göttingen: Cuvillier, 2006, S. 215.

771 *Borisov,* Kommentar zum PSA-G, S. 116, 117; *Platonova,* Kommentar zum PSA-G, S. 114.

772 Näheres dazu siehe bei *Rath, J.*, Das Recht der Production-Sharing-Agreements in der Russischen Föderation, 1. Aufl., Göttingen: Cuvillier, 2006, S. 215–218.

773 Vgl. *Borisov,* Kommentar zum PSA-G, S. 117.

774 Vgl. *Platonova,* Kommentar zum PSA-G, S. 220; *Rath, J.*, Das Recht der Production-Sharing-Agreements in der Russischen Föderation, 1. Aufl., Göttingen: Cuvillier, 2006, S. 217.

wegen erheblicher Änderung der Geschäftsgrundlage nur auf der Grundlage eines entsprechenden Gerichtsbeschlusses in einzelnen Ausnahmefällen zulässig ist.[775]

V. Übertragung der Rechte und Pflichten

Gemäß Art. 17.1 ErdkörperG erfolgt die Regelung der Übertragung von Rechten und Pflichten aus einer abgeschlossenen PSA gemäß den im PSA-G festgelegten Bestimmungen. Dafür sieht Art. 16 Abs. 1 PSA-G für den Investor die Möglichkeit vor, seine Rechte und Pflichten aus der Vereinbarung teilweise oder vollständig auf eine beliebige juristische Person oder eine natürliche Person zu übertragen. Diese Formulierung steht klar im Widerspruch zu Art. 3 Abs. 1 PSA-G, der den zulässigen Personenkreis für die Parteien eines PSA bestimmt. Danach ist nur eine juristische Person als Investor, d.h. als Partei der Vereinbarung, zugelassen.[776]

Eine Übertragung ist an zwei Bedingungen geknüpft. Zum einem soll die juristische Person, auf die die Rechte und Pflichten übertragen werden, über „ausreichende finanzielle und technische Ressourcen und Managementerfahrung verfügen". Zum anderen bedarf eine solche Übertragung der Zustimmung des Staates.[777] Gemäß Ziff. 61 Pkt. 9 Verwaltungsverfahrensordnung № 315 ist die Befugnis, eine solche Zustimmung zu erteilen, der ROSNEDRA übertragen worden. Das Verfahren und die Fristen hierzu sind in der Vereinbarung zu bestimmen. Die Übertragung erfolgt gem. Art. 16 Abs. 2 PSA-G schriftlich in Form einer speziellen Urkunde, die zu einem untrennbaren Bestandteil der Vereinbarung wird. Sinngemäß erfordert eine solche Übertragung der Rechte und Pflichten auch eine Änderung der entsprechenden EKL. Dies soll innerhalb von 30 Tagen ab dem Datum der Unterzeichnung der Übertragungsurkunde erfolgen.

VI. Beendigung der Vereinbarung

Die Beendigung der Vereinbarung regelt Art. 21 PSA-G. Darin sind drei zulässige Gründe für die Beendigung der Vereinbarung vorgesehen: Ablauf der Gültigkeitsdauer der Vereinbarung, Einvernehmen der Parteien über die vorzeitige Beendigung der Vereinbarung, andere Gründe, die in Übereinstimmung mit der am Tag der Unterzeichnung geltenden Gesetzgebung der RF in der Vereinbarung festgehalten wurden. Bei einer einvernehmlichen vorzeitigen Beendigung der Vereinbarung ist die Vereinbarung laut Art. 21 Abs. 1 S. 2 PSA-G im selben Verfahren,

---

775 Entscheidung des Präsidiums des Obersten Arbitragegerichts RF vom 6. Oktober 1998 № 249/98 [Постановление Президиума ВАС РФ от 6 октября 1998 г. № 249/98].

776 *Borisov*, Kommentar zum PSA-G, S. 112.

777 Vgl. *Ljapina/ Kolokolov/ Svechnikova/Kotscheev/Artem'ev*, Kommentar zum PSA-G, S. 101; *Platonova*, PSA: rechtlicher Rahmen in der RF, S. 130; 131; *Rath, J.*, Das Recht der Production-Sharing-Agreements in der Russischen Föderation, 1. Aufl., Göttingen: Cuvillier, 2006, S. 212 ff.

in welchem die ursprüngliche Vereinbarung abgeschlossen wurde, zu beenden mit Ausnahme der Durchführung einer Auktion. Eine Vereinbarung, die binnen eines Jahres nach dem Datum ihrer Unterzeichnung noch nicht in Kraft getreten ist, endet gem. Art. 21 Abs. 2 PSA-G ungeachtet des Verfahrens für den ursprünglichen Vereinbarungsabschluss nach einem Jahr ab dem Datum ihrer Unterzeichnung.

Wendet man das Verfahren für den Vereinbarungsabschluss auf die Beendigung der Vereinbarung an, ergibt sich folgendes Bild. Die zuständige Kommission bereitet den Entwurf für die vorzeitige Beendigung der Vereinbarung vor und verhandelt darüber mit dem Investor. Das Ergebnis dieser Verhandlungen ist danach vom MINENERGO (durch den Minister) zu genehmigen und von dem Investor durch Unterzeichnung anzuerkennen. Für PSA-Verträge, die in Bezug auf Erdkörperfelder auf dem Festlandsockel oder in der Sonderwirtschaftszone abgeschlossen wurden, bedeutet diese Regelung, dass für die vorzeitige Beendigung der Vereinbarung ebenfalls ein föderales Gesetz benötigt wird, da der Vereinbarungsabschluss für derartige Erdkörperfelder die Genehmigung durch ein Föderalgesetz erfordert.[778]

Wie oben bereits erwähnt, kann gem. Art. 451 Abs. 1 ZGB RF eine wesentliche Änderung bestimmter Umstände ein Grund für die vorzeitige Beendigung der Vereinbarung sein. Das PSA-G lässt jedoch in seinem Art. 17 Abs. 1 für diesen Fall nur eine Abänderung der Vereinbarung zu.[779] Somit kann dieser Grund nur dann bei der frühzeitigen Beendigung der Vereinbarung eine Rolle spielen, wenn er in den Text der Vereinbarung aufgenommen worden ist.

D. Vorschriften zur Arbeitsausführung unter PSA

I. Lenkungsausschuss

Als eine Pflichtvoraussetzung sieht Art. 7 Abs. 7 PSA-G die Bildung eines Lenkungsausschusses zur Koordinierung der Ausführung von vereinbarten Arbeiten vor. Der Ausschuss ist von beiden Parteien paritätisch zu besetzen. Die zahlenmäßige Zusammensetzung, seine Rechte, Pflichten, Geschäftsordnung und konkreten Befugnisse werden in der Vereinbarung bestimmt. Das Verfahren für die Ernennung staatlicher Vertreter als Mitglieder eines solchen Lenkungsausschusses und ihre Kompetenzen sowie das Verfahren zur Entscheidungsfindung durch diese Personen im Namen des Staates richten sich nach den Bestimmungen der Regierungsverordnung № 133[780]. Danach werden die Staatsvertreter von der Regierung der RF

---

778 Vgl. *Rath, J.*, Das Recht der Production-Sharing-Agreements in der Russischen Föderation, 1. Aufl., Göttingen: Cuvillier, 2006, S. 215–218.

779 *Borisov*, Kommentar zum PSA-G, S. 117.

780 Regierungsverordnung № 133 vom 14. März 2006 „Über das Verfahren zu Bestellung der Vertreter des Staates in den Lenkungsausschüssen, die nach PSA-Bedingungen gegründet werden, sowie zu Ausübung ihrer Tätigkeit“, SZ RF 2006, № 12, Pos. 1304 [Постановление Правительства РФ № 133 от 14 марта 2006 г. «О порядке назначения и деятельности представителей государства в управляющих

nach dem Vorschlag des MINENERGO ernannt. Während der Ausschusssitzungen können die Staatsvertreter nur im Einklang mit schriftlichen Anweisungen der autorisierten Behörde (MINENERGO) die Stimme abgeben. Eine Meinungsäußerung zu den verschiedenen Fragen der Tagesordnung ist ihnen nicht erlaubt.

II. Die Pflicht zur Genehmigung von Projektunterlagen als Grundlage für die Erstattung der Kosten

Die im PSA vereinbarten Arbeiten und die dafür vorgesehenen Tätigkeiten sind gem. Art. 7 Abs. 1 PSA-G in Übereinstimmung mit Programmen, Projekten, Plänen und Kostenrechnungen auszuführen, die sowohl die kalendarischen Zeiträume als auch die Projektphasen umfassen können. Diese Unterlagen werden nach dem Verfahren genehmigt, das in der Vereinbarung zu bestimmen ist. Dementsprechend kann in der Vereinbarung auch ein Mechanismus zur Änderung genehmigter Programme, Pläne und Kostenrechnungen vorgesehen werden. Den Parteien wird damit ein großer Ermessensspielraum bei ihrer Entscheidung eingeräumt, wann, wie und zu welchen Kosten einzelne Arbeiten durchgeführt werden.[781]

Nach Art. 7 Abs. 1 PSA-G sind unter der Ausführung der vereinbarten Arbeiten nur solche Arbeiten und Tätigkeitsarten zu verstehen, die in dem in der Vereinbarung bestimmten Verfahren genehmigt worden sind. Alle anderen Arbeiten sind keine vereinbarungsgemäß ausgeführten Arbeiten i. o. Sinne.[782] In der Praxis ist das für den Investor von großer Bedeutung. Er kann nur solche Projektkosten als zu erstattende Kosten begründen, die nur durch genehmigte Arbeiten entstanden worden sind. Andere Kosten kann er nicht als zu erstattende Kosten im Rahmen der Kompensationsproduktion geltend machen.[783] Die Genehmigung genannter Unterlagen (Arbeiten) liegt im Zuständigkeitsbereich des Lenkungsausschusses.[784]

комитетах, создаваемых в соответствии с условиями соглашений о разделе продукции», СЗ РФ 2006, № 12, ст. 1304].

781 Ausführlicher zu den Programmen der Betriebsführung in den einzelnen abgeschlossenen PSA siehe bei *Ljapina/ Kolokolov/ Svechnikova/Kotscheev/Artem'ev*, Kommentar zum PSA-G, S. 24 ff. Näheres zu Programmen allgemein siehe bei *Izujmov*, Bergrecht (2010), S. 369 ff; *Rath, J.*, Das Recht der Production-Sharing-Agreements in der Russischen Föderation, 1. Aufl., Göttingen: Cuvillier, 2006, S. 124–127.

782 *Ljapina/ Kolokolov/ Svechnikova/Kotscheev/Artem'ev*, Kommentar zum PSA-G, S. 24, 25.

783 *Izujmov*, Bergrecht (2010), S. 369; *Ljapina/ Kolokolov/ Svechnikova/Kotscheev/ Artem'ev*, Kommentar zum PSA-G, S. 25.

784 *Ljapina/ Kolokolov/ Svechnikova/Kotscheev/Artem'ev*, Kommentar zum PSA-G, S. 24.

III. Spezielle Anforderungen gem. Art. 7 Abs. 2 PSA-G und WTO-Recht

Neben den allgemeinen Bedingungen für die Nutzung des Erdkörperfeldes wie z.B. Einhaltung von Ressourcenschonung, Umweltschutz, Arbeitssicherheit usw. sieht Art. 7 Abs. 2 PSA-G folgende spezielle Pflichten für den Investor vor, die bei der Nutzung des Erdkörperfeldes nach PSA-Modell zu erfüllen sind:

- die Bevorzugung russischer juristischen Personen bei der Mitwirkung an den vereinbarten Arbeiten als Auftragnehmer, Lieferanten, Spediteure oder in sonstigen Eigenschaften auf Grund von Verträgen mit dem Investor;
- die Anzahl der als Arbeitskräfte eingestellten Staatsangehörigen der Russischen Föderation soll mindestens 80 % aller angeworbenen Arbeitskräfte betragen. Ausländische Arbeitskräfte dürfe n nur in der Anfangsphase der vereinbarten Arbeiten oder bei Fehlen entsprechend qualifizierter einheimischer Arbeitskräfte und Fachleute eingestellt werden;
- die erforderlichen verfahrenstechnischen Anlagen, technischen Mitteln und Materialien müssen in jedem Ausführungsjahr der vereinbarten Arbeiten zu mindestens 70 % ihres Beschaffungswertes russischer Herkunft sein.[785] Bis zur Gesetzesänderung im Jahr 2003 enthielt der Wortlaut dieser Bestimmung nicht die Formulierung „ in jedem Ausführungsjahr“ und nach Meinung der Investoren der PSA-Verträge „Sachalin-1“ und „Sachalin-2“ konnte die Quote von 70 % sich auf die ganze Dauer des Projektes beziehen. Daraufhin wurden die Gesetzesbestimmungen verschärft und die genannte Formulierung in das Gesetz eingeführt.[786]

Die in Art. 7 Abs. 2 PSA-G enthaltenen Bestimmungen über die Bevorzugung russischer Unternehmen widersprachen den Rechtsvorschriften der WTO.[787] Deshalb gibt es nach Art. 7 Abs. 2 Teil 4 PSA-G die Klausel, dass im Falle eines Beitritts der RF zur WTO die genannten Normen außer Kraft gesetzt werden. Seit dem Jahr 2012 ist das

---

785 Geräte, technische Anlagen und Materialien gelten im Sinne des PSA-G als in Russland hergestellt, sofern sie auf dem Territorium der Russischen Föderation von russischen juristischen Personen und/oder russischen privaten Personen (Staatsangehörigen der RF) mindestens zu 50% ihres Wertes aus Baugruppen, Konstruktionen oder Zulieferteilen angefertigt sind, die auf dem Territorium der Russischen Föderation auf dem Territorium der Russischen Föderation von russischen juristischen Personen und/oder russischen privaten Personen (Staatsangehörigen der RF) hergestellt wurden.

786 Genaue Angaben für PSA Sachalin-1 und Sachalin-2 siehe in Bericht des Rechnungshofs der RF über die Prüfungsergebnisse der PSA-Umsetzung auf Sachalin.

787 Vgl. *Prieß, H.-J./Berrisch, G.M.* (Hrsg.), WTO-Handbuch, München, 2003, S. 533 – 535.

Erfordernis, dass mindestens 70 % der für die Umsetzung des PSA benutzten Produkte und Dienstleistungen russischer Herkunft sein sollen, außer Kraft gesetzt.[788]

Aufgrund der Tatsache, dass der Investor einen großen Spielraum hat, seine Kosten denjenigen Kosten zuzuordnen, die er für die Ausführung der vereinbarten Arbeiten erstattet bekommt (Kompensationsprodukte), kann der Betreiber des Projekts es sich leisten, maximal teure Kauf- und Dienstleistungsverträge abzuschließen. Damit entsteht ein Anreiz, die Verträge mit affiliierten oder mit dem Investor anders verbundenen Unternehmen abzuschließen, wodurch der Investor noch zusätzliche Gewinne verzeichnen kann.[789] Deshalb werden die Investoren vermutlich mit russischen Unternehmen Lieferverträgen nicht abschließen, obwohl russische Lieferanten und Dienstleister aufgrund der geringeren Personal- und Transportkosten preisgünstiger arbeiten können. Nicht ganz außer Acht zu lassen ist auch die Tatsache, dass die Bevorzugung von ausländischen Lieferanten und Dienstleistern darauf basiert, dass russische Produkte oft aufgrund des fehlenden Know-how nicht konkurrenzfähig sind.[790]

E. Produktionsaufteilung

Die im Rahmen eines PSA erzeugte Produktion ist gem. Art. 8 Abs. 1 PSA-G zwischen Staat und Investor in Übereinstimmung mit der durch sie getroffenen Vereinbarung aufzuteilen. Worauf der vollständige Name der Vereinbarung – „product sharing agreement“ – schon hinweist, nehmen die Bedingungen über die Teilung der erzeugten Produktion, hier der gewonnenen Bodenschätze, eine zentrale Stellung ein. Die Mechanismen zur Verteilung der gewonnenen Bodenschätze zwischen dem Investor und dem Staat ermöglichen letzterem, den größten Teil der Einnahmen aus Steuern und Abgaben nach dem üblichen Besteuerungssystem durch seine Beteiligung an der erzeugten Produktion zu ersetzen.

I. Schlüsselbegriffe

Bevor die Modelle zur Produktionsteilung nach PSA-G zu besprechen sind, ist eine kurze Darstellung der Schlüsselbegriffe dieser Mechanismen notwendig, die sich aus Art. 8 Abs. 1 PSA-G ergeben. Dazu zählen „erzeugte Produktion“, „Kompensationsproduktion“ und „gewinnbringende Produktion“. Als „erzeugte Produktion“ gilt danach die Menge der vom Investor im Zuge der vereinbarten Arbeiten geförderten Berg- und Tagebauprodukte, die in den aus dem Erdkörper tatsächlich abgebauten mineralischen Rohstoffen enthalten ist, und zwar vermindert um verfahrensbedingte

788 Vgl. *Baleevskich,* Die Frage der Einhaltung der Regeln und Prinzipien der WTO durch die russische Gesetzgebung am Beispiel des PSA-G, S. 5 ff.

789 *Platonova,* PSA: rechtlicher Rahmen in der RF, S. 201–203.

790 *Kitanina,* Product sharing agreements: zivilrechtliche und öffentlich-rechtliche Aspekte, S. 79; *Rath, J.,* Das Recht der Production-Sharing-Agreements in der Russischen Föderation, 1. Aufl., Göttingen: Cuvillier, 2006, S. 132.

Nominalverluste. Die „Kompensationsproduktion“ ist derjenige Teil der erzeugten Produktion, der als Kostenerstattung für die vereinbarten Arbeiten nach den PSA-Bedingungen in das Eigentum des Investors übergeht. Die Zusammensetzung der erstattungsfähigen Kosten ist im PSA zu bestimmen. Unter „gewinnbringender Produktion“ versteht man den Anteil der erzeugten Produktion nach Abzug der Förderabgabezahlungen und Abzug der Kompensationsproduktion für die maßgebliche Steuerperiode. Die danach verbleibende gewinnbringende Produktion wird zwischen dem Investor und dem Staat aufgeteilt.

II. Modelle der Produktionsaufteilung

Für die Aufteilung der gewonnenen Bodenschätze sieht das PSA-G zwei Modelle vor, die sich vor allem durch das Maß der steuerlichen Motivation unterscheiden. Die Produktionsteilung ist gem. Art. 8 Abs. 3 PSA-G nur nach diesen gesetzlich festgelegten Modellen zulässig. Ein Wechsel zwischen den Modellen ist nicht erlaubt. Das erste Modell für die Teilung der erzeugten Produktion ist in Art. 8 Abs. 1 PSA-G festgelegt. Es ist wie folgt aufgebaut: aus dem Gesamtvolumen der erzeugten Produktion wird der Wert entnommen, der für die Bezahlung der Fördersteuer aufgewendet wird und an den Staat übergeht. Aus dem daraus sich ergebenden Restvolumen wird das Volumen der Kompensationsproduktion abgezogen, das als Aufwandsentschädigung für die Ausführung der vereinbarten Arbeiten dem Investor zusteht.[791] Dabei darf die Höchstmenge der Kompensationsproduktion nicht 75 % bzw. 90% – bei der Erdkörpernutzung auf dem Festlandsockel – des Gesamtvolumens der erzeugten Produktion überschreiten. Das sich daraus ergebende Restvolumen der erzeugten Produktion stellt die gewinnbringende Produktion dar und wird zwischen dem Staat und dem Investor in Übereinstimmung mit der Vereinbarung aufgeteilt. In welchem Verhältnis die Produktion zwischen den Parteien aufgeteilt werden soll, legt das Gesetz nicht fest, so dass die Parteien verschiedene Methoden zur Bestimmung der Anteile wählen können. Dabei werden normalerweise folgende Kriterien abgewogen: Förderniveau, interne Rentabilitätsrate, Index der Kapitalakkumulation usw. Eine flexible Formel für die Anteilsberechnung ermöglicht dem Staat, seinen Anteil an der gewinnbringenden Produktion aufzustocken, wenn die Indikatoren der Investitionseffizienz sich für den Investor verbessern. Umgekehrt kann der Investor im Falle einer Verschlechterung der Investitionsattraktivität des Projekts mit der Erhöhung seines Anteils rechnen. [792]

Das Verfahren für die Anteilsberechnung, wonach die Prozentsätze der Parteienanteile nach bestimmten Indikatoren festgelegt werden, bestimmen die Parteien in der Vereinbarung. Der Investor ist verpflichtet, für den Wert seiner

791 Vgl. *Rath, J.*, Das Recht der Production-Sharing-Agreements in der Russischen Föderation, 1. Aufl., Göttingen: Cuvillier, 2006, S. 84–92; *Izujmov*, Bergrecht (2010), S. 374- 376.

792 *Izujmov*, Bergrecht (2010), S. 375.

gewinnbringenden Produktion die Einkommenssteuer zu entrichten.[793] Der Steuersatz hierfür darf während der gesamten Laufzeit der Vereinbarung für den Investor nicht geändert werden.[794] Bei diesem Aufteilungsmodell besteht somit der Gewinn des Staates aus drei Komponenten: der Förderabgabe, seinem Anteil an der gewinnbringenden Produktion und der Einkommenssteuer. Der Gewinn des Investors besteht entsprechend aus zwei Teilen – der Kompensationsproduktion und seinem Anteil an der gewinnbringenden Produktion abzüglich der Einkommenssteuer. Das Gesetz erlaubt den Parteien in der Vereinbarung zu bestimmen, ob sie ihre Leistungspflichten durch Geld- oder Sachleistung erfüllen. Ausgenommen sind die Förderabgabe und Einkommenssteuer, die nur in Geldform zu entrichten sind.[795]

In Einzelfällen kann gem. Art. 8 Abs. 2 PSA-G die Produktionsaufteilung zwischen dem Staat und dem Investor durch die direkte Festlegung der Höhe ihres jeweiligen Anteils an der erzeugten Produktion erfolgen. Bei diesem Modell wird die prozentual bestimmte Anteilshöhe, die entweder dem Staat oder dem Investor zustehen soll, in der Vereinbarung direkt festgelegt. Wie auch bei dem ersten Modell werden zunächst das Volumen und der Wert der erzeugten Produktion bestimmt und danach das gesamte Volumen der erzeugten Produktion zwischen den Parteien in demjenigen Verhältnis aufgeteilt, das in der Vereinbarung festgesetzt wurde. Dabei darf der Investorenanteil an der erzeugten Produktion 68 % nicht überstreiten. Die Aufteilung der Anteile kann nach diesem Modell auch gleitend gestaltet werden. So z. B sieht PSA Kharjaga die Aufteilung folgendermaßen vor: bei einem Rentabilitätswert von 17,5 % und weniger wird die Produktion zu gleichen Anteilen aufgeteilt 50 zu 50 %, beim Erreichen von 20 % beträgt der Anteil der RF 55 %, bei 20–25 % beträgt der Anteil der RF 65 % und bei mehr als 25 % – 75 %. Bei diesem Modell ist der Investor sowohl von der Entrichtung der Förderabgabe als auch der Einkommenssteuer befreit.[796] Aber auch die Erstattung der Kosten sieht dieses Modell nicht vor. Diese grundlegenden Unterschiede zum ersten Modell vereinfachen zwar deutlich die Beziehung zwischen den Parteien. Der Investor trägt dabei jedoch, da ihm die Möglichkeit fehlt, die Kosten für die ausgeführte Arbeiten erstattet zu erhalten, das unternehmerische Risiko, diese Kosten – die sehr hoch sein können – in eine rentable Relation zum Wert seines Anteils zu bringen.[797]

793 Art. 346.35 Pkt. 7 SteuerGB.
794 *Izujmov*, Bergrecht (2010), S. 376.
795 *Izujmov*, Bergrecht (2010), S. 376; *Platonova*, PSA: rechtlicher Rahmen in der RF, S. 298 ff.
796 Art. 346.35 Pkt. 8 SteuerGB.
797 *Izujmov*, Bergrecht (2010), S. 377.

F. Investitionsschutzmechanismen bei der PSA-Anwendung

Vom wirtschaftlichen Standpunkt aus gesehen sind neben der speziellen Besteuerung wesentliche Elemente eines PSA die Mechanismen zum Schutz der Investitionen. Trotz der Tatsache, dass ausländische Investitionen im Rahmen eines PSA-Modells auch den bilateralen Abkommen zum Schutz von Auslandsinvestitionen unterliegen, spielen die in der Vereinbarung selbst fixierten Schutzmechanismen eine große Rolle.[798] Der Staat als einer der Parteien des PSA tritt auch in der Rolle des Gesetzgebers auf und könnte einseitig die rechtlichen Bedingungen, die den Inhalt der Vereinbarung bestimmen, ändern. Für diesen Fall dient die Stabilitätsklausel dazu, die Vertragsbestimmungen vor Änderungen des anwendbaren Rechts zu schützen. Das PSA-G sieht drei Stabilitätsklauseln zum Schutz des Investors vor zukünftigen Gesetzesänderungen vor, die in Art. 17 Abs. 1 und 2 und in Art. 18 PSA-G enthalten sind.

I. Art. 17 Abs. 1 PSA-G

Art. 17 Abs. 1 PSA-G legt fest, dass „die vereinbarten Bedingungen bis Ende der Vereinbarungsdauer in Kraft bleiben". Die Notwendigkeit, die Stabilität der Vertragsbestimmungen für die Gültigkeitsdauer des PSA zu sichern, wird allgemein anerkannt.[799] Allerdings liegt die Eigentümlichkeit des PSA-Rechts in Russland darin, dass sie praktisch auf unbestimmte Zeit gelten kann, da Art. 5 Abs. 2 PSA-G keine genau fixierte Ablauffrist aufweist. Da Art. 17 Abs. 1 PSA-G keine Regelung über eine Möglichkeit zur Überprüfung und Abänderung der Vereinbarungsbestimmungen nach dem Ablauf der ursprünglichen Dauer der Vereinbarung trifft, bedeutet es im Grunde genommen eine Konservierung der Vereinbarungsbestimmungen für die gesamte Laufzeit des PSA. Einige Rechtswissenschaftler in Russland sehen darin eine zu große Vergünstigung für den Investor, denn insofern würde der Investor dem russischen Rechtsraum beinah entzogen werden.[800] Nach ihrer Auffassung solle die Dauer der Garantien gegen die Änderungen in der Gesetzgebung maximal 10–15 Jahre betragen und dürfe keinen unendlichen Charakter haben. Dem ist entgegenzuhalten,

---

798 Ausführlicher zu Bedeutung der Stabilitätsklauseln in Investitionsverträgen siehe bei *Rath, J.*, Das Recht der Production-Sharing-Agreements in der Russischen Föderation, 1. Aufl., Göttingen: Cuvillier, 2006, S. 96 ff; *Fiedler P.*, Stabilisierungsklauseln und materielle Verweisung im Internationalen Vertragsrecht, Diss., Heidelberg, 2000, S. 55, 58; *Merkt H.*, Investitionsschutz durch Stabilisierungsklauseln, Diss., Munster, 1988, S. 35.

799 Vgl. *Platonova,* Kommentar zum PSA-G, S. 113; *Rath, J.,* Das Recht der Production-Sharing-Agreements in der Russischen Föderation, 1. Aufl., Göttingen: Cuvillier, 2006, S. 96–99; *Izujmov,* Bergrecht (2010), S. 377.

800 *Platonova,* PSA: rechtlicher Rahmen in der RF, S. 218; *Jakovlev,* Das Bergrecht im modernen Russland, S. 418–419; Pkt. 3.5.2–3.5.5 Bericht des Rechnungshofs der RF über die Prüfungsergebnisse der PSA-Umsetzung auf Sachalin.

dass gerade das Erfordernis, die Stabilität der Vereinbarung während ihrer gesamten Laufzeit zum Zwecke der Minimierung der unternehmerischen Risiken zu fixieren, den Gesetzgeber dazu bewegte, eine solch umfassende und zeitlich nicht begrenzte Stabilitätsklausel gesetzlich festzulegen. Es ist kein Geheimnis, dass gerade die sich schnell ändernde Gesetzgebung in Russland eines der größten Hindernisse ist, um Investitionskapital ins Land zu locken. Vor diesem Hintergrund sind solche Garantien heutzutage eine der wenigen Möglichkeiten, das Interesse der Investoren zu wecken.

II. Art. 17 Abs. 2 PSA-G

Der Staat könnte auch indirekt eine Änderung der Vereinbarungsbedingungen herbeiführen, indem er die geltende Gesetzgebung ändert. Die Bestimmung des Art. 17 Abs. 2 PSA-G soll das wirtschaftliche Gleichgewicht zwischen den Vereinbarungsparteien in den Fällen wiederherstellen, in denen während der Laufzeit der Vereinbarung durch die Gesetzgebung der RF, der Föderationsmitglieder sowie durch die kommunalen Rechtsvorschriften Bestimmungen festgelegt werden, die das Geschäftsergebnis des Investors hinsichtlich seiner Tätigkeit im Rahmen der Vereinbarung verschlechtern.[801] Diese Regelung garantiert dem Investor die wirtschaftlichen Ergebnisse, die er bei Anwendung der am Tag der Unterzeichnung geltenden Rechtsvorschriften hätte erzielen können. Das heißt bei Änderungen der Steuer-, Devisen-, Exportzoll- und anderer Gesetze, welche die wirtschaftlichen Ergebnisse des Investors im Rahmen der Vereinbarung verschlechtern, müssen in der Vereinbarung Änderungen vorgenommen werde, die dem Investor die Ergebnisse gewährleisten, die er bei der Unterzeichnung der Vereinbarung erwartet hat.[802] Eine Ausnahme aus der angeführten Bestimmung bilden gem. Art. 17 Abs. 2 Teil 2 PSA-G Fälle, in denen es sich um die Änderung der „Standards (Normen und Vorschriften) der Arbeitssicherheit, des Erdkörperschutzes, des Umwelt- und Gesundheitsschutzes" handelt, wenn durch sie das Ziel verfolgt wird, sie an die entsprechenden, international üblichen und allgemein anerkannten Regelungen anzupassen.

Das Verfahren der Einbringung von Änderungen gem. Art. 17 Abs. 2 PSA-G muss in der Vereinbarung bestimmt werden. Wenn man davon ausgeht, dass die Norm in Art. 17 Abs. 1 PSA-G, wonach alle zwischen den Parteien abgestimmten Änderungen der Vereinbarung nach dem gleichen Verfahren wie die ursprüngliche Vereinbarung in Kraft gesetzt werden, auch für die hier behandelten Änderungen gilt, dann werden insofern die positiven Aspekte der Stabilitätsklausel durch die Komplexität des Verfahrens bei ihrer Umsetzung überdeckt.[803] Schwierig bleibt

---

801 *Rath, J.,* Das Recht der Production-Sharing-Agreements in der Russischen Föderation, 1. Aufl., Göttingen: Cuvillier, 2006, S. 99.

802 Ausführlich zu Bestimmung der erwarteten wirtschaftlichen Ergebnissen siehe bei *Rath, J.,* Das Recht der Production-Sharing-Agreements in der Russischen Föderation, 1. Aufl., Göttingen: Cuvillier, 2006, S. 100 ff.

803 *Scharifulina,* Stabilität der Vertragsbedingungen – Grundlage für Investitionsanreize in Russland, S. 22.

dabei auch die Ermittlung der wirtschaftlichen Ergebnisse, die der Investor bei der Anwendung der zum Zeitpunkt der Vereinbarungsunterzeichnung geltenden gesetzlichen Bestimmungen hätte erreichen können. Als Grundlage kann dafür zwar das gem. Art. 7 Abs. 1 PSA-G erstellte Arbeitsprogramm herangezogen werden. Trotzdem wird es schwierig, ggf. Jahrzehnte später nach dem Abschluss der Vereinbarung die besagten wirtschaftlichen Ergebnisse zu ermitteln und zu berechnen.[804]

III. Art. 18 Abs. 2 PSA-G

In Art. 18 Abs. 2 PSA-G hat der Gesetzgeber den Grundsatz des Vorrangs der Vereinbarungsbestimmungen gegenüber den Rechtsakten des nationalen Rechts vorgesehen. Für den Investor gelten die genannten Rechtsvorschriften nicht, es sei denn, es handelt sich um die Vorschriften der zuständigen Aufsichtsbehörde zur Gewährleistung der Arbeitssicherheit, des Erdkörperschutzes, des Umwelt- und Gesundheitsschutzes sowie der Gewährleistung der öffentlichen und staatlichen Sicherheit. Dabei fallen diejenigen Bestimmungen, die die Rechte des Investors nicht direkt berühren, aber trotzdem auf die wirtschaftlichen Ergebnisse seiner Tätigkeit im Rahmen PSA Einfluss nehmen, nicht in den Anwendungsbereich dieser Norm.[805] In der Praxis kann davon ausgegangen werden, dass die Bestimmungen über den Erdkörper- und Umweltschutz sowie die Gewährleistung der staatlichen Sicherheit meistens auch die Durchführung der Arbeiten im Rahmen eines PSA betreffen. Die damit einhergehende Verschlechterung der wirtschaftlichen Ergebnisse wird dem Investor nicht mehr ausgeglichen. Damit ist der Investor zwar einerseits von den Eingriffen des Staates auf seine durch das PSA erworbenen Rechte geschützt. In dem Fall jedoch, dass z. B. ein Flughafen, von dem Hubschrauber zur Offshore-Bohrinsel starten, geschlossen wird, was den Zugang zur Bohrinsel wesentlich erschweren würde, kann sich der Investor nicht auf die Klausel des Art. 18 Abs. 2 PSA-G berufen, da das Recht zur Nutzung des Flughafens nicht durch die Vereinbarung vorgesehen ist. [806] Die Vorschriften der Bergaufsichtsbehörden werden von dieser Klausel ebenfalls nicht abgedeckt.

Zu betonen ist, dass die Formulierung „öffentliche und staatliche Sicherheit" im Sinne des Art. 18 Abs. 2 PSA-G einen breiten Interpretationsraum zulässt, was wiederum die Möglichkeiten eines Missbrauchs dieser Mechanismen öffnet.[807] In diesem Zusammenhang erscheint es notwendig, die Formulierungen dieser Klausel genauer zu definieren, sowohl in Hinsicht auf die öffentliche und staatliche Sicherheit, als auch bezüglich einzelner Befugnisse der Aufsichtsbehörde.

---

804 Vgl. *Platonova,* Kommentar zum PSA-G, S. 53, 115.

805 Vgl. *Rath, J.,* Das Recht der Production-Sharing-Agreements in der Russischen Föderation, 1. Aufl., Göttingen: Cuvillier, 2006, S. 103–105.

806 Ähnliches Problemfall ist z. B. bei PSA Sachalin-3 aufgetreten, siehe mehr dazu bei *Thorogood J./Hogg T./Kalshikov A.*, Sakhalin project provides valuable lessons, in: Drilling contractor, May/June 2006, S. 28, 30.

807 *Platonova,* Kommentar zum PSA-G, S. 260.

IV. Streitbeilegung

Im Hinblick auf die Streitbeilegung zwischen dem Staat und dem Investor über die Erfüllung, Beendigung oder Nichtigkeit der Vereinbarung erlaubt Art. 22 PSA-G, dass die Parteien in der Vereinbarung selbst bestimmen, von welchem Gericht die Streitigkeiten entschieden werden sollen. Es können nationale Arbitragegerichte oder internationale Schiedsgerichte sein. Alle drei heute in Russland geltenden PSA enthalten die Bestimmung, dass die Streitbeilegung vor dem Internationalen Schiedsgericht in Stockholm erfolgt nach den UNCITRAL-Bestimmungen.[808] Dabei ist bei PSA „Sachalin-1" das britische Recht, bei PSA "Sachalin-2" das Recht des Bundesstaates New York, USA und bei PSA „Kharjaga" das schwedische Recht anzuwenden.[809]

Die häufigsten Streitfragen, die die Investoren in Russland austragen müssen, betreffen Streitigkeiten mit den Steuerbehörden. Die Begutachtung dieser Praxis zeigt, dass diese Streitigkeiten hauptsächlich dadurch entstehen, dass die Steuerbehörden den Vorrang der PSA-Bestimmungen vor dem nationalen Recht nicht berücksichtigen und bei jeder Gelegenheit versuchen, die Normen der nationalen Gesetzgebung anzuwenden, auch wenn diese die PSA-Bestimmungen verletzen. Zum anderen ist bei der Steuerbehörde ein mangelndes Verständnis der eigentlichen Rechtsnatur der PSA-Verträge und ihrer Bedingungen zu erkennen und als Folge daraus die Ablehnung einer Auslegung der PSA-Bestimmungen als Bestimmungen eines zivilrechtlichen Vertrages.[810] Die Gerichte bejahen konsequent in allen Streitfällen das bedingungslose Recht des Investors auf Anwendung der PSA-Bestimmungen, auch wenn diese den Vorschriften des SteuerGB RF widersprechen.[811]

Ein weiterer Problemfall, der seine Lösung auf der Ebene des Präsidiums des Obersten Gerichtshofes RF fand, behandelte die Frage, ob die in der Vereinbarung festgelegten speziellen steuerlichen Regelungen auch für dritte Personen anwendbar sind, die nicht Parteien des PSA sind. In seiner Entscheidung hat das Oberste

808 *Kurbanov*, Zur Frage über die Streitbeilegung bei PSA-Anwendung, S. 21.

809 *Izujmov*, Bergrecht (2010), S. 74, 75.

810 Vgl. *Kondukov*, Product sharing agreements: kritische Analyse der Herangehensweise von den Arbitragegerichten, S. 25; *Lermantov*, Über die Rechtsprechung im Hinblick auf die PSAs, S. 162.

811 Vgl. z.B. Entscheidung des Föderalen Arbitragegerichts des Fernöstlichen Gebiets vom 27. Oktober 2010 № Ф03-7297/2010 [Постановление ФАС Дальневосточного округа от 27 октября 2010 г. № Ф03-7297/2010]; Entscheidung des Föderalen Arbitragegerichts des Fernöstlichen Gebiets vom 23. Juli 2008 № Ф03-А59/08-2/1473 [Постановление ФАС Дальневосточного округа от 23 июля 2008 г. № Ф03-А59/08-2/1473]; Entscheidung des Föderalen Arbitragegerichts des Nord-Westlichen Gebiets vom 11. Mai 2010 № А05-7314/2008 [Постановление ФАС Северо-Западного округа от 11 мая 2010 г. по делу № А05-7314/2008]; Entscheidung des 14. Berufungsarbitragegerichts vom 15. Juni 2010 № А05-11891/2008 [Постановление Четырнадцатого ААС по делу от 15 июня 2010 г. № А05-11891/2008].

Gericht eine solche Anwendung verneint und darauf hingewiesen, dass eine „PSA ein Vertrag zwischen dem Staat und dem Investor sei, und könne nicht die Rechtsverhältnisse regeln, die unter Nichtparteien der Vereinbarung entstehen, weder bei Fragen der Pflichterfüllung, noch bei steuerlichen Fragen". Die Besteuerung der vom Investor für die Umsetzung der Vereinbarung herangezogenen Personen ist ohne Ausnahmen nach der geltenden Steuergesetzgesetzgebung der RF zu bestimmen.[812]

Im Zusammenhang mit der PSA-Anwendung in Russland ist auch der aktuellste Fall aus der internationalen Arbitragepraxis erwähnenswert. Das MINENERGO teilte am 2. April 2015 mit, dass das amerikanische Unternehmen Exxon, welches einer der Teilnehmer in PSA „Sachalin-1" ist, beim Internationalen Schiedsgericht in Stockholm Klage gegen die RF eingereicht hat.[813] Mitte der 90er Jahre, als die Vereinbarung unterzeichnet wurde, betrug der Steuersatz der Einkommensteuer 35 %[814], im Jahr 2009 reduzierte sich der Steuersatz auf 20 %. Aufgrund der Stabilitätsklausel blieben die Bedingungen der Vereinbarung „Sachalin-1" für die Beteiligten aber unverändert. Exxon appellierte wiederholt, allerdings ergebnislos an die russischen Behörden, die Steuern für das Unternehmen entsprechend zu reduzieren. Nun fordert es eine Summe in Höhe von ca. $ 500 Millionen, die die Differenz zwischen den Zahlungen der Einkommensteuer mit dem Steuersatz von 35 % und 25 % seit 2009 darstellt.[815] Die Änderung der Steuersatzhöhe als solche ist kein Gegenstand der Rechtsverletzung. Das russische AusInvestG legt jedoch in seinem Art. 4 den Grundsatz fest, dass für ausländische Investoren dieselben Rechte und Pflichten wie für russische Investoren gelten. Daraus kann die Annahme folgen, dass ausländische Investoren ihre Steuern zu den gleichen Steuersätzen wie russische Unternehmen zahlen müssen. Dementsprechend wird das Unternehmen Exxon beweisen müssen, dass der für es geltende erhöhte Steuersatz für die Einkommensteuer in Höhe von 35 % eine Benachteiligung gegenüber den russischen Unternehmen bedeutet, die seit 2009 ihre Einkommensteuer zum Steuersatz in Höhe von 20 % entrichten.

---

812 Entscheidung des Präsidiums des Obersten Arbitragegerichts vom 29. September 2010 № 1674/10 [Постановлении Президиум ВАС РФ от 29 сентября 2010 г. № 1674/10].

813 *Serov, M.*, ExxonMobile verklagt Russland beim Schiedsgericht in Stockholm, „Vedomosti" vom 02. April 2015, abrufbar unter: http://www.vedomosti.ru/business/articles/ 2015/04/02/exxon-mobil-podala-isk-k-rossii-v-stokgolmskii-arbitrazh [*Серов, М.* ExxonMobil подала иск к России в Стокгольмский арбитраж, «Ведомости» от 02 апреля 2015, доступно на сайте http://www.vedomosti.ru/business/articles/2015/04/02/exxon-mobil-podala-isk-k-rossii-v-stokgol-skii-arbitrazh].

814 Dieser Satz ergab sich aus dem 13% Steuersatzes der RF plus 22% Steuersatz für Gewinnsteuer im Sachalin Gebiet.

815 "Exxon lodges claim at Stockholm court in Russia tax dispute-ministry", http://uk.reuters.com/article/2015/04/02/russia-exxon-mobil-taxation-lawsuit-idUKL6N0WZ0M 520150402.

G. Zwischenfazit

Die Änderungen des PSA-G im Jahr 2003 haben in erster Linie durch die Einführung der Regelung, nach der obligatorisch zwei Auktionen durchgeführt werden müssen, die Neuschliessung von PSA-Vereinbarungen praktisch blockiert. Für einen Investor, der eine Lagerstätte unter den Vorschriften des PSA-G erschließen möchte, besteht die unüberwindbare Rechtsunsicherheit, dass bei der ersten Auktion nach dem Verwaltungsaktmodell, die als Voraussetzung für die Durchführung der Auktion für die Nutzung des Erdkörperfeldes unter PSA-Bedingungen gilt, sich ein anderes Bergbauunternehmen findet, das bereit ist, das einschlägige Erdkörperfeld nach den Vorschriften des ErdkörperG bergbaulich zu nutzen und sich bei dieser Auktion auch durchsetzt. Diese Hürde kann wohl nur dann überwunden werden, wenn die politische Wille sich gegenüber dem PSA-Modell positiver entwickelt und der Vorrang des Bewilligungsmodells durch die gesetzliche Festlegung eines solchen Systems durchbrochen wird, wonach der Investor sich frei entscheiden kann, nach welchem Modell er die bergbauliche Tätigkeit auf dem ihn interessierenden Erdkörperfeld ausüben möchte.

Heute ist das Ansehen der existierenden PSA-Projekte in Russland nicht wirklich positiv. In den Medien wurden die vereinbarten PSA-Bedingungen als für die Russische Föderation unvorteilhaft scharf kritisiert. Es verbreitete sich unter den Politikvertretern und in der Bevölkerung die Meinung, dass der russische Staat mehr Verluste und Schäden als Vorteile und Gewinne aus diesen Projekten zu verzeichnen hat. Dabei haben die drei in Russland existierenden Projekte nicht nur enorme Summen in den russischen Haushalt einbezahlt, sondern auch die erfolgreiche Erschließung von schwerzugänglichen Offshore-Lagerstätten ermöglicht. Darüber hinaus wurde die sozial-wirtschaftliche Entwicklung der Gebiete, in welchen diese Bergbauprojekte umgesetzt werden, stark gefördert. Auch die Entwicklung und Einführung neuer Technologien, wie z.B. Erdgasverflüssigungsanlagen, ist den PSA-Projekten zu verdanken. Die negative Kritik der PSA-Verträge seitens der Öffentlichkeit, hängt vor allem damit zusammen, dass dieses Modell als ein Vergünstigungsmodell der Erdkörpernutzung in Russland präsentiert wird. Dabei ist es eine rechtliche Ordnung, in der die steuerlichen Lasten strukturell und zeitlich anders als nach dem allgemein geltenden Steuerrecht verteilt sind. Um die Fördermenge von Kohlenwasserstoffen aufrechtzuerhalten, muss Russland schon in naher Zukunft auf Offshore-Lagerstätten zugreifen. Dass Offshore-Bergbauvorhaben hohe Investitionen benötigen, ist aus dem weltweiten Vergleich bekannt. In Russland sind die Bedingungen für die Erschließung von Offshore –Lagerstätten sogar noch härter: dazu zählt nicht nur die größere Entfernung der Bohrinseln und die demzufolge größere Tiefe, sondern auch z.B. die Tatsache, dass die Meeresoberfläche über den einschlägigen Erdkörperfeldern im Nordpolarmeer mehrere Monate eine Eisschicht aufweist, was bei den anderen existierenden Bohrinseln in den gleichen Breitengraden wie z.B. in Norwegen oder Alaska nicht der Fall ist. Mit Klimawandel und Erwärmung der Meere kann es zu einer erhöhten Gefahr der Eisbergbildung kommen, mit der man im Hinblick auf die Sicherheit der Bohrinseln noch gar keine bis sehr wenig Erfahrung hat. Die Umsetzung solcher Vorhaben wird zudem dadurch erschwert, dass die anliegenden Gebiete auf dem Festland, von welchen der Betrieb versorgt werden muss, eine stark unterentwickelte bis gar keine Infrastruktur aufweisen. Auf Grund aller dieser Gegebenheiten ist bereits heute klar, dass die Kosten für neue Offshore- Bergbauprojekte außerordentlich hoch sein werden. Der Gesetzgeber hat zwar bereits das Problem erkannt und in den letzten Jahren für Bergbauprojekte auf dem Festlandsockel viele steuerliche Anreize eingeführt. Es könnte aber sein, dass es nicht ausreichen wird, um die erforderlichen Investitionen zu sichern. Vor dem Hintergrund der genannten Entwicklungen kann gerade das PSA-Modell die notwendigen Investitionen heranziehen und eine effektive Ausbeutung dieser Vorräte gewährleisten. Die Voraussetzung dafür wäre jedoch die Vereinfachung und Entbürokratisierung des im PSA-G festgelegten Verfahrens sowie ein solches Verhalten des Staates als Partei der Vereinbarung, welches die Gegenpartei – den Investor im sicheren Glauben lässt, dass die Rechte und Pflichten aus der Vereinbarung tatsächlich auf ihrer Gleichstellung beruhen. Positive Erfahrungen im Hinblick auf den Bergbaubetrieb nach PSA-Modell haben bekanntlich nicht nur rohstoffreiche Länder weltweit gemacht, sondern auch solche unmittelbaren Nachbarn Russlands, deren Rechtsordnung zum Teil ebenfalls noch das sowjetische Erbe aufweist, wie z.B. Kasachstan und Aserbaidschan. Im Jahr 2015 ist das russische PSA-G bereits seit 20 Jahren in Kraft, jedoch konnten keine zukunftsträchtigen Erfolge gefeiert werden. Dabei hat eine zielorientierte PSA-Regulierung das Potenzial, der russischen Rohstoffindustrie viele Vorteile zu verschaffen, von welchen im Ergebnis ebenso der Staat wie die Gesellschaft profitieren können.

H. Rechtsvergleichende Schlussfolgerung

Das Rechtsinstitut des PSA ist der deutschen Rechtsordnung bisher unbekannt. An den russischen PSA-Projekten sind deutsche Unternehmen ebenfalls nicht direkt beteiligt, so dass sie nicht unter die steuerliche Regulierung in diesem Zusammenhang fallen.[816] Hierbei fehlt es somit an einer rechtsvergleichenden Grundlage. Der Vollständigkeit halber sollte nicht unerwähnt bleiben, dass der Abschluss solcher Vereinbarungen zur Produktionsaufteilung im Bereich der Rohstoffförderung theoretisch auch in Deutschland möglich wäre. Bis heute bestand jedoch für beide Parteien – sowohl für die Investoren als auch für den Staat – kein praktischer Bedarf, für die Ausführung von Bergbauprojekten auf dem Territorium der Bundesrepublik nach einer Alternative zum Verwaltungsaktmodell nach BBergG zu suchen.

816 Ausführlicher zur Beteiligung deutscher Unternehmen an den PSA-Projekten in den afrikanischen und asiatischen Staaten und zu ihrer Stellung von PSC-Verträgen im System der deutschen körperschaftsteuerlichen Einkommensermittlung und Investitionsschutz siehe bei *Schultz, S.*, Die deutsche Besteuerung der Aufsuchung und Förderung von Kohlenwasserstoffen auf der Grundlage von Production Sharing Contracts, Herbert Utz Verlag, 2011.

Kapitel 6. Schlussbetrachtung

A. Schlusswort zum Rechtsvergleich

Bei rechtsvergleichender Betrachtung der staatlichen Regulierung des Zugangs zu den Erdöl- und Erdgaslagerstätten stellt man fest, dass das russische und deutsche Bergrecht viele gleiche Leitsätze aufweisen. In beiden Rechtsordnungen existieren keine gesonderten Regelungen für einzelne Arten der Bodenschätze; also unterliegt die Nutzbarmachung der Kohlenwasserstoffe in beiden Ländern dem allgemeinen Bergrecht. Grundsätzlich sehen beide Rechtsordnungen die Einteilung der Bodenschätze in zwei Gruppen vor: zu der einen Gruppe gehören die volkswirtschaftlich wichtigen Bodenschätze und zu der zweiten die wirtschaftlich weniger interessanten Bodenschätze. Erdöl und Erdgas gehören in beiden Ländern zur Gruppe der volkwirtschaftlich bedeutsamen Bodenschätze, die in beiden Rechtsordnungen einer gesonderten Regulierung unterliegt. Der bedeutende Unterschied in der inhaltlichen Gestaltung der staatlichen Regulierung bergbaulicher Tätigkeit in Russland und in Deutschland besteht darin, dass im Unterschied zu Deutschland, wo das Hauptobjekt der staatlichen Regulierung die Bodenschätze sind, es in Russland die Erdkörperfelder sind. In beiden Ländern ist dies eine Folge der bergrechtlichen Tradition und hängt stark mit der eigentumsrechtlichen Zuordnung der Bodenschatzvorräte zusammen. Das russische Bergrecht hat die Erdkörperfeld orientierte Regulierung aus der sowjetischen Bergbaugesetzgebung übernommen. Der Staat als Eigentümer des Erdkörpers und der darin enthaltenen Bodenschätze verlieht die Nutzungsrechte an bewilligten Erdkörperfeldern zu Zwecken der Aufsuchung und Gewinnung. So ist der Ausgangspunkt der staatlichen Regulierung die Antwort auf die Frage, welcher Kategorie der Erdkörperfelder das einschlägige Erdkörperfeld zugeordnet wird: derjenigen föderaler, allgemeiner oder lokaler Bedeutung. In Deutschland entwickelte der Gesetzgeber in dem geltenden BBergG einen Kompromiss aus in der Bergrechtstradition existierenden Modellen der Bergfreiheit und dem Staatsvorbehalt. Es besteht zwar ein Rechtsanspruch auf die Erteilung einer Bergbauberechtigung, der jedoch durch die öffentlichen Interessen beschränkt werden kann. Im Unterschied zu Russland, wo alle im Erdkörper enthaltenen Bodenschätze per se staatliches Eigentum sind, unterscheidet die deutsche Rechtsordnung zwischen Bodenschätzen, die ausdrücklich im Eigentum des Grundstückseigentümers stehen und solchen, die von dem Eigentum am Grundstück frei sind und grundsätzlich als herrenlos gelten. Die Kohlenwasserstoffe gehören nach dem Wortlaut des Gesetzes zu der letzteren Gruppe. Mit der Bergbauberechtigung erlangt das Bergbauunternehmen ein Aneignungsrecht und durch ihre Gewinnung – das Eigentumsrecht. So ist der Zeitpunkt, zu dem das Eigentumsrecht des Bergbauunternehmens an den Bodenschätzen begründet wird, wiederum in beiden Rechtsordnungen gleich – die Gewinnung, also die Herausnahme des Bodenschatzes aus dem Erdkörper.

Die staatliche Regulierung des Zugangs in beiden Rechtsordnungen ist zweistufig aufgebaut. Der im ersten Stadium staatlich verliehene Rechtstitel für den Zugriff auf die Bodenschätze ermächtigt in beiden Ländern noch nicht zur tatsächlichen Durchführung des Bergbaubetriebes. Dieses Recht erlangt der Bergbautreibende erst im zweiten Stadium durch das Betriebszulassungsverfahren. Bei der Gestaltung des ersten Stadiums folgen sowohl Deutschland als auch Russland dem Verwaltungsaktmodell. Obwohl in der russischen Gesetzgebung auch die staatliche Verleihung des Verfügungsrechts an Bodenschätzen unter PSA-Modell vorgesehen ist, wird diese Möglichkeit außer in äußerst seltenen Fällen der grenzüberschreitenden Erdkörperfelder, die unter besondere Regulierung nach internationalen Verträgen fallen, nicht angewendet. Infolge der unterschiedlichen Ausstattung beider Länder hinsichtlich ihrer Rohstoffgrundlage gestalteten Russland und Deutschland innerhalb des Verwaltungsaktmodells verschiedene Systeme für die Ermittlung des Bergbauberechtigten. Während das deutsche System aufgrund geringer Rohstoffvorräte voll auf der Initiative des Bergbautreibenden fußt, der jederzeit einen Antrag auf Verleihung einer Bergbauberechtigung stellen kann, liegt dem russischen System dagegen das Bieterwettbewerbsverfahren zu Grunde, welches auf der staatlichen Initiative beruht. In Russland kann das Bergbauunternehmen nicht jederzeit für ein beliebiges Erdkörperfeld eine Bergbauberechtigung beantragen, sondern nur im Rahmen eines Auktions- bzw. Ausschreibungsverfahrens, das vom Staat für das besagte Erdkörperfeld eröffnet wurde.

Im zweiten Stadium der Freigabe des Bergbaubetriebes hat der deutsche Gesetzgeber durch den Mechanismus des Betriebsplanzulassungsverfahrens ein wirkungsvolles Instrumentarium der präventiven Bergaufsicht geschaffen. Besonders positiv anzumerken ist die Durchführung eines Betriebsplanzulassungsverfahrens für UVP-pflichtige Bergbauvorhaben als Planfeststellungsverfahren, das eine Konzentrationswirkung entfaltet. Eine solch klar definierte, transparente und systematisch aufgebaute Regulierung des Zulassungsverfahrens von Bergbaubetrieben, wie es sie in Deutschland gibt, ist in Russland nicht vorhanden. Im russischen Recht ist die Zulassung des Bergbaubetriebes ein kompliziertes, teilweise schwer durchschaubares Verfahren, in dem die Konkurrenzverhältnisse mit anderen nach russischem Recht erforderlichen Genehmigungen des Betriebes nicht eindeutig geklärt sind. Die inhaltliche Ausgestaltung des Verfahrens in den zahlreichen untergeordneten Rechtsakten, die zu verschiedenen Zeitpunkten von unterschiedlichen Behörden erlassen und bis heute nicht synchronisiert worden sind, hat keine einheitliche Anwendung weder durch die Behörden noch durch die Gerichte zur Folge.

Bewertet man abschließend beide Rechtsordnungen nach den Ergebnissen der Bewältigung des klassischen bergrechtlichen Interessenskonflikts „Staat-Unternehmen-Grundeigentümer" wird deutlich, dass im deutschen Bergrecht eine ausgewogene und effektive Lösung dieser Interessengegensätze bei den Zugangsrechten zu den Bodenschätzen gelungen ist. Das Bergbauunternehmen hat einen Rechtsanspruch auf Erteilung der Bergbauberechtigung, der Staat kann seine Belange im Berechtsamswesen geltend machen und dem Grundstückseigentümer stehen für seine Schadenersatzansprüche die Instrumente des Bergschadensrechts zur

Verfügung. Im russischen Bergrecht ist die Bewältigung der Interessengegensätze in diesem Konfliktdreieck viel weniger ausgewogen. An erster Stelle fällt ein starker imperativer Monolog seitens des Staates auf. Für die Unternehmen fehlt es an vielen Stellen an Rechtssicherheit. Die Sachlage im russischen Bergbausektor zeichnet sich durch nicht einheitliche und teilweise widersprüchliche Beschlüsse der zuständigen Behörden aus. Oftmals können die Unternehmen erst mit Hilfe der Gerichte ihre Rechte durchsetzen. Dabei fällt die Rechtsprechung in diesem Rechtsgebiet ebenfalls uneinheitlich aus. Ein Zitat eines Bergbauinvestors spiegelt die Atmosphäre im russischen Bergbausektor deutlich wider: „man habe gelernt, das Fähnchen nach dem Wind zu drehen".

Abschließend ist festzuhalten, dass das deutsche Bergrecht ein lückenfreies, systematisch und strukturell klar aufgebautes Rechtsgebiet darstellt. Das russische Bergrecht befindet sich bis heute in einem Entwicklungsprozess. Sowohl gesetzestechnisch als auch inhaltlich weist die russische Bergbaugesetzgebung viele Unzulänglichkeiten auf, und es bestehen noch einige Rechtsmängel und Lücken. Aufgrund dieser Defizite zeichnet sich das russische Bergrecht durch Rechtsunklarheit und geringe Rechtsicherheit aus.

B. Änderungsvorschläge für das russische Bergrecht

Die in dieser Studie aufgezeigten Unzulänglichkeiten und Defizite bei der staatlichen Regulierung des bergbaulichen Zugangs zu den Bodenschätzen müssen in erster Linie durch eine Änderung und Ergänzung gesetzlicher Normen sowie den Erlass klarstellender Verordnungen gelöst werden. Bei diesen Neuregelungen können die wirkungsvollen Mechanismen des deutschen Bergrechts für die Entwicklung des russischen Rechts als wegweisende Beispiele herangezogen werden. Vor diesem Hintergrund erscheint es angemessen, einige Vorschläge für Gesetzesänderungen auf diesem Gebiet zu unterbreiten.

I. Gesetzestechnik und Begriffsbestimmung

Die defizitäre Gesetzestechnik lässt sich durch das gesamte russische Bergrecht beobachten. Zum einen ist es wünschenswert, die bestehenden Gesetzestexte dahingehend zu ändern, dass die Begriffe einheitlich angewendet werden. Zum anderen müssen die Rechtsakte auf sich wiederholende Normen und widersprüchliche Bestimmungen überprüft werden. Legaldefinitionen zentraler Begriffe wie Bodenschätze, Erdkörperfeld oder Zuweisungsfeld sollten formuliert und im ErdkörperG verankert werden. Auch die Definition des Begriffes Erdkörper müsste klarer gefasst werden. Ebenso wäre ihre Fixierung im Gesetzestext statt in der Präambel wünschenswert.

II. Abgrenzung des staatlichen Eigentums am Erdkörper und Verteilung der Kompetenzen

Im Dienste der Rechtsklarheit bedarf es in der Frage des staatlichen Eigentums am Erdkörper und den darin enthaltenen Bodenschätzen einer deutlichen gesetzlichen Abgrenzung des Eigentumsrechts zwischen dem föderalen Zentrum und den Föderationsmitgliedern. In diesem Zusammenhang wäre es wünschenswert, die Verfügungsgewalt über die Erdkörperfelder mit mittleren und kleineren Lagerstätten, die nach geltendem Recht den Erdkörperfeldern föderaler Bedeutung zugeordnet werden und dementsprechend im Zuständigkeitsbereich des Föderationszentrums liegen, auf die Ebene der Föderationsmitglieder zu übertragen.

III. Bergbaubetrieb auf dem Festlandsockel

Die EKL für die geologische Forschung sollte wieder als eigenständige Aufsuchungsberechtigung für Erdkörperfelder auf dem Festlandsockel zugelassen werden. Darüber hinaus ist die weitere Liberalisierung des Personenkreises beim Zugang zu den Erdkörperfeldern auf dem Festlandsockel erforderlich. Negative Auswirkung der Monopolstellung von Gazprom und Rosneft auf dem Festlandsockel ist nicht nur das „Horten" von Erdkörperfeldern, sondern auch ein langsameres Vorankommen beim Aufsuchen und Erschließen von Offshore-Lagerstätten.

IV. Ausländische Investitionen

Zur Minderung der bestehenden hohen rechtlichen und finanziellen Risiken ausländischer Investoren bei ihrer Tätigkeit im russischen Bergbausektor sollte zunächst eine Definition für den Begriff der „Gefahr für die Verteidigung des Landes und die Sicherheit des Staates" gesetzlich verankert werden. Dies würde für die Beteiligung und Beschlüsse der FSB und des Verteidigungsministeriums in der Phase der Erteilung einer EKL eine klare Eingrenzung schaffen. Mehr Rechtssicherheit in der Phase des laufenden Bergbaubetriebes würde für ausländische Investoren darüber hinaus die Abschaffung der Norm in Art. 2.1 Abs. 5 S. 2 ErdkörperG bedeuten. Dadurch wären die Investoren in ihrem Vertrauen geschützt, dass eine ihnen einmal erteilte kombinierte EKL nicht entzogen werden kann (vorausgesetzt sie erfüllen die EKL-Bedingungen) und sie auch bei der Entdeckung von Vorräten, die das Erdkörperfeld in ein Erdkörperfeld föderaler Bedeutung „umwandeln", den Gewinnungsbetrieb durchführen dürfen.

V. Verwaltungsaktmodell: Erteilung und Beendigung der EKL

- Die Kategorien bergbauliches oder geologisches Zuweisungsfeld sollten im Gesetz klar definiert werden, so dass eine deutliche Abgrenzung zum Erdkörperfeld möglich wäre. Stattdessen kann auch eine Abschaffung dieser Begriffe in Erwägung gezogen werden, denn der Begriff Erdkörperfeld kann ihre Funktion der Grenzenbestimmung alleine tragen. Hier kann auf die deutsche Erfahrung verwiesen werden: im BBergG ist der Begriff Bewilligungsfeld klar definiert und beinhaltet solche Merkmale wie die Grenzenbestimmung. Die Fragen der Ausschließlichkeit des Rechts auf das Aufsuchen oder Gewinnen könnte ebenfalls nach dem Beispiel des deutschen Rechts direkt in den einzelnen Arten der Bergbauberechtigung (EKL) geklärt werden.

- Die Zulassungsvoraussetzungen für potenzielle Antragsteller auf Erteilung einer EKL müssten zur Steigerung der Rechtsklarheit im ErdkörperG genau bestimmt werden. Damit könnten grundlegende, für alle Bergbauunternehmen allgemeingültige Anforderungen auf der Gesetzesebene festgelegt werden. Die heute bestehende Auflistung der erforderlichen Unterlagen in den Rechtsverordnungen kann weiterhin bestehen. Jedoch wäre es wünschenswert, die inhaltlichen Angaben der Unterlagen expliziter zu bestimmen. Hierbei kann die positive Erfahrung Deutschlands wegweisende Anstöße für die Ausgestaltung der Zulassungsvoraussetzungen im ErdkörperG geben.
- Im Sinne von mehr Transparenz bei der Durchführung der Erteilungsverfahren sollte eine Verordnung erlassen werden, die die verfahrensrechtlichen Vorgänge bei der Erteilung einer EKL ohne die Durchführung einer Auktion festlegen würde.
- Um Missbrauchsfälle bei der Übertragung einer EKL zu verhindern, sollte die Zulässigkeit einer solchen Übertragung nicht allein durch das Vorliegen eines der im Gesetz verzeichneten Fälle begründet sein, sondern es sollten Voraussetzungen bestimmt werden, die der Nachfolger als Erdkörpernutzer erfüllen soll. Dabei wäre eine Orientierung an der deutschen Regelung des BBergG möglich, die ausdrücklich die Übertragung einer Bergbauberechtigung an das Erfüllen der Zulassungsvoraussetzungen durch das Nachfolgerunternehmen knüpft.
- Im Hinblick auf die Beendigung einer EKL sollten an erster Stelle die Begriffe „Einschränkung", „Einstellung" und „vorzeitige Beendigung" im ErdkörperG definieren werden. Zudem müssen Kriterien ausgearbeitet werden, in welchen Fällen welche dieser Formen anzuwenden ist. Bei der Beendigung auf Antrag des EKL-Inhabers sollte statt der drei bestehenden Normen in Art. 20 ErdkörperG nur eine Bestimmung mit klarer Fristsetzung fixiert werden. Zur Wirksamkeitssteigerung des Rechtsmechanismus der vorzeitigen EKL-Beendigung müsste der entsprechende Beschluss der zuständigen Behörde mit bindender Tragweite ausgestaltet werden. Außerdem fehlt es bis heute an einem Verfahren für die Beendigung einer bestehenden kombinierten EKL durch die Regierung der RF – also dem Entzug der Gewinnungsberechtigung – für den Fall, dass im Zuge dieser kombinierten EKL eine Lagerstätte entdeckt wurde, die das Erdkörperfeld den Erdkörperfeldern föderaler Bedeutung zuordnen lässt, und an der Entdeckergesellschaft ausländische Investoren beteiligt sind. Hierfür fehlt es sowohl an einer verfahrensrechtlichen Regelung als auch an einer Bestimmung über Entschädigungszahlungen.

VI. PSA-Modell

Damit das PSA-Modell von den Bergbauunternehmen als mögliche Option für die Gestaltung des bergbaulichen Rechtsverhältnisses angesehen und nicht als allerletztes Mittel in Betracht gezogen wird, müssen das Restprinzip und das System doppelter Auktionen abgeschafft werden. Nur dann, wenn ein Bergbauunternehmen sich frei entscheiden kann, ob für sein Bergbauvorhaben das Verwaltungsmodell oder das PSA- Modell attraktiver ist, ist ein Nebeneinanderbestehen beider Modelle in einer Rechtsordnung sinnvoll. Des Weiteren müssen die Verfahrensvorgänge innerhalb des PSA-Modells entbürokratisiert werden. Die Genehmigung der abgeschlossenen Vereinbarungen durch das Parlament in Form eines Föderalgesetzes, also in einem Verfahren, das dem Gesetzgebungsverfahren gleicht, ist entbehrlich. Das zuständige Ministerium müsste mit der Befugnis ausgestattet sein, eine bindende, endgültige Vereinbarung abzuschließen, die keiner weiteren Genehmigung bedarf. Hierbei erscheint es sinnvoll, die Kompetenz zum PSA-Abschluss von der MINENERGO auf das MINPRIRODA zu übertragen, da es auch im Hinblick auf alle anderen Bergbaubetriebe die Verwaltungsbefugnisse innehat.

Im Hinblick auf die Rechtsklarheit bei der Bildung des Verzeichnisses der PSA-fähigen Erdkörperfelder ist es erforderlich, die zulässige 30 %-Quote genau zu definieren. In Anbetracht der Tatsache, dass durch bestehende PSA-Projekte die Quote für Erdöl und Erdgas fast ausgeschöpft ist, erscheint eine Regelung sinnvoll, wenn diese Zahl nur für die neu entdeckenden Vorkommen gilt.

VII. Zulassung des Bergbaubetriebes

Die Schaffung eines funktionstüchtigen Rechtsmechanismen der präventiven Bergafsicht erfordert in Russland eine umfassende Reformierung des geltenden Zulassungsverfahrens für die Bergbaubetriebe. Hier könnte dem deutschen Bergrecht ihre stärkste wegweisende Vorbildrolle zukommen. Die alleinige Benennung der Genehmigungspflicht im russischen ErdkörperG erscheint unzureichend. Wünschenswert wäre nach dem Beispiel des deutschen BBergG die gesetzliche Festlegung von genauen PDO-Typen, ihres Inhalts sowie der Zulassungsvoraussetzungen.

C. Ausblick

Auch bei einer kritischen Betrachtung des russischen Rechts der Bodenschätze ist bereits jetzt erkennbar, dass der Gesetzgeber vor allem in den letzten Jahren bemüht ist, ein wirkungsvolles System der Vorschriften im Bergbausektor aufzubauen und einer Reformierung der rechtlichen Grundlagen offen gegenübersteht. Um die Funktionalität des russischen Bergbausektors zu sichern, ist die Einleitung durchgreifender Einwirkungsmaßnahmen unerlässlich. Dabei steht der russische Gesetzgeber bereits heute vor zwei entscheidenden Herausforderungen.

I. Die Bestimmungen des ErdkörperG sind vielmehr auf die Vergabe der Bergbauberechtigungen gerichtet und nicht auf die Schaffung effektiver Mechanismen der präventiven und nachträglichen Bergaufsicht. Dieses Ungleichgewicht hat die Politik inzwischen vor allem vor dem Hintergrund erkannt, dass bereits über 80 % der Erdkörperfelder mit entdeckten Lagerstätten zur bergbaulichen Nutzung verliehen worden sind. Dementsprechend werden sich die Bergbaubehörden zunehmend mit den bereits bestehenden Erdkörpernutzern beschäftigen müssen und immer weniger mit der Erteilung neuer Bergbauberechtigungen. Die nachträgliche Bergaufsicht und das Bergschadensrecht sind im System der russischen Bergbaugesetzgebung jedoch unzureichend und lückenhaft geregelt. In den letzten zwei Jahren betont das MINPRIRODA die Notwendigkeit, das System der Bergbaugesetzgebung deutlicher darauf auszurichten, auf den erteilten Erdkörperfeldern die Bergbauaufsicht und die Wiedernutzbarmachung der Flächen zu gewährleisten.
II. Die zweite Herausforderung für den russischen Gesetzgeber ist die Tatsache, dass für die Aufrechterhaltung des Fördervolumens von Erdgas und Erdöl die Bergbauunternehmen gezwungen sind, ihre Tätigkeit auf schwer zugängliche Lagerstätten zu verlagern, da die leicht zugänglichen Vorkommen in der nahen Zukunft ausgeschöpft sein werden. In diesem Zusammenhang steht der Staat vor der Aufgabe, ein System von Anreizen aufzubauen, das zur gleichen Zeit die Erschließung von neuen, schwer zugänglichen Lagerstätten fördern und die Fortschritte der bergbaulichen Arbeiten in den bestehenden Projekten nicht hindern würde. Vor diesem Hintergrund hat der russische Gesetzgeber in den letzten Jahren mehrere Gesetzesänderungen vorgenommen und steuerliche Begünstigungen für bestimmte, schwer zugängliche Fördergebiete bereits eingeführt. In der neuesten Zeit „spielt" er mit der Idee, das im Bergbausektor bestehende Besteuerungssystem, das auf der Fördersteuer und den Exportzöllen basiert, durch ein System zu ersetzen, in welchem die Entnahme der Rohstoffrente durch eine neue Steuerart erfolgt – die Steuer auf das Finanzergebnis, die eine zusätzliche, der Gewinnsteuer ähnliche Steuer darstellt.

Das russische Bergrecht ist im permanenten Wandel, und dieser kontinuierliche Entwicklungsprozess ist noch nicht abgeschlossen. In diesem Sinne ist die Auseinandersetzung mit den Lösungen der klassischen bergrechtlichen Konkurrenzverhältnisse in den ausländischen Rechtsordnungen von besonderem Interesse und gewinnt die Berücksichtigung positiver Erfahrungen anderer Länder wie z. B. Deutschland noch weiter an Bedeutung.

Literaturverzeichnis

Averkin, A.: Product sharing agreement: Entwicklung des Rechtsmechanismus, in: Neft i Kapital, № 11/1996, S. 16–19 [*Аверкин, А.*, Соглашение о разделе продукции: развитие правового механизма, в: Нефть и капитал, № 11/1996, с. 16–19]; zit. Averkin, Product sharing agreement: Entwicklung des Rechtsmechanismus.

Baleevskich, L. S.: Die Frage der Einhaltung der Regeln und Prinzipien der WTO durch die russische Gesetzgebung am Beispiel des Föderalgesetzes „Über die Product sharing agreements", in. Pravo WTO, № 2/2013, S. 14–24 [*Балеевских, Л. С.*, Вопрос о соответствии российского законодательства правилам и принципам ВТО на примере ФЗ «О соглашениях о разделе продукции», в: Право ВТО, № 2/2013, с. 14–24]; zit. *Baleevskich*, Die Frage der Einhaltung der Regeln und Prinzipien der WTO durch die russische Gesetzgebung am Beispiel des PSA-G.

Baller, O.: Bodenschätze und ihre wirtschaftliche Ausbeutung in Russland – Machtkampf im Innern oder Investitionssicherheit nach außen?, in: VDRW-Mitteilungen 25–26/2005, S. 42–51.

Bardin, A. A. / Kuvschinov, E. S.: Unter dem Damoklesschwert des Staates, in: Neft Rossii, № 8/2012, S. 84–85 [*Бардин, А./Кувшинов, Е.*, Под дамокловым мечом государства, в: Нефть России, № 8/2012, с. 84–85]; zit. *Bardin/Kuvschinov*, Unter dem Damoklesschwert des Staates.

–: Rechtlicher Rahmen für die Investitionszusammenarbeit bei der Erschließung von Erdkörperfeldern föderaler Bedeutung, in: Neft, Gaz i Pravo, № 6/2010, S. 21–46 [Правовое регулирование инвестиционного сотрудничества при разработке участков недр федерального значения, в: Нефть, Газ и Право, № 6/2010, с. 21–46]; zit. *Bardin/Kuvschinov*, Rechtlicher Rahmen für die Investitionszusammenarbeit bei der Erschließung von Erdkörperfeldern föderaler Bedeutung.

–: Rechtsstatus des Operators in der Gesetzgebung der RF über den Erdkörper, in: Neft, Gaz i Pravo, № 5/2013 S. 17–32 [Правовой статус оператора в законодательстве РФ о недрах, в: Нефть, Газ и Право, № 5/2013, с. 17–32]; zit. *Bardin/Kuvschinov*, Rechtsstatus des Operators in der Gesetzgebung der RF über den Erdkörper.

Basnieva, Z. H.: Rechtliche Problemfragen bei Erforschung und Erschließung der Erdkörperressourcen auf dem Festlandsockel der RF und Mechanismen zu deren Lösung, in: Neft, Gas i Business, № 4/2013, S. 51–54 [*Басниева, З. Х.*, Правовые проблемы в сфере изучения и освоения ресурсов недр континентального шельфа РФ и механизмы их решения, в: Нефть, Газ и Бизнес, № 4/2013, с. 51–54]; zit. *Basnieva*, Rechtliche Problemfragen bei Erforschung und Erschließung der Erdkörperressourcen auf dem Festlandsockel der RF und Mechanismen zu deren Lösung.

Beddis, D.: Die Entwicklung des bergrechtlichen Grundsatzes des „Dulde und Liquidiere“ und das Urteil des Bundesgerichtshofs vom 19. September 2008 (V ZR 28/08) zu § 906 Abs. 2 Satz 2 BGB, in: Festschrift für Günther Kühne zum 70. Geburtstag, herausgegeben von Otto Sandrock, Jürgen F. Baur, Boris Scholtka, Amos Shapira, Frankfurt am Main, 2009, S. 455–466; zit. *Beddis* in: FS für Kühne.

Belov, A.: Änderungen im Bodengesetzbuch: kann der Staat Ihr Grundstück wegnehmen?, Wissenschaftszentrum des politischen Denkens, Online-Ressource, abrufbar unter: http://rusrand.ru/analytics/popravki-v-zemelnyj-kodeks-gosudarstvo-mo-zhet-u-vas-otnjat-zemlju [*Белов, А.*, Поправки в Земельный кодекс: государство может у вас отнять землю?, Центр научной политической мысли, эл. ресурс, доступен на сайте: http://rusrand.ru/analytics/popravki-v-zemelnyj-kodeks-gosudarstvo-mozhet-u-vas-otnjat-zemlju]; zit. *Belov*, Änderungen im Bodengesetzbuch.

BDEW, Bericht “Rolle von Erdgas in der Energiewende“, Materialsammlung Erdgas, 2013, abrufbar unter: https://www.bdew.de/internet.nsf/res/ E82A40FC67D06BC8C1257BCC004CA1DE/$file/BDEW-13-00025_Erdgas_Kapitel_1.pdf.

BMWi, Antwort auf die schriftliche Frage an die Bundesregierung Nr. 142 vom Juni 2012, abrufbar unter: http://bmwi.de/BMWi/Redaktion/PDF/P-R/Parlamentarische-Anfragen/6-142,property=pdf,bereich=bmwi2012,sprache=de,rwb=true.pdf.

BMWi, Der Bergbau in der Bundesrepublik Deutschland 2010, Bergwirtschaft und Statistik – 62. Jahrgang 2011, abrufbar unter: http://www.bmwi.de /BMWi/Redaktion/PDF/Publikationen/Dokumentationen/dokumentation-der-ber-gbau-in-der-brd-2010,property=pdf,bereich=bmwi2012,sprache=de,rwb=true.pdf.

BMZ, Ein Positionspapier des Bundesministeriums für wirtschaftliche Zusammenarbeit und Entwicklung: BMZ Spezial 166. Entwicklungsfaktor extraktive Rohstoffe, Bonn, Februar 2010, abrufbar unter: http://www.foes.de/pdf/BMZ_Positionspapier%20Extraktive% 20Rohstoffe.pdf.

Bogdanov, D. S.: Auktionen und Ausschreibungen für die Nutzungsrechte an Erdkörperfeldern: Ergebnisse eines Jahrzehnts, in: Neft, Gaz i Pravo, № 3/2013, S. 13–19 [*Богданов, Д.С.*, Аукционы и конкурсы на право пользования участками недр: краткие итоги десятилетия, в: Нефть, газ, право, № 3/2013, с. 13–19]; zit. *Bogdanov*, Auktionen und Ausschreibungen für die Nutzungsrechte an Erdkörperfeldern: Ergebnisse eines Jahrzehnts.

Bogomolov, S. A.: Gesetz der RF „Über den Erdkörper“: Stabilität und/oder Dynamik, in: Neft, Gas i Pravo, № 1/2011, S. 9–12 [*Богомолов, С. А.*, Закон РФ „О недрах“: стабильность и/или динамичность, в: Нефть, Газ и право, № 1/2011, с. 9–12]; zit. *Bogomolov*, Gesetz „Über dne Erdkörper“: Stabilität und/oder Dynamik.

Bojarko, G. Uj.: Über Abbau des bürokratischen Aufwandes in der Erdkörpernutzung, in: Gornyi gjurnal, № 2/2004, S. 3–6 [*Боярко, Г. Ю.*, О снижении бюрократической нагрузки в недропользовании, в: Горный журнал, № 2/2004, с. 3–6]; zit. *Bojarko*, Über Abbau des bürokratischen Aufwandes in der Erdkörpernutzung.

Bonn, M. / Götz, R.: Gemeinsamer Gaseinkauf: Optionen zur Senkung der Abhängigkeit von russischem Erdgas?, in: Energiwirtschaftlichen Tagesfragen (et), Heft 8 (65)/2015, S. 27- 30.

Borisov, A. N.: Kommentar zum Föderalgesetz „Über Product sharing agreements" vom 30. Dezember 1995, Moskau, 2006 [*Борисов, А. Н.*, Комментарий к Федеральному закону «О соглашениях о разделе продукции» от 30 декабря 1995 г., Юстицмнформ, Москва, 2006]; zit. *Borisov*, Kommentar zum PSA-G.

Borova, I. L.: Verfassung der RF – Grundlage für die Verträge über die Verteilung der Zuständigkeitsbereiche zwischen der RF und den Mitgliedern der RF, Russische Justiz, № 4/2002, S. 24–25 [*Борова, И. Л*, Конституция РФ – основа договоров разграничения полномочий между РФ и её субъектами, Российская юстиция, № 4/2002, с. 24–25].

Breidenbach (Hrsg.): Handbuch Wirtschaft und Recht in Osteuropa: WiRO, 2015, Länderteil – RUS; zit. *Breidenbach (Hrsg.)*, Handbuch WiRO.

Bychkov, A. I.: Rechtsnatur der Product sharing agreement: gemischter oder eigenständiger Vertrag, in: Buisiness v Zakone, № 4/2011, S. 66–69 [*Бычков, А. И.*, Правовая природа соглашения о разделе продукции: смешанный или самостоятельный договор, в: Бизнес в законе, № 4/2011, с. 66–69]; zit. *Bychkov*, Rechtsnatur der Product sharing agreement: gemischter oder eigenständiger Vertrag.

Bystrov, G.: Kodifizierungsprobleme der russischen Berggesetzgebung, in: VDRW-Mitteilungen 25–26/2005, S. 23–41.

Cherepanov, V. A.: Über Monitoring der Rechtsgrundlagen für die Verwaltungsreform, in: Konstituzionnoe i munizipalnoe pravo, № 5/2005, S. 2–6 [*Черепанов, В. А.*, О мониторинге правовых основ федеративной реформы, в: Конституционное и муниципальное право, № 5/2005, с. 2–6]; zit. *Cherepanov*, Über Monitoring der Rechtsgrundlagen für die Verwaltungsreform.

Chernzschov, G. / Ostanez, I.: Überblick über die Änderungen in Gesetzgebung über die ausländischen Investitionen und Investitionen in die strategischen Wirtschaftszweige, in: Neft, Gas i Pravo, № 6/2011, S. 40–41 [*Чернышев, Г. / Останец, И.*, Обзор изменений законодательства об иностранных инвестициях и инвестициях в стратегические отрасли, в: Нефть, Газ и Право, № 6/2011, с. 40–41]; zit. *Chernzschov/Ostanez*, Überblick über die Änderungen in Gesetzgebung über die ausländischen Investitionen.

Chodyrev, P. M.: Eigentumsrecht an Bodenschätzen, Dissertation, Igjevsk, 2008 [*Ходырев, П. М.*, Право собственности на Полезные ископаемые, диссертация, Ижевск, 2008]; zit. *Chodyrev*, Eigentumsrecht an Bodenschätzen.

Chumakov, A. A.: Erneuerter Rechtsrahmen für die Einziehung von Grundstücken für den staatlichen oder kommunalen Bedarf, in: Neft, Gas i Pravo, №1/2015, S. 31–44 [*Чумаков, А. А.*, Обновленный порядок изъятия земель для государственных и муниципальных нужд, в: Нефть, Газ и Право № 1/2015, с. 31–44]; zit. *Chumakov*, Erneuerter Rechtsrahmen für die Einziehung von Grundstücken für den staatlichen oder kommunalen Bedarf.

Clostermeyer, M: Staatliche Übernahmeabwehr und die Kapitalverkehrsfreiheit zu Drittstaaten, Nomos, 2011.

Dadascheva, D. R.: Besonderheiten der rechtlichen Verkehrsfähigkeit von Naturressourcen, in: Pravovoy Vestnik – Sammelwerk wissenschaftlicher Beiträge, Makchachkala, 2011, 1. Ausgabe, S. 139–143 [*Дадашева, Д. Р.*, Особенности оборотоспособности природных ресурсов, в: Правовой вестник: сборник научных статей, Махачкала, 2011, Вып. 1., с. 139–143].

Djachenko, S.: Die Ölkonzessionsverträge, in: Neft, Gas i Pravo, № 4/1996, S. c. 44–52 [*Дьяченко, С.*, Нефтяные концессионные соглашения, в: Нефть, газ и право, № 4/1996, с. 44–53]; zit. *Djachenko*, Die Ölkonzessionsverträge.

Dmitrieva, E. V.: Bergrecht, Kuzbass state technical university – Kemerovo, 2012 [*Дмитриева, Е. В.*, Горное право, Кузбасский государственный технический университет – Кемерово, 2012]; zit. *Dmitrieva*, Bergrecht (2012).

Doronina, N. G.: Einfluss vertraglicher Normen auf die Gesetzgebung der RF über die Investitionen, in: Russiches Jahrbuch zum internationalen Recht, St.-Petersburg, 2001 [*Доронина, Н.Г.*, Влияние норм договоров на законодательство РФ об инвестициях, в: Российский ежегодник международного права, Санкт-Петерсбург, 2001]; zit. *Doronina*, Einfluss vertraglicher Normen auf die Gesetzgebung der RF über die Investitionen.

Drozdov, I. A.: Verträge für die Übertragung der Nutzungsrechte an Naturressourcen, Moskau, 2001 [*Дроздов, И. А.*, Договоры на передачу в пользование природных ресурсов: Учебно-практическое пособие, Москва, 2001]; zit. *Drozdov*, Verträge für die Übertragung der Nutzungsrechte an Naturressourcen.

Dudikov, M. V.: Besonderheiten bei der staatlichen Regulierung der Erdkörpernutzung in RF, Moskau, 2011 [*Дудиков, М. В.*, Особенности государственного регулирования недропользования в РФ, Москва, 2011]; zit. *Dudikov*, Besonderheiten bei der staatlichen Regulierung der Erdkörpernutzung in RF.

–: Lizenzvereinbarung: Konfrontation zwischen öffentlichem und Zivilrecht, in: Mineralnye resursy. Ekonomika i upravlenie, № 4/2002 S. 60–62 [Лицензионное соглашение: противостояние административного и гражданского права, в: Минеральные ресурсы России. Экономика и управление, № 4/2002,

c. 60–62]; zit. *Dudikov*, Lizenzvereinbarung: Konfrontation zwischen öffentlichem und Zivilrecht.

Eder, L.: Steuermanöver oder Umkehr, in: Neft Rossii, № 2/2015, S. 4–9 [Эдер, Л., Налоговый манёвр или разворот, Нефть России, № 2/2015, с. 4–9]; zit. *Eder*, Steuermanöver oder Umkehr.

Erofeev, B.V.: Umweltrecht, Moskau, 1992 [*Ерофеев, Б. В.*, Экологическое право, Москва, 1992].

Eurogas, Statistical Report 2014, Brüssel, abrufbar unter: http://www.eu-rogas.org/uploads/media/Eurogas_Statistical_Report_2014.pdf.

Fadeeva, A. / Starinskaja, G.: Festlandsockel wird für eine Liberalisierung vorbereitet, in: Vedomosti vom 30. März 2015 [*Фадеева, А. / Старинская, Г.*, Шельф готовят к либерализации, в: Ведомости от 30 марта 2015 г.].

Fiedler, P.: Stabilisierungsklauseln und materielle Verweisung im Internationalen Vertragsrecht. Dissertation, Heidelberg, 2000.

Föderationsrat der RF, Bericht: Rechtsanwendungspraxis (Rechtsprechung) im Bereich der Erdkörpernutzung, Moskau, 2010 [Аналитический доклад Совета Федерации, Правоприменительная (судебная) практика в недропользовании, Москва, 2010].

Franke P.: Funktionswandel der Bergbauberechtigung, in: Festschrift für Günther Kühne zum 70. Geburtstag, herausgegeben von Otto Sandrock, Jürgen F. Baur, Boris Scholtka, Amos Shapira, Frankfurt am Main, 2009, S. 507–528; zit. *Franke* in: FS für Kühne.

Frenz, W.: Bergrecht und Nachhaltige Entwicklung, Schriften zum Öffentlichen Recht (SÖR), Band 841, 2001; zit. *Frenz*, Bergrecht und Nachhaltige Entwicklung.

Glückert, J.: Sonderbetriebsplan und Sonderbetriebsplanzulassung – Anmerkungen zu einigen offenen Fragen, in: Festschrift für Günther Kühne zum 70. Geburtstag, herausgegeben von Otto Sandrock, Jürgen F. Baur, Boris Scholtka, Amos Shapira, Frankfurt am Main, 2009, S. 543–556; zit. *Glückert*, in: FS für Kühne.

Golub, K. I.: Institut der Lizenzierung der Erdkörpernutzung: Wirtschaftsaspekte der inländischen Rechtspolitik, in: Staatliche Rechtsakademie Saratov, Vektor Nauki TGU, № 1(4)/2011, S. 58–61 [*Голуб, К. И.*, Институт лицензирования недропользования: экономические аспекты отечественной правовой политики, Саратовская государственная академия права, Вектор науки ТГУ, № 1(4)/2011, с. 58–61]; zit. *Golub*, Institut der Lizenzierung der Erdkörpernutzung: Wirtschaftsaspekte der inländischen Rechtspolitik.

Goncharov, P. P.: Rechtlicher Rahmen für die Erstellung und Genehmigung technischer Projektdokumentation für Aufsuchung und Erschließung der Bodenschatzlagerstätte, in: Mineralnye Resursy. Ekonomika i upravlenie, № 2/2014, S. 55–65 [*Гончаров, П. П.*, Правовое регулирование подготовки согласования и утверждения проектных технологических документов на разведку и разработку месторождений углеводородного сырья, в: Минеральные ресурсы. Экономика и управление, № 2/2014, с. 55–65]; zit. *Goncharov*, Rechtlicher Rahmen für die Erstellung und Genehmigung technischer Projektdokumentation für Aufsuchung und Erschließung der Bodenschatzlagerstätte.

Grebennikov, V. V. / Dmitriev, Uj. A.: Institut des Eigentumsrechts in einer Marktwirtschaft und in einem sozialistischen Staat, Moskau, 1996 [*Гребенников, В. В. / Дмитриев, Ю. А.*, Институт собственности в условиях рыночной экономики и социального государства, Москва, 1996].

Gröhn, K.: Bodenschutzrecht – auf dem Weg zur Nachhaltigkeit. Konkretisierung der Schutzziele und Harmonisierung der Regelungsfülle, Forum Umweltrecht, Band 64, Nomos, 2014; zit. *Gröhn*, Bodenschutzrecht – auf dem Weg zur Nachhaltigkeit.

Gudkov, I. V.: Energiestrategie der RF im System der Schwerpunkrichtlinien: nationale und internationale Dimensionen, in: Energeticheskoe Pravo, № 1/2010, S. 7–22 [*Гудков, И. В.*, Энергетическая стратегия России в системе программных документов: внутригосударственны и международно-правовые аспекты, в: Энергетическое право, № 1/2010, с. 7–22].

Habrieva, T. J. (Hrsg.): Das Verhältnis der Gesetzgebung der Russischen Föderation und der Föderationsmitglieder, Moskau, 2003 [*Хабриева Т. Я., отв. ред.*, Соотношение законодательства Российской Федерации и законодательства субъектов Российской Федерации, Москва, 2003].

Haustov, D. V.: Öffentlich-rechtliche Verträge als besonderes Instrument staatlicher Regulierung der Naturnutzung, Dissertation, Moskau, 2003 [*Хаустов, Д. В.*, Публично-правовые договоры как особый инструмент государственного регулирования природопользования, диссертация, Москва, 2003], zit. *Haustov*, Öffentlich-rechtliche Verträge als besonderes Instrument staatlicher Regulierung der Naturnutzung.

Heinemann, A.: „Ökonomischer Patriotismus“ in Zeiten regionaler und internationaler Integration: Zur Problematik staatlicher Aufsicht über grenzüberschreitende Unternehmensübernahmen, Mohr Siebeck Tübingen, 2011.

Henley, S.: The russian reserves & resources reporting system. Discussion and Comparison with International Standards, abrufbar unter: http://www.imcinvest.com / pdf/Russian_reserves_8.pdf.

Hines, J. / Marchenko, A.: Steuerliche und sonstige Anreize für Aufsuchung und Gewinnung bei der Erschließung von Offshore- und unerforschten Lagerstätten in Russland: Probleme und Perspektiven, in: Neft, Gaz i Pravo, № 2/2013, S. 19–31 [*Хайнз, Дж. / Марченко, А.*, Фискальные и иные стимулы в секторе разведки и добычи при освоении морских и неизученных месторождений в России: проблемы и перспективы]; zit. *Hines/Marchenko*, Steuerliche und sonstige Anreize für Aufsuchung und Gewinnung bei der Erschließung von Offshore- und unerforschten Lagerstätten in Russland.

Ibragimov, V. B.: Erdkörper und das Gesetz „Über den Erdkörper“: das Problem bei Abgrenzung von Rechtsbegriffen, in: Neft, Gas i Pravo, № 3/2010, S. 47–57 [*Ибрагимов,*

В. Б., Недра и закон „О недрах“: проблема соотношения понятий, № 3/2010, с. 47–57]; zit. *Ibragimov*, Erdkörper und das Gesetz „Über den Erdkörper“: das Problem bei Abgrenzung von Rechtsbegriffen.

–: Erdkörperressourcen in der Gesetzgebung über die Erdkörpernutzung: grundlegende Begriffe und ihre Definitionen, in: Neft, Gas i Pravo, № 1/2011, S. 13–23 [Ресурсы недр в законодательстве о недропользовании: основные понятия и их толкование, в: Нефть, Газ и Право, № 1/2011, с. 13–23]; zit. *Ibragimov*, Grundlegende Begriffe und ihre Definitionen.

–: Erdkörpernutzung und das Nutzungsrecht am Erdkörper (Erdkörperfeld), in: Neft, Gas i Pravo, № 3/2012, S. 21–31 [Недропользование и право пользования недрами (участками недр), в: Нефть, газ, право, № 3/2012, с. 21–31]; zit. *Ibragimov*, Erdkörpernutzung und das Nutzungsrecht am Erdkörper (Erdkörperfeld).

Ivanova, E. A.: Strategische Lagerstätte: neue rechtliche Regulierung und ihre Auswirkungen auf die Investitionen, in: Neft, Gas i Pravo, № 4/2008, S. 15–23 [*Иванова, Е. А.*, Стратегические месторождения: новый правовой режим и его влияние на инвистиции, Нефть Газ Право, № 4/2008, с. 15–23]; zit. *Ivanova*, Strategische Lagerstätte: neue rechtliche Regulierung und ihre Auswirkungen auf die Investitionen.

–: Überblick über die neue Gesetzgebung über die Beschränkungen ausländischer Investitionen in die strategischen Wirtschaftszweige, in: Neft, Gas i Pravo, № 3/2008, S. 21–26 [Обзор нового законодательства об ограничении иностранных инвестиций в стратегические секторы экономики, в: Нефть Газ и Право, № 3/2008, с. 21–26]; zit. *Ivanova*, Überblick über die neue Gesetzgebung über die Beschränkungen ausländischer Investitionen in die strategischen Wirtschaftszweige.

Ivleva, T. V. / Talipov, I. F.: Aktuelle rechtliche Problemfragen bei der Erdkörpernutzung in Russland: Theorie und Praxis, in: Neft, Gas i Pravo, № 1/2013, S. 21–26 [*Ивлева, Т. В. / Талипов, И. Ф.*, Актуальные правовые проблемы недропользования в России: теория и практика, в: Нефть, Газ и Право, № 1/2013, с. 21–26]; zit. *Ivleva/Talipov*, Aktuelle rechtliche Problemfragen bei der Erdkörpernutzung in Russland.

Izujmov, I. V. / Karasev, V. I / Kleandrov, M. I. / Saliev, I. R / Salieva, R. N. / Fatkudinov, Z. M. / Scharifullina, A. F. / Schmeleva, D.N.

Bergrecht, Lehrbuch, Moskau, 2010 [*Изюмов И. В. / Карасев В. И. / Клеандров М. И. / Салиев И. Р. / Салиева Р. Н. / Фаткудинов З. М. / Шарифуллина А. Ф./ Шмелева Д. Н.*, Горное право, учебник, Москва, 2010.]; zit.: *Izujmov*, Bergrecht (2010).

Jakovlev, V. N.: Das Bergrecht im modernen Russland, Lehrbuch, Moskau, 2012 [*Яковлев, В. Н.*, Горное право современной России, учебное пособие, Москва, 2012]; zit. *Jakovlev*, Das Bergrecht im modernen Russland.

Jartiev, A. F.: Besteuerung in Ölgewinnungsindustrie: Historie, Perspektiven, Effektivität für den Erdkörpernutzer, in: Neftegazovaja Geologija. Teoria i Praktika, № 2/2015, S. 1–14, Online-Ressource, abrufbar unter: http://www.ngtp.ru/rub/3/14_2015.pdf [*Яртиев, А.Ф.*, Налогообложение нефтедобывающей промышленности: история, перспективы, эффективность для недропользователя, в: Нефтегазовая геология. Теория и практика, № 2/2015, с. 1–14, эл. ресурс, доступен на сайте: http://www.ngtp.ru/rub/ 3/14_2015.pdf]; zit. *Jartiev*, Besteuerung in Ölgewinnungsindustrie: Historie, Perspektiven, Effektivität für den Erdkörpernutzer.

Josefson, J. / Rotar, A.: Das neue Modell für die Zusammenarbeit auf dem russischen Festlandsockel, in: Neft, gaz i Pravo, № 1/2014, S. 18–20 [*Джозефсон, Дж / Ротарь, А.*, Новая модель сотрудничества для операций на российском шельфе, в: Нефть, Газ и Право, № 1/2014, с. 18–20]; zit. *Josefson/Rotar*, Das neue Modell für die Zusammenarbeit auf dem russischen Festlandsockel.

Kadomzeva, A. E.: Rechtliche Natur der Einmaligen und der Regelmäßigen Gebühr für die Nutzung des Erdkörperfeldes nach russischem Recht, in: „ Zakony Rossii: Opyt, Analis, Praktika", № 12/2013, S. 95–98 [*Кадомцева, А. Е.*, Правовая природа разовых и регулярных платежей за пользование недрами по российскому законодательству, в: „Законы России: опыт, анализ, практика", № 12/2013, с. 95–98]; zit. *Kadomzeva*, Rechtliche Natur der Einmaligen und der Regelmäßigen Gebühr für die Nutzung des Erdkörperfeldes.

Kaplan, A. V. / Leyderman, L. P. / Ischmaev, P. B.: Rechtsrahmen für Projektierung der Bergbaubetriebe: mehr Änderungen und weniger Klarheit, № 2/2013, S. 17–20 [*Каплан, А. В. /Лейдерман, Л. П. /Ишмаев, П. В.*, Законодательная база проектирования горных предприятий: поправок больше – ясности меньше, в: Рациональное освоение недр, № 2/2013, с. 17–20]; zit. *Kaplan/Leyderman/Ischmaev*, Rechtsrahmen für Projektierung der Bergbaubetriebe: mehr Änderungen und weniger Klarheit.

Kimel`man, S. A.*: Zum Problem des staatlichen Eigentums am Erdkörper, in: Imuschestvennye otnoschenija v RF, № 1/2011, S. 6–24 [*Кимельман, С. А.*, К проблеме государственной собственности на недра; Имущественные отношения в Российской Федерации, № 1/2011, с. 6–24]; zit. *Kimel`man, Zum Problem des staatlichen Eigentums am Erdkörper.

KINROSS, Abschlussbericht der Studie „Fostering Investment in Mineral Exploration and Development in Russia", durchgeführt von KINROSS und FIAC, abrufbar unter: http://www.cerbanet.org/intranet/Documents/Regional%20Office% 20%20 Toronto/Events/2012_Mining_conference/PPT/kinrossWhitePaper17Oct2011 _ENG.pdf; zit. Abschlussbericht "Fostering Investment in Mineral Exploration and Development in Russia".

Kitanina, E. E.: Product sharing agreements: Probleme der Rechtsanwendung in Zusammenhang mit dem Abschluss der Vereinbarungen, in: Zakonodatelstvo i Ekonomika, № 11/2007, S. 34–36 [*Китанина, Е. Е.*, Соглашения о разделе продукции: проблемы правоприменения в связи с порядком заключения соглашений, в: Законодательство и экономика, № 11/2007, с. 34–36]; zit. *Kitanina*, Product sharing agreements: Probleme der Rechtsanwendung in Zusammenhang mit dem Abschluss der Vereinbarungen.

–: Product sharing agreements: zivilrechtliche und öffentlich-rechtliche Aspekte, in: Sovremennoe pravo, № 9/2008, S. 76–80 [Соглашения о разделе продукции: публично-правовые и частноправовые аспекты, в: Современное право, № 9/2008, с. 76–80]; zit. *Kitanina*, Product sharing agreements: zivilrechtliche und öffentlich-rechtliche Aspekte.

Klimova, O.V.: Rechtliche Natur des Nutzungsrechts am Erdkörper, Online-Ressource, abrufbar unter: http://viperson.ru/articles/pravovaya-priroda-prav-polzovaniya-nedrami [*Климова, О. В.*, Правовая природа прав пользования недрами, эл. ресурс, доступен на сайте: http://viperson.ru/articles/pravovaya-priroda-prav-polzovaniya-nedrami].

–: Zur Frage über das Eigentumsrecht am Erdkörper in der RF, in: Nedvigjimost i investizii, № 3 (44)/ 2010, S. 96–102 [К вопросу о праве собственности на недра в Российской Федерации, „Недвижимость и инвестиции. Правовое регулирование", № 3 (44)/ 2010, с. 96–102]; zit. *Klimova*, Zur Frage über das Eigentumsrecht am Erdkörper in der RF.

Kljukin, B. D.: Rechtsverhältnisse des Bergbaus in den Staaten Westeuropas und Nordamerikas (England, Kanada, USA, Frankreich, BRD), Moskau, 2000 [*Клюкин, Б. Д.*, Горные отношения в странах Западной Европы и Америки (Англия, Канада, США, Франция, ФРГ), Москва: Городец, 2000]; zit.: *Kljukin*, Rechtsverhältnisse des Bergbaus in den Staaten Westeuropas und Nordamerikas.

–: Über die Entwicklung der vertragsrechtlichen Grundlage des Nutzungsrechts am Erdkörper, in: Sammelwerk. Bergbaugesetzgebung, Moskau, 2005, S. 51–69 [О развитии договорной основы права пользования недрами в РФ, в: Сборник статей. Горное законодательство, Москва, 2005, с. 51–69]; zit. *Kljukin*, Über die Entwicklung der vertragsrechtlichen Grundlage des Nutzungsrechts am Erdkörper.

–: Über die Fortentwicklung des Eigentumsrechts am Erdkörper, in: Probleme des Berg- und Energierechts im Öl-und Gassektor, Veröffentlichungen des Lehrstuhls für Bergrecht der Gubkin Öl- und Gasuniversität, Band 1, Moskau 2001, S. 20–34. [О совершенствовании права собственности на недра. Проблемы горного и энергетического права в нефтегазовом комплексе. Научные труды кафедры горного права РГУ нефти и газа. Выпус. 1, М.: Нефть и газ, 2001, с. 20–34]; zit.: *Kljukin*, Über die Fortentwicklung des Eigentumsrechts am Erdkörper.

–: Die Entwicklung des Bergrechts in der RF: Probleme und Wege zur Vervollkommnung, in: Neft, Gas i Pravo, № 5/2011, S. 11–20 [Развитие законодательной базы горного права РФ: проблемы и пути совершенствования, в: Нефть,

Газ и Право, № 5/2011, c. 11–20]; zit. *Kljukin*, Die Entwicklung des Bergrechts in der RF: Probleme und Wege zur Vervollkommnung.

Koldaev, C. B.: Vertragsmodell für Erdkörpernutzung als Alternative zum Bewilligungsmodell, in: Sovremennoe pravo, № 1/2005, S. 2–8 [*Колдаев, С. В.*, Договорной порядок пользования недрами как альтернатива разрешительному порядку, в: Современное право, № 1/2005, c. 2–8]; zit. *Koldaev*,Vertragsmodell für Erdkörpernutzung als Alternative zum Bewilligungsmodell.

Kolonko, B.: Naturschutzrecht und Bergrecht, in: ZUR 1995, S. 126–134; zit. *Kolonko*, ZUR (1995).

Kondraschev, A.: Das Land braucht effektive Steuer, in Neft Rossii, № 2/2012, S. 80–83 [*Кондрашов, А.*, Стране нужны эффективные налоги, в: Нефть России, № 2/2012, c. 80–83]; zit. *Kondraschev*, Das Land braucht effektive Steuer.

Kondukov, P. S.: Product sharing agreements: kritische Analyse der Herangehensweise von den Arbitragegerichten, in: Nalogoved, № 1/2011, S. 24–31 [*Кондуков, П. С.*, Соглашения о разделе продукции: критический анализ подходов арбитражных судов, в: Налоговед, № 1/2011, c. 24–31]; zit. *Kondukov*, Product sharing agreements: kritische Analyse der Herangehensweise von den Arbitragegerichten.

Köppel, J. / Kovalev, N. / Agakhanyants, P.: Direkte Demokratie und Umweltverträglichkeitsprüfung in Russland: gestern und heute, in: UVP-Report, Heft 26 (5)/2012, S. 227–230; zit. *Köppel/Kovalev/Agakhanyants*, Direkte Demokratie und Umweltverträglichkeitsprüfung in Russland.

Korjakin, I.: In der nahen Zukunft verschiebt sich der Schwerpunkt der Erschließung auf den Festlandsockel, in: Komersant vom 5. Mai 2015, Online-Ressource, abrufbar unter: http://www.kommersant.ru/ doc/2721280 [*Корякин, И.*, В ближайшее время основной центр освоения будет смещаться именно в шельф», в: Комерсант от 5 мая 2015 г., доступно на сайте http://www.komme-rsant.ru/doc/2721280].

Korolev, D. V.: Die Rechte an Grundstücken bei Erdkörpernutzung und Netzinfrastruktur, in: Neft, Gas i Pravo, № 2/2010, S. 29–41 [*Королёв, Д. В.*, Оформление прав на участки недр для целей недропользования и линейных объектов, в: Нефть, Газ и право, № 2/2010, c. 29–41]; zit. *Korolev*, Die Rechte an Grundstücken bei Erdkörpernutzung und Netzinfrastruktur.

Kremer, E. / Neuhaus, P. gen. Wever: Bergrecht, Kohlhammer, 2001, zit. *Kremer/Neuhaus*, Bergrecht (2001).

Krolop, K.: Staatliche Einlasskontrolle bei Staatsfonds und anderen ausländischen Investoren im Gefüge von Kapitalmarktregulierung, nationalem und internationalem Wirtschaftsrecht, Humboldt Forum Recht (HRF), Heft № 1/2008, abrufbar unter: http://www.humboldt-forum-recht.de/media/Druckansicht/pdf/2008-01.pdf; zit. *Krolop*, Staatliche Einlasskontrolle bei Staatsfonds und anderen ausländischen

Investoren im Gefüge von Kapitalmarktregulierung, nationalem und internationalem Wirtschaftsrecht.

Krujkov, V. V.: Geltender Rechtsrahmen für Product sharing agreements (PSA), Dissertation, Moskau, 2004 *[Крюков, В.В*, Современный правовой режим соглашения о разделе продукции (СРП), Диссертация, Москва, 2004]; zit. *Krujkov*, Geltender Rechtsrahmen für PSA.

Krupko, S. I.: Investitionsstreitigkeiten zwischen dem Staat und dem ausländischen Investor, Moskau, 2002 [*Крупко, С. И.*, Инвестиционные споры между государством и иностранным инвестором, Москва, 2002], zit. *Krupko*, Investitionsstreitigkeiten zwischen dem Staat und dem ausländischen Investor.

Kühne, G.: Bergbauberechtigungen und Bestandsschutz – Eine rechtsvergleichende Analyse unter besonderer Berücksichtigung des angloamerikanischen Rechts, in: Festschrift für Bodo Börner zum 70. Geb., 1992, S. 565–581; zit. *Kühne*, Festschrift Börner (1992).

–: Drei Jahrzehnte Bundesberggesetz – Entwicklungslinien und Ausblick, in: ZfB 154/2013, S. 113 – 125.

–: Bestandsschutz alten Bergwerkseigentums unter besonderer Berücksichtigung des Art. 14 GG, Veröffentlichungen des Instituts für Energierecht an der Universität zu Köln, Band 89, 1998; zit. *Kühne*, Bestandsschutz alten Bergwerkseigentums unter besonderer Berücksichtigung des Art. 14 GG.

–: Rechtsfragen der Aufsuchung und Gewinnung von in Steinkohleflözen beisitzendem Methan-gas: Eine bergrechtliche Studie zu Problemen zusammen vorkommender Bodenschätze, Veröffentlichungen des Instituts für Energierecht an der Universität zu Köln, Band 73, 1994; zit. *Kühne*, Rechtsfragen der Aufsuchung und Gewinnung von in Steinkohleflözen beisitzendem Methangas.

Kühne, G. / Ehricke, U.: Entwicklungslinien des Bergrechts, Veröffentlichungen des Instituts für Energierecht an der Universität zu Köln, Band 135, 2008; zit. *Kühne/ Ehricke (Hrsg.)*, Entwicklungslinien des Bergrechts.

Kühne, G. / von Mäßenhausen, H.-U. (Hrsg.), Bundesberggesetz. Kommentar., de Gruyter Verlag, 2015; zit. *Kühne/von Mäßenhausen*, BBergG.

Kühne, G. / Schoch, F. / Beckmann, M.: Gegenwartsprobleme des Bergrechts, Hrsg. von J. F. Bauer, Veröffentlichungen des Instituts für Energierecht an der Universität zu Köln, Band 74, 1994; zit. *Kühne/Schoch/Beckmann*, Gegenwartsprobleme des Bergrechts.

Kurbanov, R. A.: Zur Frage über die Streitbeilegung bei PSA-Anwendung, in: Arbitragjnyi i gragjdanskiy prozess, № 10/2005, S. 20–22 [*Курбанов, Р. А,*. К вопросу о разрешении споров при реализации соглашений о разделе продукции, в: Арбитражный и гражданский процесс, № 10/2005, с. 20–22]; zit. *Kurbanov*, Zur Frage über die Streitbeilegung bei PSA-Anwendung.

Kursky A.: Product Sharing Agreements (PSA) in the Russian Mining Industry, in: Russian/CIS Energy & Mining Law Journal, № 1/2003.

Kusnezov, K. B.: Kommentar zu Föderalgesetz „Über die Gasversorgung in der RF", Moskau, 2012 [Кузнецов, К. Б., Комментарий к Федеральному закону „О газоснабжении в РФ", постатейный, Москва, 2012]; zit. *Kusnezov*, Kommentar zu GasG.

Kuvschinov, E. S.: Ausländische Investitionen in die Erschließung von Erdkörperfeldern föderaler Bedeutung. Perspektiven für eine Liberalisierung, in: Neft, Gas i Pravo, № 3/2010, S. 16–20 [*Кувшинов, Е.С.*, Иностранные инвестиции в разработку участков недр федерального значения. Перспективы либерализации, в: Нефть, газ и право, № 3/2010, с. 16–20]; zit. *Kuvschinov*, Ausländische Investitionen in die Erschließung von Erdkörperfeldern föderaler Bedeutung.

Kuzmishin, A. / Sevillano, S.: Übergang des Erdkörpernutzungsrechts nach russischem Bergrecht, in: WIRO, 2002, Teil 1 – Heft 11/2002, S. 321–352 und Teil 2 – Heft 12/2002, S. 357–363.

Kuznezova, V. A.: Zur Frage der Zuordnung von Erdkörperfeldern föderaler Bedeutung, in: Neft, Gas i Business, № 8/2011, S. 41–43 [*Кузнецова, В. А.*, К вопросу о классификации участков недр федерального значения, в: Нефть, Газ и Бизнес, № 8/2011, с. 41–43]; zit. *Kuznezova*, Zur Frage der Zuordnung von Erdkörperfeldern föderaler Bedeutung.

Lakhno, P. G. / Mazkov, E. Uj.: Rechtsrahmen für die geologische Erforschung des Erdkörpers, Aufsuchung und Erkundung von Erdöl- und Erdgaslagerstätten, in: Energetika i Pravo, Band 2, Moskau, 2009, S. 303–421 [*Лахно, П. Г. / Мазков, Е. Ю.*, Правовое регулирование геологического изучения недр, поиска и разведки месторождений нефти и газа, в: Энергетика и право, Выпус. 2, Москва, 2009, с. 303–421]; zit. *Lakhno/Mazkov*, Rechtsrahmen für die geologische Erforschung des Erdkörpers, Aufsuchung und Erkundung von Erdöl- und Erdgaslagerstätten.

Lecheler, H. / Germelmann, C. F.: Zugangsbeschränkungen für Investitionen aus Drittstaaten im deutschen und europäischen Energierecht, Beiträge zum deutschen, europäischen und internationalen Energierecht, Band 1, Tübingen (Mohr Siebeck) 2010; zit. *Lecheler/Germelmann*, Zugangsbeschränkungen für Investitionen aus Drittstaaten im deutschen und europäischen Energierecht.

Leibniz-Institut für ökologische Raumentwicklung (IÖR), Rechtsvergleichende Studie: Vergleich und Analyse der gesetzlichen Regelungen zur Berücksichtigung ökologischer Belange in der deutschen Raumplanung und in der russischen Territorialplanung, S. 49 ff., abrufbar unter: http://www.ioer.de/fileadmin/internet/IOER_Projekte/EkoRuss/EkoRus_Rechts-ver-gleich_deu.pdf.

Leont'ev, I. A.: Kommentar zum Föderalgesetz „Über den Erdkörper", erstellt für System „ConsultantPlus", 2007 [*Леонтьев, И. А*, „Комментарий к Закону РФ „О недрах", подготовлен для системы КонсультантПлюс. 2007]; zit. *Leont'ev*, Kommentar zum ErdkörperG.

Lermantov, Uj.: Über die Rechtsprechung im Hinblick auf die Product sharing agreements, in: Nalogovyi vestnik, № 11/2007, S. 162–163 [*Лермонтов, Ю.*, О судебной практике по соглашениям о разделе продукции, в: Налоговый вестник, № 11/2007, с. 162–163]; zit. *Lermantov*, Über die Rechtsprechung im Hinblick auf die PSA.

Lisiza, V. N.: Internationale Investitionsvereinbarungen (Verträge, Abkommen), Dissertation, Novosibirsk, 2003 [*Лисица, В. Н.*, Международные инвестиционные соглашения (договоры, контракты). Диссертация, Новосибирск, 2003]; zit. *Lisiza*, Internationale Investitionsvereinbarungen.

Liskovez, B. A.: Der rechtliche Rahmen für die Aufsuchung und Erschließung von Bodenschatzlagerstätten in UDSSR, Moskau, 1960 [*Лисковец, Б. А.*, Правовое регулирование разведок и разработок месторождений полезных ископаемых в СССР. М.: Госюриздат, 1960].

Ljapina, O. A. / Kolokolov, A. V. / Svechnikova, I. V. / Kotscheev, S. A. / Artem'ev, E. V.: Kommentar zum Föderalgesetz vom 30. Dezember 1995 „Über die Product-Sharing Agreements", 2012, erstellt speziell für System ConsultantPlus, abrufbar unter: http://base.consultant.ru [*Ляпина, О. А. / Колоколов, А. В. / Свечникова, И. В. /Кощеев, С. А. / Артемьев, Е. В.*, Комментарий к Федеральному Закону от 30 декабря 1995 г. „О соглашениях о разделе продукции", Подготовлен для системы КонсультантПлюс. 2012, доступен на сайте http://base.con sultant.ru]; zit. *Ljapna/Kolokolov/Svechnikova/Kotscheev/Artem'ev*, Kommentar zum PSA-G.

Lukaschov, D.: Steuermanöver: Vorteile und Risiken, vom 25. Februar 2015, Online-Ressource, abrufbar unter: http://www.transport-nefti.com/blog/4554/ [*Лукашов, Д.*, Налоговый маневр: выгоды и риски, от 25 февраля 2015 г., эл. ресурс, доступен на сайте: http://www.transport-nefti.com/blog/4554/]; zit. *Lukaschov*, Steuermanöver: Vorteile und Risiken.

Machlina, M. I.: Verhältnis zwischen Zivilgesetzbuch der RF und Föderalgesetz „Über den Erdkörper" und ihre Anwendung auf die Lizenzierung in Russland, in: Mitteilungsblatt „Wirtschaftliche und rechtliche Fragen der Erdkörpernutzung in Russland", Band 4, 1996, S. 2–3 [*Махлина, М. И.*, Соотношение норм Гражданского кодекса Российской Федерации и Закона РФ „О недрах" и их применение к режиму лицензирования в России, в: Бюллетень „Экономические и правовые вопросы недропользования в России", Том 4, 1996, с. 2–3], zit. *Machlina*, Verhältnis zwischen ZGB und ErdkörperG und ihre Anwendung auf die Lizenzierung in Russland.

Makarova, E. V.: Rechtlicher Rahmen für die Erdkörpernutzung auf dem Festlandsockel: Probleme und mögliche Lösungen, in: Neft, Gas i Pravo, № 2/2012, S. 54–58 [*Макарова, Е. В.*, Правовое регулирование недропользования на континентальном шельфе: проблемы и возможные решения, в: Нефть, Газ и Право, № 2/2012, с. 54–58]; zit. *Makarova*, Rechtlicher Rahmen für die Erdkörpernutzung auf dem Festlandsockel: Probleme und mögliche Lösungen.

Makovkin, V. A.: Über die Definition „wesentliche Bedingungen einer EKL“, in: Imuschestvennye otnoschenija v RF, № 7/2012, S. 27–33 [*Маковкин, В. А.*, Об определении понятия „существенные условия лицензии на пользование недрами“, в: Имущественные отношения в РФ, № 7/2012, с. 27 – 33]; zit. *Makovkin*, Über die Definition „wesentliche Bedingungen einer EKL“.

Mazkov, E. Uj.: Aktualisierung der Lizenzvereinbarung für das Nutzungsrecht am Erdkörperfeld, in: Neft, Gas i Pravo, № 4/2008, S. 33–38 [*Мазков, Е. Ю*, Актуализация лицензионных соглашений на право пользования недрами: проблемы теории и практики, в: Нефть, газ и Право, № 4/2008, с. 33–38]; zit. *Mazkov*, Aktualisierung der Lizenzvereinbarung für das Nutzungsrecht am Erdkörperfeld.

Melgunov, V. D.: Einige Fragen der gerichtlichen Praxis bei Behandlung der Streitigkeiten, die mit der Erdkörpernutzung zusammenhängen, in: Neft, Gas i Pravo, № 3/2007, S. 22–23 [*Мельгунов, В. Д.*, Некоторые вопросы судебно-арбитражной практики рассмотрения споров, связанных с пользованием недрами, Нефть, газ и право, № 3/2007, с. 22–23]; zit. *Melgunov*, Einige Fragen der gerichtlichen Praxis bei der Erdkörpernutzung.

–: Zur Frage der rechtlichen Natur des Nutzungsrechts am Erdkörperfeld, in: Neft, Gas i Pravo, № 3/2008, S. 27–34 [К вопросу о правовой природе права пользования недрами, Нефть, Газ, Право, № 3/2008, с. 27–34], zit. *Melgunov*, Zur Frage der rechtlichen Natur des Nutzungsrechts am Erdkörperfeld.

–: Rechtliche Regulierung und Besonderheiten bei der Übertragung des Nutzungsrechts am Erdkörperfeld, in: Ekologicheskoe pravo, № 3/2010, S. 23–30 [Правовое регулирование и особенности перехода права пользования недрами, в: Экологическое право, № 3/2010, с. 23–30]; zit. *Melgunov*, Rechtliche Regulierung und Besonderheiten bei der Übertragung des Nutzungsrechts am Erdkörperfeld.

Melgunov, V. D. / Kostareva, A. N.: Kategorien „Erdkörperfeld“, „bergbauliches und geologisches Zuweisungsfeld“: Verhältnis zwischen den Begriffen und die Verbesserung der rechtlichen Regulierung, in: Neft, Gas i Pravo, № 5/2013, S. 33–37 [*Мельгунов, В. Д./Костарева, А. Н.*, Категории «участок недр», «горный и геологический отводы»: соотношение понятий и совершенствование правового регулирования, в: Нефть, Газ и Право, № 5/2013, с. 33–37]; zit. *Melgunov/Kostareva*, Kategorien „Erdkörperfeld“, „bergbauliches und geologisches Zuweisungsfeld“.

Merkt, H.: Investitionsschutz durch Stabilisierungsklauseln, Dissertation, Munster, 1988.

Mirkerimova, N. F.: Rechtsrahmen für die Grundstücke, die zur Erdkörpernutzung zur Verfügung gestellt werden, in: Neft, Gas i Pravo, № 5/2013, S. 49–54 [*Миркеримова, Н. Ф.*, Правовой режим земельных участков, предоставляемых для целей недропользования, в: Нефть, Газ и Право, № 5/2013, с. 49–54]; zit.

Mirkerimova, Rechtsrahmen für die Grundstücke, die zur Erdkörpernutzung zur Verfügung gestellt werden.

Mironov, N. Uj.: Erteilung von Grundstücken für die Zwecke der Erdkörpernutzung: Das Verhältnis der Bodengesetzgebung und der Gesetzgebung über den Erdkörper, in: Neft, Gas i Pravo, № 6/2011, S. 26–32 [*Миронов, Н. Ю.*, Предоставление земельных участков для целей недропользования: соотношение земельного законодательства и законодательства о недрах, в: Нефть, Газ и Право, № 6/2011, с. 26–32]; zit. *Mironov*, Erteilung von Grundstücken für die Zwecke der Erdkörpernutzung.

–: Beendigung des Nutzungsrechts am Erdkörperfeld: Probleme bei der Rechtsanwendung, in: Gosudarstvennyi vzgljad, Dezember/2012, S. 18–25 [Прекращения права пользования недрами:проблемы правоприменения, Государственный взгляд, декабрь 2012, с. 18–25]; zit. *Mironov*, Beendigung des Nutzungsrechts am Erdkörperfeld: Probleme bei der Rechtsanwendung.

Monitoringbericht 2012 der Bundesnetzagentur und des Bundeskartellamtes, abrufbar unter: http://www.bundesnetzagentur.de/SharedDocs/Downloads/DE/All-gemeines/Bundesnetzagentur/Publikationen/Berichte/2012/MonitoringBe richt 2012.pdf?__blob=publicationFile.

Moroz, C. P.: Klassifizierung der Verträge bei der Erdkörpernutzung, Online-Ressource, abrufbar unter: http://law.edu.ru/doc/document.asp?docID=1235371 [*Мороз, С. П.*, Классификации договоров в сфере недропользования, эл. ресурс, доступен на сайте http://law.edu.ru/doc/document.asp?docID=1235371]; zit. *Moroz*, Klassifizierung der Verträge bei der Erdkörpernutzung.

Morozova, A. S.: Verfassungsrechtliche Grundsätze bei staatlichem Eigentumsrecht am Erdkörper, in: Konstituzionnoe i munizypalnoe pravo, № 2/2012, S. 49–52 [*Морозова, А. С.*, Конституционные принципы права государственной собственности на недра, в: Конституционное и муниципальное право, № 2/2012, с. 49–52]; zit. *Morozova*, Verfassungsrechtliche Grundsätze bei staatlichem Eigentumsrecht am Erdkörper.

Muchitdinov, P. B.: Rechtsobjekte des staatlichen Eigentums am Erdkörper, in: Sovetskoe gosudarstvo i pravo, № 5/1971, S. 20–26 [*Мухтидинов, П. Б.*, Объекты права государственной собственности на недра, в: Советское государство и право, № 5/1971, с. 20–26].

Muljavin, M. K.: Product sharing agreement: zivilrechtliche Eigenschaften und Rechtsgrundlage für den Abschluss, Dissertation, Kazan, 2007 [*Мулявин, М. К.*, Соглашение о разделе продукции: гражданско-правовые признаки и правовые основы заключения, диссертация, Казань, 2007], zit. *Muljavin*, Product sharing agreement: zivilrechtliche Eigenschaften und Rechtsgrundlage für den Abschluss.

Nalötov, K. I.: Rechtsformen der Erdkörpernutzung, Tujmen, 2008 [*Налётов, К. И.*, Правовые формы недропользования, Тюмень, 2008]; zit. *Nalötov*, Rechtsformen der Erdkörpernutzung.

–: Erdkörpernutzungslizenz: rechtliche Kollisionen, in: Sovremennoe pravo, № 2/2008, S. 7–14 [Лицензия на пользование недрами: правовые коллизии, в: Современное право, № 2/2008, S. 7–14]; zit. *Nalötov*, Erdkörpernutzungslizenz: rechtliche Kollisionen.

Navrozkaja, L. G.: Theoretische Fragen der rechtlichen Regulierung des Bergbaubetriebes in der UdSSR, Moskau, 1976 [*Навроцкая, Л. Г.*, Теоритические вопросы правового регулирования горных отношений в СССР, Москва, 1976].

Nemchenko, S. B.: Zu der Frage über die Position der Product sharing agreement im System des Schuldrechts, in: Jurist, № 5/2008, S. 16–20 [Немченко, С.Б., К вопросу о месте соглашения о разделе продукции в системе обязательственного права, в: Юрист, № 5/2008, с. 16–20]; zit. *Nemchenko*, Zu der Frage über die Position der Product sharing agreement im System des Schuldrechts.

Nobis, V.: Rechtliche Rahmenbedingungen für die Abwicklung von Bauvorhaben in der Russischen Föderation, Berlin, 2012.

Oleynik, O. M. / Sivizkiy, V. A. / Teplov, O. M.: Rechtlicher Rahmen für Gewinnung und Vertrieb von Bodenschätzen, Moskau, 2010 [*Олейник, О. М. / Сивицкий, В. А. / Теплов, О. М.*, Правовое регулирование добычи и реализации полезных ископаемых, Москва, 2010]; zit. *Oleynik/Sivizkiy/Teplov*, Rechtlicher Rahmen für Gewinnung und Vertrieb von Bodenschätzen.

Osokin, N. N.: Zur Frage der Abgrenzung der föderalen Naturressourcen von denen der Föderationsmitglieder, in: Vestnik der Moskauer Universität, № 6/1995, S. 36–39 [*Осокин, Н. Н.*, К вопросу о разграничении природных ресурсов на федеральные и ресурсы субъектов РФ, в: Вестник Московского университета, № 6/1995, с. 36–39]; zit. *Osokin*, Zur Frage der Abgrenzung der föderalen Naturressourcen von denen der Föderationsmitglieder.

Panovskiy, N.: ROSNEDRA: Die Reform zur Sektorzerstörung, in: Zeitung „Kolymskiy Trakt" vom 13. März 2014, abrufbar unter: http://www.kolyma.ru/index.php?newsid=41813 [*Пановский, Н.*, Роснедра: реформа разрушения отрасли, в: Газета: «Колымский тракт» от 13 марта 2014 г., доступно на сайте: http://www.kolyma.ru/index.php?newsid=41813]; zit. *Panovskiy*, ROSNEDRA: Die Reform zur Sektorzerstörung.

Paulsen, B. / Saenko, A.: Russische Föderation: Föderales Gesetz "Über das Verfahren der Durchführung ausländischer Investitionen in Unternehmen, die eine strategische Bedeutung für die Sicherung der Landesverteidigung und Sicherheit des Staates haben"; Teil 1 – WiRO 2009, Heft 3, S. 78–83; Teil 2 – WiRO 2009, Heft 4, S. 110–114; zit. *Paulsen/Saenko*, WiRO (2009).

Pavlov, I. I.: Geologische Erforschung des Erdkörpers auf Erdöl und Erdgas im System der Erdkörpernutzungsarten, in: Ekologicheskoe pravo, № 4/2007, S. 21–27

[*Павлов, И. И.*, Геологическое изучение недр на нефть и газ в системе видов пользования недрами: проблемы правового регулирования, в: Экологическое право, № 4/2007, с. 21–27]; zit. *Pavlov*, Geologische Erforschung des Erdkörpers auf Erdöl und Erdgas im System der Erdkörpernutzungsarten.

Perchik, A. I.: Bergrecht, Lehrbuch, Moskau, 2002 [*Перчик, А. И.*, Горное право: Учебник, Москва, 2002.]; zit.: *Perchik*, Bergrecht (2002).

–: Kritische Lesung des Gesetzes „Über den Erdkörper“: Begriffe, Institute, Terminologie, in: Neft, Gas i Pravo, № 2/2007, S. 9–16 [Критическое прочтение закона «О недрах»: понятия, институты, терминология, в: Нефть, Газ и право, № 2/2007, с. 9–16]; zit. *Perchik*, Kritische Lesung des Gesetzes „Über den Erdkörper“.

Pevzner, M. E.: Bergrecht, Lehrbuch, Moskau 2012 [*Певзнер, М. Е.*, Горное прао, Учебник, Москва, 2012]; zit. *Pevzner*, Bergrecht (2012).

–: Das Eigentumsrecht bei der Erdkörpernutzung, in: Gosudarstvo i Pravo, № 3/2002, S. 27–32 [Право собственности в недропользовании, Государство и право, № 3/2002, с. 27–32]; zit. *Pevzner*, Das Eigentumsrecht bei der Erdkörpernutzung.

Pimenova, O. V.: Erdöl als zivilrechtliches Objekt, in: Pravo i Investizii, № 3-4/2011, S. 48–51 [Пименова, О. В., Нефть как объект гражданских правоотношений, в: Право и инвестиции, № 3-4/2011, с. 48–51]; zit. *Pimenova*, Erdöl als zivilrechtliches Objekt.

Platonova, N. L.: Kommentar zum Föderalgesetz „Über die Product sharing agreements“, Moskau, 2003 [*Платонова, Н. Л.*, Научно-практический комментарий к Федеральному закону «О соглашениях о разделе продукции», Москва, 2003]; zit. *Platonova*, Kommentar zum PSA-G.

–: Gesetzgebung über Teilung der Produktion: Probleme der Rechtsanwendung, in: Chosjaystvo i pravo, № 5/1999, S. 53–59 [Законодательство о разделе продукции: проблемы применения, в: Хозяйство и право, № 5/1999, с. 53–59]; zit. *Platonova*, Gesetzgebung über Teilung der Produktion: Probleme der Rechtsanwendung.

–: Product sharing agreements: rechtlicher Rahmen in der RF, Moskau, 2010 [Соглашения о разделе продукции: правовое регулирование в Российской Федерации. Москва, 2010]; zit. *Platonova*, PSA: rechtlicher Rahmen in der RF.

Podobedova, L.: Reservefonds wird mit illiquiden Lagerstätten aufgefüllt, in: Gazeta Izvestia vom 12. September 2013, abrufbar unter: http://izvestia.ru/news/556950 [*Подобедова*, Л., Резервный фонд наполнят неликвидными месторождениями, в: Газета Известия от 12 сентября 2013 г., доступно на сайте http://izvestia.ru/news/556950].

Ponkratov, V. V.: Besteuerung der Produktion und der Ausfuhr von Kohlenwasserstoffen in Russland: was hält für uns das Jahr 2013 bereit?, in: Neft, Gas i Pravo, № 6/2012, S. 11–17 [*Понкратов, В. В.*, Налогообложение добычи и экспорта углеводородного сырья в РФ: что нам готовит 2013?, в: Нефть, газ и право,

№ 6/2012, c. 11–17]; zit. *Ponkratov*, Besteuerung der Produktion und der Ausfuhr von Kohlenwasserstoffen in Russland.

–: Die Bewertung der Anwendung einer Steuer auf zusätzliche Einnahmen aus der Kohlenwasserstoffegewinnung in RF, in: Vestnik Universität Omsk, Reihe „Wirtschaft", № 2/2013, S. 178–182 [Оценка целесообразности применения налога на дополнительный доход от добычи углеводородного сырья в РФ, в: Вестник Омского университета. Серия «Экономика», № 2/2013, с. 178–182]; zit. *Ponkratov*, Die Bewertung der Anwendung einer Steuer auf zusätzliche Einnahmen aus der Kohlenwasserstoffegewinnung in RF.

–: Steuermanöver in der Ölgewinnungsindustrie Russlands – Versuch die Fiskalsysteme der Zollunion zu harmonisieren, in: Belorusskiy ekonomicheskiy jurnal, № 3/2014, S. 76–85 [Налоговый манёвр в нефтедобывающей промышленности России – попытка гармонизации фискальных систем таможенного союза, в: Белорруский экономический журнал, № 3/2014, с. 76–85]; zit. *Ponkratov*, Steuermanöver in der Ölgewinnungsindustrie Russlands – Versuch die Fiskalsysteme der Zollunion zu harmonisieren.

Popov, A. P.: Eine neue Klassifikation ausgearbeitet, die an die internationalen Anforderungen angenähert ist, in: Gosudarstvennyi vzgljad, Februar 2013, S. 9–11 [*Попов, А. П.*, Разработана новая классификация, которая приближена к международным требованиям, в: Государственный взгляд, февраль 2013, с. 9–11].

Pozdnjakov, A.V.: Über die Parität der Rechte an Naturressourcen, in: Ekologia i gjizn, № 3/2002, S. 26–28 [*Поздняков, А.В.*, О равенстве прав на природные ресурсы, Экология и жизнь, № 3/2002, с. 26–28]; zit. *Pozdnjakov*, Über die Parität der Rechte an Naturressourcen.

Prieß, H.-J. / Berrisch, G. M. (Hrsg.): WTO-Handbuch, München, 2003.

Rath, J.: Das Recht der Production-Sharing-Agreements in der Russischen Föderation, 1. Aufl., Göttingen: Cuvillier, 2006.

Rechnungshof der RF, Bericht über die Prüfungsergebnisse der PSA-Umsetzung auf Sachalin, Anzeigeblatt des Rechnungshofs der RF, № 8 (32)/2000 [Отчет Счетной палаты по результатам проверки реализации СРП на Сахалине, Бюллетень Счетной палаты Российской Федерации, № 8 (32)/2000]; zit. Bericht des Rechnungshofs der RF über die Prüfungsergebnisse der PSA-Umsetzung auf Sachalin.

Redaktionsbeitrag, „Und wenn so? Die ROSNEDRA reformiert sich", in: Neft i Kapital, № 01-02/2014, S. 29–31 [Коллективный материал редакции, „А если так? Роснедра реформируются", в: Нефть и капитал, № 01-02/2014, с. 29–31].

ROSNEDRA, Bericht „Haupttätigkeitsfelder der ROSNEDRA", Moskau 2014, abrufbar unter: http://www.rosnedra.gov.ru/data/Files/File/2775.pdf [Основные направления деятельности Роснедр, Москва, 2014, доступно на сайте Роснедр: http://www.rosnedra.gov.ru/data/Files/File/2775.pdf]; zit. Bericht ROSNEDRA „Haupttätigkeitsfelder der ROSNEDRA".

Roth, W.-H.: Investitionsbeschränkungen im deutschen Außenwirtschaftsrecht: Europa- und völkerrechtliche Probleme, Rechtspolitisches Forum – Legal Policy Forum, Schriftenreihe des Institut für Rechtspolitik der Universität Trier, Band 47, 2009; zit. Roth, Investitionsbeschränkungen im deutschen Außenwirtschaftsrecht.

RWE AG, Pressemitteilung, Dea-Verkauf: LetterOne und RWE schließen Transaktion ab, Essen, 2. März 2015, abrufbar unter: http://www.rwe.com/web/cms/de/37110/rwe/presseews/pressemitteilungen/pressemitteilungen/?pmid=4012698.

Säcker, F. J. (Hrsg.): Handbuch zum deutsch-russischen Energierecht, C.H. Beck, 2010; zit. *Säcker (Hrsg.)*, Handbuch zum dt.-russ. Energierecht.

ders. (Hrsg.): Deutsch-russisches Energie- und Bergrecht im Vergleich, Veröffentlichungen des Instituts für deutsches und europäisches Wirtschafts-, Wettbewerbs- und Regulierungsrecht der Freien Universität Berlin, Band 1, Peter Lang, 2006, zit. *Säcker (Hrsg.)*, Deutsch-russisches Energie- und Bergrecht im Vergleich.

– *(Hrsg.)*: Russisches Energierecht. Gesetzessammlung, Veröffentlichungen des Instituts für deutsches und europäisches Wirtschafts-, Wettbewerbs- und Regulierungsrecht der Freien Universität Berlin, Band 13, Peter Lang, 2009; zit. *Säcker (Hrsg.)*, Russisches Energierecht. Gesetzessammlung.

– *(Hrsg.)*: Deutsch-russisches Energie- und Bergrecht im Vergleich, Veröffentlichungen des Instituts für deutsches und europäisches Wirtschafts-, Wettbewerbs- und Regulierungsrecht der Freien Universität Berlin, Band 1, Peter Lang, 2007; zit. *Säcker (Hrsg.)*, Deutsch-russisches Energie- und Bergrecht im Vergleich.

Sailer, J.: Rechtliche Rahmenbedingungen der Aufsuchung, Exploration, Erschließung und Förderung von Bodenschätzen in der Russischen Föderation durch russische und ausländische Investoren, Dissertation an der Humboldt Universität Berlin, Berlin, 2012; zit. *Sailer*, Aufsuchung, Exploration, Erschließung und Förderung von Bodenschätzen in der Russischen Föderation durch russische und ausländische Investoren.

Saliev, I. R.: Rechtliche Regulierung im Bereich des Erdkörperschutzes bei der Erschließung von Erdöllagerstätten in der RF und GUS, in: Energeticheskoe pravo, № 2/2014, S. 42–47 [*Салиев, И. Р.*, Правовое регулирование в области обеспечения охраны недр при разработке нефтяных месторождений в Российской Федерации и в СНГ, в: Энергетическое право, № 2/2014, с. 42–47]; zit. *Saliev*, Rechtliche Regulierung im Bereich des Erdkörperschutzes bei der Erschließung von Erdöllagerstätten in der RF und GUS.

Salieva, R. N.: Bergrecht, Lehrmaterialien – Teil I, Kazan, 2006 [*Салиева, Р. Н.*, Горное право, учебное пособие – часть I, Казань, 2006]; zit. *Salieva*, Bergrecht (2006).

–: Rechtliche Charakteristik der Arbeiten zur geologischen Erforschung des Erdkörperfeldes, in: Voprocy Pravovedenija, Moskau, № 2/2011, S. 221–233 [Правовая характеристика работ по геологическому изучению недр, в: Вопросы правоведения, Москва, № 2/2011, с. 221–233]; zit. *Salieva*, Rechtliche Charakteristik der Arbeiten zur geologischen Erforschung des Erdkörperfeldes.

Salieva, R. N. / Fatkudinov, Z. M.: Rechtliche Regulierungsprobleme bei der Erdöl- und Erdgasgewinnung, in: Rossiyskaja ujstizija, № 4/2009, S. 2–5 [*Салиева, Р. Н. / Фаткудинов, З. М*, Правовые проблемы регулирования нефтегазодобычи, в: Российская юстиция, № 4/2009, с. 2–5]; zit. *Salieva/Fatkudinov*, Rechtliche Regulierungsprobleme bei der Erdöl- und Erdgasgewinnung.

Sayfullin, I.: Wie macht man PSA nützlich?, in: Promyschlennye vedomosti, № 24-25 (35–36), Dezember 2001, abrufbar unter: http://www.promved.ru/dec_2001_02.shtml [*Сайфуллин, И.*, Как добиться проку от СРП?, в: Промышленные ведомости, № 24-25 (35–36), декабрь 2001, доступно на сайте: http://www.promved.ru /dec_2001_02.shtml].

Scharifulina, A.: Stabilität der Vertragsbedingungen – Grundlage für Investitionsanreize in Russland, in: Zakonodatelstvo i ekonomika, № 4/2000, S. 21–23 [Шарифуллина, А., Стабильность условий договора – основа стимулирования инвестиций в России, в: Законодательство и экономика, № 4/2000, с. 21–23]; zit. *Scharifulina*, Stabilität der Vertragsbedingungen – Grundlage für Investitionsanreize in Russland.

Scheveleva, N. A.: Über den Begriff „Steuer“ im russischen Recht, in: Pravovedenie, № 5 – 6/199, S. 102–108 [*Шевелева, Н. А.*, О понятии налога в российском законодательстве, в: Правоведение, № 5 – 6/199, с. 102 108]; zit. *Scheveleva*, Über den Begriff „Steuer“ im russischen Recht.

Scheynfeld, S. A.: Rechtliche Regulierung der Aufsuchung, Erschließung und Gewinnung von Bodenschätzen in der Bundesrepublik Deutschland, Dissertation, Gubkin Staatliche Öl- und Gasuniversität Moskau, Moskau, 2013 [*Шейнфельд, С. А.*, Правовое регулирование поиска, разведки и добычи полезных ископаемых в ФРГ]; zit. *Scheynfeld*, Rechtliche Regulierung der Aufsuchung, Erschließung und Gewinnung von Bodenschätzen in der Bundesrepublik Deutschland.

Schilling, J.: Planerische Steuerung von unterirdischer Raum- und Grundstücksnutzung, Kommunalwirtschaftliche Forschung und Praxis, Band 23, Frankfurt, 2013; zit. *Schilling*, Planerische Steuerung von unterirdischer Raum- und Grundstücksnutzung.

Schuhmann, J.: Governance-Strukturen in der regionalen Umweltpolitik Russlands: Verhandlungen zwischen Staat, Wirtschaft und Zivilgesellschaft, Springer Fachmedien Wiesbaden 2012.

Schulte, H.: Das Bundesberggesetz, in: NJW 1981, S. 88 – 95; zit. Schulte, NJW 1981.

Schultz, S.: Die deutsche Besteuerung der Aufsuchung und Förderung von Kohlenwasserstoffen auf der Grundlage von Production Sharing Contracts, Herbert Utz Verlag, 2011.

Serov, M.: ExxonMobile verklagt Russland beim Schiedsgericht in Stockholm, „Vedomosti“ vom 2. April 2015, abrufbar unter: http://www.vedomosti.ru/business/

articles/ 2015/04/02/exxon-mobil-podala-isk-k-rossii-v-stokgolmskii-arbitrazh [*Серов, М.*, ExxonMobil подала иск к России в Стокгольмский арбитраж, «Ведомости» от 02 апреля 2015, доступно на сайте http://www.vedomosti.ru/business/ articles/2015/04/02/exxon-mobil-podala-isk-k-rossii-v-stokgolmskii-arbitrazh].

Siryk, S. I.: Prozessgestaltung bei der Erdkörpernutzung im Öl-und Gassektor Russlands, in: Online-Fachmagazin „Neftrgazovoe delo", № 2/2006, http://ogbus.ru/authors/ Siryk/Siryk_1.pdf [*Сирык, С. И.*, Организация процессов недропользования в нефтегазовом комплексе России, в: Электронный научный журнал «Нефтегазовое дело», № 2/2006, http://ogbus.ru/authors/Siryk/Siryk_1.pdf]; zit. *Siryk*, Prozessgestaltung bei der Erdkörpernutzung im Öl-und Gassektor Russlands.

Skajner, L.: Die staatliche Regulierung der Beziehungen bei der Nutzung des Erdkörpers: "Verwässerung" des „Zwei-Schlüssel-Prinzips" und seine Einbindung in die Struktur des Zivilrechts, in: Neft`, gaz i pravo, № 6/2005, S. 15–28 [*Скайнер, Л.*, Государственное регулирование отношений недропользования: „размывание" принципа „двух ключей" и включение его в структуру гражданского права, в: Нефть, Газ и Право № 6/2005, с. 15–28], zit. *Skajner*, Die staatliche Regulierung der Beziehungen bei der Nutzung des Erdkörpers: "Verwässerung" des „Zwei-Schlüssel-Prinzips" und seine Einbindung in die Struktur des Zivilrechts.

Smol`jakova, T.: Bis zum letzten Sandkorn. Alle Bodenschätze werden staatlicher Erfassung unterzogen, in: Rossiyskaja Gazeta, abrufbar unter http://www.rg.ru/2014/11/19 /iskopaemie.html [*Смольякова, Т.*, И песчинки пересчитают. Все полезные ископаемые поставят на государственный учет, в: Российская газета, доступно на сайте http://www.rg.ru/2014/11/19/iskopaemie.html].

Sorokina, Uj. V.: Naturressourcengesetzgebung der Russischen Föderation und der Subjekte der Russischen Föderation: Rechtsvergleichende Untersuchung, Dissertation, Saratov, 2000 [*Сорокина, Ю. В.*, Природоресурсное законодательство Российской Федерации и субъектов Российской Федераци: Сравнительно-правовой анализ].

Starinskaja, G.: Zugang der Staatsbergbauunternehmen zum Festlandsockel kann eingeschränkt werden, in: Vedomosti vom 3. Juli 2015, abrufbar unter: http://www.vedomosti.ru/business/articles/2015/07/03/599099-dostup-goskom-panii-k-shelfu-mozhet-bit-ogranichen [*Старинская, Г.*, Доступ госкомпаний к шельфу может быть ограничен, в: Ведомости от 03 июля 2015 г.; доступно на сайте: http://www.vedomosti.ru/business/articles/ 2015/07/03/599099-dostup-goskompanii-k-shelfu-mozhet-bit-ogranichen].

Stepanchenko, A. V.: Ausländische Investitionen in strategische Wirtschaftszweige: einige Problemfragen bei der Anwendung des Gesetzes über die strategischen Investitionen, in: Business, Management i Pravo, № 1/2013, S. 78–84 [*Степанченко, А. В.*, Иностранные инвестиции в стратегические отрасли экономики:

некоторые проблемы применения Закона о стратегических иностранных инвестициях, Бизнес, менеджмент и право, № 1/2013, с. 78–84]; zit. *Stepanchenko,* Einige Problemfragen bei der Anwendung des StrategInvestG.

Stoljarskij, A.: Ausländische Investitionen in strategische Branchen in Russland, in: OWC/ Investieren in Russland, BEITEN BURKHARDT, 2011, Online-Ressource, abrufbar unter: http://www.beiten-burkhardt.com/index.php/de/component/attach-ments/ download/2121, S. 55–59; zit. *Stoljarskij,* Ausländische Investitionen in strategische Branchen in Russland.

Stoljarskij, A. / Wedde, R.: Auslandsinvestitionen unter Aufsicht, in: VDRW-Mitteilungen № 36 – 37/2008, S. 41–47.

Subbotin, M. / Michaylov, A.: „Jabloko" und die Gesetzgebung über Product sharing agreements (PSA), Moskau, 2003 [*Субботин, М. /Михайлов, А.*, "Яблоко" и законодательство о соглашениях о разделе продукции (СРП), Москва, 2003]; zit. *Subbotin/Michaylov,* „Jabloko" und die Gesetzgebung über Product sharing agreements (PSA).

Suchanov, E. A.: Allgemeine Grundsätze über das Eigentumsrecht und andere Sachenrechte, in: Chozjaystvo i pravo, № 6/1995, S. 29–45 [*Суханов, Е. А.*, Общие положения о праве собственности и других вещных правах, в: Хозяйство и право, № 6/1995, с. 29–45].

Sviridova, O. S. / Kovarskaja, G. G.: Die Umsetzung des Grundsatzes der gemeinsamen Zuständigkeit der Russischen Föderation und der Subjekte der Russischen Föderation in Fragen des Eigentums, Nutzung und Verfügung über die Bodenschätze: historische Erfahrungen und gegenwärtige Probleme, in: Neft, Gas i Buiseness, № 1-2/2012, S. 75–78 [*Свиридова, О. С. / Коварская, Г. Г.*, Реализация принципа совместного ведения РФ и субъектов РФ по вопросам владения, пользования и распоряжения недрами: исторический опыт и современные проблемы, Нефть, газ и бизнес, № 1-2/2012, с. 75–78]; zit. *Sviridova/Kovarskaja,* Die Umsetzung des Grundsatzes der gemeinsamen Zuständigkeit in Fragen des Eigentums, Nutzung und Verfügung über die Bodenschätze.

Syroedov, N. A.: Zur Frage über Definition „Erdkörper" und rechtliche Zuordnung der Bodenschätze, in: Pravovedenie, № 2/1966, S. 80–86 [*Сыродоев, Н. А.*, К вопросу о понятии недра и правовой классификации полезных ископаемых, в: Правоведение, № 2/1966, с. 80–86].

Tagascheva, O. V. / Ageschkina, N. A. / Gerasimenko, N. S.: Kommentar zum Föderalgesetz vom 29. April 2008 „Über die Durchführung von ausländischen Investitionen in Wirtschaftsgesellschaften, die strategische Bedeutung für die Sicherung der Landesverteidigung und die Sicherheit des Staates haben", erstellt für System GARANT, 2013, Online-Ressource, abrufbar unter: http://base.garant.ru [*Тагашева, О.В./Агешкина, Н.А./Герасименко, Н.С.*, Комментарий к Федеральному закону от 29 апреля 2008 г. „О порядке осуществления иностранных инвестиций в хозяйственные общества, имеющие стратегическое значение для обеспечения обороны страны и безопасности государства“, Специально для системы ГАРАНТ, 2013, эл. ресурс, доступен на сайте: http://base.garant.ru]; zit. *Tagascheva/Ageschkina/Gerasimenko*, Kommentar zum StrategInvestG.

Teplov, O. M.: Kommentar zum Föderalgesetz „Über den Erdkörper“, Moskau, 2004 [*Теплов, О. М.*, Научно-практический комментарий к федеральному закону «О недрах», Москва, 2004]; zit. *Teplov*, Kommentar zum ErdkörperG.

–: Die Entwicklung der föderalen Gesetzgebung über den Erdkörper, in: Jurnal rossiyskogo prava, № 3/2003, S. 27–36 [Развитие федерального законодательства о недрах, в: Журнал российского права, № 3/2003с. 27–36]; zit. *Teplov*, Die Entwicklung der föderalen Gesetzgebung über den Erdkörper.

–:zierung der Erdkörpernutzung in der Russischen Föderation, Dissertation, Moskau, 1995 [Институт лицензирования пользования недрами в Российской Федерации, диссертация, Москва, 1995]; zit. *Teplov*, Das Rechtsinstitut der Lizenzierung der Erdkörpernutzung in der Russischen Föderation.

–: Rechtsbegleitung der Arbeit mit den Product sharing agreements bei der Erschließung der Kohlenwasserstofflagerstätte, in: Pravo i Ekonomika, № 17-18/1997, S. 103–106 [Правовое сопровождение работы с соглашениями о разделе продукции при разработке нефтегазовых месторождений, в: Право и экономика, № 17-18/1997, с. 103–106]; zit. *Teplov*, Rechtsbegleitung der Arbeit mit den Product sharing agreements bei der Erschließung der Kohlenwasserstofflagerstätte.

Thorogood, J. / Hogg, T. / Kalshikov, A.: Sakhalin project provides valuable lessons, in: Drilling contractor, May/June 2006, S. 28–34.

Timofeeva, E.: Unbundling in der russischen Elektrizitätswirtschaft im Vergleich zum deutschen und europäischen Energierecht, Veröffentlichungen des Instituts für deutsches und europäisches Wirtschafts-, Wettbewerbs- und Regulierungsrecht der Freien Universität Berlin, Band 34, 2012; zit. *Timofeeva*, Unbundling in der russischen Elektrizitätswirtschaft im Vergleich zum deutschen und europäischen Energierecht.

Tolstych, N. I.: Die Rolle von internationalen Verträgen der RF bei der Regulierung der Erdkörpernutzung, in: Sammelwerk. Bergbaugesetzgebung, Moskau 2005, S. 159–189 [*Толстых, Н. И.*, Роль международных договоров РФ при регулировании отношений недропользования, Горное законодательство. Сборник статей., Москва, 2005, с. 152–189]; zit. *Tolstych*, Die Rolle von internationalen Verträgen der RF bei der Regulierung der Erdkörpernutzung.

–: Rechtsprechung zu Gesetzgebung der RF über den Erdkörper in den Jahren 2012–2013, in: Gosudarstvennyi vsgljad, Oktober/2013, S. 4–7 [Судебная практика применения законодательства РФ о недрах в 2012–2013 гг., Государственный взгляд, октябрь/2013, с. 4–7]; *Tolstych*, Rechtsprechung zu Gesetzgebung der RF über den Erdkörper in den Jahren 2012–2013.

Tolstych, N. I. / Kirjimaнov, M. G.: Analyse der Gesetzesänderungen zur Regelung von Rechtverhältnissen im Bereich der Erdkörpernutzung, in: Gosudarstvennyi vzgljad, Februar 2013, S. 18–25 [*Толстых, Н. И. / Киржиманов, М. Г.*, анализ изменений федерального законодательства, регулирующего отношения при пользовании недрами, в: Государственный взгляд, Февраль 2013, с. 18–25]; zit. *Tolstych/Kirjimaнov*, Analyse der Gesetzesänderungen im Bereich der Erdkörpernutzung.

TU Clausthal, Bergrecht, Online-Ressource, abrufbar unter: http://www.heim2.tu-clausthal.de/Dateien/recht/bergrecht.pdf.

Tumanova, M. M.: Problem- und Streitfragen, die sich bei der Nutzung von beim Gewinnungsbetrieb entstehenden Abfällen ergeben, Online-Ressource, abrufbar unter: http://www.lawtek.ru/analytics/1315 [*Туманова, М.*, Проблемные и спорные вопросы, возникающие при использовании отходов горнодобывающих производств, эл. ресурс, доступен на сайте: http://www.lawtek.ru/ analytics/1315]; zit. *Tumanova*, Problem- und Streitfragen, die sich bei der Nutzung von beim Gewinnungsbetrieb entstehenden Abfällen ergeben.

–: Umstrittene Punkte in der Gesetzgebung und Verwaltungsbarrieren bei Änderungen der EKL, in: Neft, Gaz i Pravo, № 3/2013, S. 35–37 [Спорные моменты в законодательстве и государственные барьеры в части внесения изменений в лицензии на право пользование недрами, в: Нефть, Газ и Право, № 3/2013, с. 35–37], zit. *Tumanova*, Umstrittene Punkte in der Gesetzgebung und Verwaltungsbarrieren bei Änderungen der EKL.

Ur, Ch.: Neues unionsweites Berggesetz „Bergbauordnung UdSSR", in: Gornyi gjurnal, № 2/1928, S. 117–125 [*Юр, Ч.*, Новый общесоюзный горный закон «Горное положение СССР», в: Горный Журнал, № 2/1928, с. 117–125].

Urlova, M. A.: Übertragung des Nutzungsrechts am Erdkörperfeld, in: Rossiyskiy ujridicheskiy gjirnal, № 6/2008, S. 210–216 [*Юрлова, М. А.*, Передача права пользования недрами, Российский юридический журнал, № 6/2008, с. 210–216]; zit. *Urlova*, Übertragung des Nutzungsrechts am Erdkörperfeld.

Usov, A. / Tschelkalin, S. / Turgeneva, V. / Rjabov, A.: Von jedem – abhängig vom Ergebnis, in: Neft Rossii, № 2/2015, S. 28–29 [*Усов, А. /Щелкалин, S. /Тургенева, V. /Рябов, А.*, С каждого – по результату, в: Нефть России, № 2/2015, с. 28–29]; zit. *Usov/Tschelkalin/Turgeneva/Rjabov*, Von jedem – abhängig vom Ergebnis.

Valentinov, A.: Das alte Unheil-Gesetz, in: Neft Rossii, № 8/2012, S. 79–83 [*Валентинов, А.*, Старый недобрый закон, в: Нефть России, № 8/2012, с. 79–83]; zit. *Valentinov*, Das alte Unheil-Gesetz.

Vasilevskaja, D. V.: Rechtliche Rahmenbedingungen für die Erdkörpernutzung in Russland und Ausland: Theorie und Praxis, Moskau 2007 [*Василевская, Д. В.*, Правовой режим недропользования в России и зарубежных странах: теория и практика, Москва, 2007]; zit. *Vasilevskaja*, Rechtliche Rahmenbedingungen der Erdkörpernutzung in Russland und Ausland: Theorie und Praxis.

–: Rechtliche Rahmenbedingungen für die Erdkörpernutzung in Russland und Ausland, Moskau 2010 [Правовой режим недропользования в России и зарубежных странах, Москва, 2010]; zit. *Vasilevskaja*, Rechtliche Rahmenbedingungen der Erdkörpernutzung in Russland und Ausland.

–: Über die Rechtspraxis bei der Erteilung und Nutzung der Erdkörperfelder föderaler Bedeutung, in: Neft, Gas i Pravo, № 3/2010, S. 11–15 [О правоприминительной практике предоставления и пользования участками недр федерального значения, Нефть, Газ и право, № 3/2010, с. 11–15]; zit. *Vasilevskaja*, Über die Rechtspraxis bei der Erteilung und Nutzung der Erdkörperfelder föderaler Bedeutung.

–: Rechtliche Verankerung des Eigentumsrechts am Erdkörper: Erfahrung und Ausblick, in: Jurnal rossiyskogo prava, № 8/2007, S. 58–70 [Нормативное закрепление права собственности на недра: опыт и тендеции, в: Журнал российского права", № 8/2007, S. 58–70]; zit. *Vasilevskaja*, Rechtliche Verankerung des Eigentumsrechts am Erdkörper.

–: Übertragung der EKL: Typische Probleme und deren Lösung, in: Hosjaystvo i Pravo, № 12/2007, S. 98–101 [Переоформление лицензий на пользование недрами: типичные проблемы м пути решения, в: Хозяйственное право, № 12/2007, с. 98–101]; zit. *Vasilevskaja*, Übertragung der EKL: Typische Probleme und deren Lösung.

Vasilevskaja, D. V./ Laevskaja, N. V. / Litunovskaja, D. A.: Die Lizenzierung der Erdkörpernutzung in Russland: Kommentierungen und Rechtsakte, Moskau, 2013 [*Василевская, Д. В. / Лаевская, Н. В. / Литуновская, Д. А.*, Лицензирование недропользования в России: комментарии и документы, Москва, 2013]; zit. *Vasilevskaja/Laevskaja/Litunovskaja*, Die Lizenzierung der Erdkörpernutzung in Russland.

Vedomosti, Medwedev befürwortet den Vorschlag über die Steuer auf das Finanzergebnis für die Ölgewinnungsindustrie, in: Vedomosti, vom 18. März 2015, abrufbar unter http://www.vedomosti.ru/business/news/2015/03/18/medvedev-podderzhal-predlozhenie-o-naloge-na-finansovii-rezultat-dlya-neftyanih-kom panii.

Volkov, A. M.: Administrativ-rechtliche Regulierung der Erdkörpernutzung in der RF, Moskau, 2009 [*Волков, А. М.*, Административно-правовое регулирование недропользования в РФ, Москва, 2009]; zit. *Volkov*, Administrativ-rechtliche Regulierung der Erdkörpernutzung in der RF.

–:Konflikte im Bereich der Verwaltung von Steuern und Gebühren bei Erdkörpernutzung, Online-Fachmagazin „Pravovaja Iniziativa", № 8/2013, abrufbar unter http://49e.ru/ru/2013/8/6 [Конфликты в области администрирования налогов и платежей в недропользовании, Всероссийский научно-практический журнал „Правовая инициатива", № 8/2013, доступен на http://49e.ru/ru/2013/8/6]; zit. *Volkov*, Konflikte im Bereich der Verwaltung von Steuern und Gebühren bei Erdkörpernutzung.

Volkov, A. M. / Lujtjagina, E. A.: Erdkörpernutzung als Objekt der öffentlich-rechtlichen Regulierung, in: Vestnik RUDN, Reihe Rechtswissenschaft, № 2/2011, S. 40–47 [*Волков, А. М./ Лютягина, Е. А.*, Недропользование как объект админимтративно-правового регулирования, в: Вестник РУДН, Серия Юридические науки, №2/2011, с. 40–47], zit. *Volkov/Lujtjagina*, Erdkörpernutzung als Objekt der öffentlich-rechtlichen Regulierung.

–: Zur Frage über das Lizenz-Bewilligungs-System bei der Erdkörpernutzung, in: Administrativnoe pravo i prozess, № 3/2010, S. 32–35 [К вопросу о лицензионно-разрешительной системе в недропользовании, „Администра-тивное право и процесс“, № 3/2010, с. 32–35], zit. *Volkov/Lujtjagina*, Zur Frage über das Lizenz-Bewilligungs-System bei der Erdkörpernutzung.

Volkov, A. M. / Zabbarov, K. V.: Die aktuellen Änderungen in der rechtlichen Regulierung der Erdkörpernutzung, in: Gosudarstvennyi vzgljad, Juni 2012, S. 12–15 [*Волков, А. М./ Заббаров, К. В*, Актуальные изменения в правовом регулировании недропользования, в: Государственный взгляд, Июнь 2012, с. 12–15]; zit. *Volkov/Zabbarov*, Die aktuellen Änderungen in der rechtlichen Regulierung der Erdkörpernutzung.

Voznesenskaja, N. N.: Ausländische Investitionen: Russland und weltweite Erfahrung, Moskau, 2002 [*Вознесенская, Н. Н.*, Иностранные инвестиции: Россия и мировой опыт, Москва, 2002]; zit. *Voznesenskaja*, Ausländische Investitionen.

Vysozkaja, O. S.: Zu einigen Problemfragen der rechtlichen Regulierung für die Erteilung von Grundstücken für die Zwecke der Erdkörpernutzung, in: Juridicheskiy mir, № 6/2011, S. 52–53 [*Высоцкая, О. С.*, О некоторых проблемах правового регулирования предоставления земельных участков для целей недропользования, в: Юридический мир, № 6/2011, с. 52–53]; zit. *Vysozkaja*, Zu einigen Problemfragen der rechtlichen Regulierung für die Erteilung von Grundstücken für die Zwecke der Erdkörpernutzung.

Yergin, D. / Wiegert, R.: „Die Energiewende gefährdet Deutschlands wirtschaftliche Zukunft. Ein Vorschlag zur Lösung des Problems“, in: Energiewende: Mehr Erdgas!, DIE ZEIT № 02/2014, 14, abrufbar unter: http://www.zeit.de/2014/02/energiewende-erdgas/seite-2.

Zabbarov, K. V.: Unrationelle Nutzung des Erdkörpers, in: Neft, Gas i Pravo, № 6/2011, S. 15–20 [*Заббаров, К. В.*, Нерациональное использование недрами, Нефть, газ и право, № 6/2011, с. 15–20]; zit. *Zabbarov*, Unrationelle Nutzung des Erdkörpers.

Zabludnev, I.: Khvalynskoe, Zentralnoe – Russland und Kasachstan haben keine umstrittenen Lagerstätten im Kaspischen Meer, die Streitigkeiten bleiben jedoch, in: Oil & Gas Journal Russia, Juni 2014, S. 36–39 [*Заблуднев, И.*, Хвалынское, Центральное – У России и Казахстана спорных месторождений на Каспии нет, но споры остаются, в: Oil & Gas Journal Russia, Июнь 2014, с. 36–39]; zit. *Zabludnev*, Khvalynskoe, Zentralnoe – Russland und Kasachstan haben keine umstrittenen Lagerstätten im Kaspischen Meer, die Streitigkeiten bleiben jedoch.

Zaslavskaja, L. A.: Neues Gesetz der Russischen Föderation über den Erdkörper, in: Gosudarstvo i pravo, № 2/1993, S. 65–71 [*Заславская, Л .А.*, Новый закон Российской Федерации о недрах, в: Государство и право, №2/1993, с. 65–71]; zit. *Zaslavskaja,* Neues Gesetz der Russischen Föderation über den Erdkörper.

Zubkov, I.: Den Privaten wurde der Zugang zum Meer eröffnet, in: Rossiyskaja Gaseta vom 5. Mai 2015, abrufbar unter: http://www.rg.ru/2015/05/06/shelf.html [*Зубков, И.,* Частника пустили в море, в: Российская газета от 5 мая 2015 г., доступно на сайте http://www.rg.ru/2015/05/06/shelf.html].

Verzeichnis der wichtigsten relevanten gesetzlichen und untergesetzlichen Rechtsakte des russischen Bergrechts.

Historische Entwicklung

Die Bergbauordnung der UdSSR, in Kraft gesetzt durch die Verordnung der zentralen Exekutivkommitees der UdSSR vom 09. November 1927, SZ UdSSR 1927, № 68, Pos. 688 [Горное положение Союза ССР, утв. Постановлением ЦИК СССР от 09 ноября 1927 г., СЗ СССР, 1927, № 68, ст. 688].

Berggesetz der RSFSR vom 15. Oktober 1928, SU RSFSR, 1928, № 133, S. 871 [Горный Закон РСФСР от 15 октября 1928 г., СУ РСФСР, 1928, № 133, ст. 871].

Grundlagen der Gesetzgebung über den Erdkörper der UdSSR und der Sowjetrepubliken vom 9. Juli 1975, Amtsblatt der Obersten Sowjet der UdSSR, 1975, № 29, S. 435 [Основы законодательства Союза ССР и Союзных республик о недрах от 9 октября 1975 г., Ведомости Верховного Совета СССР, 1975, № 29, ст. 435].

Erdkörpergesetzbuch der RSFSR vom 22. September 1976, Amtsblatt der Obersten Sowjet der UdSSR, 1976, № 39, S. 1205 [Кодекс РСФСР о недрах от 22 сентября 1976 г., Ведомости Верховного Совета РСФСР, 1976, № 39, ст. 1205].

Erlas des Präsidenten der RF № 2285 vom 24. Dezember 1993 „PSA-Fragen bei der Erdkörpernutzung", Amtsblatt des Präsidenten und der Regierung der RF 1993, № 41, Pos. 3919 [Указ Президента РФ № 2285 от 24 декабря 1993 г. „Вопросы соглашений о разделе продукции при пользовании недрами", Собрание актов Президента и Правительства РФ 1993, № 41, ст. 3919].

Geltende Föderalgesetze

Verfassung der Russischen Föderation vom 12. Dezember 1993, Rossiyskaja Gazeta, № 237 vom 25.12.1993 [Конституция Российской Федерации от 12 декабря 1993 г., Российская газета, № 237, 25.12.1993].

Föderalgesetz vom 21. Februar 1992 „Über den Erdkörper", SZ RF 1995, № 10, Pos. 823 [Федеральный Закон „О недрах" от 21 февраля 1992 г. СЗ РФ 1995, № 10, ст. 823].

Föderalgesetz vom 30. Dezember 1995 „Über product sharing agreements", SZ RF 1996, № 1, Pos. 18 [Федеральный закон „О соглашениях о разделе продукции" от 30 декабря 1995 г., СЗ РФ 1996, № 1, ст. 18].

Föderalgesetz vom 31. März 1999 „Über die Gasversorgung in der Russischen Föderation", SZ RF 1999, № 14, Pos. 1667 [Федеральный закон „О газоснабжении в Российской Федерации" от 31 марта 1999 г., СЗ РФ 1999, № 14, ст. 1667].

Föderalgesetz vom 30. November 1995 „Über den Festlandsockel der Russischen Föderation“, SZ RF 1995, № 49, Pos. 4694 [Федеральный закон „О континентальном шельфе Российской Федерации“ от 30 ноября 1995 г., СЗ РФ 1995, № 49, ст. 4694].

Föderalgesetz vom 04. Juli 2003 „Über die Änderungen des Föderalgesetzes „Über die allgemeinen Grundsätze der Organisation von staatlichen Legislativ- und Exekutivorganen in den Föderationsmitgliedern der RF“, SZ RF 2003, № 27 (Teil 2), Pos. 2709 [Федеральный закон „О внесении изменений и дополнений в Федеральный закон „Об общих принципах организации законодательных (представительных) и исполнительных органов государственной власти субъектов Российской Федерации“ от 04 июля 2003 г., СЗ РФ 2003, № 27 (ч. 2), ст. 2709].

Föderalgesetz N 57 vom 29. April 2008 „Über das Verfahren zur Tätigung ausländischer Investitionen in Kapitalgesellschaften mit strategischer Bedeutung für die Landesverteidigung und die Staatssicherheit“, SZ RF 2008, № 18, Pos. 1940 [Федеральный закон N 57-ФЗ „О порядке осуществления иностранных инвестиций в хозяйственные общества, имеющие стратегическое значение для обеспечения обороны страны и безопасности государства“ от 29 апреля 2008 г., СЗ РФ 2008, № 18, ст. 1940].

Föderalgesetz vom 26. März „Über die Edelmetalle und Edelsteine“ 1998, SZ RF 1998, № 13, Pos. 1463 [Федеральный закон „О драгоценных металлах и драгоценных камнях“ от 26 марта 1998 г., СЗ РФ 1998 г., № 13, ст. 1463].

Föderalgesetz vom 20. Juni 1996 „Über die staatliche Regulierung im Bereich der Kohlegewinnung und Kohlenutzung und über die Besonderheiten des Sozialschutzes von Mitarbeitern der Kohleindustrie“, SZ RF 1996, № 26, Pos. 3033 [Федеральный закон „О государственном регулировании в области добычи и использования угля, об особенностях социальной защиты работников организаций угольной промышленности“ от 20 июня 1996 г., СЗ РФ 1996, № 26, ст. 3033].

Lizenzvergabeordnung für Erdkörpernutzung des Obersten Rates der RF № 3314-1vom 15. Juli 1992 № 3314-1, Amtsblatt des Rates der Volksabgeordneten der RF und des Obersten Rates der RF, 1992, № 33, Pos. 1917 [Постановление Верховного Совета РФ от 15 июля 1992 г. № 3314-1 „О порядке введения в действие Положения о порядке лицензирования пользования недрами“, Ведомости Съезда народных депутатов РФ и ВС РФ от 20 августа 1992 г., № 33, ст. 1917].

Teil II des Steuergesetzbuches der RF vom 5. August 2000, SZ RF 200, № 32, Pos. 3340 [Часть вторая Налогового кодекса Российской Федерации от 5 августа 2000 г., СЗ РФ 2000, № 32, ст. 3340].

Umweltschutz und Betriebssicherheit

Föderalgesetz „Über den Umweltschutz“ vom 10. Januar 2002, SZ RF 2002, № 2, Pos. 133 [Федеральный закон „Об охране окружающей среды“ от 10 января 2002 г., СЗ РФ 2002, № 2, ст. 133].

Föderalgesetz „Über die Umweltexpertise“ vom 23. November 1995, SZ RF № 48, Pos. 4556 [Федеральный закон „Об экологической экспертизе“ от 23 ноября 1995 г., СЗ РФ 1995, № 48, ст. 4556].

Föderalgesetz vom 21. Juli 1997 „Über die industrielle Sicherheit gefährlicher Betriebsanlagen“, SZ RF 1997, № 30, Pos. 3588 [Федеральный закон „О промышленной безопасности опасных производственных объектов“ от 21 июля 1997 г., СЗ РФ 1997, № 30, ст. 3588].

Regierungsverordnung № 564 vom 04. Juli 2013 „Über die Regeln für die Berechnung von Schäden, die am Erdkörper in Folge von Verstößen gegen die Gesetzgebung der RF über den Erdkörper verursacht wurden“, SZ RF № 28, Pos. 3830 [Постановление Правительства РФ № 564 „Об утверждении Правил расчета размера вреда, причиненного недрам вследствие нарушения законодательства Российской Федерации о недрах“ от 04 июля 2013 г., СЗ РФ 2013, № 28, ст. 3830].

Regierungsverordnung № 400 vom 30 Juli 2004 „Über die Genehmigung des Beschlusses über das Föderale Aufsichtsamt im Bereich der Naturnutzung“, SZ RF 2004, № 32, Pos. 3347 [Постановление Правительства РФ № 400 от 30 июля 2004 г. «Об утверждении Положения о Федеральной службе по надзору в сфере природопользования», СЗ РФ 2004, № 32, ст. 3347].

Anordnung MINPRIRODA № 196 от 29. Juni 2012 „Über die Genehmigung der Verwaltungsverfahrensordnung für das Föderale Aufsichtsamt in Bereich der Naturnutzung über die Ausübung der staatlichen Aufsichtsfunktion im Bereich der geologischen Forschung, der rationellen Nutzung und des Schutzes des Erdkörpers“, Registrierung in Justizministerium RF am 03.08.2012, № 25111 [Приказ Минприроды России № 196 от 29 июня 2012 г. «Об утверждении административного регламента Федеральной службы по надзору в сфере природопользования по исполнению государственной функции по осуществлению государственного надзора за геологическим изучением, рациональным использованием и охраной недр», зарегистрировано в Минюсте РФ 03.08.2012, № 25111.

Regierungsverordnung № 401 „Über die Genehmigung des Beschlusses über das Föderale Amt für ökologische, technische und Atomaufsicht“ vom 30. Juli 2004, SZ RF 2004, № 32, Pos. 3348 [Постановление Правительства РФ № 401 от 30 июля 2004 г. «О Федеральной службе по экологическому, технологическому и атомному надзору», СЗ РФ 2004, № 32, ст. 3348].

Regierungsverordnung № 293 vom 12. Mai 2005 „Über die staatliche Aufsicht im Bereich der geologischen Forschung, der rationellen Nutzung und des Schutzes des Erdkörpers", SZ RF 2005, № 20, Pos. 1885 [Постановление Правительства РФ № 293 от 12 мая 2005 г. «Об утверждении Положения о государственном надзоре за геологическим изучением, рациональным использованием и охраной недр», СЗ РФ 2005, № 20, ст. 1885].

Regierungsverordnung № 492 vom 10. Juni 2013 „Über die Genehmigung des Lizensierungsverfahrens für den Betrieb von explosiv und chemisch gefährlichen Industrieanlagen mit Gefährlichkeitsgrad I, II und III", SZ RF 2013, № 24, Pos. 3014 [Постановление Правительства РФ № 492 от 10 июня 2013 г. «О лицензировании эксплуатации взрывопожароопасных и химически опасных производственных объектов I, II и III классов опасности», СЗ РФ 2013, №24, ст. 3014].

Anordnung ROSTEHNADZOR № 61-A vom 18. Oktober 2002 „Über die Genehmigung allgemeiner Regel für die gefährliche Industrieanlagen für die Organisationen, die ihre Tätigkeit im Bereich der Betriebssicherheit gefährlicher Industrieanlagen ausüben", Registrierung in Justizministerium RF am 28. November 2002, № 3968 [Постановление Госгортехнадзора России № 61 от 18 октября 2002 г. «Об утверждении общих правил промышленной безопасности для организаций, осуществляющих деятельность в области промышленной безопасности опасных производственных объектов», зарегистрировано в Минюсте РФ 28 ноября 2002 г., № 3968].

Anordnung ROSTEHNADZOR № 101 vom 12 März 2013 „Über die Genehmigung Föderaler Standards im Bereich der Betriebssicherheit „Sicherheitsbestimmungen in Erdöl- und Erdgasindustrie", Registrierung in Justizministerium RF am 19. April 2013, № 28222 [Приказ Федеральной службы по экологическому, технологическому и атомному надзору № 101 от 12 марта 2013 г. «Об утверждении Федеральных норм и правил в области промышленной безопасности «Правила безопасности в нефтяной и газовой промышленности, зарегистрировано в Минюсте РФ 19 апреля 2013 г., № 28222].

Regierungsverordnung № 279 vom 16. April 2008 „Über die Genehmigung der Lizensierungsbestimmungen im Bereich der industrieller Anwendung von Explosivstoffen", SZ RF 2008 № 16, Pos. 1704 [Постановление Правительства РФ № 279 от 16 апреля 2008 г. «Об утверждении положений о лицензировании в области взрывчатых материалов промышленного назначения», СЗ РФ 2008, № 16, ст. 1704].

Anordnung MINPRIRODA № 267 vom 23 Oktober 2008 „Über die Genehmigung der Verwaltungsverfahrensordnung für das Föderale Amt für ökologische, technische und Atomaufsicht über die Erbringung der öffentlichen Dienstleistung zur Lizensierung des Betriebes, der Lagerung, der Anwendung und der Verbreitung von Explosivstoffen im Bereich der industrieller Anwendung", Registrierung in Justizministerium RF am 3. Februar 2009, № 13252 [Приказ Минприроды России № 267 от 23 октября 2008 г. «Об утверждении

Административного регламента по исполнению Федеральной службой по экологическому, технологическому и атомному надзору государственной функции по лицензированию деятельности производства, хранения, применения и деятельности по распространению взрывчатых материалов промышленного назначения», зарегистрировано в Минюсте РФ 3 февраля 2009 г., № 13252].

Anordnung ROSTEHNADZOR № 512 vom 12. September 2012 „Über die Genehmigung der Verwaltungsverfahrensordnung für das Föderale Amt für ökologische, technische und Atomaufsicht über die Erbringung der öffentlichen Dienstleistung zur Lizensierung der Tätigkeit für die Ausübung markscheiderischer Vermessungsarbeiten", Registrierung in Justizministerium RF am 1. März 2013, № 27408 [Приказ Федеральной службы по экологическому, технологическому и атомному надзору № 512 от 12 сентября 2012 г. «Об утверждении Административного регламента Федеральной службы по экологическому, технологическому и атомному надзору по предоставлению государственной услуги по лицензированию деятельности по производству маркшейдерских работ», зарегистрировано в Минюсте РФ 1 марта 2013 г., № 27408].

Regierungsverordnung № 255 vom 28. März 2012 „Über die Lizensierung der Tätigkeit im Bereich der Entsorgung von Abfällen mit Gefährlichkeitsgrad I-VI", SZ RF 2012, № 15, Pos. 1781 [Постановление Правительства РФ № 255 от 28 марта 2012 г. «О лицензировании деятельности по обезвреживанию и размещению отходов I – IV классов опасности», СЗ РФ 2012, № 15, ст. 1781].

Anordnung MINPRIRODA № 204 vom 6. Mai 2014 „Über die Genehmigung des Verwaltungsverfahrensordnung für das Föderale Aufsichtsamt für Naturnutzung über die Erbringung der öffentlichen Dienstleistung zur Organisation und Durchführung der staatlichen föderalen Umweltexpertise", Registrierung in Justizministerium RF am 7. Oktober 2014, № 34257 [Приказ Министерства природных ресурсов и экологии № 204 от 6 мая 2014 г. «Об утверждении Административного регламента Федеральной службы по надзору в сфере природопользования по предоставлению государственной услуги по организации и проведению государственной экологической экспертизы федерального уровня», зарегистрировано в Минюсте РФ 7 октября 2014 г., № 34257].

Erteilungsverfahren

Erlass des Präsidenten der RF № 314 vom 9. März 2004 „Über das System und die Struktur der föderalen Exekutivorgane", SZ RF 2004, № 11, Pos. 945 [Указ Президента РФ № 314 „О системе и структуре федеральных органов исполнительной власти" от 9 марта 2004 г., СЗ РФ 2004, № 11, ст. 945].

Regierungsverordnung № 260 vom 1. Juni 2004 „Über die Geschäftsordnung der Föderalen Regierung der RF und über den Beschluss über die Einrichtungen der Föderalen Regierung der RF", SZ RF 2004, № 23, Pos. 2313 [Постановление

Правительства РФ № 260 от 1 июня 2004 г. № 260 „О Регламенте Правительства Российской Федерации и Положении об Аппарате Правительства Российской Федерации“, СЗ РФ 2004, № 23, ст. 2313].

Regierungsverordnung № 404 vom 29. Mai 2008 „Über das Ministerium für Naturressourcen und Umweltschutz“, SZ RF 2008, № 22, Pos. 2581 [Постановление Правительства РФ № 404 от 29 мая 2008 г. „О Министерстве природных ресурсов и экологии Российской Федерации“, СЗ РФ 2008, № 22, ст. 2581].

Regierungsverordnung № 293 vom 17. Juni 2004 „Über die Genehmigung des Beschlusses über die Föderale Agentur für die Erdkörpernutzung“, SZ RF 2004, № 26, Pos. 2669 [Постановление Правительства РФ № 293 от 17 июня 2004 г. „Об утверждении Положения о Федеральном агентстве по недропользованию“, СЗ РФ 2004, № 26, ст. 2669].

Anordnung MINPRIRODA № 500 vom 11. November 2013 „Über die Bewilligung des Aufbauschemas für die territorialen Dienststellen der der Föderalen Agentur für die Erdkörpernutzung“, keine offizielle Veröffentlichung, abrufbar unter http://www.consultant.ru [Приказ Минприроды России № 500 от 11 ноября 2013 г. «Об утверждении Схемы размещения территориальных органов Федерального агентства по недропользованию», документ опубликован не был, доступен на сайте: http://www.consultant.ru].

Anordnung MINPRIRODA № 205 vom 09. August 2007 „Über die Genehmigung der Geschäftsordnung für Föderale Ministerium für Naturressourcen und Umweltschutz“, Registrierung in Justizministerium RF am 17. September 2007, № 10144 [Приказ Минприроды России № 205 от 09 августа 2007 г.»Об утверждении Регламента Министерства природных ресурсов и экологии Российской Федерации», зарегистрировано в Минюсте РФ 17 сентября 2007 г., № 10144].

Anordnung MINPRIRODA № 315 vom 29. September 2009 „Über die Genehmigung der Verwaltungsverfahrensordnung für die Föderale Agentur für Erdkörpernutzung über die Erbringung der öffentlichen Dienstleistung zu Erteilung, Ausfertigung und Registrierung von Erdkörpernutzungslizenzen; Änderungen, Ergänzungen und Übertragung der Erdkörpernutzungslizenzen sowie die Einschränkung, Einstellung und vorzeitige Beendigung von Erdkörpernutzungslizenzen, einschließlich auf der Grundlage eines Beschlusses des Föderalen Amtes für die Naturnutzung und anderer zuständigen Behörden, Registrierung in Justizministerium RF am 25. Dezember 2009, № 15837 [Приказ Минприроды России № 315 от 29 сентября 2009 г. «Об утверждении Административного регламента Федерального агентства по недропользованию по исполнению государственных функций по осуществлению выдачи, оформления и регистрации лицензий на пользование недрами, внесения изменений и дополнений в лицензии на пользование участками недр, а также переоформления лицензий и принятия, в том числе по представлению Федеральной службы по надзору в сфере природопользования и иных уполномоченных органов, решений о досрочном прекращении, приостановлении и ограничении права пользования участками недр», зарегистрировано в Минюсте РФ 25 декабря 2009 г., № 15837].

Regierungsverordnungen № 429 vom 3. Mai 2012 „Über die Bestimmung und Änderung der Grenzen von bewilligten Erdkörperfeldern", SZ RF 2012, № 19, Pos. 2445 [Постановление Правительства РФ № 429 от 3 мая 2012 г. «Об утверждении Положения об установлении и изменении границ участков недр, предоставленных в пользование», СЗ РФ 2012, № 19, ст. 2445].

Ministerium für Naturressourcen RF, Leitfaden zur Ausfertigung von bergbaulichen Zuweisungsfeldern für die Erschließung der Bodenschatzlagerstätten, RD 07-192-98, Registrierung bei Justizministerium RF am 13. März 1998, № 1485 [Министерство природных ресурсов РФ, Инструкция по оформлению горных отводов для разработки месторождений полезных ископаемых, РД 07-192-98, зарегистрировано в Минюсте РФ 13 марта 1998 г., № 1485].

Föderale Berg- und Betriebsaufsichtsbehörde RF, Leitfaden zur Ausfertigung von bergbaulichen Zuweisungsfeldern für die Erschließung der erdöl- und erdgasführenden Lagerstätten, RD 07-122-96, Registrierung bei Justizministerium am 9. Oktober 1996, № 1175 [Федеральный горный и промышленный надзор России, Инструкция о порядке предоставления горных отводов для разработки газовых и нефтяных месторождений, РД 07-122-96, зарегистрировано в Минюсте РФ 9 октября 1996 г., № 1175].

Anordnung MINPRIRODA № 120 vom 22. Mai 2006 „Über die vorläufigen methodischen Empfehlungen für das Bildungsverfahren von Objektverzeichnissen, die zur Nutzung zur Verfügung gestellt werden können", keine offizielle Veröffentlichung, abrufbar unter http://www.consultant.ru [Приказ Минприроды России № 120 от 22 мая 2006 г. «Об утверждении Временных методических рекомендаций о порядке формирования перечней объектов, предлагаемых для предоставления в пользование», документ опубликован не был, доступен на сайте: http://www.consultant.ru].

Erlass ROSNEDRA № 407 vom 15. April 2011 „Über die Genehmigung der Anforderungen an das Bildungsverfahren von Objektverzeichnissen, die zur Nutzung zur Verfügung gestellt werden können", keine offizielle Veröffentlichung, abrufbar unter http://www.consultant.ru [Приказ Роснедр № 407 от 15 апреля 2011 г. «Об утверждении Требований к формированию перечней участков недр, предлагаемых для предоставления в пользование», документ опубликован не был, доступен на сайте: http://www.consultant.ru].

Regierungsverordnung № 823 vom 7. November 2008 „Über das Verfahren zu offiziellen Veröffentlichung des Verzeichnisses der Erdkörperfelder föderaler Bedeutung in der offiziellen Bekanntmachung der Russischen Föderation", SZ RF 2008, № 46, Pos. 5345 [Постановление Правительства РФ № 823 от 07 ноября 2008 г. «О порядке официального опубликования перечня участков недр федерального значения в официальном издании Российской Федерации», СЗ РФ 2008, № 46, ст. 5345].

Regierungsverfügung № 787-p vom 15. Juni 2009 „Über die Genehmigung des Verzeichnisses der Erdkörperfelder föderaler Bedeutung, die ohne Auktionsdurchführung zur Verfügung gestellt werden“, SZ RF 2009, № 25, Pos. 3100 [Распоряжение Правительства РФ № 787-р от 15 июня 2009 г. „Об утверждении перечня участков недр федерального значения, которые предоставляются в пользование без проведения конкурсов и аукционов“, СЗ РФ 2009, № 25, ст. 3100].

Verfügung MINPRIRODA № 47-p vom 2. Februar 2003 „Über die Genehmigung der “Vorläufigen methodischen Empfehlungen zu Vorbereitung und Prüfung von Informationen, die mit der Bildung von Verzeichnissen der allgemeinverbreiteten Bodenschätze zusammenhängen“, keine offizielle Veröffentlichung, abrufbar unter http://www.garant.ru [Распоряжение Государственной геологической службы Минприроды России № 47-р от 7 февраля 2003 г. «Об утверждении «Временных методических рекомендаций по подготовке и рассмотрению материалов, связанных с формированием, согласованием и утверждением региональных перечней полезных ископаемых, относимых к общераспространенным», документ опубликован не был, доступен на сайте: http://www.garant.ru].

Anordnung MINPRIRODA № 126 vom 7. Februar 2001 „Über die Genehmigung der Übergangsbestimmung und der Klassifikationen“ (einschließlich „Übergangsbestimmung über die Etappen und Stadien der geologischen Erkundungsarbeiten für Erdöl und Erdgas“), Amtsblatt des Justizministeriums Russlands, № 6/2001 [Приказ Минприроды России № 126 от 7 февраля 2001 г. «Об утверждении Временных положения и классификаций» (Вместе с «Временным положением об этапах и стадиях геологоразведочных работ на нефть и газ»), Бюллетень Министерства юстиции Российской Федерации, № 6/2001].

Regierungsverordnung № 552 vom 1. Juli 2013 „Über die Bildung des föderalen Reservefonds der Erdkörperfeldern“, SZ RF 2013, № 28, Pos. 3827 [Постановление Правительства РФ № 552 от 1 июля 2013 г. «О формировании федерального фонда резервных участков недр», СЗ РФ 3013, № 28, ст. 3827].

Anordnung MINEKONOMRAZVITIE № 570 от 03. Oktober 2013 „Über die Verfahrensverwaltungsordnung für die Föderale Agentur für die Verwaltung des föderalen Eigentums bei der Erbringung der öffentlichen Dienstleistung für die Erteilung von Grundstücken, die sich im föderalen Eigentum befinden zu Zwecken der Bebauung, Registrierung in Justizministerium RF am 21. Januar 2014, № 31065 [Приказ Минэкономразвития России № 570 от 03 октября 2013 г. „Об утверждении Административного регламента по предоставлению Федеральным агентством по управлению государственным имуществом государственной услуги по предоставлению земельных участков, находящихся в федеральной собственности, для целей, связанных со строительством“, зарегистрировано в Минюсте РФ 21 января 2014 г., № 31065].

Anordnung MINPRIRODA № 689 vom 11. November 2004 „Über die Genehmigung des Leitfadens für das Verfahren zum Festsetzung der Tatsache der Entdeckung einer Bodenschatzlagerstätte“, Registrierung in Justizministerium RF am 14. Dezember 2004, № 6186 [Приказ Минприроды России № 689 от 11 ноября 2004 г. «Об утверждении Инструкции о порядке установления факта открытия месторождений полезных ископаемых», зарегистрировано в Минюсте РФ 14 декабря 2004 г., № 6186].

Anordnung MINPRIRODA № 61 vom 15. März 2005 „Über die Genehmigung der Verfahrensbestimmung für die Bearbeitung von Anträgen auf die Erteilung des Nutzungsrechts am Erdkörperfeld zu Zwecken geologischer Forschung (mit Ausnahme von Erdkörperfeldern föderaler Bedeutung), Registrierung in Justizministerium RF am 26. April 2005, № 6559 [Приказ Минприроды России № 61 от 15 марта 2005 г. «Об утверждении Порядка рассмотрения заявок на получение права пользования недрами для геологического изучения недр (за исключением недр на участках недр федерального значения)», зарегистрировано в Минюсте РФ 26 апреля 2005 г., № 6559].

Anordnung ROSNEDRA № 56 vom 21. Januar 2005 „Über die Bearbeitung der Anträge auf Festlegung der Tatsache der Entdeckung einer Bodenschatzlagerstätte, keine offizielle Veröffentlichung, abrufbar unter http://www.garant.ru [Приказ Федерального агентства по недропользованию № 56 от 21 января 2005 г. «О рассмотрении заявок на установление факта открытия месторождений полезных ископаемых», официально опубликован не был, доступен на сайте http://www.garant.ru].

Anordnung MINPRIRODA № 156 vom 17. Juni 2009 „Über die Genehmigung der Verwaltungsverfahrensordnung für die Föderale Agentur für Erdkörpernutzung bei Erbringung der öffentlichen Dienstleistung für die Durchführung von Auktionen und Ausschreibungen für das Nutzungsrecht am Erdkörperfeld in vorgeschriebenen Weise“, Registrierung in Justizministerium RF am 05. August 2009, № 14476 [Приказ Минприроды России № 156 от 17 июня 2009 г. «Об утверждении Административного регламента Федерального агентства по недропользованию по исполнению государственной функции по организации проведения в установленном порядке конкурсов и аукционов на право пользования недрами», зарегистрировано в Минюсте РФ 05 августа 2009г. № 14476].

Regierungsverordnung № 4 vom 8. Januar 2009 „Über die Genehmigung der Bestimmung zur Bearbeitung von Anträgen auf die Erteilung eines Nutzungsrechts am Erdkörperfeld durch die EKL für Erkunden und Gewinnen oder eine kombinierte EKL, das ohne Auktionsdurchführung für Nutzung zur Verfügung gestellt werden kann, für die Erdkörperfelder föderaler Bedeutung auf dem Festlandsockel der RF oder die sich darauf erstrecken, für die erdgasführende Erdkörperfelder“, SZ RF 2009, № 3, Pos. 405 [Постановление Правительства РФ № 4 от 8 января 2009 г. «Об утверждении Положения о рассмотрении заявок на получение права пользования недрами для разведки и добычи полезных ископаемых или для геологического изучения недр, разведки и добычи полезных ископаемых, осуществляемых по совмещенной лицензии, на предоставляемых в пользование без проведения аукционов участке недр федерального значения континентального шельфа Российской Федерации, участке недр федерального значения, расположенном на территории Российской Федерации и простирающемся на ее континентальный шельф, участке недр федерального значения, содержащем газ», СЗ РФ 2009, № 3, ст. 405].

Entdeckung der Bodenschatzlagerstätte und Bestandsaufnahme der Vorräte

Regierungsverordnung № 69 vom 11. Februar 2005 „Über die staatliche Expertise der Bodenschatzvorräte, geologischen, wirtschaftlichen und ökologischen Informationen über die zur Nutzung verleihbare Erdkörperfelder sowie über die Höhe und das Verfahren der zu erhebenden Gebühr für ihre Erstellung“, SZ RF 2005, № 8, Pos. 651 [Постановление Правительства РФ № 69 от 11 февраля 2005 г. „О государственной экспертизе запасов полезных ископаемых, геологической, экономической и экологической информации о предоставляемых в пользование участках недр, размере и порядке взимания платы за ее проведение“, СЗ РФ 2005, № 8, ст. 651].

Anordnung MINPRIRODA № 477 vom 01. November 2013 „Über die Genehmigung der Vorräteklassifikation für die Erdölressourcen und Brenngase“, Registrierung in Justizministerium RF am 31. Januar 2013, № 30943 [Приказ Минприроды России № 477 от 01 ноября 2013 г. «Об утверждении Классификации запасов и ресурсов нефти и горючих газов», зарегистрировано в Минюсте РФ 31 декабря 2013, № 30943].

Anordnung MINPRIRODA № 362 vom 11. August 2014 „Über die Genehmigung des Verfahrens für die Bildung und Führung territorialer Bodenschatzreservebilanzen allgemeinverbreiteter Bodenschätze und den Kataster für Lagerstätte allgemeinverbreiteter Bodenschätze“, Registrierung in Justizministerium RF am 7. November 2014, № 34604 [Приказ Минприроды России № 362 от 11 августа 2014 г. "Об утверждении Порядка составления и ведения территориальных балансов запасов и кадастров месторождений и проявлений общераспространенных полезных ископаемых", зарегистрировано в Минюсте РФ 7 ноября 2014 г., № 34604].

Anordnung MINPRIRODA № 689 vom 11. November 2004 „Über die Genehmigung des Leitfadens zu Festlegung der Tatsachen der Entdeckung einer Bodenschatzlagerstätte [Приказ Минприроды России № 689 от 11 ноября 2004 г. «Об утверждении Инструкции о порядке установления факта открытия месторождений полезных ископаемых», зарегистрировано в Минюсте РФ 14 декабря 2004 г., № 6186].

Regierungsverordnung № 215 vom 28. Februar 1996 „Über die Genehmigung des Verfahrens für die öffentliche Berichterstattung durch die Unternehmen, die die Tätigkeit zu Aufsuchung und Gewinnung von Bodenschätzen ausüben,

SZ RF 1996, № 12, ст. 1110 [Постановление Правительства РФ № 215 от 28 февраля 1996 г. «Об утверждении Порядка представления государственной отчетности предприятиями, осуществляющими разведку месторождений полезных ископаемых и их добычу, в федеральный и территориальные фонды геологической информации», СЗ РФ 1996, № 12, ст. 1110].

Regierungsverordnung № 897 vom 27 November 2008 „Über die Genehmigung des Verfahrens für die Bearbeitung von Anträgen auf die Erteilung eines Nutzungsrechts am Erdkörperfeld auf der Grundlage der Entdeckung einer Bodenschatzlagerstätte auf dem Erdkörperfeld föderaler Bedeutung oder Erdkörperfeld, das durch die Entdeckung der Bodenschatzlagerstätte den Erdkörperfelder föderaler Bedeutung zugeordnet wird, welche während der Aufsuchungsarbeiten auf eigene Kosten des Bergbauunternehmens entdeckt wurde", SZ RF 2008, № 49, Pos. 5839 [Постановление Правительства РФ № 897 от 27 ноября 2008 г. «Об утверждении Положения о рассмотрении заявок на получение права пользования недрами при установлении факта открытия месторождения полезных ископаемых на участке недр федерального значения или на участке недр, который отнесен к участкам недр федерального значения в результате открытия месторождения полезных ископаемых пользователем недр, проводившим работы по геологическому изучению недр такого участка за счет собственных средств для разведки и добычи полезных ископаемых открытого месторождения», СЗ РФ 2008, № 49, ст. 5839].

Anordnung MINPRIRODA № 23 vom 24. Januar 2005 „Über die Genehmigung des Verfahrens für die Bearbeitung von Anträgen auf die Erteilung eines Nutzungsrechts am Erdkörperfeld auf der Grundlage der Entdeckung einer Bodenschatzlagerstätte, die während der Aufsuchungsarbeiten auf eigene Kosten des Bergbauunternehmens entdeckt wurde, mit Ausnahme von Erdkörperfeldern föderaler Bedeutung und Erdkörperfeldern, die durch die Entdeckung der Bodenschatzlagerstätte den Erdkörperfelder föderaler Bedeutung zugeordnet werden", Registrierung in Justizministerium RF am 16. Februar 2005, № 6329 [Приказ Минприроды России № 23 от 24 января 2005 г. «Об утверждении Порядка рассмотрения заявок на получение права пользования недрами при установлении факта открытия месторождения полезных ископаемых на участке недр, за исключением участка недр федерального значения и участка недр, который отнесен к участкам недр федерального значения в результате открытия месторождения полезных ископаемых пользователем недр, проводившим работы по геологическому изучению недр за счет собственных средств для разведки и добычи полезных ископаемых открытого месторождения», зарегистрировано в Минюсте РФ 16 февраля 2005 г., № 6329].

Anordnung MINPRIRODA № 121 vom 3. April 2013 „ Über die Genehmigung der Verwaltungsverfahrensordnung für die Föderale Agentur für die Erdkörpernutzung bei Erbringung der öffentlichen Dienstleistung für die Erfassung staatlicher Daten und die Führung des staatlichen Registers für die

Aufsuchungsarbeiten bei der geologischen Forschung; Erdkörperfeldern, die für die Gewinnung von Bodenschätzen sowie für Tätigkeit, die mit der Bodenschätzegewinnung nicht zusammenhängt, zur Verfügung gestellt wurden; und für die EKLs“, Registrierung in Justizministerium RF am 9. August 2013, № 29324 [Приказ Минприроды России РФ № 121 от 3 апреля 2013 г. «Об утверждении Административного регламента Федерального агентства по недропользованию по предоставлению государственной услуги по ведению государственного учета и обеспечению ведения государственного реестра работ по геологическому изучению недр, участков недр, предоставленных для добычи полезных ископаемых, а также в целях, не связанных с их добычей, и лицензий на пользование недрами», зарегистрировано в Минюсте РФ 9 августа 2013 г., № 29324].

Ausländische Investitionen

Föderalgesetz vom 29. April 2008 „Über die Durchführung von ausländischen Investitionen in Wirtschaftsgesellschaften, die strategische Bedeutung für die Sicherung der Landesverteidigung und die Sicherheit des Staates haben“, SZ RF 2008, № 18, Pos. 1940 [Федеральный закон от 29 апреля 2008 г. «О порядке осуществления иностранных инвестиций в хозяйственные общества, имеющие стратегическое значение для обеспечения обороны страны и безопасности государства», СЗ РФ 2008, № 18, ст. 1940].

Föderalgesetz № 58-FZ vom 29. April 2008 „Über Änderungen in einzelnen Gesetzesakten der Russischen Föderation und die Außerkraftsetzung einzelner Bestimmungen in Gesetzesakten der Russischen Föderation im Zusammenhang mit dem Inkrafttreten des Föderalgesetzes „Über die Durchführung von ausländischen Investitionen in Wirtschaftsgesellschaften, die strategische Bedeutung für die Sicherung der Landesverteidigung und die Sicherheit des Staates haben“, SZ RF 2008, № 18, Pos. 1941 [Федеральный закон № 58-ФЗ от 29 апреля 2008 г. «О внесении изменений в отдельные законодательные акты Российской Федерации и признании утратившими силу отдельных положений законодательных актов Российской Федерации в связи с принятием Федерального закона «О порядке осуществления иностранных инвестиций в хозяйственные общества, имеющие стратегическое значение для обеспечения обороны страны и безопасности государства», СЗ РФ 2008, № 18, ст. 1941].

Regierungsverordnung № 510 vom 6. Juli 2008 “Über die Regierungskommission zur Kontrolle über die Tätigung von ausländischen Investitionen in der RF, SZ RF 2008, № 28, Pos. 3382 [Постановление Правительства РФ № 510 от 6 июля 2008 г. «О Правительственной комиссии по контролю за осуществлением иностранных инвестиций в Российской Федерации», СЗ РФ 2008, № 28, ст. 3382].

Anordnung FAS № 597 vom 18. August 2011 „Über die Genehmigung der Verwaltungsverfahrensordnung für Föderale Antimonopolbehörde über die Erbringung der öffentlichen Dienstleistung über Antragsprüfung auf Vorabgenehmigung für die Rechtsgeschäfte und (oder) Kontrollerwerb durch ausländische Investoren oder Personengruppen im Hinblick auf die Wirtschaftsgesellschaften, die eine strategische Bedeutung für die Verteidigung des Staates und nationale Sicherheit haben“, Registrierung in Justizministerium RF am 24. November 2011, № 22396 [Приказ ФАС России № 597 от 18 августа 2011 г. «Об утверждении административного регламента Федеральной антимонопольной службы по предоставлению государственной услуги по рассмотрению ходатайств о предварительном согласовании сделок и (или) установлении контроля иностранного инвестора или группы лиц над хозяйственными обществами, имеющими стратегическое значение для обеспечения обороны страны и безопасности государства», зарегистрировано в Минюсте РФ 24 ноября 2011 г., № 22396].

Anordnung FAS № 201 vom 23. März 2011 „Über die Genehmigung der Form für den Businessplan der strategischen Kapitalgesellschaft, der vom ausländischen Investor gem. Art. 8 Abs. 2 Pkt. 10 des Föderalgesetzes „Über die Durchführung von ausländischen Investitionen in Wirtschaftsgesellschaften, die strategische Bedeutung für die Sicherung der Landesverteidigung und die Sicherheit des Staates haben“ eizureichen ist“, Registrierung im Justizministerium am 10. Juni 2011, № 20982 [Приказ Федеральной антимонопольной службы РФ от 23 марта 2011 «Об утверждении формы бизнес-плана хозяйственного общества, имеющего стратегическое значение, представляемого иностранным инвестором, в соответствии с требованиями пункта 10 части 2 статьи 8 Федерального закона от 29.04.2008 N 57-ФЗ «О порядке осуществления иностранных инвестиций в хозяйственные общества, имеющие стратегическое значение для обеспечения обороны страны и безопасности государства», зарегистрировано в Минюсте РФ 10 июня 2011 г., № 20982].

Anordnung FAS № 337 vom 25. Mai 2012 „Über die Genehmigung des Verwaltungsverfahrensordnung für die Föderale Antimonopoldienst Über die Erbringung der öffentlichen Dienstleistung über die Prüfung des Meldeschreibens über den Erwerb durch einen ausländischen Investor oder durch eine Personengruppe mit ausländischer Beteiligung einen 5%-Anteil an einer strategischen Kapitalgesellschaft“, Registrierung im Justizministerium RF am 7. Juni 2012, № 24489 [Приказ Федеральной антимонопольной службы № 337 от 25 мая 2012 г. «Об утверждении административного регламента Федеральной антимонопольной службы по предоставлению государственной услуги по рассмотрению уведомлений о приобретении иностранным инвестором или группой лиц, в которую входит иностранный инвестор, пяти и более процентов акций (долей), составляющих уставные капиталы хозяйственных обществ, имеющих стратегическое значение для обеспечения обороны страны и безопасности государства», зарегистрировано в Минюсте РФ 7 июня 2012 г., № 24489].

Genehmigung der technischen Projektdokumentation

Regierungsverordnung vom № 118 vom 3. März 2010 „Über die Genehmigung der Bestimmung über die Erstellung und Genehmigung technischer Projekte für Erschließung der Bodenschatzlagerstätte und andere Projektdokumentation für die Ausführung von Arbeiten_ die mit der Nutzung des Erdkörpers zusammenhängen, unterteilt nach Art des Bodenschatzes und Art der Erdkörpernutzung", SZ RF 2010, № 10, Pos. 1100 [Постановление Правительства № 118 РФ от 3 марта 2010 г. „Об утверждении Положения о подготовке, согласовании и утверждении технических проектов разработки месторождений полезных ископаемых и иной проектной документации на выполнение работ, связанных с пользованием участками недр, по видам полезных ископаемых и видам пользования недрами", СЗ РФ 2010 г., № 10, ст. 1100].

Anordnung MINPRIRODA № 254 vom 08. Juli 2010 „Über die Genehmigung der Anforderungen an Struktur und Anfertigung der technischen Projektdokumentation für die Erschließung von Kohlenwasserstofflagerstätte", Registrierung in Justizministerium RF am 17. September 2010 № 18468 [Приказ Минприроды России № 254 от 08 июля 2010 г. «Об утверждении требований к структуре и оформлению проектной документации на разработку месторождений углеводородного сырья», зарегистрировано в Минюсте РФ 17 сентября 2010, № 18468].

Verfahrensordnung für die Erstellung der technischen Projektdokumentation für die Erschließung Erdöl- und Erdgaslagerstätten, in Kraft gesetzt durch Ministerium für Treibstoff und Energie (jetzt MINENERGO) am 31. Januar 1997 ["Регламент составления проектных технологических документов на разработку нефтяных и газонефтяных месторождений», утвержден и введен в действие Минтопэнерго РФ 31 января 1997 г.].

Anordnung MINPRIRODA № 61 vom 21. März 2007 „Über die Genehmigung der Methodischen Empfehlungen für die Projektierung der Erdöl- und Erdgaslagerstätten, keine offizielle Veröffentlichung, abrufbar unter http://www.garant.ru [Приказ Минприроды России № 61 от 21 марта 2007 г. «Об утверждении Методических рекомендаций по проектированию разработки нефтяных и газонефтяных месторождений», документ опубликован не был, доступен на сайте http://www.garant.ru].

Amtliches Schreiben ROSNEDRA № ЕК-04-30/12862 vom 19. Dezember 2012 „Zur Fragen der Bearbeitung und Genehmigung technischer Projekte für die Lagerstätten mit festen Bodenschätzen und anderer Art der technischen Projektdokumentation für die Ausführung mit der Erdkörpernutzung zusammenhängenden Arbeiten, keine offizielle Veröffentlichung, abrufbar unter http://www.garant.ru [Письмо Федерального агентства по недропользованию № ЕК-04-30/12862 от 19 декабря 2012 г. «По вопросам проведения рассмотрения и согласования технических проектов разработки месторождений твердых полезных и иной проектной документации на выполнение работ, связанных с пользованием недрами», документ опубликован не был, доступен на сайте http://www.garant.ru].

Anordnung MINPRIRODA № 154 vom 13. Mai 2010 „Über die Genehmigung der Zuordnungskriterien der technischen Projektdokumentation zu Kompetenzbereich der durch ROSNEDRA eingesetzten Kommission und zu Kompetenzbereich der durch territorialen Zweigstelle der ROSNEDRA eingesetzten Kommission", keine offizielle Veröffentlichung, abrufbar unter http://www.garant.ru [Приказ Минприроды России № 154 от 13 мая 2010 г. «Об утверждении критериев отнесения вопросов согласования проектной документации к компетенции комиссии, создаваемой Федеральным агентством по недропользованию, и компетенции комиссий, создаваемых его территориальными органами», документ официально опубликован не был, доступен на сайте http://www.garant.ru].

Anordnung ROSNEDRA № 79 vom 30. Januar 2015 „Über die Organisation der Bearbeitung und Genehmigung technischer Projekte bei Gewinnungsbetrieb von Kohlenwasserstoffen und anderen Projektdokumentation durch die Kommission, die durch ROSNEDRA eingesetzt wird", keine offizielle Veröffentlichung, abrufbar unter http://www.garant.ru [Приказ Федерального агентства по недропользованию № 79 от 30 января 2015 г. «Об организации рассмотрения и согласования технических проектов разработки месторождений углеводородного сырья и иной проектной документации, согласование которых осуществляется комиссией, создаваемой Федеральным агентством по недропользованию», документ официально опубликован не был, доступен на сайте http://www.garant.ru].

Beendigung der EKL

Anordnung ROSNEDRA № 394 vom 17. May 2006 „Über die Vorläufige Methodische Empfehlungen zu Verfahren der Beendigung des Nutzungsrechts am Erdkörperfeld auf Grund des Gültigkeitsablaufs der EKL", keine offizielle Veröffentlichung, abrufbar unter http://www.garant.ru [Приказ Федерального агентства по недропользованию № 394 от 17 мая 2006 г. „Об утверждении Временных методических рекомендаций о порядке прекращения права пользования недрами в связи с истечением срока действия лицензии", документ официально опубликован не был, доступен на сайте http://www.garant.ru].

Regierungsverordnung № 697 vom 16. September 2008 «Über die Genehmigung der Bestimmung über die Entscheidungsfindung zu Beendigung eines Nutzungsrechts am Erdkörperfeld föderaler Bedeutung für Erkunden und Gewinnen in dem Fall, wenn die geologische Forschung im Rahmen einer kombinierten EKL erfolgt", SZ RF 2008, № 39, Pos. 4437 [Постановление Правительства РФ № 697 от 16 сентября 2008 г. «Об утверждении Положения о принятии решения о прекращении права пользования участком недр федерального значения для разведки и добычи полезных ископаемых в случае осуществления геологического изучения недр по совмещенной лицензии», СЗ РФ 2008, № 39, ст. 4437].

Steuern und Gebühren

Anordnung MINPRIRODA № 232 vom 30. September 2008 „Über die Genehmigung der Methodik zur Bestimmung der anfänglichen Starthöhe der Einmaligen Gebühr für die Nutzung des Erdkörperfeldes, Registrierung in Justizministerium RF am 22. Dezember 2008, № 12914 [Приказ Минприроды России № 232 от 30 сентября 2008 г. «Об утверждении Методики по определению стартового размера разового платежа за пользование недрами», зарегистрировано в Минюсте РФ 22 декабря 2008 г., № 12914].

Regierungsverordnung № 94 vom 4. Februar 2009 „Über die Bestimmung der Höhe für Einmalige Gebühr für die Nutzung der Erdkörperfelder, die ohne Auktionsdurchführung zu Zwecken der Erkundung und Gewinnung oder zu Zwecken der geologischen Forschung, Erkundung und Gewinnung auf Grund einer kombinierten Lizenz zur Verfügung gestellt werden, sowie für Erdkörperfelder deren Grenzen geändert werden", SZ RF 2009, № 7, Pos. 843 [Постановление Правительства РФ № 94 от 4 февраля 2009 г. «О порядке определения размера разовых платежей за пользование недрами на участках недр, которые предоставляются в пользование без проведения конкурсов и аукционов для разведки и добычи полезных ископаемых или для геологического изучения недр, разведки и добычи полезных ископаемых, осуществляемых по совмещенной лицензии, а также на участках недр, предлагаемых к включению в границы участка недр, предоставленного в пользование, в случае изменения его границ», СЗ РФ 2009, № 7, ст. 843].

Anordnung MINPRORODA № 134 vom 07. März 2014 „Über das Verfahren zu Bestimmung der genauen Höhe Regelmäßiger Gebühr für die Nutzung eines Erdkörperfeldes", Registrierung in Justizministerium RF am 08. Oktober 2014, № 34266 [Приказ Минприроды России № 134 от 07 марта 2014 г. «Об утверждении Порядка определения конкретных размеров ставок регулярных платежей за пользование недрами», зарегистрировано в Минюсте РФ 8 октября 2014 г., № 34266].

Amtliches Schreiben des Föderalen Steueramtes № ЕД-4-3/13653 vom 26. Juli 2013 „Über die Regelmäßige Gebühr für die Erdkörpernutzung", keine offizielle Veröffentlichung, abrufbar unter http://www.garant.ru [Письмо Федеральной налоговой службы № ЕД-4-3/13653 от 26 июля 2013 г. "О регулярных платежах за пользование недрами", документ официально опубликован не был, доступен на сайте http://www.garant.ru].

Anordnung MINPRIRODA № 507 vom 14. November 2012 „Über das Verfahren zu Bestimmung der Gebührensumme für die Teilnahme an Auktion oder Ausschreibung für das Nutzungsrecht am Erdkörperfeld", Registrierung in Justizministerium RF am 07. Februar 2014, № 31256 [Приказ Минприроды России № 507 от 14 ноября 2013 г. «Об утверждении Порядка определения суммы сбора за участие в конкурсах или аукционах на право пользования участками недр», зарегистрировано в Минюсте РФ 07 февраля 2014 г., № 31256].

PSA-Anwendung

Anordnung des Ministeriums für Industrie und Energie der RF № 77 vom 6. April 2005 „Über die Zwischenbehördliche Kommission für die Vorbereitung und Umsetzung der PSAs", keine offizielle Veröffentlichung, abrufbar unter http://www.garant.ru [Приказ Министерства промышленности и энергетики РФ № 77 от 6 апреля 2005 г. „О межведомственной комиссии по вопросам подготовки и реализации соглашений о разделе продукции", документ официально опубликован не был, доступен на сайте http://www.garant.ru].

„Abkommen zwischen RF und Republik Kasachstan über die Grenzziehung auf dem Grund des nördlichen Teils des Kaspischen Meeres zum Zweck der Ausübung ihrer souveränen Rechte an Erdkörpernutzung" vom 6. Juli 1998, SZ RF 2003, № 47, Pos. 4510 ["Соглашение между Российской Федерацией и Республикой Казахстан о разграничении дна северной части Каспийского моря в целях осуществления суверенных прав на недропользование" от 6 июля 1998 г., СЗ РФ 2003, № 47, Ст. 4510].

„Abkommen zwischen RF und Republik Aserbaidschan über die Abgrenzung der benachbarten Grundgebieten des Kaspischen Meeres" vom 23. September 2002, SZ RF 2004, № 21, Pos. 1978 ["Соглашение между Российской Федерацией и Азербайджанской Республикой о разграничении сопредельных участков дна Каспийского моря» от 23 сентября 2003 г., СЗ РФ 2004, № 21, Ст. 1978].

„Vertrag zwischen der RF und Königreich Norwegen über die Abgrenzung der Seegebiete und über die Zusammenarbeit im Barentssee und im Nordpolarmeer", SZ RF 2011, № 15, Pos. 2030 ["Договор между Российской Федерацией и Королевством Норвегия о разграничении морских пространств и сотрудничестве в Баренцевом море и Северном Ледовитом океане" от 15 сентября 2010 г., СЗ РФ 2011, № 15, ст. 2030].

Anordnung MINENERGO № 158 vom 29. April 2011 „Über die Zwischenbehördliche Kommission für die Ausarbeitung der Erdkörpernutzungsbedingungen für die Lagerstätte „Khvalynskoe" und der Product sharing agreement", Registrierung in Justizministerium RF am 10. Juni 2011, №21015 [Приказ Минэнерго России № 158 от 29 апреля 2011 г. «О межведомственной комиссии по разработке условий недропользования на месторождении «Хвалынское» и подготовке проекта соглашения о разделе продукции», зарегистрировано в Минюсте РФ 10 июня 2011 г., №21015].

Anordnung MINENERGO № 480 vom 11. November 2009 „Über die Genehmigung der Verwaltungsverfahrensordnung für MINENERGO bei Erbringung der öffentlichen Dienstleistung für die Ausführung von Maßnahmen im Zusammenhang mit Vorbereitung und Umsetzung der Product sharing agreements",

Registrierung in Justizministerium RF am 25. Dezember 2009, № 15871 [Приказ Министерства энергетики РФ № 480 от 11 ноября 2009 г. «Об утверждении Административного регламента исполнения Министерством энергетики Российской Федерации государственной функции по осуществлению мероприятий, связанных с подготовкой и реализацией соглашений о разделе продукции», зарегистрировано в Минюсте РФ 25 декабря 2009 г., № 15871].

Regierungsverordnung № 133 vom 14. März 2006 „Über das Verfahren zu Bestellung der Vertreter des Staates in den Lenkungsausschüssen, die nach PSA-Bedingungen gegründet werden, sowie zu Ausübung ihrer Tätigkeit“, SZ RF 2006, № 12, Pos. 1304 [Постановление Правительства РФ № 133 от 14 марта 2006 г. «О порядке назначения и деятельности представителей государства в управляющих комитетах, создаваемых в соответствии с условиями соглашений о разделе продукции», СЗ РФ 2006, № 12, ст. 1304].

Verzeichnis der zitierten Entscheidungen im russischen Recht

Entscheidung VerfG RF vom 9. Januar 1998 №1-P in der Rechtssache der Verfassungsmäßigkeit des Waldgesetzbuches der Russischen Föderation, SZ 1998, № 3, Pos. 429 [Постановление Конституционного Суда РФ от 9 января 1998 г. № 1-П „По делу о проверке конституционности Лесного кодекса Российской Федерации“, СЗ РФ SZ 1998, № 3, ст. 429]; zit. Entscheidung VerfG RF vom 9. Januar 1998 №1-P.

Entscheidung VerfG RF vom 7. Juni 2000 № 10-P in der Rechtssache der Verfassungsmäßigkeit einzelner Bestimmungen der Verfassung der Republik Altaj und des Föderalgesetzes „Über die allgemeinen Grundsätze der Organisation von staatlichen Legislativ- und Exekutivorganen in den Föderationsmitgliedern der RF, SZ RF 2000, №. 25, Pos. 2728 [Постановление Конституционного Суда РФ от 07 июня 2000 г. №10-П «По делу о проверке конституционности отдельных положений Конституции Республики Алтай и Федерального закона «Об общих принципах организации законодательных (представительных) и исполнительных органов государственной власти субъектов Российской Федерации», СЗ РФ 2000, №. 25, ст. 2728]; zit. Entscheidung VerfG RF vom 7. Juni 2000 № 10-P.

EKL und EKL-Bedingungen

Entscheidung des Arbitragegerichts des Gebiets Astrachan vom 10. Juli 2002, № А06-576у-10к/2002 [Решение Арбитражного суда Астраханской области от 10 июля 2002 г. № А06-576у-10к/2002].

Entscheidung des Arbitragegerichts des Gebiets Astrachan vom 28. Mai 2003, № А06-782у-4/03 [Решение Арбитражного суда Астраханской области от 28 мая 2003 г. № А06-782у-4/03].

Entscheidung des Arbitragegerichts Stadt Moskau vom 28. August 2003, № А40-32307/03122-403 [Решение Арбитражного суда г. Москвы от 28 августа 2003 г. № А40-32307/03122-403].

Entscheidung des 15. Berufungsarbitragegerichts vom 4. Februar 2010 № 15АП-11719/2009 [Постановление Пятнадцатого арбитражного апелляционного суда от 4 февраля 2010 г. № 15АП-11719/2009].

Entscheidung des Föderalen Arbitragegerichts des Ost-Sibirischen Gebiets vom 11. Januar 2013 № А19-5383/2012 [Постановление ФАС ВСО от 11 января 2013 г. № А19-5383/2012].

Entscheidung des Föderalen Arbitragegerichts des Moskauer Gebiets vom 03. Juli 2013 № А40-82241/12-120-786 [Постановление ФАС Московского огруга от 03 Июля 2013 г. № А40-82241/12-120-786].

Entscheidung des Föderalen Arbitragegerichts des Nord-Westlichen Gebiets vom 02. April 2001 по делу № А05-6565/00-342/21 [Постановление ФАС Северо-Западного округа от 02 апреля 2001 г. по делу № А05-6565/00-342/21].

Entscheidung des Föderalen Arbitragegerichts des Uralgebiets vom 19. Juni 2012 № Ф09-4477/12 [Постановление ФАС Уральского Округа от 19 июня 2012 г. № Ф09-4477/12].

Entscheidung des Arbitragegerichts des Arkchangelsker Gebiets vom 25. August 1998 № А05-6782/97-474/11 [Решение Арбитражного Суда Архангельской области от 25 августа 1995 г. № А05-6782/97-474/11].

Entscheidung der Arbitragegerichts der Stadt Moskau vom 28. Juli 2009 №А40-58081/09–83– 443 [Решение Арбитражного суда г. Москвы от 28 июля 2009 г. №А40–58081/09–83– 443].

Entscheidung des Obersten Arbitragegerichts der RF vom 20. April 2004 № 16455/03 [Постановление Президиума ВАС РФ от 20 апреля 2004 г. № 16455/03].

Erteilung einer EKL durch Auktionen / Übertragung

Entscheidung des Obersten Gerichts der RF vom 16. Juni 2012 № ГКПИ10-526 [Решение Верховного Суда РФ от 16 июня 2012 г. № ГКПИ10-526].

Entscheidung des Föderalen Arbitragegerichts des Ost-Sibirischen Gebiets vom 18. Januar 2013 № А58-2971/2011 [Постановление ФАС Восточно-Сибирского округа от 18 января 2013 г. № А58-2971/2011].

Entscheidung des Föderalen Arbitragegerichts des Uralgebiets vom 22. Oktober 2012 N Ф09-10052/12, N Ф09-10055/12 [Постановление ФАС Уральского округа от 22 октября 2012 г. N Ф09-10052/12, N Ф09-10055/12].

Entscheidung des Föderalen Arbitragegerichts des Ost-Sibirischen Gebiets vom 10. Juni 2013 № А10-3947/2012 [Постановление ФАС Восточно-Сибирского округа от 10 июня 2013 № А10-3947/2012].

Entscheidung des Föderalen Arbitragegerichts des Fern-Östlichen Gebiets vom 11. Februar 2013 № Ф03-6416/2012 [Постановление ФАС Дальневосточного округа от 11 февраля 2013 г. № Ф03-6416/2012].

Entscheidung des Obersten Arbitragegerichts der RF vom 13. März № ВАС-2066/13 [Определение Высшего Арбитражного Суда РФ от 13 марта 2013 г. № ВАС-2066/13].

Entscheidung des Obersten Arbitragegerichts der RF vom 02. November 2010 № ВАС-11815/10 [Определение Высшего Арбитражного Суда РФ от 02 ноября 2010 г. № ВАС-11815/10].

Entscheidung des Obersten Arbitragegerichts der RF vom 28. Februar 2012 № BAC-1466/12 [Определение Высшего Арбитражного Суда РФ от 28 февраля 2012 г. № ВАС-1466/12].

Entscheidung des Obersten Arbitragegerichts der RF vom 14. Februar 2013 № BAC-497/13 [Определение Высшего Арбитражного Суда РФ 14 февраля 2013 г. № ВАС-497/13].

Entscheidung des Obersten Arbitragegerichts der RF vom 18. Juni 2013 № BAC-6947/13 [Определение Высшего Арбитражного Суда РФ 18 июня 2013 г. № ВАС-6947/13].

Entscheidung des Obersten Gerichts RF vom 16. Dezember 2010 № ГКПИ10-1450 [Решение Верховного Суда РФ от 16 декабря 2010 г. № ГКПИ10-1450].

Entscheidung des Obersten Gerichts RF vom 25. April 2013 № АПЛ13-140 [Решение Верховного Суда РФ от 25 апреля 2013 г. № АПЛ13-140].

Entscheidung des Föderalen Arbitragegerichts des Volgo-Vjatskiy Gebiets vom 10. August 2012 № A31-8008/2011 [Постановление ФАС Волго-Вятского Округа от 10 августа 2012 г. № А31-8008/2011].

Entscheidung des Föderalen Arbitragegerichts des Zentralen Gebiets vom 01. September 2009 № A68 -984/09 und № A68 -8906/08-665/15 [Постановление ФАС Центрального округа от 01 сентября 2009 г. № А68 -984/09 и № А68 -8906/08-665/15].

Entscheidung des Föderalen Arbitragegerichts des Nord-Kaukasischen Gebiets vom 19. Juli 2010 № A32 -54675/2009 [Постановление ФАС Северо-кавказкого округа от 19 июля 2010 г. № А32 -54675/2009].

Entscheidung des Föderalen Arbitragegerichts des Moskauer Gebiets vom 02. Februar 2009 № KA-A40/12907-08 [Постановление ФАС Московского округа от 02 февраля 2009 г. № КА-А40/12907-08].

Entscheidung des Föderalen Arbitragegerichts des Moskauer Gebiets vom 24. November 2010 № KA-A40/13777-10 [Постановление ФАС Московского округа от 24 ноября 2010 г. № КА-А40/13777-10].

Entscheidung des Föderalen Arbitragegerichts des Zentralen Gebiets vom 01. September 2009 № A54 -1311/2009-C4 [Постановление ФАС Центрального округа от 01.09.2009 по делу № А54 -1311/2009-С4].

Entscheidung des Föderalen Arbitragegerichts des Ost-Sibirischen Gebiets vom 09. März 2010 № A33 -15142/2009 [Постановление ФАС Восточно-сибирского округа от 09 Марта 2010 г. по делу № А33 -15142/2009].

Entscheidung des Föderalen Arbitragegerichts des Fernöstlichen Gebiets vom 27. Juli 2007 № Ф03-A04/07-1/2683 [Постановления ФАС Дальневосточного округа от 27 июля 2007 г. № Ф03-А04/07-1/2683 по делу № А04-7658/06-14/807].

Entscheidung des Föderalen Arbitragegerichts des Uralgebiets vom 22. April 2010 № Ф09-2676/10-С1 [Постановление ФАС Уральского округа от 22 апреля 2010 г. № Ф09-2676/10-С1].

Entscheidung des Föderalen Arbitragegerichts des Nord-Westlichen Gebiets 02. August 2010 № А26-10355/2009 [Постановление ФАС Северо-Западного округа от 02.08.2010 № А26-10355/2009].

Steuer und Gebühr

Entscheidung des Obersten Gerichts der RF vom 04. Februar 2014 № 13728/13 [Постановление Президиума ВАС РФ от 04 февраля 2014 г. № 13728/13].

Entscheidung des Föderalen Arbitragegerichts des Nord-Westlichen Gebiets vom 03. August 2010 № А26-7636/2009 [Постановление ФАС Северо-Западного округа от 03.08.2010 по делу № А26-7636/2009].

Entscheidung des Obersten Arbitragegerichts der RF vom 04. Februar 2014 № 13728/13 [Постановление Президиума ВАС РФ от 04 февраля 2014 г. № 13728/13].

Entscheidung des Obersten Gerichts der RF vom 16. Juni 2010 № ГКПИ10-526 [Решение Верховного Суда РФ от 16 июня 2010 г. № ГКПИ10-526].

Entscheidung des Föderalen Arbitragegerichts des Ost-Sibirischen Gebiets vom 26. November 2009 № А58-421/07 [Постановление ФАС Восточно-Сибирского округа от 26 ноября 2009 г. № А58-421/07].

Entscheidung des Föderalen Arbitragegerichts des Ost-Sibirischen Gebiets vom 12. Juli 2010 № А58-1256/10 [Постановление ФАС Восточно-Сибирского округа от 12 июля 2010 г. № А58-1256/10].

Entscheidung des Föderalen Arbitragegerichts des Ost-Sibirischen Gebiets vom 20. Dezember 2011 № А19-4604/2011 [Постановление ФАС Восточно-Сибирского округа от 20 декабря 2011 г. № А19-4604/2011].

PSA-Anwendung

Entscheidung des Präsidiums des Obersten Arbitragegerichts vom 18. Januar 2011 № 12105/10 [Постановление Президиума ВАС РФ от 18 января 2011 г. № 12105/10].

Entscheidung des Obersten Arbitragegerichts der RF vom 18. November 2010 № ВАС-12105/10 [Определение ВАС РФ от 18 ноября 2010 г. № ВАС-12105/10].

Entscheidung des Präsidiums des Obersten Arbitragegerichts RF vom 6. Oktober 1998 № 249/98 [Постановление Президиума ВАС РФ от 6 октября 1998 г. № 249/98].

Entscheidung des Föderalen Arbitragegerichts des Fernöstlichen Gebiets vom 27. Oktober 22010 № Ф03-7297/2010 [Постановление ФАС Дальневосточного округа от 27 октября 2010 г. № Ф03-7297/2010].

Entscheidung des Föderalen Arbitragegerichts des Fernöstlichen Gebiets vom 23. Juli 2008 № Ф03-А59/08-2/1473 [Постановление ФАС Дальневосточного округа от 23 июля 2008 г. № Ф03-А59/08-2/1473].

Entscheidung des Föderalen Arbitragegerichts des Nord-Westlichen Gebiets vom 11. Mai 2010 № А05-7314/2008 [Постановление ФАС Северо-Западного округа от 11 мая 2010 г. по делу № А05-7314/2008].

Entscheidung des 14. Berufungsarbitragegerichts vom 15. Juni 2010 № А05-11891/2008 [Постановление Четырнадцатого ААС по делу от 15 июня 2010 г. № А05-11891/2008].

Entscheidung des Präsidiums des Obersten Arbitragegerichts vom 29. September 2010 № 1674/10 [Постановлении Президиум ВАС РФ от 29 сентября 2010 г. № 1674/10].

Veröffentlichungen des Instituts für deutsches und europäisches Wirtschafts-, Wettbewerbs- und Regulierungsrecht der Freien Universität Berlin

Herausgegeben von Franz Jürgen Säcker

Band 1 Franz Jürgen Säcker (Hrsg.): Deutsch-russisches Energie- und Bergrecht im Vergleich. Ergebnisse einer Arbeitstagung vom 31. März / 1. April 2006. 2007.

Band 2 Franz Jürgen Säcker / Walther Busse von Colbe (Hrsg.): Wettbewerbsfördernde Anreizregulierung. Zum Anreizregulierungsbericht der Bundesnetzagentur vom 30. Juni 2006. 2007.

Band 3 Dirk Zschenderlein: Die Gleichbehandlung der Aktionäre bei der Auskunftserteilung in der Aktiengesellschaft. Zum Problem der Zulässigkeit der Weitergabe von Informationen an einzelne Aktionäre und Dritte. 2007.

Band 4 Simone Kirchhain: Die Anwendung der Vertikal-GVO auf innerstaatliche Wettbewerbsbeschränkungen nach der 7. GWB-Novelle. 2007.

Band 5 Franz Jürgen Säcker: Der Independent System Operator. Ein neues institutionelles Design für Netzbetreiber? 2007.

Band 6 Stefanie Otto: Allgemeininteressen im neuen UWG. § 1 S. 2 UWG und die wettbewerbsfunktionale Auslegung. 2007.

Band 7 Jochen Eichler: Vertragliche Dritthaftung. Eine Auseinandersetzung mit der Frage der Dritthaftung von sogenannten Experten und anderen Auskunftspersonen im Rahmen des § 311 Abs. 3 BGB. 2007.

Band 8 Markela Stamati: Die Anforderungen der operationellen Entflechtung nach den Beschleunigungsrichtlinien der Europäischen Kommission. Umsetzung in Deutschland und Griechenland. 2008.

Band 9 Franz Jürgen Säcker: The Concept of the Relevant Product Market. Between Demand-Side Substitutability and Supply-Side -Substitutability in Competition Law. 2008.

Band 10 Renate Rabensdorf: Die Durchgriffshaftung im deutschen und russischen Recht der Kapitalgesellschaften. Eine rechtsvergleichende Untersuchung. 2009.

Band 11 Franz Jürgen Säcker: Der beschleunigte Ausbau der Höchstspannungsnetze als Rechtsproblem. Erläutert am Beispiel der 380-kV-Höchstspannungsleitung Lauchstädt – Redwitz – Grafenrheinfeld mit Querung des Rennsteigs im Naturpark Thüringer Wald. 2009.

Band 12 Helen Mahne: Eigentum an Versorgungsleitungen. 2009.

Band 13 Franz Jürgen Säcker (Hrsg.): Russisches Energierecht - Gesetzessammlung. 2009.

Band 14 Franz Jürgen Säcker / Maik Wolf: Integrierte Energieversorgung in geschlossenen Verteilernetzen. Zum Gestaltungsspielraum des Gesetzgebers zur Neuregelung des § 110 EnWG im Lichte des Dritten EG-Energiepakets. 2009.

Band 15 Franz Jürgen Säcker (Hrsg.): Das Dritte Energiepaket für den Gasbereich. Deutsch-Englische Textausgabe mit einer Einführung. 2009.

Band 16 Franz Jürgen Säcker (Hrsg.): Das Dritte Energiepaket für den Elektrizitätsbereich. Deutsch-Englische Textausgabe mit einer Einführung. 2009.

Band 17 Thomas Dörmer: Die Unternehmenspacht. Rechtsstellung der Vertragsparteien unter besonderer Berücksichtigung der Pflicht des Unternehmenspächters zur ordnungsgemäßen Unternehmensführung sowie der Rechtslage bei Vertragsbeendigung. 2010.

Band 18 Klaas Bosch: Die Kontrolldichte der gerichtlichen Überprüfung von Marktregulierungsentscheidungen der Bundesnetzagentur nach dem Telekommunikationsgesetz. 2010.

Band 19 Geng-Sook Leem: Einheitliche Corporate Governance-Grundsätze für die Europäische Aktiengesellschaft (SE). Eine rechtsvergleichende Untersuchung anhand der Ausgestaltung der SE im deutschen und britischen Recht. 2010.

Band 20 Wiebke Gebhardt: Gentechnik und Koexistenz nach der Gesetzesnovelle von 2008: Zivilrechtliche Haftung im Vergleich Deutschland und USA. 2010.

Band 21 Cathrin Isenberg: Die Geruchsmarke als Gemeinschaftsmarke. Schutzfähigkeit und Einsatzmöglichkeiten. 2010.

Band 22 Franz Jürgen Säcker / Jochen Mohr / Maik Wolf: Konzessionsverträge im System des europäischen und deutschen Wettbewerbsrechts. 2011.

Band 23 Judith Antonia Loeck: Die unzumutbare Belästigung nach der UWG Novelle 2008 und dem Gesetz zur Bekämpfung unerlaubter Telefonwerbung und zur Verbesserung des Verbraucherschutzes bei besonderen Betriebsformen. 2011.

Band 24 Jörg Jaecks: Konzernverrechnungsklauseln und verwandte einseitige Verrechnungsbefugnisse im Mehrpersonenverhältnis. 2011.

Band 25 Franz Jürgen Säcker: Marktabgrenzung, Marktbeherrschung, Markttransparenz und Machtmissbrauch auf den Großhandelsmärkten für Elektrizität. 2011.

Band 26 Susanne Wende: Die einheitliche Auslegung von Beihilfen- und Vergaberecht als Teilgebiete des europäischen Wettbewerbsrechts. 2011.

Band 27 Leonie Kempel: Die Anwendung von Art. 102 AEUV auf geistiges Eigentum und Sacheigentum. Die Voraussetzungen des Kontrahierungszwangs nach Art. 102 AEUV und der Essential-Facility-Doktrin unter besonderer Berücksichtigung der Unterschiede zwischen geistigem Eigentum und Sacheigentum. 2011.

Band 28 Christoph Schuldt: Werbejingles – schützenswerte Kompositionen!? Die urheberrechtliche und markenrechtliche Schutzfähigkeit von Werbejingles vor unbefugter Nachahmung. 2012.

Band 29 Lydia Scholz: Die Rechtfertigung von diskriminierenden umweltpolitischen Steuerungsinstrumenten. Eine Untersuchung der Reichweite der Warenverkehrsfreiheit und ihrer Begrenzung durch den Umweltschutz als Vertragsziel am Beispiel der deutschen Energiefördergesetze EEG und KWKModG. 2012.

Band 30 Franz Jürgen Säcker: Investitionen in Kraftwerke zur Sicherung einer zuverlässigen Elektrizitätsversorgung nach der Energiewende. Rechtliche und ökonomische Rahmenbedingungen. 2012.

Band 31 Florian Leib: Kartellrechtliche Durchsetzungsstrategien in der Europäischen Union, den USA und Deutschland. Eine rechtsvergleichende Darstellung. 2012.

Band 32 Holger Hoch: Marktverschlusseffekte und Effizienzen vertikaler Zusammenschlüsse. Kartellrechtliche Beurteilung nach europäischem und deutschem Recht. 2012.

Band 33 Sebastian Kemper: Gasnetzzugang in Deutschland und in Spanien. 2012.

Band 34 Elena Timofeeva: Unbundling in der russischen Elektrizitätswirtschaft im Vergleich zum deutschen und europäischen Energierecht. 2012.

Band 35 Gisela Drozella / Harald Krebs: Marktbeherrschung im Bereich Stromerzeugung / Stromgroßhandel. Eine kritische Analyse der neueren Sicht des Bundeskartellamts. 2013.

Band 36 Christian Rehm: Die Einzel- und Gesamtverantwortung der Vorstandsmitglieder der Aktiengesellschaft. Die Verantwortung für die Leitung und Geschäftsführung im mehrköpfigen Vorstand in der unabhängigen und der herrschenden AG. 2013.

Band 37 Ann-Christin Richter: Mengen- und umsatzbezogene Rabatte marktbeherrschender Unternehmen in den Grenzen des Art. 102 AEUV. 2013.

Band 38 Nikolaos Pitsos: Die erhebliche Behinderung des wirksamen Wettbewerbs (SIEC-Test) im Fusionskontrollrecht. Zugleich ein Beitrag zur Problematik der oligopolistischen Marktbeherrschung unter Vergleich mit dem amerikanischen SLC-Test. 2013.

Band 39 Mirko Heinemann: Das Markenzeichen als Anknüpfungspunkt des Markenimages. 2013.

Band 40 Sylvia Lorenz: Der Immaterialgüterschutz virtueller Ladengeschäfte. Ein Vorschlag für die rechtliche Erfassung virtueller Güter. 2014.

Band 41 Anke Reimers: Wettbewerbsrechtliche und regulatorische Analyse der Kapazitätenvergabe an Grenzkuppelstellen im Elektrizitätsbinnenmarkt. 2014.

Band 42 Franz Jürgen Säcker / Carsten König / Lydia Scholz: Der regulierungsrechtliche Rahmen für ein Offshore-Stromnetz in der Nordsee. 2014.

Band 43 David Preisendanz: Der Humor in der vergleichenden Werbung. 2014.

Band 44 Martin Gerig: Vollendung des EU-Energiebinnenmarktes vs. nationale Marktabschottungen. Europarechtskonformität mitgliedstaatlicher Fördermaßnahmen und Kapazitätsmärkte am Beispiel Deutschlands. 2014.

Band 45 Jan Patrick Ehinger: Dritthaftung für Kunstexpertisen und Aufnahmebestätigungen in den Catalogue raisonné. Ein Beitrag zur Expertenhaftung. 2014.

Band 46 Julia Gerzen: Das Recht der Gesellschafter-Fremdkapitalfinanzierung. Rechtsvergleichende Analyse der Behandlung von Gesellschafterdarlehen vor und in der Insolvenz der GmbH nach deutschem und russischem Recht. 2014.

Band 47 Laura Börger: Die gerichtliche Kontrolldichte bei der Überprüfung von Entscheidungen der Europäischen Kommission auf dem Gebiet der Fusionskontrolle. 2014.

Veröffentlichungen des Instituts für Energie- und Regulierungsrecht Berlin

Band 48 Daniel Simon Travers: Kopplungsangebote. Eine Studie zum Vertrags- und Lauterkeitsrecht. 2015.

Band 49 Anna Olbryś-Sobieszuk: EU-rechtliche Schranken der Glücksspielwerbung in Deutschland, Großbritannien und Polen. 2015.

Band 50 Franz Jürgen Säcker/Lydia Scholz/Thea Sveen: Renewable Energy Law in Europe. Challenges and Perspectives. 2015.

Band 51 Lina Berezgova: Festlegung von Stromnetzentgelten in Deutschland und Russland. Eine rechtsvergleichende Untersuchung der anreizbasierten Regulierungsvorgaben. 2015.

Band 52 Fengliang Jin: Aufgreifkriterien in der Fusionskontrolle. Eine rechtsvergleichende Untersuchung des europäischen (Art. 3 FKVO), deutschen (§ 37 GWB), taiwanesischen (§ 6 FHG) und festlandchinesischen (§ 20 AMG) Rechts. 2015.

Band 53 Vasileios Triantafyllidis: Die Einordnung der Passing-On-Defense in das allgemeine Schadensersatzrecht. Eine rechtsvergleichende, dogmatische Studie. 2015.

Band 54 Peipei Liu: Die Inhaltskontrolle von Allgemeinen Geschäftsbedingungen und formularmäßigen Vertragsklauseln im deutsch-chinesischen Vergleich. 2016.

Band 55 Evelyn Kozak: Zur Notwendigkeit eines arbeitsrechtlichen und haftungsrechtlichen Whistleblowerschutzes. 2016.

Band 56 Genevieve Baker: Der bereicherungsrechtliche Nutzungsanspruch. 2017.

Band 57 Maria Zaykova: Der rechtliche Rahmen für den bergbaulichen Zugang zu den Erdöl- und Erdgaslagerstätten in der Russischen Föderation im Vergleich zum deutschen Bergrecht: Der bereicherungsrechtliche Nutzungsanspruch. 2017.

www.peterlang.com

www.ingramcontent.com/pod-product-compliance
Ingram Content Group UK Ltd.
Pitfield, Milton Keynes, MK11 3LW, UK
UKHW041823031026
15587UKWH00002B/517

9 783631 707463